第十一卷

1924.9—1924.12

孙中山史事编年

主　编　桑　兵

副主编　关晓红　吴义雄

孙宏云　庄泽晞　著

中 华 书 局

目 录

1924 年(民国十三年　甲子)五十八岁 ···························· 5649

9 月 ··· 5649

10 月 ··· 5776

11 月 ··· 5883

12 月 ··· 5997

1924年(民国十三年　甲子)五十八岁

9月

9月1日　浙督卢永祥电请出师牵制直军,大本营决抽调五万人入赣。

是年春,驻闽之皖系臧致平、杨化昭两部军队为周荫人所败,乃率部辗转入浙,卢永祥将其收编为"边防军",吴佩孚电劝卢解散之,卢不听。苏督齐燮元遂谓浙江收容客军,为破坏上年所订之江浙和约,于是联苏、皖、赣、闽四省军队,合谋攻浙,曹锟且电齐燮元许其用兵。8月15日,齐燮元在南京召开军事会议,随即调集所部精锐集中于沪宁铁路线。卢永祥知不免一战,亦积极部署。卢自为总司令,北路防备苏皖,南路防备赣闽。25日,孙传芳编组赣闽联军,分三路向浙省进兵。26日,齐燮元动员苏军向宜兴、昆山集中。27日,厦门海军杨树庄亦率"应瑞""海容"等六舰及陆战队两团,先抵三都澳,并向浙属温州前进。惟驻沪之独立舰队系与卢永祥联盟,乃将各舰升火备发,又调二舰入驻黄浦江以保治安,吴淞要塞亦加强警备。(文公直:《最近三十年中国军事史》下册,第164—170页)[①]至本日战争开始,因粤、浙、奉原有三角同盟联合抗直之举,卢永祥除电请孙中山出师以牵制直军外,并派其子小嘉赶赴奉天向张作霖求援。据香港电称,本日晚孙中山于大本营与有关人员集议,决抽调湘、滇、赣、豫、粤五军五万人入赣。(《申报》1924年9月4日,"国内专电")另有报道称,是日大本营军事会议议决之各案为:(一)电奉入关制直;(二)派蒋尊簋与卢永祥商量进行;(三)抽滇军六千,以范石生为统将,湘军六千,以鲁涤平为统将,粤军二千,以张民达为统将,豫军三千,以樊钟秀为统将,协同柏文蔚、胡谦部,分两路进发,一由闽南线入梅关,一出平和攻龙南;(四)械由粤给,先筹百万。(《筹备北伐之广东形势》,《盛京时报》1924年9月11日)

　　△　下午5时在程潜等偕同下乘小轮赴广州二沙头颐养园,与在那里养病的胡汉民磋商有关北伐各要事。(《帅座赴颐养园》,《广州民国日报》1924年9月2日)

　　△　为商团事件发表对外宣言,抗议英帝国主义干涉中国内政。

　　就英国驻广州领事庇袒商团事,发表对外宣言谓:"自广州汇丰银行买办反叛政府逆谋发现之始,余即疑其此种反国民运动,必有英国帝国主义为之后盾……今英国海军在广州河面又有轰击中国政府之威吓,岂非以我国现当分崩衰弱得以横行无忌耶? 然余对于帝国主义之英国此种挑战行为,尚有更深远之见解,即对于帝国主义诸强于此十二年来,所授予反革命者之外交上、精神上及数万万之借款之援助,不能不信此种帝国主义之举动,实欲以摧残国民党之政府而已。盖此次之叛乱指挥之者,为英国帝国主义在中国最有势力之机关之代理员,而英国之所谓工党政府者,乃以轰击恐吓中国政府,使不能以威力平乱,以维持其存在者也。帝国主义所欲摧残之国民党政府究为何物乎? 盖此实今日中国唯一之革命团体,反抗反革命运

---

　　①　此处参照罗刚的综述,参阅罗刚编著:《中华民国国父实录》第6册,罗刚先生三民主义奖学金基金会,1988年,第4749—4750页。

动之中心势力。惟其然也，故英国乃以炮指之。吾人前此革命之口号曰排满，至今吾人之口号，当改为推翻帝国主义者之干涉，以排除革命成功之最大障碍。"(《大元帅反对帝国主义干涉吾国内政之宣言》，《广州民国日报》1924年9月4日)①

上月29日，英国驻广州领事致哀的美敦书于广州交涉员。该牒文的披露，最早见于8月31日华俄通讯社在广州发出的通电，9月3日《京报》予以译载，谓英领事纪里斯提出以下等项抗议：(一)外人生命财产损失，应由政府负责；(二)对于轰击无抵抗的城市之野蛮行为提出抗议；(三)外人生命财产受损害，彼等将随意取任何对待办法，本领事现复接得英国海军队长之通知，声言已接得香港提督命令，如中国当局轰击广州，英国全体海军即立取对待行动。(《驻粤英领事哀的美敦书全文》，《京报》1924年9月3日)随后该牒文内容亦被多报译载。(《大元帅致英国首领电》，《广州民国日报》1924年9月4日；《广州英领之哀的美敦》，《时事新报》1924年9月5日)

孙中山是日特致电英国麦克唐纳政府，对此事提出强烈抗议。电谓："汇丰银行广州支行买办近组织一所谓中国'化思时地'党之团体，其倾覆本政府之目的现已披露……余正拟适当办法戡定叛乱，即接英总领事致本政府一函，内有数言如下：'本总领事现接(驻粤)英国领袖海军军官来讯，谓经奉香港舰队司令命令，如遇中国当道有向城市开火之时，英国海军即以全力对待之。'夫中国反革命党既屡得英国历来政府之外交的及经济的援助，而本政府又

① 本年9月7日出版的《中国国民党周刊》载宣言全文，所录稍有不同。宣言在吴拯寰编的《中山全书》中以"为广州商团事件对外宣言"为标题，与9月7日《中国国民党周刊》刊出者，意思相同而文字略有出入，后者标题则为"反对帝国主义干涉吾国内政之宣言"。吴书所收可能系本日发表的文字，《周刊》所载者或系配合9月7日举行国耻纪念大会，而对标题与文字略予修订。罗刚编著的《中华民国国父实录》以《周刊》乃中国国民党的重要文献，故予引用。香港《孖剌西报》(*The Hongkong Daily Press*)1924年9月5日也刊登了孙中山的这一宣言，题为《孙逸仙与"英帝国主义"：对于英国抗议"暴行"的回击》(Sun Yat-sen and "Imperialist England"：Reply to a British Protest against "Barbarity")。译文见《孙中山全集》第11卷，第1—2页。

实为今日反革命党之唯一抵抗中心，故余迫于深信此哀的美敦书之主旨乃倾灭本政府云。对于最近此种帝国主义干涉中国内政之举，余特提出严重抗议。"（《大元帅致英国首领电》，《广州民国日报》1924年9月4日）①

　　△　核准国立广东大学所拟规程及本科、预科课程。

　　此前，国立广东大学呈报拟定《国立广东大学规程》及特别会计规程暨预科各科组课程，请鉴核令遵。本日，指令国立广东大学校长邹鲁，表示"所订国立广东大学各规程及本、预科各课程，均尚妥协，立予照准，仰即知照"。（《大本营公报》第25号，"指令"）国立广东大学于本日开学，新生注册入学者五百余名。

　　△　令派大本营建设部工商局长李卓峰等八人为筹办铜鼓商埠委员，着手筹备开埠事宜。

　　令曰："派李卓峰、伍大光、谢适群、徐希元、林子峰、陆敬科、蒋锦标、徐绍桵为铜鼓开埠筹备委员。"位于赤溪县西南之铜鼓墟，地呈半岛形，枕山面海，为粤省良港，大本营建设部认为有开作商埠之价值。是日筹备委员会成立，假建设部为筹备会所。至本月6日，复派陈宜禧为筹备委员。据本月12日给该委员会的指令，该委员会系临时设立，事竣即须裁撤。（《大本营公报》第25号，"指令"）

　　△　令准禁烟督办鲁涤平辞职请求，并另派谢国光接办。

　　禁烟督办鲁涤平一再呈请辞职，孙中山以其"情词恳切，未便强留"，乃"明令照准，并另派谢国光接办"。（《大本营公报》第25号，"指

----

　　①　上海《民国日报》9月4日载："英总领事在商团罢市时，曾致牒外部。谓华军果轰击商团，驻港英舰队司令已训令英海军，必以全力对待，现大元帅致电英首相麦克唐纳，严重抗议，略谓汇丰银行买办陈廉伯私运军械谋变，政府处置叛徒，自有权衡，而英领事竟徇彼中国法西斯蒂党之请，欲助叛徒覆政府，干涉我国内政，是直将以英帝国主义亡印度埃及者亡我广东政府，执事号称工党内阁，何以自解。"香港《孖剌西报》1924年9月5日刊登了该电文，题为《致英国首相电》（A Cable to British Prime Minister）。译文见《孙中山全集》第11卷，第3页。关于发电时间，《孙中山全集》的编者推定为9月1日，依据是：孙中山9月24日致莫达电提到"我在九月一日致麦克唐纳先生的抗议电"。

令")9月2日,谢国光就任禁烟督办。(《谢国光就职通电》,《广州民国日报》1924年9月5日)

△　令大本营内政部长徐绍桢,准予题颁新会县耆绅李曜蓉"硕德纯行"四字,并给予银质褒章。又令徐准予题颁文昌县节妇陈符氏"懿德贞行"四字,并给予银质褒章。(《大本营公报》第25号,"指令")

△　广州市工人代表会致电孙中山等,表示誓不承认范石生等与商团所议定的调停条件,并指出:"陈廉伯、陈恭受等假借商团名义,私通北洋军阀,勾结英国帝国主义者瞒运大帮军械进口,阴谋推翻革命政府,阻止国民革命进行,其罪已无可逭。所扣留之军火,实无发还理由。"(《广州市工人代表会不承认调停罢市风潮议定条件电》,中国第二历史档案馆编:《中华民国史档案资料汇编》第4辑下册,第778—779页)

△　黄绍雄(即黄绍竑)致电孙中山等,报告进犯柳州、大浦、沙浦之韩彩凤、谭浩明、韩彩辉等部"经我军猛击,丧亡几尽,谭、韩等仅以身免。桂林已为沈军邓右文旅占领,陆已逃往湘边","都安之陆福祥部已被我军击败,收缴甚多"等情。(《黄绍雄最近之捷报》,《广州民国日报》1924年9月6日)

△　报载洪兆麟主持召开财政会议,决于数日内出师逐孙。(《时事新报》1924年9月4日,"电讯")另有香港快讯谓:"一日洪兆麟在汕头开财政会议,各县知事代表及各县商会会长均莅会。洪起言:我接陈总司令,林、叶总指挥电,均谓孙文因扣商械发生风潮,乘机推倒孙文。我欲三日出发,因财政会议,暂留三日,当出发前敌等语。"(《筹备北伐之广东形势》,《盛京时报》1924年9月11日)《益世报》似亦据此消息,略谓粤军林、叶、洪各总指挥"曾经在汕头开军事大会议,议决即日三路进兵,务期直抵羊城,洪兆麟部尤为勇急"。(《粤军大举进攻之确耗》,《益世报》1924年9月3日)

△　报载香港电讯,谓:"孙文部下李宗仁率其部下分乘汽船、民船向南宁、柳州进发,刘华堂、李白云、陆福祥之云南军及黄绍雄所属

之俞作柏军纷纷响应,同向武鸣进展,沈鸿英亦退驻洛容一带,与李宗仁、黄〔绍〕雄等实行联络,不日即开始夹攻桂省。现陆荣廷已分电洛、鄂告急。"(《滇粤军联合谋桂》,《北京日报》1924年9月1日)

　　△　是日香港电讯称:"西关商店认军械案调停条件失败,运动推翻,仍有少数闭门,街上遍贴攻击七代表之传单,闻孙文对条件亦未允容纳。"又谓:"军械案牵动政潮,程潜已提出辞呈,李福林、许崇智嫉忌客军调停成功,又感不为孙文信任,亦拟辞职。孙科、吴铁城、廖仲恺等皆有不稳之说。"(《时事新报》1924年9月3日,"电讯")

　　△　《京报》刊载评论,指责英人干涉中国内政,要求中央政府"不可不对英国提出严重之抗议","至国民方面,尤当十分注意,一面劝告中山对于商团让步,一面劝告商团,勿为英国所愚,同时对于英人,揭破其侵略干涉之阴谋"。(《英人之干涉中国内政》,《京报》1924年9月1日)

　　△　《顺天时报》刊载是日通讯,指责广州政府扣留商团枪械,以致酿成大罢市风潮,遂调兵戒严,"公然布告与人民宣战,以敌人待遇人民,此等举动,直盗贼之不如"。并分析了扣械案得以暂时解决的原因。称:"在国民党方面,则谓因苏浙发生战事,李烈钧亟欲率师回赣,以求大局之发展,得此军饷,借为北伐出师之用。然有知其真相者,则谓实因东江军事吃紧之故,政府为镇定人心计,谓东江陈军已调攻福建,而不知实已积极向联军反攻,已由淡水、龙江攻至深川、平湖,与石龙不过相去三十余里,廿九日适接到刘震寰告急之电。而且罢市以来,财政收入短缺。所特以支销各军伙食之赌饷,亦顾少十分之七八,倘再延数日,或不免兵变之祸,所以不得不亟将扣械问题解决者,实有此种种原因。"(《广东扣械案解决之原因》,《顺天时报》1924年9月12日)

　　9月2日　接见豫军总司令樊钟秀,商北伐部署。湘军总司令谭延闿亦召开军事会议。

　　香港电称:"谭延闿冬(二日)在高第街总部开军事会议,商东江军事及北伐问题。樊钟秀是日谒孙,亦商同样问题。"(《申报》1924年9

月 4 日,"国内专电")①

△ 报载大本营连日召集会议,决定出师北伐。

国闻通信社消息称:"连日大本营军事会议,金以出师北伐时机已至,并以此次北伐不特间接援浙,抑亦为大局总解决及奠定中原之大好机会,是以中山早已下一出师之决心。闻其计划,即设北伐大本营于韶关,先行入赣,中山并以北伐大元帅名义偕同谭总司令、樊总司令、李总参谋(烈钧)亲赴韶关誓师,动员预定八万余名。其已指定者湘军全部、豫军全部、赣军全部、张民达全师、许济全旅、中央一军朱培德一部。昨中山已移檄各该军,限期半个月内集中韶关。中山则拟各军集中后,即行赴韶,其东江军事,着滇桂军完全负责,广州大本营事务着胡汉民代理。"(《孙中山大举北伐之策划》,《申报》1924 年 9 月10 日)

东方社电讯亦称:"日来孙文召集军事会议,并招待浙江、奉天两代表到会,秘密的协议对直对策,闻已决定实行北伐。其动员计划内容,系将东江方面防备军紧缩至最小限度,以朱培德、樊钟秀、李明扬各军合计约二万人马主力,滇(杨希闵部下之第一军)、湘军全部,粤军一部为支队,组织北伐联合军,集中韶关以东之地区,以九江为目标,向北前进。孙文已向三个部队下动员令,但最困难者为军费问题,郑洪年氏之赴沪,闻系关于本问题,与卢永祥协商。"②(《广东乘机决大举北伐》,《顺天时报》1924 年 9 月 5 日)

△ 秘书苇玉奉命往访天羽英二,出示 8 月 29 日英国驻广州总领事致傅(秉常)交涉员公函之照片。该函首先列举了领事团 28 日的警告,并威胁:若革命政府向商团开火,英国海军奉令将以军舰直接敌对之。苇玉称,领事团的口头警告尚属稳当,但是对于英国领事

---

① 《广州民国日报》亦记此事,称大本营举行军事会议,妥商北伐出师计划,孙中山同意以豫军樊钟秀部担任主力军前驱。(《风起云涌之北伐进行》,《广州民国日报》1924 年 9 月 4 日)

② 《晨报》报道则称此电为"广州三日电",内容相同。(《孙文乘机高唱北伐》,《晨报》1924 年 9 月 5 日)

的恐吓信，孙中山则非常愤慨，为此特遣本人前来通报。接着告知 4 日出版的报纸将发表孙中山针对此事的宣言和写给英国首相的抗议信，并谈及该宣言及抗议信的要点，谓英国不但一向妨害国民党的运动，此次更是援助陈廉伯的谋反行为，干涉中国内政，进行帝国主义侵略。（《英国側ノ威迫的言動二对スル孙文ノ抗議要領報告ノ件》，《日本外交文書》大正 13 年第 2 册，第 531 页）

△　卢永祥来电，谓："连日苏军（指江苏齐燮元指挥的部队）进行甚亟，前线相距不过十里，恐接触即在旦夕。现形势作战注重苏方，尊处若能克期出发，以冀他方牵动，义声所播，迅奏肤功，尤所欣盼。"（《浙卢吁请北伐之冬电》，《广州民国日报》1924 年 9 月 6 日）

△　何成濬来谒，报告连平军情，并请拨弹。（《筹备北伐之广东形势》，《盛京时报》1924 年 9 月 11 日）

△　令粤军总司令许崇智查核虎门要塞所属产业。

据虎门要塞司令陈肇英呈称："窃查虎门要塞所属产业，自民国以来，历任司令屡将变卖，民人亦复侵占不少，几至荡然无存。不亟清查，殊非所以保存公产之道。惟接受移交，关于各种案件类付缺如。现为尊重公产及图整顿起见，除切实分别查察各炮台、炮械、弹药、器具暨点验官长士兵外，对于要塞产业，如房屋、田亩、荒山、空地等项，拟即彻底清查。其经历任司令变卖，手续不合，及为人民侵占者，拟行一律追还，绘图立说呈请备案，以资永久保存。是否有当，理合备文呈请察核。"即令许崇智查核饬遵。（《大本营公报》第 25 号，"训令"）

△　令准大本营军政部长程潜呈复拟请追赠湘军参谋蒋楚卿陆军上校。（《大本营公报》第 25 号，"指令"）

△　谕大本营秘书处：转函中央执行委员会，准以总理名义派廖仲恺为农品展览会委员长。（《派廖仲恺为农品展览会委员长》，《广州民国日报》1924 年 9 月 2 日）

△　《顺天时报》移译转载《字林西报》对于江浙战事之观察报

道,谓张作霖与孙中山对卢永祥的援助,恐难以实现,称:"江浙之战事,当以双方之后盾为定,苏齐有直军全体为之援助……至于奉张、孙文援助浙卢之事,殊无可信之理由。盖孙文现在事务极为忙碌。奉张固已送来大宗款项助卢,但因与俄国关于中东路发生复杂问题,决不调遣军队,或对于时局亦不为根本之干与。张氏如果派兵入关,则俄人势必攫夺中东铁路据为己有,故浙卢决不能希望奉张为军事上之援助。"(《奉粤不能援浙》,《顺天时报》1924 年 9 月 2 日)

　　△　报称:"广东政府对于广州全市总罢市,益取高压态度,用武力强制开店,惟商民决心极为坚固,在屋上设急造道路,以备掠夺、火灾之虞。政府虽数次劝告复业,然迄未听从,益互团结,以窥时机,一般人心对于孙文全然离反,现今到底无解决之望云;又讯,东江方面之陈军,闻已转取攻击态度,北路方面林虎,亦已由翁原侵入英德,粤汉英德线以北业为不通。"(《陈炯明军乘机反攻》,《盛京时报》1924 年 9 月 2 日)

　　9 月 3 日　皖系浙江督办卢永祥以浙沪联军总司令名义,连发二电声讨曹锟、齐燮元。直系江苏督军齐燮元出兵攻卢永祥,江浙战争(又称齐卢战争)正式爆发,成为直奉大战的前奏。卢氏并分电孙中山及张作霖,请求分道出师,兼筹并进。(《中华民国史事纪要(初稿)——一九二四年九至十二月》,第 335—338 页)

　　江浙战争爆发前后,浙卢与孙中山、陈炯明均有接触,调和粤争,以图推倒曹、齐或自保。据时人文公直等记述,战争爆发之前,浙方"一面介绍孙、陈和约,以解粤争,复与陈缔结攻守同盟,劝陈向外发展,利用旧日声名以取福建。一面由徐又铮、伍梯云、卢子嘉等联成三角同盟,以图三方并进,推倒吴齐"。"浙军若捷,则奉、粤并进,洛吴将疲于奔命;即败,亦将恃奉、粤之援而峙立"。(章伯锋主编:《北洋军阀(1912—1928)》第 4 卷,第 844 页)

　　△　国民党中央政治委员会举行第七次会议,与伍朝枢、瞿秋白、鲍罗廷共同出席。会议决议:发表北伐宣言及大本营移驻韶关宣

言;韶关大本营特设政治训练团;本月 7 日在广州第一公园召开国民运动大会,以"反对帝国主义"及"反对北方军阀"为宣传宗旨,军官学校均加入运动。是日为反帝国主义运动周之开始。(《中华民国史事纪要(初稿)——一九二四年九至十二月》,第 333 页)

△ 着大本营秘书长留意比对各电,向张作霖等详告此间议决各事。

当时,奉天张作霖(雨亭)、浙江卢永祥(子嘉),及联络人叶恭绰(玉虎)纷电孙中山相约北伐。本日,对郑洪年转叶恭绰来电批曰:"着秘书处留意,比对各电。雨亭、子嘉、玉虎三处,应详告此间议决各事。"(《批郑洪年转叶恭绰电》,《国父全集》第 4 册下,第 1238 页)

△ 令从优议恤湘军病故少将黄辉祖。(《大本营公报》第 25 号,"指令")

△ 叶恭绰来电,称江浙两军是日晨已在黄渡地方开始接火。(《叶恭绰报告江浙战讯》,《广州民国日报》1924 年 9 月 4 日)

△ 驻港东莞工商总会、东莞全属联团总局等致电孙中山、程潜、谭延闿诸人,告以严兆丰师所部入城骚扰,大动公愤,并与联团发生冲突,吁请饬该师从速离防,以保公安。莞城十二坊商团副团长黄衍枬亦致电孙中山、刘震寰等,要求速调军队离防。(《广东东莞军团之大冲突》,《时报》1924 年 9 月 9 日)

△ 东方通信社是日电讯称:"郑洪年表面称病请假赴沪,实则携有孙文属托之特别任务,赴沪与某方面协议。氏预定于两三日中离粤。关于苏浙两军之形势,大本营参谋部长李烈钧本日语东方通信社记者谓,苏浙两军之开战,恐将为中国全国大动乱之导火线,广东军事当局极重大视之,如浙江能取持久策,则反直派必乘机而起,广东亦即决定北伐,孙文将自立于阵前,指挥北伐军。"[1](《日人所传之广东北伐讯》,《申报》1924 年 9 月 4 日)

---

① 《盛京时报》曾刊登相同谈话,但误以"大本营参谋部长李烈钧"为"大本营参谋部长林虎"。(《林虎之江浙战事谈》,《盛京时报》1924 年 9 月 5 日)

△　是日莫斯科电云:"苏联舆论皆援助孙中山,对孙氏表示深切之同情,谓孙中山打倒反革命可影响世界全局。"(《俄舆论援助中山》,《京报》1924年9月6日)同日另一莫斯科电亦称:"最近苏俄舆论,极力称赞孙文",有远东时报者发表其社论,赞扬孙为"东洋民族运动空前之领袖人物"。此举"颇引起欧美人士注意,因其与北京政府,既已正式结交,而一方则授意其机关报,发表同情粤孙之论调,且力主承认广州革命政府,方能得到一般华人亲信苏俄之倾向"。(《苏俄赞颂粤孙之深心》,《益世报》1924年9月14日)

△　是日路透社电称,马素与梁士诒同乘"加后"号由美回国,于星期二日行抵广州,与孙中山会晤。(《马素与梁士诒回粤》,《时事新报》1924年9月5日)[1]

马素原为华侨,其母葡籍,早年追随孙中山。民国二年,孙中山在日本筹组中华革命党,马素即为首先立誓加盟的五人之一。此时居留美国,在纽约主持中国国民党与大本营对外宣传有年,并奉命为驻美代表,与美国政府接触。上月间梁士诒自欧抵美,孙中山即电示由其接待。

△　孙中山积极筹措北伐事宜,是日香港电讯对此多有言及,谓:孙中山遣汪兆铭陪同范熙绩赴杭谒卢永祥,商榷北伐事,候轮即行。一说汪、范先往汕头访洪兆麟,后再赴浙。(《时事新报》1924年9月4日,"电讯")另有电讯称:"林海山已招土匪散兵六千余,欲随孙北伐,并陈四大利,孙已交军政、参谋两部核议;东江联军中、左、右三路,同时退数十里,战事全停。"(《时报》1924年9月4日,"电报")据大本营讯:"孙中山亦赞成和陈,要陈攻闽,如占闽,即作陈驻军地。陈因段调停,有允意。"(《粤桂之军事》,《时报》1924年9月5日)

△　是日北京电称:洛吴闻沈鸿英攻克桂林,陈炯明将弃惠州,

────────────

[1]　《晨报》所载消息称,同行者尚有香港派赴英帝国博览会之委员周寿生(译音)。(《马素已至广州》,《晨报》1924年9月5日)

料粤必出兵助浙,电马济、周荫人、蔡成勋严防。(《时事新报》1924年9月4日,"电讯")

△ 《时事新报》报道粤省军械案,有为商团辩护之意,略谓:"自孙陈决裂以来,粤民被于兵祸,如水益深、火益热,孙中山倡言革命,而每事招徕外省失败逃命的军队,如湘、滇、桂、豫等军。孙部粤军许崇智、梁鸿楷、李福林等所统辖的人数,已属不少,加以数万客军,区区广、肇及南、韶、连几县正饷何足供养,于是不得不为罗雀掘鼠之征收,预收田税,加增杂税,摊派军饷,赌捐,鸦片公卖,没收店租房租,拉夫,奸淫,变卖公产,以及种种不满人意的举动,使平民变为贫民,贫民流为匪民,而稍有产业的阶级如广州商界等为自卫计,惟有自行武装组织,由各商店派人派资买械以成军队,此即商团成立之大概。广州商团创造之目的,或和政治无大关系,惟因其迭次抵抗军人,为军人所侧目,故遂乘其派人往香港购买军械,与之为难,卒酿成广州各处罢市之大风潮。由此次风潮的历史观之,我们知道商团虽一方面以要求不遂意使商家罢市,一方面仍旧不为推翻政府之行动,商团长陈廉伯,虽身被通缉,仍旧通电维持政府,以视中山平日豢养的军人,一旦反叛,则痛骂中山者,宜乎高尚十倍。"(《广州政府扣留商团军械事》,《时事新报》1924年9月3日)

9月4日 主持大本营第五次北伐军事会议,决定督师北伐计划及后方留守问题。

下午3时,大本营召集第五次商讨北伐的军事会议,与会者有大本营各部长、各军总司令、省长、市长等①。会议"专议军队分路进攻计划,及后方接济、前方给养诸问题"。决定北伐军之组织,计豫军、赣军、桂军全部,湘军大部,滇军一部,粤军则张民达师、许济旅及第

---

① 另有报道称:是日会议,除粤军总司令许崇智,滇军总司令杨希闵因事未能莅会外,其余湘、豫、桂各总司令,中央直辖各军长,各部长,廖省长,孙市长,滇军第四师长朱世贵,粤军第二师长张民达均到列席,会议于下午一时开始,下午五时始散。(《粤政府决即日出师北伐》,《中华新报》1924年9月11日)

一军之卓仁机部四团,合兵力约四万五千人,共编为三路,其中以湘军任左路,胡谦之北伐军第三军为右路,孙中山统率其余为中路。凡前锋部队限三日内集中韶关。第一期三路大军先向江西进取,以南昌九江为会师目的地。孙中山在会间发表谈话,谓:"两星期内,所有滇、桂、湘、豫、赣、山、陕各军一律出师北伐,以为浙卢声助。本省治安及东江方面统由中央直辖粤军(许崇智军)布防留守。至粮饷问题自有筹措方法。届时各军须一致先行出发,决不容缓。本大元帅决定五日内先统兵出发韶关,设立大本营于是处,以便居中策应。"并议定办法三项:(一)组织北伐筹备处,特任粤、桂、滇、湘、豫及中央直辖各军长为筹备委员。关于筹备出师北伐之作战计划,由各委员筹备起草,限五日拟妥;(二)大本营移设韶关,务于五日即将大本营成立;(三)省垣设立留守府,留守事宜由胡汉民主持,而以古应芬助之。
(《孙大元帅筹备出师讨贼》,上海《民国日报》1924年9月11日;《孙中山誓师北伐》,《申报》1924年9月11日)

　　关于是日会议所作之决定,有报道披露其内情,略谓:"经磋议结果,以此次北伐一事,关系粤局甚大,不北伐则坐以待北军之压境,因吴佩孚之兵力,固足以攻粤而有余,所以不敢发动者,虑奉张之入关,更虑浙卢之蹑其后,故此次江浙之战实已由酝酿多时而成熟,势已不能不战。众议至此,中山乃出示叶恭绰由沪来电,谓江浙已于四日开仗,众情乃更为迫切,知吴佩孚此次必出以全力对浙奉,其意尤侧重于奉,因奉直再战之说,喧传已久,但吴佩孚始以准备未周,及不肯先开衅而不果,此次表面上苏对浙作战,奉张自不能不援浙而入关,吴佩孚遂利其深入,而与之决一雌雄,倘浙奉皆败,则吴之入粤殆易如反掌,故众以不战而亡,不如乘机作战,不独足以救亡,且以发展,乃决定实行北伐。中山亲聆众议,喜形于色。惟前方需要与后方防务问题,均属要着,乃由中山提出以广州之某种收入拨充经常军费,此时之开拔费,及临时关于军需之必要开支,除军械案商民报效五十万外,更责成财政机关负担,此于经费一层,似稍已解决。因更议后方防务,则由中山逐一询问各军是否均愿出□前方,从事北伐,各总司令以既经决定,自应率军前往,但中山以后方亦属重要,东南两路,更需有备,以期无患,乃指定以粤军留镇后方,其余均限于两星期内,实行出发……一说中山既已决心北伐,所虑各军总司令之贪恋广州烟赌税,仍虚与委蛇,而不决心实行北伐,中山于此,亦已下一决心,如各军再不奉命,亦惟有弃广州而去。"关于北伐决定所带来的机构及人事更动问题,据称:"廖仲恺于此项北伐,亦愿随军出发办理党务,则于此可知省长易人之事,当即实现,并连带以解决政潮。"(《广东出师之准备》,《时报》1924 年 9 月 12 日)

《广州民国日报》报道称:"省长廖仲恺为中山向所倚重,纵不随同出发,亦将别有较重之任务,所以省长一席,亦须同时更动,继任者除胡汉民、邹鲁两人已表示不干外,以许崇智、邓泽如、伍朝枢为最有希望,终属何人,仍须三数日间方能揭晓也。此外隶于大本营财政、军政、内政、建设、外交等部,则以中山既经出发,自无一并存在之必要,咸主张分别裁撤,减轻政费。"并谓,孙中山已委托胡汉民留守广州全权代行大元帅职权。(《北伐进行中之内部改组》,《广州民国日报》1924 年 9 月 6 日)

△　接见抵穗之四川革命军首领石青阳、但懋辛等。

四川边防军总司令石青阳、第一军长兼四川北伐总指挥但懋辛等,作为四川北伐军总司令熊锦帆之代表,是日抵广州谒见孙中山,"请示北伐方略",表示愿一致讨伐曹、吴,并建议与陈炯明和解,令陈出兵攻闽南、讨直系。孙中山表示赞许。(《但懋辛等来粤筹商北伐》,《广州民国日报》1924 年 9 月 6 日)但、石之部队时在湖南省境,并就该两队之今后行动与孙商榷。(《粤政府发北伐宣言》,《中华新报》1924 年 9 月 7 日)因川中军事逆转,原驻四川之革命军军长石青阳、但懋辛转战于川东南已逾岁,后奉命奔走滇、黔间,号召西南联军北伐,过滇时为唐继尧所接纳,于上月 24 日离滇时即曾来电述及。本日抵广州,特来面谒,报告与唐继尧商定之细节等,逾两小时。孙中山当予嘉许:"余

望君久矣! 决照所陈施行。"(《中华民国史事纪要(初稿)——一九二四年九至十二月》,第 340 页)

△　函告蒋介石将移镇韶关,仍照前令发足李縻将军所需军械。

函谓:"前日命李縻将军设备钢甲车四驾,北江两驾,东江一驾,佛山一驾,为保护车路兼载宣传队为沿途宣传之用。佛山车已备妥,次日开始宣传。而兄处派人忽将手机枪并短枪收回,致不能照计画举行。李縻将军固大为失望,吾亦同此心。此事关于党务、军事之进行,甚为要着。且我拟一二日后亲往韶关,更须此二甲车随行。务望照前令发足手机枪十八支,驳壳枪二百五十支,切勿延误为要。"8日,再令蒋速办妥此事。(《致蒋中正函》,《孙中山全集》第 11 卷,第 11 页;毛思诚编纂:《民国十五年以前之蒋介石先生》第 7 册,第 57 页)

△　召广东财政厅长陈其瑗入帅府,谕饬筹备北伐种种军费。(《进行北伐中之种种消息》,《广州民国日报》1924 年 9 月 5 日)又派大本营副官王文瀚、葛昆山带随差员二名,乘车星夜赶赴韶关,负责筹设韶关大本营行辕等事宜。(《北伐进行中之内部改组》,《广州民国日报》1924 年 9 月 6 日)

△　指令经界督办古应芬,准将登录局改为沙田登记局,章程须重新改订后呈候核夺。

令曰:"呈及章程细则均悉。所请将登录局改为沙田登记局,事属可行,应准照办,惟查阅章程多采法律用语,事关行政范围,诚恐一般人民未尽事〔了〕解,转滋窒碍,且嫌含混。至登记簿一节,则应列入施行细则内,不必列入章程。仰该督办即便遵照。另行斟酌损益,妥拟简明赅括而又使人民易于事〔了〕解之章程,呈候核夺,是为至要。"(《帅令准设沙田登记局》,《广州民国日报》1924 年 9 月 5 日)

△　令准禁烟署总务厅厅长雷飚,督察处处长缪笠仁,第一科科长龙廷杰,秘书朱剑凡、鲁岱辞职。(《大本营公报》第 25 号,"命令")

△　卢永祥、张作霖分别致电孙中山,指出直系头目曹锟、吴佩

孚乃战争祸首,国民公敌,"声讨之师,不容或缓",请"分道出师,兼程并进",讨伐国贼以伸正义。

卢电略谓:"惟曹锟既为国民之公敌,则诸公宁忍作壁上之旁观,尚希诸公分道出师,兼程并进,庶几正谊有获伸之日,大局有复安之望,至于障碍既除,国是待定,尤望诸公本其素抱,发为政论,依多数国民之趋向,定百年立国之大计,除出师讨曹业已电达外,专布诚恂,敬候教言。"(《卢永祥通电》,《申报》1924 年 9 月 6 日)张电略谓:"夫曹吴罪恶山积,悉数难终……作霖为国家计,为人民计,仗义誓众,义无可辞。谨率三军,扫除民贼。"(《大本营公报》第 28 号,"公电")①另有消息称,孙中山"已向奉张怂惥出兵,并拟以驻在广东各军组成兵力三万之联合军"。(《粤孙会议决定北伐》,《盛京时报》1924 年 9 月 6 日)

△ 卢永祥来电报告江、浙军 3 日开战事。谓:"江日下午,苏军由昆山方面来攻,驻黄渡之我军还击,当即开火。彼军初时气尚猛,相持至今晨八时,彼军不支,败退数里,我军正乘胜追击中。特此奉闻。"(《卢永祥报告江浙开战》,《广州民国日报》1924 年 9 月 6 日)

△ 东莞绅商学界致电孙中山、刘震寰,声讨驻莞军队糜烂地方,请求火速制止,将兵撤防,以重民命。(《孙军在东莞与人民宣战记(五)》,《香港华字日报》1924 年 9 月 10 日)

△ 林警魂致电孙中山诸人,报告消弭罢市潮情形,称:"昨奉电谕,省市风潮经已平息,遵即录电通告,全属欢呼。现在官商感情益为融洽,地方安谧,市面秩序、轮船交通一律如常。"(《林警魂电告消弭罢市潮情形》,《广州民国日报》1924 年 9 月 6 日)

△ 《申报》刊载报道,言孙中山与段祺瑞、张作霖、陈炯明各方之联系。略谓:"大本营复召集各重要军官会议关于出师大计,

---

① 孙中山对卢永祥本日来电于本月 10 日电复之,电文见该日条下。苏浙战启,粤、浙、奉联盟共举,浙派连日通电声讨;本日,奉派亦通电响应。(凤冈及门弟子:《三水梁燕孙先生年谱》下,第 360—361 页)实则张作霖前仍与直系时有周旋,值此,乃以响应讨直为名,藉机入关。

大体已就绪,一俟段祺瑞所派之代表许世英、姚裖昌南下后,再经一度会议,即可克日出兵……至于北伐军费系由奉张担任接济,日间将汇到一百万以为开拔费。大本营之财政部次长郑洪年,日昨因粤省北伐在即,已辞却部务,不日北上赴奉与张作霖面商要项,及源源接济北伐军费。又闻反直系要人梁士诒最近已由沪抵香港,不日来省与中山磋商北伐大计。及财政事项,梁本与奉张往还甚密,此次来粤兼受奉张重托,与粤政府密商。逆料梁氏此来,与粤省财政大有关系。至段氏代表许世英等来粤,于北伐事固有重要任务,此外并受段氏使命来粤调和孙陈,使停止东江战争,划东江为缓冲地域,无论双方皆不得进兵,以便惠城陈军移师向闽,牵制闽孙攻浙。闻调和事件经得双方允许,陈军离惠入闽已见事实。"(《粤省北伐援浙之开始》,《申报》1924年9月9日)另有香港电讯称:"孙陈和议,双方要人急欲进行,惟林虎、李易标反对。"(《粤桂之军事》,《时报》1924年9月5日)

　　△ 据是日莫斯科电讯,第三国际向欧美及东方劳动者发表宣言,详述帝国主义者侵略中国之事实,内有"国际帝国主义压迫中国国民自由运动之阴谋,英国麦多那政府之代表已在中国南方开始实行"等语。该项宣言并劝告英国无产阶级云:"汝等不能任英国帝国主义者假汝等之名,效其在汉口及长江一带之故态,打倒中国革命党。汝等不能任号称工党政府之政府,为英国银行及殖民利益计,援助封建的及商人的及革命……崛起严重反抗对华侵略,推开以大炮瞄向中国国民自由运动中心之帝国主义者之手。"(《第三国际为孙中山声援》,《京报》1924年9月6日)

　　△ 北京电讯称:"洛吴电中央,请速接济陈炯明大批械弹,预防江东战事再起,滇军趁机攻惠州。"(《益世报》1924年9月4日,"专电")

9月5日 在大本营主持军事会议,决定亲自督师北伐,并作相关人事任命。

本日,续召开会议,议决四项:(一)将大本营移设韶关,亲督各军,驻节于此。命各军分路入江西、湖南;(二)命胡汉民留守广州,代行大元帅职权,并兼广东省长,以巩固后方①;(三)委廖仲恺为财政部长,兼广东财政厅长,又兼军需总监。俾集中财权,整顿税收,以供饷糈;(四)任谭延闿为北伐军总司令,督率各军前进。(罗刚编著《中华民国国父实录》第6册,第4753—4754页)②另据东方通信社消息,是日大本营军事会议还决定:以客军全部组织北伐联合军,东江方面由粤军担任之;孙于8日由广东出发出征韶关;当孙出发时发表讨伐宣言及檄文;至12日止各军须集中于韶关。(《孙中山决组联合军北伐》,《申报》1924年9月7日)

《盛京时报》后曾刊文报道此次会议进行情况,指出军费难题,以及各将领与孙中山之意见差异。略谓:广州大本营是日上午接到浙卢支电,孙随即于下午再开第六次北伐军事大会议。是日列席会议者有湘、赣、桂、豫、川、陕及中央直辖各军高级军官,此外还有北伐第二军军长柏文蔚、第三军军长胡谦、第四军军长顾忠琛等。孙氏首先发言,强调"出师北伐,势不容缓"。又云:"现由□方协助若干,某处接济若干,另自设法筹借若干,总计共有若干,但必须军队发动之后方能交给。故各军须依期进发,军饷一项自当从后分别发给。"各人听其发言,"面面相视,后由樊钟秀、柏文蔚相继起言,谓各军出发,对于军用各物品皆略为补充,即不能先行给饷,而开拔费仍万不能缓。列席诸人均一致以此为请求,孙中山实难应付,始终坚持先出发后给费。各军则要求先给费后出发。故各军究竟何日拔队,尚难决

---

① 其后,胡汉民受命之时,向孙中山要求授予全权,尤不使鲍罗廷干预其事,孙中山允准所请。(蒋永敬:《胡汉民先生年谱》,第308页)

② 上海《民国日报》9月6日报道称:大元帅府是日又开筹备北伐大会议,决定湘、豫、赣各军全部加入,滇军、粤军各抽调一部,湘军任左翼,谭延闿为总司令。柏文蔚、顾忠琛、胡谦各军任右翼,李烈钧、柏文蔚中择一为总司令,大元帅统滇军赵成樑、豫军樊钟秀、闽军何成濬、粤军张民达、许济,山陕路孝忱各大军任中路,以李明扬为先锋,派胡汉民主持后方,陈其瑗筹配军饷。大元帅又谕令北伐各军限五日内,齐集韶关南雄,15日前入赣。(《北伐军限五日齐集韶关南雄》,上海《民国日报》1924年9月6日)

定……粤滇等军对于此次出师北伐实系另有意见,不过现时未便揭破"。(《粤孙出发前之北伐会议》,《盛京时报》1924年9月20日)

△　发表出师讨伐曹锟、吴佩孚通令,及告广东民众书。

北伐部署既定,本日即发表讨贼宣言,略谓:"本大元帅夙以讨贼戡乱为职志。十年之秋,视师桂林;十一年之夏,出师江右,所欲为国民剪此蟊贼。不图宵小窃发,师行顿挫,遂不得不从事于扫除内孽,绥辑乱余。今者烽燧虽未靖于东江,而大战之机已发于东南,渐及东北,不能不权其缓急轻重……凡我各省将帅,平时薄物细故,悉当弃置,集其精力,从事破贼。露布一到,即当克期会师。凡我全国人民,应破除苟安姑息之见,激励勇气,为国牺牲。军民同心,以当大敌。务使曹、吴诸贼次第伏法,尽摧军阀,实现民治。"(《大本营公报》第25号,"命令")①

同日又发表《告广东民众书》,指出曹、吴为全国一切变乱之祸源,而"浙江、上海实为广东之藩篱,假使曹、吴得逞志于浙江、上海,则广东将有噬脐之祸,故救浙江、上海,亦即以存粤",鼓励粤省民众"尤当蹈厉奋发,为民前驱,扫除军阀,实现民治"。(《大本营公报》第25号,"命令")

△　复卢永祥电,谓:"此间日内有精练而熟于战斗之飞机师四人由欧到粤。如尊处需此项人才,可先派来应用,信其必能收大效果。"4日,卢电告孙中山关于苏浙两军接战情况,并希望得到粤方之援助,孙接电后即复此电。(《复卢永祥电》,《孙中山全集》第11卷,第14页)

△　致电沪上催叶恭绰即行返粤,以共策北伐一切进行事宜。(《帅座电促叶恭绰回粤》,《广州民国日报》1924年9月6日)

△　任命马素为秘书,专理对外宣传事宜。每月薪俸五百元。(《任命马素职务命》,《孙中山全集》第11卷,第19页)

△　委派吴煦泉为大本营出勤委员。(《大本营公报》第25号,"命

---

① 《申报》亦刊载此一通电,文字略有差异。(《申报》1924年9月7日,"公电")

令")）

△ 令广东省长廖仲恺,呈缴监理兵工厂购械款数委员李芝畦等修订之《各团各界请领枪枝枪弹暂行办法》,准予施行。(《大本营公报》第25号,"指令")①

△ 令大本营会计司长黄昌谷,北伐在即,旧日行营长官各项薪俸一律停支。(《大元帅实行督师北伐》,《广州民国日报》1924年9月6日)

△ 准广东高等检察厅检察长林云陔呈请,给确有悔改的监犯朱道孙等六十七人分别减少刑期。(《大本营公报》第25号,"指令")

△ 令大本营军政部长程潜准如所请抚恤湘军已故军医正邓宇清。(《大本营公报》第25号,"指令")

△ 令广东高等审判厅厅长陈融转饬广州地方审判厅报销高雷绥靖处从该厅挪借之款项毫银一千元。(《大本营公报》第25号,"训令")

△ 旅港各邑商会联合会致电孙中山、程潜诸人,称:"东日桂军严师长兆丰率队入城,占住民居,肆行抢掠,蹂躏全城……万乞代恳当道暨各军长官速电制止,饬即离防,以遏乱萌。"(《商会联合会致省政府电》,《香港华字日报》1924年9月9日)

△ 沙面电讯称:"孙中山语客曰:余拟亲率大军北发与卢将军会攻吴佩孚,余拟于本月九日离广州取道韶关至赣边。"(《中国时局记》,《申报》1924年9月7日)②

△ 是日东方社广东电云:"孙陈和议说,复见有力,孙文现派汪兆铭赴港,关于东江问题,探询陈炯明之意向。孙文现今内意虽属不明,惟此际喧嚣关于福建问题,陈炯明与卢永祥已成立攻守同盟,则孙陈两派以此为根据,或能成立互相谅解。"(《孙文宣言北伐》,《顺天时

---

① 此"指令"时间或系9月6日。因原令未署日期,按大元帅"指令"第994、996号,发令日期分别为1924年9月5日及6日,而此令为第995号"指令",日期据此酌定。

② 《顺天时报》亦刊载此电,惟称是路透社六日电,并谓:"据以上消息,虽似路透访员所发,然外闻伪造报告,如是之多,且用种种诡计冀可使其广播,别有作用,路透社姑发此电,其真假尚难断定。"(《粤孙兴师北伐之计划》,《顺天时报》1924年9月7日)

报》1924年9月8日)又有电称:"孙文北伐军费,除向奉浙要求援助外,再向广东省民征收。本日宣言中已微露其意。惟省民最感苦痛之各种苛税,当永久取消。更决定将广东市政委诸市民自治,其关于市民自治制度实施之法案,已交付法制委员会审议,约于一星期后即可发表结果,市长当由民选。"(《孙文向奉浙要求北伐军费》,《晨报》1924年9月8日)

△　报称:"孙中山自得江浙警耗,曾迭次召开密议,粤军、豫军及滇军中大部分将领,均以粤中战事陈军已能为可暂取守势,主张大队北伐,而留□数军队扼守现在防线。数日来粤豫各军纷纷出发北上,前线有已至英德者。惟闻京洛方以浙军势盛,有调方本仁、常德盛两军助攻浙之计划。果尔则前门拒虎,后户进狼,他日手忙足乱之情形又可想象而得矣。"(《孙陈携手会攻长江议》,《盛京时报》1924年9月5日)

△　据粤探电告:"陈炯明部在惠州集合,准备向石龙前进,拟急攻广州与北江。"(《益世报》1924年9月7日,"专电")另有粤电称:"孙中山对江浙事,原拟出兵援卢,乃所部中下级军官多不听其指挥,故难实现。"(《益世报》1924年9月5日,"专电")

△　是日香港电称:"赵成樑电孙中山,愿率所部入赣,任北伐先锋;盛传北军方本仁已到连平,与林虎联络。"(《江浙开战后之奉粤》,《时报》1924年9月6日)又称:"东莞军团冲突案,刘震寰一面派人调停,一面用兵舰三艘运兵前往,范石生亦出调停。"(《粤省军事与财政》,《时报》1924年9月6日)

9月6日　函胡汉民、廖仲恺,指示扣存商团枪械之处理方式。

函谓:"商人有愿筹北伐费而讨回枪械者,此事现交精〔卫〕交涉。如得圆满结果,当要给还一大部分与服从政府之商团。故欲沽其一部分为练兵费一节,不可施行。此帮械如何发落,当俟精卫交涉后而定也。"此函并致蒋介石。(《致胡汉民廖仲恺函》,《孙中山全集》第11卷,第22—23页)

△　报称,孙中山此次出师,立志颇为坚决,大有破釜沉舟之志。

据《盛京时报》报道,是日"第七次北伐军事会议,已决议委任胡汉民为后方留守,将广州原日之大本营改为留守府,但从前所附设之内政财政军建设各部,一律分别裁撤,省中现有各骈枝机关,与及各署冗员亦均一并淘汰。从前大本营直接抽收各种税捐如糖捐等项,已划归地方税,改由财政厅办理。政部所设之糖类捐总局亦在裁撤之列,其他苛细杂捐如火柴之类概行撤销。至于市政,亦交还市民,以后广州市长当由市民公举。"各种措施,颇见中山"大有破釜沉舟之志"。

该报道并特别提到大军出发后东江局面之隐患,谓"洛吴为牵制孙中山出师之计,已令胡景翼统率所部入赣,以堵截赣粤边防一带,使孙军不能越北江雷池半步,复资助陈炯明由东江进攻,则孙中山既有内顾之忧,自不敢远出等语。然另据别方消息,则谓段祺瑞、吴稚晖等早已向陈炯明疏通,东江陈军已不复进。洪兆麟所部在惠州前敌者亦已调回潮汕,转向闽边。此等关系机密重要之事,详情若何,固非局外人所能悉,以东江目前而论,则陈军确已退向后方。但兵不厌诈,是否藉名退兵,使孙中山大军尽出然后乘虚而起,亦未可料。前年孙中山出师北伐,曾使李烈钧入赣,许崇智入闽,乃陈炯明竟派重兵在韶关及潮汕等处堵截,已有前车之可鉴也。"(《破釜沉舟之孙中山北伐》,《盛京时报》1924 年 9 月 23 日)

△　接见闽军将领宋渊源派来之代表陈某、白某,听取其对闽南军事近况之报告,并对闽局面授机宜,"该代表拟即返闽发动"。(《宋渊源代表来粤》,《广州民国日报》1924 年 9 月 6 日)

△　市民治安维持会何侠等致电孙中山、伍朝枢诸人,声讨陈廉伯"滥充广东商团领袖,勾通敌党,藉英领为护符,实行叛逆"等罪状,反对英领干涉内政,呼吁"齐望各界共表同情,为政府后援,救我未亡之广东"。(《英领干涉内政之反响》,《广州民国日报》1924 年 9 月 6 日)

△　赣民自治会电请孙中山迅速出师北伐。(《各团体拍电与开会》,《申报》1924 年 9 月 8 日)

△　东莞全属公民致电孙中山、刘震寰诸人，控诉驻莞部队之不法，称"若不速将该兵撤退，倘迁延时日，难保无匪徒假藉乡团名义假公济私，地方受累，贻祸无穷"。（《孙军在东莞与人民宣战记（五）》，《香港华字日报》1924年9月10日）

△　江西旅沪赣民自治促进会致电孙中山，请迅速北伐。（《赣民自治会请中山迅速北伐》，《申报》1924年9月8日）

△　令裁撤广东无线电报总局，该局事宜交由广东电政监督管理。局长冯伟另有任用，免职。（《大本营公报》第25号，"命令"）

△　饬广东省长廖仲恺及财政委员会："着财政委员会即将从前所有征收各项捐税及附加军费，逐案核议。其涉于苟细者，均一律蠲除，由广东省长转饬各主管征收机关实力实行，以示体恤而慰民望。"（《大本营公报》第25号，"训令"）

△　指令廖仲恺，准粤汉路伕役改由集贤总工会接办。

本月4日，国民党中央工人部长廖仲恺呈告：粤海铁路伕役前由和济公司承办，"对于伕力工人，待遇不善"，集贤总工会呈请承回办理，请撤销前给许崇灏之指令，由工会接办以改善工人生活。是日据呈指令广东省长廖仲恺："既据陈明和济公司种种办理不善，应准由集贤总工会承办，尚属实情。准予撤销前发许前总理备案指令，仰仍转行知照。"（《粤路伕力拟改由工会自办》，《广州民国日报》1924年9月5日；《大本营公报》第25号，"指令"）

△　令大本营军政部长程潜准如所请赠恤西路阵亡连长余湘兰。（《大本营公报》第25号，"指令"）

△　是日港函称：孙军北伐军费"除奉张相助外，另着财厅、运署各征收机关，切实筹解，拟统由许总司令办理，以一事权，而专责成，大抵筹备妥协，本月内尽可提师北向，实行征讨"。（《粤政府决即日出师北伐》，《中华新报》1924年9月11日）

9月7日　北京曹锟政府发出讨伐卢永祥令。（《政府公报》第3041号，"命令"）张作霖宴驻奉各国领事，声明奉天因直军之压迫，将开战。(《东方杂志》第21卷第19号,1924年10月10日,"时事日志")

　　△　中国国民党为"九七"国耻纪念日发表宣言,呼吁民众团结一致与党合作,打倒帝国主义。

　　值辛丑条约签订二十三周年之国耻纪念日,自北京发起,湘、赣、沪、鲁各地响应,纷纷举行大会。中国国民党特发表宣言,号召民众团结一致,与国民党合作,肩负起打倒帝国主义之责任。广州工、农、军、学各团体七八万人于本日上午在第一公园举行纪念大会,通过如下议案:(一)致英国工党电案;(二)致世界弱小民族电案;(三)反对帝国主义宣言案;(四)反抗压迫工人之帝国主义化的商团军案;(五)取消一切外人对华之不平等条约案;(六)赞助孙大元帅北伐实行国民革命案;(七)力争京汉党狱案;(八)组织反帝国主义大联盟案。(《中华民国史事纪要(初稿)——一九二四年九至十二月》,第356—360页)

　　据报道:"是日到会之农工各界逾数万人,由谭平山主席。谭氏续述帝国主义者对于中国之横暴,及对东方民族之物力与经济侵略,促被压迫民族共起反抗,继由国民党中央委员会、青年农民部、公会、学生、军事学校农民妇女及各界代表相继演说,一致主张废除辛丑条约,撤销领事裁判权,抵制英美货物,并促全国人民团结与帝国主义者奋斗,会众皆异常激昂,散会后,复分途游行示威,放散反帝国主义特刊,游行队导以军乐,各人手执旗帜,高呼打倒帝国主义等口号,旋又以大会名义,致电麦多那,抗议外人侵略中国。"(《九月七日广州废约示威运动》,《京报》1924年9月11日)

　　△　训令各军长官:现在举行北伐,所有应行出发各部分军队,业经令知准备定期开拔;其非奉命北伐各军,着仍就各原日防地驻扎,妥为布防,不得擅行移动及懈弛防守,是为至要。(《帅令各军准备出发》,《广州民国日报·临时特刊》1924年9月11日)

　　△　商团代表持陈廉伯、陈恭受拥护革命政府通电稿前来谒见。饬两陈须彻底悔过,方能发还扣械。(《中华民国史资料丛稿·大事记》第10辑,第147页)

△ 广州通讯称:陈炯明"拟与浙卢携手,出兵福建,以牵制孙传芳,故近日有退出惠州之策"。孙中山遂于日前召集李烈钧等开会讨论,议决除酌留滇、湘、粤各军驻防东江外,其余湘、豫、赣及滇、粤、桂各军,与北伐第一、第二、第三军均出发江西,以与入闽陈军会师长江。(《孙文北伐之路透电》,《北京日报》1924 年 9 月 7 日)又有消息称,陈炯明欲乘机出兵福建,系与孙传芳有怨,因孙传芳此前私与林虎约,以援粤为名,欲出兵进取潮梅,一方以拓大自己地盘,一方以助林虎而排陈,故陈颇恨孙。(《孙文又乘机高唱北伐》,《益世报》1924 年 9 月 7 日)

△ 香港电称:"国民党机关报载孙文决意北伐,孙临行即尽撤苛捐,意在和缓商民。"(《时事新报》1924 年 9 月 8 日,"电讯")

△ 《时事新报》刊载是日广州特约通信,言孙中山决意北伐的原因及其用意。

该文分述以下几项内容:(一)孙政府之会议;(二)所定进兵计划;(三)防务饷项问题;(四)鼓吹北伐索隐。略谓:孙中山在大本营会议上谓"现在各省联军,云集广东,饷粮浩繁,时虞不给,然以一省之财力,负担数省军队之饷项,实已再难持久,倘能出师北伐,则一方既可发展,一方又减轻广东负担,实一举而两善"。"众遂以浙若失败,则洛吴之寇粤殆易如反掌,粤其不战而亡,不如乘机作战,不独足以救亡,且可希望有所发展,乃决定实行出师"。中山"既决意倾兵北出,但后方为陈军所牵制,不能不防其突起反攻,万一广州为陈军夺去,北伐军各方之接济,即陷于中断","特派代表多人赴港分向陈军中要人调停。惟陈军方面俱以孙氏已为粤人之公敌,现已动员实行讨伐,以为粤人除此大害,此时万无言和之可能。经严行拒绝,孙方乃决以桂军全部及滇军一部,留镇东江,许崇智部留镇南路,坚取守势"。"据政界传出消息,孙政府至今日经已山穷水尽,预料广东再难以久住,盖人心已去,外则四面受敌,内则心腹为患(近广州盛传滇军范石生、廖行超所部将有特殊举动),亟须预留后路,乘此机会,先打通北路,届时可率众窜入邻省,故高唱北伐;次则因奉张近有电促其出师,并允助以军费一百万元,但须分次交付,至韶关时先给以若干,进至赣南时,又给以若干,攻下南昌时,再给以若干。孙为欲赚得其一次协款,故又不得不呕呕出兵"。(《孙文北伐之内幕观》,《时事新报》1924年9月12日)

△ 关于孙中山与陈炯明关系,一时传闻甚多,或称东江和议似将成立。(《粤政府发北伐宣言》,《中华新报》1924年9月7日)或谓:"竞存与中山根本上意见不同,一时尚难融洽。最近浙卢以东南事急,复电促竞存实行弃惠攻闽、孙陈合作,竞存于浙卢以共主联治之关系,本有多少之同情心,今对卢电颇为心动,或即出师援浙亦未可知。"(《洪兆麟攻漳援浙说》,《申报》1924年9月7日)另有报道,从孙中山发表的出师讨伐曹吴令及告广东民众书的内容分析孙陈关系,略谓:"孙氏之宣言二通,其一对全国,其二对粤人。第一宣言内,有全国大战之机,发于东南,渐及东北,故决意捐弃小节,断然北伐,民国存亡,在此一举云云。第二宣言内,谓北方军阀与广东叛逆派相结托,又谓业已下令各军,断行北伐,移大本营于韶关,亲自统帅,进规长江黄河云云。第一宣言所谓捐弃小节,似自与陈炯明不复较量,且或有重归于好之意义。但第二宣言所谓广东叛逆派,是对陈犹有宿憾也。故此二宣言,当无从窥知孙陈今后之局面,亦无从窥知北伐计划。"(《奉粤崛起应响浙江》,《时事新报》1924年9月7日)

9月8日 就庚子议定书及中国革命问题,在广州与外国记者谈话[①]。

谓:"议定书(按,即辛丑和约)的真正目的是要奴役中国,而不是惩罚清代统治者。帝国主义不仅是中国达到民族独立的主要障碍,同时又是反革命势力最强大的部分。帝国主义列强必须放弃他们应

---

① 苏联《真理报》于1924年9月17日以醒目标题"孙中山发表声明——中国要走苏联的路"刊出孙中山的这次谈话。此处即据《真理报》所载文译出。据孙中山9月12日致加拉罕函谓:该谈话是作为《广州报》的附录于9月8日发表的,他将这个文件随信寄给了加拉罕。(《致加拉罕函》,《孙中山全集》第11卷,第45—46页)

得的那份庚子赔款。否则,中国就要像苏联一样采取行动。因苏联已为中国做出了一个国家应怎样摆脱外国威胁和不公平待遇的榜样。"在谈到中国革命的依靠力量时,强调产业工人阶级应当发挥领导作用,他还对农民和知识阶级寄予希望,而将依附于帝国主义的买办者,斥之为"国家的痈疽"。(《与外国记者的谈话》,《孙中山全集》第 11 卷,第 40—41 页)

是日广州电云:"英文广州新闻今日发行辛丑条约特刊,并载有孙中山对于该约与革命奋斗之重〔要〕谭话。中山指该约乃世界帝国主义侵略中国之条约,中国因受该约之压迫,以至较诸殖民地尚为不如,并谓帝国主义藉该约束以约中国政治经济运命①,至使中国国民救国运动屡遭失败,且该约实际上并非惩罚满洲政府,只系侵害中国,而帝国主义之对中国,非止于阻碍中华民族之独立,且为反革命之有力分子。至于各国退还庚子赔偿,实系俄国大革命之结果。俄国革命,已为中国开一自救之先例矣。关于解决中国民族问题之各种势力,中山认工业界为重要分子,但税务权限操诸列强手中,工业阶级之发展决难成就。中山又谓其所持政策,并顾农民与智识阶级之地位,至于外人公司中之买办,则尽属帝国主义者之走卒,愿使中国保持半殖民地态状,故为民族运动之敌。国民党中分子,诚有少数不知解决国家问题之正当方法,且有置国家利益于不顾者,但此现象将有所变迁,否则吾人即应分裂。"并称:"孙中山已向国民党中央委员会提出斥退捣乱分子邓持(译音)。"(《国民党驱逐捣乱分子》,《京报》1924 年 9 月 13 日)

《北京日报》后亦报道称:"北京外交团接得广东孙中山宣言一纸,要求农工学各界联合协作,使中国不受内外帝国主义之害。该宣言之要旨谓:辛丑条约乃帝国主义之大联合以压迫中国,而外交团乃其实施该项主义之机关,至各国之退还庚子赔款,乃俄国大革命有以致之,并非出于各国之善意,今之帝国主义殊有除灭之必要。此宣言

---

① 原文如此,似为"帝国主义藉该约以约束中国政治经济运命"。

反对英国之激烈情形,与亲爱苏俄之热烈情形相同。"(《孙文反对帝国主义》,《北京日报》1924 年 9 月 11 日)

△ 致函蒋介石,催拨交李麋供装甲宣传列车所用之军械。

函谓:"前李麋将军要取手机枪十八枝为配甲车之用,务要照发,不可令学生带来,借用一时而又带回去。此殊失李将军之望。李君专长甲车战术,一切须由其配备,乃能灵捷。且敌人已来窥翁源、河头,欲断我省韶铁路之交通。我日内往韶关,则此铁路之防备更为急要。务望将手机枪同驳壳枪一齐交与卢振柳带回,俾李将军得以配备后方防卫。至要,切勿延误。"(《致蒋中正函》,《孙中山全集》第 11 卷,第 27 页)

△ 密令蒋介石"先发朱培德部步枪一千枝,子弹配足,其余前令发给各部一概从缓,以待精卫与商人交涉妥后另议"。(《致蒋中正函》,《孙中山全集》第 11 卷,第 27 页)

△ 令裁撤法制委员会、经界局、盐务署三机构,着将盐务署应办事宜归并财政部办理。盐务署长原由财政厅长郑洪年兼任督办,上月 27 日免郑兼职,改调财政部佥事黄建勋出任署长。(《大本营公报》第 25 号,"命令")

是日东方社广东电称,孙中山现专心于北伐军费之筹措,昨在大本营会议,决计举行整理财政与行政,其结果撤废稽核局、审计所、法政委员会,盐务署与财政部合并,财政部与大理院之经费减半,其余各部则裁汰冗员,至被裁之冗员,则给以退职俸金十个月。(《直奉粤三方军事之日讯》,《申报》1924 年 9 月 10 日)[①]

△ 令饬经界局督办兼办广东沙田清理事宜古应芬,就其所呈"撤销沙田自卫,另组织党军,改编团勇,以扶助劳农"的建议,拟具办法呈核。令谓:"所请事属可行。惟应如何切实进行,统筹兼顾,方不至违背农民自治之精神,而政府收入亦不至有所妨碍,仰即拟具办

---

① 《中华新报》亦刊载此消息,惟称系"东方九日广东电"。(《粤师出动准备中》,《中华新报》1924 年 9 月 10 日)《盛京时报》9 月 23 日所刊《破釜沉舟之孙中山北伐》中部分内容亦与此条消息相似,未知其原始来源。

法,呈候核夺可也。"(《大本营公报》第 25 号,"指令")

△　任命江天柱为北伐第四军参谋长。免大本营秘书李伯恺本职,改派为大本营宣传委员。(《大本营公报》第 25 号,"命令")

△　指令管理粤汉铁路事务陈兴汉,准赓续办理该路临时附加军费。(《大本营公报》第 26 号,"指令")

△　报载,浙江国民大会是日上午举行,并有致各方通电,其中致孙中山、陈炯明之电,望孙陈捐嫌修好,即日扶义北伐。致孙中山电谓:"先生志在灭贼,大义炳然。今贼欲先谋浙,然后合力攻粤,阴谋狡计,明白易知。务恳即日扶义北伐,先生攻其南,浙人犄其北,灭贼必矣。"(《浙省国民大会之愤激》,《申报》1924 年 9 月 9 日)

△　中央直辖西路讨贼军第一师长韦冠英、第二师长严兆丰发表对莞事通电,并致孙中山、杨希闵诸人,略谓:"溯自政府扣械案发生后,东莞城外十二坊商团长张励图、商会长张承祖等,即派遣代表李才出席陈恭受之佛山会议。当广州罢市潮风甚嚣尘上之际,而李才适自佛山回,于是东莞乱作矣。藉扣械罢市之名,行颠覆政府之实,勾引土匪,煽惑乡团,断绝交通,紧闭街闸……为首倡乱之张励图、张承祖等虽已在逃,而罪无可赦,伏恳帅座、各层宪迅予通缉查抄,以警将来,地方幸甚。"(《韦严两师长对莞事通电》,《广州民国日报》1924 年 9 月 16 日)

△　移沪参众两院发表致孙中山、许崇智及张作霖、唐继尧、赵恒惕等通电,声讨曹锟贿选窃位,坏法乱纪,勾结卖国,以饱贪囊,望各方"捐弃一切,共集大勋"。(《移沪国会发通电》,上海《民国日报》1924 年 9 月 9 日)

△　各省区公民大会发表通电,并致孙中山、段祺瑞诸人,称"曹锟贿选,国法宜诛","诸公之已出师者望奋力鼓勇,其未出师者亦宜速成义举"。(《公民大会代电》,上海《民国日报》1924 年 9 月 9 日)

△　在京广东同乡致电孙中山,声讨直系,"乞率联军北指,共灭横暴"。(《粤孙北伐军开拔韶关》,长沙《大公报》1924 年 9 月 16 日)

△　唐绍仪向记者谈及孙中山与陈炯明关系。

远东社记者于本日上午访唐绍仪于其寓所,据其谈话云:"吾国有数千年之历史,其风俗习惯有特殊之处,国民性上有自治精神之美点,今之执政者不加以审察,强欲以违反民意之武力求贯彻私人不适潮流之主张,此中国乱原之所由起也。今后根本上唯一解决国是之方法,须本国民所固有自治、分治之精神而放大之,始有一丝之希望。"唐氏又对记者谈及粤事,谓孙中山此次宣言中对于陈竞存措词极妥切,已许竞存有复行合作机会,亦对付时局之一种办法。(《唐少川之时局谈》,《时事新报》1924 年 9 月 9 日)

△　《顺天时报》刊载报道,言孙中山北伐之种种不利因素,称北伐前途未必乐观。

本日东方社电称:"孙文原定八日赴韶关,嗣因军费问题、北伐联军编成问题、对陈炯明问题等内部事情,出发遂为延期。据东方通信记者所探知,孙文关于筹措北伐军费,曾提出亲率客军全部出马为条件,向商民要求支出三百万元。惟商民意向,非俟孙文还前次没收之商团武器,及北伐军开抵韶关后,殊无商量之余地。一方客军中之湘、豫、桂等军,一俟领到开拔费,无论何时,可以出动。惟范石生所率之滇军,占有最优地盘,由此关系,颇不欲离广北上。对于客军全部出动,令粤军留守之计划,似抱不满。故大本营会议决定之北伐方针,迄至实现,尚有多大困难。"9 月 9 日上海路透电称:"孙文现难筹措充足款项,以备北伐之用。又因地方各紧要问题急待解决,不得不暂改行期。孙文筹款之方法,即允许广州商界将各省抱拜金钱主义之军队悉数开拔离南,拨作北伐军,盖其蹂躏两广,为时已久。然商界仍不为所动,却不捐款,且抱拜金钱主〔义军〕队,对于北伐之举,并不热烈输将云。"(《粤孙北伐实难行》,《顺天时报》1924 年 9 月 10 日)

随后多有类似报道,称孙中山之北伐难以实现。9 日广东专电亦云:"孙文之北伐计划现因军费未能筹措,且各团内部未能一致,商团问题亦未解决,竟致无期延缓。参谋总长李烈钧最近颇形疏远,竟

不参与军事会议。"(《粤孙北伐颇难实现》,《盛京时报》1924年9月12日)
《时事新报》则刊文指出粤孙内部之矛盾,谓:"在事实上,孙文北伐未
必真能实现,在孙陈未有默契以前,广东方面不能不长事防范,因此
何人担任北伐,何人担任广东防务,必成为问题。以我们观察所得,
滇粤两军绝不肯轻弃肥美的酒烟捐,出师北伐,所以肯担任北伐的,
怕只有穷无所归的湘军一派,但看孙文任命谭延闿为北伐总司令,便
可明白。湘军实力有限,充其量,不过对付江西、湖南而已,定没有能
力和浙卢联合作战。故粤孙如果出师,仍是各自为战,酿成西南战局
而已,与东南之战,可说是丝毫无关,截然两事。"(《国民心理之堕落与
内争》,《时事新报》1924年9月10日)

对于联军内部的问题,当时苏联驻华军事顾问亚·伊·切列潘
诺夫曾指出:"滇、桂联军对粉碎陈炯明丝毫不感兴趣。陈炯明将军
的部队尽管在人数上不及粤军,但仍有相当强的战斗力。要同他的
军队作战,必须全力以赴。而联军将军们对这种前景是不太感兴趣
的。因为战斗的胜利非但无利可图,反而会使他们丧失广州的保卫
者的权利所暂时享有的种种好处。"([苏]切列潘诺夫:《中国国民革命军
的北伐——一个驻华军事顾问的札记》,第123—124页)

9月9日　广州商团发表"广东全省商团军全体宣言",自言"抱
定械存与存,械亡与亡之主旨",并要求政府克日发还全部扣械及取
消对陈廉伯、陈恭受之通缉,否则将实行第二次罢市及停纳税收等。
(华字日报馆编:《扣械潮》卷2,第95—97页)

广州市公安局长吴铁城曾发表演说略谓:"政府不怕商团开仗,
只怕罢市。如商团开仗,则只用吴某三数百警卫军,于两小时内,便
可将商团逐一缴械。惟其罢市,则(一)税收断绝。(二)金融停滞。
(三)军心动摇。此时恐东江陈军不必筹备,即可乘隙反攻。政府内
外受敌,难于兼顾,故全体党员,须破坏商民罢市,为十日内所应一致
进行之事。"(华字日报馆编:《扣械潮》卷1,第18页)

商团意向依然强硬。东方社是日电云:"因商团军军械问题发生

之罢市问题,依滇军范石生、廖行超之协定,表面上暂告解决。其后政府不将武器交还,而北伐问题又迫目前,因之形势再现险恶。陈廉伯以下重要人物,现得香港商业团之应援,要求于十日以内将军械交还,视政府态度之若何,再决定是否取强硬手段。"(《广东军械问题再燃》,《顺天时报》1924 年 9 月 12 日)

关于事情起因,《时事新报》是日报道则较祖护商民一方,谓商民方面对于孙政府提出的交还团械的六条件大为不满,"刻下全市商民之态度,可分为两种:(一)否认条件,当以继续罢市争之;(二)承认条件,暂行开市,俟七日后,如孙政府有一言不履行时,再行激烈之大罢市"。而孙政府方面,则决定在罢市风潮解决后,即以迅速手段改组商团,藉以剖除政府阻力。"昨廖仲恺已将改组商团办法拟定:(一)全省商团置在政府监督管理下,凡一切行动胥受政府裁制;(二)商团原日之组织制度与编制法一律取销,须依新章改组;(三)商团原日各职员须一律改选,由政府加给委任状;(四)商团军额与枪械武器须受政府之一定限制,不得为无限之扩充;(五)政府得临时检阅商团军及其武器;(六)全省民团统率处成立后,商团应隶属该处管辖;(七)改组新章颁行后,各商团均须一律遵令改组,不得违抗;(八)陈廉伯、陈恭受组织之粤省商团联防总部,系不合法则,业经政府取销,各商团不能再行依据此组织法施行联防及集合。"该报道认为"以上办法,不啻将商团现行制度完全推翻,而置之于官厅监督之下",故"此项章程一经颁布,必又惹起第二次之大风潮"。(《粤商团军械案不解决之危险》,《时事新报》1924 年 9 月 9 日)

《时事新报》后又刊文将此事诿过于孙政府,称:"日来消息益行恶劣,盖闻孙政府经在大本营密议,决定无论如何,兹不发还团械,将以大军北伐需械补充为借口,至对范、廖所订之六条件,则诿为未得孙文同意,和与商团订和,政府无履行之必要,表面似牺牲范、廖,实际即推翻六条件,以完成其哄骗罢市之目的。惟是推翻条约,犯天下之大不韪,孙政府仍不欲居此罪名,于是又归咎于商团。谓陈廉伯、陈恭受尚未通电悔过，商团既不履行条件，故政府亦未能实行交回。实则二陈拥护孙政府之通电，日昨已由香港送到，惟孙文故意吹求，谓其不承认作反，乃组织□击党，又不承认英国助其发难，要陈再加修改，务须全照政府日前口气，乃准拍发。遂将该电交还香港，读者试思作反为何等大事，无端牵入外国，又何等激动外交，乃孙政府必强二陈以己之口角为口角，以己之颦笑为颦笑，二陈虽懦，亦未必卑靡至此，肯如此涎脸向人，是简直逼至二陈不能发电而已，及电果不能发矣，孙政府遂借口有词，轻轻将破坏和约之罪，移至商团身上，其用计之工且毒，可谓绝无仅有矣。"（《粤省扣械案重起风波》，《时事新报》1924年9月15日）

稍后该报进一步描述此事之原委，谓："连日（商团）七代表均亲到范、廖处催促妥办，范、廖虽允竭力交涉，务将枪械发还，范并谓如不能达到目的，我范某唯有不做官不带兵，马上离去广东等语。但孙民〔氏〕始终坚持如故，且以范被商团纠缠，迭向其讨取枪械，因谋为调虎离山计，特调范部滇军出发北伐，惟滇军本不愿离粤，范遂借口扣械案未能解决，不允出发……而商团方面亦以团械之发还，遥遥无期，准备为第二次之大罢市。并于是日发表宣言，略谓："自本团军械，被政府无理扣留，全省一百三十八埠，同时罢市，誓死力争，为中外历史所未有，吾侪商民罢市，其唯一要求目的，不外无条件完全还械，及核准联防成立，恢复总副长安全，否则誓不干休……时至今日，我全省商团军，无论如何，械存与存，械亡与亡之主旨，倘有反复，生死以之。非先使还全部军械，及将通缉陈总副长令同时取消，则一切条件，皆可磋商，一弹一枪，断难假借，领袖冤诬，义无袖手，利害得失，无暇较量。"（《粤省扣留团械案又紧张》，《时事新报》1924年9月20日）

《晨报》亦刊文将商团酝酿第二次罢市归咎于孙政府，谓："扣械案自双方签字解决后，距今已逾旬日，所订之六条件，孙政府并无实行之诚意。旬日来均借口于两陈通电措词之未妥，以为留难阻滞之地步。日前商团签字之七代表，迭向范石生交涉，范最后竟以可问汪精卫对。商团以范发此无责任之言,岂不是政府有意布置此机局,以瞒骗商店开市。七代表昨遂正式致函范氏,提出质问,以范氏既签字为负责调停人,断不容中途撒手不理,两陈通电文稿,早经撰就送交政府,政府既指为不妥,又不将不妥之点指出,复不将电稿发还,宁非立心留难商团军械,故无论如何,此事必须范氏负责办妥云云。范氏接函,至今仍未答复。商团见形势不佳,乃召集紧急会议,金谓政府用此延宕手段相对待,其目的不外欲没收军械,故不可不亟筹应付方法。经一致议决,倘政府方面仍持此灰色态度,不立将全部军械发还,惟有实行第二次之罢市,以促孙中山之觉悟。此种主张,各属代表亦已同意,将来事情爆发,罢市之范围,定比前次为扩大。"并谓"近闻政府方面反对交还团械最力者,除廖仲恺外,汪精卫亦竭力从中阻梗,连日汪氏公馆汽车临门,要人咸集,即为团械一事。更观范石生答商团'可问汪精卫'一语,愈足证明汪氏之反对交还军械矣。"(《广州将有二次大罢市》,《晨报》1924年9月26日)

　　△ 据军事处传出消息,军事处因此次粤省商团所购军械数量极巨,故无论作为何项用途,亦无论系何国运入,均为显与条约有背之事,故特于前日致函外交部,请向驻京德公使及挪威公使,提出抗议(因运械者为挪威商船,售械者则为德国之故)。(《军事处抗议粤商团购械》,《晨报》1924年9月9日)

　　△ 复函蒋介石,谓在粤有三死因,急宜北伐谋生路。

　　函谓:"惟广东一地,现陷可致吾人于死之因有三。其一,即英国之压迫。此次罢市风潮,倘再多延一日,必有冲突之事发生,而英舰所注意者,必大本营、永丰、黄埔三处,数十分钟便可粉碎,吾人对彼绝无抵抗之力。此次虽幸免,而此后随时可以再行发生,此不得不避死就生一也;其二,即东江敌人之反攻,现在已跃跃欲动,如再有石牌之事发生,则鹿死谁手,殊难逆料;其三,则客军贪横,造出种种罪孽,亦必死之因。有此三死因,则此地不能一刻再居,所以宜速舍去一切,另谋生路。现在之生路,即以北伐为最善。况现在奉军入关,浙可支持,人心悉欲倒曹、吴,武汉附近我有响应之师,乘此决心奋斗,长驱直进,以战场为学校,必有好结果也。"(毛思诚编纂:《民国十五年以前之蒋介石先生》第 7 册,第 57—59 页)

△ 饬各部门裁员减俸,并限期三日内将遵办情形及经费限额报告。

为节省开支,继前一日令裁撤法制委员会等三机构,本日复令饬各部裁员减俸,并规定各部经费限额。令大理院长兼司法行政事务吕志伊、禁烟督办谢国光谓:"现值出师北伐,军用浩繁,所有各项政费,亟应大加裁节,移缓济急。"限令到三日内将遵办情形暨减定经费数目列表具报查核。令大本营军政部长程潜、财政部长叶恭绰、建设部长林森、内政部长徐绍桢,内容基本相同,惟明确规定北伐出师期间,"以每部每月支出不超过四千元为度"。(《大本营公报》第 26 号,"训令")

△ 派谢国光、陈兴汉为财政委员会委员。(《大本营公报》第 26号,"命令")

△ 报载旅沪湖南公民谭毅等致电孙中山、谭延闿诸人,略谓:"北洋军阀祸国殃民,连年黩武穷兵……总祈及早北伐,奠定中原,以巩固我国家之基础。"(《湘公民上大元帅电》,上海《民国日报》1924 年 9 月 9日)

△ 黄绍竑致电孙中山,捷报已于是日完全占领庆远,"俘获敌军柳庆联军总指挥韩彩龙及官兵共二千余名,敌军在城者无一漏网。夺获大炮三尊,机关枪四挺,步枪二千余枝"。(《黄绍雄〔竑〕攻破庆远之捷报》,《广州民国日报》1924 年 9 月 17 日)

△ 何丰林转段祺瑞致孙中山等通电,促国人速起讨贼。(《段芝泉促国人速起讨贼》,上海《民国日报》1924 年 9 月 16 日)

△ 是日东方电称:"孙文除发生特别事情外,当排除万难,于两三日内向韶关出发,即在该地车站设临时大本营。又迄昨日止,集中之部队,计有湘桂军约二千人。"(《孙文决意北伐》,《顺天时报》1924 年 9

月 12 日）

△　上海某君有劝陈炯明放弃攻粤计划,服从孙中山一致北伐者,陈炯明致以电文称:"商团愿助款百五十万,已先给粤五十万,如不攻粤,将无异自弃于粤。"(《广州民国日报》1924 年 9 月 24 日,"太平洋社专电")

△　汉口专电云:"洛吴恐粤孙文乘机出兵,电赵(恒惕)派唐生智为湘南警备司令,刘铏副之,马济参赞。唐、马已赴衡州设防。"(《洛吴注意防孙》,《晨报》1924 年 9 月 10 日)

△　是日港电称:东莞军团潮扩大,刘震寰决以强硬对付,桂军总指挥覃德所部约万人,备开往助战,商乡团亦集二万余人,围攻东莞城,欲剿灭城内桂军。孙中山调豫军一部往防,并调吴铁城率警卫军往调停,现城仍被商乡团包围,城中平民死者甚多;许崇智以北伐军出发,粤防空虚,拟请魏邦平出助。(《粤省军民之决战》,《时报》1924 年 9 月 10 日)另有消息称,东莞民团已与桂军决战,是日猛攻县城,刘震寰部坚守,屡攻不下,至夜民团用大炮轰城门,由刘发仁部担任,通宵炮声不绝。次早四时将西门轰毁,民团乘势冲入,与刘震寰军巷战极烈,城内秩序大乱。(《广东民团举兵反孙》,《北京日报》1924 年 9 月 13 日)

△　《时报》刊文报道北伐军筹备动员之概况,略谓:"日前南方政府之沉默无动作者,实以广州罢市风潮吃紧,内部俶□,未遑外顾,正所谓白刃当前,不顾流矢,不能不筹安内之策,然后对外。幸天与其机,竟于浃旬之间,解决偌大风潮,得以徐图江浙问题之应对,此固南中之大幸也……至进兵计划,则以攻下南昌,北出武汉为唯一目的,此战略无论能否完成,惟皆足以寒敌人之胆,使洛吴、苏齐有所畏惮,不能悉力对浙,藉以保持东南原状,而免浙方陷于失败地位,是则此次出兵入赣之意义也。关于动员日期一节,本属宜早不宜迟,因江浙已经开火,奉粤响应之师,亟待速发,始占优胜,此为一般人所共悉。徒以军费筹集问题尚须有待,数万大兵不能徒手以行,斯为事势

所限,无可如何。大本营因此曾派林秘书往商团总所接洽,拟限一礼
拜将第一批报效军费二十五万元,从速清缴,以便筹备出发(一说中
山取销报效军费五十万一条,不要商人缴款),闻商团业已应允,是北
伐军之动员,可免徒事空言矣。"(《粤方对江浙问题之应付策略》,《时报》
1924 年 9 月 9 日)

　　△　有报道称,孙中山北伐展期,有范石生负气撤防之原因,略
谓:"粤方出师北伐一事,其始中山确定八号出发,现改为星期四(十
一)尚未知能确定否……在势在理,中山今日盖唯有北伐一途可行,
然而迟迟犹未出发,佥谓其失算,抑知尚有范石生之误事,然彼此亦
因互有误会所致。缘当四日各军师长以上之军事会议时,范石生曾
出席言东江战事不能作为休止,则目下所占有之防地,殆不能因北伐
而轻弃云云。此虽为己张本,但亦有一部分之理由。而中山闻言,便
决定其不愿意北伐,乃谓:据汝(指范)所说,难道不北伐吗? 后又谓
如军队不北伐者,以违背命令论,言时甚愤怒。范默然不敢再言,但
翌日即出发东江矣,据闻渠一到防地,并不通知他部接防,便将其所
部之防地弃去,取道北向,盖将以明其并非不愿北伐,但以其负气轻
弃防地,林虎军队即乘虚侵入。中山闻报,知系范欲证实其在会议席
上之言,故意退防,则亦不暇谴责,即调豫军陆续前往,而豫军整装待
发之第二、第三两旅,亦遂逗留,不即出发。日来东江方面消息更紧。
中山遂以后方牵制故,亦未能即行出发矣。"[①](《广东北伐问题与政潮》,
《时报》1924 年 9 月 15 日)

　　△　《益世报》后曾报道范石生与孙中山不和,撤防返省事,谓:
"广东滇军第二军长范石生,自于商团扣械案作调人后,与孙氏大生
恶感,孙有去范之心,范亦有抗孙之意。近日范石生将东江防线缩
短,陆续调兵回省。十一日早八时,范氏戎装往北校场四标营内检阅
士兵,下午返军部后,又调兵舰一艘,拖带民船数艘,往东江接载各军

---

　　①　据报道内容,该报道当作于本月 9 日或 10 日。

回省。然闻东江陈军今日亦大有举动,范均置此方于不理,其所属军事有极大关系。今日滇军由东江前方返省者,不下三四千人,初时多属范石生所部第二军,故外闻以为范石生对于此次商团枪械问题,或者借武装以为调停之后盾,惟连日则杨希闵所部第一军及胡思舜所部第三军,亦陆续返省,十号、十一号,乘广九车返省者尚有七八百人,但滇军既非奉调出发北伐,何故须返省,因此外闻虽有种种谣言,谓在东江日久,亟须返省修养,或谓孙中山出师北伐,各军皆随同进发,广州防守,不无空虚,滇军负卫戍重任,不得不调兵返省增防。惟据某方传说,则谓孙中山将来移驻韶关之后,许崇智以粤军总司令名义,自可称尊于广州,广州为滇军后方根据地盘,赌饷一项不啻为滇军之命脉,许氏向来对于客军感情最为恶劣,诚恐广州地盘,一旦尽为许军独占,故不得不预为防备等语。然则孙中山既去之后,许、滇两军,尚不免有一次之决裂也。"(《孙文离省后之内部紊乱》,《益世报》1924年9月25日)

9月10日 发表告粤民宣言,表示悉调各军北伐,以广东付之广东人民。

宣言称:"(一)在最短时期内,悉调各军,实行北伐;(二)以广东付之广东人民,实行自治。广州市政厅克日改组,市长付之民选,以为全省自治之先导;(三)现在一切苛捐杂税,悉数蠲除,由民选官吏另订税则。"并盼广东人民热诚扶助革命政府,使革命之主义早日实现。(《北伐进行中之煌煌帅令——实现民治》,《中国国民党周刊》第39期,1924年9月21日)

关于宣言发表的背景,当时有种种报道及揣测之辞。是日东方社电称:"江浙问题发生后,孙文为贯彻从来之主义,认为逢着重大且绝好之机会,于是决定实行北伐,惟因军费问题与内部不统一,一时不能如意。且商民对于政府之感情,近时亦渐生变化,以孙文革命运动之名实不副,现亦无所用其爱憎,因之全般状势,大不许乐观矣。孙鉴于此种事实,于是对于商民一变其态度,俄现妥协的倾向,日

内即当发表元帅宣言。"(《孙文将以空言卖好商民》,《晨报》1924 年 9 月 13
日)

《申报》报道称:"中山本人原定早日督师赴韶,嗣因粤省留守事
宜尚有种种规划,故拟缓期至本月 20 日左右,现因大局势颇为紧急,
因又提早定 13 日出发。又闻现在粤省事宜经连日会议后,中山以年
来各省军队云集广州一隅,致粤人负担不堪,今北伐时期已至,各省
军队藉此正可向外发展,客军既去,则从前一切苛细杂捐当即下令蠲
除,以苏民困。"(《孙中山宣言与粤民更始》,《申报》1924 年 9 月 15 日)

《时事新报》后刊文称,孙中山此举系因商团欲掀起第二次罢市
风潮,为和缓人心起见,一面发布罪己实言,一面又令汪精卫、伍朝枢
向商团疏通。"汪遂邀商团黄砺海、何盈光、郑杏圃数人往见。汪谓
北伐事急,政府拟借用扣留团械中之长枪为北伐之用,并谓商团代筹
北伐军费三百万,否则恐现存之械亦将不保云云。商团以此系属无
理取闹,绝无磋商之必要。"(《粤省扣留团械案又紧张》,《时事新报》1924 年
9 月 20 日)①《晨报》亦谓,"孙文日昨赶紧发出第二对粤宣言,即欲借
此以和缓人心,抑知人心愤激已伤,故仍无甚效果"。(《广州将有二次
大罢市》,《晨报》1924 年 9 月 26 日)

《申报》则刊文分析该宣言中或存在的"元老派"排挤"太子派"之
背景,略谓:"广东政局向为元老派与太子派之支配,两派常相争持
政,粤局政潮或起或伏。今次孙中山出师北伐之对粤宣言,就中宣言
与民更始之三事:一为将广东付之广东人自治;二为市长民选;三为
蠲除苛捐。其第二事表面上虽为政府顺从人民之表示,实则元老派
藉此以为打击太子派之利器。盖太子派以市厅六局为根据,以与元
老派相持,若他日市长民选,则太子派根据地可不攻而自破。太子派
近因种种困难,故财厅长陈其瑗、公安局长吴铁城甫闻胡汉民之兼任
省长,知不能久存,遂纷纷辞职,故十二日以后继任财厅长及公安局

---

① 关于汪、伍向商团疏通事,《益世报》亦有报道。(《孙文离省赴韶之确讯》,《益世
报》1924 年 9 月 15 日)

长之廖、李连翩登台,只市长孙科现尚留任,然太子派之中坚吴铁城、陈其瑗已相继下野,逆料孙科亦必将出于一走,即不走,一到实行市长民选之期,则亦不能不去位矣。故此番政局之更动,可谓太子派完全失势而元老派至是已完成其清一色之政局矣。"(《中山出发韶关与粤政局》,《申报》1924 年 9 月 21 日)[1]

△ 主持国民党中央政治委员会第八次会议,讨论北伐问题。与会者有胡汉民、廖仲恺、伍朝枢、瞿秋白、鲍罗廷、宋子文、王法勤、丁惟汾、白云梯,共十人。(《中华民国史事纪要(初稿)——一九二四年九至十二月》,第 377 页)

△ 报称孙中山北伐受制于财政困难,为纾解此一问题,决定拨发中央银行纸币。

是日上海电云:"孙文行动现仍无消息,孙文号称将司令部设至粤赣边界之韶关,惟财政困难,势难参与战事。"(《孙文难动兵》,《晨报》1924 年 9 月 12 日)据香港电称,为缓解财政困难,"孙文决拨中央银行币二十万为军费,惟因前次下令,该币不能在市面行使,现拟下令取消前令"。(《商团与桂军激战之粤省》,《益世报》1924 年 9 月 13 日)对于此举之前因,是日广州特约通讯有相关报道,略谓:"孙中山之所谓筹饷者,仍不外发行纸币之计划。现在新组织之中央银行,系八月十五号开幕,表面上则谓与某国借款一千万元,仍属空言,实则并无资本……先在广州行销二百万元。前月廿五六七,一连数日,广州市面已有此项纸币强迫商人行使。且已因此闹事多次,先施、大新各大公司,亦已收入此项纸币千余元。适是时因扣留商团枪械问题,发生罢市风潮,正当最为剧烈,更有此强迫行使纸币之事,商店更不敢开门营业。政府亦自知与商民恶感已深,必被拒绝,迫得改变方针,发生

---

① 此一分析,或与《香港华字日报》本日刊载的一则消息有关。据其所称:"元老派之谋去孙科,今仍积极进行,现吴铁城仍抱病未愈,但有知其内幕者,元老派决定以倒吴为倒孙之第一步,无论如何,吴皆恐难安于其位。日来邹殿帮、谭礼廷、霍芝庭等又有民选市长之运动,扬言市长不当由省署委任,目标全在孙科。"(《元老派决倒孙科》,《香港华字日报》1924 年 9 月 10 日)

布告,并通饬各机关遵照,以后凡缴纳税厘饷项,及一切征收公款,均限定专收中央银行纸币,照数兑换,两不贴水。征每百元加收印花税一元,各机关收得纸币,亦不许自行使用,须向中央银行换回现银……所收得之现银,政府均已提去。惟各机关所收之纸币,携向中央银行欲换回现银,尽被扣留,只发回一收据。财政厅四日内取得纸币六万余元,初以为换回现银,藉为秋节支销之用,今不特职员薪水无着,即署中日用等费,亦无所出。若再迟数日各机关必不能维持现状,孙中山则借此吸收现款,以充军费。"(《孙中山出师北伐之筹饷计划》,《顺天时报》1924 年 9 月 21 日)

△　电复浙江督办卢永祥,允合作讨伐曹、吴。

本月 4 日卢永祥电促孙中山出师北伐,共讨曹、吴,孙中山本日电复卢永祥,略谓:"曹、吴祸国,稔恶贯盈,除暴锄奸,咸同斯愿。文已宣布国人,一致声讨,躬率师旅,以为前驱。兴师偕作,用寻白马之盟;同仇敌忾,直抵黄龙之洞。伫闻奇捷,以集大勋。"(《孙卢往来电讯》,《申报》1924 年 9 月 14 日)

△　邵元冲来电,告知苏浙战情,称:"日来战争,浙方颇占优胜……现卢(永祥)何(丰林)均在前方督战,昆山指日可下。"(《邵元冲电告苏浙战情》,《广州民国日报》1924 年 9 月 16 日)

△　派叶恭绰为驻浙江代表,随时与浙奉方面磋商北伐进行事宜和报告浙江情况。(《浙江代表之指派》,《广州民国日报》1924 年 9 月 11 日)

△　任命高冠吾为大本营谘议。准酌减卫士张遵甫徒刑,并恢复其公权。(《大本营公报》第 26 号,"命令")

△　报称:"旅粤赣人李烈钧、俞应农、孙镜亚等,亦以赣南北军近奉命往攻后,即蔡成勋亦注意对浙作战,此诚为赣人恢复赣省之好机会,因特于昨日在以太花园开同乡会议,即席议决三事:(一)以旅赣同乡特务委员会名义,筹划复赣事务;(二)每附选时均委员五人;(三)限一星期内委员会成立。是又赣人任北伐之前导也。"(《粤师出

动准备中》,《中华新报》1924 年 9 月 10 日)

　　△ 《时报》刊文称孙中山之北伐计划得以进行,系因军队之支配与饷项之筹措问题得以解决。略谓:"闻(中山)已决定北伐大计,一为军队之支配,系湘军全部、豫军全部、滇军先遣发一师,其余如山陕军、奉军、赣军等均全部出发,粤军西路军及滇军一部为留守后方,以维持粤桂局面。中山率军出发,胡汉民则留守大本营,执行大元帅一切职务。一为军饷之筹措,第一期已预订为二百万,一百万为奉张所接济,此款早有成议,财部次长郑洪年日间赴沪,闻即为提取此款之任务,其余一百万,则由省署筹五十万,财厅转运署、市政厅等共筹五十万。省署本不能筹此巨款,但既认定此款,想其中必有把握,非外间所能明了也。现商团报效之五十万亦将提充北伐之用,是财政一问题,大致当可解决。唯东江战事尚未解决,此问题至为重要。前日固传陈军有反攻之讯,今据确查,陈军于罢市风潮发生时,本拟乘此时机大举反攻,且曾以数千元之运动费令黄某来省运动,但反攻一事,并非一呼立可做到,必先有种种准备,且临时亦须有若干现款分发各军,始能动手,讵此种准备正在切实进行中,而罢市风潮已息,故反攻之议,现已无形打销。"(《江浙开战声中之粤东》,《时报》1924 年 9 月 10 日)

　　△ 《中华新报》刊文披露孙中山之北伐计划及相应措施,列有:"(一)谭延闿统率全体湘军入湘,克长江以窥武汉;(二)由李烈钧、李明扬全部入赣,其余如豫军全部,何成濬全部,粤军之张民达部、李济深部,滇军之一部,俱随中山出发,指挥援应,直出长江,会师武汉,以拊苏齐之背;(三)东江问题则拟派员晓陆〔陈〕军以大义,能来归共同北伐或援闽固为中国之福,即不来归,亦当表示同情于讨曹,通电全国,不再在东江扰乱北伐军队之后方,苟并此而不为,则将以滇桂军全部防东路……(四)南路问题,现林俊廷与申宝藩已输诚,邓本殷已退至琼州,此方当可由林、申防守,且邓方新败,亦无力再犯高雷,此路当可无虑;(五)西路问题。梧州桂林由黄绍雄、李宗仁、沈鸿英防

守,而西江一带则归梁鸿楷布防;(六)军需问题……关于军械子弹之接济,由兵工厂加工赶铸,并闻奉张方面亦担任接济。关于饷项,闻省长公署现在准备五十万元,奉张方面亦愿助一百万元。"(《江浙未开战前之粤局》,《中华新报》1924年9月10日)

9月11日 设宴欢迎石青阳、但懋辛等,并致辞强调西南各省要联合一气出兵北伐。

晚间,大本营设宴欢迎代表云、贵、川三省来粤的石青阳、但懋辛等人。席间,孙中山致辞,略谓:石青阳、但懋辛"向来在四川是很能奋斗的同志,这回出来更负担一个很重大的责任。这个责任就是要联络西南各省,一同北伐。我们的革命事业,虽然推翻了满清,成立民国至今有了十三年,但是共和基础还没有巩固,一般军阀常常从中捣乱。那般军阀之所以能够捣乱的理由,固然是由于他们作恶,但是我们革命同志的团体不坚固还是一个大原因……现在西南如果能够联成一气,共同出兵北伐,很快就可以得武汉……过黄河,直取北京,巩固共和。我们要造这种大事业,现在是一个极好的机会"。(《大元帅欢宴但懋辛石青阳演说词》,《广州民国日报》1924年9月12日)另有消息称,石青阳、但懋辛偕滇唐代表定真(11)日赴港转往海丰访陈炯明,商出兵北伐事。(《粤奉助浙之进行》,《申报》1924年9月11日)

《申报》曾对但懋辛来粤团结西南势力之经过作了报道,略谓:四川将领熊克武、但懋辛、石青阳等自去年在蜀失败后即集其实力于黔边,近见全国风云日趋紧急,因在滇与唐继尧协商应付时局方策。其时中山正秣马厉兵,统率驻粤客军北向,石、但之来携手正合本旨,因即召集政务会议,会商西南团结之计划。但民八之际,滇唐与中山偶因政见不合以致乖离,中途分手,迄今尚未有融和之机会,但、石二氏之来即在会议席上,顺为滇唐之疏通,中山当以际此同舟共济之时,旧事尤不应重提,故中山于出师北伐之宣言有"各省将帅平时薄物细故悉当弃置,集其精力从事破贼"之语,其言盖指滇唐而发也。(《西南

各省之大团结》,《申报》1924 年 9 月 21 日)

为了北伐计划的进行,孙中山颇注意联络段祺瑞、张作霖等实力派,并团结西南,以取得支持。《顺天时报》曾报道称:"孙中山出师北伐之计划,初时原拟恢复其大总统职权,先下讨伐令,然后誓师出发,欲借段合肥以为自重,遂制造种种空气。初则云段氏亲自南下,与孙共商大计,继则云段氏派徐树铮代表来粤,并拟恢复总统之后,即将陆海军大元帅名义,让之于段,以便号召。不料段氏态度冷静,故至今仍消息寂然。适但懋辛、石青阳二人抵粤,详达唐继尧之意见,力为两方疏通。孙以滇唐为西南重要人物,为中外视线之所注,倘能与之联合,即可借此再结西南之新团体,而出师北伐之声势,为之顿壮,因此出师计划为之一变。"(《粤孙滇唐联合之经过》,《顺天时报》1924 年 9 月 27 日)

△ 主持大本营军政联席会议,会议推举滇系首领、云南省长唐继尧为大本营副元帅①。遂致电唐继尧,促其"即宣布就职,以慰岐仰之诚",并望统军北伐共建大业。(《大元帅致唐继尧电》,《广州民国日报》1924 年 9 月 17 日)同日,再电唐,请其出任川、滇、黔联军总司令职,"望早定大计,克日兴师"。(《西南各省讨贼之大团结》,上海《民国日报》1924 年 9 月 23 日)②

据称,在本日召开的大本营军政联席会议上,当提出联唐议案讨论之时,列席之滇军长官杨希闵、范石生等,经在议席上大为决裂。

---

① 当 1917 年广州成立护法政府时,孙中山被举为大元帅,唐继尧与陆荣廷亦被举为元帅。惟唐与陆始终未就元帅职,后且与陆荣廷及政学系另组西南各省护法联合会,与护法政府立异,护法政府亦改为总裁合议制,孙中山因是辞职离粤。至 1924 年春,熊克武在川失败,集残军于云、贵边境,但懋辛、石青阳等亦往云南,就庇于唐,唐遂组川、滇、黔三省联军总司令部。而石青阳、但懋辛即以此于本月 4 日赴广州谒见孙中山,陈述唐继尧甚有归向之意,孙中山乃于本日电任唐为副元帅及川、滇、黔联军总司令。此后,石青阳于本月 21 日赴沪。10 月 2 日唐继尧之代表刘沛泉抵广州,10 月 5 日唐电孙中山,表示同意组织西南建国联军。石青阳、但懋辛与吴稚晖又欲促使陈炯明与孙中山联合,更奔走于广州、海丰之间,事终无成。

② 《盛京时报》亦刊载孙中山致唐继尧的该两封电文,惟文末署日期为"震",即谓 9 月 12 日所发。(《孙文致唐继尧电》,《盛京时报》1924 年 9 月 27 日)《广州民国日报》与上海《民国日报》所载之电文,文末则署"真"(11 日),电文内容相同。

并分析道:"盖现时留粤之滇军,原系顾品珍旧部,被唐继尧驱逐,遂流离至粤,向视唐为仇敌,有不两立之势。"(《粤孙滇唐联合之经过》,《顺天时报》1924 年 9 月 27 日)

对于孙唐合作能否实现,《香港华字日报》即刊文质疑。略谓:"昨大本营会议,闻经决议任唐继尧为川滇黔三省联军总司令,据有知其内容者,谓孙氏头一件便大错特错⋯⋯盖滇唐当中山民八在粤由非常国会举为非常总统之际,即首先通电反对,其后因滇省政变来香港,仍始终称中山先生,绝不称总统。虽经中山左右到港央其写一信中山,上款权称总统二字,以为各派倡导。唐于信面虽照办,但信内仍称中山先生。彼书语人,如中山确由正式国会选举,我马上称为总统,即此足见滇唐态度之坚决。如中山确欲团结西南,只有牺牲大元帅,采合议制,从新组织西南各省联合之军务院,今未得唐氏同意,即欲以命令指挥之,唐必不受。"(《西南大结合之动机》,《香港华字日报》1924 年 9 月 12 日)

另据报道,本日大本营军政联席会议除了提出联唐议案导致杨希闵、范石生之决裂外①,还有另外两项提议也引起议场冲突:"一、拟任胡汉民为后方留守,兼任省长。滇军各长官对于胡汉民之任省长,虽表示反对,然卒因多数赞成,遂得通过。但虽已通过,究竟能否上场,尚未可知;二、拟任廖仲恺为北伐军军需总监,廖氏力辞,谓必须有切实的款,得以源源接济,方敢到任。互相讨论,终无解决。范石生谓外间盛传孙科自任广州市长以来,积资三四千万,已陆续汇寄外国存贮,请向其暂行挪借一二百万元,则各军开拔费,不患无着,胡汉民等亦以为然。是时孙科亦亲自列席,孙中山还向孙科询问能否挪借,乃孙科起而驳诘一番,即行离席。且自料孙中山出发后,断不能再在广州立足,遂漏夜由孙中山给以委任,借名派赴奉天,与张作霖有所磋商,十三号亦即离粤。"(《广东因北伐引起之纷扰》,《顺天时报》

①　原文谓"十二号晚大本营开第八次北伐军事大会议",据其内容判断,似为本日召开的大本营军政联席会议。

1924年9月26日)

　　△　是日东方电称:"唐继尧于今日向孙文电促速即北伐,告以云南当令唐继禹由黔入湘,熊克武由川入鄂。因此孙文于此时,不可不与陈炯明议和,而注目大局,并告以对陈炯明亦以此意电告之矣。据探闻,廖仲恺于中秋节后将辞省长,后任非胡汉民即许崇智,吴铁城亦已决定辞保安局长,率警卫军为北伐军前卫,携孙文同赴韶关。又现市长孙科亦因时局问题,须与张作霖商议,将赴奉为驻奉代表,后任市长,如前报将由民选。"(《旧西南壁垒一新》,《中华新报》1924年9月13日)

　　△　令准释放挪威船籍之"哈付"(亦译作"哈佛""哈辅")轮。

　　上月10日偷运商团军械之"哈付"轮在白鹅潭附近被缉获,因该轮属挪威船籍,须按国际法处理,经查明其系包租之商轮,而船上物品,除军械被起卸上岸外,其余如洋钉、香料等货品,皆于8月18日发还该轮。大本营亦以胡汉民、廖仲恺、伍朝枢、卢兴原、傅秉常等为委员审查释放事宜,嗣审查委员等以审查结果呈复。据审查,该轮船确无犯罪之意。本日,孙中山令准释放"哈付"轮,以示宽大。(《大本营公报》第26号,"指令")前一日,有粤讯云:"某国政府因该轮被扣留日久,损失甚巨,特向省政府提出抗议,要求赔偿损失,省政府尚未及答复,该国将自由行动,派军舰来粤。"(《粤省将发现第二大罢市》,《益世报》1924年9月22日)

　　△　为广州石牌、龙眼洞乡办联团总部题书匾额,并着李福林派人送去,祝贺联团成立。(《大元帅颁给联团匾额》,《广州民国日报》1924年9月12日)

　　△　令廖仲恺,准如所呈拟将《各团各界请领枪弹暂行简章》第三条再加修正。(《大本营公报》第26号,"指令")

　　△　广东省长公署布告孙中山核准发还扣械,谓:"照得民团条例业经制定公布,扣留商团枪枝,亦经陈奉大元帅核准发还,诚恐歹人造谣惑众,合行明白宣示,俾众周知。"(《大元帅核准发还扣械》,《广州

民国日报》1924 年 9 月 12 日)

政府所以毅然将团械发还者,据称系因:(一)日来广州市正在酝酿之风潮,实非常险恶,谣言之蜂起,人心之浮动,与罢市期内诚有过之无不及。孙政府正拟出发北伐之际,而根本策源地即岌岌不可终日,若此苟再不设法以缓和商民恶感,前途何堪设想;(二)东江军情,忽告紧急,万一商场再大罢市,即可制政府死命。(《粤商团军械已发还》,《中华新报》1924 年 9 月 21 日)

△　国民党北京执行部电呈请示,谓石瑛、李四光将与段(祺瑞)、张(作霖)商时局重要问题,望孙中山与汪精卫即电段、张恳切介绍。(罗家伦主编、黄季陆增订:《国父年谱(增订本)》下册,第 1128 页)

△　广东财政厅长陈其瑗上孙中山呈文,请"准将火柴检验证费、火柴捐等名目一律永远撤销。并恳通令各军,嗣后无论何项机关不得巧立名目复抽,以维国课而恤民生"。(《大本营公报》第 26 号,"指令")

△　报称,国闻通讯社记者昨访民党议员田桐,询以广东军事消息。"据云,三日以来,接广东函电三通,其至要者四点:(一)各军先遣队从六日起已有至韶关者,其在南雄连平者原有三旅之众;(二)自三日许总司令崇智发起,与陈竞存合作,当声言竞存出福建、湘、豫、滇、桂各军出江西,潮梅留作竞存后方,惟不侵入联军现有区域,至今日大有进步,可期实行;(三)但怒刚、石青阳二君到粤,负西南各省共同计划书之任务;(四)石龙方面刘震寰所部西路军与当地民团曾小有龃龉,夫战争状态则遥遥万里,香港传者夸大其说,甚至谓从省中调兵来攻,更无其事。"(《广东出兵之支配》,《时事新报》1924 年 9 月 11 日)

9 月 12 日　以大元帅名义发出为讨伐曹锟、吴佩孚移大本营于韶关督师布告。

布告声讨曹、吴之辈叛国干纪、祸国殃民,宣布:"本大元帅怵于生灵之痛苦,国是之沦胥,思惟救亡必先讨贼,主义所在,夙夜是图,今当逆焰披猖,邦人嫉愤,本吊民伐罪之志,慰救灾恤邻之心,奖帅三军,共张北伐。大本营即日移驻韶关,躬亲麾驭,愿与海内同志,南北义师,攘除奸凶,戡定大难,誓于有众,咸使闻知。"(《为讨伐曹吴移师韶关布告》,中国国民党中央委员会党史委员会编订:《国父全集补编》,第604—605页)

△　颁发各项任免令,以应出师北伐之局面变动。

令免广东省长廖仲恺、大本营财政部长叶恭绰、广东财政厅长陈其瑗本职。特任胡汉民留守广州,代行帅务,兼任广东省长;特任廖仲恺为大本营财政部长兼军需总监,兼领广东财政厅长[①]。又以军政部长程潜随节至韶关,令派粤军总司令许崇智兼代军政部长职务。(《大本营公报》第26号,"命令")任李福林为临时广州市长;任李老树[②](商团军干部)为公安局长。(《粤孙出发时之任命》,《盛京时报》1924年9月17日)免谢无量大本营特务秘书,改任为大本营参议。准禁烟督办谢国光呈,任命黄裳、张毅、吴家麟、王冕琳、钟忠为该督办署第一至第五科科长。(《大本营公报》第26号,"命令")着吴铁城兼理大本营参军处事宜。次日,吴通电就职。(《吴铁城兼任参军处》,《广州民国日报》1924年9月19日)

△　令蒋介石分发扣留之团械,旋又手谕取消分发枪械令。

是日先令:"着分给军官学校长枪六百杆,教导团长枪一千杆,干部学校、讲武学校长枪各二百杆,滇军第二军长范石生长、短枪各五

―――――――

①　报载:"广东今日之财政,确已陷于不可收拾境地。廖仲恺因扣械风潮及皈依共产党之故,不能保持其省长地位,孙文以廖素称有筹款之能力,乃以全部财权,付诸廖氏,冀其能设法维持此不可收拾之局面,是以特改任廖氏为财政部长、军需总监、财政厅长等职,以为事权统一,应付当有伸缩之余地,徐图整理,亦比较容易着手。"(《广州政局再生变化》,《晨报》1924年10月13日)

②　原文如此。"李老树"似即"李朗如"。《时报》9月21日报道称:"北伐军既实行开拔,此后后方事宜,亟应特别注意,故中山对于各长官,亦略为更动,以期接济灵便。查省长一职即由胡汉民充任,并以胡留守后方,主持府中事宜。财政部即由廖仲恺以管理北伐军需特权充任,并兼任广东市政厅长。广州市长孙科奉令赴奉,筹商大计,市长一职,即由粤军军长李福林兼任。广州市公安局长吴铁城,因任拱卫军司令及北伐行营参军长,须随军出发,故该局长亦改以李朗如充任,潘豫□副之。(《孙中山赴韶情形》,《时报》1924年9月21日)

百杆,桂军总司令刘震寰、豫军总司令樊钟秀长枪各五百杆。"旋又谕蒋曰:"据汝为兄言,如果将长短枪交回商团,当能得百万以为出发费。果尔,今日分发各令,尚可取消。除益之(朱培德)之枪外,可悉数还之,如何?请与汝为酌夺可也。"(毛思诚编纂:《民国十五年以前之蒋介石先生》第 7 册,第 60—61 页)随后又令蒋:"前令交范军长长枪一千支,今因商团已就范围,当先发还商团,故当取消前令。"(《给蒋中正的命令》,《孙中山全集》第 11 卷,第 51 页)

　　△ 令广东省长廖仲恺、大本营财政部长叶恭绰:"着该省长、部长悉心规画",切实将现在财政收入机关实行统一,"以提纲挈领之规,为集腋成裘之计","筹备巨款,以利师行"。(《大本营公报》第 26 号,"训令")财政部长廖仲恺即日致电各军,责核实兵额,交还财政权。(罗刚编著:《中华民国国父实录》第 6 册,第 4763 页)

　　△ 令大本营军政部长程潜、广东省长廖仲恺,即转饬驻台山军队、香山县长督饬团警妥为保护铜鼓商埠开埠测量、筑路工程之进行。同日又令大本营建设部长林森,准铜鼓商埠筹备委员会借用建设部印章颁行公文与从事对外联络事宜。(《大本营公报》第 26 号,"训令")

　　△ 致函苏联驻北京政府大使加拉罕,同意其 7 月 11 日来函中对中国时局的看法,并谓:"中国同世界帝国主义展开公开斗争的时刻现已到来。在这场斗争中,我向您的伟大的国家寻求友谊和援助,这种友谊和援助将能帮助中国从帝国主义强大鹰爪下解放出来,能帮助恢复我国的政治和经济独立。"(中共中央党史研究室第一研究部编:《共产国际、联共(布)中国革命文献资料选辑(1917—1925)》,第 710 页)

　　△ 卢永祥来电,略谓:"奉读蒸电,奖饰过情。欣承露布仁言,昭告全国,躬率义旅,直出韶关。声威所播,遐迩同情,非独私感。综计开战迄今……敌军伤亡近四千人……敌方军心已涣……似此情形,敌当无幸。惟敌据宛平,假窃名器,战争日久卖国债款日多,于国家外交上、经济上难免不受重大损失。欲求根本解决,务在缩短战

期,灭此朝食。至祈师出迅速,以慑敌胆而维大局。前锋所至,时盼示知。"(《孙卢往来电讯》,《申报》1924 年 9 月 14 日)

△ 唐继尧来电,称:"时局突起变化,当一致进行。此间于必要时联络邻省,促祸乱早日宁息。"(《广东最近之两项重要消息》,长沙《大公报》1924 年 9 月 22 日)

△ 黄绍雄来电,捷报击败陆福祥部,称"役击毙敌营长二员、连排长多员、兵士五百余名,俘虏二百余名,收缴步枪数百枝。陆逆福祥身受重伤,由士兵背之而逃,现正在搜剿中。我军亦伤亡五十余名"。(《黄绍雄电告击败陆福祥》,《广州民国日报》1924 年 9 月 19 日)

△ 管理粤汉铁路事务陈兴汉上孙中山呈文,"敬祈迅令各军务须信守军运时间,勿再任意延搁,俾利交通而维路序"。(《大本营公报》第 26 号,"指令")

△ 吴稚晖应邹鲁、汪精卫之请,由港抵广州,请孙中山恕陈炯明既往,许其北伐自新。吴旋偕莫纪彭赴港转往汕尾,劝陈出兵福建,协讨曹吴,以助北伐。(《中华民国史资料丛稿·大事记》第 10 辑,第 151—152 页)

《申报》报道称:"但、石二氏以西南团结大致就绪,但惠州陈炯明、老隆林虎对此事尚未有若何表示,日间由省城赴海丰、汕头,与竞存、隐青疏通一切,而民党中人尚恐陈炯明未予谅解,因特浼蛰居沪上老民党吴稚晖氏居间斡旋,吴氏因为陈竞存生平信仰之人,且彼此感情素洽,吴亦以此事义不容辞,慨然应允,业于前数天由沪抵港。十一日中山复派汪精卫赴港欢迎。十二日汪抵港后与吴接洽后即偕吴来粤而谒中山。日昨吴氏已由省搭轮迤赴海丰,与陈磋商粤局和平条件,对于西南结合与出师北伐问题亦连带讨论,以便为但懋辛等之先容焉。"(《西南各省之大团结》,《申报》1924 年 9 月 21 日)

关于孙陈和解问题,邹鲁《中国国民党史稿》载称:"比年以来,有以允许陈炯明自新之说进者,总理曰:'可,只须陈炯明书一悔过书,则凡百可商。'至是北伐事起,汪兆铭嘱其夫人陈璧君往沪,请吴敬恒奔走其事，冀出师福建，一致讨贼。吴敬恒、陈璧君至香港，汪兆铭商邹鲁预接之，旋吴敬恒、邹鲁同至省，复同至韶关。敬恒向总理陈述来意，总理初不允，以陈炯明谋杀，罪在不赦也。敬恒遽跪求，总理乃急扶起曰：'只须陈炯明写一悔过书，便可赦其罪。'敬恒喜，乃回广州转至汕尾晤陈炯明，请其书悔过书。乃陈卒不书，然总理终希望东江陈军将士能自新，乃下许其自新之令，卒亦无效。越数日，洪兆麟、林虎等反有拥护曹、吴之电。"（邹鲁：《中国国民党史稿》第 3 篇，第 1157—1158 页）

△　日本驻汕头的代理领事内田致电日本外相币原，分析商团事变中陈炯明何以未采取行动的原因及其最近动态。据称，陈军之所以按兵不动，除了商团事变的迅速解决和缺乏军费外，也与吴佩孚不愿看到南方起事，乃制止陈军攻击政府军有关。但最近终于成功筹措了六十余万元军费，10 日已向东江出发，因苏浙战局迄未明朗，暂不进兵，取旁观态度，以牵制孙军北上，在直系形势尚非不利的情况下，可不与孙妥协。目下对于孙的北伐言论不以为然。（《広東政府卜商団軍卜ノ衝突二際シ陳炯明軍ノ行動セザリシ理由ニツキ申進ノ件》，《日本外交文書》大正 13 年第 2 册，第 533 页）

△　报载是日莫斯科电称："据伦敦消息，自孙中山发表宣言及英领事之哀的美敦书披露后，英国工党人员极其不安，该国建筑工人领袖希克斯（Hicks）及纺织工人领袖陶克尔氏（Turker）又先后发表坦直之谈话，问麦多那氏何故仍因袭资本家之政策，更使英工党汗颜。现该党已竭力传布第三国际最近对中国局势之宣言。"（《英工党因孙文宣言大感不安》，《京报》1924 年 9 月 16 日）

9 月 13 日　移大本营于韶关，亲往督师北伐①。

————————

①　关于移师韶关时间，《国父年谱》《中华民国史事纪要》等各种著述将其定在 9 月 12 日。《孙中山年谱长编》编者据《广州民国日报》报道，认为孙中山移师韶关应是 9 月 13 日。（陈锡祺主编：《孙中山年谱长编》下册，第 2002 页）《李仙根日记》明确记载为 9 月 13 日，谓："大本营迁韶关，予随帅节。九时启行，乘粤汉车，下午五时抵埠，驻车站。"（王业晋主编：《李仙根日记·诗集》，第 63 页）兹取 9 月 13 日说。

是日上午 9 时，偕夫人宋庆龄离开大本营至广州黄沙车站，10 时乘粤汉路花车北上。伴行者有秘书长古应芬、会计司长黄昌谷、北伐第二军军长柏文蔚、赣军司令李明扬、高等检察厅长林云陔、广东警卫军司令吴铁城，以及参军副官邓彦华、黄惠龙、马湘及秘书人员等三十余人。护卫花车者有铁甲车两辆、大本营卫士队、广东警卫军驳壳队、赣军警卫队和机关枪队等数百人①。下午 4 时抵达韶关车站。到站欢迎者有滇军师长赵成樑及部属数百人，北伐第二军卫队数十人以及曲江县赵县长以下绅、商、工、学各界和滇军军乐队等数十人。孙中山等一行下车后，步行至粤汉铁路公司养路处，即以该处暂为大本营接待各方人员及代表等。(《大元帅出发北征记》，《广州民国日报》1924 年 9 月 17 日)

是日路透电称："孙文已于今晨十时偕其夫人，并带兵一千余名，乘铁甲火车启程，拟在韶关逗留七日或十日之久，嗣后往来韶关广州间，俟动员完毕，方能归省。孙文于通电中，直认粤省在国民党治下，业已受尽不合理捐税和压迫之苦，并称暴乱鲁莽之武人，及无法无天之官吏，借口为政府筹款，使人民生命财产难以安全，故一般人已渐露不甚信仰革命党政府之意，尤以商人为特甚。革命党采取行动之次序，实属不当，显因人民对国事之意见不一。孙文请人民与革命党政府协力合作，并允许下列之事，即如克将各军队派往北伐，改组广州市政，许人民选举新市长，各种杂税，尽行取消，捐税由新官吏决定。"(《孙文赴韶关实行北伐》，《顺天时报》1924 年 9 月 15 日)

是日东方通信社电云："孙文于今晨十一时受官民多数之送行，率大本营警卫队、军官学校学生队、吴铁城麾下之警卫军全部、江西云南军之一部，乘特别装甲列车向韶关之北伐临时大本营出发，将于动员中，在该处统率北伐部队。孙氏不在时，所有大元帅职权由胡汉民

---

①　另有消息称，当日随驾护卫的尚有军校教官文素松率领的第一队学生。(毛思诚编纂:《民国十五年以前之蒋介石先生》第 7 册，第 60 页)

代行,朱培德督军及其他则定于明晨动身。孙文所乘之车辆中有同赴韶关之孙夫人、吴铁城及其他高级秘书,并专为送行而来之胡汉民、廖仲恺、伍朝枢、李烈钧、谭延闿等,一同围绕孙文而言江浙战最近之形势及北伐问题,大有紧张急演的情景。孙文接见记者(东方通信社)于车中,谓天下之人皆反对直派,今如不起,将无再起之机会,目下之形势可谓最重大且绝好之机会,余为顺应大局之趋势起见,即向陈炯明让一步亦无妨,余之决意宁放弃广东以向中原而跃进云云,语时意气颇激昂。"①(《孙中山出发赴韶》,《申报》1924年9月14日)

报载是日广州特约通讯云:"孙中山已于今早上午七时,亲自出发韶关。初时原拟十三省大军,同时进发,只因各军积欠军饷甚巨,故要求清发欠饷,并先给开拔费,方允拔队,孙中山竟无以应。又适值中秋节,各军索讨欠饷甚急,中央军需经理处及财政部久已无款收入,不啻有名无实。各军迫得直接向孙中山索讨,孙中山已不胜其扰。"(《广东因北伐引起之纷扰》,《顺天时报》1924年9月26日)

△　是日东方电称:"至今日为止,集中韶关之部队,为滇军赵成樑之部队约二千,中央直辖朱培德之部队约三千,粤军何成濬之部队约二千,湘军约两千,赣军约一千五百,广西军约一千,至其他各队,则限制至十五日为止须一律集中。"(《孙中山昨日赴韶关》,《中华新报》1924年9月14日)另据报载,计当时集结在韶关的北伐部队有:中央直辖第一军朱培德部(已由乐昌集中,向仁化赣边移动)、滇军第一师赵成樑部(正集中南雄、始兴)、赣军李明扬部、豫军樊钟秀全部、广东警卫军全部,人数约一万余人。(《大元帅出发北征记》,《广州民国日报》1924

---

①　上海《民国日报》9月14日亦刊载此谈话,语句略有不同,意思相似,谓:"今举国皆反对直系军阀,为解决国事之最好机会。余顺从民意,盼率大军离去粤境,而向中原。陈炯明虽举兵逐余,余今亦以国事为重,不妨蠲弃前怨。"(《大元帅昨晨赴韶关》,上海《民国日报》1924年9月14日)《顺天时报》9月16日也刊载该谈话,谓:"天下苟有反对直系者,现今不起,更无再起之机会……予为顺应大局之趋势计,赴中原逐鹿,纵一方放弃广东,亦在所不辞。"(《广东北伐军已出发》,《顺天时报》1924年9月16日)

年9月17日）

△ 抵韶后即致电卢永祥、张作霖、段祺瑞、唐继尧，谓："自浙省兴师，此间已积极筹备，务期克日入赣，以分贼势。文于元日申刻抵韶，并将大本营移韶，以便统率。经分令各将领迅即会师，共张达〔挞〕伐。一俟集中完竣，即行分路出发，先以奉闻。"（《孙中山赴韶关誓师北伐》，《中华新报》1924年9月21日）另有消息称，是日午后向卢永祥报告□到韶关之旨，同时请求由卢向张作霖催促履行贷与军费一百万元之契约。（《粤孙向浙报告出兵》，《盛京时报》1924年9月18日）①

△ 赴韶督师北伐，各方对孙陈关系及陈炯明的态度颇为关注，乃有种种传闻。

报称："近由粤归津之某中国政客云，江浙开战以来，孙陈和议，似已谅解，陈拟撤退惠州兵备，开往福建，以示在粤无有野心。"（《商团与桂军激战之粤省》，《益世报》1924年9月13日）

又报载国闻通信社云：此次陈炯明退出惠州返攻漳泉，军队已在调动，闻洪兆麟主之尤力。上海方面除吴稚晖已赴粤以大义劝陈外，前日粤政府某参军返广州时，此间一部分人曾托其转言范石生向中山进言，惟闻中山先生意旨：以前次孙陈调和之说风起时，本人即表示但求陈炯明能实行讨曹，其他可不顾问，故此次宣言中有"平时薄物细故悉应捐弃"，即为容纳之表示。又闻陈之驻沪某代表前日有电致陈，请其转劝孙传芳，晓以利害，勿从事攻浙。（《奉粤两军之近讯》，《申报》1924年9月13日）

另有远东通讯社消息称，陈炯明自粤中政变后，退居海丰故里，前应旧部将领之请，曾赴汕头老隆一行，旋以时局枝节颇多，不易

---

① 《晨报》9月18日亦刊载此条消息，语句有所不同，谓："上海十六日东方电，据中国某方面消息，孙文向卢永祥报告十三日行抵韶关，并请代催张作霖履行支付军费百万元之契约。又闻带有此项使命之参谋次长蒋尊簋现已赴杭。"（《孙文催奉张践约》，《晨报》1924年9月18日）

解决,态度颇为冷淡,对内对外,均绝少表示。自江浙战争发生,牵动全局,态度如何,绝少人知。是日记者特访粤军驻沪某要人,询以陈炯明之真正态度,据云陈氏对于大局,极力反对贿选,前有通电足以证明。粤人仍主张粤人自治,如孙中山能实行粤政交还粤人自治之宣言,陈氏当放弃意见,与孙合作。(《陈竞存态度之沪讯》,《盛京时报》1924 年 9 月 21 日)

△　北伐军赣军司令李明扬发表讨曹援赣通电,并致孙中山、胡汉民诸人。略谓:"逆贼曹锟,僭踞高位,内倚弄臣李彦青,外恃悍将吴佩孚,捣乱国是,秽德彰闻……明扬治军岭上,戮力神州,外慰国人之要求,内受良心之督责,势难坐视,义不容辞。于是用历戎行,秉承帅令,为一线正谊之战争,谋根本解决之方法。"(《李明扬讨贼援赣电》,上海《民国日报》1924 年 10 月 2 日)

△　通令东江陈军将士,着其悔悟自新。

通令谓:曹锟、吴佩孚窃国残民,"本大元帅已明令诸将出师北伐,并亲驻韶关,以资节制。东江叛军抗命经年,此时若能深思顺逆之辨,幡然悔悟,相率来归,本大元帅当许其自新。否则,经率所部驰赴福建,以为浙江声援,亦必许其以功身赎。兹特命东江征讨诸军撤惠州之围,并停止各路进攻,以示网开三面之意"。此令下后,滇、湘、桂等中左右三路分别退守石龙一带。(《大本营公报》第 26 号,"命令")

△　特派大本营总参议胡汉民留守广州,代行大元帅职权。将中华民国陆海军大元帅印携往前方应用,所有后方发布明令暨一切公文,另刊"大元帅印"一枚,当日启用,俾示区别。并训令各军政长官转饬所属一体知照。(《大本营公报》第 26 号,"训令")翌日,广州设置留守府。(王业晋主编:《李仙根日记·诗集》,第 63 页)

△　令大本营军政部长程潜、广东省长廖仲恺,仰该部长、省长即饬所属以后对于土灶火柴不得巧立名目,抽取税捐,以维国货而恤商艰。(《大本营公报》第 26 号,"训令")

△ 令准"江固"舰归粤军总司令部节制调遣。"江固"舰原由大本营节制,但饷糈煤斤系向粤军总司令部请领,该舰长卢善炬呈请统一事权,将该舰仍划由粤军总司令部节制调遣。本日令准照办。(《大本营公报》第26号,"指令")

△ 令大本营财政部长叶恭绰,准在容奇地方设立分口,验销来往香港——容奇之渡船,防止偷漏税收。(《大本营公报》第26号,"指令")

△ 令大本营军政部长,准追赠于柳州阵亡之广西第一军第二师师长何才杰为陆军上将,照上将阵亡例给恤。(《大本营公报》第26号,"指令")

△ 令广东兵工厂厂长马超俊,准各部军官拟依照民团、商团领枪价格,缴价领枪,以充军实。(《大本营公报》第26号,"指令")

△ 申梦奇来函称:"前第五师师长、山东军务帮办马良君素慕先生主义正大,政见超群,特手书'正气常存'四字,嘱奇代赠先生,以表敬仰之忱。"(《申梦奇上总理函》,环龙路档案第01472号)

9月14日 北京政府内阁改组,曹锟任命各部总长。

曹锟发布各部总长之任命。国务总理颜惠庆兼内务总长,其余各部总长照旧,即:外交总长顾维钧,财政总长王克敏,陆军总长陆锦,海军总长李鼎新,司法总长张国淦,教育总长黄郛,农商总长高凌霨,交通总长吴毓麟。国务院秘书长孙润宇兼。(《政府公报》第3047号,"命令";刘绍唐主编:《民国大事日志》第1册,第266页;《中华民国史资料丛稿·大事记》第10辑,第153页)

△ 卢永祥来电报告战况,并谓"至盼尊处亦取迅速方略,得以早下赣南,惠我佳音"。(《卢永祥再报战况》,《广州民国日报》1924年9月16日)

△ 致电卢永祥,电谓:"顷得捷报,欣悉贵军已克宜兴,常州指日可下,宁城之寇自不足平。从此乘胜北向,歼灭国贼,是在今日。"(《大元帅贺捷电》,《广州民国日报》1924年9月18日)

△　报称:黄埔陆军军官学校校长蒋介石决意于数日内离粤赴浙,经向中山阐明一切,闻中山并有手书嘱托代致浙卢。(《蒋介石代表赴浙》,《中华新报》1924 年 9 月 14 日)

△　宁波国民大会致电孙中山,称:"曹锟窃国,天讨久稽。我大元帅志切灭贼,誓师北伐。行见义师饮马长江之日,即是国民箪食壶浆之时。遥望南中,曷胜忭幸。"(《宁波国民大会电祝北伐胜利》,《广州民国日报》1924 年 9 月 23 日)

△　为彭素民追悼大会送挽联。

原任中国国民党中央执行委员会常务委员彭素民,积劳病故。本日,广州各界假广东省教育会开追悼会,孙中山向大会致送挽联,曰:"吾党惜斯人,应有注海倾江泪;廿年共患难,未遂乘风破浪心。"(《故常务委员彭素民追悼大会纪》,《中国国民党周刊》第 39 期,1924 年 9 月 21 日)

△　报载北伐军抵韶后搭筑兵营及大本营行营安扎事。

为免除北伐军占驻韶州商店民房起见,未出发之先曾命粤路总理陈兴汉多搭营棚作驻兵之所。抵韶关后,见该营棚已在韶关车站后之小山上搭成数座,便于是日早亲往视察,并对所搭之棚在卫生与安全上存在的问题与不足加以指导。(《孙中山察看军营》,《中华新报》1924 年 9 月 21 日)

另有报道称:"孙中山自出发韶关后,连日北伐各军已次第集中韶关,韶州城外有驻兵棚厂六座,每座可容兵上千人,现尚赶筑棚厂多座,以为后至者驻扎。中山原拟在韶州城内旧守使署驻节,迨抵韶州,窥察城内交通极形不便,而且大军云集壅于韶城一隅,深恐军民杂处之不利,故下令北伐各军一律集中韶州城外候令。而中山本人复为统率便利计,将大本营行营移至城外车站之北,地址虽逼仄,惟形势极佳,前临小江,后枕诸山,左右均有警卫军拱卫。"(《粤省北伐之要闻》,《申报》1924 年 9 月 27 日)

△　报载:"孙文之出征于韶关与其对商民和缓策,并廖仲恺之

否认共产主义并布告返还武器,两两相俟,于转换广东险恶的局面上收有相当效果。是以秘密准备之第二次总罢业计划暂且中止实行,中秋节之经过,在表面上尚相安无事。"(《广东市面已趋和缓》,《盛京时报》1924 年 9 月 17 日)

△ 报称前浙江都督蒋尊簋专为磋商援浙事宜,于日前乘轮由粤来沪。"闻蒋氏部下在粤者,约计有万人之谱,枪支在七成以上,目下准备也已就绪。中山亦有委命,现在只须商酌如何入浙,及开拨办法。闻蒋氏也偕郑洪年赴杭。"又称粤政府参军长徐绍桢"奉孙中山命,由粤到港,搭乘海轮于前日抵沪寓,居于法租界辣麦德路某号洋房,昨晨赴杭,晋谒浙沪联军总司令卢子嘉,接洽北伐事宜"。并谓段派要人李思浩,"因有要公,须与浙沪联军司令卢子嘉接洽,特于是日晨乘早车赴杭,在杭勾留一二日再行回沪"。(《粤代表赴杭议北伐》,《时事新报》1924 年 9 月 15 日)

△ 报载是日西南某要人接得唐继尧来电云:"现已电派王九龄赴津奉向段张两公接洽,并决亲率联军北伐,不日即有通电发表。据闻王君现因病在日本休养,得唐电后,日内即由东京赴奉,再赴津向段合肥请示机宜。"(《奉粤滇响应浙方》,《时报》1924 年 9 月 15 日)

△ 《中华新报》刊载评论称:"中山对国事,一腔热血,尽耗于应付粤事之中,而其初意在先定西南,故阻力横生,一隅坐困,论者每惜之。故今日之举,最为见其大也。东南战事未及旬日,而广东联军已动员集中,行动之敏,尤为难能,而改革市政,委人民自治,从此粤政一新,可断言者。且对陈不两立,而今放任之,对滇疏远,而今则一致,是以无往不见中山之大决心。"(《粤师北伐》,《中华新报》1924 年 9 月 14 日)

9 月 15 日 第二次直奉战争爆发。张作霖来电,盼早日出兵赣、鄂,夹击直系。

本月初江浙战启时,张作霖已召集军事会议,讨论如何进讨直系。其应战之策,系分军六路,名"镇威军",张作霖自任总司令,设大

本营于锦州。本日,张以类似通牒之文书致曹锟,质问直军扣留山海
关列车,阻绝交通之由;又通知各国领事及外侨领袖,请将秦皇岛外
舰驶去,转令外侨一律离开秦皇岛,意在完成外交手续,声明保境安
民,对东三省外侨之安全负完全责任。同日,奉军第二路李景林部进
迫热河、朝阳,俘直军千人。直奉第二次战争遂爆发。(《中华民国史事
纪要(初稿)——一九二四年九至十二月》,第 402 页)

　　张作霖来电,告奉军编成六路大军,合十七万人,分道由热河进
攻,盼孙中山早日出兵赣、鄂,夹击直系。略谓:"闻直系内部涣散,军
士强半皆无斗志,所有劲旅悉数驱之北上与敝军抵抗。长江防务单
薄,贵部如能早日进攻,不特全赣指顾肃清,即武汉亦如破竹。硕筹
所及,谅有同心也。战况如何,并请随时见示。"(《时报》1924 年 9 月 19
日,"电报";《大本营公报》第 29 号,"公电")

　　是日,程潜致电张作霖,略谓:"中山已于元日率师赴韶,进兵赣
境,潜亦在整饬帅旅,追随诸公,耀师江汉,共殄元凶,以靖国难。"
(《程潜致奉张电》,《中华新报》1924 年 9 月 17 日)

　　△　浙方来电,谓战况尚好,盼孙中山方面出赣,急极。(王业晋
主编:《李仙根日记·诗集》,第 63 页)

　　△　广州商团正、副团长陈廉伯、陈恭受分别通电,否认利用广
州商团军危谋政府,谓为"流言无稽"。并称"现蒙大元帅准予还
械,一切均已解决",此后"益当致力民治,以为拥护服从政府之
左证"。(华字日报馆编:《扣械潮》卷 2,第 92—93 页;《粤省之状况》,《时报》
1924 年 9 月 18 日)

　　《广州民国日报》随后刊载二陈致孙中山、廖仲恺之通电。陈廉
伯之通电云:"窃维廉伯置身商界,政治原理凤鲜探求。比年以来,内
乱频仍,实业凋敝,屡屡咨嗟太息,而于政治根本向未讲求。自承同
人不弃,推任团长,恪恭朝夕,思尽厥职。而于商团与政府之关系虽
极注意,乃商团与政府而竟生隔膜,挑拨离间者乘之以起。其尤甚
者,竟于《大陆报》上捏造事实,诡称廉伯蓄谋利用商团以破坏革命政

府。廉伯并未寓目，未敢更正。政府以廉伯身为团长，对此新闻既无辩正，疑其有异，予以查办。及夫运械、联防诸事件接踵而至，误会更多。伏读大元帅对于扣械事件之告诫，实深骇诧。伏念廉伯亦国民一分子，事虽误会，心本无他，兹谨掬陈悃愊，上尘清听。窃维广州革命政府为中华民国安危存亡所系，大元帅手创中华民国，十余年来辛勤维护，凡有血气孰不感动。廉伯誓当竭诚拥护，以尽国民之天职。大元帅宽仁为怀，谅蒙矜恕，诚不胜迫切屏营之至。"

陈恭受通电云："曩者恭受辞差作贾，此心已如槁木寒灰。重以乡人环恳，主持商、乡两团，数载艰劬，上以宣扬政府民治之精神，下以保持桑梓固有之秩序，为功为罪，共见共闻。乃因扣械问题，丛滋横议，甚有谓恭受自称攻城总司令者。流言无稽，早经县长、乡绅据实辩白。现蒙大元帅决予还械，一切均已解决。恭受此后益当致力民治，以为拥护服从政府之左证。谨通电表明，伏乞察核施行。"(《陈廉伯拥护大元帅之通电》,《广州民国日报》1924 年 9 月 17 日)

后有消息称，此二电系汪精卫代拟，而二陈隐忍发出。(《粤省团械案中途变卦》,《时事新报》1924 年 9 月 25 日)《香港华字日报》随后亦报道称："闻此两电仍系省政府强迫商团签发，商团尚在商量中，而政府忽然先行发表，并有阴谋存乎其间。别一说又谓胡汉民近忽主张发还商械，以挽回已去之人心，惟商团所购之械，本甚精良，孙党仍欲以别械换去，李烈钧之奉令往日本购械，即与此事有关。"(《孙政府强发两陈通电》,《香港华字日报》1924 年 9 月 18 日)

《香港华字日报》并就此事刊载评论，略谓："商团一再宣言，皆抱械存与存，械亡与亡之决心，是在军械未发还以前，二陈通电当然无发表之理，乃孙政府将一面代拟电文，一面强硬代发……二陈之尤愿通电与否，此属诸良心问题，除个人自动外，无论何人，皆绝对不能指挥之……彼亦知此等具文，必不足以奋二陈之志，其唯一目的，即欲借此污蔑二陈人格，斫丧二陈之廉耻。"(《孙政府强逼二陈通电》,《香港华字日报》1924 年 9 月 19 日)

△　任命林云陔为大本营秘书。准陈树人辞广东政务厅长,以李文范继任。(《大本营公报》第 26 号,"命令")

△　王法勤、丁惟汾组织旧国会议员党团,以配合北伐行动。

由北方返穗之中国国民党中央执行委员王法勤、丁惟汾拟于月内北返,故本日第五十五次中央执行委员会议时,由政治委员会提议请二人赴北京后,即召集国民党籍议员开会,公布中央执行委员会之训令。关于中国国民党议员之责任及其行为标准,组织中国国民党议员在国会之党团,公推一秘书直接与中央通消息,接受一切训令。该党团并创办一机关报,发表一切有关政治之意见。(《中华民国史事纪要(初稿)——一九二四年九至十二月》,第 403 页)

△　是日港电称,范石生函复商团七代表云:胡汉民转来帅令,军械必全数发还,当负责代为索还。(《时事新报》1924 年 9 月 16 日,"电讯")范石生于 13 日函商团,允派人协同商团代表向政府取械,陈廉伯遂于是日拍发谢罪电。(《时事新报》1924 年 9 月 17 日,"电讯")是日《益世报》刊载报道称,范石生、廖行超因孙中山不允交回商团军械,即将中山嘱其调停及承认商团条件之亲笔函,制入电版,分送商团阅看,以明心迹。(《孙文离省赴韶之确讯》,《益世报》1924 年 9 月 15 日)

△　香港电讯称,省署虽布告交回商团枪械,惟至今未交,商民甚愤。15 日因粤军实行反攻,商团每人捐五十元,已入团未领枪者,每人捐二十元,共四十余万。土丝行于秋节夜共捐得七万余元,米、花生、芝麻行各捐万余元,助粤军饷。粤军左路前锋 15 日晚已进至平湖。(《粤械案之尾声》,《北京日报》1924 年 9 月 22 日)

△　广州通信称:"自孙文勾引客军入粤,全粤几无一片干净土,久矣怨通于天。东莞属毗邻战区,受害尤惨,刘震寰所部之桂军,驻防于此,业经两载,无物不捐,有人必扰,民商迭次罢市对抗,恶感更深。"(《粤东莞桂军又与民团激战》,《益世报》1924 年 9 月 15 日)

△　《晨报》刊载报道,质疑孙中山的北伐兵力,略谓:"及本月十五日突然先赴韶关,同行者只樊钟秀之豫军及李明扬之赣军,路孝忱

之山陕军,其余联军中之主力部队滇、湘、桂军及孙之嫡系许崇智所部之粤军皆不与也。所谓山陕军、赣军者不过三四百人,豫军前本有二千余人,经龙岗一役,损失七八百人,现所存亦不过千余人。以此寥寥之兵力,安能北伐?"并称孙中山明知不能北伐,而竟轻赴韶关之原因有三:(一)欲得奉张一百万;(二)藉以缓和商民之反抗;(三)藉以缓和东江陈军之反攻。(《北伐声中之粤局形势》,《晨报》1924 年 10 月 12 日)

　　△　东方通信社是日电云:"粤当局自决定实行北伐,同时政府部内高唱与陈炯明成立谅解之说,今悉前此来粤之但懋辛、石青阳两氏之使命,亦基于唐继尧之意旨,似欲于孙唐间结攻守同盟之密约,总称孙唐两军为建国军,直向讨直之同一目的前进。同时令孙氏与陈炯明之和议成立,令陈攻福建。今日石青阳氏答东方通信社记者之质问云:孙文因已赞成唐继尧之意见及与陈炯明之和议,故与唐继尧订有密约,孙于赴韶关前已具体的以此旨答复唐继尧矣,一面由调停孙陈之但懋辛氏在香港与陈觉民协议后,现正与陈氏首途赴海丰见陈炯明矣。又石氏断言,从香港会议之结果观之,可预期得八分之成功,以川滇黔粤之西南各省一致共赴推倒直派之目标,其机运已成熟。"(《孙唐攻守同盟之新缔结》,《申报》1924 年 9 月 17 日)

　　△　报称,陈炯明粤军召集会议,拟乘孙中山内外交迫之时,林、洪四路进攻粤垣。略谓:"自政府对奉浙下讨伐令后,吴使又密令粤军林虎、洪兆麟、叶举等蹈隙反攻广州。洪部前本拟入漳,现已废其原定计划。为扫除孙文起见,特于 15 日在海丰特开军事会议,林虎、洪兆麟等均到。会议结果,以攻广州为至好时机者,有三利焉:(一)孙政府与商团民团结怨甚深,乘机攻羊城必得内应;(二)元老派与太子派争夺政权之际,广州政局将行巨变;(三)韶州大本营失火,系滇军特放,内部已失团结力。会议散后,林部四路逼东江,平湖等处亦为粤军占领,孙军散兵多被乡团截击缴械。现许崇智、杨希闵会议缩短防线,中路据马嘶,右路据樟木头,右路集龙门,重兵驻石龙。"(《粤

军反攻羊城》,《北京日报》1924 年 9 月 23 日)

　　△　报称,唐继尧电复孙中山,允担任滇、川、黔三省联合总司令,西南护法副元帅。(《所谓孙陈议和与北伐说》,《益世报》1924 年 9 月 20 日)①

　　△　报称:胡汉民于是日亲乘粤汉车赴韶谒见中山,商谈关于北伐计划,约日间即可返省。至东江战争,中山本着滇桂军完全担任,滇军军长范石生于是日闻悉陈军又图反攻,故特遄返东江前线。桂军总司令刘震寰对于东江战局,亦为迅奏凯功起见,特拟将战线缩短,以利作战。(《胡汉民赴韶谒中山》,《中华新报》1924 年 9 月 21 日)

　　△　是日粤探电告:"孙文招集新兵三千余名充卫队营,已开赴亭村训练。"(《益世报》1924 年 9 月 17 日,"专电")

　　△　是日东方电称:"朱培德部下中央直辖第一军司令部于昨晨,樊钟秀部下豫军四旅全部于今晨,各由当地向韶关出发。"(《高唱

---

　　①　此处存疑。广东 16 日东方电称"唐继尧昨日来电,报告已就任滇黔川三省联合军总司令兼西南护法副元帅"。(《粤孙滇唐已联师北伐》,《顺天时报》,1924 年 9 月 20 日)又据上海《民国日报》1924 年 9 月 28 日所载,唐继尧本月 26 日亦致电孙中山,告就副元帅职,并即日出兵。然孙中山又曾于 9 月 18 日给唐继尧发去咨文,促其即宣布就副元帅职。20 日又有香港通信讯称:"孙中山拟令命委唐继尧为滇黔川北伐总司令,唐之驻港代表刘毅夫闻讯,立函石青阳、但懋辛转向孙阻止,谓此令一下,唐必通电否认,孙唐平等,无受委任之理,现唐函孙,止称先生,不称大元帅,可知其意。"(《粤讯志要》,《北京日报》1924 年 9 月 20 日)唐继尧于 10 月 1 日到致孙中山电中,犹称"副元帅应俟军事进展,再推勋业崇隆者就任"。(《滇唐克日誓师东下》,上海《民国日报》1924 年 10 月 12 日)并谓:"副元帅一职愧无以当,俟军事进展,再推勋高望重之人。"(《申报》1924 年 10 月 9 日,"国内专电")唐继尧真正表示愿意就职,当至孙中山逝世后。1925 年 3 月,唐继尧向北京发出就任副元帅之皓电。《申报》报道称:"去年中山在粤请唐为副元帅时,本为一种联络手腕,而唐以种种关系,迄未就职,此足证明西南之联治派尚未能与革命派合作也。最近中山逝世,在京民党某派盛唱拥唐之论,以为唐在民党中,资望、勋绩、实力三者超出一切领袖之外,不欲维持西南民党绪则已,如欲维持,则必以唐继任中山之大元帅,保存所谓西南政府,如李烈钧、石青阳辈皆持此论。惟另一派则以唐近年来之主张多与中山违背,最近出兵广西,几与广州政府成对敌地位,多不愿拥唐。不料唐在此期间竟突然就副元帅之职,通电中根据中山前令,表面言之,名正言顺,令人无可非难。北京民党接电后,为之愕然。其本欲拥唐一派,对此以为足振己派之声,势极抱乐观。反对一派则持冷静态度,是否承认唐继承中山地位,尚大有研究,或进而积极反对,亦未可知也。"(《申报》1925 年 3 月 31 日,"北京通信")

入云之孙文北伐》,《顺天时报》1924 年 9 月 18 日)

△　《时报》刊载报道称:赣南镇守使方本仁为援粤军总司令,迭次出兵南韶,均以兵力不足之故,不得志而还。顷得赣南快函,略谓洛吴以粤中内部分离,正为乘机进取,业将其各部军额军械补充完后,以便进取。其兵力共有军人近五万人。(《粤省北伐声中之赣省援粤》,《时报》1924 年 9 月 15 日)

△　追赠广西总司令所属第一军第二师故师长何才杰为陆军上将,照中将阵亡例给予恤金。(《大本营公报》第 26 号,"命令")

9 月 16 日　在韶关大本营与吴稚晖谈允许陈炯明悔过自新。

吴稚晖赴汕尾与陈炯明晤谈之后,在广州对邹鲁说:"关于陈炯明的事情,总要设法补救,总理北伐,才能无后顾之忧。我们最好到韶关去,面请总理恕陈炯明已往之罪。"邹鲁表示同意。(邹鲁:《回顾录》,第 135 页)是日吴稚晖与邹鲁至韶关谒见孙中山,报告陈的两点表示:"(一)我一定打吴佩孚;(二)江浙战争未分胜负,奉天出兵与否亦未可知,不能不审机观变。"孙中山听后也强调两点:"(一)陈如悔过,许其自新;即不为悔过之表示,而能出兵福建为浙江声援,也许其以功自赎。(二)已令诸军撤惠州之围,并停止各军进攻,以待陈之自决。"①(《吴稚晖调和孙陈之经过》,《广州民国日报》1924 年 9 月 19 日)"先生仍持前议。"(王业晋主编:《李仙根日记·诗集》,第 64 页)次日,吴即赴港拟再往海丰劝陈。林虎的代表极力煽动在港陈军要员,否认此议,并不让调解人莫纪彭见吴。吴知调停有阻,即日离港返沪。(《中华民国史资料丛稿·大事记》第 10 辑,第 151—154 页)

是时各方对于吴稚晖调和孙陈一事颇为关注,报道详略不一,内容也稍有出入。

是日东方电称:吴稚晖向孙中山报告"陈炯明提出之妥协条件如

---

①　据《中华新报》所载 16 日电讯,吴稚晖于 15 日晚回粤,16 日晨赴韶关。(《孙陈调和将成立》,《中华新报》1924 年 9 月 19 日)《申报》所载报道亦谓吴稚晖 16 日已回省,转赴韶关晋谒中山报告经过。(《北伐声中之粤省军事》,《申报》1924 年 9 月 23 日)

下:(一)撤销胡汉民省长命令,从新任命伍朝枢;(二)东江孙派联合军,全部撤退;(三)商团军军械,即为交还。"(《粤孙滇唐已联师北伐》,《顺天时报》1924年9月20日)①

《中华新报》亦曾报道此事,并对孙陈合作的前景表示怀疑,略谓:"中山对陈可谓宽大至极,惟陈虽有一定打吴佩孚之言,但至今尚欲审机观变,则所谓一定打吴佩孚者,不过一句空话。东江征讨诸军对此,早已料及,故一面遵中山命令各路撤防,一面严为戒备,若陈军仍萌十一年六月故智,□兵尾袭,则必予以痛剿,不任其得逞云。吴现寓汪精卫家,约有数日逗留。中山向来对陈态度严正,非陈有悔过书,不允议和,今以北伐事宜,只要陈出兵福建,不为北伐军后患,亦已满足,是中山方面对于议和已让步至于极度,此后惟有陈之决心如何而已。"(《可注目之粤陈态度》,《中华新报》1924年9月24日)

《申报》报道称:"闻调和条件陈氏所要求者:第一,广东省长须以伍朝枢继任;第二,东江联军尽行退出东江。其余尚有三条件,现须守秘密未便宣布。中山似有容纳之意思,故近日胡汉民之未遽兼省长,第一系因廖仲恺不允遽就财部长、财厅长、军需总监三职,廖不担任财政,则胡虽任省长亦无把握,故对于兼任省长迟迟不就;第二即预留省长一缺以为与陈军议和之条件。刻下联军已撤退东江,省长一缺又保留以迎合陈军之要求,在孙中山方面已委曲求全,未知陈军态度若何耳。大约须调人吴稚晖氏再走一番和战始能决定也。"(《北伐声中之粤省军事》,《申报》1924年9月23日)

《时报》载23日香港电称:"石青阳、但懋辛、吴敬恒与陈炯明调和,陈表示不认附直,并提出条件,联军全退出东江,防守仍归彼部,孙率师北伐,政权交还粤人。孙方条件,任陈援闽总司令,林虎副之,饷弹由孙接济,陈部退出惠州,潮梅归陈,在磋商中。"(《孙陈合议之接洽》,《时报》1924年9月24日)

———

① 《时事新报》亦刊载此电,惟称该电为东方社十七日电。(《时事新报》1924年9月19日,"电讯")

关于吴稚晖调和孙陈的详细经过，各报多有报道。

《香港华字日报》谓："当江浙战事初期之际，孙文大唱北伐，一方藉赚奉张之数十万元，一方以尽调客军出发缓和人民之反抗。然恐东江粤军乘机大举反攻，乃命汪精卫电招吴老少年稚晖来粤，倡调和陈、孙之论。吴接得汪电，即乘轮来粤，一见孙文即奉命赴海丰，任调人之责。孙并言愿弃广东，只须接防者接济北伐军饷项。吴以为如此条件，调和或可望成功。乃由省出港，遍访驻港粤军要人，不意粤军要人多避而不见。粤军各人深知孙文无接近诚意，粤民已恨孙入骨，东江即已相持两年，绝无复合之理。吴等候六七日始得莫某同往海丰见陈炯明，痛哭陈词，力求和孙，勿阻北伐。陈以北伐不北伐是一件事，讨孙是一件事。然以吴远道而来，亦只得与之磋商，谓如中山能即离粤以谢粤民，东江部队亦可以不追击。吴大喜，即赶回广州，与邹鲁赴韶关报告。孙文对调和本无诚意，此时已知浙江有失败之势，北伐绝无希望，遂有坚持要陈写悔过书，受彼任命。吴以条件突变，难为调人，力与彼争……吴失意而出。当夕出港，即搭苏州船赴上海。汪精卫赶出港劝留，吴谓广东全为孙中山弄坏，事不可为矣。我不特不能留，还请你早日脱离漩涡，免得一齐下水。汪亦怅怅而返。昨有自海丰返者，谓陈炯明最后有发一电与吴稚晖，谓须孙文先写一悔过书，然后有条件之可言，并可代全粤三千万人民出一口气。"（《粤局最近之形势》，《香港华字日报》1924 年 9 月 23 日）[1]

《中华新报》谓："吴由沪抵港后，即赶赴汕头，转至海丰县城将军府见陈。陈见吴至，款接甚殷。谈次，吴即突出讨贼意见。陈表示对北伐态度，谓一定要打吴佩孚，唯现在则沉机观变。吴说：先生要打吴佩孚，先生的部下意思如何？ 陈谓：我的命令，部下定不会反抗的。吴说：现在广东革命政府出师讨贼，闻说先生的部下要趁这个时机反攻

---

① 《益世报》亦刊载此则报道，惟称是"据二十八日香港特约通信"。（《孙陈调和之失败》，《益世报》1924 年 10 月 4 日）

东江……其罪过比之围攻总统府要加大百倍哩。陈谓这是部下之事，很难说。吴至此忽大声叫到：先生所说的话，不够五分钟，已经矛盾了。先生刚才说，你的命令，部下不会反抗，先生为什么不下令叫他们不要如此，而诿之于部下之事，这真怪了。陈默然无语。吴复道：先生原是革命党，又是决意反直的，在今日应该要和孙先生合作才对，即不合作，也不该在后方捣乱。陈说：孙先生口口声声要我写悔过书，我自问无过，怎样悔过？故从前时来说调和的，都因此而无结果。吴说：悔过书我可担任不必写，不过先生总须有所表示，或通电反直，或出师入闽，这才显得先生不为革命政府之敌呢。二人谈至此，调和头绪已渐有着落，吴即告辞休息。翌日有陈炯明之秘书莫某谓吴曰：竞存之意已转，唯须先生能担任取销悔过书，即可合作一致讨贼。吴于是乃启程回省赴韶关谒中山。吴抵省后，与广大校长邹鲁赴韶谒中山，将往海丰劝陈之经过详述。中山曰：□东江叛军罪不在赦，予已不咎既往，令其师入出〔出师入〕闽，撤惠城之围，令各军停止进攻，以示网开三面之意，乃不于此时讨伐建功以自赎，犹复以沉机观变之言，伺隙以逞，果何故耶。吴即将取销悔过书意告中山，中山大怒曰：东江叛军，扰乱粤局，叛变吾党，何得谓为无过。竞存要打吴佩孚固佳，唯与予合作则必须写悔过书，苟不悔过，不率师入闽，而仍在东江扰乱，则予必令各军先肃清东江然后北伐(前陈某黄某调和孙陈，回报中山，中山索悔过书，陈黄无以应，中山大怒，谓下次无悔过书拿来，不许谈调和事，不然者必以奸细查办云云，其坚持要写悔过书之决心如此)。吴稚晖反复申说，至于泪下，谓中山宽仁为怀，宜以大局计，弃此小节不较。同坐者有邹鲁及某军长等五六人，俱为感动。中山意动，允取销写悔过书，吴于翌日晨即返广州，寓于汪兆铭先生家，昨夜吴赶赴港，闻将又赴海丰，将所得结果告陈炯明，请陈即日通电全国，率师讨贼。果吴稚晖此次之调和能成功，则造福于国家人民，诚非浅也。"(《吴稚晖调和孙陈经过情形》,《中华新报》1924年9月25日)

　　《申报》谓："粤省于北伐之初，民党即请吴稚晖氏调停孙陈，先停止东江战争,然后粤省乃得专志北伐,故当日吴氏亦毅然南下任奔走调和之责。吴日前抵港后,即偕同汪精卫来省征求中山意见,其时中山对吴称:倘陈炯明如能同心北伐,则本人亦愿放弃广东,只须接防者接济北伐军饷。吴以中山确已迁营韶关准备入赣,并宣言将广东付之广东人实行自治,此举与陈炯明素来之主旨相符,孙陈复合或可藉此得一线之希望,因匆匆回港,偕港商莫纪彭同赴海丰。吴、莫抵海丰即见陈炯明,力言时局趋势,正西南各省一致结合共同对付北方之良机,粤省为南方革命策源地,内部尤宜先行团结,况且广东东江战争经年,生民涂炭,亟应停止战争,与民休息,今江浙风云正剧,直奉之战又起,中山乘此时会出师北伐,惟因东江战局牵制,未能长驱直进,迩者中山对于东江,决意退兵表示退让,并谓贵军(指陈军)如能同时入闽北伐,彼即放弃广东,尽率驻粤客军北伐。此事若行,则广东年来所受之痛苦已可大减。然中山虽如此主张,但恐北伐军尽行北上之日贵军若无所表示,未免有后顾之忧,故此时贵军若能审察大势共同讨直,则年来调停无效之和议,或可于此时成功也。当时陈以吴远道而来,亦极表调和之盛意,因对吴谓:现在广东正苦客军之祸,如中山能率各客军北伐,将广东付之广东人,使粤人得稍昭苏,则东江部队亦可以不追击。吴以陈氏已表示和意,因遄返粤垣,偕广东校长邹鲁即日乘车赴韶关见中山。中山云:广东之事不成问题,予之意志已见对粤人宣言中,但陈竞存昔曾叛我,此次议和须竞存确能来书悔过,其他始有商量之余地。吴当时以此先决问题须再征求竞存意见,遂于翌日返港,拟再往海丰说陈。会此时林虎代表某某知此次孙陈和议若成,则影响西南极大,因极力运动港中陈军要人否认此议,并劝港商莫纪彭勿再与吴奔走。迨吴第二次到港,往访莫氏不遇,翌日接莫氏一函,代述陈竞存之言略谓:如中山确能来书谢过,方有重商余地云云(按此函系莫氏转,是否陈竞存的笔尚不可知)。吴聆此讯后知调停尚有阻碍,非一时所能办到,遂于即夕离港搭苏州船返沪矣。"(《吴稚晖调停孙陈之经过》,《申报》1924年

9 月 28 日）

是月月底，但懋辛由汕头返港，寓东亚酒店，曾就调和孙陈之经过与某港人作交谈。《北京日报》后刊载香港通讯，报道了但氏的谈话。但懋辛谓："孙陈携手，久为各方属望。迟至今日，孙陈本身均能弃其小而趋其大，和局之实现诚非难事。惟陈方之林隐青（林虎）为陈军中之实力人物，必须得其同意。余此次进行，与林氏面洽者二，电劝者三。初次与林接洽，以为无具体办法，故不表示意见。第二次余携中山开示条件再往接洽，林允于三日内答复。至所开条件，约列四款：（一）由粤方任命林虎为援闽军副司令，林即举所部出发援闽；（二）林部饷弹由粤方酌量接济，并拨开拔费五万元；（三）林军出发后，所有所属防地由地方民团担任治安，联军并不占驻；（四）所属各县归林军后方筹饷地点，粤方不加干涉。孙氏之所以如此委曲求全者，其目的不过欲使林氏率师入闽，藉此和缓东江战局。至于洪湘臣（兆麟字）随竞存较久，再加林氏同意可无问题。故目下和局之能实现与否，系于林氏一人。不久接林氏复电谓：'彼此患难相交垂廿年，以私谊言，无事不可通融。惟调和一节，关系重大，应征各将领意见并与竞公规划。虎力微德薄，未敢谬作主张，知己如公，定为见宥。虎。宥。'以此电观之，调和之说可称绝对无望。及抵香港，知林氏曾在河源召集军事会议，主张进攻广州，牵制孙之北伐。于是各将领如刘志陆、黄业兴、黄任寰、王定华、王德庆等皆一致赞成其议定计划。分三路前进，一路沿广九路攻樟木头，进老虎隘；一路由博罗攻正果，击增城；一路由龙门斜出，抄龙眼洞以入北江，牵制韶关，并促使洪兆麟、叶举同时并发。"（《但懋辛口中之孙陈议和》，《北京日报》1924 年 10 月 16 日）

△ 是日香港电云："闻省港澳各商暗助陈军款颇多，陈军战报，已占博罗、龙华、深潭。"（《粤省之近闻》，《时报》1924 年 9 月 17 日）次日又有香港电称："当局据港探报，陈军确已收到港某界百余万，由陈卓雄与陈部金章、钟景棠签收，即交叶举、洪兆麟、林虎分领，故反攻速。

杨希闵以陈军此来必死战,即弃三路防线,退守南社茶山,以避其锋。"(《粤省之状况》,《时报》1924 年 9 月 18 日)

△ 《申报》载称,"此间民党及民军方面之消息,则谓陈竞存经浙卢之疏通、津段之保障,已决与中山言和,将弃惠州,率全师入闽,为浙卢之声援……洛吴亦知陈尚不忘情于广东者,仍以全粤饵,最近吴知孙(中山)段(祺瑞)系包围竞存已深,陈亦已怦然动于闽省地盘之利,前数日吴曾急电陈谓:尊部若果饷糈维艰,请告我不妨,令由此间协饷,或径令樾恩(周荫人字樾恩)暂以漳属假尊部息足,彼此努力于统一,可勿计一地之谁属也。竞存接是电尚无覆,今尚踌躇于闽粤之去取,而为熊鱼之择也。"(《江浙战争中之闽南》,《申报》1924 年 9 月 16 日)

△ 林俊廷通电脱离邓本殷,归降革命政府。

林俊廷原受北京政府派为广西督理兼省长,本年 1 月 30 日被免职,其本兼各职由广西边防督办陆荣廷接任。旋北京政府改任林俊廷为广东"钦廉八属联军军务督办",而受邓本殷之节制。本日,林通电声明今后军事行动服从孙中山命令,脱离北属,并与邓本殷完全脱离关系。(《中华民国史事纪要(初稿)——一九二四年九至十二月》,第 404—405 页)

此前 8 月 29 日,林虎派陈某往廉,运动林俊廷附中央,林拒绝。(《粤省军事之混乱》,《时报》1924 年 9 月 11 日)9 月 3 日,林俊廷派参谋刘大山,向孙中山领大批饷械,午由永丰舰运北海,孙派林树巍同行。(《粤桂之军事》,《时报》1924 年 9 月 5 日)

9 月 4 日《申报》即报道称:"去年座镇南宁之林俊廷,今又输诚于粤孙矣,查林氏为桂省有力份子之一,顾其处于南宁,目睹广西大局自民十以来混乱至此,欲谋收拾而实力不足,故去年冬藉出巡为名率队驻于粤桂边界以图发展。盖彼所处地盘既接近粤之钦廉,可窥高雷,而又可出南宁,牵动桂局,是以在目前之两粤时局上大有举足轻重之势。兹因与驻扎琼崖之邓本殷(邓系陈炯明所属)争雄,特派张锦芳、黄均超代表往粤输诚于孙文,闻孙氏已即发军饷三万元、子弹十二万交张氏收领,转解林氏矣。综此观之,则陆荣廷今既无地盘,又乏兵力,嗣兹以往恐不能再为桂省统之障碍矣。"(《沈鸿英攻克桂林》,《申报》1924 年 9 月 4 日)

是月 9 日林俊廷通电拥孙,略谓:"大元帅孙公,揭橥民治,为建国方略者,对兹伟举,嘉许逾量,提携扶植,早有成言。徒以俊廷就职之初未遑公布,以致别系侵入煽诱,遂有野心部分越出八属范围,耽视广属四邑,竟于六月间侵占恩平县治。斯时人情汹汹,虑兵祸再结。幸各界代表坚持宗旨,赴机迅疾。廉城复议,一致表决后即派员赴前方监视退兵。复派员谒大元帅解释误会,漫天战云得以旬日消散,否则八属自治已成之局即被推翻。俊廷惩后惩前,不得不郑重表示,今后八属以内军、民两政,仍根据钦城联治会议之决案为依归,若八属以外军事行动,则服从大元帅之命令为进止。"(《林俊廷拥护大元帅电》,上海《民国日报》1924 年 9 月 22 日)[1]

《申报》曾报道林俊廷输诚粤政府之背景与经过,称:粤省南路高雷一带向为黄明堂率部驻防,自去年东江战起,南路陈军邓本殷在琼崖联合钦廉将领申保藩起兵共逐黄明堂,黄因隶属中山旗下,为联军之一部,因亦出兵与战,南路战端遂由此而开……此后陈军邓本殷与申保藩、苏廷有、吕春荣等因一时之利害互相联合,以共排去中山势力为目标,故此时粤省南路高雷廉琼两阳各属尽归陈军势力之下,声势颇大……会本年之夏中山派黄绍雄等攻广西南宁,广西督军林俊廷以在桂势力消灭,乃谋别营一窟于广东。桂之南宁与粤之钦廉壤地相接,因遣使与申保藩联络,此时申正与邓暗斗,知势力不敌,急欲增加实力以为后援,遂欢迎林氏赴廉,林申结合自此时始。无何黄绍

---

[1] 《中华民国史资料丛稿·大事记》第 10 辑第 148 页 1924 年 9 月 9 日载:"广西督军林俊廷通电拥护孙中山,表示今后八属以内军民两政仍以钦城八属联治会议决案为依归,八属以外军事行动则服从孙中山之命令。"据此,林俊廷此电发出日期或为 1924 年 9 月 9 日。《申报》报道亦称林氏"于本月九日拍发拥护孙中山之通电"。(《北伐声中之粤南军事》,《申报》1924 年 9 月 25 日)

雄与李宗仁会师于贵县,林知在桂不能立足,先行率部入粤,驻节钦州,至是钦廉派林申势力顿厚,申保藩、苏廷有乃拥林俊廷为八属督办。琼崖派之陈系邓本殷以八属督办忽为林所夺去,因起而与林争,由是遂起林邓争八属督办之一幕。事闻于汕头陈军,陈军乃派陈小岳前来高州向林邓二人调和,但林申势力既增,争持益力,并以邓藉陈军势力相逼,乃亦派人络联中山政府,使四邑联军林树巍、黄明堂等派兵出阳江,以便合力逐邓本殷,此为林俊廷输诚中山之缘起……8日林设筵于俊威将军行台款待林树巍等及海军各员,林俊廷曾即席表示誓灭陈邓诸敌,拥护中山。林树巍亦宣达奉命慰劳之意,宾主极形欢洽,林树巍此行曾携现款三万元,子弹十万颗接济林氏。林氏点收后即履行交换条件,遂于本月 9 日拍发拥护孙中山之通电。
(《北伐声中之粤南军事》,《申报》1924 年 9 月 25 日)

　　《益世报》亦曾报道林俊廷附孙之背景,称对于孙中山离广北伐起了推动作用,略谓:粤省南路钦廉高雷领罗两阳八属军人政客,愤孙氏之引客军乱粤,遂联合八属各客军,以为结合团体之用,公推林俊廷为八属联军总司令,邓本殷为总指挥,申保藩为副指挥,其目的在推倒孙文,统一南北。去年林俊廷督桂时,特派申保藩由南宁出师,克服钦廉高雷两阳等处,将孙军之黄明堂、林树巍等斥逐于八属之外……南属诸将最有势力者,林俊廷之外为邓本殷,当林军进攻高雷时,邓由琼州率师相助,故高雷两属之地,名虽属林,而实权则在邓也。夏间林俊廷移师广州,宣布就八属军务督办职,邓本殷首先反对,林邓交恶自此始。林之驻港办事员王道平,平日比为诸葛亮,忽妙想天开,密联国会议员温雄飞,倡为降孙之说,特遣温雄飞入广州上降表,国民党人以温曾脱离党籍,目为叛党,下之狱中,为刘震寰等所保释,始免不测。局外人观此情形,皆莫明其妙,林俊廷在南宁中,初亦不知王、温二人之为此鬼鬼祟祟之事也。八属各军人政客闻之,大不为然,纷电诘问,林亦无法以对。自是以后,八属团体,遂顿形涣散。(《孙文倡言北伐之内幕》,《益世报》1924 年 9 月 17 日)

△　电召梧州善后处长李济深来省,指示缜密防卫之方略,以遥助北伐军事之进行。(《大元帅电召李济深回粤》,《广州民国日报》1924 年 9 月 16 日)

△　着余维谦暂代大本营参谋处主任,任命祁耿寰、陈民钟为大本营参军。

大本营参谋处主任蒋尊簋告假①,本日任命余维谦为大本营参谋处军事参议,并着在蒋尊簋告假期内,暂行兼代参谋处主任职。又任命祁耿寰、陈民钟为大本营参军。(《大本营公报》第 26 号,"命令")

△　准戴恩赛辞梧州关盐监督兼外交部特派广西交涉员,任命林子峰继任戴恩赛本兼各职。(《大本营公报》第 26 号,"命令")

△　广东北伐军赣军总指挥董福开致电孙中山诸人,略谓:"我联军正宜速赴事机,会师江汉,直捣幽燕,建统一之盛业,竟革命之全功。福开不敏,谨率所部集中韶关,克日出发。"(《北伐赣军总指挥讨贼电》,上海《民国日报》1924 年 9 月 23 日)

△　张民达致电孙中山、许崇智,率部由马坦赴韶候命。(《粤孙北伐军开拔韶关》,长沙《大公报》1924 年 9 月 16 日)

△　《晨报》刊载报道,披露粤政府内部胡汉民、许崇智之矛盾与斗争,称:"近许崇诰因械潮被扣留一案,胡汉民、廖仲恺把持一切,许崇智以乃兄因公被押,骨肉情深,乃率卫队及机关枪到大本营以武力劝胡汉民将许崇诰交保。许崇智大闹元帅府之武剧,虽未演成,胡即将许崇诰释出,次日即告病假,移寓颐养院养疴,又声言自后对于政

---

①　蒋尊簋奉派赴沪,系为浙江谋善后,因卢永祥离浙,而孙传芳军随之进入浙境也。嗣于十月初,蒋尊簋与吕公望、屈映光、褚辅成赴宁波与潘国纲接洽,遂有对浙省孙传芳宣布宁波独立自治之举,且草定浙江临时自治政府组织大纲,并决定组织浙江自治委员会,推蒋尊簋为委员会,吕公望任自治军总司令,屈映光任民政厅长,另有李思浩、殷铸夫(汝骊)等亦参与其事。若所谋宁波独立事成,则北伐势力深入浙中,形势当大可转变。惜内部不能一致,而致功败垂成。(《中华民国史事纪要(初稿)——一九二四年九至十二月》,第 539 页)

务不闻问。械潮解决,政潮又起,孙政府前途,未可乐观。"(《粤政府发生政潮》,《晨报》1924 年 9 月 16 日)

《申报》是日报道亦称:"粤省自孙中山出发韶关后,省中政局大为更动,历来与元老派争政之太子派已完全下野,今后广东政局成为元老派清一色之政局。中山临出发之前曾再下一统一粤省财政命令云:'为令行事,现在出师北伐,军费浩繁,馈饷转粮,亟须筹备巨款以利师行,粤省财政情形已成弩末,开源节流,维收急效,惟有就现在财政收入机关实行统一,以提纲挈领之规,为集腋成裘之计,纪纲既立,效益自宏,着财政部长、广东省长悉心规划,切实进行,以收饱腾之效,有厚望焉。此令。'此一纸命令能否有效尚属疑,闻盖盘据地方财政,以滇军为多,湘军近已预备出发,可无问题,惟滇军大部未参预北伐,依然握其收入最丰之赌饷,昔日三令五申而不能丝毫动其交还之念,而谓中山去后之一纸命令转生效力,恐求之近世无若是深明大体之军人,将来元老派或不免因统一财政问题而与滇军生一大镠镯,元老派之政治运命又可于财政之统一与否判之矣。"(《中山出发后之粤省政象》,《申报》1924 年 9 月 22 日)

《时事新报》后曾刊文揭露粤省政局之复杂,与太子、元老两派之暗斗,略谓:"查迭次政局变化俱系元老、太子两派暗斗,元老派最注意于孙科一人,以其为太子派首领也,无如太子派势力亦不弱,故孙科虽经迭次之政争,卒能保持其市长一职,元老派对于此点遂认为未能彻底解决。以孙科之实力在公安局长吴铁城,故此次改变方针,先倒吴,后倒孙,盖以吴既倒,孙必不能独存也……省长廖仲恺共产色彩最深,隐然以共产党首领自居,其平日言论,均极钦佩苏俄,日前在总商会演说,亦以中国不能步武苏俄为憾,故人民方面久已认定廖氏为提倡实行共产之人。国民党中反共产党势力固非常雄厚,对于廖氏久不满意,迨扣械案发生,商民以将实行共产为号召,举行大罢市,反共产派复藉以为去廖氏之绝好题目……廖自知断难立足,于是毅然提出辞职。当省长问题酝酿时期,向此中活动者颇不乏其人,而呼声最高者实为许崇智与胡汉民二人。许最为客军所反对,故难实现,胡虽非客军所满意,但胡无实力,总比较许氏为易与,是以宁赞成胡氏,而不赞成许氏……至胡氏就职,刻下尚未有确期,一因滇军反对,四周空气不佳,二因廖仲恺又提出辞去财政部长、财政厅长、军需总监三职,胡遂连日拒绝见客,后经多人寻觅,始知胡已秘密跑赴韶关,向孙文诉说。"(《广州政局大变化之经过》,《时事新报》1924 年 9 月 23 日)

　　粤政府之内讧在《李仙根日记》中亦有所反映:"闻展亦辞留守及省事,原因亦已复杂至极矣。先生亲信暗潮至烈,无聊小政居中播弄,至可恨也。"(王业晋主编:《李仙根日记·诗集》,第 63 页)

　　△　路透汉口电称:"国民党党员因政见歧异,已自分裂,有多员已赴上海,孙科已辞市长职,党员多反对共产主义,回国之学生反对尤力。马素曾宣言曰,吾人殊愿与俄联好,惟不欲事事模仿俄人,共产主义实完全不适用于中国云云。当局请胡汉民任广东省长,李福林任代理广州市长,恐二人非俟商团军械问题最后解决后,不肯就任。"(《粤省之状况》,《时报》1924 年 9 月 18 日)[①]

　　△　是日东方电称:据大本营发表之消息,集中韶关之北伐联合军中,朱培德军由乐昌经仁化攻入江西省境,其以滇军第一师为中枢之北伐军前卫,已开抵南雄。(《粤孙滇唐已联师北伐》,《顺天时报》1924 年 9 月 20 日)

　　△　《益世报》报道商团就团械问题对孙政府之抗争,指责孙中山方面之蛮横无理,欲化广州市为灰烬。(《粤商团誓死抗拒孙文》,《益世报》1924 年 9 月 16 日)《时事新报》后亦刊载报道,谓孙政府尽行推翻成议,商团议决进行倒孙运动,"恐粤东政府与人民大宣战之惨剧,开演即在目前矣"。(《粤省团械案中途变卦》,《时事新报》1924 年 9 月 25 日)

　　9 月 17 日　吴佩孚由洛阳入京,曹锟即下讨奉令。

[①]　《顺天时报》亦刊载此电,但称是"广州十七日路透电",内容大意相同。(《高唱入云之孙文北伐》,《顺天时报》1924 年 9 月 18 日)

吴佩孚由郑州专车北上,本日到北京与曹锟商议对奉作战计划。曹特任吴佩孚为讨逆军总司令,王承斌为副司令,彭寿莘、王怀庆、冯玉祥、曹瑛分任第一至第四军总司令。另编十路援军及海军总部,共计正军九路,援军十路,司令四十,马、步、炮、辎、工兵共二十余万。(《中华民国史事纪要(初稿)——一九二四年九至十二月》,第410—418页)

△ 报称,段祺瑞命许世英持手书来粤,劝孙中山与卢永祥联合。许于是日电津报告到粤晤孙情形。(《益世报》1924年9月18日,"广州专电")

△ 在韶关大本营召集各军旅长以上军事会议,促各部速向赣南进击。(《大元帅出发北征记(二)》,《广州民国日报》1924年9月18日)

△ 饬各军信守铁路之运兵时间,勿使延搁,以免紊乱调度;令大本营军政部长程潜通饬各军遵守已核准的《北江盐务督运办法》。(《大本营公报》第26号,"训令")

△ 令大本营财政部长叶恭绰:准"征收税款,凡收大洋,以毫银缴纳者,应加二五补水征收"。(《大本营公报》第26号,"指令")

△ 廖仲恺来电,请统一广东财政,略谓:"值兹大军北伐,帅座不辞冒暑遄征之劳,从军将卒亦忘披坚执锐之苦,仲恺力苟能至,何忍规避。惟默察现状,广东财政已濒绝境,虽欲负责,诚恐力不从心……各军长官诚能以大局为重,核实兵额,归还财权,涓滴无私,饷糈自足。若仍前分裂,利不相让,害不相救,则剥肤皮及骨,仲恺虽愚,亦知补苴无术……尚乞俯鉴微忱,收回成命,另简贤能,俾资整饬,实感公便。"(《统一广东财政通电》,《廖仲恺集》1926年版)①

△ 郑洪年来电请辞财政部次长职。(《郑洪年电辞财次长》,《广州民国日报》1924年9月20日)

△ 令准兼理大本营参军处事宜吴铁城呈请任命徐天源为参军

---

① 此电由廖仲恺9月17日致广东各军政要人电中节出,该电文中未注明致孙中山电确切日期,此电所示日期为廖仲恺致各军政要人电标示日期。

处上校副官，王焕龙、林志华、吴良、吴雅觉为少校副官。(《大本营公报》第 26 号，"命令")

△　粤海关情报称："大元帅已饬令，在东线的部队与惠州的陈炯明残部脱离战斗，退到博罗和石龙。大元帅同时劝说陈炯明，不要挑起新的事端阻挠北伐。倘若陈炯明将部队拉到福建或参加北伐，将对其过去的反叛行为既往不咎。"(广东省档案馆编译：《孙中山与广东——广东省档案馆库藏海关档案选译》，第 534 页)

△　香港消息称：但懋辛到汕，携黄强往海丰同见陈炯明，劝制止博罗前线勿再攻省，协商北伐；九善堂领袖董事李芝畦谒胡汉民，请践约将商团军械发还，并担保陈廉伯同时拍电尊重广州政府；范石生语商团代表云，奉帅令，商团须改组，并助饷二百万，抽收房捐一月，始可发还军械。商团即召集紧急会议，决定不要军械，宣布政府失信，卒由范石生之参谋提议，由调人派舰将军械运回江防司令部，由李福林、范石生、廖仲恺保管，待商团改组后发还，商团定明日开会再议。(《时事新报》1924 年 9 月 18 日，"电讯")

△　报载是日广州特约通讯云："现在广州政局大权，已为元老派所握，太子派已完全失败(太子派即资本派，以孙科为首领)。粤省历次政潮起伏，均为该两派斗争。今元老派已占优势，所有新任各人员，亦已于十六七号纷纷接事。胡汉民原拟十六号就任省长，因为滇军反对，尚未能登台。缘滇军向来于太子派颇为接近，而对于胡汉民向皆表示不满之意，从前胡汉民迭次任为省长，皆被滇军反对打消。此次滇军因孙中山联唐之事，视为切身利害关系，指为胡汉民所献议，故恨胡更深。胡氏终能登台与否，尚未可料。"(《粤孙滇唐联合之经过》，《顺天时报》1924 年 9 月 27 日)

△　《益世报》刊载报道，质疑孙中山之北伐，略谓："孙文近大吹其北伐之法螺，盖北伐之说，倡之数年，空腔花调，粤人已掩耳不欲闻久矣，至今旧事重提，其故有二：一欲藉北伐之名，收没商团军械，以钳制商人之口；二闻奉天许以二百万北伐军费，非军队出发，不能交

付,故借此虚声,以骗此重款……闻北伐军第二军长拟任谭延闿,湘军自任东江右翼以来,河源之役,为林虎所败,损失已达三千四之众,前月王得庆以全师投降粤军,现湘军之在东江者,几失战斗能力,即使能率其残兵北伐,恐亦蹈去年湘中之覆辙耳。故不知者,以为孙文之北伐,系实践三角同盟之约,以达其数年来之目的,不知实欲借此取没商械,骗□奉款,不外求财卦而已。北伐云云,不过于五羊城中各报馆多此一名词耳。"(《孙文倡言北伐之内幕》,《益世报》1924 年 9 月 17 日)

　　△　是日伦敦电称:罗素在新导报发表一文,"抨击英国对华政策,又谓中国互仇军阀,为端正华人所厌恶,实予各国干涉华务及要索让与权以酬辅助之口实。军阀各首领,除孙中山外皆属野心之盗匪。罗氏称赞孙中山为中国共和主义之前导者,及为劳工之友"。(《罗素氏之中国论文》,《申报》1924 年 9 月 19 日)①

　　9 月 18 日　发表《中国国民党北伐宣言》,申言北伐旨在推翻军阀及其赖以生存之帝国主义,并提六大具体目的。

　　宣言谓:"国民革命之目的,在造成独立自由之国家,以拥护国家及民众之利益……原夫反革命之发生,实继承专制时代之思想,对内牺牲民众利益,对外牺牲国家利益,以保持其过去时代之地位……反革命之恶势力所以存在,实由帝国主义卵翼之使然……由此种种,可知十三年来之战祸,直接受自军阀,间接受自帝国主义……革命政府已下明令出师北向,与天下共讨曹琨〔锟〕、吴佩孚诸贼。于此有当郑重为国民告且为友军告者:此战之目的不仅在覆灭曹、吴,尤在曹、吴覆灭之后永无同样继起之人,以持续反革命之恶势力。换言之,此战之目的不仅在推倒军阀,尤在推倒军阀所赖以生存之帝国主义。盖必如是,然后反革命之根株乃得永绝,中国乃能脱离次殖民地之地位,以造成自由独立之国家也。"宣言还

---

　　①　《晨报》亦刊载此电,惟称该电为"十八日伦敦电"。(《罗素论中国时局》,《晨报》1924 年 9 月 20 日)

强调国民党之职任即为实现三民主义而奋斗。为达此最终目的，必先"以革命政府之权力扫荡反革命之恶势力，使人民得解放而谋自治；尤在对外代表国家利益，要求从新审订一切不平等之条约……而重订双方平等互尊主权之条约，以消灭帝国主义在中国之势力"，然后包括政治、经济、文化教育等内容的六大具体目的方有实现之可能。（《中国国民党宣布北伐目的》，《广州民国日报》1924 年 9 月 19 日）

同日，国民党中央执行委员会青年部发布《告各省中国国民党青年党员书》，要求深切明白北伐之意义和使命，以及本党之主张。并负责在各地进行运动，使全国人民了解革命之意义与用心，以期共同奋起以达革命之目的。（《中华民国史事纪要（初稿）——一九二四年九至十二月》，第 426—428 页）

△ 与日本记者谈话，称北伐之目的在推倒直系，统一中国。

在韶关大本营接见日本记者，与之进行约四十多分钟谈话，回答了日记者提出的一些问题。谓：此次广东出兵北伐，与江浙战事"固有直接之关系"；"张、段、卢与余今已协议妥当，张、段两氏亦已定期出兵"；"苏军（指江苏齐燮元指挥的部队）不出一个月定当溃灭，而直系之倒亦将从之。此时，中国统一之时机至矣！"（《大元帅对日记者之谈话》，《广州民国日报》1924 年 9 月 18 日）

△ 派李烈钧代表赴日从事联络，备函致日本友人粕谷义三等。

直奉战争爆发后，孙中山就局势问题约大本营参谋长李烈钧面商，李答以："中国有事，日本关系至大，宜加注意。"本月 17 日，乃决定派遣代表赴日联络，复召李至卧室筹商，遂决定派李赴日。本日再度召见，授以方略，并为备函，介绍往见日本众议院议长粕谷义三等人。函称中山已率师北伐，特派李烈钧赴日接洽，又谓中日两国人民应"本互助之主义,奋斗之精神,以顺应趋势,积极进行"①。(《中华民国史事纪要(初稿)——一九二四年九至十二月》,第432页)

△ 指派孙科为驻奉全权办事员。(《孙科定期赴奉》,《广州民国日报》1924年9月18日)

△ 饬航空局长陈友仁调拨军用飞机四架,克日派员驾驶赴韶关听候调遣。后又电召陈友仁至韶关,商派飞机协助北伐等事宜。(《令拨运飞机赴韶》,《广州民国日报》1924年9月19日;《大元帅北征记》,《广州民国日报》1924年10月2日)

△ 以大元帅名义咨云南省长唐继尧,促其即宣布就副元帅职。

咨文曰:"窃以大盗恣横,尚稽显戮。中原俶扰,群起义师。期集大勋,端赖贤哲。爰于九月十一日召集政务、军事联合大会,佥谓执事勤劳国家,功绩迭着,宜有崇号,以董戎行。是用〔用是〕推公为副元帅,式惟提挈之用,以成康济之勋。相应咨行,希即宣布就职,俾慰颙望。"(《大本营公报》第27号,"公文")

△ 广州反帝国主义大同盟为北伐事发表致全国各团体书,略谓:今日之革命乃在排除一切帝国主义侵略行动,江浙战争不仅是军阀间私事,乃是帝国主义列强援助北洋军阀扩充反革命地盘的战争,故所谓孙中山北伐系为"援浙",乃至"援奉",都是枝节问题,根本的意义,是对反革命的军阀和站在他后边的帝国主义太上政府下的总

---

① 李烈钧于本月23日首途赴日,30日抵日本长崎,10月1日抵神户,10月3日抵东京。(《李烈钧抵日情形》,《中华新报》1924年10月12日)后将孙中山所备同一内容的信件分别送给日本众议院议长粕谷义三、东京前市长后藤新平、财界巨头涩泽荣一等。李自述此行目的在叩问日本朝野名士、各政党对中国有何真正意见,同时观察日本一般国民心理之趋向,以加强东方民族之团结,谋图远东之和平,而未提及日本舆论所猜测之借款、获取武器等事。李在日本期间,先后会见了加藤首相、粕谷议长、高桥农相、上原元帅、田中及福田两大将,以及政友会总裁床次竹二郎、涩泽荣一、头山满等有力人物。日本政界人物对李多取敷衍态度,李氏此行虽探得日本大体上有援助反直系军阀之意,但他准备好的意见,日本方面却连十分之一的转达机会也没有给他。11月13日,李烈钧受孙中山电召返抵上海。(李烈钧:《李烈钧将军自传》,三户图书社1944年,第82页;〔日〕藤井昇三:《孙文の研究:とくに民族主义理论の发展を中心として》,第204—206页;《李协和启程赴日》,《广州民国日报》1924年9月24日;《李烈钧离日前之谈话》,上海《民国日报》1924年11月14日)

攻击。(《广州反帝主大同盟为北伐事致全国书》,《中华新报》1924 年 9 月 24 日)

△　卢永祥以浙政还诸浙人,偕张载阳离杭赴沪,浙局全变。

前此二日,浙江之衢州与兰溪相继入孙传芳部之手,卢永祥疑浙军已全与孙传芳妥协,乃将浙省军政移交浙籍老军官周凤岐,以代第二师师长,民政则交浙江警务处长夏超代省长。本日,卢以督军名义偕省长张载阳离杭转驻上海。同时并令第二军陈乐山弃宜兴阵地还驻嘉兴,驻广德浙军则退驻吴兴。于是浙局全变,江浙之战一变而为宁沪之战。本日,夏超以浙中空虚,遂迎孙传芳入浙。25 日,孙传芳部入杭州。(刘绍唐主编:《民国大事日志》第 1 册,第 267 页;《最近三十年中国军事史》下册,第 175—176 页)

△　《香港华字日报》载文,称西南将组织建国政府,并对政府职位之产生提出质疑。略谓:"孙文临行与某要人谈话,关于北伐战事,期以一个月结束,联合西南各省,组织建国政府,拥段祺瑞为大总统,孙文自任大元帅,副元帅则畀与唐继尧,并推为川滇黔联军总司令,经派员赴滇征求唐氏同意……此事究有一大疑问,即大总统、副元帅、川滇黔联军总司令等职,究依何项手段产生?将由大元帅命令耶?段张卢唐等皆未必肯为中山之孝子顺孙,观卢永祥至今仍称中山先生,而不称孙大元帅,足见一斑。将根据法律,则约法系以大总统任海陆军大元帅,何得画蛇添足?且法律亦无可以自由设置大总统大元帅明文,西南要讨曹锟贿选,自身自不得不研究清楚,将由各省公推,则当然先开一各省代表议会,公同决定,始有办法。广州不过团体中之一单位,何得自尊自大,而强人以必信,此为之目前之唯一难题。"(《西南将组织建国政府》,《香港华字日报》1924 年 9 月 18 日)

△　是日东方电称:"与陈炯明会见而协议孙陈妥协条件之但懋辛氏,今因更欲与林虎会见,已向汕头。此事就陈军内部观,洪兆麟因有地盘之关系,于妥协虽无问题,然林虎因与吴佩孚有关系,似未

易承认。石青阳亦于昨晚由粤动身赴香港,开始孙派与陈炯明之妥协运动矣。然同时直派之离间策,但亦十分猛烈,故孙陈妥协之成否,现尚未易预测。"(《孙陈调和之障碍为林虎》,《中华新报》1924 年 9 月 20 日)又电称:"韶关北伐军大本营急成之□建筑,昨日起火。时正值东风狂烈,幸仅烧兵舍一栋,即行镇火。孙文部下,俱庆无事,出火原因,闻系滇军赵成樑部下,恐被人夺去地盘,故特放火,但官宪认为出于过失。"(《韶关大本营失慎》,《顺天时报》1924 年 9 月 22 日)

　　△ 《中华新报》报道称,北伐军自孙中山抵韶关后,筹划各项,经告妥协。联军各将领以孙氏急于出兵,皆令饬各部队克期北上,以便指挥。豫军总司令樊钟秀,赣军司令李明扬,尤为志切。据是日下午韶城传来快讯:"北伐大军,次第开抵此间者,已达三万余人,多数驻扎于北郊等处。大军云集于此,地方恐不敷用,特着湘豫等军一部开赴南雄,以便进取。其原驻南雄之滇军赵(成樑)部、赣军李明扬部,则下令向江西分途兼程进发,山、陕、豫北伐军,衔尾前接,以责声援。闻本日已分别开拔,现下南雄一隅,大军云集,旌旗招展,叠寨连营,军威异常雄振。闻孙氏拟于日内出行雄境,观察阵地,相机策划进行。"(《广东北伐军开始入赣》,《中华新报》1924 年 9 月 26 日)又称:"赣军司令李明扬,日前率部随同中山北伐,驻扎韶关。昨十八日李司令奉令由韶乘搭粤滇车返省,提解军饷军费,连赴韶关。据云,韶关现驻有各军北伐部队约两万人,计韶军全部、朱培德全部、豫军全部、北伐军全部、滇军赵成樑部,及其他北伐军部队。而每□有各军部队开赴韶关,军纪甚佳,士气极盛,各军听候帅令,即向赣南出动北伐。"(《北伐声中之粤省军讯》,《中华新报》1924 年 9 月 26 日)

　　△ 据刘成禺云,孙中山本由鲍罗廷和廖仲恺的劝说,拟于本日赴苏联访问,苏联并允予辅助经营我西北、东北、外蒙古一带。因闻段祺瑞之代表许世英南来,觉得中国有可能靠自身的力量实现自己的主张,特取消了俄国之行。(刘成禺:《先总理旧德录》,尚明轩等编:《孙中山生平事业追忆录》,第 681 页;沈寂:《许世英生平》,安徽省政协文史资料委

员会、东至县政协文史资料委员会编:《许世英》,第32—33页)①

　　△ 《香港华字日报》刊载时评,质疑孙中山之"市长民选"宣言,略谓:"此次孙文特任李福林为广州市长,李本接近元老派,此当然为元老派战胜之结果,然市长二字,必非李福林所用之字典所有(实则李并不知字典为何物)。以土匪化的河南皇帝,而任自谓厉行民治之广州市长,姑无论其能否胜任愉快,广东之大,三千万粤人之众,何以无一人有市长资格,何以独此'土匪化的河南皇帝'始有市长资格……孙文八日宣言,其所为郑重明白宣布之第二款,非大书特书,一则曰以广东付之广东人民,实行自治耶,再则曰广州市政厅克日改组,市长付之民选,以为全省自治之先导耶。由今观之,民选耶,官选耶,大元帅选耶,胡代帅选耶,我真不得不代表我三千万粤人一问孙先生也。吾人亦知在党治下之所谓民选,固不值一钱,然煌煌宣言,且可以作伪,尚何事不可作伪。煌煌约法三章之罪已宣言(该宣言宣布三事),且可以自欺欺人,尚何事不可自欺欺人。"(《李福林任广州市长》,《香港华字日报》1924年9月18日)

　　△ 《香港华字日报》刊文报道孙中山军队抵韶时之种种苦况,略谓:"(孙中山)此次匆匆移营韶关,事前确无大准备,抵韶后,又无地自容,此种苦况,我们久居韶关之老百姓,亦不禁发生种种感想……查自孙文抵韶后,驻韶之滇军第一师赵成樑,划定韶关城内为该军防地,别军不得入驻,虽大元帅之尊,赵部亦要挡驾,孙文初指定城内旧镇守使署为大元帅府行营,迨被赵拒,不得入城,就在车站旁之北,小山脚的小房子,(平方不过四井地),组织大元帅府行营,我们曲江国民党员,本拟欢迎大元帅入城,奈慑于赵成樑之威,亦不敢谈

---

　　① 刘成禺的这一记载,本系年于"民国十二年秋八月"。张西曼在《刘成禺记载失实》文中指出其误;(《张西曼集》,湖南人民出版社,第65页)同时对孙赴苏联访问事,说初有此意,而此时"情势已有大变化,孙先生已决定派蒋中正为代化装经东北前往,并已成行,似乎当时广州局势尚不稳定,孙先生只好坐镇此间,已无人俄之必要"。但许世英手撰的《服膺三十七年私记》回忆录中,仅将刘著中误记"民国十二年"改为"民国十三年",其余同样如是记载。

欢迎二字……奉孙文命来之各军队,有所谓北伐军第二军者,盖未见一兵一卒,只在曲江河面,租赁民船一艘,湾泊在军桥之边,贴一长条,书明北伐军第二军办事处,该处亦只有军官数人,并无兵士,无兵军长柏文蔚,闻只抵韶一日,即匆匆返省,朱培德队亦无地驻扎,只雇数艘民船,湾泊在军桥旁,独城内赵成樑防地,空房子甚多,不肯让出,闻朱氏极不满意于赵,因防地与驻兵问题,朱培德有先扑赵成樑而后北伐等语,将来朱赵之争,固意中事也。据孙政府宣传,谓曲同丰将二次来粤,曲与常德盛有旧,运动常氏投孙已成熟,愿领北伐队作先导,反攻赣南。宣传者固说得像煞有价事,但南雄始兴,现尚在北兵之手,孙文军队只开到韶关为止,韶州以上,已非北伐军势力所及,赵成樑兵力有限,久不敢战,加以内部多受杨池生运动,不敢开赴前方。"(《孙文抵韶情形与滇军态度》,《香港华字日报》1924 年 9 月 18 日)

　　△ 《香港华字日报》刊载报道,分析东江联军撤兵原因,略谓:数日来东江联军纷纷撤退,在联军方面言,此次之退,纯系缩短防线,改攻为守,以便抽调部队参加北伐。然据知其内幕者云,则滇桂湘三军各有其进退之原因在:"(一)滇军在东江任战务者,以范石生部为主力,此外尚有胡思舜之一部,范氏因扣械案孙文食言,不允发还团械,而商团责言日至,范乃愤然将驻守枚湖白沙堆一带部队,调返广州,声言竭力维持市面治安,故最先退者为该军,历来滇军对于东江军事,颇取一致行动,范氏既退,胡部亦继续退返樟木头,此滇军撤退之情形也;(二)桂军原分驻飞鹅岭及深圳等处,自东莞风潮发生,驻飞鹅岭桂军首先退兵赴援,而驻深圳平湖之桂军,更恐附近乡团起而响应东莞,予以袭击,缘东莞宝安等处乡团,因风土民情关系,素有联络,且沿广九铁路一带,久为袁虾九所部出没之区,东莞事件,袁既出为乡团助,则难保其不分队向深圳平湖方面袭击,以张声势,此又桂军撤之情形也;(三)湘军退集龙门龙华墟一带以来,兵士不服水土,死者病者相接踵,平均每日死者总在五六十人之间,病者全军几占半数,团长以上各军官咸相率回省暂避,几视前方为有疫之区,而

后方之接济,又不能源源而至,致今前方病兵医药亦无从出,处此困境,久怀返省之思,今见滇桂两军撤退,彼乃乘机而退,连日退回省者,多属病兵,驻于财政厅前两旁人行路上,均鸠形菜色,不堪再任战役者,此又湘军撤退之情形也。"另一方面,"粤军固绝对不愿受孙文命令之支配者,各将领中主张乘势反攻最力者为洪兆麟,陈炯明亦赞成洪议,林虎亦赞成反攻,但主张稳重,俟各路准备已足,乃开始进攻"。(《东江联军撤兵之原因种种》,《香港华字日报》1924 年 9 月 18 日)

△ 《时事新报》刊载报道,称廖仲恺劝报界竭力鼓吹北伐,以赞助政府。并论及商民罢市、广东政局诸问题。对于广东之政局变化,略谓:迨扣械案告一段落之后,廖仲恺乃面向孙文辞省长职,于是省长问题,成为政争之焦点。孙氏初已确定畀诸胡汉民,嗣因胡氏未得滇军同意,本人表示决意不干。于是又有许崇智说,政界中已传孙文经答应矣,无如各客军多不赞成,谓许为军人,似不宜兼任省长,致许氏之省长,复发生障碍。惟最近廖氏之去志愈坚,交代亦已办妥,预备一有替人,即可离去,倘日内无人接替,即交由政务厅长代拆代行,以待解决。至市长问题,孙科以其父已决意改组市厅,市长民选,亦拟自行引退。继任者现有两说,一为林云陔说,一为林直勉说,盖二林皆属元老派也,惟据政界中人之揣测,则谓以林云陔为最有希望,缘林直勉将或任财厅长也。同时公安局又发生问题,吴铁城已提出辞职,随同出发北伐,并荐举大本营参军李朗如担任。扣械案自双方签字解决后,距今已逾旬日,孙政府并无履行条件之诚意,闻范石生、廖行超对于政府此举,亦大不谓然,颇有怨闷之词,故连日相传范廖以武力践约,因是廖仲恺有扣留商团枪支,经奉大元帅核准发还之布告,藉以和缓人心。(《高唱入云之北伐声浪》,《时事新报》1924 年 9 月 18 日)

9 月 19 日 滇、粤、桂、湘等各军总司令、军长发表宣言,表示服从孙中山决定自东江撤兵之命令,并敦促陈炯明等人速行悔罪自新。
(陈锡祺主编:《孙中山年谱长编》下册,第 2008 页)

次日东方电谓:"孙文决意北伐,同时并促陈炯明早日觉醒,既往数年间之事,与以宽假,但望其进攻福建,声援浙江。一方自动的电命东江孙派联合军,紧缩至最小限度,退至石龙附近。本日杨希闵、谭延闿、刘震寰、许崇智等联合军将领,又向陈军发表共同宣言,促其最后之觉醒,并戒其毋乘北伐之虚,致延长战祸,贻误国事。"(《孙文在韶关开军事会议》,《顺天时报》1924 年 9 月 24 日)[1]并称:"东江方面陈军,因孙军缩小战线,向后退却,遂乘势追击,逼近离石龙五英里之据点,广东平和,为之又受重大之威胁。"(《东江陈军猛攻孙军》,《京报》1924 年9 月 22 日)又电:但慰辛已回港,述与陈炯明言和无效。(《时报》1924 年9 月 22 日,"电报")

△ 是日广州通信,报道江浙战局,尤关注北伐军费问题,略谓:"北伐军费为额甚高,粤省以连年兵事,罗掘几穷,故最初甚盼奉浙两方之借助,但出师进行,稍纵即逝,遂颇有远水不能救近火之感。及至最近半旬,始有着落,即日前商团购买军械事,现由胡汉民、范石生、李福林等与商团协商交还枪械与商团之手续,除商团履行前定之条约,报效军费五十万元外,又征收租捐一个月,计可九十余万元,均以之充北伐军费。如奉浙两方,亦能借助若干,则北伐军费,可无欠缺之虞。以现在粤中数省军队之众,倘得充足之军费,则军事进行必可顺利也。"(《着着进行中之粤省北伐军》,《中华新报》1924 年 9 月 27 日)

另有电称:"军费问题,为北伐最难问题。孙文现向总商会要求接济现金百万元及公债二百万元,总商会业承诺暂先借给五十万元。"(《孙文在韶关开军事会议》,《顺天时报》1924 年 9 月 24 日)"孙文向总商会要求承借现款百万元及担任发行公债二百万元,总商会现已承允借五十万元。"(《浙事变化与广州北伐》,《时事新报》1924 年 9 月 23 日)

---

① 《时事新报》亦刊此电,谓"孙文一面实行北伐,一面促陈炯明合作,谓以往数年间事,一概不问,此时惟求进击福建,以为浙江声援,孙方则以东江之孙派联合军缩少至最少限度,命退至石龙附近,今日杨希闵、谭延闿、刘震寰、许崇智等联合军将领,已向陈军发表共同宣言,促其合作"。(《浙事变化与广州北伐》,《时事新报》1924 年 9 月 23 日)

“孙文因北伐军费颇感困难,曩向广东总商会要请支出现银一百万元,并担认发行公债二百万元以资出动,现在商务总会已承认支出五十万元。”(《粤商承认北伐军费》,《盛京时报》1924 年 9 月 23 日)

△　陈炯明军拟定对孙中山作战之计划。

据北京大总统府军事处关于东江留港各派拟定对孙中山作战计划致吴佩孚等电稿称:“嗣得英领函:接到香港水师提督电令,孙军炮攻商场时,英舰即合击。孙军已有所恐,故急求解决。但陈廉伯一派反对前订条件,各军政以范、廖独占美名,多不满意,双方均未履行,且有牵入政潮之势。东江留港各派,昨在港协议拟请竞存,定作战计画,由隐青修改,交若卿执行,以和内部而速进行。”(《中华民国史档案资料汇编》第 4 辑下册,第 781—782 页)

△　国民党中央政治会议决议将《中国国民党周刊》与《广州民国日报》合并。

本日国民党中央政治委员会举行第九次会议,出席者胡汉民、廖仲恺、伍朝枢、鲍罗廷。本次会议决议:“(一)设自治筹备委员会,委员九人,由政府指定,政府方面四人,社会三人,工会一人,中立地位者一人,其任务为:(1)宣传及筹备自治;(2)计划人民与政府财政上之合作;(3)给与民团枪枝,自卫委员会经费二万五千元。(二)《广州民国日报》由中央执行委员会宣传部管理,并派总编辑,《国民党周刊》合并在内,派汪兆铭为总编辑,由党给与津贴,使成为良善及最廉价之报纸。”(罗家伦主编、黄季陆增订:《国父年谱(增订本)》下册,第 1131—1132 页)

△　复电段祺瑞,告已出师入赣,期与浙、奉一致讨贼。

本月 9 日,何丰林转段祺瑞致孙中山等通电,拥护卢(永祥)、张(作霖)通电,谴责曹、吴出兵攻浙。(《段芝泉促国人速起讨贼》,上海《民国日报》1924 年 9 月 16 日)本日电复已移驻韶关出师入赣,略谓:“文已移驻韶关,宣告邦人,出师入赣,期与浙、奉义军一致讨贼……驱共和之障碍,建民国之新元。”(《大元帅复段祺瑞电》,《广州民国日报》1924 年 9

月 22 日;《帅座电复段合肥》,上海《民国日报》1924 年 9 月 23 日)

　　△　在韶关大本营召集各军高级长官军事会议,议决作战计划,及作战时期后方给养之办法等。(《大元帅北伐记》,《广州民国日报》1924年 9 月 23 日)

　　△　派大本营军政次长胡谦、金库长黄昌谷、广东警卫军司令吴铁城回广州,接洽各方军事,筹办江西兵站及催解大批子弹与各种军用品到前方应用。(《大元帅北伐记》,《广州民国日报》1924 年 9 月 23 日)

　　△　准任命蔡汉升为大本营运输委员。(《大本营公报》第 26 号,"命令")

　　△　是日广州电称,沈鸿英来电谓:"陆荣廷受伤,逃至全州,桂局不日底定,鸿英愿任入湘先锋,为国效劳。"(《沈鸿英愿为入湘先锋》,上海《民国日报》1924 年 9 月 21 日)

　　△　有香港电称:"韶关兵棚被焚及吴铁城被刺,均系谣言。"路透电亦云:马素宣称,香港谣传孙中山现驻英德,不能赴韶关,韶关兵房已为火毁之说,均属子虚。(《北伐声中之粤局》,《时报》1924 年 9 月 20、21 日)

　　当时有报道称:"孙文由韶关逃往英德之说,连日宣传甚盛。如谓:出发韶关之孙文近因滇、桂、赣各军争夺营房,大起冲突,互相放火烧毁营房。现滇军大部已由韶后退,桂军驻守英德,留韶者仅少数赣军而已。孙文已由韶旋省,此时尚在途中。"(《孙文折回广州》,《北京日报》1924 年 9 月 30 日)

　　△　东方社电讯称:"广东政府部内元老派驱逐太子派(即孙科、吴铁城一派之资本派)运动,近来益复露骨。孙文赴韶之际,发表各项命令,所有省长、财政部长、财政厅长、保安局长、军需总监、警务处长等要职,悉为廖仲恺一派所谓元老派所独占,一方吴铁城率警卫,从事北伐,孙科依市长民选之结果,亦定于二十四日离粤,财政次长郑洪年一时留任赴沪,现亦经提出辞呈。孙文离广后之政局变化与东江方面之战况切迫,同为一般注目。"(《大敌在前之政争》,《顺天时

报》1924年9月22日)

△ 《时报》刊载蒋尊簋关于时局的谈话,称:"前任浙江都督蒋百器氏,日前新由粤东返沪,与反直系接洽北伐事宜,本社记者昨日下午访蒋君于其寓所,叩以粤孙北伐之实情及目前之战事与奉张津段之态度。蒋氏言及粤孙北伐事,称:中山先生北伐,非今日始,无论江浙之战争发起与否,而北伐终为其唯一目的,然又不能实现者原因有二:(甲)东江问题,盖东江问题不能解决,广东军队不能全数出发,如勉强出师,而陈军进攻东江,足为后援之忧;(乙)军饷问题,广东中山与竞存不和以来,连年用兵,无有宁岁,人民之负担已重,无力借给军饷,为体惜民命计,则又不忍出师北伐,而增人民之负担,此次所以实行者,实以为时机已熟,势所使然也。此次北伐部队约四万余人,均已开到韶关,向赣进发,中山亦于十三日早晨抵韶关,商团枪械,决议由兵工厂随后制造发还,刻已不成问题。至陈竞存此次之态度如何,尚不敢必,且其部下之林虎、叶举、洪兆麟各部,俱各有成见,即竞存表示态度后,而所部能否如意指挥,尚是问题。至孙陈调和一节,目下亦在进行中,如能成为事实,则粤东问题即可迎刃而解矣。"(《蒋百器之时局谈话》,《时报》1924年9月19日)

△ 《时事新报》刊载报道,称广东报界停业,将给孙中山倡言北伐的舆论攻势造成损失,略谓:"广州汉文排字工人,自八日起实行大罢工,迄至日昨,仍无解决办法,双方尚是各走极端……八日广州全城报馆排字工人,均一律罢工离铺,抵〔只〕官营之《□法日刊》照常出版,于是广州市县成一盲目世界,社会固深感不便,而最受影响者,一则为孙文之北伐,盖廖仲恺方要求报界鼓吹客军离粤北伐,所有御用机关正预备是日起,替孙政府大吹法螺,今破□儿□遭此风潮,法螺不响,可谓大不利市……现闻廖拟以实力强逼工人复业,又闻广州各报界此次之拒绝工人要求,亦具有数原因在:(一)因扣械风潮之影响,孙文强夺团械,发出种种污蔑商人作反之文告,强逼各报馆登载,致大拂同情,因而省中商店标贴不阅报之纸条者如云片纷飞,至有谓

眼已洗净,勿再派报者,省报之销路锐减,告白亦因之比平时减少信徒,因此遂增损失,不如索性停了罢;(二)政府以武力压迫言论界,使失其自由权,对留心世道之记者欲发一公平之言论,非被政府检查,则受刑罚制裁,终日无精打采,为人作留声机,亦觉对社会不住,且甚泛兴趣,故又不如停了罢,报馆既先有停业之意,是以此次之罢工潮,实不容易迅速解决。"(《广州报界停业问题难解决》,《时事新报》1924 年 9 月 19 日)

9 月中旬　在吴稚晖等劝与陈炯明和解、让陈参加北伐的来电上批谓:"陈逆阴险,非至势穷力竭,岂肯宣布攻曹?"(《中华民国史资料丛稿·大事记》第 10 辑,第 150 页)

△　面谕李福林、李朗如,"商团枪械,当可发还"。(《扣械案完全解决》,《广州民国日报》1924 年 9 月 17 日)

△　电令广东兵工厂、各军修枪制弹厂及军装用具厂厂长,赶速将各种子弹、枪枝、用品解往韶关,以便分发各军领用。各厂奉命后,于是月 22 日将第一批军需子弹计四百多箱、枪枝一千杆、军装一批,运往韶城。(《大元帅北伐记》,《广州民国日报》1924 年 9 月 23 日)

9 月 20 日　在韶关大本营与日本东方通讯社记者谈浙卢移沪之事。

称:"卢之移沪,非基于浙军之不利,可信其为战略上之计画。"又谓:"余已与西南各省有完全之联络,目下正与陈炯明谋谅解,此际不问其成否,当更巩固与友军之联络。在数星期内,必向直派与〔予〕以空前之大打击。"还谈到卢永祥退居沪上乃为战略之计划,并为日本政府对此次事变持绝对不干涉主义感到欣快。(《大元帅注意浙事变化》,上海《民国日报》1924 年 9 月 24 日)

东方社是日电文亦称:"东方通信记者访孙文于韶关临时大本营,叩其对于浙江最近形势之感想及今后之对策。孙氏于瞬间忽现阴霾之表情,然即以紧张之态度言曰:卢永祥赴沪,予信其非因浙军之不利,实出于战略上一种策划。在反直派及讨曹军之将来,殊无悲观之必要。予与西南各省已完全联络，目下且与陈炯明力谋疏解，事之成否不可知。然从此当更谋与友军相团结，期于此数星期内，与直派最初一大打击。日本政府从来有步趋英美之嫌，现对于此次事变，声明绝对不干涉主义，其态度之公平，为予所最欣快。"（《孙文对于江浙战局之谈话》，《顺天时报》1924 年 9 月 25 日）

《李仙根日记》是日记载："浙电，三军失利，弃浙攻苏。帅电慰之。"（王业晋主编：《李仙根日记·诗集》，第 65 页）

东方通信社记者并以浙江不利之报，访问李烈钧、许崇智以下在广东军政各要人，叩以对于今后形势推移之意见，据称："彼等多数一致声称，今日之乱，已为全国之乱，故卢氏之失败，虽为一种打击，然在反直派，反以此为良好之刺戟，且此不过为局部的，其大势须依奉直间之形势而决定。李烈钧云，如此之形势，实足以促进西南各省之团结与联络，广东之北伐，亦积极实行，吾等毫无悲观之必要，此时浙江当谋善后政策及权宜之措置，以待时机，言下颇露亢奋之色。"（《浙事变化与广州北伐》，《时事新报》1924 年 9 月 23 日）

△　手令范石生等办理还械事。

令谓："前派范军长石生、李军长福林、廖师长行超办理还械事。现商团已进行第一条手续，惟仍须依照民国颁布的《民团条例》改组。改组后即着范军长石生、李军长福林、廖师长行超按照政府手续办理，发还军械。"

《广州民国日报》于 9 月 22 日刊载此手令，并称："交还枪械一案，连日磋商妥协，议定交还手续，系商团枪枝则由李朗如点交，民团枪枝则由李福林点交，双方均已同意。现闻政府方面，准今日（廿二日）将军械交与两李，并闻商团方面，领得枪械后，即可缴款云。又函云，商团军械定二十日由范、廖、李起回保管……惟限期已过，而枪械尚未运回，商团代表以有忝职守，恐团友责难，特连同提出辞职，并往询问范石生。范将大元帅手令交各代表观看，担任三二日内起回，并劝谕各代表勿遽萌退志。"（《发还扣械之近讯》，《广州民国日报》1924 年 9

月22日)

　　△　在韶关面谕随征各军分两路出发,正面派湘军谭延闿为总司令,朱培德、李明扬等部从之,出南雄攻大庾,取赣州。侧面以豫军任之,派樊钟秀为北伐总指挥①,由仙霞岭循山道直攻江西吉安。两路到南昌会师。(段剑岷:《樊钟秀事略》,中国民党中央党史史料编纂委员会编辑:《革命先烈先进传》,第951页)是日香港电云:樊钟秀通电,与粤人告别,出发北伐。(《北伐声中之粤局》,《时报》1924年9月21日)

　　△　电令时仍留在粤省之滇、湘、桂各大军,一律尽于本月底完全开拔赴韶关,俾统率大军,克日攻赣,以寒敌胆。(《大元帅北征记》,《广州民国日报》1924年9月24日)

　　△　令粤军总司令许崇智迅调黄明堂所部克日开赴韶关。又令调工团军暨农人自卫军两部,限于三日内赴韶关训练,以便随同北伐。(《大本营公报》第26号,"训令")工、农团军奉令后,当日下午由黄沙车站登专车离穗,前往韶关。(《令工农团军赴韶训练》,《广州民国日报》1924年9月20日)据称,工团农团军共计约五百人。(《北伐声中之粤局》,《时报》1924年9月23日;《孙文在韶关开军事会议》,《顺天时报》1924年9月24日)

　　△　令严德明部拨归湘军总司令谭延闿节制调遣。

　　循军司令严德明呈称,已于本月13日随同联军各部由博罗开拔,14日午后抵石龙镇,暂住棉花街,请示此后应调至何处及负担何种任务。本日,训令湘军总司令谭延闿,循军司令严德明所部拨归该总司令节制调遣,仰即遵照。(《大本营公报》,第26号,"训令")

　　△　致函豫军旅长陈青云,指出:"贵部拉有妇女十余人禁于船上,此种行为大犯人民之忌……仰即设法补救,将各人赶快放去。不然,则大本营在此,不能不执行军法。"(《致陈青云函》,《孙中山全集》第11卷,第83页)

---

　　①　香港通讯称:有人呈请孙中山任李烈钧为北伐总指挥,中山不允。(《粤讯志要》,《北京日报》1924年9月20日)

△ 以银质奖章及奖证颁予杜南之第三子杜著新。

杜南曾于檀香山担任孙中山之国文教师,其后,并全力赞助革命事业。1911 年 3 月 1 日,孙中山特以旌义状颁予杜南。本日,特颁银质奖章及奖证予其幼子杜著新,以示崇德报功之意。(《中华民国史事纪要(初稿)——一九二四年九至十二月》,第 444—445 页)

△ 为捐助军饷有功之海外华侨及公司,分别颁给银质奖章与相应之奖凭。

据中央筹饷会汇报,准依奖章条例有关规定,对捐助军饷之海外侨胞同志,分别颁发奖章及奖凭。获一等银质奖章者有陈安仁、李庆标,二等银质奖章者有高云山、谭进、郑受炳、怡昌隆(此为公司名称),三等银质奖章者有骆连焕、刘宗汉、曾纪孔、何石安、何荫三、陈再喜、许大经、朱伟民、朱普元、许寿民、陈德熹、李源水。嗣于 10 月 1 日,对黄馥生、黄德源颁一等奖章,苏法聿颁予二等奖章,陈东平颁予三等奖章。(《国父全集》第 4 册,第 1260 页;《国父全集补编》,第 605—613 页;《给李源水的奖凭》《给骆连焕的奖凭》,《孙中山全集》第 11 卷,第 89—90 页)

△ 孙科赴韶关谒孙中山,请示使奉要旨等。(《孙哲生赴韶关》,《广州民国日报》1924 年 9 月 22 日)

△ 报载,吴佩孚是日晨在北京四照堂接见中外记者计三十余人,就各方面问题发表谈话,其中论及西南问题,称:"现广州商团正恳政府予以援助,立即驱逐孙文离粤,以免孙文之施行共产主义,余今拟即遣林虎、洪兆麟、叶举及叶开鑫,即行驱逐之。"(《吴佩孚与中外记者之谈话》,《顺天时报》1924 年 9 月 21 日)

是日北京电讯对此亦有报道:"英美法日华访员今晨谒见吴佩孚,吴详述时事,以表明政府不得不以武力讨伐浙江及东三省之理由。众问:如张作霖因浙江失败而撤兵,将否追逐之?吴答:如张不辞职,我军必追逐之。吴意今派兵由满洲铁路讨伐并未过迟,盖直军备有御寒衣服也;渠望两月内可收全功,渠非俟张永远不复能为东三省领袖,中央政府恢复东三省治权,必不罢兵。政府讨奉战事非出于怨恶,不过

欲逐张离职耳,张子学良可遣之海外,政府拟竭力保护战区内之外人
生命财产,政府恢复东三省后,南满铁路及其他外人利益均将照旧,政
府惟求如民五民六年维持外国关系。滇军之在粤川两省者,因欲回
省,致少有困难,但无足为虑,湘省欲自治,但服从政府未有为难之处。
孙中山离广州后,陈炯明现不入省,但广东督办林虎及省长叶举并新
近任命之护军使二人将于时机成熟时接收广州政权,商团因不满意于
孙中山共产主义,已请助于政府,但在奉事未解决以前,政府不欲顾及
广州也。政府不欲作战,但处此情形不得不作军事行动,惟求尽力减
少破坏云云。以上谈片之主旨,为吴佩孚驱除张作霖之决心,职是之
故,吴派军队二十万人助以飞机四队及全部海军,故吴对于战事结果
甚抱乐观也。"(《南北战事汇闻》,《申报》1924年9月21日)[①]

　　△　《香港华字日报》刊文报道孙中山军队抵达韶关后物资供给
的困窘,略谓:"曲江为贫瘠之区,凡烟赌税收,均归滇军独占。商民
办团,欲就地筹划分毫,亦大不容易……平时粤路收入,每日约有一
万或八千元之谱,除解送韶州大本营之六千元,自不虞不足。若战事
一开,车脚收入,骤形短绌。孙文既以粤路为粮台,此二毫子一日之
兵饷能否源源接济,亦未始非一疑问也……孙文除指定粤路收入作
日用给养费外,最近商械案报效之五十万,亦指定为北伐军费之一。
但范石生为经手调停之人,闻亦颇注意此款。范尝语人云,北伐须
款,东江战事又何尝不须款? 商团即报效,能否拨作北伐费,尚在未
可知之数。"(《孙文抵韶后之北伐军给养问题》,《香港华字日报》1924年9月
20日)[②]

---

　　①　陶菊隐在《北洋军阀统治时期史话》中称19日吴佩孚向外国记者说:"我出兵二十
万,两个月内一定可以平定奉天。张作霖下台后,他的儿子张学良可以派送出洋留学。所有
外国人在东三省和南满铁路的权力,我们都予以尊重。南方问题不久也可以解决,陈炯明快
要打进广州,目前广东商团正在向我们请求援助,但我无暇及此。"(陶菊隐:《北洋军阀统治
时期史话》下册,第178页)
　　②　《晨报》于10月4日转载此报道。(《广州大本营已无形解散》,《晨报》于1924年
10月4日)

△　报载:"行营内连日召集北伐各军军长,讨论入赣计划与后方留守事宜。昨(二十日)复召集大会议,留省军政要人均先一日由省乘车赴韶预会……省署近以大军出发所需饷项急如星火,日昨限令各县在一星期内分别筹足二十万解缴省署,以充军用。连日各县统计缴到者只七八万元,昨复由省署电令各县,将限定解缴之款限三日内如数缴足,否则予以撤究。同时并条谕代理财政厅长王棠,限五日内筹足三万元以应急需。于此可见现时北伐军之急进矣。"(《粤省北伐之要闻》,《申报》1924年9月27日)

9月21日　接见谭平山率至韶关的工、农团军,演说强调宣传、心战的重要。

广东"工团军"与"农团军"在谭平山等带领下于本日晨4时抵达韶关,合驻在一大营棚内。下午孙中山在巡视该营的欢迎典礼上发表演说,谓:"今日见你们这样热烈参加革命前线,极为欢喜。你们须知,革命战争是不仅靠军事的,最要紧的乃是心战。所以今日你们之来,最大之任务乃在于宣传。革命军之胜败是不能预料的,成功固不足以夸耀,失败则当以能保存实力,才可称为革命军队。但此非宣传之力不为功。本大元帅深望诸位以后从心战努力。"(《大元帅北征记》,《广州民国日报》1924年9月24日)

△　偕夫人宋庆龄以及苏联顾问鲍罗廷、行营各部官长等巡视西河坝芙蓉山等要隘。(《大元帅北征记》,《广州民国日报》1924年9月25日)随行者李仙根是日日记略载其事,并口占一律:"岭上梅花早未逢,先探幽艳到芙蓉。再来城郭经三岁,此去关山第一重。历劫众生思普度,从征诸将尚雍容。至尊忧国犹闲豫,来味云间古寺钟。"(王业晋主编:《李仙根日记·诗集》,第65页)

△　派黄昌谷返广州与胡汉民妥商后方事宜,并促胡早日就省长职。(《黄昌谷返省筹划后方事宜》,《广州民国日报》1924年9月22日)

△　接张作霖复电,告以奉军分道并进,迭克要隘,盼广东早日长驱入赣。电谓:"敝军分道并进,连战皆捷,迭克要隘。热河东路均

次第占领,全境指日可告肃清。山海关经飞机炸击,敌军士气沮丧,已无斗志。近闻又将各省驻队抽调北来,南中藩篱尽撤。当此贼势支绌之际,我公如早日长驱入赣,则武汉震动,敌势行将瓦解。兵贵神速,老成谋国,谅有同心。师行所至,仍盼续示。"(《张作霖来电报捷》,《广州民国日报》1924 年 9 月 24 日)

△ 沈鸿英部邓右文、邓瑞征、陆云高等来电,捷报克复全县,谓"两役计夺获枪枝七百余杆、机关枪两架,俘虏敌人官兵四百余名,辎重无算。刻县城秩序业已恢复,地方安堵"。(《沈军克复全县捷报》,《广州民国日报》1924 年 9 月 27 日)

△ 广东省长公署咨令各机关,要求遵照大元帅令,取消通缉陈廉伯、陈恭受,并发还财产。(《发还扣械之近讯》,《广州民国日报》1924 年 9 月 22 日)①

广东省署于 8 月 13 日通缉陈廉伯,旋经范石生等调停,订妥协四条件,20 日履行其中两项。首由陈廉伯通电谢罪,拥护孙中山,继由省署撤销对陈廉伯、陈恭受之通缉令。(《中华民国史事纪要(初稿)——一九二四年九至十二月》,第 449 页)

△ 报载中国新闻社消息云:"孙中山驻沪代表叶恭绰因卢总司令由杭来沪,于昨日午后赴高昌庙与卢总司令畅谈甚久,对于奉粤讨贼军之动作及淞沪驻军西攻之计划及交通外交之措施讨论尤详,至为融洽。卢对粤中北伐军迅捷发动,现在已抵赣边,极为赞叹,并闻唐少川氏于昨日午后亦访卢氏,谈论大局之将来,为时亦久,彼此意见亦极恰合。"(《卢永祥抵沪后之战事消息(二)》,《申报》1924 年 9 月 21

---

① 孙中山于 20 日曾有手令,提出若商团按《民团条例》进行改组,即可发回军械。(《发还扣械之近讯》,《广州民国日报》1924 年 9 月 22 日)而至于孙中山取消通缉二陈并发还财产之令,时间则未能确定。因省署发出咨令在 9 月 21 日,故孙中山之令发出当在更早。而二陈发表谢罪拥孙之通电,系在 9 月 15 日,故孙中山之令发出,当在 9 月 15—21 日间。在 9 月 20 日,即有发自香港的通电称"孙中山令赦陈廉伯、陈恭受罪"。(《北伐声中之粤局》,《时报》1924 年 9 月 21 日)而按《扣械潮》所录录,"省署取销两陈通缉令"则注为"九月二十日",称:"其前经查封之陈廉伯、陈恭受产业,并着公安局南海县如数发还。"(华字日报馆编:《扣械潮》卷 2,第 94 页)具体时间,须待进一步核实。

日)

　　△　是日广东电称:"此间得卢永祥赴沪之报,颇觉不安,故孙文定明日召集各军总司令与政界重要人物,协议对付政策。据云,孙文将积极进兵,以牵掣直派。"(《浙事变化与广州北伐》,《时事新报》1924年9月23日)[①]

　　△　是日汉口电云:"传孙中山、唐继尧均派代表,要湘赵假道。北代表要湘赵取消自治,拥护中央,湘赵刻甚为难。"(《时报》1924年9月23日,"电报")

　　△　《益世报》刊载"时评",略谓:"孙文口中之北伐,吾人只能以滑稽视之,因其口中之北伐,结果只为口中之北伐而已也。至日前此次之北伐,更为极其滑稽之事。行抵韶关后,号称聚众万人,表面虽系响应浙卢,然实际上间接向奉张索其款百万,索款百万之用途,想当不出支应其号称万人北伐之军需耳。故人多谓孙文口中之北伐,意欲取得百万之代价,非无所见也。更反顾粤中客军之倾轧,新旧党人之仇视,政潮起伏之互证,遑言北伐,恐以今日之孙文,而欲返广州大本营,稳度其所谓大元帅之生涯,恐亦势有所难能矣。"(《孙段》,《益世报》1924年9月21日)

　　△　《时事新报》刊文分析川局形势,谓熊克武运动孙唐联合,意在回复四川;滇唐所以附和北伐,无非欲保滇黔势力;袁祖铭之回黔与黄毓成之回滇,皆为唐氏联孙自重之必要手段。因各方皆另有所图,"川滇湘黔四省大战之期不远矣"。(《孙唐联合之里面》,《时事新报》1924年9月21日)

　　9月22日　通告以青天白日旗为党旗及军旗,青天白日满地红旗为国旗。

　　青天白日旗系1895年广州第一次起义时由陆皓东设计,并提议作为革命军旗。武昌起义后不久,孙中山由美国经英、法返国途中,

————————

　　①　《顺天时报》9月24日亦刊载该消息,惟表述文字略有差异。(《孙文在韶关开军事会议》,《顺天时报》1924年9月24日)

曾于伦敦停留,当时旅欧国人请制国旗,孙中山告乃青天白日满地红旗。至1911年1月初,临时参议院欲以五色旗为国旗,以青天白日旗为海军旗。孙中山旋咨复称:"青天白日取义宏美,中国为远东大国,日出东方为恒星之最者,且青天白日示光明正照自由平等之义,着于赤帜,亦为三色,其主张之理由尚多。"及孙中山组中华革命党时,明定"青天白日满地红为国旗,以青天白日为军旗"。本年7月17日,中国国民党中央执行委员会呈请孙中山以青天白日旗通告为党国旗。本日,孙中山乃以中国国民党中央执行委员会名义通告,以青天白日旗为党旗及军旗,以青天白日满地红旗为国旗。(《中华民国史事纪要(初稿)——一九二四年九至十二月》,第458—459页)

　　△　与日本东方通讯社及日文《广东日报》记者谈北伐问题。略谓:"北伐计划,事关军事行动,未便宣布。惟北伐大军其前锋确已进抵赣边。至于浙卢之退返沪上,并非战败,乃系作战之一种计划。如不见信,会看日间当有捷报来粤也。"[1](《大元帅北征记》,《广州民国日报》1924年9月24日)

　　△　特任古应芬为大本营财政部长兼广东财政厅长,"力辞不许"。同日,又特任古应芬为中央军需总监。次日令准廖仲恺辞去大本营财政部长兼广东财政厅长、中央军需总监各职。(《特任古应芬职务令》《准廖仲恺辞职令》,《孙中山全集》第11卷,第92、98—99页;王业晋主编:《李仙根日记·诗集》,第65页)

---

　　① 疑与9月20日在大本营与日本东方通讯社记者谈话,同属一事。《广州民国日报》对孙中山与日文《广东日报》记者之谈话随后又有更详细的报道,略谓:"卢永祥赴沪非战败之故,乃应有之事。盖卢氏非浙省人,今乘此机会以浙江政治还之浙人,又可缩少战线,以期集中兵力直冲南京,比之扩大战线于各地为愈也。余之北伐计划,并不因此事有些少变化。现先锋队已达江西省境,准三十日以内可尽扫江西之直系,由此而长驱北上。近日广东城内多传余与陈炯明和议,此乃讹传而已,并非事实也。西南联合问题,已着着进行。奉张亦已陆续出兵。现我军准备入江西者有万余人。其中李明扬约一千五百人,樊钟秀约四千人,朱培德约四千人,吴铁城警卫军约一千五百人。"(《日报对卢永祥赴沪之视察》,《广州民国日报》1924年9月25日)而据《李仙根日记》记载,21日有"日本记者来觐,为传译"。(王业晋主编:《李仙根日记·诗集》,第65页)

本月 12 日，孙中山任命廖仲恺担任大本营财政部长、中央军需总监、广东财政厅长三职。15 日廖即电呈孙中山力辞各职。17 日廖再通电各军政长官陈明辞职原因，并责令各军核实兵额，交归财政大权，以谋粤省财政统一。（《廖仲恺请辞新任三职》，《广州民国日报》1924 年 9 月 16 日；尚明轩、余炎光主编：《双清文集》上卷，第 722—724 页）

报章曾就此番人事变动的内幕予以详细报道，谓："广州政局自发生变化后，胡汉民之省长固迟迟未就职，而廖仲恺之财部、财厅、军需总监等职，亦一律请辞，孙文乃改任古应芬承其乏，政象遂陷于阢陧不宁之状态。夫政局发生如此大波折，其间实有种种原因。胡汉民迟迟不到任，由于实力派之阻力多，实力派何以反对胡氏，此则由来者渐，非一朝一夕之故。其最大之原因，则为胡氏对于各军长官之进见孙文，恒从中作梗，使其不能与孙氏见面，而以己为代，以便操纵其间，而各军长官有何请求，又恒不为之代达，各军因此咸含恨于胡，故省长任命发表，各军敦促就职之例行文电，亦不多见……廖仲恺对于新任命之三职，据其亲信所云，廖并非不愿就，徒以财政问题未有解决，贸然上场，不啻自陷于困境。盖广东现在割据之局已成，分裂之势早定，虽管晏复生，亦无所施其技。在目下掌握孙政府之财权，简直是自作债主，以一身当各方面之勒逼，而实际上之财权又决不能直接统辖，其结果必至以一己为集矢之的，以一身为丛怨之府，正所谓无自寻烦恼者。廖筹之至熟，故坚辞不就，非不愿实不能也云。廖既不干，而此数职又颇关重要，断难久悬不决，孙遂改任古应芬。查古氏在民党中，向不能与胡、廖、汪等所谓头等人物并列，何以忽为孙氏眷顾若此，其中亦有原因。事缘当大罢市风潮发生后，古曾以秘书长资格，撰就命令，主张取缴商团枪械，命意既不佳，字句间亦诸多未妥，交胡汉民核阅，胡批示以'候示'二字，此命令遂留中不发。大本营各秘书咸不满意于古，竟有谓古氏之身体则日见肥胖，而文字则反觉日见退化，借此以为谈柄者，可见古氏与各秘书之未能融洽。迨孙氏出发韶关，指定以李禄超等为随营秘书，讵均以古任秘书长，不愿同行,孙氏对此煞费调处,适廖坚辞三职,各人遂主张改任古氏,俾趁此将古氏调离行营,且亦明知此三职不易干,纵使古氏上场,亦无办法,决不能久于其任,故乐得畀之古氏以难之。惟古氏素来官瘾极大,无论何官何职,奉到任命,定必上场,利害如何,能干与否,绝不顾及。现闻古氏已定期十月一日接任三职矣。"(《广州政局之一变再变》,《益世报》1924 年 10 月 6 日;《广州政局一变再变》,《盛京时报》1924 年 10 月 9 日)此前亦有粤讯称,廖仲恺因财政事务难以进行,已有去职之意。(《北京〔伐〕声中之粤财政》,《中华新报》1924 年 9 月 21 日)

　　△　令大本营财政部长叶公绰咨会广东省长,对广州市长孙科呈请"将市产变价项下借出之军费,仍由省库设法分期摊还,并准由财政局在代办税验契项下扣抵",详加审议,具复核夺。(《大本营公报》第 27 号,"命令")

　　△　令饬滇、湘、桂三军总司令,即行撤销面粉捐,以重民食,并将遵令停收日期报查。(《面粉捐已准撤销》,《广州民国日报》1924 年 9 月 22 日)

　　△　着给韶关前线速送军需,以便分发各军领用。(《大元帅北征记》,《广州民国日报》1924 年 9 月 23 日)

　　△　派大本营卫士队长邓彦华率卫士多人,荷送美造手机枪四挺,子弹带六千枚,分别奖赏给豫军第一、第二、第三、第四各旅长,为北伐之用。(《大元帅北征记》,《广州民国日报》1924 年 9 月 25 日)

　　△　胡汉民、廖仲恺、谭延闿联袂由广州赴韶关,向孙中山请示后方各项要务及北伐大计。(《胡廖谭联袂赴韶》,《广州民国日报》1924 年 9 月 23 日;王业晋主编:《李仙根日记·诗集》,第 65 页)有消息称:"孙中山亲函胡汉民、廖仲恺,令以实力收回海关。胡以事大,二十二日赴韶谒孙商办法。"(《粤省军事与政局》,《时报》1924 年 9 月 25 日)

　　△　派大本营张副官返广州迎接建国军福建总司令方声涛及其军长张贞。次日早,方、张等乘车赴韶关来谒。(《大元帅北征记》,《广州民国日报》1924 年 9 月 24 日)

　　△　是日北京电称:"粤商团向中央请愿,脱孙羁绊,将下讨伐孙

文令。"(《益世报》1924 年 9 月 22 日,"专电")另有香港电云:陈炯明连日封港汕轮运兵赴平湖白沙前线,已四千余人;但懋辛赴梅县谒林虎,商和议,同行者有滇唐代表刘毅夫。(《北伐声中之粤局》,《时报》1924 年 9 月 23 日;《孙陈合议之接洽》,《时报》1924 年 9 月 24 日)

△　报载中美社消息称:"据最可靠消息,讨逆军总司令吴佩孚,现对于经营东北虽极为注意,而对于勘定西南,则亦予以多量之注意。吴总司令现拟仿照处置浙江办法,以处置广州,将立即秉承元首,予粤中重要军官如林虎、叶举、洪兆麟等以相当位置,并责成林虎等克日规复广州。吴总司令深信林虎等之实力足以当此种之使命,盖巳〔以〕林虎等目下之羽翼巳成,而当东南平定之后,孙文所恃以牵制各方面之一与党之卢永祥巳完全折羽,此时军心自必大形动摇,诚不难一鼓南下广州也。此外并闻吴总司令今所以不恢复广州之使命,托之陈炯明者,则因陈炯明实为假拥护中央政府之人物之故。据政府人云,陈炯明屡次拥护中央之伪的行为,政府巳窥破之,而陈今亦已失其所有之实力,其所部之林虎、叶举、洪兆麟等,现已不受陈之指挥,且可取陈而代之,故陈之向背,实与西南时局无关云。此外并闻吴总司令不仅将切实行勘定广州之计划,同时并已计划收复滇黔及川边之事,一俟时机成熟,即当取必要之行动。"(《吴佩孚对粤计划即将实行》,《京报》1924 年 9 月 22 日)

△　京讯称:"闻有某疆吏通电呈中央,谓孙文既首先北犯,似未便再与容忍,应请下令讨伐等语。至中央是否准予所请,尚不可知,但孙果图赣,中央当不能默尔也。"(《孙文离省后之粤局》,《益世报》1924 年 9 月 22 日)

9 月 23 日　电嘱许崇智速查明广州商团暗通陈炯明事,另电胡汉民、廖仲恺与许共商。

是月下旬初,广州政府接太平洋社专电谓:陈炯明于本月 9 日曾电沪调停人,称攻粤系准商团及人民之请求,商团愿助款一百五十万,已先给五十万,如不攻粤,则无异自弃粤。(《广州民国日报》1924 年

9月24日,"太平洋社专电")本日,孙中山获悉消息,即急电许崇智谓:"宜速将陈贼电沪全文发表各报,并为严重质问商团,限即日有完满答复。并限陈廉伯三日内回省辩明,否则取消令无效(指取消通缉令——引者注)。款要即日交足,然后陆续还枪于改组之商团。如不能办,则六日内当尽缴商团已有之枪,并分别查办通陈之人。展堂今日回省,可与磋商,妥善办理。"并另电胡汉民与廖仲恺:"到省即往与汝为兄商一要事。"(《致许崇智电》《致胡汉民廖仲恺电》,《孙中山全集》第11卷,第97页)《李仙根日记》是日亦载其事:"许电陈炯明与沪电云,商团助款百五十万,如不攻粤自是自弃于粤。帅电汝帅查办。"(王业晋主编:《李仙根日记·诗集》,第65页)

△ 复函贵州刘显潜,勉共同讨伐曹锟、吴佩孚。

日前,滇黔边防督办兼贵州军事善后会办刘显潜,特派代表张瑞麟至粤来谒,陈述大计,并面呈刘亲笔书函,内有"我大元帅功在国家,勋迈往哲……愿竭驽骀,追随鞭镫,誓除民贼……敢请示于伟略"等语。孙据此复函交张代表带回复命。函谓:"讨贼兴师,实在今日。文已移驻韶关,誓师入赣,期与奉、浙联军一致声讨。滇、黔屹若长城,精锐所存,足当一面。愿奋远猷,共张挞伐。张西南之义帜,建民国之新元。"(《刘显潜代表来粤》,《广州民国日报》1924年9月23日;《大元帅复刘显潜函》,《广州民国日报》1924年9月23日)

△ 沈鸿英来电,捷报肃清桂林,"计缴获机关枪拾余挺、步枪千余枝,俘虏六百余人……计全县、灌阳已无敌踪,秩序亦如常安靖"。(《沈鸿英肃清桂林之捷电》,《广州民国日报》1924年9月30日)

△ 谭延闿来电,谓滇军兵械两足,应加入北伐。(长沙《大公报》1924年10月2日,"快信摘要")

△ 广州大本营参谋长李烈钧奉命离粤赴日,联络日朝野人士。

命李烈钧赴日本与日本朝野人士联络接洽。是日,李与日人井上谦吉一行离粤经港赴日。据李烈钧称:"总理时约余商议,余答以中国有事,日本关系至大,宜加注意。数日间,总理乃定派大员赴日之计,招余至卧室曰,君前日之言,确有见地,现拟派大员赴日,作联络鼓吹调查诸工作,君谓谁当其可? 余答之曰:'仓卒之际,略当无见逾者。'总理遂决定派余赴日,翌日复召见,授方略,与到日本后应注意之言行,作长时之谈话(时孙夫人宋庆龄尚在座也),复发款数万。余领谕遂首途赴日。"(李烈钧撰:《李烈钧将军自传》,第82页)

李烈钧出发前,曾于9月7日晚宴请日本驻广东总领事天羽英二。12日晚,天羽宴请李烈钧、井上、俞某、周某、伍某等十六人。22日晚,李烈钧和井上谦吉为请假赴日之事造访天羽。(《天羽英二日记·资料集》第1卷,第1405—1407页)

李烈钧赴日时,携有孙中山于18日书致涩泽荣一、后藤新平、粕谷义三等人之介绍函件。各函内容相同,略谓:"世界潮流已为民气所激荡。有一日千里之势。吾人内觇国情,外察大局,惟本互助之主义、奋斗之精神,以顺应趋势,积极进行",因此特派李烈钧代表东渡,望"随时接洽"。(彭泽周:《中山先生的北上与大亚洲主义》,台北《大陆杂志》第66卷,第3期)①

《时事新报》后刊文揭李烈钧赴日之所谓内幕,称系与胡汉民不和之结果。谓:"当此孙中山高唱北伐之时,联军要人李烈钧不但不参战事,竟有赴日之行,以致一般社会人士,非常注意……广州大本营,当胡汉民未回粤时,一切事权,俱操于李协和(烈钧号)之手。迨六月中旬,中山病势沉重,电令胡回。胡一入府,谭延恺即辞去秘书长,李氏亦不入府办公,游日之说,于焉以起。然卒不果,乃以编纂革命史为名,深居于大花园,日惟以录石书画以自娱。其心固未尝一日忘情于政治生活也。嗣浙江事起,大本营召集高级长官及各要人开军事会议,李亦在座,其意盖欲随孙北伐,一圆回赣之梦,以泄其邑邑〔悒悒〕不平之气。不料中山竟猝然对李言曰:'你仍以游历日本为是。'李

---

① 《孙中山全集》第11卷第79页所载致粕谷义三函与致涩泽荣一函内容相同,其所标时间为9月18日,故此数函均为18日前后所书。

闻此言,不啻冷水浇背。后由赣籍要人,群向中山请求,谓北伐事急,时机难得,苟得协和统率一军,则对于援赣,较易号召云云。中山答之曰:'派协和赴日,□三四月前我已决定主意,诸位之请,殊难照准。'于是李氏赴日办理重要事务之说,又乘时而起。今李之赴日,果已成行矣,实则所谓要务者,殆亦等于伟人下台后之出洋游历已耳。"

(《李烈钧赴日之内幕》,《时事新报》1924 年 10 月 5 日)

《香港华字日报》亦有类似说法,称:"李见厌于孙,实起于前年滇桂军东下一役,当江防司令部会议事变发生后,李以广州群雄角逐,难图发展,乃率北洋舰赴汕,收拾洪兆麟等部队,欲藉此造成势力,以为谋赣之地步。是时粤军初退东江,种种布置,均未妥协,亦乐得拥戴李氏,藉维现状。李虽知之,但因自己毫无实力,不足以供回旋,故亦不妨收诸旗下,以张声势。迨许崇智由闽南返粤,洪兆麟等藉词阻止,许竟徘徊于闽粤边界,不敢径进。当时政界相传,咸谓李垂涎潮梅地盘,故特授意洪等,拒绝许部入境,是以孙文即疑及李之不稳,后经各方面之疏通,李复率领洪兆麟等退离潮汕,而让其地盘于许氏,至是孙文始稍释然,惟心中仍未尝不无多少芥蒂。因此之故,此后李烈钧之一言一动,靡不为孙氏注意,且信任之心大减,故李之在孙左右,两年来均不能取得一有权威之位置,仅任一守府之参谋部长而已。嗣因孙文图赣日亟,李乃趁机进言,谓果能拨以一旅之师,十万之巨款,彼可担任收拾全赣,无须费如许之兵力财力云。孙文聆此一席谈,以为李果有此力量,将来入赣之后,难保李之态度不变,转向他方拉拢,则虽得赣,于广州孙政府仍恐无甚影响,嫉忌之心益油然而生,乃以容加考虑为辞,以敷衍李氏之面子,其实则早已决定不容纳其主张。卒也,孙文谓入赣之举,兹可从缓,汝不如赴日本,进行谋中日之亲善,藉此以远离李氏。时李以外交活动,非有巨款不可,乃向孙要求十万元,孙以无法筹措对,李减为五万,结果孙卒给以一万元,李氏乃就道。此次北京忽呈变化,冯玉祥等组织国民军总司令部,任李烈钧为参谋长,事前固未征求孙文之同意也,是以孙文一聆此讯,即破口大骂李烈钧靠不住,谓我(孙自称)早知李某不稳,与北方通声气,今果然矣,言下极为愤怒,盖以为李乃彼之旗下人物,例当先取得其同意,方能发表任命,今径行下令,太过抹煞其面子也。李烈钧在日闻讯,即匆匆返上海,继悉孙氏对于此事极不满意,乃不敢先行赴津,逼得暂留上海,等候孙至,始随从北上。倘非见疑于孙,料李氏现已宣告就职矣,因李为最喜政治生活之人,且无日忘情于江西,有此机会,岂肯放过,况广东方面既不容其活动,则别谋发展,亦情理当然。无如孙意如此,不得不稍为敷衍也。预料将来李氏北上之后,加入冯段方面活动,定当与孙貌合神离,此后之李烈钧,恐不复受孙文之驱策矣。至李何以被孙文如此冷眼相待,则政界中人相传,咸谓胡汉民所妒忌,因李颇具军事才,恐其得志于孙,将被其压倒,故极力排斥,遂生此结果。"(《孙文疏远李烈钧之因果谈》,《香港华字日报》1924年11月19日)

是日东方电称:"李烈钧带孙文使命,于本日由广东出发,取道上海渡日。临行之时,与东方通信记者为悲切之谈话,并请转告日本国民,兹记其谈话之大要如下:鉴于今日世界之现势与东洋之状态,中日两国本质的提携,为现下最大之急务者,已无再事讨论之余地。然数十年来,两国间殊乏意思之疏通,屡生无谓之猜疑,固由时势之关系,亦由无诚心诚意之人,为之居间斡旋。孙文早见及此,以今日形势再不能为一日之犹豫,特派予赴日,完成两国民之联络提携。予虽不才,然最能谅解贵国,并具有关于贵国之知识,且为自己多年所切望,用特欢承此重大任务,誓当披沥赤诚,完此重任。贵国朝野,对于两国有意义之提携,想亦抱有同感,希望贵社今后予以充分之援助。"(《李烈钧之渡日》,《顺天时报》1924年9月26日)

　　△　孙科、陈剑如、谢无量等奉命启程赴沈阳见张作霖,商量讨伐曹锟和吴佩孚。

　　广州市政府改组,孙科卸任市长,孙中山命其赴沈阳与张作霖会晤,面商讨伐曹吴有关事宜,携有孙中山亲笔函件。本日,孙科及随行之陈剑如、谢无量等自广州启程,由沪经日本至韩国,再至沈阳①。

孙科回忆在沈阳会晤张作霖后之观感,云:"从前听说张作霖是土匪出身,以为他粗鲁剽悍;及见面之后,方知他长得非常清秀,个子不高,不像土匪一类的人物。那时,他正忙于进攻山海关,由他的儿子张学良在前方指挥。当时,我是住在旅馆,他每天早上派专车接我到他的办公室,共进早餐,吃的是小米稀饭,生活非常简朴。饭后,照例由他的秘书长带着一个秘书和各方的函电公文,向他报告,并请示意见。他听完之后,逐一用口头指示,由秘书纪录办理,一百多件公文,不到一小时就处理完毕,非常迅速。当我和张作霖达成协议后,他的军队,不久即打通山海关,进抵天津,曹锟亦随之下野。"(孙科:《八十述略》,萧继宗主编:《革命人物志》第13集,第48页)

　　△　训令大本营各部长、局长、处长、秘书长、参谋长、参军长、委员会、经理、督办、院长及省长,此次办理十三年度收支预算,务须依限造送,毋再延玩。(《大本营公报》第27号,"训令")

　　△　着警备军长姚雨平将所部扩充,为追随帅营警戒之需。姚奉命后将第一师杨春浩部扩编,赴韶来谒请命。旋令广州留守府及军需总监部发给姚部一切军实品物。(《姚雨平赴韶关请命出发》,《广州民国日报》1924年9月24日;《大元帅北征记》,《广州民国日报》1924年9月29日)

　　△　方声涛偕张贞赴韶来谒,商入闽计划。(《韶关北伐会议》,《时报》1924年9月26日;王业晋主编:《李仙根日记·诗集》,第65页)

　　△　《益世报》刊载本日香港特约通信,报道孙政府与商民因扣械案而产生对立,称广州的市场秩序受到破坏,政府财政状况也已支绌到极点,难以应付军需。省长、市长等职位,也因事属艰难,各人皆不愿就职,"故现在广州政局,几于无人负责,不啻陷于全部政务停顿

――――――

　　①　另据报道,孙中山"派其子孙科为驻奉天代表,辞去广州市市长之职。由粤至奉,惟因上海方面须与卢何协商要事,乃乘提督公司之麦坚尼轮于九月二十五日上午到沪,与卢等协商后乘大连轮前往奉天"。(《孙文之发号施令》,《北京日报》1924年10月1日)

无政府之状态,长此相持,不独纠纷立见,即各军伙食以及人民闹米荒一项,即足引起大乱而有余矣"。(《粤中已陷无政府状态》,《益世报》1924 年 10 月 1 日)《台湾日日新报》亦载本日香港电,称孙中山正处于进退两难的困境。(《孙文氏立往生》,《台湾日日新报》1924 年 9 月 25 日)

　　△　是日东方电称:"集中韶关之北伐军近来行动甚秘,据东方通信记者所调查,李明扬所率之赣军二千人,令为前卫,业向江西省境进发。朱培德所率之中央直辖第一军约四千人,集中于始兴、仁化、乐昌间,樊钟秀所率之河南军约四千人,今尚在韶关附近。韶关临时大本营,系由吴铁城所率之警卫军担任守备,但因江浙最近之形势与东江方面陈派各军之活动及军费不足等事实,北伐计划,为之忽生龃龉,外传孙文或将一时中止北伐,更归广州。"(《孙文中止北伐说》,《顺天时报》1924 年 9 月 26 日)

　　△　报载:"粤省筹备北伐,进行甚力,谭延闿限令各部湘军于俭日以前,一律集中韶关。李烈钧本定赴日,□暂缓行,此间各将领将联名呈请中山任为北伐联军总参谋。至商团枪械问题,当局已决将枪械发还,商团除缴枪价五十万元外,又垫借租捐一月,约九十五万元,复认销公债二百万,约计可集款三百万元左右,均充北伐军费。"(《粤师北伐积极准备中》,《中华新报》1924 年 9 月 23 日)

　　△　报载:"久蛰津门之段芝泉氏对于此次江浙问题,自本月佳日发表通电后,即本其通电要旨,遣派机密人员多人,分赴各方旧部接洽一·切,并援助粤孙北伐军费,特委安徽省长许世英氏,携带密函并巨款赴粤。许氏已于日前抵沪,与在沪各要人,互相把握,定今(念〔廿〕三)日由沪搭轮赴粤,并斡旋孙陈调和之任务。"(《关于奉粤出兵之沪闻》,《时报》1924 年 9 月 23 日)

　　△　《时事新报》报道称,商团方面愿输助粤军,谋倒孙、驱逐客军。略谓:"自前月孙政府扣留商团军械,惹起极大风潮,当时东江粤军反攻之声浪,已甚嚣尘上,然一月以来,仍未见战事之实现,一般关心粤事者,多怪粤军之迟迟不发,坐失事机,令此暴徒政府,又得过却

难关,延其残喘。不知粤军转战年余,备尝辛苦,讵不欲乘时而起,早竟厥工,只以饷项一时筹措不及,致未能动员。商民方面因饱受孙政府之压制,亟谋倒孙驱客军,属派代表作秦庭之哭,愿输助军饷,旋与粤军方面订定条件,攻克博罗之后,资助二十五万元,攻克石龙之后,再资助二十五万元,攻入广州,则资助三十万元,前后共资助八十万元,分三次交给,并允通知各路乡团协助作战,收缴孙军败兵枪械。于是东江军事遂由沉寂而趋紧张,呈绝大的变化矣……在此孙文高唱北伐之时,东江防务空虚,陈军来攻,当易得手,不知孙文在韶关闻之将进乎抑退乎。"(《孙文北伐与陈炯明之反攻》,《时事新报》1924 年 9 月 23 日)①

9 月 24 日　发表《制定〈建国大纲〉宣言》,总结革命以来的经验教训,重申今后革命与建设所当遵循之程序。

宣言指出:"夫革命之目的,在于实行三民主义,而三民主义之实行,必有其方法与步骤。三民主义能及影响于人民,俾人民蒙其幸福与否,端在其实行之方法与步骤如何……故于辛亥革命以前,一方面提倡三民主义,一方面规定实行主义之方法与步骤,分革命建设为军政、训政、宪政三时期,期于循序渐进,以完成革命之工作……然至于今日,三民主义之实行犹茫乎未有端绪者,则以破坏之后,初未尝依预定之程序以为建设也。"通过总结辛亥革命以来的历史经验教训,重申革命必须经历军政、训政、宪政三时期,才能完成。"盖不经军政时代,则反革命之势力无由扫荡,而革命之主义亦无由宣传于群众,以得其同情与信仰;不经训政时代,则大多数之人民,久经束缚,虽骤被解放,初不了知其活动之方式,非墨守其放弃责任之故习,即为人利用陷于反革命而不自知。前者之大病在革命之破坏不能了彻,后者之大病在革命之建设不能进行。""即今后之革命,不但当用力于破坏,尤当用力于建设,且当规定其不可逾越之程序。爰本此意,制定

---

① 《益世报》9 月 27 日又以《粤政局变化经过与陈军之反攻》为题刊载报道,内容与此则报道大致相同。

国民政府建国大纲二十五条,以为今后革命之典型。"并对《建国大纲》各条所包含的主义及三时期之要旨略予说明,又谓:"综括言之,则建国大纲者,以扫除障碍为开始,以完成建设为依归……倘能依建国大纲以行,则军政时代已能肃清反侧,训政时代已能扶植民治……由此以至宪政时期,所历者皆为坦途,无颠蹶之虑。为民国计,为国民计,莫善于此。本政府郑重宣布:今后革命势力所及之地,凡秉承本政府之号令者,当即以实行建国大纲为唯一之职任。"(《大元帅之重要宣言》,《广州民国日报》1924年9月25日)

△　着大本营秘书处转谕广东省长,将《制定〈建国大纲〉宣言》五万张,分发各县。(《大元帅宣言分发各县》,《广州民国日报》1924年9月30日)

△　致电日内瓦国际联盟议长、第五届大会执行主席莫达,说明前向英国麦克唐纳政府提出严重抗议的原因,指出麦克唐纳对此抗议迄未置答,"他的沉默意味着英国对华政策仍然是坚持帝国主义的干涉行动,以及支持反革命活动以反对旨在建立一个强大、独立的中国的国民运动"。(《致莫达电》,《孙中山全集》第11卷,第104页)路透社于次日发表通讯报道此事,并披露此电文内容。(《孙文控英相于联盟》,《时事新报》1924年9月27日)

△　复上海卢永祥前日来电,告北伐先遣队已出发数日,并解释未立即大举出兵原因。电谓:"现在有志北伐而向赣边集中之军队约二万枪,十日可以到达。刻正一面赶筹一月之粮食费。倘能如意,则旬日后便可进攻赣南。此外尚有滇、粤、桂各军,本拟陆续出发,忽闻陈炯明有反攻羊城之举,遂被牵制,暂留后方,致不能同时大举,殊可恨也!"(《致卢永祥电》,《孙中山全集》第11卷,第105页)

△　远东通讯社消息称:"卢永祥日前电请孙中山选派飞机师来沪助战,经孙氏复电允派著名飞行家张惠长来沪。是日据某方面消息,张氏已由粤中首途,不日可抵沪上。"(《申报》1924年9月25日,"各通信社消息")

△ 复林德轩函,称赞其奋斗精神,并谓:"奉浙奋起讨贼,义声振天下。文亦躬来韶关督师北指,默料东北战事将移重于西南。兄处既已有进行,应与熊锦帆联成一气,力图进取。民国未尽之绪,将于此战系之。正吾党戮力良会,望为勉之。"(余齐昭编著:《孙中山文史图片考释》,第486页)

△ 日前赴东江劝说陈炯明北伐之川军将领但懋辛返抵韶关,向孙中山汇报此行情况及经过。(《大元帅北征记》,《广州民国日报》1924年9月25日)是日,张国植奉命再赴海丰见陈炯明谋和,同行有陈部熊略、陈觉民等数人。(《粤桂之军讯》,《时报》1924年9月28日)

△ 训令两广盐运使邓泽如:"国立广东大学校长邹鲁呈请援案在省河盐税项下每包带收大洋四角以充该校经费,已核准,仰该运使遵照办理。"

本月16日,国立广东大学校长邹鲁向孙中山呈请在省河盐税项下带收费拨充大学经费。呈文指出,自从国立广东大学筹备成立以来,经费支绌,务求节俭,为此提出借鉴韩江治河处及嘉应大学开办筹措经费的经验,即在桥盐税项下带收大学经费,并具体提出省河每盐一包带收四毫为大学经费。(《大本营公报》第27号,"训令")

△ 令准大本营财政部长叶恭绰呈请盐务署裁撤、归并,并再行修正该部官制。(《大本营公报》第27号,"命令")

△ 电嘱吴铁城专心巩固后方,并望改良省城警察。

时吴铁城担任公安局长,所部警卫军亦有千余人调赴前线,昨电请补充枪械,本日电复之,谓:"枪械既分配无余,则只有待之异日耳。若果能训练部众成为有纪律之师,则断不患无枪械之补充也。兄既再担任公安局长,则宜专心致志以巩固后方,前方可不必兼顾矣。务望从此将省城警察改良,将四千裁为二千,加其饷给,使为有用有力之警察与警卫军,协同动作,如能办有成效,则我当担任充分补充枪械便是。"(《致吴铁城望改良警察电》,《国父全集》第3册,第956页)

△ 粤海关情报称:"孙中山的北伐,仅是对付东江陈炯明部而

采取的一种费边式策略。孙逸仙制定的策略是，从广东北部边界进攻驻扎在河源的陈炯明部。陈炯明觉察到孙逸仙的意图后，已饬令其部在东江各条战线发起进攻。"（广东省档案馆编译：《孙中山与广东——广东省档案馆库藏海关档案选译》，第 535 页）

△　是日香港电称：孙中山因军粮急需，派员往韶州各属谷米行办军米二十万斤，限十五天交足；孙中山拟令方声涛随北伐军入赣，将来由赣入闽，先令张贞赴闽南布置一切；王棠因孙中山电令筹饷二十万，一时难办到，故将辞职，昨电云与李福林不睦，非主因。（《粤省军事与政局》，《时报》1924 年 9 月 25 日；《韶关北伐会议》，《时报》1924 年 9 月 26 日）

△　是日粤探电告中央："孙文令滇军三团赴北江布防，准备迎击北军。"（《益世报》1924 年 9 月 28 日，"专电"）

△　《晨报》刊文报道孙中山处境之困难，谓："孙文因陈炯明未易妥协，而内部复有元老派与太子派之争，几成内外交困之势，其情形已各见前报。兹闻孙以在粤既不能自安，对外发展又恐为陈所乘，不得已乃出最后威吓手段，除由本人电陈许以不咎既往，立功自赎外，一面更由杨希闵、谭延闿、刘震寰、许崇智等向陈发表宣言，促其觉悟，并戒其勿乘北伐之虚，自相攻击，致误国事云云。但以孙陈以往之历史观之，是否仅此区区文电便能使之弃前嫌而言归于好，殊不能无疑问也。现孙已电命东江孙派联合军，退至石龙附近，表面上固系对陈诚意之一种表示，而实际则有所迫而不得不如此。至其最大难关之军费问题，虽已由总商会允先借给五十万元，但较之孙所要求之现款一百万、公债二百万，所差尚巨，此亦足见其左支右绌之情形矣。卢永祥弃杭以后，无论东北或西南，皆不免受其影响。"（《东南形势变后之孙文》，《晨报》1924 年 9 月 24 日）[1]

△　《广州民国日报》报道陈炯明部下内讧事，称："陈党在港要

---

[1]　《益世报》9 月 25 日又以《孙文已濒于危险地位矣》为题刊载此报道，内容相同。

人马育航、金章、钟秀南、黄强等，近因江浙问题，在坚道三十四号机关会议。所商榷之问题即为陈军投北与否之问题。金章、黄强素与吴佩孚驻港代表善，且与林虎通同一气，故主张陈军投北，尝与林虎在港代表李少穆策划倒海丰系，平日对陈炯明力肆诋毁……惟马育航因前此在汕头之失败，甚憾洪、林之专横，对于投北一事，竭力反对。"（《在港陈党之内讧》，《广州民国日报》1924 年 9 月 24 日）

9 月 25 日　在韶关调遣各军进行北伐。

坐镇韶关调遣北伐各军。北伐军第一路，先头部队抵赣边仙人岭及石将军大人岭者，有：豫军樊钟秀部三千余人，中央直辖第一军滇军朱培德部二千余人，赣军李明扬部千余人，警卫军吴铁城部千余人，滇军第一师长赵成樑部二千余人。北伐军第二路，抵湘边坪石者，有：北伐第二军长柏文蔚部千余人，第三军长胡谦部千余人，第一旅长李国柱部五百人，湘军宋鹤庚、鲁涤平、吴剑学部第一、二、四各军共五千余人。湘军原担任东江前敌左翼者，尽行集中韶关、英德候命。至于东江方面左翼各防地如增城、河源、龙门等处，另调滇军第三军胡思舜部由广州前往驻防。湘军第五军长陈嘉祐部，由增城回广州，移驻粤汉路中部军田一带；湘军第三军长谢国光部，亦赶赴军田源谭集中；湘军第三师长谭道源全部三千余人，继续北上。由宋鹤庚兼总指挥，所部精锐，已集中广州，补充军实，即日开拔。湘军总司令谭延闿所辖之五个军，既已次第出发，其总司令部移设韶关，以便策应。同时，孙中山特命粤汉铁路组织武装之铁甲车队，以俄人卑连为处长，卢振柳为大队长。（罗家伦主编、黄季陆增订：《国父年谱（增订本）》下册，第 1133—1134 页）

△　核准由滇、湘、桂、粤军四总司令杨希闵、谭延闿、刘震寰、许崇智负责发还团械。（《四总司令负者分发团械》，《广州民国日报》1924 年 9 月 25 日）

△　令广州卫戍司令杨希闵，"即将火柴捐一项遵令停收，具报，勿违"。（《大本营公报》第 27 号，"训令"）

△　各消息对孙中山北伐之前景颇不乐观。是日东方电云："孙

文之北伐,其后未见进步,反于最近有暂时中止之传说。关于此中情形,据探闻所得,则商团关于军械问题,业已履行其条件,政府方面虽屡次声明交还军械,但至今日,依然未曾交还军械,反将军械使客军司令保管之,商团方面遂认为已分派于军队间之明证,现取最后之手段,酿集七十万元,供陈炯明之军费。陈炯明方面,将与方本仁相策应而肉搏广东,其先锋已有将攻破石龙、增城防线之势,迨至方本仁起活动时,则东江方面当开始结局的攻击。同时范石生之滇军,即将从内部宣言独立,宣布孙文罪状,促其下野。现在广东市中,有人散布要求孙文下野之传单,物情骚然,广东政府如不能挽回危机,则大变之起,恐不能幸免。"(《时事新报》1924年9月29日,"电讯")另有广东电称:"孙文前者声明北伐,当即离粤进驻韶关,积极募兵,颇思活动,无如军费缺乏,枪械不足,加以陈炯明态度异常强硬,孙陈一时难望和洽,以故北伐计划殆已停顿。"(《粤军北伐难望实现》,《盛京时报》1924年9月27日)是日亚洲通信社亦据香港电讯称:"林虎等在东江反攻甚急,而留守广州之太子、元老两派,又内讧甚烈,孙以内顾未遑,业已由韶关折回广州,抛弃其出兵之计划。"(《孙文已濒于危险地位矣》,《益世报》1924年9月25日)

　　△ 《东方杂志》载文评述孙中山与"西南联合"运动,称孙陈联合是西南团结运动中最切要的问题,"若使这个团结运动果而成功,则西南形势必将大变:陈炯明入福建,可以向江西、安徽、浙江活动,长江下游定被牵动;唐继尧率川滇黔联军由四川、湖南两路可以压迫湖北,在长江上游占得形势;孙文在中路,再分遣左右翼出湖南、江西,联络长江上下游,可将东南西南联合为一。至于这种类于空想的计划能否实现,则又是别一个问题了"。(大山:《北伐声中的西南团结运动》,《东方杂志》第21卷第18号,1924年9月25日)

　　9月26日 李福林、李朗如①偕同广州商团代表带夫役六十余

----

　　① 另据《申报》10月2报道,同往者还有范石生。(《申报》1924年10月2日,"国内专电")

人,乘舰赴黄埔军校起运扣械,蒋介石以手续不全,不准起运。(《发还团械之确讯》,《广州民国日报》1924 年 9 月 27 日;《扣械尚未运回之原因》,《广州民国日报》1924 年 9 月 29 日)

△　胡汉民来电,称留守府决移省署。(长沙《大公报》1924 年 10 月 5 日,"快信摘要")

△　检阅赴韶之工农团军,举行授旗式,并致训词,"勉励团军奋勇杀敌,拥护革命政府,演说二小时始毕"。(《大元帅北征记》,《广州民国日报》1924 年 9 月 29 日)

△　核准成立工农团军联合办事处,派本大本营参军处副官徐天琛为该处主任。又核准大本营政府训练部组织大纲十四条,批准成立大本营政治训练部,派谭平山专任政治宣传与训练职务①。(《大元帅北征记》,《广州民国日报》1924 年 9 月 27、29 日)

△　令前广三铁路坐办周伯甘"迅将任内经手收支各款,列册移交。如查有亏挪情弊,可即据实呈揭,以凭交饬军事裁判,并案追究"。事因周伯甘对任内经手收支各款未移交清楚,其原属长官中央直辖第三军军长吴思舜,藉词呈请准周办理交代后再发交军事裁判所。(《大本营公报》第 27 号,"命令")

△　报称,奉命派驻奉天代表之孙科,"顷已辞去广州市长之职由粤至奉,惟因上海方面须与卢、何协商要事,故孙氏来电报告抵沪期,谓业乘提督公司之麦坚尼轮,准于今日上午到沪与卢等协商后乘大连轮前往奉天"。(《时局纷扰中之海道消息》,《申报》1924 年 9 月 26 日)

△　报称:"孙中山以北伐大军业经齐集南韶,不日进行北伐。但侦探敌情,摧坚破锐,端赖飞机,故昨特电令航空局饬将军用飞机全部调赴韶城,以听调遣。该局奉令后,即于昨日派出副官委员等赴韶觅地设立飞机场,以为安放飞机场所,一俟布置完竣,即将全部出发韶城以听差遣。"(《北伐声中之粤省军讯》,《中华新报》1924 年 9 月 26 日)

---

①　此二机构成立之时间可能有前后,现依《广州民国日报》9 月 27 日之报道日期,酌定为 9 月 26 日。政治训练部组织大纲也同见此日刊出。

9月27日　任命赖天球为大本营参谋处谍报局局长。(《大本营公报》第 27 号,"命令")

△　特令先行筹集三十万元,以资分发给各军北伐。其筹集方法,属于各县担任者十万,由各机关分担者十万,由各个人输助者十万,均于三个月后由财厅偿还或抵饷款。(《北伐进行与军费之筹集》,《广州民国日报》1924 年 9 月 29 日)

△　东江左右翼湘桂军放弃石滩,陈炯明部欲乘机进窥石龙。本日,粤军许崇智、滇军杨希闵派军接防石滩。孙中山特令蒋光亮部:"一、将所部第三军及新编各部改编为北伐军。二、限五日内集中淡水,会同海军、飞〔空〕军出海陆丰会攻潮汕。"(《中华民国史事纪要(初稿)——一九二四年九至十二月》,第 485—486 页)

△　是日北京电云,方本仁发表通电,称粤孙集师韶关,赣防吃紧,请迅拨饷弹,并派援军。(《粤桂之军讯》,《时报》1924 年 9 月 28 日)

△　是日东方电称:"孙文已任命方声涛为建国军福建总司令,是欲以方氏派往福建,利用其特殊势力,以胁福建后方之计划也。"①又电:"洪兆麟致通电于曹锟,谓将与曹氏共议国事云云,已表明对于时局之态度。林虎当然受吴佩孚之指挥,只有陈炯明犹在模棱两可之间,然由洪林两氏之态度观,孙陈两军之调和运动,殆完全归于失败矣。"(《时事新报》1924 年 9 月 30 日,"电讯")

9月28日　电令胡汉民转饬谭延闿所部离韶前进。

电谓:"团械既有办法,当准照行。只望火速从事,使军队立即出发。着组安饬令湘军赶紧集中南始②,不可再滞韶关。因初拟湘军由原防进攻三南③,故未筹韶关住所,各处现已住满矣。并促组安速来韶助理一切。"

---

①　10 月 12 日,方声涛呈报孙中山,遵即于本日就福建建国军总司令之职,同日启用印信。(《大本营公报》第 29 号,"指令")

②　指南雄和始兴。

③　指江西省南部邻接广东省的定南、龙南、虔南(今全南)三县。

湘军原为北伐军入赣之正面,北出南雄攻大庚,待先遣部队出发后,羁留韶关之众犹多。而为侧面掩护之豫军樊钟秀部已过仙霞岭,将攻吉安,因而催促正面湘军速进,俾免樊部孤军深入。此前,谭延闿提出湘军拟分三路,经河源向老隆前进的作战方案。孙中山批曰:"如此,则敌必退入赣南,后患无已;出三南,乃可断敌之联合,希望截得一大批子弹,此所谓入虎穴得虎子也。此似险而实安,其他实加三倍之艰苦,而又恐被各个之击破,似安而实危也。如各将领入敌地而杀人,我当同往也。"(《复胡汉民电》,《孙中山全集》第 11 卷,第 113—114 页)

△ 负责与政府方面磋商发还团械的广州商团代表邓介石、杜管英等六人宣布辞职。次日,邓等函告商团同人,谓:"代表等计穷力竭,惟有引咎辞职,以谢同人。唯望全省团友诸公,群策群力,环恳范、廖,督促政府,如约履行,并盼同人共励血诚,挽救危亡。"(华字日报馆编:《扣械潮》卷 2,第 104—109 页)另有消息称:当局是日令李福林见商团要人,允还军械三四千,惟须商团通电否认请陈炯明攻广州,并限四日内借二十万。商团不允,遂在沙面密议,俟陈军进攻时即罢市,六代表已辞职。(《时报》1924 年 9 月 30 日,"电报")

△ 李烈钧来电称:"苏军迭败,卢气甚壮,即日决战,分六路进兵攻苏,已大获胜利。"(《李烈钧电告浙军胜利》,《广州民国日报》1924 年 9 月 30 日)另有消息称,此次李烈钧奉中山命赴日,抵沪后只留一夜,已于是日上午 10 时乘轮东渡。闻李氏此行目的在购办军械,并有某项要事与日政府有所接洽。(《申报》1924 年 9 月 29 日,"各通信社消息")

△ 令饬胡汉民精简大本营机构。

令谓:"前大本营参谋处、参军处着即取消,另行组织留守府副官处,缩小范围,节省经费。前之会计司、庶务科移并于韶关大本营。"翌日,着将参谋处、参军处即裁撤。特任原参军长张开儒为大本营高等顾问。(《大本营公报》第 27 号,"命令")

△　往来河坝,向何成濬部演说,入夜始返营。(王业晋主编:《李仙根日记·诗集》,第 66 页)

△　任命张惠臣、毛如璋为大本营参军处三等军医正。(《大本营公报》第 27 号,"命令")

△　复电沈鸿英,传谕嘉奖该部将士。

本月 21 日,广西总司令沈鸿英的部将邓右文、陆云高等来电,报告该部于 12 日、20 日连败敌陆彩凤等部,收复广西全州,俘敌四千余人,获枪七百多杆。获电后复电沈鸿英予以嘉奖,勉以再奏奇功。电谓:"欣悉捷音屡奏……实深嘉慰。此间北伐,各军已入赣南。奉、浙同时告捷,大局发展,胜算可持。望冠兄督饬诸将,迅除余孽,会师江汉,共定中原,以彰伟绩。前方将士,并希传谕嘉奖。"(《帅电嘉奖沈军将领》,《广州民国日报》1924 年 10 月 1 日)

△　段祺瑞代表许世英抵粤,拟劝孙中山招降陈炯明,一致讨曹。(毛思诚编纂:《民国十五年以前之蒋介石先生》第 7 册,第 72 页)孙中山预派大本营参军处少校副官席楚霖、章烈妥为招待。晚上,廖仲恺代孙中山在省署设宴为许洗尘。许世英谓记者:"我之来粤,持有三个问题与大元帅面商。即(一)建国大计;(二)北伐问题;(三)对陈炯明问题。"(《许世英来粤之任务》,《广州民国日报》1924 年 9 月 30 日)①

另据文公直在《江浙战纪》中的记述:"段氏代表许世英来粤,于北伐战事固有重要任务,此外并受段氏使命,来粤调和孙、陈,使停止东江战争,划东江为缓冲地域,无论双方,皆不得进兵,以便惠城陈军移师向闽,牵制闽孙攻浙。闻调和事件,经得双方允许,陈军离惠入闽,已见事实。"(章伯锋主编:《北洋军阀(1912—1928)》第 4 卷,第 854 页)

----

①　许世英抵粤日期说法不一。《广州民国日报》9 月 30 日所载报道《许世英来粤之任务》,称"许世英已于廿八日晨抵省",先分谒省中各要人,廖省长即晚特在署设筵为其洗尘,并函约伍朝枢、古应芬、陈树人、罗翼群等要人与陪。而当时孙中山尚在韶关,许世英拟于随后二日内赴韶关与孙会晤。《申报》报道则称许世英于二十九日早七时许抵省。(《许世英抵粤情形》,《申报》1924 年 10 月 9 日)

据本日东方通信社电讯①称，"段祺瑞代表许世英，为与孙中山接洽时局对策，业于今晨抵广。当语东方通信记者云：江浙战争开幕后，遂酿成奉、直之再战，由此或见南北大乱之结果。段祺瑞之意图，在顺应大势，以抵抗国民之□□②。本此意味，予遂奉段氏之命来广，向孙中山接洽建国大纲问题，并协议积极进行北伐策以及对陈炯明策云云。至关于具体的事项，则力避明言。又许氏定于今明日中前赴韶关，会见孙文。因之孙文归广，遂为延期。"（《许世英在粤谈话》，《京报》1924 年 10 月 3 日）

另据本月 30 日日本驻广东总领事天羽英二致日外相币原的电报，许世英于 29 日抵达广州，一二日内将赴韶关与孙中山会晤。其来粤之目的，据胡汉民所谈，一为讨论将来的政治方针，二为与孙中山协议共同出兵计划，三为劝说陈炯明拥护段祺瑞。（《段祺瑞代表许世英ノ来粤トソノ使命ニツキ报告ノ件》，《日本外交文书》大正 13 年第 2 册，第 535 页）

关于许世英来粤目的及其抵粤情形，各大报纸都曾予以关注和报道。

《申报》报道略谓："粤省自出兵北伐，段祺瑞以三角同盟关系，特派代表许世英来粤磋商西南联合一致对直之大计。查许氏已于二十四日由沪启程，二十七日抵香港，与许同行者尚有李尚川氏③。许、李抵港后，适与川、黔、滇特派员但懋辛，及陈炯明系之陈觉民等遇，先行交换意见，皆主张先行团结西南为唯一要务。陈系中人亦表同情，惟许氏以陈军虽声言中山北伐断不在东江反攻，然无确实之表示，殊不足以昭诚意，陈觉民亦以为然，允赴海丰谒陈炯明，促其将讨

---

① 《益世报》10 月 3 日亦刊载了东方通信社的这则消息，惟称该电为"东方社广东三十日电"。（《许世英抵粤后之谈话》，《益世报》1924 年 10 月 3 日）

② "以抵抗国民之□□"，《益世报》所载作"以应付国事"。

③ 刘成禺则称许世英与他"由沪同赴韶关"。当时刘成禺奉命赴鄂联络军政事宜，时长江巡阅使副使兼湖北督军萧耀南，拟暗迎孙中山莅鄂，建设建国政府，请刘至粤接洽。（刘成禺：《先总理旧德录》，国史馆刊创刊号）

曹之电早日发出……许未赴韶之先,有某氏叩以此来之任务者,据许氏称:'予来粤持有三问题,须与西南各首领及孙中山磋商解决。第一即组织政府及建国大计;第二为西南一致出师对直;第三劝陈炯明蠲除成见,先解决粤省内部问题。此三者为解决时局之前提,前者国人不察,以为推倒满清便是革命成功,但民国成立十三年,战事频仍,无暇及于建设方面,故在表面上徒有民国其名,而无民治之实。段芝帅有见及此,以为不澈底的革命仍无补于统一,欲统一,则为民治障碍之军阀必先铲除乃可。军阀若去,乃有建设可言,然环顾国内,具有排除民治障碍之魄力,努力建设之一途而又可与合作者,惟孙中山耳。所以本人特代表合肥与中山商议各种国家大计,务得一完满办法,以资进行。现在曹、吴动兵,北伐一事为我国现在一重大问题,今粤、奉已相继出兵,粤省有陈炯明军为后患,尤不可不劝其早日停止战争,以除粤祸。一俟谒见中山后,本人当再赴海丰一行,以劝陈炯明罢兵,共同北伐,至浙局方面,目前虽小有变化,然卢之联军仍暂取守势,时机一至,将施总攻击。至奉军,自开战以来,已迭获胜利,俟奉军进至相当地点,芝帅旧部在中部各省者,当随之而起,则直军不难因之而倒。'"(毅庐:《许世英抵粤情形》,《申报》1924 年 10 月 9日)①

《盛京时报》亦刊文报道段祺瑞调和孙陈之态度,略谓:"粤孙出师北伐,原不容缓,惟东江军事一时未能结束,于北伐进行不无多少障碍。各方要人因此亟谋孙陈调和,不获结果……适值许世英奉段祺瑞命来粤,偕同李少川抵港。查其所负之任务,系催促粤孙克日出师北伐,并调和孙陈……孙文在韶关闻报,即日赶返广州,以便接晤,并拟在大本营开一军事会议。表面固关于北伐计划,事实上则为筹款与组织建国政府。盖常〔当〕孙文抵韶之日,曾由韶致一长电与卢永祥,大意系报告北伐军已开到韶关,请卢代向张作霖催促履行贷与军费一百

---

① 《中华新报》于 10 月 7 日刊载《许世英之谈片》,报道此事,内容大意相近。

万元之契约,又尝派蒋尊簋与卢面商此件。但卢永祥赴沪后,尚未有切实答复,故孙文急欲与许世英面商,请许赶速返沪,或赴津奉一行,代向各方接洽,俾军需有着。此为孙急欲见许之一因。次则为组织建国政府问题。盖段祺瑞久欲调和孙陈,一致对北。而但懋辛等此次来粤,目的亦在团结西南。故孙欲乘此时机,组织建国政府,推段祺瑞为大总统,唐继尧为副元帅,孙自任大元帅,亟欲与许面商,决定进行办法。孙文之急欲见许,此又其一因。但段系始终认定孙文从前之非常总统及现时之大元帅,均绝无根据,且挟一空洞无物之招牌,只知要人服从,此等武断态度,在孙尤须改善……今许虽代表段来粤,然据许语人,亦谓段始终主张组织合议制之政府,设非孙文确有大觉大悟,段恐亦掉头不顾也。"(《段氏代表赴粤之任务》,《盛京时报》1924 年 10 月 15 日)

《香港华字日报》则谓许世英此次来粤非衔有段祺瑞之使命,实为北伐军费之支配而来,略谓:"许氏行踪,究竟与段祺瑞是否有关,某君经向大本营参军、现任北伐军第二师之杨虎询问,据杨述许此行,实为北伐军费之支配而来……当段祺瑞政权时代,安徽人势力雄厚,自段倒后,安徽人势力随潮流而变,在广东组织北伐军者,以安徽人主张最力,即柏文蔚、杨虎等,以变卖安徽会馆物产,支配军费。今许世英以安徽人同乡之关系,口头自称是奉段祺瑞命令,携有巨款(闻仅一万数千元),来接济柏文蔚之安徽北伐军军费三万元(或三千元是真,因北伐军兵力,不过数百名),又口头愿助豫军军费若干。又云可助湘军军费若干,大吹其牛。"(《许世英来粤之内幕》,《香港华字日报》1924 年 10 月 2 日)

△　东方通信社本日电称:湘兵六千名,由东江向北江进发,现正开赴广州,已足证孙雄心之尚未已也。惟政府对于粤局,则早定有办法。(《孙文仍未终止北伐》,《晨报》1924 年 10 月 1 日)

△　报称,孙科本中山命,赴奉与张作霖接洽,27 日已抵沪。"闻孙氏现居在黄浦港某个酒店,民党要人及浙军人物,纷往探询粤中出兵北伐情形,昨日孙氏接应宾客,为状甚忙"。又讯,孙科"已于

前日抵埠,昨日上午11时,亲至龙华军署,由汪参谋长陪同面见何总司令,孙代表首致中山致何总司令亲函,彼此畅谈南北军事甚久,乃同辞而出,旋往高昌庙谒见卢联帅,并致中山亲函,互询双方军事布置,及今后作战计划极详,同往者有大本营参议谢无量及沈卓吾"。(《孙科在沪之行动》,《时报》1924年9月29日)

△ 《益世报》刊文报道陈炯明部下对于作战计划之意见分歧,略谓:"自中山出发韶关之后,林虎、洪兆麟由港赴海丰,与陈炯明磋商进行计划,遂开一联席会议,叶举、马育航、金章等亦均列席。林虎主张以目下广州军队不多,乘此机会,先将广州解决,然后进兵广西,两广解决之后,再看大局之形势而定。惟洪兆麟之意见,以为现在军饷,每日七十余万,取给潮、梅,月少三十万元,虽由周荫人贴来十五万元,尚嫌不足,况此项贴饷,不过为目前之敷衍,解决广州,究不如解决漳州之易,漳州一经解决,军费可以不缺,俟中山行军稍远,再行解决广州,较为妥当。惟海陆丰系(即叶举等部)与文治派,则主张入闽,否则对于调人之奔走,各方之来电,未免说不过去,若使入闽无发展之望,解决广州,机会正多。而陈竞存则不出主张,绝无表示,是以此场会议,并未议有彻底办法。林之所以欲乘机解决广州者,不过听洛阳之号令,并达其广东督理之目的而已。"(《孙文赴韶后之粤赣形势》,《益世报》1924年9月28日)

9月29日 出席韶关各界举行的赞助北伐大会,演讲出师北伐的原因,勉励国民担负起国家建设的责任。

谭平山于本月22日带领工团军、农民自卫军到达韶关后,谭则担任大本营所设政治训练部工作。工团军与农民自卫军除操练外,并分赴城中及各属之工农界联络。26日,由其与南韶民团总局共同发起各界赞助北伐大会。本日上午12时,各界赞助北伐大会在韶关南校场举行,广州工团军、农民自卫军、黄埔军校部分学员、广东警卫军、南韶连各属民团、韶关第三师范及开明中学师生、韶关市民众各团体代表等三千余人到会。大会由谭平山主持。下午1时许,孙中山莅会演说,略谓:革命未起以前,满清把中国利益送给外人,革命党怕中国沦亡,故提倡革命。但民国成立十三年来,国家四分五裂,盗贼兵灾不断,人民不得安乐。其实革命事业就像拆旧屋建新屋,这十三年便是旧屋已拆,新屋未成的时期。但新屋建筑之所以未成,是因为有满清遗留下来的官僚军阀为之障碍;此外,国民自来做惯专制之奴隶生活,不问政治,致使武人官僚敢为放肆。故民国不能成功,国民实不能辞其责。即作譬喻:"中国好像一个大公司,国民是股东,股东不维持,公司便危险。国家建设而后,人民都享福,便和公司赢利、股东分息一样"。"这次革命政府提师北伐,便是要将西南军队联结奉、浙军队,扫除旧屋〔砖〕瓦渣滓垃圾之北洋军阀、官僚,以建设新国家。"因此特别勉励大家应当齐起努力,从事北伐,用毅力来完成这第二层之建设。

大会发出的宣言指出:"对于军阀及帝国主义,当始终反抗;而对于国民革命之政府,当全力拥护;对于革命政府为打倒军阀、打倒帝国主义,以解除人民痛苦而北伐之举,即当视其力所及协力赞助!"(《大元帅训词》,《中国国民党周刊》第 42 期,1924 年 10 月 6 日;《大元帅北征记》,《广州民国日报》1924 年 10 月 1 日;《韶州各界赞助北伐大会详情》,《广州民国日报》1924 年 10 月 4 日)

△　急电许崇智、蒋介石,令发还滇军军长范石生械弹。谓:"范小泉(石生)所购之驳壳枪一千枝并子弹,可即发还。"另电范石生云:"兄之械弹已发令照发矣。"(《致许崇智蒋中正电》《致范石生电》,《孙中山全集》第 11 卷,第 117—118 页)本月 26 日,范石生与李福林曾乘舰至黄埔,欲起回商团扣械,以手续不齐备,未成。嗣至本月 30 日方取得扣械之部分,即日运至广州。(《申报》1924 年 10 月 2 日,"国内专电")

△　电令粤滇桂军专责东江防务,翌日复电嘱必须固守虎门。

本日急电复许崇智、杨希闵、刘震寰,谓:"东江防务专责成滇、粤、桂三军担任。滇军除赵成樑、朱世贵已在北江外,其他属于滇、粤、桂之部队,暂时概不调动。务期三兄与部下将领协同一致,引敌就近一鼓而扑灭之,即必当乘胜前进,收复潮梅,以固根本,然后再议。现在北伐部队,除湘军全部参加外,其他在东江之零星部队,有愿来者,当限一星期内集中韶关,迟则不要。"翌日,再致电杨、刘、许,叮嘱固守虎门,谓:"东莞、宝安既撤防,但虎门必须固守,不可疏虞。否则,门户一失,恐牵动全局。且恐北舰直入省河,则广州危险也。"(《致许崇智蒋中正电》《致范石生电》,《孙中山全集》第 11 卷,第 117、123 页)

△ 致电胡汉民转许世英,谓:"艳电敬悉。请及枉驾,无任欢迎。"又谕大本营副官邓彦华:"许代表抵省,甚慰。着即将花车回省迎接静仁代表来韶会谈。"邓受命,即派花车连夜回省。(《中华民国史档案资料汇编》第 4 辑下册,第 798—799 页)

△ 建国豫军樊钟秀电告奏捷。称:"我军二、三两旅,艳(二十九日)由封门坳进,在崇义遇敌,被我袭击,缴敌枪五百余、炮四、机枪二,俘步团长马龙标,并兵六百余,敌向赣州溃。"(《申报》1924 年 10 月 7 日,"国内专电")是日,南雄行营亦来电谓:"豫军三旅二十八日与敌接触,占仙人岭,樊钟秀二十九日抵中站。"(长沙《大公报》1924 年 10 月 8 日,"快信摘要")

△ 报载华俄社本日广州电,分析英国方面压迫孙中山的原因,称:"自孙中山发表对英宣言后,香港舆论对广州政府,抨击甚力。国民党首领,尤受英报毁谤。唯英文广州新闻报独持正论。该报二十九日评坛中提出英国何故以对待印度之甘地、埃及之沙哈卢尔等态度对待孙中山之问题,而认定中国在鸦片及其他条约裁制之下,其地位至高不过为一列强之半殖民地。在此半殖民地中,乃有煽动者如孙中山其人,实有加以压迫之必要。其压迫之方法,非拘禁,非放逐,只在港沪津等地革报力事宣传,并于时机适当时,以海军威迫广州政府。自孙中山推倒满洲政府,英国即大受打击,盖英属印度不免因是而积极步武中国也。中国将来若革命成功,必竭力打倒英人在印之专制政治。中山为实行革命以实现真正民国之人,故英国视为危险人物。"(《英国压迫中山原因》,《京报》1924 年 10 月 3 日)

△ 本日香港电称:"孙中山以陈军进迫,拟将石滩、增城联成一

线,令范石生指挥。现范飞调省军驻新村,并调驻佛山全部赴援石滩。"又电:"闻孙中山令许崇智、范石生、刘震寰担任广州警备,许已调所部分驻东郊各要隘增防。"当日又有电云:"北伐费须急筹三十万,孙拟各县各机关各要人各任十万。"(《粤局之现状》,《时报》1924 年 10 月 1 日)

　　△　报载,陈炯明军因得商团赞助,已大举向广州进攻。共分为三路:第一路林虎,由河源趋增城;第二路叶举,由平山、博罗向石龙;第三路熊略、练演雄等,由淡水趋平湖。近来东江孙军多调往他处,广州及北江各处防务非常单薄,连日已节节败退。并闻孙军拟中左两路以横沥为第一防线,茶山为第二防线,石滩为第三防线,右路则以□果为第一防线,增城为第二防线,石滩为第三防线。(《粤陈分军攻广州》,《北京日报》1924 年 9 月 29 日)

　　△　东方通信社本日电称:"关于孙派联军之退至石牌也,官场方面不认此事,谓仅欲与仙村构成预定之防御线耳。盖在孙陈合议破裂之今日,孙军之作战,正以韶关之部队,渐次欲由翁源,取道龙门,绕道河源方面,以遮断陈派联军之后方也。故东江之退,非为战败,由石龙附近尚不见有陈军之事实观,可断定其退为作战上之计划也。"(《粤局之现状》,《时报》1924 年 10 月 2 日)①

　　△　北京政府大总统府军事处致电吴佩孚透露情报,称:"孙部自豫赣军及零星部队出发后,余滇、桂、粤各部均未动,已到韶者约七八千人,孙改委卢师胆〔谛〕为总指挥。陈觉民等暗主孙、陈调和,竟存颇为所动,但武人不赞成,殊难实现。"(《中华民国史档案资料汇编》第4辑下册,第798页)是日港电称:"林虎拒绝但懋辛调和,决三路反攻,联军缩短防线,退出石龙,集中石滩、增城。"(《粤省之军事》,《时报》1924年9月30日)

　　△　报称,孙中山拟回广州,再度断行截留海关关税,谓:"孙文对于胡汉民、廖仲恺、伍朝枢等诸要人下令务须断行关税截留手段,

---

　　①　《益世报》10 月 3 日亦刊载此消息,惟称系"东方社三十日广州电"。(《孙文不认战败而退》,《益世报》1924 年 10 月 3 日)

将来列国发生异议,无须关心云云……虽然胡廖伍三氏共惊孙之命令出于意外,务各劝阻实行截留,但孙文决心如石,无法制止,并声明毋宁发生外交问题以致失脚之为得策。主张极为强硬。若在三日间不能筹集十万元军费,拟亲回广州断行截留关税。"(《孙文决计截留关税》,《盛京时报》1924年10月2日)

△　报载与李烈钧同行之日本井上陆军少佐述北伐军出发情形云:"孙中山之北伐如军费有着,即可充分实现,当予离粤时,闻已筹得十五万,此外所需另由孙科氏赴奉筹商,孙中山现在韶关,其已集中韶关之兵力,有樊钟秀之汴军三千,朱培德之滇军约一旅半,吴铁城之粤警卫三千,赵成樑之滇军一师,李明扬之赣军一千等,共计万余人,行将依次出发。其第二军则有谭延闿之一万八千人,将分三路北上。"(《粤滇出兵之沪闻》,《时报》1924年9月29日)

9月30日　因大本营参谋长李烈钧奉命赴日活动,特任建国军福建总司令方声涛代理大本营参谋长[1]。(《方声涛代理参谋部长》,《广州民国日报》1924年9月30日)方声涛系同盟会员,去年任福建民军总司令,旋奉命回粤,其弟即殉于黄花岗一役之方声洞烈士。

△　任命冯宝森、练炳章分别担任粤军第一、第三军司令部参谋长。(《大本营公报》第27号,"命令")

△　复电沈鸿英,嘱陈师湘边以待后命。

是月23日,广西总司令沈鸿英来电报告该军继克复桂林之后,又连克全州、灌阳等地,秩序安靖。是日复电谓:"桂境肃清,功望卓著。昨于艳电详答,计已达览。望加意抚绥,陈师湘边,以俟后命。所有在事出力各员及阵亡将士,应即查明,分别呈候恤奖,以昭激劝。"(《大元帅复沈鸿英电》,《广州民国日报》1924年10月2日)

△　饬中央直辖第一军长朱培德,让拨子弹五万发,由北江陆路运至连阳,交沈鸿英之代表沈秀廷点收押运往桂。(《沈鸿英请拨子

---

① 此为《广州民国日报》发表命令的日期。《大本营公报》第28号则标为10月4日。

弹》,《广州民国日报》1924 年 9 月 30 日)

△ 派王文瀚为参战员,赴东江察看东江战局及防务。(《派员视察东江战局》,《广州民国日报》1924 年 10 月 1 日)

△ 李烈钧奉命至日接洽一切,于本日抵长崎,当地行政长官以及社会名流,皆登轮与李氏握手,警察保护严密。李氏与新闻记者谈话云:"欧战后中日两国之提携,乃当务之急,年来两国亲善之声甚嚣尘上,然实事上,适得其反,结果竟陷于猜疑误解。余此次奉大元帅命渡日,极愿以最诚恳之意思实行联络,以期实现真正亲善,使东亚局势日见进步,然此不仅南方政府已耳,即中国国民全体之意思亦如是,日本人士想必赞同。"(《李烈钧抵日情形》,《中华新报》1924 年 10 月 12 日)

△ 本日广州方面消息称:"孙文现已返回广州从事筹募的款,预备大举。据香港报纸所载,称孙文残部拟在广州东数英里之谢北村(译音)集聚全力,即以该地为前线云云。又闻陈炯明部下已占石龙,广九路之石覃(译音)亦有被陈军攻陷之说。双方军队多患疾病,近日来并无激烈战事,湘军缺乏衣食,情形困难。"(《陈炯明部已占石龙》,《北京日报》1924 年 10 月 2 日)

△ 《盛京时报》报道守备东江的云南军退出东江之内幕,谓:"外间纷传范石生之态度极其暧昧,以范氏之向背至足以左右广东之局面。兹据可靠方面消息,孙文与范石生之感情因商团之武器问题益见恶化,乃属事实。其结果,范氏最近虽曾与陈炯明发生争执,却与林虎联络,标榜拥护商民、驱逐共产派。真意所在,似欲利用商团问题驱逐孙派离开广东,同时更阻止陈炯明之人。广东今番担任东江防备之云南军,不经战斗,一举而退集仙村,应视为前事之准备运动。前途如何,犹难逆睹。一般观测,握有最大实力之林、范二者联络策动果成事实,定必招致意外之结果。"(《滇军退出东江内幕》,《盛京时报》1924 年 10 月 2 日)

△ 是日《申报》移译《字林西报》所载该报记者沙柯尔斯基与孙科之谈话,论及孙卢合作、孙陈合作、联省自治、国共关系诸问题。

报道称:"前广州市长孙科由粤到沪,与卢永祥氏接洽孙卢合作问题,数日即将赴奉与奉张作相同之接洽。余(沙自称)于其抵埠后不久与之相晤,关于现在战事,孙之言云:现在战事非复为江浙一隅之争,其影响关系全国,若吴佩孚获胜,则全国将处吴迭克推多制之下,凭吴处分。反之,若奉张获胜,则多数人民对于政府皆得有意见之主张。余父(中山)主张联省自治,惟此联省并非指军人瓜分国土各建联邦而彼得以武力控制之谓,若此则不得谓之联省自治,仅小规模之军事迭克推多制耳。假使中国欲以弭除频起战事之现象为根据而谋改造,则此种制度应先革除。吾人所谓之联省自治,乃联省各建自治政府之谓,吾人欲群众于群众事务之管理有表示主张之途径,然不愿中国裂为十数半独立之小邦,若如此分裂则非善良之政治,与中国反有害焉。关于粤省方面,吾人正在派军入赣,希望打破直系之迭克推多制而铲除之。吾人之力虽不足单独以抗吴佩孚,然现与其他方面合作可望胜利,所有湘军完全开往前线,将进攻江西,如战争胜利,该军将返湘,以谭延闿为湘省长,滇军为南方最良军队,留守广州。现吾人已接洽陈炯明合作……如彼能移兵向闽或自保其土以抗北方侵入,则吾人可以撤兵。为表示好意起见,吾人现并将第一线军队撤退,若谓陈将拒此提议,一时殊未信其即如此也云云。余(沙自称)又询孙以种种广州问题,孙云:广州有一新闻通信员,以为吾人凡事皆经赤化,因向外报告谓吾人皆属赤党,国民党亦变化赤党。此殊未近乎事实,国民党仅有共产党数人为中国共产党分子,然中国共产党与国民党乃属两事,前国民党于广州举行大会讨论改组,共产党员亦预焉,然其除于数问题与多数党员意见不同外,未尝违反国民党党纲及主义。共产党在俄国,吾人并不以为其系成功,亦不认共产党之主义在现在即可施诸中国。"(《孙科与外报记者之谈话》,《申报》1924 年 9 月 30 日)

△ 报载上海国会议员通信处来电,称:"护法未竟,选以贿成,正义沦亡久矣。浙军首义,奉备入关,此间已电滇唐联合熊、但,以趋武汉。拨乱反正,端在此时,应请我公即日传檄天下,誓师北伐,中原

豪杰必望风响应，为公前趋也。"(《两团体要电与孙科谈话》,《时报》1924
年9月30日)

是月下旬　侨港工团总会代表十八万工人会员来电,拥护出兵
北伐。(《中华民国史资料丛稿·大事记》第10辑,第166页)

是月　致函段祺瑞,谓:"最近奉直一场活剧,形势益变。文于本
月六日至韶关,誓师讨贼,义无反顾。惟公大力,匡其不逮,兹特遣吴
礼卿君忠信敬问起居,乞赐接见。"(《致段祺瑞函》,《孙中山全集》第11
卷,第124页)

△　港督欲以军械诱李福林,李请示孙中山后,虚与往还藉探其实。

据李福林自述,时李以粤军军长兼全省警务处长、民国统帅处督
办及广州市政厅厅长,肩负治安责任。9月间,香港总督金文泰透过
一港绅,向李表示相慕之忱,并谓港府存有步枪万枝、机枪数十、驳壳
五百、子弹百万发,可随时相赠,邀过港密谈。李旋至香港,港督果着
人招待上英轮,而前日所言各色礼品灿然陈列。李归广州向孙中山
报告经过,仍虚与往还藉探其阴谋,孙中山不时电话询李办理如何。
十月初之团变前数日,港警察长亚京押大批军械以浅水兵轮驶进广
州,泊车歪炮台,亚京登岸访李福林,约上兵轮立要交货,李随之登
轮,旋李只取过驳壳五百及子弹五十万。及团变猝发,亚京与浅水兵
轮皆不知去向。嗣后,李福林自孙中山之分析中,方悉港督目的,彼
以革命政府于彼不利,欲拉一缓冲者为彼工具,故以枪枝作交情,后
见团变削平,而李福林并未受彼影响,于是原载驶去。(《李福林革命史
料》,杜元载主编:《革命人物志》第12集,第103—104页)

10月

10月1日　以大元帅名义公布《工会条例》。

《工会条例》全文计二十一条,规定工会为法人,"与雇主团体立

于对等之地位”，有“计划增进工人之地位，及改良工作状况，讨论及解决双方之纠纷或冲突事件”等权利；并规定“工会在其范围以内，有言论、出版及办理教育事业之自由”，“工会在必要时，得根据会员多数决议，宣告罢工。”(《大本营公报》第28号，“法规”)马超俊在《中国劳工运动史》中，称此《工会条例》为“国民党实施劳工保护政策之嚆矢”。(马超俊:《中国劳工运动史》，第61页)

此条例的起草，出于孙中山之构想，而由邵元冲、马超俊等人具体拟定。孙中山“认为保护劳工，当从健全劳工团体组织着手，以培养其自动自发意志，对十一年九月武汉工团所提出予工人以集会、结社及罢工权之要求，甚加赞许。故十二年即命邵元冲起草工会条例，并命马超俊协助办理。邵、马两氏，当考证世界各工业国的劳工政策，及立法上所予劳工的权能，作迎头赶上的准备，以符合于三民主义的精神，爰即拟订草案，呈经国父提交中国国民党中央执行委员会，详加研讨议决。”至是时，乃由孙中山裁可，并以大元帅名义颁布施行。(中国劳工运动史编纂委员会编纂:《中国劳工运动史》第2册，第322页)

△　在韶关大本营接见段祺瑞代表许世英，与许晤谈北伐大计及建国方略等问题[①]。

①　关于许世英赴韶关谒见孙中山之日期，《国父年谱》订为10月4日。(罗家伦主编、黄季陆增订:《国父年谱(增订本)》下册，第1238页)《中华民国史事纪要》亦称，本月三日胡汉民就广东省长职后，翌日随许世英赴韶关晋谒孙中山。(《中华民国史事纪要(初稿)——一九二四年九至十二月》，第520—522页)也有作10月3日者，谓:“10月2日，许世英到广州，孙中山因督师北伐去韶关，委派王宠惠、胡汉民、廖仲恺、陆荣廷、汪精卫等五人与许作初步商谈。翌晨，由廖仲恺陪同至韶关。许在韶关又与廖仲恺、伍朝枢、柏文蔚等共商讨伐吴佩孚事。许当日受到孙中山在大本营的接见和谈话，面陈旨在邀迎孙中山先生北上共商大计，并协议于曹锟倒台后，先开‘善后会议’，再召集‘国民会议’。孙中山欣然允诺北上共商国事。”(沈寂:《许世英生平》，安徽省政协文史资料委员会、东至县政协文史资料委员会编:《许世英》，第33页)而《广州民国日报》之报道明确指为“一日”。另据《申报》报道:“三日广州电，段祺瑞之代表许世英偕伍朝枢赴韶关，与孙中山会商，已得了解。昨已回抵广州。”(《申报》1924年10月5日，“国内专电”)6日报道又称“许世英已于四日赴海丰访陈(炯明)”。(《粤陈确将北伐之沪讯》，《申报》1924年10月6日)故10月3日、4日之说较为可疑，10月1日孙、许会面较为可信。

许世英在廖仲恺、伍朝枢、柏文蔚、谭延闿等人陪同下[1]，乘粤汉铁路专车抵达韶关谒见孙中山面陈一切。孙中山亲自接见许氏，随后与许"反复谈三民主义、五权宪法、孙文学说、建国方略数日夜"。孙氏称："北方来人，未有如俊人之能彻明予主义者。"许世英则谓："北方亦多有明了先生主义者，故由予代表迎先生定国是也。"许并劝孙中山与陈炯明和解，令陈共同讨伐直系，并转告段祺瑞联络奉、粤各方的讨直计划。在晤谈中，孙中山就国民会议之主张，以及如何修改不平等条约的问题，对许世英相告，许世英对之表示完全承认。4日[2]，许世英离开韶关时，孙中山亲送许至车站，与许在车站食堂复谈主义及建国方略等，历数小时之久。胡汉民、谭延闿、伍朝枢、郭泰祺等与许同车抵广州。当晚，许世英乘省港夜船赴港，后转沪北上复命。(《大元帅北征记》，《广州民国日报》1924 年 10 月 3 日;《许世英昨日赴港》，《广州民国日报》1924 年 10 月 6 日;刘成禺《先总理旧德录》,尚明轩等编:《孙中山生平事业追忆录》，第 691 页)

据许世英于 1956 年孙中山诞辰纪念日前夕，在台北市追述当年段祺瑞联合孙中山之往事，大致情形为："当皖系密谋倒曹，段与左右重要分子于天津法租界段寓所集议，众以大势所趋，倒曹绝无问题，至如何善后，当时众人以为推段出任总统亦为当然之事。许独以为不可，曰:总统必由国会产生，曹锟贿选既已成众矢之的，国会已将解

---

　　① 关于许世英自穗至韶的陪同者，也存在不同说法，或谓伍朝枢，或谓廖仲恺，或谓胡汉民，或谓刘成禺。

　　② 关于许世英何时离韶关及随后之行踪，亦有不同说辞。据《申报》载:"广东陈炯明氏经各方面热心人士之斡旋，又鉴于大局之趋势，确有与中山释嫌转而北伐讨曹之意。前日与素有关系之上海某君，接得陈电，内有'舍孙讨曹'之语。又昨日旅沪粤省某要人，接得粤电，亦称许世英已于四日赴海丰访陈，闻许未去以前，曾托友往探陈之意旨，今许既往海丰，可知必有妥洽之把握。"(《粤陈确将北伐之沪讯》，《申报》1924 年 10 月 6 日)而《中华民国史事纪要》10 月 4 日条则谓:许世英此行曾先过海丰晤陈炯明，拟作调和，并携有段祺瑞致陈之亲笔函件;又 10 月 6 日自广州抵香港，复与陈炯明系接洽和议，当即向孙中山提出报告。(《中华民国史事纪要(初稿)——一九二四年九至十二月》，第 522 页)亦有谓本月 2 日即离韶者。

散,无国会,何来总统,此所以不可也。众问然则何以善后?许曰:吾人推段公出收拾大局,端在谋南北统一与制定宪法,若不能与南方革命政府合作,则两者均难有成,是段公虽出,而终难收拾大局也!为国家计,惟有与中山先生合作,先谋统一,再召集国民会议制定宪法,故必联孙。于是,即决定推许至粤接洽。集议之时,许世英坐段祺瑞旁,会将散,段暗掣许衣,许遂独留。段谓:君平日不欢酒言,今日亦酒醉耶?许问何意,段曰:孙中山先生岂能以言语动之者,有何把握能使合作,乃自任赴粤之行,非醉而何?许答云:中山先生为革命家,素以国为重,苟有利于国家,必可化除畛域。许即告以昔年与革命党人之一段关系:当许赴英法考察司法时,即与王宠惠相识。民国成立,王任司法部总长。某日,王由京电话至津问许,大鸿胪寺名称是否尚可用?许告此与民国体制不合,宜改称大理院。王采其议,此事为其后许为第一任大理院院长之由来。又在一次欢宴中晤中山先生,先生嘱加入国民党,许婉辞,中山先生勉许:君从事司法改革即革命也。许因有此等渊源,故愿赴粤一行,且事之成否尚未可料,姑试之,不成亦无害也。段悉此情乃同意,即发旅费三千元,并嘱便道会晤浙江卢永祥。于是,许以千元家用,千元偿借,仅携一千元南下。当时许任职正丰煤矿公司,经手售煤,虞洽卿尚欠四千元,至沪乃向虞洽取此款,待二星期始得款赴粤。时中山先生在曲江,派胡汉民、汪兆铭、廖仲恺、伍朝枢、林云陔五人与许商谈合作事宜。许表明来意,胡等问及善后问题,并询是否见及中山先生宣言之建国大纲?许答曾于香港报上知此事,惟未详知内容。胡乃告以军政、训政、宪政之程序,今欲以倒曹后召集国民会议制定宪法,似与建国大纲不符。许曰:此无妨也,军政时期之目的在统一全国,如南北能合作,全国即可统一;训政在实现宪政,由训政以达宪政固好,如先行宪政,亦可以宪政完成训政,要在吾人如何运用,固不悖中山先生之意也。讨论结果,胡等五人均同意合作,决意次日由廖仲恺陪同往曲江谒见。时大元帅行辕在车站对面,孙先生迎于辕门,当将入客厅,先生曰,今已午,想尚未午餐,即嘱备膳。许进而言曰:此时大元帅可容发言? 先生曰:你讲你讲。许表达来意后,先生顾廖仲恺曰:你们昨天会谈是否完全同意? 廖答:大家研究结果同意,故陪同来见。先生曰:很好,很好,就这样办。此时,许索纸笔,先生曰:难道还要签订文件么? 许答:不是,须先致电于段,以安其心。发电毕,稍谈,当日下午许即拟辞别赴广州再北上复命。先生曰:到曲江不游□□□两大名寺(按,其一为南华寺)是虚此一行,明日当伴一游,再回广州可也。许乃留一宿,于次日下午回广州,再经香港北上。此事后为直系侦悉,即加通缉,许亦因此由天津旧德租界迁居法租界。"(罗刚编著:《中华民国国父实录》第 6 册,第 4795—4797 页)

《香港华字日报》对许氏此行发表评论称:"许谒孙文得美满之好果,今次许氏来,对孙、段联络大有进步……段氏蛰居天津,确非久计。言中寓有非先组织建国政府,无以救国之意味,又似有与吴佩孚平分地盘,拥段祺瑞统一中国之宏愿。许氏决定明天赴香港,先谒留港之陈派主要人物,若得陈派赞成,则同赴汕头海丰面谒陈炯明、林虎、洪兆麟;若果陈派不乐与周旋,则作罢论,立即乘船返上海,取道天津,复命段氏。"(《段祺瑞统一中国之宏愿》,《香港华字日报》1924 年 10 月 6 日)

△　令规定商团各自请领枪械办法,以解决扣械问题,惟商团代表提出异议。

为解决扣械问题,令饬省内外商团,携购械收据径赴民团统率处[①]挂号,挂号三日内发还,每枪缴军费五十元。惟商团代表即函负责协调之范石生、廖行超提出异议,谓不同意各自请领办法,须依条件将械完全交与商团总所。因此,问题未能及时解决。(《申报》1924 年 10 月 2 日,"国内专电")是日,广东全省商、乡团代表在佛山开会,商议索还枪械及实现第二次大罢市事,宣称誓与团械同存亡。(《中华民国史资料丛

---

①　时由广州市长李福林兼广东全省民团统率处督办。

稿·大事记》第10辑，第167页）《广州民国日报》也于是日发表社论，指出扣械未发还，"完全在于商团不履行条件，不实心拥护革命政府之故"。（《敬告商团代表及一般团友》，《广州民国日报》1924年10月1日）

△ 致电叶恭绰，告以北伐先遣队樊钟秀部已完全攻入赣境，不日即可发起总攻。

奉天方面催询驻沪之叶恭绰关于粤方北伐行动，叶于上月29日两度电转报告。本日电复叶恭绰："我军先遗〔遣〕队樊部已于卅日完全入赣境，拟从间道潜至赣中，以扰敌人后方。此路消息难通，故发现之时地，敌人当较我先知。我之总攻击，不日可以进行。并转科儿。"（《致叶恭绰告樊钟秀部已入赣不日可总攻电》，《国父全集》第3册，第958—959页）孙科系上月23日离广州赴沪再转日、韩前往沈阳。

△ 唐继尧电复孙中山，报告已组川、滇、黔建国联军，惟仍婉谢副元帅职务。

上月11日及18日，孙中山曾先后分别以电及咨文致唐继尧，望其就任北伐副元帅职。唐即于20日成立"建国联军"，自就川、滇、黔联军总司令，以胡若愚为滇军总司令，熊克武为川军总司令，刘显世为黔军总司令，建国联军总司令部以五华山新公馆为办公地点，本日启用印信。唐本日复电云："西南夙以拨乱救国为职志，宁能袖手旁观？现我公移驻韶关，誓师北伐，凡属袍泽，均当执鞭珥以相从。前经各省同志，共同在滇会议，组织建国联军，上月号日成立，惟副元帅一职，名分较崇，愧无以应，拟俟军事进展，再推勋高望重之人，以副海内之望。"（《中华民国史资料丛稿·大事记》第10辑，第167页；《中华民国史事纪要（初稿）——一九二四年九至十二月》，第501页）

△ 李宗仁等宣布讨伐陆荣廷战争结束，广西自治。

自陆荣廷下野，本月9日并发表下野之通电，桂境湘军即由赵恒惕令退回湘境，将全州让与桂军。本日，李宗仁、黄绍竑、白崇禧等通电宣布讨陆（荣廷）战事结束，并实行广西自治。（郭廷以编著：《中华民国史事日志》第1册，第827页）至此，所谓旧桂系之时代即告结束，而新桂系代之而起。

△　为历年捐助军饷有功者颁发奖章与奖凭,计颁给郑螺生、黄馥生、黄德源金质一等奖章与奖凭;苏法聿金质二等奖章与奖凭;陈东平金质三等奖章与奖凭。(《颁授黄馥生奖凭》《颁授陈东平奖凭》《颁授苏法聿奖凭》《颁授黄德源奖凭》,《国父全集补编》,第612、613页;《给郑螺生的奖凭》,《孙中山全集》第11卷,第129—130页)

△　上海《民国日报》举办之《建国大纲》论文征文截止,预定明年元旦揭晓。(《中华民国史事纪要(初稿)——一九二四年九至十二月》,第506页)

△　本日香港电称:"闻东江退兵,与滇军内部问题有关,孙恐有碍北伐,已极力调停,一说联军为便于防御,缩短战线。"(《粤局之现状》,《时报》1924年10月2日)又讯:"孙文拟任谭延闿为北伐联军总指挥,樊钟秀为中路军前敌总指挥,宋鹤庚为左路军指挥,朱培德为右路军指挥,令将下。"(《孙文之发号施令》,《北京日报》1924年10月1日)

△　报载,孙中山由省赴韶关后,陈炯明军为谋粤局统一起见,曾致电粤中各将领,促令迅速勘定粤局。经各将领协商结果,决定分东、南、北三路进攻。东路由林虎出兵石龙,直捣广州;南路由洪兆麟出兵潮汕,牵制联军左侧;北路由杨池生、杨如轩会同方本仁夹攻韶关。(《孙文仍未终止北伐》,《晨报》1924年10月1日)

《盛京时报》有相关报道称:"当此大举北伐之秋,而东江陈军反攻之说,迭得报告。孙中山以北伐出师,纯为全国大局计,对于粤局,惟期陈军觉悟,赞成讨直。故除前由吴稚晖、但怒刚、石青阳等对陈方为调和运动外,近又以东江联军防线太长,接济不易,同时并为对陈军表示退让决心北伐之故,特先后由飞鹅岭、博罗各处退回,现又将石龙、东营撤防,退至石滩、仙村一带,使陈军确知联军绝无追迫之意,以期感化。至联军虽一再追回,惟因防线既缩短,接济又易,一切军事动作,较多优点,故赶紧从新布防以候陈军表示之真态度。如陈军果觉悟,赞成讨直,则只取守势,否则于布防既定后,当再有反攻。

至石滩、仙村及虎门方面防线,由滇军范石生、桂军刘震寰各部驻守,增城仍由湘军驻守,后方防务则由粤军张民达师主持,布置颇为严密也。"又称:"闻许氏(指许世英)到香港时,曾与陈党要人有所接洽,陈党要人颇有感动……至陈氏与段芝泉感情甚好,许氏既代表段后,道达所见,陈氏或有转意,是又孙陈间一种好消息也。闻许氏到韶,约有一星期之勾留。拟返省后,则赴海丰与陈氏面晤。"(《中山北伐之粤讯》,《盛京时报》1924年10月14日)

《益世报》亦曾刊文分析孙军对东江防线的弃守,略谓:"自孙文倡议北伐后,东江前线之滇、桂、湘各军,即开始退却,右路守石龙,中路守马嘶,左路守增城。而陈军方面,左路则进驻深圳常平,中路则进驻博□苏村,右路则进驻龙门龙华,遂屹然不动……东江战局,已呈急激之变化。盖石龙石滩为孙陈两军咽喉要地,今孙军竟弃而不守,则广九路沿途险隘,陈军已据其七八,此后孙军作战,只有在新塘或近郊决一雌雄。若一战而胜,广州可保,若一战而败,则孙政府全局瓦解,并不能收拾余烬,再图恢复矣。然则孙军何故取此冒险战略,或谓孙之内部将发生剧变……据知其真相者云,孙军之退,实因滇军将发生异动……至东江最近情形,据军界消息,粤军因鉴于去年近郊之役,未先肃清后方,遽尔骤进,以至功败垂成,故此次用兵慎之又慎。"(《粤局剧变与孙军尽弃东江防地》,《益世报》1924年10月14日)

10月2日　谕大本营秘书处致函广州商团代表,晓谕政府发还扣械之诚意及办法,谓:"商民团结以图自卫,服从政令,巩安地方,政府凤加保护。前月挪威哈辅商船运来大帮枪械,政府因商团团长陈廉伯瞒领护照,事有可疑;而港、沪各西报,又纷传陈廉伯利用商团,谋抗政府。故不能不将该项枪械扣留查办。一部分商民不明真相,致生误会。经令滇军军长范石生、师长廖行超妥为晓谕,复据陈廉伯、陈恭受先后沥陈悔悟,并声明拥护政府之真诚,而该项枪械,亦已查明虽购运手续错误,实由商团备价购置,应即从宽准予发还。惟陈廉伯亦于扣械之日即赴香港,取消通缉以后,仍不来省,以致商团负责无人。而商团代表数人,又复行止仿佛,态度游移,对于发还手续,始终不肯与政府坦怀商榷,以至迁延旬日。不逞之徒,又得试其拨挑,飞短流长,无故自扰。政府不欲以少数代表不负责任之故,致各商民当前待决之事件久悬不决,为此订定办法明白宣布:着省内外各商团,携同购械收据赴民团统率处挂号,自挂号之日起,三日为限,将应领枪枝子弹,如数给发。前据范石生、廖行超陈称:商团愿报效军费五十万元,于领枪时缴纳。政府此次查办目的,只在查明商团有无服从政府诚意,及该项枪械是否实系商团购置,此外无复苛求。惟当此大军北伐,饷糈紧急,商团报效适济要需。着于领枪之际,每枪一枝附缴报效费五十元。仍着范石生、廖行超会同民团督办李福林、派员监视发给,以资保护。"(《政府发械办法与商团代表辞职》,《广州民国日报》1924 年 10 月 2 日)

△　偕许世英、廖省长(廖仲恺)、伍部长(伍朝枢)及幕僚谭延闿、方询松、柏文蔚等游南华,观肉佛、法宝,四时半兴尽而返。(王业晋主编:《李仙根日记·诗集》,第 66 页)

△　令大本营秘书处函示广东省署准备隆重欢迎俄舰到广州。

苏联政府派巡洋舰"波罗夫斯基"(Vorovsky)号,运载苏联援助广州革命政府之顾问人员及大批军械包括野炮、山炮、轻重机枪和各种长短枪八千多枝,于 10 月 1 日驶抵香港,拟即来广州。孙中山为此手令大本营秘书处即谕省署准备以礼欢迎。令谓:"现有俄国巡舰到港,港政府尽礼欢迎,升炮二十一响。不日来省,我亦当尽礼举旗升炮。惟升炮之地当在长洲或南石头,或两处行礼炮,当以七生半粉包炮为宜,并要先通知人民,免致惊恐为要。并先派员往港与舰长约定时日可也。"(《准备欢迎俄国巡舰》,《广州民国日报》1924 年 10 月 3 日)

△　致电樊钟秀,嘉勉其进军速捷,并慰问将士劳苦。

樊钟秀部为北伐军进攻序列之侧面,预定由仙霞岭循山道直攻江西吉安,与正面北伐军湘军会师南昌。樊部 9 月 21 日奉令于 22

日出动,25 日即将仙霞岭风门坳①之要隘攻下,且连克崇义、遂川两县,进展神速。29 日收泰和,本日,即进围吉安,蔡成勋部被其击溃。樊连电报捷,孙中山嘉奖电云:"北伐连捷,至感欣慰,将士劳苦,尤所悬念,不惜重赏,以竟全功。"(段剑岷:《樊钟秀史略》,《革命先烈先进传》,第 951 页)

　　△　《晨报》刊文报道广州最近之械潮、政潮、战潮。称:"日来广州大局,下面则商团争械,上面则元老太子争权,外面则潮陈反攻,较远则卢永祥求救,内忧外患,一齐并起,弄得头跌脚落,实为孙文入粤以来,第一生死关头。"(《广州政局之混沌》,《晨报》1924 年 10 月 2 日)

　　△　日本驻广州总领事天羽英二在领事馆设宴招待出师北伐之湘军各将领谭延闿、宋鹤庚、谢国光、吴剑学、岳森、张翼鹏、方鼎英等。日人作陪者有崛田民会长重藤、武官高桥、三菱香港支店长竹藤、台湾银行长山胁等二十余人。(《日领大宴湘军将领》,《广州民国日报》1924 年 10 月 3 日)

10 月 3 日　胡汉民宣誓就任广东省长职。

　　当时广州商团运械事件尚未解决,孙中山以胡汉民继廖仲恺为省长,谋求迅速解决这一事件。胡于受命时请予全权,尤不使鲍罗廷干预其事。胡汉民在"我们需要完成总理遗志的精神"演讲中追述此事,略谓:"这种商团,当然应该解散,但不是鲍罗廷的那样办法。兄弟便同总理说:'总理如果相信我去办这事,唯一的条件,要总理不听鲍罗廷的话。'总理当时说:'我并不完全听他的话,同时也听你的话。'兄弟又进一步要求总理,对于这事只听我的话,绝对不听鲍罗廷的话。总理说:'为甚么呢?'兄弟说:'总理的意思,以为在可能的范围以内,也不妨采纳他的主张;但是他在总理旁边,今天一个办法,明天一个办法,按实了还是一个办法都没有,听了他的话一定要坏事的,所以要求总理将这事完全听我去办。'总理便说:'好。'那一天廖

---

　　①　亦有写作"封门坳"。

仲恺同志、谭组安（延闿）同志都在座上，听见兄弟和总理两人的话。"①（蒋永敬：《民国胡展堂先生汉民年谱》，第308—310页）

　　△　致电广东省长胡汉民，谕即饬各机关，"平日所担任之军队伙食，关于北伐之湘军、豫军、直辖第一军、赣军、广东警卫军、北伐第二军及何总指挥等军队伙食，须尽先筹发，不得短少拖欠。"（《帅电筹发大军伙食》，上海《民国日报》1924年10月14日）

　　△　致函蒋介石，谕起卸俄舰所运枪械地点不宜选择在金星门海域，应在黄埔。

　　时大本营向俄定购军械一批，将由俄舰载运抵粤，廖仲恺建议在金星门起卸以避人注目，本日，孙中山手令蒋介石，认为不如直来黄埔为妙。谕云："闻仲恺说，械船到时，拟在金星门内起卸，以避耳目。我以为不必如此。若为避人耳目计，则金星门大大不相宜。因金星门之对面，即泠〔伶〕汀关，该关有望楼，有缉艇，凡到金星门附近之船，无不一目了然，实在不能避，而反露我们欲规避之心，示人以弱，恐反招英舰之干涉，因英舰已视此等海面为其范围，此一不可也。且金星门外，年年淤浅，此时之水路，当较数年前海图必差数尺，恐致搁浅，此二不可也。又在该处搬运，实花费太多，又恐小艇有遇风雨、盗贼之危险，此三不可也。究不如直来黄埔，公然起卸为妙，而以此为一试验。若英国干涉，我至少可以得此批到手，而不必再望后日；如不干涉，则我安心以策将来。若往该处起卸，恐此批亦不可得也。"至本月7日，俄舰"波罗夫斯基"（Vorovsky）号驶泊黄埔军校外，所运枪械等即日起货。军械计山炮、野炮、长短枪枝约八千枝、轻重机枪及各种弹药子弹四百万发。7日并有手令致蒋中正，问军械之种类、数量及用途，并

────────

　　①　蒋永敬称胡汉民和孙中山的这次谈话，"大约是十月四日在韶关"，这天胡汉民等陪许世英由广州到韶关大本营去见孙中山，其根据是《国父年谱》下册第1135页的记述，后者则是依据刘成禺在《先总理旧德录》中的说法。但如前所述，将孙、许会面的时间订为10月1日的说法较为可信，而且说胡汉民陪同许世英去韶关的说法，也未见于当时的报刊记载。具体时间暂不能断定，惟依其意系于本日事项之下。

谓:"对于用货之计划,兄有成竹在胸否? 鲍顾问意见如何? 若皆无一定之用途,便可将货运韶关由我想法可也。另有汉民一信,请兄发意见,俾我参考为荷。"(毛思诚编纂:《民国十五年以前之蒋介石先生》第 8 册,第 1—3 页;《关于处置商团枪械事件致蒋中正函》,《国父全集》第 3 册,第 959 页)

△ 复电范石生,嘉奖其通电交还财政收入机关。

电谓:粤省财政"交还之议,倡之有人,交还之事,行之者甚寡……往往有不肖军吏,视为利薮,或阳奉而阴违,或欲取而始与,则交还者其名,不交还者其实。甚或多方哗噪,藉端要索,俾政府穷于应付,计吏疲于奔命,则交还甚于不交还。惟望兄热心毅力,贯彻初衷,上以遵从政府,下以援助计吏,俾得统筹时局,渐裕军需"。(《大元帅复范石生电》,《广州民国日报》1924 年 10 月 6 日)冬(2 日),滇军军长范石生通电将烟酒公卖局、船政局、筹饷局交还政府。(《申报》1924 年 10 月 5 日,"国内专电")

△ 《香港华字日报》刊文称孙中山曾返省召开军事会议,略谓:"如前盛传孙文由韶返省,忽又由陈兴汉否认,记者以其内幕必有隐情,特走访大本营某要人,据云孙文确于廿六日返省,即晚在大本营开军事会议,关于筹划军饷及对付范石生等事筹划一切……查范之欲久握广州实权,曾口口声声谓宁与商团提携,不要大元帅,前言具在,当可覆案,大本营自不得不设法防备。"又称:"据确讯,孙文原定十月一日将范部扑灭,以统一广东财政,此项计画,闻为古某主张,后因事机泄露,廿七八等日范石生东江步队均纷纷拔队返省,拟先发制孙(东江滇军退却此亦其一因)……现孙以范氏有备,知事不妙,已匆匆星夜再回韶关,并由某老者嘱某通信社否认孙文返省,范氏知孙去后,倒范事暂行搁置,因亦暂无举动。"(《孙文秘密返省之内幕》,《香港华字日报》1924 年 10 月 3 日)

△ 电令桂军总司令刘震寰,严为防范省河锁钥虎门。(《大元帅注重虎门防务》,《广州民国日报》1924 年 10 月 3 日)

△ 训令广东省长胡汉民:"嗣后凡遇民团或个人领枪自卫,均应

先由兵工厂会同民团统率处核明,取具并无接济匪徒、寻仇械斗及转售、借用、移赠等弊切结,再由省长详加考察,加具切实按语,呈候核夺,以昭慎重。(《民团与私人领枪手续》,《广州民国日报》1924 年 10 月 4 日)

　　△　着请缨北伐之北江农团"巩固后方,日加训练,扩充队伍,为北伐军之后盾"。手令驻韶各军长官,不准北伐兵士武装入城,即徒手士兵之欲入城者,均应加以严厉取缔。(《大元帅北征记》,《广州民国日报》1924 年 10 月 3 日)

　　△　令军政部长程潜,准追赠已故少将黄辉祖为陆军中将,照少将病故例给恤金。(《大本营公报》第 28 号,"命令")

　　△　批令广东兵工厂厂长马超俊,不准辞职。并谕大本营秘书处致函马,谓:"大军北伐,军械至关重要,该厂长应努力经营,勿萌退志。"(《马超俊辞职不准》,《广州民国日报》1924 年 10 月 3 日;《大元帅慰留马超俊》,《广州民国日报》1924 年 10 月 6 日)

　　△　是日广东专电称:唐继尧电劝孙(文)陈(炯明)谭(延闿)赵(恒惕)互相联络,促进西南团结,略云:时局吃紧,不宜私斗,亟去成见,俾得达成正义目的。(《唐继尧劝西南团结》,《盛京时报》1924 年 10 月 6 日)

《广州民国日报》亦刊载唐继尧此电。电谓:"我西南数省,共誓同仇,屡举义师,法纪得以伸张,国命赖以不坠。尔者苏、浙之战既开,奉、直之争复启,风云扰攘,国势益岌。此诚我西南各省同心御侮之秋,努力救国之时也。诸公皆国家柱石、共和中坚,前此或因政见之不同,以致趋向之各别。夫操戈同室,智者不为,众志成城,何图不就?所望捐弃小嫌,同趋一致,儆阋墙之衅,咏偕作之诗。庶几摧大憝于崇朝,伸正义于天下,又安兆庶,奠定邦基,端在于此。继尧不敏,窃愿执鞭以随其后焉。凤与诸公同经患难久历屯艰,敢尽忠言,伏惟鉴纳。"(《滇唐联结西南之通电》,《广州民国日报》1924 年 10 月 3 日)[①]

------

　　①　该电末尾署发电日期为"歌"日,即 5 日所发,与报刊登载的日期有所违合,具体时间待考。《申报》载此电消息,亦作 5 日发。(《申报》1924 年 10 月 6 日,"国内专电")

△　孙中山自倡议北伐后提出:(一)尽调客军北伐;(二)以市政还之市民,市长民选,实行市民自治;(三)蠲免一切苛细杂细捐。是日,有香港特约通讯对之提出质疑,称"三项宣言竟无一实行","各种苛税反日见加增"。略谓:"当孙文宣言北伐之初,故广州滇军(范石生部)首先抱定'不北伐''不离广州'两主义,北江滇军(赵成樑部)对于孙文所谓北伐军到时,竟实行挡驾,不准渡河入城,并将其驻兵棚厂,放火焚烧。孙大元帅及大参军等辈,瞠目相视,莫奈其何。孙文明知自己权力不能调遣客军,而亦徒吹法螺。至所谓以市政还之市民、实行市民自治,其程序不过免去一市长太子科,而代之以土匪化之李福林……蠲免苛细杂捐一事,尤为滑稽,大元帅一面宣言蠲免杂捐,大总司令大军长一面大抽特抽,原有之捐,固未见蠲免,反见加重,即未有捐者,亦陆续从新巧立名目……其它最纤微者如火柴印花,最苛扰者如一般贫苦疍民借以谋食之省河挖沙泥艇,加抽警费,均无时不遣派其如狼似虎之稽查员,随处骚扰。"并称:"总之北伐成绩如何,虽尚谈不到,而就其宣言之效果谈之,则仍属滑稽事业而已。"(《孙文北伐后之广州市政》,《益世报》1924年10月13日)

10月4日　着大本营外交部办理收回关余案。

日前,广州学界代表向孙中山上条陈,谓关余税款拨交北京政府,是间接与国人开战,请求在其权力所及之地将关余收回。孙中山获呈甚表赞同,即令外交部着手办理此事务。(《外交界对收回关余之考虑》,《广州民国日报》1924年10月4日)

△　命令韦冠英率全部桂军移防从化,对龙门、佛冈警戒。

先一日,桂军总司令刘震寰以部属转投湘军,负气赴港,并委韦冠英暂代总指挥,韦冠英接受刘所委暂代总指挥,遂借机自称总司令。此事缘刘震寰因所部将领索饷而分裂,廖湘芸率部投入湘军,谭启秀将与林树巍接受改编为广东警卫军,一时使刘之势力大为消失,乃不假赴港,以示消极,藉以促使孙中山予以接济。(《中华民国史事纪要(初稿)——一九二四年九至十二月》,第515页)

△ 推荐驰援卢永祥之粤飞行员陈庆云等离穗赴沪。（郭廷以编著：《中华民国史事日志》第1册,第828页）是日香港电,谓卢永祥致孙中山电,"请令飞机队长陈庆云赴浙助战"。（《时报》1924年10月5日,"电报"）

△ 报载广西省议会致孙中山电,谓:"桂省迭遭兵燹,民不聊生,陆、谭离境,烽烟暂息。江、浙战起,义师纷兴,请令沈、李两总司令抽调劲旅出赣南,轻桂担负。"（长沙《大公报》1924年10月4日,"快信摘要"）

△ 许世英来电,称:"此次恭聆训诲,荷承优礼相加,感佩交并。"并告其当日赴港。（《许世英电告赴港》,上海《民国日报》1924年10月14日）

△ 粤各埠商团代表集议佛山,决与革命政府敌对。

商团于本日召粤全省一百八十八埠①商团代表于佛山集会,并决议两项:(一)先大罢市,停纳税,封锁政府经济。如政府不让步,即以直捷手段进行。(二)力践械亡与亡之宣言。（《中华民国史事纪要（初稿）——一九二四年九至十二月》,第523页）

△ 报称,是日使署接湘赵（赵恒惕）复电,"略谓粤中联军集中韶关,其北犯计画原定以李明扬入赣,程潜回湘,兵力约在两万人以上。此次韶关大本营滇军忽然哗变,戕杀要职多员,实予孙氏北犯计划以最大之打击。加之叶省长举及林督理虎又乘机收编哗变步〔部〕队。陈总司令炯明更遣兵出石龙进夺羊城,其后方已见紧迫。顷据第四师长兼湘南边防督办唐生智电告,谓郴永一带地面尚称安静。不过宜章方面因与广东乐昌毗连,接近韶关,时有风鹤之惊。程颂云军队确有一部移至乐昌,然人数不满二千。其实力有限,刻已开调四师,本部刘兴、李品仙、何键三旅前往宜章防堵云云。又陆干卿现已由桂来衡,不日可抵长沙,桂局似已由清明而趋于混沌,沈冠南态度

---

① 此处似误,9月9日商团所发布的"广东全省商团军全体宣言"中,自称为"全省一百三十八埠"。（华字日报馆编:《扣械潮》,卷2第95页）

暧昧,极不明了,其总指挥邓右文已抵桂林,在全州之湘军叶琪二旅,此时撤驻零陵,会合马慎堂之武卫军及陆氏之韩彩凤部队协保湘边,犹恐此路军力单薄,又将叶帅开鑫所部之□□欧旅调至来阳,策应双方。总之,湘省自江浙战起后,即宣布严守中立。虽欲假道湘省北伐,实为势所不能"。(《孙文北犯与湘局》,《北京日报》1924 年 10 月 12 日)

△　《香港华字日报》刊载评论谴责孙中山,略谓:"顾民六以来,自孙中山要为非常总统而西南大局一变,论者第责西南各省当局之不能服从中山,而不知中山实无时无地无不自暴其弱点,实无时无地无不足以减少西南各省当局对于中山之信念⋯⋯故西南大局之败坏,吾以为无论如何,中山至少亦当负其大部分之责任,及今补救,已觉其迟(当日川滇黔湘桂浙粤各省皆完全为自治省分)。中山设仍不能大觉大悟,更复何说,此则吾今言之而不能无望者耳。"(《谁欤是破坏西南大局者》,《香港华字日报》1924 年 10 月 4 日)

△　是日广州特约通讯称孙中山之北伐"大队北伐军尚未出发,藉拍卖官职筹饷"。略谓:"大小官职,由陈树人司理拍板,明买明卖,由政府发回印收,先交银克期就职⋯⋯此外各县知事及一切公产,均大减价,务于两星期内,筹足十五万元。是亦北伐军军费筹划之特色也。"(《孙文预备北伐计划》,《晨报》1924 年 10 月 16 日)

△　是日有广州函,分析北伐联军延滞不前之原因,称系由于:(一)陈军反攻之声,不绝于耳。商团资助陈军,愈传愈真,为免省垣危险计,不能不将劲旅缓调;(二)财政困难,达于极点。奉方允济之百万元,未曾汇来,商团协助之五十万,亦不履行,财政之缺,廖辞于前,古复观望于后。欲兵士奋勇杀贼,必先发一些正饷,令给养犹虚,何能克敌;(三)政局未固。省长一职,廖辞胡继,本已定局。不料陈竞存忽言:"粤局如此糟糟,皆展堂一人造成。先生(指中山)欲我合作,必先去胡为先决条件。"胡汉民知此事,迟不就职。(《粤孙不能北伐

之原因》,《盛京时报》1924 年 10 月 18 日)

10 月 5 日　苏联驻广州领事纪尔高氏于苏联驻粤总领事馆举行到任升旗典礼,孙中山派伍朝枢为代表前往庆贺。报载广州电讯称:"胡汉民、廖仲恺、田桐、陈独秀等各要人及广州工商学界计到会有五万余人,咸表示贺意。"(《孙文庆贺苏联升旗》,《北京日报》1924 年 10 月 8 日)另有消息则谓:出席者为"胡汉民、廖仲恺、伍朝枢及工人、学生代表百余人"。(陈锡祺主编:《孙中山年谱长编》下册,第 2023 页)

△　复电陈兴汉,告以北伐方面作战计划。

在广州之粤汉铁路事务管理陈兴汉,奉命以工人车辆先行撤离韶关,惟认北江军力单薄,曾来电告急。本日,遂将诱敌之策密电告之,并嘱粤汉铁路当局配合行动。电云:"工人车辆尽离韶关,甚合机宜。我军现注大力于东江,北江当暂取守势,续渐引敌人南下,或要引至琶江亦未定,然后反攻,一鼓尽擒之,故兄对于车辆亦要预备,作同等之计划可也。"(《复陈兴汉嘱准备车辆运输电》,《国父全集》第 3 册,第 959—960 页)

△　报载卢永祥致孙中山电,谓"各路主守,待各方发动,迅□入赣"①。(长沙《大公报》1924 年 10 月 5 日,"快信摘要")

△　建国军事通讯团致孙中山、张作霖等电,称建国军事通讯团"已于本日实行成立,除分派专员驰赴各战区采访捷报外",并请求孙中山等处将所得各方战事官报随时送交其转发各报登载。(《建国军事通讯团成立》,上海《民国日报》1924 年 10 月 13 日)

△　本日香港电称:"程潜赴韶组织鄂军司令部,饬部集驻湘边候令。"又讯:"谭延闿呈孙中山,湘军尽已开拔赴韶,请解除东江前线第二路湘军司令职。"(《粤省之近闻》,《时报》1924 年 10 月 7 日)

△　《中国国民党周刊》刊载侨港工团总会致孙中山电,支持北

---

①　报纸报道中说明此电为卢永祥致孙中山电。

伐,电谓:"对于此次北伐,誓竭全力,以为后盾。东江陈军受此宽大之待遇与深切之期望,稍有人心,定能感动。本会已仰体明令,与以忠告。倘仍怙恶不悛,乘间窃发,以危北伐军之后方,则本会十八万余工人会员,必声罪致讨。"(《侨港工团总会致大元帅电》,《中国国民党周刊》第 41 期,1924 年 10 月 5 日)[1]

△　东京广东留日学生致函孙中山、陈炯明,请速捐弃宿怨,携手共纾国难。

函谓:"吾国自改建共和以来,奸人秉国,军阀干政,祸乱相寻,迄无宁日……而十一年先生等又以政见出入,遂致失和,兵火相见,更愈演而愈烈……然救今日粤局之危难,解吾民之倒悬,其术果何在乎? 无他,惟在先生等蠲弃前嫌,言归旧好,内戢干戈,外讨国贼而已耳……为今之计,惟望先生等推诚相见,握手言和,捐除小嫌,顾全大局,互不相侵,率师离粤,乘湘赣之弱,漳厦之虚,传檄而定闽赣,易帜而制长岳,然后会师武汉,横军长江,一以伸天讨而张大义,一以纾国艰而苏粤困……则粤民三千万之规复自治,重发自由。"(《留日生敬告孙陈书》,《中华新报》1924 年 10 月 16 日)

10 月 6 日　特任谭延闿兼建国军北伐总司令,程潜为建国军攻鄂总司令。任命孔绍尧为赣南善后委员会委员长。(《大本营公报》第 28 号,"命令")

△　着两广盐运使邓泽如,速购办棉衣,毛毡三万套,运韶关分发,倘一时不能备办,亦应先行预定毛毡一项。(《帅令邓运使购办棉衣毛毡》,《广州民国日报》1924 年 10 月 6 日)

△　令准广东省田赋附加费拨为国立广东大学经费,并通令各军民机关不得挪移、截收,亦不得将抵纳费、债票抵解。

———————————

① 该电发出时间不详,大约在 9 月下旬或 10 月初。《中华民国史事纪要(初稿)》将其作为附录置于 1924 年 9 月 29 日条下;《中华民国史资料丛稿·大事记》第 10 辑第 166 页断在 9 月下旬;《孙文与陈炯明史事编年(增订本)》则据广州《大报》1924 年 10 月 8 日所刊电文,作为报载消息系于 10 月 8 日。

本月3日,国立广东大学校长邹鲁呈请将广东省田赋附加费拨为国立广东大学经费,并请通令军民机关不得挪移、截收及抵解。呈文称该"校每筹各项经费,均为军政暨民政各机关任意挪移截收,名为教育经费,实为军民各费,致使明令指定大学经费私毫不能接受,我西南最高学府因是未能发展,诚非意料所及。长此以往,将何以副大元帅兴学育材之至意也"。(《大本营公报》第28号,"指令")

△ 李烈钧致函粕谷义三,约定会晤日期。

函曰:"粕谷先生伟鉴:斗山在望,景仰殊殷,衔命驰驱,瞻依倍切,兹特持敝国元首孙公中山致阁下书专函送上,晤教有期,再趋谒也,肃颂勋祺。"(《中华民国史事纪要(初稿)——一九二四年九至十二月》,第529—530页)

△ 令取消黄伯耀通缉一案。

先是,北京参议院议员黄伯耀被列贿选曹锟之议员名单,为大本营照案饬缉。据称通缉原因,系根据国会议员冯自由所缴调查附逆国会议员姓名单。旋经查明黄伯耀并未列名伪选。本日,指令广东省长廖仲恺取消通缉。(《大本营公报》第28号,"指令")

△ 大本营财政部长古应芬上呈,报告其已于本月4日正午12时到部接印视事。(《大本营公报》第29号,"指令")

△ 唐继尧改组"建国联军",再电孙中山表示愿合作。(罗家伦主编、黄季陆增订:《国父年谱(增订本)》下册,第1136—1137页)

△ 是日香港电称:"陈军转入北江,以袁虾九部为前锋,攻占从化,复围佛冈,粤汉英德站车路被袁炸断三十余丈,省韶车三日不通,韶行营三次急电省设法,四日省各军令调赴援。"又称:"孙军秘议,闻定计划:(一)以某军全部绕赣龙南定南,暗入粤边平远、下梅县,攻潮汕;(二)以某军全部,由翁源、连平攻河源上游;(三)滇桂各军缩短防线,弃石龙,诱陈军深入,欲以此短期定东江。惟陈军因防林虎火并,闻联军虽退,仍不敢进。"(《粤省之近闻》,《时报》1924年10月7日)

另有港媒载称:"省署中人,均认为陈、孙议和为事实,并口口声声谓孙文如何让步,彼亲笔写信与竞存求和,并先撤惠州之围等语。实则联军不能向东江发展,日惧粤军反攻,故以此相饵也。闻胡汉民以联军石龙退却,仍故做硬话,谓誓不让粤军返省。"(《省署传出省长就任之经过》,《香港华字日报》1924年10月6日)

　　△　是日香港电称:"广州各业,以孙中山赴韶时,曾声明将撤废各种苛税,但各军队仍任意征收。最近又有滇湘桂三军需筹备处之组织征收各种附加税又以当局扣留商团军械。至今不还,发生反响,各业相继罢市。至五日止,已罢者为茶馆、糖业、面粉、香烛、杂货、渡船、内河轮船等业。"(《粤局之现状》,《时报》1924年10月8日)另有消息谓:本日商团在佛山议决,实行罢市,"议决各案,最要有以全省商乡团会电请陈炯明率兵返省说"。(《粤局之纠纷》,《时报》1924年10月11日)又称,商团议定于10日大罢市,要求军械全还,撤销滇湘桂军需处,免除苛细捐,兵队离市,市长民选。(《粤商团议决罢市》,《时报》1924年10月10日)

　　关于商团商议再次罢市之事,《益世报》后曾刊载香港特约通讯,略谓:"扰攘累月之扣械案,自省政府屡次失信之后,商民愤怨已极,至于今日已呈破裂之象……昨十月四号五号,各属商人秘密假座于佛山某处,开全体大会,议商此后之进行问题,并先期通饬各埠商团,均举全权代表一员列席会议。是日开议,闻已加入联防之一百三十八埠商团代表均到会列席。传此次会议罢市情形,与上次不同,因上次仓促行之,绝无准备,且又误于调停之说,致招失败,故此次于未开议之初,即全体举行宣誓,以昭郑重。现已议决于双十节举行大罢市,停止纳税,以谋封锁孙政府之经济,并提出四大要求:(一)团械须全数发还;(二)取消一切苛细杂捐;(三)商人收回警察权,俾得力谋自卫;(四)造币厂须交商人办理,以免货币成色日低,致扰乱金融。以上四大要求,倘不能达到目的,誓不与孙政府干休,无论如何牺牲,在所不计。"(《广州扣械风潮已酿剧变》,《益世报》1924年10月22日)

　　有广州通讯则称,商团对孙政府所提出之各项要求为:(甲)将孙文入粤以来所设立之苛捐杂税一律取销，并裁撤其机关，永远不得复抽；（乙）将年来孙政府强行投变之官产民产等庙宇一律发还；（丙）将年来孙政府扣留变卖之大小商船一律发还；（丁）将商团枪械全部发还，不得少欠一枪一弹；（戊）恢复全省人民自治机关；（己）将捕杀邹竞先警察及区长枪毙，厚恤邹氏遗族。并谓："如孙政府坚持不允商团要求，则作长期罢市，至孙氏下台为止。"（《粤商团在香港召集会议》，《益世报》1924 年 10 月 21 日）

　　另有消息称，是日商团会议，所议决各案包括："（一）决议本月十二日省内外同时实行总罢市；（二）以全省商乡联团名义，电请陈炯明率师返省，维持治安；（三）同时发出通电，要求中山解卸政权，退离粤境；（四）通电在粤客军，各回原籍；（五）要求许崇智、李福林等粤军谨守中立；（六）罢市后各属商乡团军，依限开拔来省，以实力维护省会治安；（七）每团友担任派款六十元，准十二日以前交齐，以五十元作预备军费，以十元作医药等费；（八）因战事毙命者，每名酌给抚恤费一千元，受伤者由总团担任医至全愈为止；九、凡加入战斗之商乡团军，每名月给薪饷二十元。"这些议案均经各代表当场签字承认，一致通过。而官厅方面，则有探员冯始明探知商团之消息，并由大本营代侦探长杨国杰呈报察核，"故于八号日由胡汉民在省署召集大会议，筹商对付方法，到者有杨希闵、范石生、李福林、李朗如等"，"散会后，由胡拍发一万急电向韶关行营报告，一面将驻扎近郊之滇军范部二千人，即日调返省城，分布东堤一带，并饬李福林将河南福军抽调千余人，克即渡河守御老城西关各要隘，藉资震慑"。（《广东商团议决二次罢市之经过》，《时报》1924 年 10 月 16 日）

　　10 月 7 日　苏联援助广州政府的第一批军火（军械计山炮、野炮，长短枪支约八千枝，轻重机枪，及子弹四百万发）由俄舰"波罗夫斯基"（Vorovsky）号巡洋舰抵达黄埔，随船抵穗的还有一批顾问[1]。

---

　　[1]　一说 8 日清晨驶抵黄埔，见 8 日条下。

(罗刚编著:《中华民国国父实录》第6册,第4794、4802页)

△　饬将随侍韶关之军校学生调回黄埔上课。

上月12日移大本营于韶关时,蒋介石曾派教官文素松率第一队学生担任护卫。孙中山以各生旷课近月,且多患病,本日遂应蒋介石所请,准将该批学生调回军校。(毛思诚编纂:《民国十五年以前之蒋介石先生》第8册,第2页)

△　嘉奖湘、滇、桂三军总司令裁撤战时军需筹备处。

湘、滇、桂三军前因军费支绌,呈请设立战时军需筹备处。本年7月16日,孙中山令准军需筹备处试办。因其与大本营体制不合,成绩甚少而流弊滋多。经孙中山令饬改善,湘、滇、桂三军乃合词请将战时军需筹备处机关裁撤,所抽各种捐款一律撤销,以恤商困。本日明令予以嘉奖。并令省长胡汉民布告全省商民一体周知。(《大本营公报》第28号,"训令")

《时报》对此报道称:"粤人反对滇湘桂军战时军需筹备处,闻胡汉民得谭延闿同意,已电孙下令取消。"(《粤局之现状》,《时报》1924年10月9日;《粤商团议决罢市》,《时报》1924年10月10日)另有香港电谓:"传范石生与林虎秘密联络撤销滇湘桂军需筹备处,系政府打销大罢市一种手段,惟罢市酝酿成熟,此亦不能为力。"(《申报》1924年10月10日,"国内专电")《申报》稍后对此有更详细报道,称:对于商团会议议决第二次罢市,"政府事前微有所闻,颇为忧虑,谋所以消弭之法。以现在民怨沸腾者莫如对于近日战时军需筹备处设之苛细杂捐,以为若将此等杂捐即日取销至少可以和缓一部份之民心,因由新任省长胡汉民向湘滇桂各军总司令征求撤销三军军需筹备处之意见。滇湘桂军三总司令以事已至此,不得不允从,且该处所设立之苛细杂捐惹起市民大恶感,而捐款所得有限,不如趁此撤销,救政府一时之危。胡汉民以该三军总司令答允将该处撤销,遂于七日以大元帅名义代表下令裁撤……此令发表后其受苛捐之各行商已于日间复业,未始不能收下部分之效果,惟已入商团之商店奉佛山大会议决罢市之命令,不能不共同进行,故十日早起广州市已有十分之一二商店实行闭门罢市,并于是早发出罢市传单。"(毅庐:《粤商争械二次罢市》,《申报》1924 年 10 月 16 日)

△ 蒋作宾来电,谓:"方本仁可望其必反正,惟不敢速动。祈以兵力压迫,一面派员接洽,当极力欢迎大军也。"(《蒋作宾等关于方本仁在赣反正驱逐蔡成勋密电》,《中华民国史档案资料汇编》第 4 辑下册,第 800 页)

△ 报称,孙中山前派樊钟秀、朱培德等向崇义、南雄进兵,为此,赣督蔡成勋于是日发出通电,请一致申讨,原文略谓:"窃查孙文负隅羊城,久稽天讨。频年以来,祸国殃民,罪难胜数。无一非沦丧主权之举,无一非破坏统一之谋。兹自浙乱发生后,该逆遂即倡言北犯,潜与奉张、浙卢密谋,同恶相济,蓄意已久,讫未证实。近以浙卢失败,奉张继起,其窥伺赣疆,决心北犯之举,亟亟不可终日。伪先锋樊钟秀,甘心附逆,为虎作伥。率众三四千人,侵入崇义边境。希图扰害赣边,朱培德一股约五六千人,正在分途入寇。而南雄方面,着着增兵,边情渐紧,警报纷来。成勋不敏,疆寄忝膺,捍卫有责。誓率三军,歼灭此獠,为国除害,以遏乱萌。海内袍泽,敌忾同仇,尚乞大义共伸,庶几早殄元恶,倚马陈词,伫候明教。"(《蔡成勋申讨孙文》,《晨报》1924 年 10 月 12 日)

△ 是日《盛京时报》刊载汉口通信,披露直方阻止孙军北伐之计划,略谓:"直方对粤,以陈炯明扼其东,方本仁、常得胜〔德盛〕制其北,陆干卿蹑其西,四邻环绕,兵力绰有余裕。倾闻北京以孙文集中昭〔韶〕关,势不得不为相当之防御,除电赣蔡指挥前方将领方本仁、常得胜〔德盛〕、赵成樑、杨如干〔轩?〕、杨池生、雷长禄各师旅,克期合围昭〔韶〕关外,并由财部发下现洋三万五千元,交由援粤豫军总司令部张副官长,押运过汉,赴赣散给奖励各军。又派公府谘议刘邦俊押运手枪子弹二十□万粒,交由援粤军,编制手枪队。刘氏已过汉,当即转运前方。复悬赏四十万元,攻下昭〔韶〕关。"(《阻止孙文北伐之计

划》,《盛京时报》1924 年 10 月 7 日)

　　△　是日香港电称:方本仁部逼南雄,已与豫军接触;孙中山调许崇智回省镇守,为滇军所忌,杨(希闵)范(石生)亦调兵回省留防,两军大戒严,情形甚恶。(《粤局之现状》,《时报》1924 年 10 月 8 日)又称:刘震寰因部下分散,势力消失,避港请辞职,孙中山去电挽留;邓右文、沈健飞电孙中山,谓全部已集中全州,候命北伐。(《粤局之现状》,《时报》1924 年 10 月 9 日)

　　△　报载路透社是日广州电,谓:"孙中山接卢永祥电,促与奉张等合同抗议吴佩孚以关余为新外债之抵押品①。孙今仍在韶关,惟内政大有变化,孙或将退离粤省。外间盛传日内将抵黄埔之俄军舰一艘,孙拟乘以离粤,政界并未否认此说。日来此间,当道筹备欢迎俄舰,颇形忙碌,街中搭盖牌坊,苏俄在广州之势力,于此可以想见。"(《粤局之现状》,《时报》1924 年 10 月 9 日)②

　　△　《益世报》转载英文导报消息,称陈炯明已与商团联合驱孙,孙陈和议确已绝望。谓:"陈炯明现与商团军实行联络,并闻陈氏将允就两广巡阅使职后,极力驱逐孙中山及其所部离粤。就各方观察,孙氏似已失其广州之地盘,因粤人对彼,恶感甚深,今藉其离开广州之机会,遂与反对派联络,实力阻其再返广州云。又据日人方面消息云,陈炯明代表刘某与商团总司令陈廉伯在香港商会内议定实行联络之条件如下:(一)商团军助陈部,反攻广州;(二)克复广州后,由商会筹款三百万,资助陈军,驱逐客军;(三)陈炯明须负交还商团军械之全责;(四)广东全省善后事项,由商团陈军两方,各派委员四人或

---

　　①　《晨报》等也都提到卢永祥电请孙中山与卢及张作霖联合协力抵抗吴佩孚,并以关余为抵押品筹借外债之事,惟意思相反。如谓:"孙文接到卢永祥电,请与彼及张作霖联合,协力抵抗北方,并以关余为抵押品,筹借外债。"(《卢永祥求助于孙文》,《晨报》1924 年 10 月 9 日;《孙中山已准备离开广东乎》,《京报》1924 年 10 月 9 日;《孙文有联合卢张抗吴之说》,《北京日报》1924 年 10 月 9 日)

　　②　《京报》于 10 月 9 日亦刊载此电,惟称系"路透社广州八日电"。(《孙中山已准备离开广东乎》,《京报》1924 年 10 月 9 日)

八人,协商处理;(五)厉行自治;(六)实行清乡,收编粤籍民军云。闻孙氏抵韶关后,即拟调滇湘两军,积极发展。近因陈军反攻颇力,滇湘两军,不便远离,而随其出发者,仅有卫队旅及豫军两部,兵额不及万人,现欲向赣边发展,奈实力不足,饷弹两缺,故已陷于进退维谷之境地。"(《陈炯明反攻广州之外讯》,《益世报》1924 年 10 月 7 日;《陈炯明攻粤》,《盛京时报》1924 年 10 月 12 日)

△ 《益世报》刊载是日香港特约通讯,言孙中山北伐有四大难题。称:"顾孙文虽真欲出兵北伐,奈事与志违,有决不能实行者,难题有四:(一)东江粤军问题。孙陈调和,既归失败,孙军倘实行出南雄岭,则广州空虚,粤军云涌而至,根本即有失守之虞;(二)联军内讧问题。孙文心腹之军队仅许崇智一军,而许与诸联军将领,恶感日深,各含一种争权夺利互相并吞之心。观于杨、刘、蒋、范、许氏日来内斗风潮,即微粤军来攻,而此内讧问题,四分五裂,波涛汹涌,已足以危及广州,孙文内忧之不暇,遑言伐人;(三)调客军北伐问题。孙文倘能实行调客军北伐,则一方面既可以免去军饷之虚糜,一方面可以减轻粤民之怨毒,一方面又可以实践段张三角同盟之要约,固孙文今日第一着妙棋。无如客军之来粤目的,除自肥私囊外,无他问题,非真与孙文有所谓感情也……故当孙文北伐令发表时,广州滇军,首唱反对,韶关赵部,复大挡其驾,而各方面请大元帅下野之声哗然以起,孙氏遂为之气沮;(四)财政枯竭问题。初赤俄本欲助孙文以六十万行共产政体费,奉张以七十万助孙文北伐行军费,继一则以孙文未能出兵,一则以孙氏无行共产之实力,皆中止不付,故孙财政上为之受一大打击。而广州市商团自孙文推翻六条件后,反复愚弄商民,至于数次,皆异常愤怒,欲将大罢市提于双十节前举行,谋所以封锁孙氏之经济,以为抵制。故孙北伐困难四问题中,尤以财政枯竭为孙氏之致命伤。"(平一:《孙文之北伐梦可以醒矣》,《益世报》1924 年 10 月 20 日)

《香港华字日报》亦曾载文,称财源枯竭为孙政府之致命伤。略谓:"惟有一足令孙大元帅不得不大怕特怕者,即为财源之枯竭。盖孙大元帅命令自始已不能发生效力于士敏土厂以外。广东虽大，而某军割一脔，某军切一肉，其犹足留为大元帅之汤沐邑者，实仅广州城之一隅。而广州城中之烟赌两税，及其余收入之财政机关，仍要除外，不属诸大元帅，而属诸所谓服从大元帅之武人之腰囊……今后孙政府之命根，只有架起所谓统一财政大题目，与范石生等饭碗宣战。现孙政府所谓统一财政大计划，文有胡汉民，武有许崇智，固已出尽其三十六路板斧，且已认定范石生之能否征服，为孙政府唯一之生死关头。但范石生一面扬言归还财政，一面向省署大索其饷，实际上亦已准备与胡代帅打个你死我活，其无幸理，又宁待费词，可知财源枯竭四字，即为孙政府之致命伤，亦即为孙政府之败征。"（天眼：《孙政府之败征》，《香港华字日报》1924 年 10 月 8 日）

10 月 8 日　发表欢迎苏联巡舰"波罗夫斯基"号祝词。

在韶关获悉苏联巡洋舰"波罗夫斯基"号安抵广州黄埔的消息，特为该舰长写了欢迎词，并派军校总教官何应钦代为宣读。祝词谓："苏维埃联邦共和国与中华民国关系最为密切；且苏维埃联邦共和国以推翻强暴帝国主义、解除弱小民族压迫为使命。本大元帅夙持三民主义，亦为中国革命、世界革命而奋斗。现在贵司令率舰远来，定使两国邦交愈加亲睦。彼此互相提携，力排障碍，共跻大同，岂惟两国之福，亦世界之幸也。敬祝苏维埃联邦共和国万岁！"（《大元帅欢迎俄舰祝词》，上海《民国日报》1924 年 10 月 19 日）

《晨报》后曾刊载"广州十月十一日华俄电"，报道是日革命政府欢迎俄舰之情形，谓："苏联军舰华乐甫斯基号，本月八日清晨驶抵黄浦〔埔〕，军官学校校长蒋介石登舰表示欢迎，旋在军官学校设宴招待赤军长官，双方皆有演说。宴毕，乘特备之炮舰赴广州。抵岸时，军乐大作，旋即赴公园广东当局欢迎茶会。胡汉民、伍朝枢及各军司令皆出席演说。赤军答辞，略述赤军舰队在俄国革命时之事绩，及对中国同情之意，并谓该舰来华，与彼目的在恫吓者不同，中俄皆非侵略他人之国，故彼此有特别之友谊。席中宾客屡次举杯祝中国自由，打倒帝国主义,中俄亲善,并唱国际歌。散会后,宾主同赴黄花岗谒七十二烈士墓。继乘汽车周游街市。午后六时,赴国民党共产党工会及政府代表宴会,宴会厅满悬青天白日及镰锤赤旗。席终胡汉民朗诵孙文欢迎电,略谓中俄皆以打倒帝国主义及解放弱小民族为根本目的,苏联军舰□粤,即为两国亲善之表示。今后两国应继续协力战胜人种平等之障碍云云。继由廖仲恺、蒋介石及共产党军官学校职工联合会代表演说。最后高唱第三国际歌而散。九日赤军官长赴韶关大本营谒见孙文。"(《粤孙欢迎苏俄兵舰》,《晨报》1924 年 10 月 17 日)

△　致函蒋介石,力主改革新兵编制,以练就一支听指挥的革命军。

函谓:"今日开始练兵,犹不能行我所定编制。若谓练成之后,兵士、官长都成了习惯,而后再行改制则更难矣……今为应我所用之故,特托嘉兰将军将我卫士练至一营,以为他军之模范……我想大家不欲行我之制者,则全为故习所囿也。本其日本士官、保定军官之一知半解,而全不知世界大势,不知未来之战阵为何物,而以其师承为一成不易也。因为此故,我更要今日之军人舍去其故习,而服从我之制度。斯将来乃能服从我之命令,听从我之指挥也。如果今日教学生则存一成见,教成之后,何能使之为革命军负革命之任务……倘今日开练之始,不行我制,待至练成时,谓能听指挥,我决不信也。"并附步兵编制表一份。(《致蒋中正函》,《孙中山全集》第 11 卷,第 139—140 页)

△　函复焦易堂,北伐各军一致改称建国联军。

去年 8 月 4 日,即派焦易堂为陕豫军事特派员,以策划联系在北方之革命军事行动,本年 9 月 27 日,焦来函,谓西北方面若干武力将可为革命之用,并请示番号。本日复函,略谓:"际此沪苏酣战,奉师南下,我军长驱,直捣洪都,尤望西北各省乘机响应,使贼首尾不相顾。至北伐各军名称,西南各省多数主张用建国军名义,吾党早有建国方略、建国大纲之宣布,当然改为建国联军,以期一致。"(《为北伐军改用名义复焦易堂函》,《国父全集》第 3 册,第 961—962 页)

△　致电胡汉民,谓:"此间所持不在总统,而在建国大纲。许世英已面告之。可本此意向津奉各方表明,主义上决不敷衍。"(《中华民国史档案资料汇编》第 4 辑上册,第 260 页)

△　任命林支宇为赣鄂宣抚使。(《大本营公报》第 28 号,"命令")

△　令饬公安局从严惩处广州市散发传单惑众者。

因广州发现有"广东全省商业维持会"具名约定 10 月 10 日大罢市之传单①,本日令饬公安局:"查广州市近日发现各种诋毁政府传单,日有数起,各区警察事前既不能防闲,临时又不能制止,甚至任由奸人随街分送,或乘汽车飞派,均视若无睹,殊属有乖职守。仰该局长毋得再行玩视,即饬警察侦缉分队四处巡逻,如见有此种行为,应即拘拿跟究出处,从严惩处,以遏乱萌。"(《饬公安局查禁商团传单令》,《国父全集》第 4 册下,第 1272 页)

△　齐燮元发电声讨孙中山。

齐燮元为响应蔡成勋虞日(7 日)通电起见,于是日发出一电声讨孙中山。电称:"接奉蔡督理虞电,仗义执言,同深愤激。自统一破坏,祸结兵连,海宇骚然,迄无宁岁。强藩肆行割据,盗贼啸聚山林,妄标主义之宣言,隐图潜窃以自便。假托正谊,附和革新,法纪凌夷,民生穷蹙。此举国上下无不痛恨孙文阶之厉而作之俑也。乃该逆以渊薮逋逃,罔顾怨怒,狼跳豕突,鼠窜狐绥,江汉败而有鉴惊弓,广州逃而幸匿兵舰。又复乘机窃发,卷土重来,摧客军为护符,纳叛将以自重。迨东北两江压迫,仅韶九一线交通,力竭疲奔,痛感腹背,既穷罗掘,犹肆侵蚀,□□为仇,父子济恶,以致广商会积怨而思报,滇湘军渐悟而知悛。变起萧墙,义明顺逆,方且投诚,踵接立见,寡助亲离,扫穴歼渠,指日可待。适以卢何踞沪,奉张窥关,该逆遂乘中原多

---

①　东方社 10 月 8 日广州电称:"八日以广东商业联合会名义散布传单,声称自十日起,实行全市总罢市。"(《粤商团议决罢市》,《时报》1924 年 10 月 10 日)

事之秋,为趁火打劫之计。声言入寇,实则骗财,嗾樊逆为先驱,扰赣边以图逞。背城思借,困兽失隅。已张脉而偾兴,冀余烬之收合。行看天戈所届,草寇为摧,缺补金瓯,浪平珠海。爕元兼圻忝领,坐视难安,现正督师淞沪,战局克日结束。待命移兵,同仇敌忾,凡属有勇,孰让当仁。谨布区区,诸希鉴察。"(《齐爕元声讨孙文》,《北京日报》1924年10月16日)

△　《顺天时报》刊载是日广州特约通讯,报道广东客军勒捐之惨祸,并将之归罪于孙中山。略谓:"军人之纵横,财政之紊乱,当以此时为最。以客军而可以向驻在之地新创税款,任意增抽,不特为各省之所无,亦为古今中外之所未有,地方官如省长、财政厅长等,皆不能过问……但以目前情形观察,则广东财政,决无统一之望。滇湘桂三军,虽视广东为征服之地,亦当稍留元气,不宜剥削至此。谁为为之,孰令致之,追原祸始,不得不归罪于孙中山也。孙中山引诱客军以驱逐陈炯明,而又不能制客军之行动,所谓能发而不能收,以致贻桑梓以惨祸,此又孙中山最近失却人心之一端也。"(《民不聊生之广东》,《顺天时报》1924年10月23日)

△　报载武昌通讯,称:"孙文刻派宋鹤庚、谭延闿等率队集中韶州与方本仁接战,赣南防务于以骤形吃紧,常德胜〔盛〕、方本仁乃电请蔡督理加派赣军第二混成旅前往协助,所需子弹经蔡请萧使允由湖北方面源源接济,以应急需。"(《赣蔡增派援粤军》,《北京日报》1924年10月8日)

△　李烈钧受日本政团邀请发表演说,并出席国民党东京支部欢迎大会。

《中华新报》刊载是日东京通信,报道李烈钧赴日后之行动,谓:"自孙中山特使李烈钧来日后,对华外交空气,极形紧张,即反不干涉而主张援助正义方面,以彻底解除中国人民之痛苦,猛击政府之追随外交政策。六日午后,遂有大正赤心团员大闹外务省之举动,政府因此不得不俯顺舆情,而严重考虑。八日下午二时,加藤首相属之宪政

□调查会,特请李氏讲演中国真相,以确定对华方针。李氏首述东日之旨趣,及与日本朝野协议如何能使日华两国亲善提携之具体化,次说世界大势,中日提携之必要,并述孙中山在西南之地位,再次叙我国历史,民国革命,以及最近之变乱,曹吴罪恶,北伐进行,最后之胜利终归国民。末述英美援助北方军阀事实,及我国前途之变化,中日应相提携,以树立东亚永久和平云云。次请对中国情形不甚清悉者,提出质问,逐条详答。日人皆充分了解,至五时许散会。六时李氏即出席国民党东京支部欢迎大会,暴雨倾盆,党员皆全体到会。首由雷勋宣布开会,致欢迎词。次请李氏演说,氏对此来之旨趣,则曰:一为远谟,即团结亚细亚之民族,树立百年后之大计;一为近略,即使日本朝野了解中国情势,勿助北方军阀,庶北伐可于最短时期告竣。勉励同志,无微不至。次俞参谋应麓演说今日(八日)在宪政会讲演之详情,并广州商团枪械问题原委。再次郝兆先概说观察广州之印象,及新旧同志今后一致奋斗之方略。后李氏欢迎同志提出问题讨论,答复非常圆满。至十时摄影茶点散会。"(《李烈钧在日之言动》,《中华新报》1924 年 10 月 16 日)

另据报道,李在演说中略谓:"此次来日,奉有本党孙总理重大使命……即吾党鉴于世界潮流,为统一中国计,不得不有一种远大计划。最近英美帝国主义在东方活跃事实,诸君已知道。日本亦为帝国主义之一,吾人自无接近之必要,故此次来日,并非欲与日本帝国主义谋妥协,乃是访问日本朝野名流及各政党对吾国之真正意见;同时观察日本一般国民心理之归趋,藉此团结东方民族,巩固远东和平,此即协和来日惟一之任务也。"(《驻日中国国民党欢迎李协和纪盛》,上海《民国日报》1924 年 10 月 20 日)[1]

---

[1]　10 月 24 日,日本驻广州总领事天羽英二致函日外相币原喜重郎,将当日出刊的《太平洋特刊》关于李烈钧出席国民党东京支部欢迎大会及其演说内容的报道择要译出,向币原报告。(《国民党東京支部ノ孫文代表李烈鈞ノ歓迎情況ニツキ漢字紙ノ報道振リ報告ノ件》,《日本外交文書》大正 13 年第 2 册,第 550—552 页)

10月9日 陆荣廷通电下野,广西讨陆战事结束。广州商团以全省商业联合会名义发出总罢市通牒。次日再发布"罢业宣言",宣布全省一百三十八埠同时举行总罢市,同时派团军武装巡行市区,有敢私自开市者定予严惩。(《中华民国史资料丛稿·大事记》第10辑,第172页;华字日报馆编:《扣械潮》卷2,第117—119页)

△ 蒋介石来函谓:"今日鲍顾问来校就商革命委员会之人选问题,其语意甚不愿展堂与季新加入,彼实不明本党内情,致有此见解。中意展堂不在其内或以其成见太深,难以相处,而乃必欲将季新亦一并去之,未知其果何意,此中期期以为不可,否则不惟以后进行诸多阻碍,而内部亦立召纠纷。彼以为胡、汪不加入组织可免麻烦,而不知其不加入之麻烦更多也。若恐其主张不一或反对执行,则最后决定仍在先生,任何委员不能违反,何必先拒人于千里之外也? 中以为必须展堂与季新之名列入为妥,若列入以后,彼自不来,则为另一问题,而组织名单万不可无胡、汪,否则不如暂缓组织之为上也。务望尊裁、核复为祷。"(中国第二历史档案馆编:《蒋介石年谱初稿》,第243页)

孙中山随即函复,谕蒋介石迅即成立革命军事委员会,以应付广州危局,并指出中国革命应以俄为师,谓:"革命委员会当要马上成立,以对付种种非常之事。汉民、精卫不加入,未尝不可。盖今日革命非学俄国不可,而汉民已失此信仰,当然不应加入,于事乃为有济;若必加入,反多妨碍而两失其用,此固不容客气也。精卫本亦非俄派之革命,不加入亦可。我党今后之革命,非以俄为师,断无成就。而汉民、精卫皆不肯降心相从,且二人性质俱长于调和现状,不长于彻底解决。现在之不生不死局面,有此二人,当易于维持。若另开新局,非彼之长,故只好各用所长,则两有裨益;若混合为之,则必两无所成。所以现在局面,由汉民、精卫维持调护之。若至维持不住,一旦至于崩溃,当出快刀斩乱麻,成败有所不计。今之革命委员会,则为筹备以出此种手段,此固非汉民、精卫之所

宜也。故当分途以做事,不宜拖泥带水以敷衍也。"(《致蒋中正函》,
《孙中山全集》第11卷,第145页)

△　令蒋介石放弃黄埔孤岛,将所有枪弹并学生一齐速来
韶关。

本日,有手谕着粤汉路事务陈兴汉携交蒋介石,谕曰:"兹着陈兴
汉来帮手,尽将黄埔械弹运韶,以速为妙。"又曰:"明日果有罢市之
事,则必当火速将黄埔所有弹械运韶,再图办法。如无罢市,则先运
我货前来(此指由俄舰运到黄埔之军械——引者注),商械当必照所
定条件分交各户可也。若兄烦于保管,可运至兵工厂或河南行营暂
存俱可。"(《致蒋中正函》,《孙中山全集》第11卷,第145—146页)

蒋介石函复表明"死守孤岛"以为革命基地之决心,并请从
速处置商械。谓:"手谕祗悉。叛军与奸商联成一气,其势益凶,
埔校危在旦夕。中决死守孤岛,以待先生早日回师来援,必不愿
放弃根据重地,致吾党永无立足之地也。如果坚忍到底,日内叛奸
或不敢来犯,再过数日,则我军准备完妥,乃可转守为攻,果能渡此
难关,则以后当入坦途。以现有枪械练成一旅之众,三月之后必有
一支劲旅可做基干之用,以之扫荡一切残孽,先图巩固根据地之广
州,则吾党自不患其不能发展也。故此时中决不能离此一步,务望
先生早日回省,是为今日成败最大之关键也。至于商团枪械之处
置,前议以百万罚款赎还,今议以全交汝为兄,专为整顿粤军之用。
中意新枪既到,新练部队暂足应用,而商械并不精锐,以中之意
不如仍交汝为,切不可再提条件,以免奸商挑拨,且不致因此丧
失感情,然实不主张星分给各部耳。总之,保管此枪,徒成怨府,
而毫无补益,万恳从速处置,俾卸无谓之责守,或亦可减少各方觊
觎黄埔之野心,未始非保全基本之一道也。"(《蒋介石年谱初稿》,第
244页)

孙中山遂以密电致蒋,曰:"两函俱悉,以我推测,或不至如此危
急。然我来韶之始,便有宁弃广州为破釜沉舟之北伐。今兄已觉得

广州有如此危险,望即舍弃黄埔一孤岛,将所有枪弹并学生一齐速来韶关,为北伐之孤注。此事电到即行,切勿留恋,盖我必不回救广州也。当机立决,切勿迟疑。"①(《复蒋中正电》,《孙中山全集》第11卷,第146页)

△　令蒋介石依李福林所拟定之办法发还扣械。

令曰:"据广东省长胡汉民电呈,民团督办李福林所拟发还团械办法三条:'(一)由民团督办担任召集殷实商人,筹借二十万元,由租捐项下拨还;(二)团械交民团统率处发还,其数在五千枝以上,发还之数,须商团负责之人签字,不得异议;(三)团械发还之日,由商团通电解释以前误会,表明自卫心迹。'等语,应准照办。仰该校长将所存团械,发交民团督办李福林,依照所拟办法发还商团收领。"许崇智与胡汉民亦联名致函蒋介石,云:"兹已订定团械办法,由大本营提运该团现存之械,交民团统率处发还,其条件另开如别纸。顷为息弭风潮起见,已允如所请,一面通知四总司令,一面派员到黄埔,此事登同军长与商团副团长等完全负责,政府宽大从事,亦可使奸人无所藉口也。电话不明,托由翼群专来,详述一切。"(《蒋介石年谱初稿》,第244—245页)

电令到后,李福林于是晚至黄埔起回长短枪四千余杆,子弹十二万四千余发。次日晨运至西濠口码头,中午交给商团公所领收。(华字日报馆编:《扣械潮》卷1,第81—83页;卷2,第125—126页)②

10日凌晨,蒋介石以移交商团军械情形电告孙中山,云:"商团

_____

① 据胡汉民记述,放弃黄埔似出自鲍罗廷之主张,"当时我们只管商量解决商团的办法,鲍罗廷却慌张得很,一面主张把黄埔军校搬往韶关去,免得受商团的影响;又说:'要解决商团,各军都不能用,只有叫黄埔军官学校的学生去冲锋,各军都希望商团发作起来,好乘机占领广东,大本营的命令已行不了,糟得很了!'他好像要将黄埔学生来做牺牲品,造出种种胆小而且胡闹的话来,摇惑别人的意志。幸而我们都不大理他。"(蒋永敬:《民国胡展堂先生汉民年谱》,第310—311页)

② 《申报》所载与此有所不同,谓范石生与李福林于本日夜抵黄埔军校,运出商团扣械五千枝,翌日运抵白鹅潭,当天商团已领回四千枝,入夜分派各分团。(《申报》1924年10月12日,"国内专电")

枪械昨夜移交李登同(福林)转发各户,子弹待其交足二十万元再发。今日登同言商铺明日决不罢市云,余容续报。"(《蒋介石年谱初稿》,第246 页)

△　特任许崇智兼大本营军政部长,原任程潜着免职。委任古应芬兼盐务督办,原任叶恭绰免职。任林云陔代理大本营财政部次长兼盐务署长,原任郑洪年免职。大本营代理军政部长、军务局长胡谦着免职。(《大本营公报》第 28 号,"命令")

△　日本驻广州总领事天羽英二致电日外务大臣币原喜重郎,称由于广东境内各客军最近有战时军需署的设置,横征暴敛,商团及商业联合会代表先在香港开会(陈炯明派的陈觉民列席),接着于 4、5 两日又在佛山开会,决定 10 日起广州全市及省内各城市进行总罢市,8 日以极其巧妙的方法在全市秘密散发传单,传播罢市消息。此外,针对最近范石生、林虎之间的联络运动,许崇智和陈派广东军也开始进行联络,广东政局越发纷乱。(《広東諸客軍ノ誅求二対シ商团側ハ同盟休業ヲ以テ対抗ノ構エナル旨報告ノ件》,《日本外交文書》大正 13 年第2 册,第 536 页)

△　电通社本日东京电,称"李烈钧现正招待日众议院各派议员新闻通信记者,努力说明中国真相,曾正式请见下院三派代表,三派以此时应当避嫌,故谢绝正式会见"。(《李烈钧欲见日议员》,《时事新报》1924 年 10 月 10 日)

△　香港电称:"胡汉民拟规复警察厅,撤废公安局,已电孙请示,并保举林树巍为警厅长。"(《粤商团议决罢市》,《时报》1924 年 10 月 10日)

△　《盛京时报》载录孙中山于 9 月 24 日发表的《制定〈建国大纲〉宣言》。(《孙中山宣布建国政府方针》,《盛京时报》1924 年 10 月 9 日)

10 月 10 日　出席韶关各军庆祝武昌起义胜利纪念大会,并发表长篇演说,指出广州已陷于危机之中,应以北伐入赣开辟新局面,以竟过去革命未了之功。

演说略谓:"今天我们来庆祝革命首义成功第一天的双十节……武昌起义由有计划而变为无计划,于冒险之中无意成功。故虽偶然成功,仍不能算真成功……在这十三年来,四分五裂,政治腐败,道德破坏,纲纪荡然,兵戈盗贼,遍地疮痍,人民所受痛苦甚于满清。而我辈尚庆祝者,就是因为他有民国之名,留得此招牌,为吾人奋斗前进的一线生机。故我欲乘今日庆祝双十节的机会,得旧事重提,与诸君商量进取长江的办法,补救以前的过失。我们十三年前不能利用武汉,至推移政权于非革命党手。至今十三年内无法建设,俨如一场大梦。今日,我们只可作为革命完全未成功,作为并未有这十三年的事,从新来筹备革命,以竟我们未了之功……诸君此回到韶关,本是北伐的,不是庆祝的。不过适逢其会,我们一面热烈庆祝,就要一面纪念以前的同志们奋斗的精神……广州商团,每人肯牺牲一百元或五十元,送与陈炯明助军饷,要来打灭我们,使我们处于死地,绝无希望了。听说这两天,广州人民又要罢市,陈炯明亦同时反攻……以我察看,现日韶关并非安全,实属一个危险的地方。最好诸君就作韶关为一个危险到不能立足的去处。倒转来讲,就是以出发杀贼作为死里求生,如能逃至赣州、南昌,便是已出生天……我们现在拿了许多枪炮子弹,可否从十三年双十节后,再开过一个新纪元,使后来的人们来纪念我们呢?"(《国庆日大元帅对韶关各军将校训词》,《广州民国日报》1924年11月7—12日分五次连载)

△ 广州电称:"广州商界由十日起,全体复举行总罢市,传单已散布各处……此次之总罢市似欲消极的逐次向政府举行经济封锁。各商民自昨日起,陆续向各地发电取消定货,停止发送货物,于是以无货可购,故而绝不闭店,惟以商品已无为理由,继续事实上之罢市,诚一种巧妙手段也。政府目下正极力谋尽解决。而此时可注目者,殆为滇军范石生之态度。彼之态度,已明言虽可服从政府之命令,然对于商团当始终保护。"(《广州双十节全市罢业》,《时事新报》1924年10月12日)

△　广州各界民众为纪念武昌起义十三周年,在广州第一公园集会,会后举行示威游行。是日全市商民也以庆祝双十节为名而休业,实行罢市,并有商团军之武装出巡,工团军亦有所活动,遂起冲突。

《时事新报》刊载是日广州电,称:"今日为全市商民总罢市之第一日,名曰祝贺双十节而休业,有前次罢市以来未尝见之商团军,全部武装,出巡市内,就警备之部署,现尚无与军队冲突之状况。团长陈廉伯以布告宣布与政府谅解之下,举行武装警戒之旨,一面新市长李福林之稳健之语句,布告不可有总罢市与不稳之行动,故秩序尚能完全维持。"(《广州双十节全市罢业》,《时事新报》1924 年 10 月 12 日)

东方社是日电称:"广东政府,为解决罢业问题,将商团军械五千杆,引渡商团。本日下午三时,由李福林军严重警戒里,搬运上陆。不意恰遇巡行市中之工团军,遂彼此发生冲突。发枪后,工团军指挥官以下死伤者甚多,工团军全部为护送武器之李福林军所捕缚,监禁于该司令部中。"(《广州罢市城内发生战争》,《京报》1924 年 10 月 13 日)

《李仙根日记》载:"商团将政府发还枪起卸,适双十各界巡行队到西濠,商团放枪,伤人无算,死数十人。且戮工团军一名。恶感益深,各军及党人见商团行为,群已拟解决之矣。"(王业晋主编:《李仙根日记·诗集》,第 66 页)

关于此次冲突之起因与过程,《益世报》曾刊载是日广州特讯报道此事,谓:"全省商团宣言十日一致罢市后,孙中山知此次罢市风潮若成,非前次可比,乃授意李福林通知商团,准于十日先将枪械四千余支无条件交还(或云二千支),以和缓罢市风潮。商团总部遂于十日正午,召集团军二千余人,全副武装,列队前往西濠口接收。李福林则预先用舰由黄埔将械运至海珠,再由海珠用盘艇运至岸。商团由西濠口码头用货车装载,三四箱为一车,沿途由团军押运经太平路至总部,福军及保安队亦到场协助。当起运时,沿途戒严,禁止车辆来往,但系重要人物乘坐之汽车,尽可通过。讵至下午二时半,忽有警卫军、讲武堂学生及工团军三大队数百人排队至此,商团以双方正在点交枪械，恐因此混乱，或生不测，劝令让路。工团军等不从，即起冲突，互开枪轰击，枪声隆隆，行人奔避。工团军溃散，商团军以所谓工团军者，俱是地痞盗贼，并非正当工人，乃奋勇将其围。计工团军被伤毙者二三十人，被沿途捉获者数十名，当即解往西瓜园总团部，将转解当局发落。闻有十余名则由福军解往河南福军司令部，商团军死伤数名，路人亦有中弹者，至三时半械始起完。闻商团决议，须待枪械全数交回，方不罢市。"（《广州军工商混战之惨剧》，《益世报》1924年10月21日）

此次冲突之结果，据12日香港电称："工团死七人，伤十余人，商团死二人。李福林军死四人，路人亦误毙多名。"（《粤省扣械案仍未解决》，《时报》1924年10月14日）另有消息称："是役之结果，工团军被击毙者十五人，溺死者十三人，被擒者五十人。商团则死者一人，伤者二人而已。路人死者七人，溺死者十二人云。现闻工团军团长施卜纷诉各要人，要求一面保出被拘在福军司令部之工团军，一面调大军惩办商团云。商团因积极戒严，西关一带，已筑炮垒，并堆积沙包，预备大战……商团此次，已下决心倒孙，并确要请陈军，从速反攻，彼即从中发动云。是此次风潮，不过其发端而已。"（《粤政府与商团决裂经过》，《晨报》1924年10月25日）

对此次商团罢市之前因，及粤政府与商团决裂经过，《晨报》曾报道称："广东孙政府扣留商械，曾经全城大罢市，范廖等担任发还，风潮始告结束，乃政府背弃信约，欺罔人民，一骗再骗，总不履行。于是六代表宣告解职，及指摘政府五大失信后，商团与政府遂形破裂。适连日又有女招待捐、面粉捐、渡船加捐、茶价加捐等新苛捐发生，各行自行罢市者日多。又加以俄舰来粤，赤地之青天白日旗，四处招扬，俄国劳农旗亦招展市内，纷传俄舰来即促孙文宣布共产者，市民更相惊怕，有以为孙氏不早倒，共产党徒势力日增，终有实行之日。苛捐亦日出日新，与其束手待毙，不若死里求生。遂密电各属商乡团举派代表，齐集佛山，会议种种进行方法……政府得悉，亦知人民心理，其不满于政府者,最大原因,实缘负担饷项过重,又近日抽收各项杂捐。所谓各械案者,实不过为其诱因,藉以借题发挥而已。于是遂为釜底抽薪计,即于八号由孙文下令将湘滇桂三军战时军需筹备处裁撤,并将该处所抽收之一切税捐,即日取销。又由孙文急电李福林出任调停,以期设法消弭。故九号上午,李福林即邀广州总商会同人到署会商,请其散放传单,劝令各商店缓罢市,徐商还械手续。惟商会同人,以罢市问题,系由全省商团代表议决,万难阻其实行。李不得已,乃使人组织一广州维持营业会,四出散放传单,劝令商场不可罢市。但真正商人,咸嗤之以鼻,故双十节日果有第二次罢市发现。"(《粤政府与商团决裂经过》,《晨报》1924年10月25日)

《京报》亦刊文报道商团肇事始末,称:"广州商团先托团长陈廉伯(汇丰买办)向比国购买枪支时,并未颁有政府护照。俟因在新加坡运输不密,触犯私运军火条例,致被扣留,政府始接陈氏购买军火消息。陈氏经此一番错失,遂请许崇灏向广东军政部领枪照九千枝,言明四十日可至省城,以为输进广州之预备。乃发照后仅仅六日,军火即到。广东政府因该枪到境太快,不符领照期限,疑有别情,随将枪支扣留,以便侦查(注意政府之意只限于扣留,并非没收)。后经政府查出陈廉伯谋乱证据,知陈氏确与吴佩孚之顾问刘焕勾通,谋为不轨,故未即允将枪支发还。商团乃举代表七人,偕范石生晋谒大元帅。当由大元帅允于大局略平之后,即将枪支完全发还。而商团中有少数吴派份子,仍借口政府失信,鼓励第二次罢市。惟广州商团四千家,共有枪八千支,此等份子,不过少数而已。商团自知有少数不良分子利用商团为政治活动也,因请李福林及商团第九团李朗如向政府要求将枪支全数发还,并取消杂捐,以免为少数不肖之徒所借口,以为反对政府之具。李福林于十月九号早九时见胡省长,省长立下手令,由李福林带示黄埔军官学校蒋介石,随即领出长枪四千支,子弹数十万。时已夜深十二时矣,各学生均入睡乡,故尚余枪一千五十支,子弹一百万,未能取出。连夜运送省城。先是商团于一星期前已预备罢市,至是日清晨,李福林在西濠口起运枪支,驰告商团领取。是日适逢国庆,学工各界整队巡行庆祝,道至西濠,值商团起卸军械,不知因何误会,商团遂发枪毙警卫军学生四人、工团队二人、车夫一人,路人受伤者甚多。商团并将工团死尸一具剖腹挖心,割下阳具,陈尸西濠(此等惨无人道之野蛮举动而谓循规蹈矩之商人能出此辣手乎,故有谓陈廉伯招收匪徒冒充商团谋乱省城者,不为无因也)。事既发生,各界均欲调和息事,且前由商团副团长李颂韶允于领回枪四千支后,即行开市。今不特枪已交发,且并一切杂捐亦命令取消。其余枪支,政府允于十四号发给一千五百枝,两月后再发三千支,李福林市长因据以质问商团,各界代表亦至商团总事务所劝商团不可抵抗政府。而商团则坚持须解散政府,遍贴请孙下野、曹帝吴王之揭帖,显见其受吴佩孚及曹锟之指使,为谋叛的行为,不关商人自卫也。商团又堆沙包于街口,关闭街闸,各界代表大不赞成。政府见陈氏叛迹已露,又不受调停,恐姑容生变,贻地方以大害。不得已而于十四日施行缴枪。其时有数百商团携枪逃往北江,当时秩序紊乱,遂有军队骚扰之事。政府知此事之处于不得已也,乃约各界人士组织广州善后委员会,调查各商家损失。被烧商店六百六十余家,受伤者不过一百余人。现各商团中人已觉悟为人利用,不为陈廉伯所愚。兹仅少数野心奸党,欲引陈炯明反攻省城,以冀升官发财耳。商团之无力者,卒敢怒而不敢言云。现闻有纯正广州商人与大元帅商议抚恤被难商民,以示大元帅爱护民众之诚。"(《广州商团肇事之真相如此》,《京报》1924 年 12 月 15 日)

　　关于孙政府苛捐甚多之说,《益世报》曾刊载香港特约通讯予以报道,略谓:"自孙文发表蠲免苛细杂捐宣言后,不特不见蠲免,而从新巧立名目、加增苛捐,几于无日无之。现湘滇桂军战时军需筹备处藉口筹备北伐军饷,在市内增设分处数所,积极进行抽捐……因此一般罔顾民生只知图利之奸商捐棍,趋之若鹜……现广州市之萧条情形,为数十年来所未见。"(《无孔不入之广东苛税》,《益世报》1924 年 10 月

16 日)

　　而另据报道,广东商团发动二次罢市,其目的不仅在争械,更在推翻孙政府,略谓:"此次商团在佛山大会议时,已议决为长期之罢市,如政府仍不觉悟,则罢市至现政府发生变化然后已。大有以争械始,以倒政府终之决心。当日参预大会之各属代表一百三十八人,回本属后,即召集各行会会议,经多数赞成罢市,始定十日一致举行。省城银业罢市最先,盖以金融一项,断绝流通,足以制政府之死命。又有某商团代表提议,谓此次商团争械,为一部分之事,不值得全省罢市之大牺牲,此次大举,应进而解决年来粤省之苛政,当列举种种之要求如下:(一)团械须全数发还;(二)取销一切苛细杂捐,裁撤一切抽捐机关;(三)商人收回警察权,俾人民自治;(四)造币厂交回商人办理,以免银币成分日低,致扰乱金融;(五)年来军人所扣留变卖商船,一律发还。以上各种提议,经多数讨论,以为涉及范围太广,势必不能解决,不如先要求发还全数枪械及取销苛细杂捐两要点,嗣经多数赞成此主张。然则商店二次举行大罢市之内幕,实只不争械一目的矣。"(《广州二次罢市目的不仅在争械》,《益世报》1924 年 10 月 23 日)

　　关于事件各方之责任,当时的报道多有出入。香港报纸多偏袒商团,"于孙政府责备甚严"。相关报道中也有强力谴责商团者。东方社十一日电,称商团军"虐杀"市民。"国庆日广州市民举行游行大会,公祭革命光〔先〕烈,遭陈廉伯所领之商团军枪击,死伤数十人,凶徒因受一部分陈党之底〔庇〕护,竟当场逃脱云。"(《广州商团军虐杀市民》,《顺天时报》1924 年 10 月 16 日)华俄电讯尤为强调商团之残忍,称:"国庆日游行队行至长堤,突为商团军所阻。虽经游行队领袖竭力解释,商团军仍不许通过,双方遂起冲突。商团放排枪向游行队轰击,人民皆四处奔避,甚至有堕入水中者。其中有少数学生、工人与商团对抗,但赤手空拳,卒不能敌。商团继乃大捕市民,妇孺亦难幸免。有某校女教员率学生六十余人参加游行,亦遭凌辱。后因学生哀哭,始被释放。市民被捕者逾百余人,皆遭毒打。长堤尸首多被取去内脏或断去手足,摄影示众。计死者二十人,伤者百余人,市民现对商团愈形愤激,纷纷向当局要求取缔商团。又香港报纸助商团甚力,且欲假祸于新到广州之赤军。"(《商团败溃中之广州》,《京报》1924 年 10 月 19 日)①

　△　致函蒋介石,令将团械运韶,并切实严办商团,谓:"如明日果有罢市、反攻之事,则商团枪弹亦当与我货一齐运韶,为革命之用。盖有械岂愁无人运到,我自有办法也。酌之。"(《至蒋中正函》,《孙中山全集》第 11 卷,第 168 页)是日,蒋介石向孙中山报告广州商团武装叛

---

　　① 以往大陆与台湾学界对此事件的记述各有偏重,主要反映在双方权威史学机构所撰写的史事纪要中。大陆方面较为强调中共在事件冲突中的作用,称:中共广东区委组织各界民众在广州第一公园举行纪念武昌起义十三周年的"双十节警告会",周恩来等出席大会讲话。会后示威游行队伍至西濠口时,商团军公然开枪屠杀群众二十人。事后,中共广州地方委员会发出告广州市民书,号召民众支持国民党政府解除商团武装,扑灭反革命派。参加大会游行的十六个团体成立"工农兵学革命同盟",发表宣言,声讨反革命的屠杀罪行,号召大家速起与反革命派决此最后死战。(《中华民国史资料丛稿·大事记》第10 辑,第 173—174 页)台湾方面则仅强调商团方面寻衅滋事,称:本日商团领回部分被扣械,气焰益高。午后三时,军校学生随农工各界国庆游行,途经西濠口,正在该处起运发还枪械之商团军,疑徒手之游行者劫掠,乃向游行群众射击,吴铁城之警卫军当即反击,伤亡数人,警卫军乃退却。计遭商团军击毙之徒手群众约二十人,伤者亦数十人,军校学生被击身亡者亦达二十余人。商团愈无忌惮,一面煽动广州市西关各商店实行罢市;一面于惠爱路、静海路、永汉路、西关、长堤一带布防,荷枪实弹,且在西关架天桥,筑炮垒,以铁栅分锁各街道,并与城内成对敌形势。(《中华民国史事纪要(初稿)——一九二四年九至十二月》,第 563—564 页)本世纪初,国内学术界对此又有些新的研究结论,如认为还械之后发生商团与工团的冲突,显然是商团方面挑起的(但看来并非商团高层的命令)。紧接着商团发动了大罢市。此时孙中山判断,即使再让步,商团也要叛乱,故决心武力从事。孙中山一度考虑同意有条件发还商团枪械,这又与担心英国干涉以及进行北伐等背景有关;而决心镇压商团事变,同他判断英国不会直接干预以及苏联第一批军援到达也有联系。孙中山在商团事变决策过程中的变化,是一个尚可进一步研究的问题。(邱捷:《广州商团与商团事变——从商人团体角度的再探讨》,《历史研究》2002 年第 2 期)也有研究认为,经鲍罗廷及"左派"组织发动,广州民族解放协会、反帝大同盟、广州市工人代表会等数十团体,本日在广州第一公园举行盛大集会。集会将届结束时,共产党人号召群众"冲出公园去向反革命派做示威运动",随后开始游行。下午两时许,正在起运枪支的商团遇到参加游行的工团军、黄埔学生军"截阻",遂出现"误会冲突"。乱枪之中工团军及学生军死六人,商团重伤三人,伤若干。负责警戒的李福林部及公安局保安队以工团军"有意劫械",连同商团将工团军击退,并捕去百余人。(敖光旭:《广东商团与商团事件》,中山大学博士论文 2002 年,第 178 页)

乱,屠杀民众情况,提出"非责成许总司令及李登同严办商团不可"。次日,孙中山在电文上批谓:"当着省长、总司令、民团统率处处长严行查办。"(《中华民国史档案资料汇编》第 4 辑下册,第 789 页;《批蒋中正电》,《孙中山全集》第 11 卷,第 173 页)

△　致电省长胡汉民暨滇、粤、桂军总司令杨希闵、许崇智、刘震寰及古应芬、蒋介石、李福林等,令果断处置商团武装叛乱,略谓:"商人罢市与敌反攻同时并举,是叛迹显露,万难再事姑息。生死关头,惟有当机立断……万勿犹豫,以招自杀。陈贼与逆商本不足平,只要诸兄心决胆定,勿为物议所摇,则革命前途幸甚。"(《致胡汉民等电》,《孙中山全集》第 11 卷,第 167 页)

△　致电范石生、廖行超,令严正解决商团问题,谓:"商人不肯就政府所定条例领枪,且供给陈逆以百五十万,约定罢市、反攻同时并举,此非叛逆,尚何为叛逆? 我当当机立断,为严正之解决,先将著名最反对政府之团店警告。如再不从,则先将逆商货屋悉行充公,以儆效尤。若犹不能制止,则仰两兄出示令西关居民限三日内迁移出西关,免遭意外可也。"(《致范石生廖行超电》,《孙中山全集》第 11 卷,第 167—168 页)

△　致电胡汉民,令保护民众,谓:"如遇有罢市之事发生,亦当出示令西关及佛山居民限三日悉数离开此两地,免遭不测。"(《给胡汉民的命令》,《孙中山全集》第 11 卷,第 168 页)

△　邓鼎封来函,报告刘崛(字尊全)素与同志不合,人皆不愿与其共事,"若欲连络一致进行,殊难办到"。并详述桂局情形,建议"应以绿林为主动,以运动军队为应援",并谓:"各处绿林共数不过五六千,且所占地不良而弹药不充足,若非有军队为之后应,则难希成功。故对桂省事之计划,应由军队、绿林两方着手,再与粤省连络,约时举事,方能有效也。"孙中山批文曰:"答并问桂省究竟何人能胜任。"(《邓鼎封上总理函》,环龙路档案第 11917 号)

△　《向导》著文揭露港英政府和商团、陈炯明之关系。称港英

当局一方面"从香港暗输军械给陈炯明,以香港为陈炯明阴谋密探的中心地","令攻广州","颠覆广州革命政府";另一方面"利用广州的买办阶级,暗输军火给他们,组织所谓商团,阴谋直接扑灭广州革命政府"。(《孙中山辛亥革命后之第二功绩》,《向导》第107期,1924年10月10日)

△ 以大元帅名义公布《赣南善后条例》《赣南善后会议暂行细则》《江西地方暂行官吏任用条例》《赣南善后委员会各职员之职责及公费暂行细则》《赣南征发事宜细则》。(《大本营公报》第30号,"法规")

△ 《盛京时报》刊载重庆电讯,称唐继尧将与孙中山一致行动,急谋攻川。略谓:"现唐因其驻粤代表王致远回滇,盛称粤中实力充足,大有成功之望,劝其勉就北伐军副司令之职,与粤孙一致行动。唐已允许,当即着手组织川滇黔三省联合北伐军,以熊克武、胡若愚、唐继虞三人分任各军司令。其行军计画,以先攻四川为第一步。川督杨森得报后,已分电京鄂,请将尚未开拨之援川鄂军,留驻川境,一面电商刘(湘)袁(祖铭)两督办,在边境屯驻重兵,一致对外。闻刘袁均已复承电诺。"(《唐继尧急谋攻川》,《盛京时报》1924年10月10日)

随后《盛京时报》又载文分析孙唐联合与湘局情况,谓:"闻西南自孙中山、唐继尧结合后,已定分途出师计画。此种计画,直接受打击者,即为厌闻战祸之湘省。盖中山令程潜入湘,谭延闿入赣,唐继尧令熊克武、蔡钜猷假道湘西,以攻鄂西,皆为湘省之不祥消息也。程潜入湘,为恶意的。兵来将挡,舍此别无他法。故湘南之忙于筹饷,忙于布防,皆此之故。虽湘中要人派员说程勿进,恐非片言所可解决,所幸程无多兵,仅有虚声恫吓,其最大之目的,亦仅牵制一隅。沈鸿英经营桂局,亦无暇为大元帅效力,故唐生智自信于防务上有充分之把握。而此时之艰于应付者,乃为川军之假道。川滇黔军集中遵义铜仁,固无日不怀进攻鄂西,恢复四川之欲望，所以未发者，时机未到耳。直奉交手，今正其时，故湘西方面，日来已有风声鹤唳之势。唐熊与湘，声明假道为善意的，请予容纳，实则唐氏收容蔡钜猷部，留为湘省祸根，其善意亦可知矣。"（《孙唐结合后之湘局》，《盛京时报》1924 年 10 月 15 日）

　　△　《东方杂志》刊文报道孙中山派的兵力情况，并谓："孙文之军队号称七省十一军，惟军数多而人数少。滇军三军七师，人数不过四万；广西军人数未详，约不逾三万；湖南军四军，亦在二万人以内；河南、山陕及各军每军不过数千人，合计人数在十万左右。海军尚有永丰及江防各舰，约在十艘以内。"（《南方孙文系之兵力调查》，《东方杂志》第 21 卷第 19 号，1924 年 10 月 10 日）而同期《东方杂志》报道《直奉兵力之比较》，则谓直军所能加入战争之人数，共计约二十五万余人；奉军则不下十二万人。

　　10 月 11 日　正式组织革命委员会，自任会长。并以会长名义下令：特派许崇智、廖仲恺、汪精卫、蒋中正、陈友仁、谭平山六人为革命委员会全权委员[①]。（《中华民国史档案资料汇编》第 4 辑下册，第 790 页）又聘鲍罗廷为革命委员会顾问，"遇本会长缺席时得有表决权"。（《聘任鲍罗庭职务状》，《孙中山全集》第 11 卷，第 172 页）

　　本日，商团联合会散发传单，谓非俟扣械全数发还，不可开市，且迫开市商店亦罢市，散播东江陈军不日来攻之言，及煽动北江方面新街、源潭、琶江等处民团，如北伐军由韶回援广州，则破坏铁路。而广州方面，亦因滇桂军不可恃，有主张退出广州，将机关部队移驻西江、北江者。即令"革命委员会，用本会长名义便宜行事，用种种方法打消商团罢市，并立即设法收回关余"。（《给革命委员会委员的命令》，《孙中山全集》第 11 卷，第 172 页）并命罗桂芳为海关监督，原任傅秉常免兼

　　① 汪精卫能参与，胡汉民终被摒，此也许受鲍罗廷意见之影响。据胡汉民回忆说，在孙中山病危期间，苏俄驻华公使加拉罕和孙中山的政治顾问鲍罗廷即开始物色国民党的未来领袖，在最初拟定的胡汉民、汪精卫、戴季陶等三名人选中，鲍认为汪之为人"有野心，无宗旨，可利用"。或许早在此时，鲍已经采取"联汪排胡"之策略。（蒋永敬：《鲍罗廷与武汉政权》，第 9 页；沈云龙：《中国共产党之来源》，第 61—62 页）

此职,派陈友仁、宋子文、罗桂芳为收取关余全权委员。(《任免海关监督令》,《孙中山全集》第11卷,第171页)

△ 是日东方社广州电称:"十一日市内继续罢业,比昨日更形紧张,商团以广东全省商业联合会名义散布传单云:政府交还之军械,仅来福枪二千一百四十九枝,毛瑟枪一千八百十一枝,枪子约十二万四千五百五十二发,较之购入额相差甚远,故未达目的以前,断不可复业,商团存亡,在此一举云云。所有商团,均严重武装,警备各要地,不安之空气涨满全市,从各地方应召而起之乡民团,络续到河南,其数约称二千,政府目下正在磋议解决之策,在市中各处遍贴告示,嘱市民各安其业。"(《广州商团问题严重》,《中华新报》1924年10月15日)

△ 电复广州工代会、工农团军等四十余团体,告已令胡省长、许总司令、民团统率处李福林处长严行查办商团。(《叛形已露之广州商团军》,上海《民国日报》1924年10月18日)

△ 蒋介石急电孙中山,声称广州局势危殆,请求回师平乱。电谓:"本日省城尚未开市,某军从中作祟,且对商家言,罢市方有话说之语。中正料不久逆敌必来反攻韶关,各军非先准备南下,击灭逆敌,断难北伐。中正当死守长洲,尽我职务,尚请先生临机立断,勿再以北伐为可能,而致犹豫延误。前以枪易北伐费二十万元,今则枪即缴去,而罢市更剧,商团排队巡街,布告煌煌,痛骂政府,亦复成何景象。闻其将有要求造币厂、兵工厂、公安局皆归商团管理之举,二十万元枪费既无望,北伐更难。为今之计,惟有集中驻韶兵力,南下平乱之一途也。"(《蒋介石年谱初稿》,第247页)

即函复蒋,就运械一事,作更明确的指示,并重申北伐决心,令其收束黄埔军校,赴韶专力练兵与北伐。函谓:"枪弹运韶,决不瓜分各军,乃用来练我卫队之用。汝为亦不能给以一枝。如有必要,只可将黄埔前时之枪给他。此八千一式之枪,一枝不可分散。到韶后甚多地方可以贮藏,我在此,断无人敢起心来抢也……至于款项,现当将黄埔学校收束,俟到韶关再酌可也……北伐必可成功。无款亦出,决不回顾广州。望兄速舍长洲来韶,因有某军欲劫械,并欲杀兄,故暂宜避之,以待卫队练成再讲话。陈贼来攻,我可放去,由争食之军自相残杀可也。乱无可平,只有速避耳! 或更邀汝为同带其可用之部队齐来尤好,望为商之。"同日又有手谕,指示关于分配枪械与练兵等事。谓:"新到之武器,当用以练一支决死之革命军。其兵员当向广东之农团、工团并各省之坚心革命同志招集,用黄埔学生为骨干,练兵场在韶关。故望兄照前令办理,将武器速运来韶,以免意外。至要,至要。此意请转知鲍顾问,并请他向各专门家代筹妥善计画,及招致特种兵之人才为荷。"是日还手令蒋介石"将商团各种子弹悉运至韶关,听候发落"。(《复蒋中正函》,《孙中山全集》第11卷,第169、170、172页)

　　△　范石生复电,说明调停扣械之因,并表明拥护革命政府、忠于国民党之诚心。

　　电谓:"蒸电暨手谕俱奉到。十日午前登同已将存械领转,商人志在得械,或可免罢市实现。石生之愚,固尝谓械一日不还,适以为造谣挑拨之资,双方俱蒙不利。吾人已看到不还械必罢市,即足以致联军于死地。或虑商团而为敌用,则还械不啻为虎傅翼……还械纵足扰我后方以陷联军于不利,而时间上则较迟于不还械之罢市,此石生主张还械之愚见也。石生服从主义,已十五年,无日不本乎良知,以期贯彻吾党主义。间关跋涉,以至于粤,中经九阅月,以孤军行绝域,无接济补充之可言,困苦颠连而无悔,以主义故也。兹克粤将二载,未能肃清东江,乘时北伐,上无以对帅座,下无以对粤人。所以小心翼翼,不敢非理妄为者,以吾党既以三民主义号召于天下,则举凡党人行为,当然尊重民意,苟违逆民意,不啻自破其主义。此石生十五年来所孜孜汲汲以自绳,而转以励率部下者也。用是所到之处,与人无侮,兵民相安。石生可死,而党纲不敢或渝。今敢预言,奉职一日,此志不懈,此石生所以忠

于本党者忠于帅座也。"(《广州二次大罢市三志》,《香港华字日报》1924
年10月14日;华字日报馆编:《扣械潮》卷2,第126—127页)

　　△　日本驻广东总领事天羽英二电告日币原外相,谓10月10
日工团军与商团军发生冲突,工团军死七人。工人部长廖仲恺私下
避走香港,工团干部被扣留于警务处。11日,商团要求交还剩余武
器,继续罢市。(《工团軍卜商团軍卜衝突起リ工团軍兵七名即死ノ件》,《日
本外交文書》大正13年第2册,第536—537页)

　　当天,天羽又将9月24日《广州民国日报》上发表的《制定〈建国
大纲〉宣言》及《建国大纲》和10月7日《英文粤报》(Canton Gazette)
上刊载的"Constitution for the Construction of the Republic of Chi-
na"剪报连同其译文寄给币原外相,并解释说,此次发表的孙文的国
民政府建国大纲及其宣言,与以往多次发表的宣言声明和通电等不
同,对于领会孙文所怀抱的革命理想及其主义政策,是合适的参考资
料。(《孫文ノ建国大綱内容ニツキ報告ノ件》,《日本外交文書》大正13年第2
册,第536—537页)

　　△　胡汉民访问日本驻广东总领事天羽英二,强烈希望日本提
供八至十门大炮,五千支步枪以及相应必要的炮弹、弹药[1]。(俞辛
焯:《孫文の革命運動と日本》、第349页)

　　△　据英国京津泰晤士报载,孙中山英文秘书陈友仁于本日
"偕广州兵工厂马祝春(译音)、驻广州苏俄代表包罗丁与吉路古等
前往韶关谒见孙文,磋商由苏俄'夫罗甫斯凯'号轮船卸去俄国军
火事宜。结果雇订苦力五十名搭乘运货船前往英浦,将俄国军火
于十二日夜间运至大元帅府,由广东省长胡汉民监视此项军火,共
有野炮五尊,来复枪五千支"。(《苏俄军火售与孙文》,《北京日报》1924
年10月27日)

　　训令大本营外交部长伍朝枢致电北京公使团,谓革命政府对于

_____

　　①　天羽当日日记记载为:"朝傅秉常胡漢民訪問　武器ノ件。胡漢民大砲8門乃至
10門小銃五千　舟挺　500発。"(《天羽英二日記・資料集》第1卷,第1410页)

外国资本团或国民借款与北京政府,概不承认。(《中华民国史事纪要(初稿)——一九二四年九至十二月》,第 581—582 页)

△　是日广州电称:"马素对广东大学学生演说,请各国拒交关余与吴佩孚。并主张地方当局,当宜宣布广州为自由商埠。"(《马素主扣留粤关余》,《晨报》1924 年 10 月 14 日)

△　华侨联合会致电孙中山,称:"顷接广东商团电,知枪械问题尚未解决。公素重民权,恳体恤商情,迅予发还,免激他变。"(《华侨联合会电粤请还商团扣械》,《申报》1924 年 10 月 12 日)

10 月 12 日　陈廉伯之弟陈廉仲在沙面召集邓介石、李颂韶、关楚璞等商团头目会议,决议新老城各分团团军 14 日下午 5 时集中西关,15 日拂晓出动占领省署、公安局及财政各机关,扩大事变。陈炯明驱石龙土匪袭击石滩,刘震寰率队前去堵击,广州面临险恶形势。(《中华民国史资料丛稿·大事记》第 10 辑,第 177 页)

△　《时报》刊载香港电讯,称:"全省商业联合会十二日发传单,谓械案仍未解决,劝勿开市。先开市者甚少。"又称:"省商业联合会通告,谓此次还械仅及半数,望再继续罢市,期达发还全数枪械及豁免苛捐目的"。"十二日武装商团仍出巡,各地商团民团抵省者,已有二千余人,当局恐风潮扩大或持久,亟谋解决,现正派员磋商。"(《粤省扣械案仍未解决》,《时报》1924 年 10 月 14 日;《粤局之纷扰》,《时报》1924 年 10 月 15 日)

△　致电胡汉民着将全权移交革命委员会,以便戡平叛乱。电谓:"刻仲恺到并接电,知省中已有非常之变。我以北伐重要,不能回省城戡乱,请兄即宣布戒严,并将政府全权付托于革命委员会,以对付此非常之变,由之便宜行事以戡乱,则小丑不足平也……我为会长,兄不在列,留有余地也。"(《致胡汉民电》,《孙中山全集》第 11 卷,第 175 页)

△　廖仲恺本日抵韶关报告商团叛变及后方动摇情形,孙中山除即电命胡汉民将政府全权付托革命委员会便宜行事以戡乱外,并

遣廖即夜回穗。据在场之李荣追述略谓："奉总理面谕，（荣及邓才）即夜会同廖仲恺回市，召集联义社等革命同志团体，会同黄埔军校学生，大本营直辖粤滇湘桂各军，肃清市面一带反动分子，以免后顾之忧（按总理秉性慈祥博爱，虽任何刺激，从来未形诸颜色，其愤激情形，生平以是役为最）。"（李荣：《总理病逝前后》，尚明轩等编：《孙中山生平事业追忆录》，第 648 页）

　　△　致电蒋介石，嘱与许崇智应付时局，电谓："运械来韶，如不能立办到，则其次为分给我同志中之队伍肯为我杀奸杀贼者（此指官长与士兵皆一致者而言）。请兄与汝为细查其各部，何部有此决心不为奸商所摇动者，如有则合集之。要兄与汝为对彼众要约立决死之誓，必尽灭省中之奸兵奸商，以维持革命之地盘。此事当要部队一万人以上，上下一心。又要汝为先有决心，毫无犹豫，负完全责任，为我一干，便可将黄埔之械悉数给之，立即起义杀贼，绝无反顾。如汝为不能决断，则无论如何艰难危险，仍将械运来韶关，以练我之卫队。此事可与汝为切实磋商，立即决断施行为要。商团之七九弹，则运来北伐之用可也。"（《致蒋中正函》，《孙中山全集》第 11 卷，第 176 页）

　　△　致函范石生、廖行超，称商团叛逆行为"实非法律所能收效。今授全权于革命委员会，使之便宜行事，以戡定祸乱。望兄等革命旗帜下之军人，务要竭力拥护革命委员会，俾得命令厉行，斯反革命之祸可望消熄也"。（林志钧：《商团事变知闻忆述》，《广州文史资料》第 7 辑，1963 年 4 月，第 77 页）

　　△　批广东香山县长林警魂来函，谕切实制裁胆敢罢市之人。

　　是日，林警魂电呈孙中山、胡汉民等，报告香山地方治安如常。孙中山在其电文上批谓："当严行防〔范〕。如有煽动罢市之人，即行枪决，罢市之店，即行充公，切勿姑息为要。"（《中华民国史档案资料汇编》第 4 辑下册，第 757 页）

　　△　此次罢市，有人携武器迫令商店闭门。本日胡汉民致函李

福林，饬警保护商店开市。(《粤局之纷扰》，《时报》1924 年 10 月 15 日)

△　李福林是日致电孙中山等，披露其斡旋还械之经过，愤言受商团之诈欺，电谓："昨据商团副团长李颂韶、总稽查黄砺海面禀称：扣留团械一案，政府日久尚无解决方法，现在各团友愈加愤激，诚恐风潮复起，殊非地方之福。请督办出任维持，力请政府将现存枪弹发还，无论三千或四千五千，但能一次发还各团友，则无事不可商量，断无再复苛求之理。对于政府方面，请督办担任，对于商团方面，则责成副团长、总稽查担任等情前来。福林以该副团长等所称各节亦属一片苦心，事尚可行，当即请求胡省长转呈大元帅察核，得蒙照准，并责成福林办理此事。遵即星夜约同商团代表黄砺海、分团长团友崔缉堂、林清义、黄安泉、谢伟民、李庸匄、总商会代表陆卓卿、刘成耀、爱育善堂潘锦藩、善界萧国宾、暨公安局局长、商民谭礼庭、招介臣诸君同赴黄埔，将扣留团械现存长短枪共四千枝、子弹二万四千五百余颗载运回省，点交商团代表李颂韶、黄砺海领还。迭经该代表坚称，械已发还各团友，断无意外举动等语。讵枪弹收领既毕，而罢市风潮即接踵而生，似此情形，实难叵测。昨十一日，福林亲到商团公所，召集各分团长谆谆告诫，晓以大义，而若辈仍不肯刊发传单，布告开市，毫无维持商场之诚意。福林向来忠厚，待人以诚，讵料该代表等竟报我以诈。福林德不足以服众，才不足以御奸，此次办理失宜，负咎重大，为此电恳我大元帅、许总司令、胡省长严加议处，各袍泽、各社团、诸君子实施教训。福林血性男子，此次为乡为团，光明磊落，可表天日，竟致堕人术中，民情如此，夫复□言。涕泣陈词，伏维鉴察。"(《李福林关于还械案之通电》，《香港华字口报》1924 年 10 月 15 日)

△　《盛京时报》刊载报道，言滇唐联合反直各军北伐之事，略谓："孙中山与唐继尧联合北伐，大致决定。孙统粤滇湘桂豫赣联军，分攻湘赣，滇唐统川滇黔三省联军，直取川东鄂西。此间军界所传，杨森、邓锡侯、袁祖铭，均有急电来鄂，报告滇唐联合刘显世、熊克武、蔡钜猷各部，将大举分道进攻川之綦合酉秀，鄂之咸来。请转电吴总

司令,电示应付机宜,并由鄂省充分接济械弹。闻萧使接到上项警报,一面电于学忠、王都庆两旅长,严防施鹤,并电复袁杨等,请其协力防御,并实行川湘鄂三省联防,以遏敌之阴谋。准此形势推之,战机四伏,恐终不免一朝暴发,祸结兵连也。"(《滇唐联合反直各军北伐》,《盛京时报》1924 年 10 月 12 日)

△ 令各军长官、赣南善后委员会委员长孔绍尧一体遵照《江西地方暂行官吏任用条例》。

令谓:"照得北伐大军入赣在迩,所有地方官吏极关重要,自应严定任用程序,以资考核。兹制定《江西地方暂行官吏任用条例》六条。除分令外,合行令仰该□即便遵照,并转伤所属一体遵照毋违。"

《江西地方暂行官吏任用条例》规定:"江西地方大小官吏,除简任职外,由江西善后委员会就左列人员中选择资格相当者,分别荐请大本营委署:一、大元帅发交任用者;二、各军从军官佐有相当资格、学力、劳绩者。但现职军官不得兼任;三、在江西地方素著声望,曾在高等专门大学毕业,情殷为本军效力者"。"凡官吏之不称职者,委员会得随时呈报大本营撤换"。"官吏任期以十个月为一任。第四条官吏有贪赃枉法者,以军法惩治。"(《大本营公报》第 29 号,"训令")

△ 国立广东大学校长邹鲁呈请将大学校长月支薪额及筹备期内月支交际费若干明定示遵,以为公便。(《大本营公报》第 29 号,"指令")

10 月 13 日　复电胡汉民,嘱全权付托革命委员会和严办商团。

电谓:"商人既如此,非大加惩创,不能挽回大局。着即宣布戒严,停止一切法政、行政,付托全权于革命委员会。使便宜行事,以应非常之变。各军既觉悟纵容商团之非,着令一致服从革命委员〔会〕命令,不得再事犹豫。"(《复胡汉民电》,《孙中山全集》第 11 卷,第 181 页)

先一日,孙中山电令胡汉民宣布广州戒严,并委托革命委员会便宜行事,胡即复电说明商团情形,孙中山本日午时遂复上述电令。

（《中华民国史事纪要(初稿)——一九二四年九至十二月》,第 591 页）

△ 复胡汉民译转李福林电,谓:"商团叛形既露,应立即由民团统率长宣布其罪状,令各地民团协力防乱,毋为所惑。"（《复胡汉民译转李福林电》,《孙中山全集》第 11 卷,第 181 页）

△ 致电胡汉民并转孙科,谓:"联合宣言宜慎,须呈稿核准乃可,不得由沪代表用名义,至要。"（《中华民国史档案资料汇编》第 4 辑上册,第 100 页）

△ 是日东方社电讯称:"孙文因商团方面之强硬态度及工团诸首领报告,即下商团查办令,声言将出于断照之处置。"（《广州商团问题严重》,《中华新报》1924 年 10 月 15 日）

另有中国社消息称:"孙文因发现商团军与陈炯明军队联合驱孙之嫌疑,特于十三日令李福林向商团军提出四条件:(一)改组商团军之内部,由孙氏派员与商会协同办理;(二)以李福林为商团团总;(三)粤垣不得再有工人同盟罢工及商人罢市之举动;(四)商团军之武装应全部解除,交付孙军接收。商团军干部接到此项警告后,即于十三日晚间召集紧急会议,结果决定对孙文所提之条件一律拒绝,同时命各处商团军紧急备战。"（《孙中山军队与商团军巷战》,《京报》1924 年 10 月 17 日）

△ 报载:"十三日胡汉民召各要人议解决罢市风潮,据传胡主扩充工团势力,使与商团抵抗,由各军团缴商团械,各总司令无言。"（《粤局之纷扰》,《时报》1924 年 10 月 15 日）

△ 令不得裁撤军政部,着许崇智仍兼大本营军政部长。

本月 9 日,命粤军总司令许崇智兼大本营军政部长,翌日,许电建议裁撤军政部,及将兵工厂改属粤军。本日电复许崇智,谓:"军政部为中央政府之一柱石,裁之则无异解散政府。兵工厂为中央之机关,归之粤军则归于省有。将来大军占领武汉,他省引以为例,岂非永无统一之望? 北伐目的在统一全国。今始北伐,而自破其目的,此大不可。着该总司令务要兼任,以维政府,有厚望焉。"（《复许崇智

电》,《孙中山全集》第11卷,第180—181页)

　　△　密电复李烈钧,嘱其不可回国,当继续在日本为发起亚洲大同盟积极宣传。

　　李烈钧奉命赴日,与加藤内阁成员以及其他朝野党政军财界人士会晤,宣传大亚洲主义,呼吁中日合作,惟反应相当冷淡,日方甚至表明不敢得罪列强。([日]藤井昇三:《孫文の研究:とくに民族主義理論の発展を中心として》,第205—206页)李于失望之余,打算放弃计划,乃有回国之请。昨日电复“相机行动”。但详细考虑,本日再复一电,谓:“兄为派驻日本联络彼中朝野之士,为发起亚洲大同盟以抵抗白种之侵略而往,为久驻日本,宣传此旨之任务。今忽有回命之请,想彼政府胆小如鼷,不敢接纳吾人之大亚洲主义。果尔,则兄万不宜自行离日,当久驻而为积极之宣传,必待日本政府有明令下逐客而后行,方足揭破日本之真面目。”(《致李烈钧电》,《孙中山全集》第11卷,第180页)①

　　△　统一北伐各军名称为建国军,任命各军将领新头衔。

　　中国国民党已宣布建国大纲及建国方略,为期北伐各军名称一致,乃改“讨贼靖国军”为“建国联军”。本日,以大元帅名义任命何成濬为建国军北伐总司令部参谋长;宋鹤庚为建国军北伐中央总指挥,张翼鹏为建国军北伐中央总指挥部参谋长;朱培德为建国军北伐左翼总指挥,黄实兼左翼总指挥部参谋长;卢师谛为建国军北伐右翼总

---

　　①　接到孙中山的指令后,李烈钧调整了行动方针,他连续向记者公开表示对日本政府和各政党高层的不满,指出日本国民的意志与执政者的意见不免疏隔,未能完全融洽。“率直言之,即漠视国民精神、迷信帝国主义之人仍然不在少数也。”“日本深欲与英、美接近,此等政策,不仅在日本为不利之事,且为到底不能实现之事。”中国则要发扬民众政治,“目下最紧要之问题,则为中、日、俄之亲善与提携。余此次来日,完全基于此项目的而来,意欲先与兄弟之国,即俄国与日本相互联络提携。此中、日、俄三国提携如能成功,则东洋同盟或亚细亚联盟之基础成立,扩而充之,以至于左右世界之大势决非梦想”。并明确指出三国联盟要以中国为中心,“今后中日亲善,不能不由两国国民之相互提携”。希望三十年之内实现这一目标。此后,孙中山至少在公开场合将主要诉求对象转到日本国民方面,这也是他在神户所作大亚洲主义演讲的主旨。(桑兵:《排日移民法案与孙中山的大亚洲主义演讲》,《中山大学学报》2006年第6期)

指挥,那其仁兼右翼总指挥参谋长;樊钟秀为建国军北伐先遣队总指挥,朝持箴兼先遣队总指挥部参谋长。并正式任命唐继尧为副元帅兼滇川黔建国联军总司令。又任熊克武为建国川军总司令,令曰:"所部编为建国川军,仰迅速遵编,所有印信未发之前,准用从前所颁发者。至其各部之编制,准用原有建制编成之。"熊克武至 12 月 5 日始进行编制建国川军,于 1925 年 1 月 11 日就职。(《大本营公报》第 29 号,"命令";《中华民国史事纪要(初稿)——一九二四年九至十二月》,第 590—591 页)

△　训令各军迅速遵令编为建国军,计令开谭延闿、杨希闵、许崇智、刘震寰、樊钟秀、何成濬、李明扬与董福开、吴铁城、路孝忱、熊克武、邓彦华各所部,分别编为建国湘军、滇军、粤军、桂军、豫军、鄂军、赣军、警卫军、山陕军、川军、建国军大本营卫士队;朱培德、柏文蔚、卢师谛、黄明堂、刘玉山各所部,分别编为建国第一、第二、第三、第四、第七军;沈鸿英、唐继尧、唐继虞、方声涛各所部,分别编为广西、云南、贵州、福建建国军。仰即遵行。(《大本营公报》第 30 号,"训令")

△　决定驻韶各北伐军回师广州戡乱后再行北伐,并令警卫军吴铁城全部、湘军之一部、粤军张民达师全部,星夜回师广州平叛。(《广州革命派与反革命派的大激战》,《向导》第 89 期,1924 年 10 月 29 日)

△　任命蒋介石兼任粤军总司令部训练部部长。

孙中山在指示蒋介石处理军械之手谕中,提示可集合有决心不为商团所摇动之部队一万人以上,给以黄埔之械。本日,任蒋兼为粤军总司令训练部部长,专负此责。蒋即将训练进度与计划派专人赴韶送请中山核阅。(毛思诚编纂:《民国十五年以前之蒋介石先生》第 8 册,第 22—23 页;《中华民国史事纪要(初稿)——一九二四年九至十二月》,第 593 页)孙中山函复曰:"今早收到专人带来之信,匆匆作答,赶车寄回,尚有未尽之话。兄言两月内可练一支劲旅,如现时已经开始训练,则不必移训练地到韶,因迁移费时,则两月断难成就。果期两月可用,则就现地加工便可。又所练之队为数几何,五千乎?抑八千乎?如是五千,则所余之三千枪,必要即日运韶,以利北伐。因赵成樑部在韶,已练就徒手兵数千,彼要求加枪二千,必即日北伐,不求出发费。李国柱(湖南最热心之革命同志)亦需步枪一千,令他编入朱培德部内。如此则赵成樑一部有枪四千,朱培德一部有枪四千,湘军有枪万二千,此三部共枪二万(其它不计),向江西进取,未有不成功也。江西得后,则湖南不成问题;然后再合滇唐,川熊,黔袁会师武汉,以窥中原,曹吴不足平也。兄之新军两月练好之后,立调来韶,听我差遣。若西南局面日有发展,当先巩固西南,然后再图西北。且最好能由西南打开一联络西北之交通线,如陕甘等地,则西北之经营,乃容易入手。盖西北所欠者在人,如无捷径可通,专靠绕道海外,殊属艰难也。三千枪能速运来否?切望即答。"(《北伐致蒋中正指示关于分配枪械与练兵等事函·二》,《国父全集》第 3 册,第 975—976 页)

△ 是日广州电称:"广州商团已实行总罢业,决定自明日后封锁粮食,绝对不准食粮品之买卖,为澈底罢业的手段。至于物价之腾昂,如食粮品已约达三倍。省内各地方一齐断行罢业,物资之供给全然杜绝,结果致经济上发生重大影响。"(《广州商团竟尔封锁粮食》,《盛京时报》1924 年 10 月 16 日)又谓:"地方都市中之态度最强硬者,为佛山、江门、容奇、陈村、小榄等□处,皆由商团武装戒备,十分严重。政府见商团之态度……似已弃此次所执之缓和政策,而决用强硬之压迫政策。吴铁城之警卫军,现已匆匆召还,将于十四日起,颁布严重之戒严令,要求复业及撤去商团之武装戒备,商团若不允,将用武力强迫复业。"(《呜呼广州巷战》,《中华新报》1924 年 10 月 16 日)

△ 《香港华字日报》刊载评论,称孙政府所扣留之商械必不能发还,而其现有还械之说,乃是一种权谋,居心叵测,"一面则取缔监督,无所不用其极,一面则威迫计诱,务使商团之堕其术中",批评"军政界之对于商团,又无论何方,皆乏诚意"。(《孙政府果允发还商械耶》,《香港华字日报》1924 年 10 月 13 日)

△　大本营财政部长兼广东财政厅长古应芬上孙中山呈文,请"准予开去军需总监一职,俾得专心经理部务、厅务"。(《大本营公报》第 29 号,"指令")

△　报载何丰林致函孙中山,表示支持孙中山的北伐事业①。(《作战中之影响与杂讯》,《时报》1924 年 10 月 13 日)

10 月 14 日　广州商团下紧急戒严令。粤军总司令部召开紧急军事会议,拟定平定商团进军计划。(《中华民国史资料丛稿·大事记》第 10 辑,第 178 页)胡汉民以省长名义发出第六号布告,宣布即日解散广州商团机关,违者严惩不贷。(《扣械潮》卷 2,第 129—131 页)②

△　蒋介石来电谓:"各军联合一致解决商团,约今、明两日内开始行动云。昨日解送之子弹,务乞贮存一处,暂勿分给,否则临急无所补充,困难更甚。如逆敌反攻省城,先生可否率队南下平乱。中正之意,必如此方有转机也。解弹来韶之学生,何日返省,乞复。"(《蒋介石年谱初稿》,第 250 页)

△　令派蒋介石为平叛临时军事总指挥,以廖仲恺、谭平山为监军。

令谓:"兹为应付广州临时事变,在未平靖期内,所有黄埔陆军军官学校、飞机队、甲车队、工团军、农民自卫军、陆军讲武堂、滇军干部学校、兵工厂卫队、警卫军,统归蒋介石指挥,以廖仲恺为监察,谭平山副之。"(《事变未平靖前所有各军统归蒋中正指挥令》,《国父全集补编》,第 613—614 页)又命胡汉民代理革命委员会会长,廖仲恺为秘书,蒋介石

①　据报纸报道,孙科奉孙中山命令出使奉天,与谢无量顺道过沪,将孙中山亲缮之函交给沪宁联军第一军总司令何丰林,何丰林复此函与孙中山。

②　在动用武力之前,胡汉民曾命范石生致函商团、商会,"作最后通牒",实际上把政府的决定通告了商团,希望商团自动开市,但商团仍无退步之意。10 月 14 日,情势已十分紧迫,商团在妥协和对抗到底之间面临最后抉择。当晚分团长及总团部的重要人员召开紧急会议,有人也想开市缓和一下,但总团部秘书关楚璞坚决反对,说要总团长主持才有效,会议无结果而散。主持会议的副团长李颂韶散会后叹息不止。如果当晚商团在最后关头答应开市,也许能避免后来的生命财产损失。在政府武力打击下,商团事变迅速平定,广州商团终于被解散。(邱捷:《广州商团与商团事变》,《历史研究》2002 年第 2 期)

为军事委员会委员长。各军出动围剿商团。（罗家伦主编、黄季陆增订：《国父年谱（增订本）》下册，第1140页）

△ 致电胡汉民转杨希闵、许崇智、刘震寰、范石生、李福林、廖行超，令即合力扑灭商团叛乱。电谓："收缴商团枪枝刻不容缓，务于二十四点钟内办理完竣，以免后患。否则，东江逆敌反攻，必至前后受敌。望诸兄负责进行。不可一误再误。"胡、许等奉命后，即于下午5时半发出总攻击令，政府平叛各军奉令出击：粤军张民达、许济等部在黄埔军校学生队及湘军一部协助下进击西关等一带，李福林部攻击太平门、西堤一带，吴铁城之警卫军进攻普济桥、回澜桥等处，滇军则扼守长堤、沙基、黄沙等地，与湘桂军一起担任警戒，工团军等则协助火攻，晚7时许，战斗开始。（《孙中山镇压广东商团叛乱文电》，《历史档案》1982年第1期；华字日报馆编：《扣械潮》卷1，第93—94页）

△ 致电杨希闵，责其不该擅将赵成樑师调回，并谓"商团之事如果无人包庇，则数十革命党便足压服有余，何必用到牛刀。若为解决内部，则今已非其时。不如舍粤图赣也。"（《致杨希闵电》，《孙中山全集》第11卷，第187页）

△ 报载政府与商团两方之动作及是日广州之情形，谓："孙中山因商团态度强硬，令许崇智查办，声言将出断然之处置。"随孙北伐之吴铁城警卫军，13日由韶回省，孙中山并调回东江湘滇军，"逼勒开市，闻限十四日午后二时全开，否则武力解决"。"永丰炮舰已回广州，西关已被围，滇军在南面控制外栅，东面有武装之商团集于栅内，省长出示限商团于今日缴械，明日如见戎装之商团，即须拘捕"。而"商团以政府屡失信，非全还械不开市"，并"决议十四日起封锁粮食，不售卖运输"，且催促各地商乡团来省，形势严重，粮价陡涨三倍，人心极为恐慌，"商民纷入沙面避难，或将贵重物件寄存"。（《粤局之纷扰》，《时报》1924年10月15日；《粤省军队与商团开战》，《时报》1924年10月16日；《广州前晚恐有变乱》，《京报》1924年10月16日）

"十四日早，西关方面各商店，加紧戒严……至于本市各商团军驻所,沙包重叠于门外,严密派队把守,并将出巡之商团撤回,协同布置"。"市中攻击政府及求孙文下野之传单,散布各处,甚至有举行极端运动,以孙文之肖像粘贴张傍,用钉钉之者"。"广州政府既下十四日解散商团没收团械之命令,即分令滇湘桂福等军及警卫军,分赴西关毁拆街闸,及围攻商团总所,没收商团枪械。当布告发出后,当局犹以为商团可以威吓,自能贴伏缴械。不谓商团中人,既抱与械存亡之念,解散令下,益紧闭街闸,于扼要路口堆叠沙包,预备决一死战"。(《广东军与商团大激战》,《时报》1924 年 10 月 20 日;《呜呼广州巷战》,《中华新报》1924 年 10 月 16 日)

△　报称,是日晚政府军与商团军发生巷战,死伤无数。

东方社消息称:"吴铁城、李福林、许崇智军等即于十四日夜,向商团军发炮,大起市街战,到处发生火灾。"中国社消息亦谓广州市街"发生空前惨烈之巷战,团军及人民死伤山积"。(《孙中山军队与商团军巷战》,《京报》1924 年 10 月 17 日)

△　复电叶恭绰、郑洪年,转电张作霖,望接济北伐军饷。

叶恭绰与郑洪年在沪,昨来电告卢永祥已去,现推徐树铮为总司令,谋再整军。本日,孙中山致电中国国民党上海执行部转叶、洪二人。电曰:"卢去系何原因? 又铮登台,必可大振,望各方为之助力。我军仍决入赣。"并望叶、郑转电奉天张作霖,告以自樊钟秀部出发后,"财政竟陷于绝境,其他部队因此不能继出。而樊部独力奋斗,已致敌人疲于奔命,若我大军一出,江西直唾手可得也。其奈十日行粮亦不可得,坐失事机,深感抱愧。倘公能即接济三十万,则江西不足平,而长江可牵动。子嘉虽败,不足虑也。切盼好音"。(《复叶恭绰郑洪年电》,《孙中山全集》第 11 卷,第 186—187 页)

△　致电廖仲恺,谓:"杨虎所部三百人火食,请设法接济之。"①复于 16 日午夜致电杨虎,曰:"火食向吴铁城借用,事妥即回韶,并同

---

①　按,此电为"寒"日发,故系于 14 日。

解邓、杜两人来营。"16 日另电吴铁城着设法接济之。(《致杨虎为军队火食并解同邓、杜二人来营电》《致吴铁城接济杨虎军队火食电》,《国父全集》第3 册,第 969 页)

　　△　赵西山携孙岳及胡景翼密函抵韶,请示首都革命事宜。

　　去岁 9 月 4 日,赵西山奉派为出勤委员,赴陕传谕同志及各军将领协同讨贼,本年 4 月,复派赵赴西北传谕陕军将领。至本月上旬返粤,本日抵韶关,携孙岳及胡景翼密函前来谒见,就发动首都革命事请示机宜。赵西山,凤县人,辛亥初入同盟会,尝奔走两粤、陇、蜀、京、沪各地联络志士,宣传革命。靖国军时奉于右任总司令之命代表宣慰各军,派赴广州谒见孙中山报告情形,并献西北军事善后策。被派为大本营出勤委员,联络豫直各省同志,遍历关内外诸军,宣达孙中山对国事之主张,转赴榆林,见井岳秀、杨虎城筹商大举。本年冬,北方事已成,复持孙岳、胡景翼密函赴广州谒见孙中山请示机宜。(《派赵西山赴西北传谕各军令》,《国父全集》第 4 册,第 1126 页;《任井秀岳为陕西讨贼军临时总指挥状》,《国父全集补编》,第 613 页;杜元载主编:《革命人物志》第 8 集,第 143—144 页)

　　△　张继电呈请除党籍与解职,田桐等请予以优容。

　　张电谓:"自八月大会以来,共产派肆行无忌,继耻与为伍,请解继党职兼除党籍为叩。"孙中山即准其所请。(《张溥泉先生全集》,第 116页;孙修福、喻春生:《新发现的中国国民党总理批文(三)》,《民国档案》2001 年第 3 期)是月 21 日,田桐、谢持、林业明电请孙中山予以优容,勿弃张继于党外,电谓:"今竟允其出党,人将谓非溥泉离先生,是先生弃溥泉……当此图北之时,尤应同志团结一致,不宜龃龉。伏恳先生收回成命,并加派溥泉为军事委员。"(《中华民国史档案资料汇编》第 4 辑下册,第 631 页)

　　△　任命曾杰为赣边先遣队司令,井岳秀为中央直辖陕西讨贼军临时总指挥。(《任命曾杰职务令》《任命井岳秀职务状》,《孙中山全集》第11 卷,第 188 页)

△　训令国立广东大学校长邹鲁，指出据两广盐运使邓泽如呈称，前呈请将省河盐税附加大学经费案，目前办理既多窒碍，自应暂缓实行，仰即遵照。（《大本营公报》第 29 号，"训令"）

10 月 15 日　平定广州商团事变。（《中华民国史事纪要（初稿）——一九二四年九至十二月》，第 606—610 页）各通讯社对本日交战情形做了报道。

中美社消息称："十五日早，自韶关退回之孙军与广州商团开战，商团自西郊渐退入城之中央，现仍在鏖战之中。河堤及重要街市，交通已归停滞，情形颇严重。又中国街已被焚毁。孙文与商团之战因，由于商团拒绝解除武装及立刻开市，及变更商团之组织之电求。杨希闵今被任为孙军总司令，吴铁城已自韶关带队返广州。孙文并下令将西江方面之豫军、滇军皆调赴广州。"（《孙中山军队与商团军巷战》，《京报》1924 年 10 月 17 日）

路透社是日电讯，则据英人方面之报告，称："兵士在西关放火数次，但各街栅栏皆坚闭如常。难民数百人惊惶无措，纷纷渡河，避入河南。广州各街几绝人烟。一般人以为此等情形或将拖延二三日。"（《孙中山军队与商团军巷战》，《京报》1924 年 10 月 17 日）次日消息亦称："昨日终日大火，今已可望救熄，商团被败估计损失值七百万元，丧失生命必众。"（《广州市将成焦土》，《中华新报》1924 年 10 月 17 日）

是日香港电讯称："十五日早五时，湘军缴商团械，两方开战，商团在太平路西，湘军在丰宁路东，互相射击。福军渡河助湘军，五时至八时未停战，交通断绝。"（《粤省军队与商团开战》，《时报》1924 年 10 月 16 日）次日电讯又称："十五日一带，枪炮声与大火抢劫，终日不绝，市民避难河南，号哭之声闻数里"。"商团败退郊外，多往佛山，兵死三四百人。十五日有兵数千，赶往佛山，将缴商团械。查所烧各街，同兴街全烧，十三行故衣装帽浆栏各街烧毁亦多，闻兴隆、联兴、太平门、上下九甫亦波及，商团总所尽焚。"（《广州大演惨剧》，《时报》1924 年 10 月 17 日）

东方社消息则谓："政府军于今日破晓,向商团举行总攻击,在市内各处放火,肆行焚劫,一时火光烛天。广东市中遂受枪炮之洗礼,顿化为阿鼻地狱,混乱不可名状。"(《广州大演惨剧》,《时报》1924 年 10 月 17 日)又称："鏖战最烈者,似在泰平路,炮烟笼罩全市,呈凄惨之光景。"(《呜呼广州巷战》,《中华新报》1924 年 10 月 16 日)

又据报道："十五日省城大火,现已熄,商团战败,损失物产,约值七百万,死伤甚重。现已停战,又传西关繁盛之区,已焚去七八,变为焦土,情形极惨"。"自兴隆街起至太平街西门一带,挨户被劫,或被焚毁,几无一家幸免,外人调查,死伤约二千人,被焚约一千五百户,损害在五千万元以上。"(《广州大演惨剧》,《时报》1924 年 10 月 17 日;《粤局之糜烂》,《时报》1924 年 10 月 20 日)日本方面的报告称:有关此次动乱的损害有各种说法,综合从各方面获得的确切情报,共烧毁住房约七百所,战死军人约三百人,受火灾及抢劫损失约三千至四千万元。(《広東動乱ニヨル損害並ビニ商団側ノ敗因ニツキ報告ノ件》,《日本外交文書》大正 13 年第 2 册,第 546 页)

另有消息称："此事酝酿发生已久,中山因在韶关,未甚深知内容,旅外粤人如徐固卿、叶玉虎、郑韶谷等,均曾切电中山,力劝须委曲求全,以免生变,当地绅界亦多奔走调停,嗣以暗幕中有人挑拨,致双方各走极端,遂致不可收拾。"(《广州惨变已平息》,《中华新报》1924 年 10 月 18 日)

△　商团事件平定后,一些亲商团立场的报纸持续刊载评论文章,将矛头指向孙中山领导的广州政府。

《顺天时报》责难孙中山为维持权势而发起战争,牺牲良民。曰："十五日该地火灾,颇呈惨状,盖由政府军与商团军相战斗,商团军败北,家屋烧失达数千户,死伤甚多。又因灾祸而良民之遭掠夺惨杀者亦复不少云。抑孙陈两军,互相对峙,孙军形势稍感不利。盖恐陈军与商团军联合,形势愈见恶化,故孙军对于商团军攻击异常激烈。然而陈军依然优势,商团军亦未全减,现似在收其兵残避难之中,故今后形势尚难预测。广州城内不无再受兵祸之虞也。吾大不问其主旨如何，但为维持权势计竟以多数人命供诸牺牲，此吾人所不取者也。夫战争固非吾人所欢迎，然既已开战，两军兵士之死伤，似属不得已之事，乃因之害及良民，实为恶虐。对于敌人且然，况于同胞乎。孙逸仙氏既驻广州，无论何时，应有保护市民生命财产之觉悟，若使无此觉悟，徒为战争，牺牲良民，不问手段如何，专以维持权势为事，是不啻恶王虐主之所为。伤德之事，莫此为甚。果尔，纵令战胜，恐亦难全大业。"（《广州之惨状》，《顺天时报》1924 年 10 月 22 日）

《香港华字日报》则借托商团某要人之口述，将事件归责于孙政府及国民党中央执行委员会事先预定之阴谋，称是月 10 日二次罢市发生之后，"孙政府猝睹此情形，颇觉手足失措，惟中央执行委员会则已预定有解散商团计划，以免阻手阻脚，即于是日再为一度之会议，决定先发还一部枪械，欲以塞舆论之指摘，并示商团以易与，使其无备，然后再藉词将其收缴。会议后即一面通知胡汉民，使李福林佯出调停，通知商团前往接收，一面由工人部长廖仲恺饬令工团农团军前往截抢，将军械收回。是午工团农团□军遂以举行警告节巡行，于商团接收军械之际，硬欲冲过西濠口，知商团不肯容其通过，遂可藉词与之冲突，并预使数人伏于西濠酒店左右，先攻数枪，以扰乱秩序。届时果闻西濠酒店楼上放枪两响，工团军即跟着开枪向商团轰击，讵商团人数众多，保护周密，工团军不敌，狼狈窜散，一场惨剧遂告一结束。事后中央执行委员会以计划失败，心有不甘，乃于黑夜命人将工团军尸身，用刻刀乱划数刀，翌日复分派党员四出宣传，谓系商团屠杀，以冀激动工界之怒。其实商团是日之向工团还枪攻击，原为正当防卫，实出于不得已，既已击毙之，何必再加以剖腹取心等残忍手段，此在明眼人，无不洞悉其奸矣"。（《孙政府决定解散商团之内幕》，《香港华字日报》1924 年 10 月 29 日）

《香港华字日报》又曾刊文为商团辩护，将矛头指向革命政府，谓："商团之所要求，则发还全部商械而已，则实行取消苛捐而已。此不特为全粤人之公意,孙政府且尝一再言之。果其不欲自欺欺人,则目的朝达,罢市夕止,无论如何纠纷,第官民相见以诚,即可冰消瓦解……广州为全粤精华荟萃之区,而竟使之亦永陷于万劫不复之深渊,逞一时之意气,贻永世以大忧,大元帅即不为桑梓计,然苟其犹有人心,清夜自思,当亦有恧然难安者耳。"(《孙政府屠戮人民之可愤》,《香港华字日报》1924 年 10 月 17 日)

△ 报称:"工团请政府照会港政府,驱逐陈廉伯,否则全体停工。"(《粤省军队与商团开战》,《时报》1924 年 10 月 16 日)

△ 致电胡汉民,令处理商团事件善后,谓:"商团既用武力以抗政府,则罪无可逭,善后处分,必将商团店户、货物、房屋,悉行充公。其为首之团匪,严行拿办,万勿再事姑息,除贻后患。其在省外之商团,当限期自首悔罪,永远脱离商团,否则亦照在省团匪一律惩办为要。"又电谓:"未入商团之商店,应严令即日开市。其已入商团者,应分别处罚:为首者没收财产;附从者处以罚金,论情罪轻重,由数百至万元,作北伐军费。宜及此时,迅速办理,免致日久生怠。"(《复胡汉民电》《致胡汉民电》,《孙中山全集》第 11 卷,第 195、196 页)

△ 致电胡汉民、各军总司令及军长等,嘉奖一举扑灭商团叛乱,谓:"商团与陈逆勾通……幸我军将士深明大义,一德一心,始能最短时间剪此凶顽,肃清陈逆内应。厥功非细,毋任嘉慰。现内应既除,敌气先馁,尚望整乘严防,歼灭逆寇。"(《联军广州平乱记》,上海《民国日报》1924 年 10 月 22 日)

△ 致函范石生、廖行超,着协力筹款北伐。(《致范石生廖行超函》,《孙中山全集》第 11 卷,第 193—194 页)

△ 令蒋介石发给航空局驳壳枪五十枝,子弹各二百发。(《致蒋中正电》,《孙中山全集》第 11 卷,第 194 页)

△ 报载唐继尧致孙中山电,谓:"此间筹备已竣,分路进行。"(长沙《大公报》1924 年 10 月 15 日,"快信摘要")

△ 致电叶恭绰,请促徐树铮来韶关襄助。

卢永祥由沪去日,14 日鄂军援苏总指挥张允明率部抵上海,声言为齐燮元先锋,占龙华及兵工厂。惟卢所遗军队四万人在沪附近,推徐树铮为总司令,谋再战,故孙中山于 14 日复叶恭绰、郑洪年电中称"又铮登台,必可大振,望各方为之助力"。但徐入租界后为工务局所捕,释出后行动受监视。（刘绍唐主编：《民国大事日志》第 1 册,第 269 页）孙中山知悉此事后,乃于本日电叶恭绰曰："浙局既完,又铮无事,即请来韶襄助。"（《致叶恭绰电》,《孙中山全集》第 11 卷,第 195 页）

△　指令大本营财政部长古应芬,准通饬各征收机关,各税项因大洋补水,改增收二五。增收款之一成解拨北伐军费。（《大本营公报》第 29 号,"指令"）

△　准傅秉常辞去海关监督,以罗桂芳继任。派吴枬为西江十九县禁烟总局局长。（《大本营公报》第 29 号,"命令"）

△　本日香港电称："俄舰到省,运来枪六千枝,手机关枪六百枝,马克沁炮四十尊,野战重炮二十尊,银三十万,奉张托带二十万。"（《粤省军队与商团开战》,《时报》1924 年 10 月 16 日）

△　陈炯明部将高雷、罗阳、钦廉、琼崖属联军总指挥邓本殷、熊略等均发表声讨孙中山电,称："愿率所部,负弩前驱……事机逼迫,宁能少延";并"联合友军,诛锄非种……戮力同心,匡救百粤。"（段云章、沈晓敏编著：《孙文与陈炯明史事编年（增订本）》,第 822 页）

△　旅沪粤人陈秉钧、黄开福等发布讨孙电文,略谓："孙文窃政,益无人道,曩昔全省人士力争禁绝之烟赌,今竟然承饷,应有尽有,触目皆是……坐是商场凋敝,生灵涂炭。尤复包藏祸心,诪张为幻,推翻共和,实行共产,招收无赖,号称工农团军以欺压良民,防商团有反抗之虞,遂逞行劫团械之毒手……呜呼！庆父不去,鲁难未已,孙文不诛,粤无宁日。公民等作客他方,怆怀乡国,实不忍桑梓遭残,同归于尽,南望岭云,垂涕而道。唯我三千万父老兄弟海外侨胞协力图之。"（《旅沪粤人讨孙文电》,《顺天时报》1924 年 11 月 23 日）

△　日本驻广州总领事天羽英二应陈廉伯请求进行调停,遭胡

汉民拒绝。

午后 2 时左右,法国领事造访天羽英二,代避难于法租界的陈廉仲及另外三名商团干部向天羽提出请其向政府进行调停。天羽表示:"基于对目下广东市民的悲惨状况之同情,在不损害政府及商团任何利益以及不受外国人干涉内政之嫌疑之前提下,若便利行事,愿不辞劳苦以为正式之斡旋。"次日晨,天羽先向时任广东省长和大本营留守的胡汉民探询广东军政府对于商团军的态度和意向,胡态度坚决,故无调停余地。(《商団側ヨリ仏国領事ヲ通ジ调停方依及ビ之ニ对スル广东政府側ノ意向ニツキ胡漢民卜会见ノ件》,《日本外交文书》大正 13 年第 2 册,第 543 — 545 页)

△　报称:"日人方面所接东京电讯云,东北战事正酣之际,张作霖已迭派密使赴日,频频运动日本政府,欲得某种谅解。不意段祺瑞亦派其顾问日人工藤铁三郎为特使,突于本月五日抵东京。查藤氏即武王铁石,抵东之后,与日人赤平茂春氏过从甚密,现正在活跃之中。自工藤氏抵京以来,在东京之日本浪人等,颇感胁迫,其一举手一投足,均予以非常之注意云。"(《段祺瑞派顾问赴日活动》,《晨报》1924年 10 月 15 日)

10 月 16 日　致电胡汉民:"据李福林报告:团匪高踞西濠口大新公司楼上放枪,密击我军。着即将该公司占领充公,不必畏惧外人干涉,以彼先破中立故也。务要令到即刻执行。"(《致胡汉民电》,《孙中山全集》第 11 卷,第 200 页)

△　本日华俄电称:"西关被广东政府军三队包围,因界内起火,十六日晨始行进攻,抢掠数起,匪徒业被正法,当局已出示历述商团阴谋,解释政府迫于以武力对待之苦衷,促市民严守秩序,合力消除恶孽,政府负保护市民全责。"(《商团败溃中之广州》,《顺天时报》1924 年 10 月 19 日)

△　是日广东电称:"政府军于本日晨将市内全部住宅尽行搜索,同时恣意掠夺,家无武器者,则以人为质,大有竭力扑灭商团之

势……并饬调动兵队,向佛山等各地方商团强行解除武装,政府军对商团之掠夺行为颇为猛烈,甚至途中遇见难民强行劫夺,使之无一遗品。军兵暴乱无状,迄今未熄,市民恐慌达于极点,对政府嗟怨之声弥漫于广州全市。"(《粤政府恣意暴行》,《盛京时报》1924 年 10 月 19 日)

△　致函蒋介石,询黄埔枪械事,并望促各军速出北伐。

函谓:"枪械运韶既未办到,尽交汝为,而条件今又以环境变迁无施行之必要。然则此械兄究以何用为最适宜? 请详细考虑,以告我为望。"又谓:"北伐志在必行,且必有大影响。樊钟秀所部数日前已破万安,收降卒一团,闻敌因此已疲于奔命。大军现尚无款出发,但二日后必令何雪竹队再出,以继樊之后尘,则敌必更恐慌矣。赵成樑要求若能得枪二千,则无款亦必出击江西。江西敌甚无斗志,亦无斗力,大军一出,必得江西全省,便可补上海之失。张静江有电催出师江西甚力,亦有宁弃广东亦当为之,此可见各省同志之望我,不可不有以慰之也。此次一出必能成大功可无疑义,望兄鼓励各人速出。一由东江击破陈逆而出福建;一出江西,则川、湘各军必争先出武汉,而中原可为我有。否则,无论奉、直谁胜,西南必亡。际此时能进则存,不进则亡,必然之理也。"(《致蒋中正函》,《孙中山全集》第 11 卷,第 200—201 页)

△　古应芬来电,报告筹措经费等事宜。略谓:"粤省财政状况搜刮已尽,未易维持。芬自奉令,终夜彷徨,计无自出。嗣奉严责,始靦颜就职,希冀接事后寻出办法,稍分帅座之忧。无奈就任迄今旬有四日,所收仅二千二百余元,支出已迄四万有奇。款皆从挪借而得,自逆团罢市,无可挪借,支柱更难。自奉电后,与邓运使协商,亦苦无策。今勉强思得一计,拟向南洋烟公司商借十万。彼如不承,则彼公司有陈廉伯之股正多,应责令缴出。其不足之款,则决向电灯公司提取。并拟向商团中之附逆者责缴罚款,或有所得。以上三种均已分途办理,先以奉闻。"①

---

① 据该书所刊电稿照片校对。——著者

当日,又有一电,谓:"(一)陈可钰由港回,报告陈军内部多龃龉,洪、熊均赴港,无反攻意。自得曹、吴败耗,气益颓丧。(二)铁城今日由罚款提出万元解韶,明日可再解万元。(三)电力公司呈复,以官股出售,溢利应随股票移转为言。查中国判例及外国法例,溢利非有特别契约,无随股票移转者,已驳斥之。(四)南洋公司如星期三不缴款,决将其烟草禁止入口。"(李穗梅主编、李兴国等整理:《古应芬家藏未刊函电文稿辑释》,第42、43页)①

△　着讨贼靖国军名目一律取消,均改称建国军,以归划一。(《大本营公报》第29号,"命令")同日电告唐继尧,着滇、黔各军一体遵照。(《致唐继尧电》,《孙中山全集》第11卷,第199页)

△　致电胡汉民转刘震寰,嘉奖其率部参加戡乱。略谓:"多事之秋,正当奋斗,望兄与诸军戮力,共集大勋。"(《中华民国史档案资料汇编》第4辑下册,第630页)

△　商团陈恭受乞和,蒋介石等允其请。省署复通缉陈廉伯等。

本日晚,商团副团长陈恭受来黄埔军校乞和,愿缴械赎罪,蒋介石允其请。广东省长胡汉民下令各商店即日开市营业,并通令缉拿陈廉伯、陈廉仲、陈恭受、邓介石、李颂韶、关劲武、邓佩芝、黄叔明、陈兆均、杜管英、关楚璞等人。当晚西关外商店咸开市,至此商团事变弭平。(华字日报馆编:《扣械潮》卷2,第133、135页)

英总领事对此事曾致公文于大本营提出抗议。孙中山对此发表广州商团事件对外宣言,予英总领事严厉斥责。陈廉伯逃往香港。而陈炯明在此事变中,则未有行动。(《中华民国史事纪要(初稿)——一九二四年九至十二月》,第621页)

关于陈炯明此时未出兵援助商团,加伦在随后的汇报中说:"当时,广东本省的战争相对平静。军阀陈炯明苦于资金不足,正谋求消除所部各将领之间的隔阂,不敢轻举妄动。在该线,我军防线设在虎

---

①　据该书所刊电稿照片校对。——著者

门、顺德、陈林一带,守军有滇军、桂军及部分粤军,总兵力为两万人。"(《共产国际、联共(布)中国革命文献资料选辑(1917—1925)》第2卷,第636页)

△ 报载:"佛山商团联合九十六乡民团,十六日攻在佛滇军,在通济桥一带剧战。滇军败退出佛山,吴铁城赴援,在五眼桥被团军击败,退至石围塘。"(《粤局之糜烂》,《时报》1924年10月20日)

△ 唐继尧致电孙中山、谭延闿、陈炯明诸人,表示克期出发,期与各军会师武汉。

电谓:"自上年贿选之事发生,舆论激昂,友邦腾诮。继尧痛四维之不振,罹国命之将倾,曾于十月号日通电揭明,认为无效。一年以来,国事益棼,民生益困,水旱灾祲蔓延各省,嗷鸿遍野,盗贼满山。稍有人心者,宜如何恐惧修省,勤修内政,与民休息。乃彼昏不悟,肆意妄为,德债票案,金佛郎案,只图中饱,罔顾国权。近更于天灾流行之际,民命不堪之时,凭藉淫威,称兵黩武。四省攻浙,沪杭之兵祸既开,三路出师,东北之战端复启。人民涂炭,国事垂危。为今日计,非有摧陷廓清之功,仍无彻底解决之望。继尧与国休戚,义难坐视,谨即简派部伍,克期出发,并亲出督师,期与各友军会师武汉,直捣幽燕,剪灭凶残,奠安国本,成败利钝,非所计也。"(《唐继尧讨曹通电》,《申报》1924年11月11日)

△ 王用宾致电孙中山,请其放弃广州,坚持北伐。略谓:"忽闻钧座返回广州。前者北伐阻于内乱,今误于商团。小不忍则乱大谋,长此迁延,纵不患有人关先王之人,独不患举国志士之灰心解体乎!今日之事,一言可决。顾广州,即请中止北伐,要北伐,即请放弃广州。盖兵力合之则有功,分之则两败。徘徊歧路,甚非计也。况商团小事,陈逆小丑,胜之不武,不胜贻天下笑。何不掉转旌旗,向北直指,中枢在握,粤事一纸命令可了。商团既叛,即请□□缴械,短期结束,回戈北上。"(王世爕、王世霖:《"谏三"密电与孙中山北上》,《团结报》1988年3月15日)

△　是日东方电称：孙科于本日午后3时由安奉铁路来奉，即入城内。（《孙科抵奉》，《中华新报》1924年10月18日）

10月17日　国民党中央执行委员会发布通告，说明政府扣械与平定商团叛乱真相。

通告略谓："广州一部分商团受一二帝国资本主义买办奸商利用，于我革命政府允许发还枪械之后，煽惑无知商民酝酿罢市，又复武装出巡，行种种胁迫手段。我革命政府悉以大度处之不与较，讵昨十日为本党推倒满清政府之纪念日，学生工人农民及各商团等四十余团体齐聚第一公园，举行游行庆祝，甫行至太平南路，即被该商团军迎头枪击，计击毙学生工人共十余人，伤者不计其数，失踪不明者数十人，已死而被剐心者二人。此项事实，路人共见。青天白日之下有此无理蛮行、目无法纪之土匪式的商团，不予严办，何以除我革命之障碍，而维广州市之治安。故我党政府经于十四日下令着该商团一律解散，另由正式商人依照民团条例从新组织。乃该商团等怙恶不悛，故违公令，不惜负隅顽抗，以庄严璀璨之西关百数十万人寄托生命财产之地等孤注于一掷，幸赖我党军同心戮力，一鼓而妖孽肃清，从此我党在广州市内之障碍消除，深得引为庆幸。只可恨者，大兵所过，玉石俱焚，父老何辜惨罹锋镝。谁实为之，孰令致之，商团军不能辞其咎也，利用商团军之帝国资本主义买办阶级之奸商尤不能辞其咎也。诚恐我党员及表同情于本党者不明真相，误听蜚言，滋生误会，谨将此次解散商团经过情形宣布内外，咸使闻知。凡我革命党人，嗣后宜加勉励，实行奋斗，一切反革命派之举动，有妨碍本党进展者，务除去之，使我三民主义、五权宪法早日实现，有厚望焉。"（《国民党宣布解散商团真相》，《盛京时报》1924年10月31日）

△　东方社本日广东电称："广东政府一面开始攻击商团，一面发陈廉伯以下商团干部六名之通缉令，将解除佛山其它各地商团之枪械，令军队出动。政府军对商家抢劫至十七日午后六时犹未停止，甚至侵害避难人民，强夺其手携物品，市民之不安与对于政府之反

感,已达极点。"(《广东尚在劫掠中》,《中华新报》1924 年 10 月 19 日)

△　英国共产党致电孙中山贺其荡除中国资本家所组泛系军之胜利。(《英国共产党电贺大元帅》,上海《民国日报》1924 年 10 月 19 日)对于英国共产党此举,"香港各报颇多批评,因军人焚烧广州城乃残暴之举也"。(《劫后之广州》,《中华新报》1924 年 10 月 21 日)

△　孙中山试图乘镇压商团叛乱之机,收回粤海关,于本日任命罗桂芳为粤海关监督,令其接收粤关。罗率军准备接收沙面海关。(段云章编著:《孙文与日本史事编年(增补本)》,第 677 页)

△　致电胡汉民,谓"沪电希分别回答,并望速筹款北伐,万勿延误"。(陈锡祺主编:《孙中山年谱长编》下册,第 2036 页)

△　令高雷讨贼军总司令兼高雷绥靖处处长林树巍,速将土豪关公度诬老年华侨胡梓和为匪、严刑拷打、勒款五千元一案原委及办理情形,具报核办。(《大本营公报》第 29 号,"训令")

△　谢持是日日记称其:"提辞职书辞本党中央监察委员会委员,盖因病旷职而又恶共产派之横恣也。"(谢持:《谢持日记未刊稿》第 4 册,第 330 页)

10 月 18 日　致函胡汉民与许崇智,嘱火速筹款接济北伐军。

电谓:"现在军队已完全集中韶关,务要速发乃能不失时机……赣州以南敌力甚薄,若我军快出,必可得赣南全部。惟出发费尚无着,迟恐失机,望竭筹十万,便可出发。"并嘱如无他法,可协同设法助古应芬速取电力公司民国八年以前官股之红利,以充北伐费。(《致胡汉民许崇智函》,《孙中山全集》第 11 卷,第 205 页)

对于电力公司之侵吞公款,复于本月 23 日急令财政部长古应芬查办,令曰:"对于电力公司,如查确果有侵吞公家红利等事,当要按法严办;如再有不服法律,仍复图赖,只有将产业充公,以偿公款。"(《致古应芬电》,《孙中山全集》第 11 卷,第 232 页)

△　滇军范石生擅自布告防地戒严。朱培德部由韶返省途中遭袭击。

本日,滇军军长范石生擅自布告,谓所有老新城为该军防地,友军经过,须先知照。时滇军与粤军之冲突日甚,孙中山闻悉后乃调中央直辖第一军朱培德部星夜由韶返省。昨日,该军乘火车行至河头站,遭炸弹袭击,车辆毁损,兵员死伤百余人。许崇智、吴铁城、李福林等议决驱逐滇军,许并强调实行"大广东主义"。滇军亦加紧戒严,并口头劝告民众尽离广州,谓战火将发,以制造恐怖气氛。(《申报》1924 年 10 月 21 日,"国内专电")

△　吴佩孚电湘督赵恒惕调军袭韶关,以断入赣北伐军樊钟秀之后路。

是时,建国军北伐先遣队樊钟秀豫军攻赣甚急,方本仁求援。北京政府除于 19 日函饬其财政部速拨军费予方外,吴佩孚亦电长沙湘督赵恒惕,抽调湘军全师袭韶关,攻樊军后路,另以鄂军第一、第三两旅由巴东野三关龚家桥经来凤入湘协助。同日,赵恒惕令唐生智、叶开鑫、刘钧各编一旅,由衡永南下横击樊钟秀豫军。(《东北大战中之湘讯》,《申报》1924 年 10 月 20 日、21 日)

△　赵西山离粤北返,携任命井岳秀为中央直辖陕西讨贼军临时总指挥等委任状五件以及致刘守中函。孙中山在致刘守中函中,奖勉陕军及该部爱国之诚与赴义之勇,并谓:"曹、吴稔恶穷兵,举国义师一致声讨,大势所趋,即民意所在……望团结同志迅赴事机,以成大业。此间北伐各军已入赣境,俟下南昌,即会师武汉,与诸君共定中原。"(《致刘守中函》,《孙中山全集》第 11 卷,第 204—205 页)

△　任命何成濬为湖北招抚使。(《大本营公报》第 29 号,"命令")

△　准李朗如辞去财政委员会委员。本月 14 日,广州市公安局长李朗如呈请辞去财政委员会委员职,并呈缴派状一件。本日准辞,派状涂销。(《大本营公报》第 29 号,"指令")

△　广州商会长陈廉伯等致电上海总商会并转各埠商会,电称:"粤全省罢市,求免苛捐及还团械,删日孙文会各军炮击省城西关,又令四面放火,烧铺数千,全城抢劫殆尽,人民死伤遍地,惨酷为古今所

无,乞飞速援助,先集流亡。"(《孙文焚掠广州市之反响》,《时事新报》1924年 10 月 22 日)

是日并有旅沪粤人致粤团体电,谴责政府军糜烂桑梓,谓:"粤东军队攻击商团,纵火焚烧,西关一带,尽成焦土,人民伤亡遍地,尸血充途,为古今中外历史未有惨劫。以粤垣数千年精华所聚之区,一旦遽遭糜烂。龙济光、莫荣新所不忍为者,不料见诸今日。自民国以来,以粤省〔为〕护法之区,军府经费,吾粤民之脂膏也,军人衣食,吾粤民之血汗也。凡军府兴一捐筹一饷,莫不取给粤民,粤民莫不奉命唯谨。我粤民何负于军人,想军人当不忍以粤民为寇敌也。孙公三民主义,中外咸知,亦断不忍残民、害民、杀民也。报载若确,殊失孙公平时利国福民之主义。同乡等梓桑东望,魂梦俱飞。军府与商团扣械事,尽可筹商解决,粤民何辜,遭此荼毒。所有此次粤民所受损失,应请抚恤赔偿,所有残杀人民之军队,应请依法惩治。一面妥筹善后,抚慰流亡,为粤民留一线生机,即为国家留一分元气。临电涕泣,不知所云。"(《旅沪粤人团体致粤港之两电》,《申报》1924 年 10 月 20 日)

同日各报多有对孙政府之批评。如《顺天时报》刊载评论,谴责孙中山以"苛捐"和"巷战","一味与人民为难"。(《孙科前日抵奉》,《顺天时报》1924 年 10 月 18 日)《中华新报》评论则称:"此次巷战,商团获罪,而人民遭殃,以百余万人之繁盛都会,忽为炮火之牺牲……此役也,市民之无端殒命者,且不知几何。至于颠沛惊恐,尤不必论矣……吾为广州哀,尤为中国革命痛矣。"(《哀广州》,《中华新报》1924 年 10 月 18 日)

10 月 19 日　密电胡汉民速查办广东兵工厂舞弊事件。

为查办广东兵工厂事两度密电胡汉民,谓"着胡留守令兵工厂查办员,限于本月 22 日将案查明详报……不能允〔久〕延致误戎机。"又令:"着马超俊交代,交代后即与查办员一齐来韶对质。"(《中华民国史档案资料汇编》第 4 辑下册,第 1511 页)次日,明令将马超俊撤职查办,任命黄骚代理兵工厂厂长。(《大本营公报》第 29 号,"命令")

△ 致电胡汉民、许崇智、廖仲恺、汪精卫,谓:"路孝忱部队已调韶,严加整顿。无枪部队,均应一律解散。此次惩乱经过,宜有宣言,想已发布。"(《致胡汉民等电》,《孙中山全集》第 11 卷,第 209 页)

△ 函复蒋介石,指示练兵、枪支处置以及北伐事宜。同日又电令蒋:"请再运七九弹五十万,六五弹二十万来韶。至要,至要。"(《复蒋中正函》《致蒋中正电》,《孙中山全集》第 11 卷,第 207—208 页)

△ 任命张继、王用宾、刘守中、续溪桐、焦易堂为军事委员,并特派徐谦为冯玉祥军慰问使,续溪桐为陕军慰问使,王用宾为直军慰问使。(《任命张继等职务令》《特派徐谦等职务令》,《孙中山全集》第 11 卷,第 209—210 页)

据谢持追述其事云:"北京曹锟之贿选总统也,国之正人皆反对之,余为议员尤不敢苟。及国民革命军起,党人之在北者,拟定数人,请组织军事委员会,中山先生独靳于某君不予委,然某君不可靳也。余遂矫命委之;中山先生来沪,乃请罪焉。"(《中华民国史事纪要(初稿)——一九二四年九至十二月》,第 635—636 页)[①]

孙中山于本月间曾密函在北京之徐谦,请转告冯玉祥当用革命手段救国,函曰:"请告冯,北京国会为不合法。若仍声声以此非法国会为言,当无商量之余地。倘北方武人知其冒牌之非,而有彻底之觉悟,以救国为前提,吾等亦不坚持合法国会。盖国会分子多属无望,则当用革命手段以救国。如能本此意与民党携手,则除绝陈之外,再无条件矣。"(罗刚编著:《中华民国国父实录》第 6 册,第 4832 页)

△ 本月 8 日,派林支宇为赣鄂宣抚使。本日樊钟秀率所部向湘边,而林支宇按预定步骤,在常德集会商北伐会师武汉计划,建国川军总司令熊克武等到会,胡景翼亦派代表与会。翌日,鄂督萧耀南

---

① 谢持追述中所言之某君,或系指张继,因其适于 17 日上书自请解除党职兼除党籍。

遂运动鄂、赣、闽、湘、川五省联防,以图扼阻西南之北伐行动。(《中华民国史事纪要(初稿)——一九二四年九至十二月》,第 638 页)

△ 广东留日学生同乡会致函广东政府与商团,略谓:"年来家乡不祥之事多矣,究未有如此次广东政府与广州商团鏖战之惨者……我广州商团,连年以来,百计思维,但欲早免兵祸耳,然舍仍持隐忍持重之态度,出任调停,以促孙陈两军之和协,其道莫由。若一时不察,铤而走险,舍其第三者之地位,而为野心家所利用,则以兵止兵,适足以自残耳……至我广东政府,固以福国利民为职志,三民主义为标的者,商团纵或有越分行为,亦必有所自,倘政府稍加反省,而继以恩威,和平解决直指顾间事,今乃一旦下令攻团,以商场作战场,视人民如草芥,三民主义何在? 福国利民何在……同人等虽远在异国,而心切家乡,前已宣言敦促孙陈两公共纾国难,今乃闻此不幸,心肝为焦,迫切陈词,言不暇择,诸惟鉴原。"(《广东留日学生泣告广东政府与商团书》,《中华新报》1924 年 10 月 25 日)

△ 本日香港电称:"闻北路商团民团围兵工厂,顺德商团民团占大良城,东路商团民团现攻虎门,孙文取消北伐,调兵回省城。""陈军乘机反攻,东江军事又紧急。""闻洪兆麟攻占虎门炮台,林虎围增城,孙令许崇智速派援军。"(《粤局之糜烂》,《时报》1924 年 10 月 20 日)又称:第五印度榴弹队,随带军火机关枪,已于是夜开往沙面,预防不测。(《广州市已渐归平静》,《京报》1924 年 10 月 21 日)

△ 路透社本日广州消息,谓:"广州传称,孙中山命其部下向十五日战中未遭殃之户征收三个月之房租以充北伐军费,并言陈炯明如攻入广州,则渠与部下,或复将焚烧全城,故当速助款以拒陈军。"(《孙文恐吓广州市民》,《时事新报》1924 年 10 月 23 日)

△ 报载:"李福林与滇军,因争缴商团枪械,在城内备战。一说今早五时已开火。"(《孙文部下之火并》,《晨报》1924 年 10 月 20 日)另有报道称:"福军、滇军因抢劫某店,致起冲突,闻滇军将缴福军械,人心又大起恐慌。"(《粤局之糜烂》,《时报》1924 年 10 月 20 日)

△　港电报道广州巷战后之消息,谓:"商团军失败,分作二路退却,一向东门外退却,麇集于农业试验场一带,一向大北门外退却,据守于高山麓,现滇桂各军仍分途追蹑,东门及大北门战事尚未停止。"又据港讯:"连日孙文军队与商团激战极烈,商团受许崇智、李福林、吴铁城各军之压迫,一面分两路向东门、大北门退出城外作战,一面电请林虎、叶举军进援。林虎已抽调先锋队三千,由其旅长黄丙星统率进袭广州。"(《广州巷战后之消息》,《北京日报》1924年10月19日)

△　《时事新报》刊文谴责孙中山"焚劫广州市""围击商团军",称:"孙文始则吞械,继则失信,终则不惜牺牲人民之生命财产,纵兵焚掠,灿烂之广州市,顿成焦土,劫掠之贵重品,多如山积,因商团而嫁祸于广州全埠市民,财产损失达数千万元,人民死亡至不可计数,天下痛心之事,当无以过是矣。"继刊社外来稿三篇,罗列孙中山之"罪状",略谓:"孙文这几十年来的把戏,原来是欺世盗名,这层姑且不问,我们研究他残害中国的策源,不外两端,一信用败类,一所谓大牺牲主义是也。""今日广州之孙文,以土匪式之军队,而残杀人民,有此事实发现,其为民贼也无疑。孙文所提倡之三民主义,纯属于欺骗人民一种虚伪之政策,就其实际,则无一点爱惜民生之表示。今广州商团,因不堪苛税暴政之压迫,起而实行自卫,而孙文竟以炮击商民,不重信义,可见三民主义之效果乃如此。""今年枪〔抢〕械后,孙氏对于商团百般摧残,欺诈百出,失信商团者屡也,加以苛税繁多,更积怨于广州市民,街谈巷议,俱非孙氏,故时人均谓孙氏行将自杀也。而今果然矣。孙氏不惜围击商团军,焚劫广州市……广东之民心已去矣,孙氏已失去活动之根据地矣,倾所率土匪式之数万军队,其力仅足以焚击一广州商团,自顾已觉能力有限矣……是今兹之败,更可坚广东人民之心,一意对付孙文,他日孙文之大难,即基于此矣。"(《舆论对孙文焚劫广州市围击商团军之愤慨》,《时事新报》1924年10月19日)

10 月 20 日 国民党中央执行委员会第五十六次会议议决:廖仲恺复任常务委员,准农民部长李章达辞职,改由黄居素代理;实业部改称商民部,以伍朝枢为部长;邵元冲代理海外部长。(罗家伦主编、黄季陆增订:《国父年谱(增订本)》下册,第 1141 页)

△ 准大本营财政部长古应芬辞去军需总监职。派章烈为大本营出勤委员。派李藩国为北江盐务督运处专员。(《大本营公报》第 29 号,"指令""命令")

△ 令北伐各军长官及仁化、始兴、曲江县县长:"南雄县长杨嘉修拟呈《临时筹办兵差办事处章程》五条,办法周妥,应予照准,仰转饬所属一体遵照。"(《大本营公报》第 29 号,"训令")

△ 是日广州电称:"商团问题告一段落后,广东政府关于截留广东关税协议结果,决定于十日以内,与以截留。如果此举失败,即在广东政府下另行设立关税。如因此与领事团发生纠纷,即诉诸武力,亦在所不辞。沙面租界,鉴于时局之紧急,由香港派来之印度兵,业于今晨在沙面上陆警备,维持地方治安。"(《孙文决意截留关税》,《晨报》1924 年 10 月 23 日)

△ 《北京日报》刊载报道,称粤东战事又渐形吃紧,略谓:"自孙文以财政无着厄于韶关后,而粤省东路战事又渐形吃紧。陈军方面近日连续调动军队由后方出发,前方尤以平山、淡水、龙冈一路最为注重。连日忽以增加洪兆麟等部约四五千人,俱由潮汕开拔,沿海陆丰直下而来,现在进驻龙冈,节节布防。并传洪兆麟亦不日亲到平山前线,而林虎所部亦由河源节节前进,泰尾、观音阁、七汝湖等处亦有多数林虎部军发见,公庄、横清、响水等地,联军方面只有山陕军路孝忱所部驻守,仅及千人左右。柏塘墟双方并无正式部队填住,全由土匪树立陈军旗号出没其间,湘军亦驻后方增城未有开动,闻系候领军饷乃允出发,现仍在省守催。而刘震寰已将后方各部尽行开动,加入右翼协助防守。闻联军计划近日也颇注重右翼平湖,将来尚要加入滇军一部分以厚声势。"又,"湘赵态

度比来遽见显明,极力助北攻。除已派湘军一师随马济入桂外,又
在湘桂边境设立后防司令部,并令本省之劲旅预备开拔。连日由
鄂运往前敌之饷弹,均由长沙转运。据亲近赵氏者谈及,赵氏日内
将有讨孙之通电"。(《孙文厄于韶关之粤省形势》,《北京日报》1924 年 10
月 20 日)

　　△　本日旅京粤同乡接到广东商团本月 17 日由香港来电,云:
"十月十五日孙逸仙勒令遣散商团并解散武装,纵令部下用机关枪轰
击西关,纵火抢掠。截至昨日止,烧毁民房一千余户,杀伤人民无数,
此次损失约计五千万元,为民国以来未有之浩劫。加害扰乱迄犹未
已。尝电呼烦务请遍告同乡筹款救济,以维危局。"(《广东商团电请救
济》,《北京日报》1924 年 10 月 21 日)

　　△　旅沪粤人陈尔嘉等于《时事新报》上刊文谴责孙政府,略谓:
"此次孙文纵令贼兵,焚毁市区,劫杀市民,为千古以来至凶极暴者所
不忍为。我旅外粤侨,谁无身家财产存留故乡?又谁无亲友困居省
内,惨遭残害者?且大难未平,波澜必复继起。既已重大牺牲之后,
若不合全省之力,将贼党根本铲除,则后患连绵,曷有宁日?同人心
焉如捣,誓不与贼徒共戴天日,义愤之下,共定办法如左:(一)将孙党
此次焚杀凶暴行为,宣告中外,以鸣其罪;(二)由同人在沪发刊粤报,
专将孙党历年及最近在粤种种罪恶,详细揭发,以申民意;(三)请沪
汉京津各处粤侨机关,迅筹巨款,遴派专员,回粤协助各属商团乡团,
及真正救护粤人之军队,联合扑灭孙党;(四)请各处粤侨机关,各以
工团名义,电函北京公使团、香港政府、上海领事团,宣告孙党残害地
方人民罪状,并请严加防范,以后凡该党凶徒,不许涉足租界地方,免
营巢窟,随时作乱;(五)同人现经出发调查各处租界内贼党机关,俟
列表通告各团体,请协同知照当地政府解散驱逐之。以上办法,无非
为扫除贼党、救乡救国起见,尤望贵会迅即召集大会,提出公决,众情
激越,必共赞同,盼切执行,毋任企祷,专此并颂筹安。"(《扑灭孙文办
法五条》,《时事新报》1924 年 10 月 20 日)

10月21日　以广州商团叛变经过电复旅沪各粤侨团体。

昨日,沪上之各粤侨团体来电,关切商团事件,本日电复之[①],略谓:"商团竟于领得大部团械之时,枪杀国庆日徒手巡行之群众数十人,剖腹挖心,备极残忍。一面分队武装出巡,强迫开市,并潜引逆党土匪入西关,作种种军事布置,预备大举。政府万不获已,乃下解散商团之命,并令各军驰往镇压。乃商团以为陈军不久可至,竟先向我军攻击。政府忍无可忍,下令反攻,幸不数小时乱事即告平静。讵商团于败窜之余,所引土匪放火劫掠,施其故技〔伎〕,复残杀理发工人以数十计。是此次乱事,商团实尸其咎。事后政府一面严饬各军申明纪律,禁止骚乱;一面责成有司妥筹善后。在省百数十万人民共闻共见,惟报纸或以远道传闻失实,或有供奸人利用者。诸君明达,事实俱在,当勿任彼无稽谰言肆其荧惑也。"(《大元帅申明粤商团谋叛经过》,上海《民国日报》1924年11月1日)

△　致电蒋介石,告"刻当注全力于北伐,故七九子弹应全数运韶,至少即日先运五十万来为要。对于新旧枪枝如何处分,尚未见兄答我前函,务期速复"。同日,又电令:"着再发六五子弹十万,驳壳弹十万,与前电七九子弹五十万,一并火速解韶为要。"(《复蒋中正电》,《孙中山全集》第11卷,第222—223页)

△　令财政委员会,迅予筹拨湘军6月至9月子弹费十二万元,迅予筹给广东兵工厂制弹费,以利军行。(《中华民国史档案资料汇编》第4辑下册,第1336页)

△　令驻韶各军长官,严厉约束所部士兵毋得滋扰商场以肃军纪。(《大本营公报》第30号,"训令")

△　派王裳暂代粤汉铁路事务。(《委派王裳供职状》,《孙中山全集》第11卷,第225页)管理粤汉铁路事务一职,前系由陈兴汉任之,嗣由许崇灏担任,8月25日,以许涉商团偷运枪械案,被免职,复派陈兴

---

①　所据版本未署孙中山复电日期,《孙中山全集》编者以10月31日为上海各粤侨团体收电日期,故将该电系于10月31日。今据复电日期,系于10月21日。

汉担任。本日,派王棠暂代此一职。(罗刚编著:《中华民国国父实录》第 6
册,第 4834 页)

△　增派陈翊忠等七人为赣南善后委员。令晋升黄实为陆军中
将。准派陈言为参军处少校副官,并免林志华少校副官本职。

本月 6 日,孔绍尧被派为赣南善后委员会委员长,本日,孙中山
准其请增派陈翊忠、邱汉宗、谢寅、胡芳晖、刘锐、陈一伟、卢师谛为该
会委员。建国第一军军长朱培德以兼建国北伐左翼总指挥部少将参
谋长黄实,颇为得力,呈请晋授中将,本日予以照准。并准参军处呈
请任命陈言为该处少校副官,免林志华少校副官本职。(《大本营公
报》第 30 号,"命令")

△　本日香港电云:"滇军缴佛山商团械后,再勒缴千枝,无枪者
须缴价,并勒饷二十万,否则不任保护,居民惶恐,纷纷逃避"。"江门
与省城同时罢市,梁鸿楷令开市,不听,梁拟缴商团械,商团暗中戒
严,各店纷迁货物"。"省署布告,广州佛山商团,均已缴械,其他各处
商团,与此次事变无涉,应依照民团例改编,当一律保护"。(《粤局之
糜烂》,《时报》1924 年 10 月 22 日)

△　李烈钧应东京大学绿会主办的讲演会邀请发表演说,提倡
中日提携,略谓:"日华两国为本身利害计,为世界和平计,实有提携
之必要。提携之要件:(一)两国国民为基础;(二)两国国民意志之统
一;(三)确认两国提携之无限利益;(四)真实亲善提携须有觉悟;
(五)应去障碍,研究方法,即两国国民间取长补短,轻私利而重公益,
相爱相亲,排除万难而进入永久和平幸福之途。"同行的孙中山的军事
顾问井上谦吉也以"大势之观察与日华提携之必要"为题发表了演说。
(《李协和在日讲演纪盛》,上海《民国日报》1924 年 11 月 13 日;[日]藤井昇三:《孙
文の研究:とくに民族主義理論の発展を中心として》,第 204—205 页)

△　是日广州特约通讯报道政府军在平定商团事件后争缴团械、
自相残杀事,略谓:"孙氏各军于击退商团之后,在广州争缴团械,又起
斗殴……各军之向商团勒缴枪械,原系奉大本营命令欲将商团全部铲

除,以绝后患。最初已制定地点,以西关属之警卫军,老城属之滇军,长堤一带属之湘军,乃此令颁布后,各军视若无睹,竞争相抢缴,争相攘夺……争之不得,继以斗杀,致连日皆发生种种怪现状,如军队冲突也,轰毙警员也,皆为争缴团械而起……综计此次各军抢缴团械之结果,以范石生所获为最多,约共二千余杆,湘军次之,至吴铁城则只缴得西关一小部分,其他如许军、福军,则空为他人作嫁,白白辛苦一场,殊无所获也。"(《广州被焚后孙军自相残杀》,《时事新报》1924 年 10 月 25 日)

10 月 22 日　胡汉民、廖仲恺、谭延闿来韶关晋谒,商后方事务。(《中华民国史事纪要(初稿)——一九二四年九至十二月》,第 649 页)

△　致电胡汉民,着林树巍即来大本营效力。(《致胡汉民电》,《孙中山全集》第 11 卷,第 227 页)

△　急电蒋介石,着照数运械至韶,以免耽误北伐时机。

电谓:"前电说尚有'七九'一百余万要留为东江之用,今日来电忽云尚存八万,此究何解。此时北伐比东江尤急。赣州一下,东江必不敢反攻,故着解五十万七九弹者,即指留为东江用之弹也。务望即日照数解来,免误时机。又存枪到底如何用法,尚未见复。如兄无计划,则仍照初议,全数运韶,以待发落。"(《致蒋中正电》,《孙中山全集》第 11 卷,第 227 页)

△　令各军长官一体缉拿何成濬部挟械潜逃之连长蔡荣初等以下四十七人。(《大本营公报》第 30 号,"训令")

△　派大本营参军处副官徐天深前赴大桥,点验路孝忱所部山、陕军人数、枪枝数目,以便发给子弹。(《给徐天深的命令》,《孙中山全集》第 11 卷,第 228 页)

△　大本营向广州领事团抗议上海租界当局拘捕徐树铮。

本月 12 日卢永祥通电下野,次日与臧致平、何丰林偕同离沪赴日,所遗军队约四万人。徐树铮在沪被推举为总司令,拟重整再举,惟徐于 15 日入租界后即为工务局逮捕。孙中山曾致电徐树铮,望其来粤襄助。嗣后,徐虽获释出,但仍受监视。20 日晚,租界当局奉公使团训令,即决定于 21 日晨迫令徐树铮搭乘蓝烟囱公司货轮 Dard-amcs 号启碇,未到利物浦前,一路不许下船。(徐道邻编述:《徐树铮先生文集年谱合刊》,第 293—294 页)孙中山认为沪租界当局大背中立,遂命伍朝枢向北京外交团提出严词抗议。该电由马素署名。本日,并就近向广州领事团抗议。(《申报》1924 年 10 月 22 日,"广东近闻")徐 24日至香港,获得下船,可自由行动,遂暂留港。

　　△　本日华俄电云:"广州商团祸首吴极南及何某(译音)二人被擒,旋即枪毙。佛山商团业被缴械,现缴械商团已达四千名。"又称:"东江陈炯明军队并未进攻广州,前线亦无接触。据称陈军内部意见不能一致,故无剧烈战事发生。孙中山计画,则甚愿引敌深入,乘而破之。"(《广东商团溃败》,《京报》1924 年 10 月 26 日)

　　△　报载华俄社电讯,称:"据外交方面消息,外部日前曾向俄大使馆提出抗议,内称孙中山拟乘俄舰离粤,请迅速向该舰警告等语。俄使馆接到此项抗议后,即答复外部。大意谓俄大使馆命广州领事调查外部所得之报告,确知孙中山无意离粤。故外部向该使馆提出者,料系得自报端或其他不确实之来源,实则毫无根据。"(《孙文无意离粤》,《京报》1924 年 10 月 22 日)

　　△　报称:粤商团谋再举,本日已发出宣言。胡汉民令再封陈廉伯、陈恭受产业。(《粤商团谋再举》,《晨报》1924 年 10 月 25 日)

　　△　孙中山于本月 11 日派陈友仁、宋子文、罗桂芳为收取关余全权委员,同时着革命委员会亦肩负立即设法收回关余之责。东方通信社本日广州电称:"孙文将任命宋子文为广东海关监督,罗桂芳、陈友仁为税务司,办理税关问题之准备事务。"次日香港电讯称:"二十二日沙面租界大戒严,外国军舰纷纷入口,闻系孙文派罗文芳〔罗桂芳〕为粤海关监督,意欲强收税关。"(《粤孙又拟收管海关说》,《时报》1924 年 10 月 24 日)

　　△　是日东方社电讯称:"林虎部队已占领增城,洪兆麟军与之连络,将进迫石滩,确系事实……广东政府,因此次之事变,以至进项

杜绝，加以陷于缺乏粮食之苦境，长此以往，则纵使陈军不来攻击，亦不免从内部发生破绽。况银行钱庄等金融机关停止营业之结果，其他诸商业，自然陷于不能营业之境，现在已呈不得不继续停止交易之状态。即使政府手腕高强，能支持暂局，然其前途，惟有悲观而已。自从此次事变以来，香港实业方面，对于商团之举动，虽非难其轻举妄动，但对于孙文政府之处置，更加甚深之嫌恶非难。孙政府之运命，视其对于经济的难局之处置如何，与政府内部各军队之兴废，及林虎、洪兆麟、方本仁各军之行动如何而决，此乃一般人士一致之见解也。"（《粤孙又拟收管海关说》，《时报》1924 年 10 月 24 日）

　　△　广肇公所等八团体发表通电，谴责孙中山镇压商团事件，谓："孙文令粤东军队，攻击商团，焚掠商场，惨杀人民，西关一带，尽成焦土，伤亡遍地，尸血充途，为古今中外有史以来未有惨劫。故乡东望，无泪可挥。会议决定以十月十五日为孙文焚洗商场残杀粤民哀痛纪念日。愿我三千万同胞，永志莫亡。尊处关怀桑梓，当必同深义愤，希共持正谊，以拯危亡，全粤幸甚！"（《孙文焚掠广州市之反响》，《时事新报》1924 年 10 月 22 日）

　　10 月 23 日　直系将领冯玉祥等发动北京政变，囚禁总统曹锟，推倒北京直系政府，并发出和平解决国是通电。

　　冯玉祥后来回忆发动北京政变的原因说："我素来主张和平，对曹锟的贿选窃位既深为疾恶，于吴之穷兵黩武尤痛恨已极。目击国势日非，环境险恶，而自顾力量单薄，孤掌难鸣，心理有难言的苦痛。这多年以来，不断地和国民党朋友往还，中山先生把他手写的《建国大纲》命孔庸之先生送给我，使我看了对革命建国的憧憬，益加具体化，而信心益加坚强。其间徐季龙先生奉中山先生之命，常常住在我们军中。教育总长黄膺白先生及其它国民党友人也过从甚密。他们都多次和我商洽反直大计。""我一面由于内发要求的驱使，一面为了各位朋友的有形与无形的鼓励，誓必相机推倒曹、吴。"

　　第二次直奉大战，给冯玉祥等提供了推倒曹、吴的机会。当时，曹、吴倾全部精锐与奉系张作霖决战于山海关地区。冯玉祥出任直方第三路军总司令,担任热河方面军事,出发前他与直方援军第二路司令胡景翼、北京警备副司令孙岳商量好见机行事,起兵倒戈推翻曹、吴统治。冯率部至前敌后,迟疑不进,电京索饷,等待时机。当吴佩孚所率第一路军在榆关同张作霖部激战时,冯玉祥于10月19日宣布班师秘密回京,并规定后卫部队掉头充当前锋火速行动。他在会上强调:"我们这次革命,是拥护中山先生主义,并欢迎中山先生北上。中山先生所领导的党叫国民党,所以我们的队伍也就取名国民军。"22日,先头部队鹿钟麟旅驰抵北宛,深夜,鹿部会同留守的蒋鸿遇部入京城,孙岳部打开安定门迎入,遂占领电报局、电话局、车站等地,并包围总统府,解除卫队枪械,监视曹锟,其他直系要人如王克敏等均避东交民巷,北京政变获得成功。这次北京政变,直接促成了曹锟贿选政府的塌台,吴佩孚在英国保护下逃往武汉。(冯玉祥:《我的生活》下册,第390、404页;鹿钟麟、刘骥、邓哲熙:《冯玉祥北京政变》,《文史资料选辑》第4辑,1960年4月)

本日,冯玉祥、胡景翼、孙岳等十九人联名向孙中山、王士珍等发出会商国是的通电,略谓:"国家建军,原为御侮,自相残杀,中外同羞……(玉祥等)受良心之驱使,为弭兵之主张,爰于十月二十三日决意回兵,并联合所属各军另组中华民国国民军,誓将为民效用……至一切政治善后问题,应请全国贤达急起直追,会商补救之方,共开更新之局。"(《冯玉祥等主张和平之通电》,《晨报》1924年10月24日)

孙中山于11月3日在黄埔军校作辞别讲话中对北京发起中央革命经过,有所记述,略谓:北京事变之前五六个月,有数同志自京来函,催先至天津等候,称不久便可在北京发起中央革命。筹划此事之人甚少,真是本党同志者不上十人。当时北京表面很安宁,说首都革命几个月之后便可成功,真没人敢信。至江浙战起,又催快赴天津,告发动时期即在目前。而当时认为弃粤之力量不用而至津等候,恐空费时间,乃约定只要北京事起便即北上。现就发生事变时之情形分析,可以肯定此次革命确为党内同志所筹划。(《革命成功个人不能有自由团体要有自由》,《国父全集》第2册,第727—728页)

△　李烈钧在日本以北京政变消息急电孙中山,中国国民党北京执行部亦致电广州中央。

本日午后1时,仍在日本之李烈钧已闻北京政变消息,火速电报孙中山及唐绍仪,谓"奉直战剧,直军被压迫濒于海滨,形势危殆,北京动摇"。(《李烈钧电告奉直战况》,《申报》1924年10月25日)中国国民党北京执行部当日亦致电广州中央,云:"吴败曹倒,请汪委员趋京,参与大政,并恢复《民意报》,乞寄稿件。"另由李石曾、石瑛、顾孟余、易培基联名电汪兆铭,云:"吴败曹倒,改组在即,望火速衔上峰命北来参与大政。已恢复《民意报》,仍请兄主持。"(罗刚编著:《中华民国国父实录》第6册,第4840—4841页)

另据天羽英二追述,政变当日天未亮,日本驻天津总领事吉田茂急电日驻广州总领事天羽英二,告知冯玉祥发动政变事[①]。天羽即将此事秘密通报给广东省长胡汉民,胡迅即报告时在韶关督师北伐的孙中山,并派人在市内电线杆上贴出传单,大肆庆贺。孙中山接讯后立即返回广州,召开重要会议以决定北上事宜。(《天羽英二日记·资料集》第1卷,第1412、1422页)

△　是日国民党中央执行委员会第五十七次会议中,邹鲁提议:"《向导》周报第八十五期议论本党,涉于攻击诬蔑,应如何对付案。"经中央执行委员会决议"致函《向导》周报,加以警告"。(罗家伦主编、黄季陆增订:《国父年谱(增订本)》下册,第1143页)

△　《盛京时报》曾刊载广州特约通信,称粤人欲借冯玉祥政变,请孙中山行总统职权,略谓:"冯玉祥驱曹逐吴之消息来,三千万粤人,闻此消息,无不惊喜欲狂……人民方面,已有热烈诚恳之表示。二十五日晚,有男女学生千人,燃炬持旗,列队游巡各市街。其旗帜

---

①　其日记记载为10月24日早晨接到冯玉祥、王承斌发动政变的报告。

上,除书曹逃吴亡之消息外,并大书'请大元帅执行大总统职权''北伐军应速出湘赣'甚多甚多。巡行时欢呼庆祝,甚整齐而热闹。市民对此,无不鼓掌欢跃,表示欢迎。二十六日上午,并有各公团代表乘汽车散发传单,燃鞭炮,其传单措词,亦同上述,请大元帅出负国政。闻各公法团拟请愿胡省长,请省长转达大元帅,顺从民意,通电表示,一面再由各公团将是项民意建议通电全国,请一致主张。"(《粤人请孙中山行总统职权》,《盛京时报》1924 年 11 月 11 日)

并刊文分析冯玉祥北京政变后,孙中山对于政局的态度,略谓:"中山好发议论,是其天性,岂有对此发言好机会,反□尔而息乎,则断无此事也。盖中山之尚未表示态度者,因(一)消息阻滞。究竟北局变化至若何程度,尚未明了;(二)冯玉祥亦是直阀一分子。此次倒戈,其心目中为公为私,尚未明白;(三)曹吴之是否已倒,倒而是否尚思反抗,是否尚有反抗能力;(五)①冯玉祥是否真心驱逐曹吴;(六)北派对中山之感情如何。有此六个未明了而难预料之题目。中山焉得不暂时忍耐,以俟得其究竟明白真相后,再定方针,此中山所以迟迟未发表意见之真因也。然而孙中山实已先决定两策;其一,不管北局变化到如何程度,决定于最短时间,将北伐联军,速下湘赣;其二,先电勖张作霖、冯玉祥、段祺瑞等,孙电□曹吴实力,根本铲灭,曹吴地位与凭藉,根本推翻……中山叠得张继、于右任、徐谦、王用宾、孙科、叶公绰、谢远涵、谢持等报告,故对于北局变化,已略悉其梗概。惟报载冯玉祥叠电促中山入京,此间实未得是项电报。现中山已命与北局稍有渊源之张溥泉、徐季龙入京,参与重要会议,以探访真正局面,再定方针……粤中空气,颇有主张举中山为临时大总统以主持国是者,其拟议以段芝泉为国务总理兼总司令,张雨亭为候补副总统。然此议北方未必赞成,恐难实现。又有主张废除总统制,以中山、合肥、雨亭、蕲廐、少川等尽为委员,如昔时粤中军府之七总裁者

---

① 原文未列第(四)项。

然,举中山为会长。又有组元老院以主持国政者,此又一说也。然中山近日颇积极于军事,一面令谭、程分取赣湘外,又复责成滇军再征东江,盖发言权,果以地盘势力定有无也。"(《政局改造中之孙文真态度》,《盛京时报》1924 年 11 月 11 日)

△　函复许世英,告以东江方面的态度,略谓:"马子贞来沪团结各部,想有效力。奉军屡胜,我军亦大举入赣,贼不足平也。商团蓄谋叛逆,政府已屡加容忍而终不悛,不得已以武力解散,现已救平,然为所牵制已不少矣。东江尚无动作,来书所言果能实践否? 津、沪消息,望时相闻。"(《复许世英函》,《孙中山全集》第 11 卷,第 232 页)

△　致函国民党中央执行委员会及胡汉民,嘱将商团机关房产充公。

函谓:"前日占领之商团总所、分所、各机关房屋,当悉行充公。纵将来商团改换名目,亦永不发还再作团所之用,当用作党所或书报社,以为此次殉难者之纪念事绩。"(《致胡汉民电》,《孙中山全集》第 11 卷,第 234 页)

△　致电旅沪粤商联合会及香山等属同乡会,详述商团谋叛及政府平叛经过,谓:"查广州商团为陈廉伯党徒把持,勾通逆军谋危政府,始则蒙运枪械,继则以武力胁迫罢市。政府虽查获谋乱证据多种,犹复曲予优容,准予发还团械,冀消反侧。乃商团竟于领得大部分团械之时,枪杀国庆节徒手巡行之群众数十人,剖肠剜心,备极残忍。一面分队武装出巡,强迫罢市,并潜引逆党土匪入西关作种种军事布置,预备大举。政府万不获已。乃下解散商团之命〔令〕,并令各军驰往镇压……幸不数小时,乱事即告救平……是此次乱事,商团实尸其咎。事后,政府一面严饬各军申明纪律,禁止骚扰;一面责成有司妥筹善后,劳来安集,人心复安在省百数十万市民,共闻共见,惟报纸或惟远道传闻失实,或有供奸人利用者,诸君明达,事实具在,当勿任彼无稽谰言,肆其荧惑也。"(《大元帅详述商团谋叛经过》,《广州民国日报》1924 年 10 月 27 日)

△　任命李卓峰代理大本营建设部次长,仍兼工商局局长。

（《大本营公报》第30号，"命令"）

△　着由大本营内政部按照定例从优议恤病故之建设部次长伍学煜，以示笃念老成之至意。（《大本营公报》第30号，"命令"）

△　令财政委员会及省长胡汉民，准将省河筵席捐改由中上七校经费委员会接办，并尽先拨七校经费，其余额方能照三分之一分拨市教育经费及其他经费。（《大本营公报》第30号，"训令"）

10月20日，邹鲁向孙中山大元帅呈请省河筵席捐由中上七校经费委员会直接办理文。呈文谓：省河筵席捐指定为中上七校经费，并由中上七校经费委员会直接管理。但广州市政厅提出变更办理程序，招商投承，致使实收数目与应收数目相差太远，因此提出该捐应继续由中上七校经费委员会直接管理。（中国国民党中央委员会党史委员会编：《邹鲁先生文集》，第523页）

△　致函中国基督教青年，勉其本基督救世之苦心而努力拯救国家民族。

本日为中国基督教青年会成立二十五周年，广州青年会举行庆祝活动，特函该会致贺，略谓："是会之设于中国至今二十有五年，推行几遍全国，发达之速，收效之大，志愿之宏，结合之坚，洵为中国独一无二之团体也。今当二十五年庆祝之辰，予欣喜而为青年会贺，更欲进而为青年诸君勉焉……诸君既置身于此高尚坚强宏大之团体，而适中国此时有倒悬待救之人民，岂不当发其宏愿，以此青年之团体而负约西亚之责任，以救此四万万人民出水火之中而登之衽席之上乎？中国基督教青年勉旃，毋负国人之望。"（《勉中国基督教青年书》，《国父全集》第4册下，第1448—1449页）[1]

△　令广东省长胡汉民照准兼广东沙田清理事宜古应芬呈请，撤销沙田自卫局，改组一农民协会，"复将各沙现有自卫团甄别收编，

---

[1]　《国父全集》仅说明该函作于1924年，《中华民国国父实录》据基督教青年会的成立日期为10月23日，将该函系于此日。（罗刚编著：《中华民国国父实录》第6册，第4838页）

免被奸人利用"。(《大本营公报》第 30 号,"训令")

上月 8 日,曾令饬经界局督办兼广东沙田清理事宜古应芬就如何"撤销沙田自卫组织,护沙军队改编团勇,以扶助劳农"一案"拟具办法,呈候核夺"。古应芬奉令于 9 月 27 日呈文大元帅,提出具体办法。(《大本营公报》第 30 号,"训令")

△　令沈鸿英将所部编为广西建国军。(《大本营公报》第 31 号,"指令")

去年沈鸿英叛变,失败后向孙中山输诚,孙优容之,任其为广西总司令。为致力北伐,团结西南各省,本日令沈鸿英将所部编为广西建国军,沈从之。(罗家伦主编、黄季陆增订:《国父年谱(增订本)》下册,第 1143 页)

△　本日香港电讯称:"孙闻陈军反攻,昨调张民达、莫雄等部,开赴东江增城一带增防。""湘西蔡钜猷奉孙令,由湘边驰援赣南,拟与樊钟秀会师攻赣州。"(《粤孙又拟收管海关说》,《时报》1924 年 10 月 24 日)

△　《北京日报》刊载报道,谓:"广东局面将起变化,目下形势颇恶。盖粤孙文原有势力向以胡汉民、许崇智二人为左右手。惟胡性遇事多图自利,为众所怨,自其省长发表后各派尤不满意,□为□散团体之表示。许虽忠于孙氏,但因实力有限又无所补助。至于杨希闵,本非粤团中人,外揭护粤,心实携二,皆志在得孙之财力上接济,久为各方所反对,兹□□支持数年,罗掘早已计穷,无一款可筹,对于各系供应,久已宣告断绝。因之杨等奢望□偿,呼应不灵。顷复因商团为梗,此仆彼起,相顾不已。于是粤中各系视此时为仇视胡杨之机,揭出去胡索杨之□□,现孙氏处此已有不得不引去之势。"(《粤人逼孙文下野之索隐》,《北京日报》1924 年 10 月 23 日)

△　《香港华字日报》刊载报道,称孙政府军队打倒商团后,因北路军事吃紧,急调兵赴援,惟"各军逗留于韶关者,按兵不动如故","孙文到底无法令彼等前进,于是所谓北伐之师,始终盘旋于韶关"。(《北路吃紧之孙文》,《香港华字日报》1924 年 10 月 23 日)

△　是日广州特约通讯称孙政府内部又起风潮。略谓:"广州政

府内部派系复杂,常互相倾轧,有元老派与太子派、反共产派与共产派之争,故每经地方发生一度大风潮,政潮必随之而起。如第一次罢市风潮解决,太子派之首领孙科及其健将吴铁城相继去职,共产派之中坚廖仲恺亦同时引退,于是广州政权,遂完全握于元老派之手,李福林、古应芬、李朗如,虽非纯粹之元老派,而获市厅财厅公安局。及缴械战争了结,李福林、古应芬、罗桂芳即成为该党众矢之的。李福林弄出第二次罢市风潮之后,即为国民党中人交相指摘,李氏感于环境种种之压迫,且以滇军欲夺河南地盘事,遂向胡汉民请辞市长一职,胡亦不慰留。至继任人物,孙文则拟使孙科复任,盖因筹款关系,谓历来筹款,以孙科成绩最优也。共产派则出全力,替李章达运动,惟华侨派及太子派俱积极反对。而胡汉民则拟以其兄胡清瑞承乏,惟恐外间或有蜚议,故欲令吴铁城暂代,以为过渡,此办法业经决定,大约不日即可见明令。"(《孙文内部又起风潮》,《时事新报》1924 年 11 月 1 日)

10 月 24 日 冯玉祥等通电公布《建国大纲》,内容如下:"(一)打破雇佣式体制,建设极清廉政府;(二)用人以贤能为准,取天下之公才,治天下之公务;(三)对内实行亲民政治,凡百设施,务求民稳;(四)对外讲信修睦,以人道主义为根基,扫除一切攘夺欺诈行为;(五)信赏必罚,财政公开。"(《冯胡等宣布建国大纲》,《晨报》1924 年 10 月 26 日)

△ 致函蒋介石,着设法发给朱培德部械弹,以励军士出发之气。函谓:"机关枪之数既无前预算之多,今又分配无余,而朱益之出发确急需此利器,请于学校内拨出一枝,航空局与甲车队两处或拨两枝或一枝,总共三枝,至少亦应给两枝,以励军士出发之气可也。并附相当数目之子弹。"(《致蒋中正函》,《孙中山全集》第 11 卷,第 241 页)

△ 致电吴铁城,谕改良警察,巩固后方。电谓:"兄既再担任公安局长,则宜专心致志,以巩固后方,前方可不必兼顾矣。务望从此将省城警察改良,将四千裁为二千,加其饷给,使为有用有力之警察,

与警卫军协同动作。"(《致吴铁城电》,《孙中山全集》第11卷,第240页)

△　令大本营各官员及各军将领,照准广东电政监督兼电报局长黄桓呈请:"所有军电、官电,本省每字收费大洋一分,外省每字二分,以弥补收入不足。"(《大本营公报》第30号,"训令")

△　令广东省长胡汉民,谓:"前令广东省长饬广州市公安局长,按照商团名册责令每名罚缴毫银一百元,各该团除通缉陈廉伯等十一名外,一经遵缴,均免深究。其各属商团尚无附乱行为,并免予处罚。"又令:"广州市商团业经缴械解散,佛山商团亦已缴械,其余各县商团,与省佛商团并无关涉。本大元帅主张三民主义,无论士农工商,一视同仁。各县商团,既未附乱,应予一体保护。如有未奉命令擅缴团械者,定以违令扰民论罪。仰广东省长咨会各总司令并分饬各县长遵照。"(《大本营公报》第30号,"训令")

△　徐树铮抵港,略谈对孙中山及直系的认识。

本月15日孙中山致电叶恭绰,请促徐树铮来韶关襄助。徐树铮在沪被解出境后,乘打丹拿士(HDARDANUS)轮于是日早抵香港。香港某西报特派专员赴该轮谒徐,并访问一切。徐氏之谈话略谓:此行将赴欧洲求学,本人并不登陆,亦不欲赴广州,此行纯系以私人资格,全无政治意味,然目的上则仍是为国家设想。记者询以此次君在上海被留,孙中山曾向北京外交团提出抗议,君知之否? 徐答称:事后方知。记者又询以对孙中山之观念如何。徐云:西南领袖与彼为良友,虽有时政见略有不同,然孙氏有数种政策为若辈所称许,无论如何,彼深信中山必能为国尽力建设云云。记者又问,现在北方与广东又发生问题,粤省北伐而直系则命湘省赵恒惕派兵进窥广东,在先生观察,以为如何? 徐氏答谓:直系纵派兵南下,然必无效力,本人深信直系武人迟早必倒,南征一事必不能见诸事实,逆料京政府之命运,将不能持续下去。(《徐树铮抵香港详情》,《申报》1924年11月2日)

△　《时事新报》刊文,称孙政府对商团的镇压行动,违背其三民主义之招牌,略谓:"孙伟人和他的党徒私自在广东设了一个革命政

府,挂着三民主义的招牌,表面上扬言救国救民,暗地里却来革人民的命,来实行他的民死主义。而这次广东孙家政府的土匪式的军队的大残杀、大焚掠,即是他革人民的命,实行他的贵主义的大表现,也就是孙家政府的治绩。他的三民主义的真义,已在这次广东的惨祸中表露得无遗了。广东种种有加无已的苛捐、擅卖广东公产,和这次的大惨杀、大焚掠……这就是孙伟人的民生主义;剥夺人民的自卫权……这就是孙伟人的民权主义;甘心被苏俄利用,来杀害自己的同胞……这就是孙伟人的民族主义!"(《孙伟人的三民主义实行起来原来是这么的》,《时事新报》1924 年 10 月 24 日)

△ 《香港华字日报》发表评论,一面为商团叛乱辩护,一面谩骂孙政府,略谓:"由夺械案逼成罢市,已属不幸,但商团方面,以为失了自卫底武器,就如同失了生命一般,不能不起而谋消极的抵抗,根本意思,只在还械二字……凡是稍有良心底人们,都应该谅其苦心,予以援助。假使商团真有倒孙的决心,何至委曲求全,忍痛为第二次之罢市,谁知自杀底孙文,□将广州做他们共产主义底试验场,忍把广州精华所聚的西关市区,一变而为劫灰飞舞,白骨成堆底屠宰场,可怜小百姓底哭声,直已冲破广州市之恶浊空气矣。一九一七年俄国底革命,李宁(按:指列宁)以暴力临诸莫斯科,完全是对付旧党,并没有对人民而加以屠戮,现在孙文底残暴淫威,有过于专制国底皇帝,这种是不是革命党人应取的手段,我敢说世界底革命党人,都要嗤之以鼻,别要把革命党三字玷污了。"(《自杀底孙文》,《香港华字日报》1924年 10 月 24 日)

△ 《香港华字日报》刊载报道,称孙政府拟实行收回海关,"决于廿七日实行,以学生兵占领海关,而为交涉地步。闻湾泊于沙面白鹅潭之八艘外国战舰,专为保护海关而来。此次沙面领事主席,系日本领事天羽英二氏值期,据外交界消息,日本对华方针,近取阴柔手段,以博声誉。孙文此次收回海关,若无别的意外动作,八大兵舰,或只取监视的行动。根据原案,外使团原非绝对不肯交还关税于中国,

广州一隅每月所余亦不逾三万元,区区三万金,亦不欲因此多一交涉,但不肯以此充作战费,致延长战祸,更累及商场耳。但孙氏所争者当不仅在区区三万金,若商业停顿,出入口皆减少,则虽争回此关余名目,则月中亦无此三万之余款也。闻伍朝枢、傅秉常等不愿任此等交涉责任,已先行避去,而胡汉民自夸,直接可与日本领事交涉一切,但此项重要人问题,一般人金谓未可以乐观"。(《孙文谋收回海关续闻》,《香港华字日报》1924 年 10 月 24 日)

△ 拉狄克在苏联《真理报》上发表《广州的胜利》。其中谈到:"孙中山没有自己的军队,原先所依靠的是少数的雇佣军,加上一些由旧军官指挥的军队。众所周知,这就造成了军队的指挥官陈炯明的叛变,他把雇佣军掉过头来反对国民党政府。"(安徽大学苏联问题研究所、四川省中共党史研究会编:《苏联〈真理报〉有关中国革命的文献资料选编》第 1 辑,第 60 页)

10 月 25 日 冯玉祥、胡景翼、孙岳等在北苑召集军事政治会议。会议决定电请孙中山北上主持大计,在孙中山未来之前,应先请段祺瑞出面维持;孙、段未到京前,由黄郛组摄政内阁以为过渡。当即议决组成中华民国国民军,公推冯玉祥为总司令兼第一军军长,胡、孙二人为副总司令,分别兼任第二、第三军军长。(鹿钟麟等:《冯玉祥北京政变》,《文史资料选辑》第 4 辑,第 14—15 页)

△ 致电许崇智,谓:"北方既有此变化,我非速到武汉不可。望兄速调张民达全部来韶候命,至要!"电文中所谓"此变化",系指冯玉祥等发动的北京政变。时张民达任许崇智所部粤军第二师师长。(《致许崇智电》,《孙中山全集》第 11 卷,第 245 页)

△ 令大本营军政部长程潜、广东省长胡汉民、各军总司令、司令、军长等,谓:"各县商团无附乱行为者,已通令各县一律保护。至于各处乡团与商团更无关系,断无牵涉之理。团更无关系,断无牵涉之理。各处乡团服从政府,捍卫间阎,应受法令之保护。各宜安心尽职,无须惊疑。如造谣惑众者,定行究治不贷。"仰转所属遵照并布告

周知。(《大本营公报》第30号,"训令")

　　△　东方社本日电称:"关于实行解散商团后之善后策,政府于先日亦招商民方面代表协议,其内容据胡汉民谈,政府将要求外交团支付关税余款以为救恤费,市民自卫机关,则组织特务警察,专计市面之安定,同时由各军当局协议之后,决定更进一步,谋财政之统一。又目下喧传之实行共产主义及占领税关说,全非事实。至陈军之攻击,因林虎、陈炯明、叶举间之不和及北方时局之变化,似于顿挫之状,广东之局面,殆次第平静矣。"又电云:"今日访胡汉民及古应芬而叩其感想与今后之对付策,胡汉民谓北方之变其结果必有利于反直派,冯玉祥氏于事前,已计划时局之收拾策,以段冯张孙为主干之委员制,以段张孙三氏共有异议,故今后之结果如何,尚难逆睹,恐不免有多少之纠纷。广东政府现以实行解散商团后之善后策,而就中力以财政问题之解决,为目前之急务,现正在划策协议中。然现为应临机之处置起见,已决定派代表至天津。"(《北局变化与广东》,《中华新报》1924年10月28日)

　　△　报载,大本营外交部长伍朝枢奉孙中山之命,致电北京领袖公使,称概不承认外人与北京政府及吴佩孚所订借款或财政上之契约,电云:"据今日报告,屡传某某等国或其人民,与北京政府及吴佩孚商议借款或财政上之契约,正在接洽,或已告成。如果属实,本部长奉孙大元帅命,代表中国人民,提出严重抗议。夫列强及国际银行团之政策,为拒绝一切借款或垫款之提议,使中国各派军阀,不能蒙受其利,既已迭次声明矣。本部长兹特请列强再行切实表示,对于中国此次国内战争,绝不干涉。无论直接间接,绝不给与北京政府及吴佩孚以经济上或他种之援助。本部奉命通告阁下,如列强或其人民与北京政府或其委托人,订有若何借款或财政上之契约,中华民国政府及其人民,概不承认,请将此意转告各国公使,传达各国政府为盼。"(《孙文否认曹吴借款》,《晨报》1924年10月25日)

　　《香港华字日报》报道粤政府将收管海关消息,略谓:"连日省中

轰传,有孙文将实行收管海关,并有向沙面示威之说……闻新任粤海
关监督罗桂芳,自谓能于三日内收回海关自行管理……现各国领事,
闻决用武力应付。日本领事天羽氏,则以武力解决,为时尚早,并愿
作居间调停……有人向伍朝枢询问,孙文何时实行以武力收管海关,
伍尚否认,与海关监督罗桂芳所言,适成反比例。又一函云,孙文原
定昨十四日宣布共产,适噩耗传来,孙决定对外计划有三:(一)占领
税关;(二)因此而各国派兵登岸,即与各国水兵开战;(三)开战后致
不利于沙面,实行其反帝国主义云。此种消息,各处喧传甚盛,有日
本记者,特访廖仲恺,陈问一切,廖云第一项收回税关,是计划内范围
之事,至于第二、三两项,廖氏均否认云。但现时省又轰传孙文决于
一号宣布实行共产,人心益形恐慌,连日尚纷纷迁徙。"(《孙文将举行
收管海关之示威运动》,《香港华字日报》1924 年 10 月 25 日)

　　《晨报》亦刊载是日广州特约通讯,言孙中山重提收回关税事之
原由、经过及其阻力,略谓:"海关问题,自孙文前此提出交涉,慑于列
强兵舰之监视,宣告失败后,尚无日不谋第二次之进行。迨北伐各军
开至韶关,糈饷无着,发展已成绝望。乃于此时,重提收回关税问题。
日前经着令伍朝枢、胡汉民、廖仲恺诸人,限于五日内将此问题办理
妥协。讵伍朝枢等接到手令,以此事未免太强人所难,且苦于无从下
手,踌躇复踌躇,始决定由傅秉常以海关监督名义,下一训令于广州
税务司,着其将关税收回革命政府。在胡等固亦知此法之断难收效,
不过藉以略探领事团之意见,讵领事团绝无表示,税务司亦始终不遵
照办理。然孙文谋收海关之进行愈急……闻刻下孙文对于海关问题
拟采用消极手段相应付。列强如将海关交还则已。不然,则实行取
销现有之海关,改广州为无税埠,另设一抽收落地税之机关。一方竭
力鼓吹人民不可到洋关纳税,然孙文亦知自己□怨于粤人,势难得粤
人之援助。故同时又有第二步政策之决定,即联络集□驳载等工会,
不为向洋关纳税者起卸货物,以为便足以使列强慑服。"(《旧事重提之
粤海关问题》,《晨报》1924 年 11 月 13 日)

10月29日之广州特约通讯又称："此次孙文筹画收回税关,其态度比去年为强硬,大有务期必得之势,惟广州领事团则依然抱定其冷静态度,迄无十分明了之表示……孙文于是一再提出交涉,其第三次通牒,系限至二十四日午前答复,并声明如答复不能满意,当自由处置等语。领事团乃决定以实力为后盾,一面调派军舰来省,一面电京公使团请示……迨廿五日,据外交界消息,谓领事团现又接到北京公使团训令,规定进一步之办法,如孙政府态度再加强硬,有藉武力取回之决心,则限令孙政府三日内派员前来接收,及孙政府接收清楚,即日提出赔款问题,意谓关税已交回。赔款之抵押品已消灭,应克日将债清还。倘不能偿还,即联合有关系之各国,实行以武力对待,此项办法,经即日向孙政府提出云。迄今三日之期已满,孙政府固未敢派员前往接收,而海关问题,复有转趋和缓之势,盖孙政府自忖实力不堪与外人一战,不能不迅将计画变更也。故最近数日,收回海关问题,一变而为对罗(桂芳,海关监督)问题。关余问题,罗氏前曾向孙文条陈,谓可担任办妥,孙故委以粤海关监督一职,现既失败,元老派中人遂极力向罗打击,且有扣留查办之议。罗见环境不佳,昨已向胡汉民请病假,藉避纠纷,大约即趁此下台矣。至继任人物,傅秉常复职,抑另觅替人,此时仍未决定,但据与傅氏接近者言,傅氏以此难关颇难渡过,自问确无把握,若再作冯妇,必无良好结果,徒自寻烦恼而已,故无论如何,决不再干。"[①](《孙文觊觎关税二次失败》,《时事新报》1924年11月2日)

28日远东通讯社也就孙中山任罗桂芳为粤海关监督负责收回关税等事作进一步报道,略谓:"有罗桂芳者即罗云舫,原系西关破落户,前年滇桂军入粤,充桂军刘玉山部下副官,旋藉刘力为东江兵站部长,当代表刘玉山见孙文,稔知孙文蓄谋收回关余,未得其法……

① 《中华新报》1924年11月6日亦刊载此一报道,内容基本一致,所据消息来源为远东通讯社本日电。

罗遂献策于孙,运动纳税人请愿,为收回关余地步,惟纳税人事实上操请报税行之手,欲其出头全体请愿为难,遂思得一法,先行自设海关任命税务同招考税务人员……孙氏之海关成立后,凡向该关纳税者,虽向洋关纳税仍为无效,人民既被重征,必然鼓噪,届时即以粤人全体以纳税人名义,请愿交回。南方关余为撤销新关之条件,预料人民为迁事就轻计,必然见从,则关余收回当有把握云云。以此条陈于孙,孙纳其议,命胡伍照行,讵胡伍均不以为然,遂暂搁置。今疋头行加厘事起,由邹邦友胡大先生包办,疋头行请免无效,有行友求计于罗,罗遂带各代表赴韶见孙,献三万金为孙寿,得免捐之令,并言疋头行愿首先向新关纳厘,集贤公会亦允,非向新关纳厘之货物,不为载卸。孙见罗能于三军啜粥之时,献纳三万金,又觉其收回关余之计划,像煞有介事,似甚有把握者,遂毅然决然下任罗桂芳为粤海关监督之令。"(《孙中山力谋收回粤海关》,《中华新报》1924 年 11 月 4 日)

　　△　《香港华字日报》称:前传陈炯明"有意与孙合作者,实属不确,盖陈可与段祺瑞合作,必不可与孙文合作也"。(《陈炯明最近之政见》,《香港华字日报》1924 年 10 月 25 日)

　　10 月 26 日　冯玉祥、胡景翼、孙岳等电请段祺瑞出任国民军大元帅,盼即日就职,谓:"谨先组织国民军总办事处以统辖,祥等勉从众望,分任总、副司令,专为布置各部队伍。本军大元帅一席,非公莫属。"(《中华民国史事纪要(初稿)——一九二四年九至十二月》,第 688—689 页)

　　冯等当时计划应由孙中山主政,由段祺瑞主军。为了促成这个计划实现,本日,冯、胡、孙等即联名电请段祺瑞出任国民军大元帅。(鹿钟麟等:《冯玉祥北京政变》,《文史资料选辑》第 4 辑,第 15 页)吴佩孚由秦皇岛抵天津,以曹锟名义发表若干命令。(刘绍唐主编:《民国大事日志》第 1 册,第 270 页)

　　△　张继代表孙中山北上劳军,是日抵京。(《张继抵京后之电告》,《广州民国日报》1924 年 10 月 30 日)

　　△　致电胡汉民,谕宜对北京政变事发布一宣言,谓:"北京事

变,上海同志似无所适从,想各省同志或亦同之,不知吾党战争目的已具于《建国大纲》,无论如何,当然贯彻做去,乃同志善忘如此。今遇北方变故,似不得不再发一度宣言,以重提前事,令各同志不致因变而乱步骤。惟措词论事当要应时,故望转请汪精卫等同来韶关议稿。"(《致胡汉民电》,《孙中山全集》第 11 卷,第 248—249 页)

　　△　致函蒋介石谓:"枪械能否抽出三千枝来北伐? 望兄为我切实一打算。如其能之,我便可与赵成樑立严重之条件,不独要他北伐,且同时要他交回韶关防地,为大本营练兵之用,实为两利也。因枪械一物尚可向前途设法,不忧无继也。若此时不把韶关廓清,则以后更难。如此,则吾党欲得一干净土为练军及试行民治之地,亦不可得。故以三千枪(赵二千,朱尚要一千)而易一南韶连,其利实大,请兄为我酌夺。如于练兵计划无碍。则连子弹(每枝配四百)一齐火速运韶。何时起运,先电告知,以便即与赵、朱办交涉。"(《致蒋中正函》,《孙中山全集》第 11 卷,第 248 页)

　　△　任命李铎、林祖涵、王桓、张振武、宁坤、黄培燮分任建国攻鄂军总司令部参谋处长、党务处长、秘书长、军务处长、军需处长、副官长。(《大本营公报》第 30 号,"命令")

　　△　令徐天深协同宋鹤庚总指挥所派专员,前往曲江县守提取该县拖欠之开拔费及军用品等。(《派参军处副官徐天深协同宋总指挥提开拔费等令》,《国父全集》第 4 册下,第 1302 页)

　　△　加派粤军第三军李福林部前往东莞城驻防。(《李福林派队驻防东莞》,《广州民国日报》1924 年 10 月 30 日)

　　△　国民党中央宣传部刊布对青天白日满地红国旗之释义。
《中国国民党周刊》本日出刊第 42 期,刊载中央宣传部对国旗之释义。略云:"青天白日旗,则乙酉以后,今大元帅经营革命,即与诸同志,确定此旗为革命军所用之旗。乙未之役,起第一次革命军于广州,即用此旗。事败,陆皓东以护旗之故,至于以身殉之。庚子之役,起于二次革命军于惠州,历破清兵。青天白日之旗,光芒万丈,故广东沿海一带，凡见此旗者，即知其为革命军之精神表示。中国同盟会既成立，定中华民国之名，同时定青天白日旗为中华民国之国旗。自是以后，两广革命军在惠、潮、钦、廉等处发起，皆用此旗。尤著者，镇南关之役，今大元帅亲履行阵，以此旗指挥将士。旋复有河口之役，即法国官民，亦知青天白日旗为革命军旗矣。广州三月二十九日之役，此旗重树立于广州，恰与乙未之役，遥遥相映。盖自八月十九日以前，青天白日旗为革命军旗者，已几二十年，与革命运动，同其悠久。南京临时参议院，不知此等历史关系，率定五色旗为国旗，而以青天白日旗为海军旗，革命党人，皆不直之。二年以后，今大元帅组织中华革命党，九年改称中国国民党以至于今，皆以青天白日旗为党旗，不用五色旗，职此故也。"继又指出青天白日旗之意义较五色旗为深括，略谓："自广义言之，人类不能离天日而生存，而天日所临，凡为人类，一切平等享受，无所差别，以之为国旗特征，实能表示一种民胞物与、一视同仁之意味。于三民主义之精神，无乎不赅，且远非云虹等所能比拟。就此二者观之，青天白日旗之优点，可以了然。政府为矫正南京临时参议院之误谬，重新制定以青天白日旗为国旗，于革命之历史及革命之意义，皆可信为至当，凡致敬爱于中华民国者，见之当更怀亲切之感动也。青天白日加满地红为国旗及海军旗，青天白日为陆军旗，较之南京临时参议院所定国旗、陆军旗、海军旗三种形式纷歧者，实为进步。"（《中华民国史事纪要(初稿)——一九二四年九至十二月》，第 685—686 页）

　　△　广东财政厅呈报各军截留税捐，即令查明事实，以凭核办。

　　广东财政厅长古应芬呈报各军将原有及新增税捐一并截留情形，有谓"职厅前以所属各项收入多被防军截留，致库空如洗，无从因应，迫得别筹救济。当经拟具厘税捐务，分别加二加五征抽专款办法……方冀度支稍裕，现状暂维。讵开办以来，职厅收入，仍属鲜然。考厥缘因，不在人民之不乐意输将，亦不在各厘税厂局承商之不遵奉命令，而在各防军不体念政府艰困情形，贪多务得，仍予截留所致。

查职厅各项正杂收入，原有者既不克保留，新增者又复连同截去。似此情形，以言财政统一，固属治丝而棼；以言新开收入，何异缘木而求。"即令胡汉民转饬该厅长查明"究竟此项专款系何部防军截收，是否根据各属厂局承商报告"，将情形声叙呈复，以凭核办。(《大本营公报》第30号，"训令")

10月27日 《广州民国日报》就北京政变发表评论，指出"革命政府之唯一责任，是以领导国民革命为手段，以实现主义，建设真正共和国家为归宿。一日主义未实现，即一日不能不革命；一日国家未脱离外强之束缚，扫荡帝孽官僚，即一日之革命责任未了"。(《曹吴倒后革命政府之责任》，《广州民国日报》1924年10月27日)

△ 分别致电冯玉祥、段祺瑞等，告拟即日北上入京商量国是。

致冯玉祥等电谓："义旗聿举，大憝肃清。诸兄功在国家，同深庆幸。建设大计亟应决定，拟即日北上与诸兄晤商。"(《孙中山已来电响应国民军》，《京报》1924年11月1日)

又电天津段祺瑞谓："大憝既去，国民障碍从此扫除，建设诸端亦当从此开始。公老成襄国，定有远谟。文拟即日北上晤商一切，藉慰渴慕并承明教。"(《大元帅与段芝泉往还电》，上海《民国日报》1924年11月8日)

△ 冯玉祥派赴天津与段祺瑞联系的吴光杰回京报告，段祺瑞表示决意出山，共维大局。同日，张绍曾到京访冯，次日回津，允劝吴佩孚退兵。(蒋铁生编著：《冯玉祥年谱》，第66—67页)

△ 汪精卫、廖仲恺一起乘车赴韶关与孙中山商议有关北京政变后的大计。于次日定出两策：(一)在最短时间内令北伐军攻下赣、湘，着杨希闵、许崇智等部剿东江叛兵；(二)勖段祺瑞、冯玉祥、张作霖等乘机迅速扑灭曹、吴残余势力。(《廖汪于昨早赴韶关》，《广州民国日报》1924年10月28日；《大元帅勉段冯张速灭曹吴》，上海《民国日报》1924年11月2日)

△ 函蒋介石谓："兄之新军，两月练好之后，立调来韶，听我差遣。若西南局面日有发展，当先巩固西南，然后再图西北，且最好能由西南打开一联络西北之交通线，如陕、甘等地，则西北之经营乃容

易入手。盖西北所欠者在人,如无捷径可通,专靠绕道海外,殊属艰难也。三千枪能速运来否? 切望即答。"(毛思诚编纂:《民国十五年以前之蒋介石先生》第 8 册,第 34—35 页)

△ 复电南宁黄绍雄,谓:"兄奋其武勇,全桂底平,殊堪欣慰。今曹、吴已倾,扰桂者无人。兄正可乘此时机,与沈总司令协力肃清余孽,安集流亡,共襄治理,不胜期望之至。"(《中华民国史档案资料汇编》第 4 辑下册,第 887 页)

△ 准财政委员会主席委员胡汉民、古应芬呈请,令中央直辖滇军总司令杨希闵转饬其部下赵成樑,不得截留财厅新增商捐加二专款,以重税款而维统一。(《大本营公报》第 30 号,"训令")

△ 胡汉民访问天羽英二,转达孙中山如下意见:只要段祺瑞不反对三民主义,则拥护段。(《広東政府ノ北京政変歓迎並ビニ今後ノ政局ノ見通二関スル胡漢民ノ内話ニツキ報告ノ件》,《日本外交文書》大正 13 年第 2 册,553 页)

△ 特任胡谦为中央军需总监。(《大本营公报》第 30 号,"命令")

△ 着广东省长胡汉民,转饬高等检察厅将旧模范监狱废址,拨充黄花亭坟园,作为展拓茔地之用。(《准拨烈士坟园之帅令》,《广州民国日报》1924 年 10 月 27 日)

△ 《时报》刊文评论商团事件中之各方责任,略谓:"此案可分为三方面观察,一政府方面,二商团方面,三商人及市民方面。关于政府方面,当运械案发觉时,政府应认定商团有无应根本惩罚之处,立依法予以执行方为上策。乃不出此,而邀以百六十元一支相赎,或报效军费为交换条件,自陷于勒赎之不道德行为。及范石生、廖行超出而调停,奉中山命订定各项条件,与商团代表签字,限于一星期内履行。乃一月之后,尚不履行,且生许多枝节,不留商团以余地,是政府之失当,无可为讳;至商团方面,本其年来之骄横,借口政府之举办六十余种捐务,及怪政府不顾交通,致商业凋残,即烟赌之祸,亦不知穷期,故恒起不尊重政府之心。运械案之发生,即以罢市为要挟,及

至双十节对工团军之剖腹,枪支于既得四千杆之后,尤复坚持罢市,皆为越出轨之举,是又商团之失当;其商人及市民方面对此,则认定此为政府与商团对敌,自身本处第三者地位,唯自身之痛苦,乃与商团发生直接关系……至于西关被焚,一般论者,略谓政府之解散商团,其文告明,谓有少数不肖商团在西关作乱。既云少数,则不应将全部商团围剿。即全部围剿,西关市场断无连带应受焚烧抢掠之处分。且商团败走后,政府仍命各军分赴全市各商团商店或非商团商店,追缴枪械,乘机搜掠。此等行为,殆早视广州为非法区域矣。"(《广州西关焚劫后之观察》,《时报》1924 年 10 月 27 日)

△　《益世报》刊载时评,谴责孙政府,谓:"闻之华侨之声说,谓犹忆亡清之季,孙文在星埠之演说曰:惨矣诸君,扬州十日,嘉定屠城,所杀者皆乃祖乃父也。千种苛税,百种杂捐,所抽剥者皆诸君之脂膏骨髓也。今日而欲复乃祖乃父之仇,脱专制之毒,舍推倒虐清,改组共和,其道莫由云云。顾今之广州惨剧,视嘉定屠城,扬州十日为如何? 杂捐八十余种,视前清抽剥为何如? 出尔反尔,其孙文之谓矣。"(《呜呼孙文之今昔》,《益世报》1924 年 10 月 27 日)

10 月 28 日　冯玉祥、胡景翼、孙岳等以外间对于国民军主张尚有怀疑之处,特于本日晚以三人名义发一通电,主张:"速开和平统一会议,将一切未决之问题,应商之事件,悉数提出,共同讨论,以多数人之主张为宿归,以最公平之办法为究竟,期得最良结果,实力奉行,以绝内争,以安邦本。"(《冯胡孙之又一通电》,《晨报》1924 年 10 月 29 日)

△　致电孙科,告以:"父即日往北,请誉虎、韶觉同到天津等候可也。"[①](《致孙科电》,《孙中山全集》第 11 卷,第 254 页)

---

① 叶恭绰、郑洪年二人原为梁士诒推荐于孙中山者,近两年曾任大本营财政部部长及次长,两人与段祺瑞关系密切,因此嘱孙科偕同至天津等候会晤。此电当日可能发出,惟至 11 月 3 日,又原电有"江日补发"字样。孙科《八十自述》中谓 10 月在沈阳得此电。(《孙科文集》第 1 册,第 11 页)若 10 月 28 日未发此电而系 11 月 3 日发出,则无须加"江日补发"四字,只记"江"日发即可。因此推断为"俭"日(10 月 28 日)已发,"江"日(11 月 3 日)再补发以确定即日启程北上。

△ 北伐先遣队总指挥樊钟秀派咨议林骨由赣返韶关,向孙中山报告前方一切情形。(《樊钟秀派员返省报告军情》,《广州民国日报》1924年 10 月 31 日)

△ 令大本营会计司长、财政部长、军需总监以及广东省长,各军长官应统一军需支付事宜。令谓:"现在大军北伐,军需支付宜有统一办法以专责成。此后大本营一切款项,应由会计司负收管之责,军需总监负支发之责。""所有北伐军队饷需,均由大本营军需总监核发。其原领款项,着财政部、广东省长一律解交大本营会计司,以便支付。"(《大本营公报》第 30 号,"训令")

△ 着会计司发给大本营参谋长方声涛杂费二千元。(《饬发给方参谋长杂费手令》,《国父全集》第 4 册下,第 1305 页)

△ 是日广东电称:"因北京政变之故,本地各方面之视线均集中于孙文氏如何处置其陆海军大元帅之称号及革命政府之问题。今闻政府部内之主张似已一致赞成废去现在之革命政府制度,本建国大纲之规定以组织建国政府,同时举全力先行解决东江问题,完成广东之统一,将来之发言权以顺应北方时局之推移。"(《广州政局协议改革》,《盛京时报》1924 年 10 月 31 日)

10 月 29 日 电令广东省长胡汉民:"省、佛商团罚款,务于电到三日内收清,专解来韶,毋得移作别用。"(《公安局限日收缴商团罚款》,《广州民国日报》1924 年 10 月 31 日)

△ 核准施行粤汉铁路路款公开办法。

是月 21 日,粤汉铁路经与各方协商,议定路款公开,车利以四成拨为军费,六成供维养铁路之用,呈请核准施行。是日孙中山令会计司长及滇、湘、桂三军总司令:粤汉铁路公开路款决议案三条,准如所拟办理。(《大本营公报》第 30 号,"训令")

△ 建国川军将领刘成勋、熊克武、石青阳、但懋辛等电请孙中山早日启程北上。

电云:"顷者冯、胡、孙军入京戡乱,中枢主持无人。昨见合肥及南北要人通电,推请钧座北上,与合肥协商一切,成勋等以合肥近在津沽,昨曾电促先行入京,并请电催钧座北行,兹特电陈钧座,早日启行,以奠国本,是所切祷。"(《川将领电促孙中山北上》,《中华新报》1924 年 11 月 2 日)

△ 报载孙中山在韶关之财政窘迫状况,称其行营伙食亦无法维持,略谓:"孙政府之财政状况,自入今岁以来,已日紧一日,几已陷于无可维持之境……各征收机关,收入全无,皇皇财厅,三数百元之支领,亦不能应付。财政拮据情形,亦可见一斑矣。孙文坐困韶关,给养等费,迭次严电来省提取,百无一应,弄至孙文行营伙食,亦几于无法维持……商团罚款,缴纳虽属有人,然参与缴械之军队,咸以为有功于孙氏,群思分尝脔,此款孙文断难一手攫去。倘孙文不容各军染指,各军或至自行向商店收取,亦颇所难免,因军队到收,在毫无实力之商人,断不敢不交也。是则此项罚款,将来获其益者,亦军队而已,可信于孙文之财政上无其裨补,质言之,财政问题必无法解决也。"(《孙文在韶关之窘迫》,《晨报》1924 年 11 月 12 日)

10 月 30 日 自韶关返抵广州,在大元帅府召集会议,讨论应付北方时局之具体办法。

是日,孙中山与夫人宋庆龄在廖仲恺、汪精卫等陪同下,由韶关返广州,下午 4 时 45 分抵黄沙车站,受到胡汉民、古应芬、宋子文、伍朝枢、吴铁城等及军队民众代表数百人热烈欢迎。(《欢迎大元帅返省情形》,《广州民国日报》1924 年 10 月 31 日)

《中华新报》则为更详细之报道,略谓:"孙中山于三十号上午八时许,由韶州乘车偕同宋女士、建设部长郭泰祺、次长李芬湘、军总司令谭延闿等,乘坐花车,于下午五时抵黄沙车站,旋即乘山火轮遄回大本营,到站上欢迎者有省长胡汉民、汪精卫、徐绍桢各军代表及联义社社员,滇军陆军干部学校学生,黄埔陆军干部学校学生,警卫军第二营全营等,亦列队迎迓……据其随员称,孙此次返广州,大约不回韶州……廖仲恺因事逗留,大约明后日方能返来云。孙返帅府,旋于是晚召集各军政长官开一重要会议,列席者五六十人以上,闻系讨论应付大局办法,及筹划军费问题。"又称:"其此次反〔返〕省之目的,大约可分数说:(一)谓孙文此次返省,确欲督率各军应付长江,并调解许崇智、范石生之争;(二)据随行之其他要人传出消息,谓孙氏此次回省,日间即行召集建国会议,所议事项,最要者为其本人应否北上之问题,及计〔建〕国计划,与建国军之编制等等。闻俟开会完毕后,乘俄舰赴沪一行,如果进行有效,乃定入京之行止;(三)谓孙文由韶关返省,决取消韶关大本营,只设留守府于韶关,委定黄昌谷任留守,孙则留省组织建国会议,解决大局,经已发函西南各省,即由此项会议,产出建国政府。"(《孙中山由韶返省》,《中华新报》1924 年 11 月 11 日)

△　冯玉祥、胡景翼、孙岳等发出通电,声明不得已对吴用兵,略谓:"吴佩孚徒以不忍私人之怒,召乱逞兵,生此厉阶,贻害全国,衡情按法,即令科以战服上刑之咎,一人之肝脑,宁足以偿万姓之膏涂……狂猘性成,昏顽罔觉,辄复迫胁残部,狼奔豕突,甚且占据津门,窥视京邑,不惜以区区数千人之残余生命,付之孤注,迭向本军防线,极力进扑,若再姑息因循,不加制止,行见此祸国凶孽,披猖畿甸,将为大局奠安之梗,不得已挥泪出兵,重发挞伐。"(《冯军对吴宣战通电》,《晨报》1924 年 11 月 4 日)

△　张作霖电告孙中山,奉军抵滦州,即日西进。(《张作霖来电报捷》,《广州民国日报》1924 年 11 月 4 日)

△　是日上海电称:"胡景翼语外记者,谓建设中国唯孙中山有此魄力。"(《广州民国日报》1924 年 10 月 31 日,"专电")

△　《香港华字日报》刊文报道北京政变后之粤局形势,以及孙、陈应付此变局之政策。略谓:"(汪精卫)业已与胡汉民、廖仲恺等为一度之讨论,均主张乘此北方纷扰之际,用眼明手快的手段,竭全力攻取江西,扩张国民党之势力,一面由该党机关报,尽力鼓吹打倒军阀及帝国主义等论调,以备曹吴或竟为冯玉祥等打倒时,粤方对北之目标已失,复藉此以为攻击北方之具。孙文之总统瘾极大,此种主

张,当然为孙氏所容纳也,现在已催讨商团罚款,急如星火,计刻下已收得四五万元,此款按日专解韶关行营备用……款项既集,当即驱其驻韶部队,实行攻赣……又据与东江粤军接近者言,此时北京之真相,尚未十分明了,陈竞存素来对直并非十分融洽,倘冯玉祥等果拥段,则将贯彻主张其联治主义,至谓乘此风潮,复与孙文合作,则无论如何,在所反对,固认定孙文无合作之可能也。观于沪上之唐绍仪等主张收拾大局,应采用委员制,亦足为一证,因唐等与陈炯明派较为接近,其它各省则鉴于广州今次事变,或以孙文主张全民政治之假面具已完全揭破,亦均认为不能与孙派合作,是以大局无论是何变化,国民党必居失败之列,实可断言。"(天仁:《北京变化中之孙文态度》,《香港华字日报》1924 年 10 月 30 日)

又载报道称:"陈竞存始终与曹、吴不能合作,故始终不愿就总司令职,内部未免涣散。吴佩孚亦知之极审,只利用陈、孙相持,而不愿于其解决奉张之前使粤局安定……惟粤军方面,现仍多主张先行倒孙,然后向外发展……陈当时亦谓讨孙不成问题,已命林、叶、洪三人积极预备……此间战费已颇有着,前此所以迟迟不动者,皆因此款无着耳。"(启明:《北京政变后之粤局形势》,《香港华字日报》1924 年 10 月 30 日)

10 月 31 日 曹锟被迫下令改组政府,国务总理颜惠庆免职,特任黄郛代理国务总理,组织摄政内阁。(陈锡祺主编:《孙中山年谱长编》下册,第 2046 页)

△ 召集大本营军政联席会议,议定应付北方时局之方策。

是日在广州主持大本营军政联席会议,党政军要员均出席。会议讨论北方时局及应付之方策。最后议定四项:(一)认曹锟、吴佩孚为今最狠毒最无耻之军阀,其勾结帝国主义祸国殃民最甚。故无论何人何系,能有反直举动,以倒曹逐吴为职志者,革命政府当认为同情之友军,加以援助;(二)鉴于段祺瑞、张作霖、冯玉祥等迭次来电请大元帅入都主持国是,中山俟后方部署略定,即行北上,与段、张等共商统一建国方略;(三)主张分电段、张、冯,勖其乘势铲除曹、吴根本势力;(四)同时着力北伐,攻下赣、湘,并肃清东江陈炯明叛军。(《大元帅决定对付时局方针》,上海《民国日报》1924 年 11 月 8 日)

△　远东通讯社云该社本日下午同 7 时接得北方电报数则,其中称孙中山致电张作霖,自言日内即由广州乘俄国兵舰至天津共商国是,并将大元帅名义取消。(《关于北方政局之昨日沪讯》,《申报》1924 年 11 月 1 日)

△　段祺瑞复电孙中山,盼即北上,电谓:"公元勋照耀,政想宏深;命驾北来,登高发响,此天下之所想望,尤南北合力统一之先声。"(《大元帅与段芝泉往还电》,上海《民国日报》1924 年 11 月 8 日)

△　是日为日本天长节,汪精卫等国民党要人赴日本总领事馆祝贺。汪向天羽提出,孙中山最近准备赴上海,如果日本船只合适,准备乘日船前往,请从中协助。天羽当即应允,查询有 11 月 14 日东洋轮船公司的"春洋丸"从香港开往上海,即与该轮船公司的香港支店长堤君联系,堤君最终答应了此事。(李吉奎:《龙田学思琐言》,第 107 页)后广东政府外交部长伍朝枢与日驻香港领事高桥清一一起订购船位。(俞辛焞:《孙文の革命運動と日本》,第 355 页)

△　邵元冲于是日午前至大本营谒孙中山,"并商随行事,先生谓已调查俄舰可容若干人,决定后再约同行"。(王仰清、许映湖标注:《邵元冲日记》,第 73 页)

△　是日上海专电称:"陈炯明向孙言和,请孙放弃总统及粤地盘,孙拒,两方备战甚急。"(《孙陈和不成》,《晨报》1924 年 11 月 2 日)

△　《晨报》刊载报道,综述北京政变后孙方之形势。略谓:"汪、胡、廖等则仍主继续北伐……当乘时进取赣湘,以助粤省之声势,以为将来说话之地步……数日来忽有滇军回滇,湘军回湘之声浪。滇军回滇,虽属空气,而湘军回湘,已成事实。因湘军在粤,全无地盘,随处倒毙,故军士莫不思归。日来粤汉铁路,连日运载湘兵北上,抵韶关后即纷向仁化集中,源源不绝。惟该军十之七八为病兵,已无战斗能力。且沿途将枪支向土人变卖,以为私行回湘之川资并谋生资

本。"又报道民党方面即开建国会议的内容要点如下：

对外方面有：(一)此次冯胡等回师驱曹讨吴,其主张能否与西南一致？(二)段祺瑞、张作霖均为反直重要分子,其实力复与北方接近。段张对于处置时局中主张若何？能否与西南一致？亦微有不同？其不同处西南能否迁就与之合作？(三)曹吴驱除后,民党实尚未达到北京,北京当然在段张范围中,民党究应取若何态度,以与段张同谋解决国是。

对内方面有：(一)为肃清曹吴余孽,及展拓民党之实力计,北伐断难中止。惟北伐仍然继续进行,应取若何方针及达到某种程度为止境？(二)肃清内部问题,本分东江、南路两处……陈军反攻一事,现时决不致于提起。惟陈竞存之态度,依然如前之毫无表白,究竟东江问题一日不解决,即粤局一日未可告平宁。且于进兵湘赣既有后顾之虞,而客军全数出发之议,又无从实现,故不能不以解决东江为当务之急。其次则南路之敌军,尚有邓本殷等各部,虽林俊廷力主肃清南路,究林之实力,似与邓本殷相等,顾难立奏肤功。现林进兵安铺已将一月,尚无如何发展。南路战事既然不闻,故肃清问题,不能不急□应付。且东南两路须同时兼顾也。(三)关余问题,争议已久。关余本在总税务司安格联之手……安格联之指拨关余,全以实力充足与否为定。(《大局突变后之粤局》,《晨报》1924 年 11 月 17 日)

△ 《益世报》和《时事新报》本日分别刊文,攻击孙中山及其领导的广州政府。(《孙文屠杀广州市民详记》,《益世报》1924 年 10 月 31 日；《广东被害人民布告孙文罪恶》,《时事新报》1924 年 10 月 31 日)

△ 报载："孙中山因受南欧某帝国主义之压迫,近日极力与北欧某共产国相联络。北欧某国为发展中国南部及南洋群岛之势力起见,已派兵舰一队并党员五百人入粤为大规模之宣传运动。孙氏得此援助气焰大涨,遂试行其建设方略中之地产平价办法(其办法系将国家所有土地丈量成亩,每亩规定由某种价值起码,至某种价值为止。在法定价值之内,国民可自由买卖,每年按价缴纳地税于政府。

若地价腾贵,超过法定限度,政府得执行平价办法,将昂贵土地照法定价目收归国有)。此举实行,一班人民因与历来习惯相背,咸认为共产主义业已开端,大起反对,群情浮动,纷纷托庇外人。某某两国因有历史上之水火,现亦陷与敌仇之态度,广州秩序因以混乱云云。"(《广州秩序之混乱》,《北京日报》1924 年 10 月 31 日)

是月下旬 苏联政府派加伦将军来华担任军事总顾问,月底加伦抵达广州。([苏]卡尔图诺娃:《加伦在中国(1924—1927)》,第 33 页)

△ 与国民党员谈话,表示不顾安危,决心北上。

孙中山决计北上之后,有部分党人以北方时局动荡,担心孙中山此行的安全,劝孙取消北行。孙中山与其谈话说:"汝等以大元帅视我,则我此行诚危险;若以革命党领袖视我,则此行实无危险可言。"(《与党员同志的谈话》,《孙中山全集》第 11 卷,第 251 页)

△ 计划创办地方自治示范区,以北方政变而止。

孙中山手定之建国方略,以地方自治为宪政基础。本年 9 月间移大本营于韶关,督师北伐,始拟创办地方自治示范区。据黄昌谷所述,当时计划,原拟抽调南、韶、连之驻军北伐后,即将其所交出之防地,作为曲江大本营直辖南韶连(粤北)地方自治示范区。同时并拟指定广州市以南至香港澳门附近各县市,作为广州大本营直辖之地方自治示范区。无如至 10 月下旬,因北方突发政变,孙中山拟北上,致地方自治示范区计划因而停止。(罗刚编著:《中华民国国父实录》第 6 册,第 4850 页)

△ 10 月底,令宋子文自 11 月 1 日起取消中央银行纸币每百元征税 1 元之前令。(《中央银行通[告]》,《广州民国日报》1924 年 11 月 5 日)

11 月

11 月 1 日 黄郛内阁产生。黄郛代理总理兼任交通总长和教育总长、王正廷为外交总长兼财政总长、王永江为内务部长、李书诚为陆军总长、杜锡珪为海军总长、王乃斌为农商总长、张耀曾为司法总长。又任命李烈钧为参谋总长，鹿钟麟为北京警备总司令。（鹿钟麟等：《冯玉祥北京政变》，《文史资料选辑》第 4 辑，第 15—16 页）

　　△　主持国民党中央政治委员会第十二次会议，与会者有胡汉民、汪精卫、廖仲恺、伍朝枢、邵元冲、谭延闿、鲍罗廷。议决："离粤北上宣言为统一中国。先往上海发表主张，如北方能同意，然后与之合作。"（罗家伦主编、黄季陆增订：《国父年谱（增订本）》下册，第 1145 页）

　　△　任命范其务为粤海关监督，原任罗桂芳免职。（《大本营公报》第 31 号，"命令"）

　　△　训令各军总司令、军长、司令：着南番顺（按，即广东省南海、番禺、顺德三县）剿匪司令李福林协同江、海防各舰严剿各江股匪，克期肃清；并着各军通饬所部即日将滥设之护商机关实行撤销，不得再行抽收货捐及保护费，违者即由剿匪司令作为土匪剿办。

　　据广东省长胡汉民呈称："近日省乡交通梗塞，商货停滞，直接使商人停止营业，间接影响国家税收。揆厥原因，一由各江匪患未清，来往船只时被劫扰；一由各军滥设机关，抽收各种货捐护费。商人苦于征敛重叠，负担过巨，遂致相戒裹足。虽经省长随时咨饬营县严剿匪徒，制止苛抽，并迭奉帅令撤销私设护商机关，严禁勒抽捐费。然匪徒此拿彼窜，出没靡常，各私设征收机关亦随撤随复，莫可究诘。"（《大本营公报》第 31 号，"训令"）

　　△　手令广东省长胡汉民令行各机关统一收支中央银行纸币。

　　令谓："即行转令各财政机关，以后收入如在一元以上者，概要收中央货币，不得再收现洋及其它银号凭单；至各军支出，则须将中央纸币携往中央银行换取毫洋以后发给，不得以中央纸币在市面行使。"依此手令内容，后再发出第 546 号训令。（《一元以上概收中央纸币》，《广州民国日报》1924 年 11 月 3 日；《各机关收用中央纸币》，《广州民国日报》1924 年 11 月 21 日）

△　批示巴达维亚支部执行委员会来电,谓北行非有妥协意味。

上月 30 日收到巴达维亚支部执行委员会来电,云:"直系大溃,冯吴相杀,本支部遵照全国大会决议,国民党当依此最小限度政纲为原则组织政府案及总理训告同志打销妥协手段之演说,一致呈请总理,速组政府,实施政纲。"本日[①],孙中山批示,谓:"国民党力量尚未足,为党员者当要努力宣传,扩张势〔力〕……本总理有北行之举,乃应北方同志之要求,以期值此可促党务进行一大步,并非有妥协之意味也。政府之进程须靠兵力而定。并照此意发一秘密通告于各党部。"(《批巴达维亚同志电》,《孙中山全集》第 11 卷,第 263 页)

△　冯玉祥、王承斌、胡景翼、孙岳致电孙中山,请求"早日莅都,指示一切,共策进行"。(《冯王胡孙电请帅座北上》,《广州民国日报》1924 年 11 月 4 日)

△　报载是日各方促曹锟退位之通电,谓:"张作霖电冯,如曹不走,奉不停战;孙文电京,曹退方能商善后,拟即北上;段电京,曹不退则认贿选为有效,何必多此一举;各省催曹退位电极多。"(《申报》1924 年 11 月 2 日,"国内专电")

△　本日香港电称:"孙文自韶关回省,召开建国会议,传孙将设建国政府,自为总统。又传孙将赴京,商决国事。但孙已派汪精卫代表北上,第二说一时似不实行。"(《粤孙将开建国会议》,《时报》1924 年 11 月 2 日)

△　《香港华字日报》刊载报道,称孙中山欲收管全国政权,略谓:"兹闻孙氏确已偕同程潜、廖仲恺、林云陔等,于卅日午后专车抵省,先至留守处小憩,或将仍就河南士敏土厂暂行驻节。据闻某要人传说,孙氏此行,将来北京政变之际,即在广州就临时大总统职,组织临时政府收管全国政权,恢复合德议院,选举正副总统,所有正副总统未经正式选出以前,无论何人,倘敢僭窃总统名目,盘踞北京或其

---

①　一作本月 3 日,参阅罗刚编著:《中华民国国父实录》第 6 册,第 4854 页。

他省分,孙氏仍当率各省护法义军,直捣京师,实行驱逐。"(《孙文又要过总统瘾》,《香港华字日报》1924 年 11 月 1 日)

　　△ 《中华新报》刊载奉天通讯,报道孙科最近谈话,谓:"吴佩孚之失败,可知武力统一之说之难实现,目下统一方法,拟由人民公决,不久即可开国是会议于北京或天津,将来自当推段合肥为领袖,而另组一委员会,为美国之处置菲岛方法,国民方面分划自治区域,使其将来有自治之能力。民国成立已十三年,应以所得政治上之经验,为实行将来适宜之宪法,此为广州政府之意见,冯玉祥已经采纳,中国各要人,无不赞成和平统一,使教育、实业、司法得以发达……吾辈于□相当政府之前,并不希望能收回治外法权,中国现在本无政府、无国会、无宪法。至吴佩孚,或能以少数军队逃回山东,其将来之行动究竟如何,虽不可知,然总不至再持政柄,上海、广东方面从此可无战事。广东近来真相多被传递消息机关虚造谣言,致外间不明真相。商团与陈炯明结合,私购军火,图谋不轨,政府令其解除武装,彼辈不从,故有抵抗之事。"对于外间传言广州政府倾向共产主义之说,孙科加以否认,认为:"俄国共产主义与广州政府所抱之政策,并不相同,种种误会,实缘主张共产主义之华人,今春在广州举行国民党会议所致。此项人士,个人虽主张共产,惟确为真实之党员,及自莫斯科到粤之苏俄代表鲍罗定氏,现仍在广州……俄国共产主义,若无亲善之邻国,难以推行,广州并未与莫斯科发生龃龉,北京与奉天均与俄订立条约,广州政府亦已订有适当协定。鲍氏曾谓俄国正向各处求友,此项友好,并非必须施行共产主义者,俄国无论为共产国,或专制国,中国实有与之交友之理由。"(《孙科在奉之谈话》,《中华新报》1924 年 11 月 1 日)

　　11 月 2 日　本日为阴历十月初六,欣逢五秩晋九华诞,家人设宴称庆。

　　先一日,胞姊孙妙茜来广州探访,提醒孙中山:"明日就是你的生日。"在旁的何香凝获知,乃发起祝寿。惟中山表示不宜铺张,结果仅

于本日晚在其寓所设宴两席,以表庆贺。(《中华民国史事纪要(初稿)——一九二四年九至十二月》,第 726 页)

孙中山诞生于清同治五年十月初六日,即公元 1866 年 11 月 12 日。1938 年 3 月,中国国民党第五届中央常务委员会第七十次会议决定,以孙中山出生日 11 月 12 日为"总理诞辰纪念日"。1940 年 4 月 1 日,国民政府明令颁布,尊称孙中山为国父,1941 年 1 月,改"总理诞辰纪念日"为"国父诞辰纪念日"。(张宪文等主编:《中华民国史大辞典》,第 1168 页)

△ 曹锟宣布下台,大总统印移交国务院看管。(陈锡祺主编:《孙中山年谱长编》下册,第 2048 页)

△ 国民军当局及国民党各要人冯玉祥、胡景翼、孙岳、续桐溪等人联衔电促孙中山速行北上,电谓:"辛亥革命,未竟全功,致令先生政策无由展施,今幸偕同友军,戡定首都,此后一切建国方略,仍赖先生指示,万乞速驾北来,俾亲教诲是祷。"[1](《孙文允清理粤事后北来》,《顺天时报》1924 年 11 月 5 日)

△ 令饬大本营财政部、省财政厅、市财政局、两广盐运使署,赶速筹措北伐款项。(《帅令各收入机关筹款》,《广州民国日报》1924 年 11 月 3 日)

△ 东方通讯社本日广州电称:"唐继尧致电孙文,非难曹锟、吴佩孚之恶政及敢行攻击浙江之事实,谓刻下之形势于义不忍坐视,将与熊克武军共出兵武汉云云……陈炯明最近态度亦颇有暧昧,曾于 10 月 30 日发通电,赞成冯玉祥之处置,表明攻击曹吴之态度。但彼与孙文之关系,依然无改善之痕迹。但陈炯明势将攻闽,陈氏而果攻闽者,结局可成为变相之孙陈提携。所为问题者,惟林虎之态度如

---

[1] 此电或为 1 日所发之"东电"。除了《广州民国日报》所载冯玉祥、胡景翼、王承斌、孙岳于 1 日致孙中山电之外,复因 4 日孙中山复冯玉祥等电中有"东电奉悉"之说;又该日汪精卫在和天羽英二密谈中也提到孙中山已回电答复冯玉祥、王承斌、胡景翼、孙岳于 1 日致孙中山的电报。惟因二者内容稍有差异,故录于本日条下。

何。孙文归广州后,在大本营召集胡汉民、汪兆铭、廖仲恺以下各要人,协议其出处退进。闻孙氏已决定北上,现正努力谋划,欲与段、张、冯三者之间成立完全之谅解。"(《孙文定期北上》,《时报》1924 年 11 月 5 日)

　　△ 《申报》刊载报道,称孙中山决将北上,陈炯明欲出兵攻闽,略谓:"孙中山由韶关遄返广州会议,结果决暂放弃其平时之主张,以粤事还诸粤人,承受冯玉祥、张作霖等之请求,准备北上参与统一会议,藉与合肥晤面,为国是之切实商榷,至其行期,大约不出两星期……陈炯明自粤军将领林虎、叶举、洪兆麟等电请出任粤军总司令职,已答允出任。昨日陈氏有电致驻沪代表,据称已令所部由潮梅出发漳州,进攻福建,援助国民军,已准备就粤军总司令职。"(《关于北方政局之昨日沪讯》,《申报》1924 年 11 月 2 日)

　　《北京日报》则刊载香港电讯,称:"自粤垣发生巷战后,陈炯明军队辄向石滩、石龙各处进攻,现因北京政局既生变化,陈炯明颇有停战言和之意。经胡汉民、陈友仁等从中调停,陈孙和议之说又兴。刻下东江各处业已停战,静待和平解决。"(《孙陈和议说复起》,《北京日报》1924 年 11 月 2 日)

　　△ 是日广州电称:"孙文一派虽对于王正廷一派之背叛国民党、突形官吏的态度之事实颇感不满,然王孙原属同盟会,两派妥协尚有希望,且王正廷与张作霖间早经了解,由是观之,中国统一之机运将以王阁为中心着着进行。"(《广东方面之时局观》,《盛京时报》1924 年 11 月 4 日)

　　11 月 3 日　黄郛摄政内阁发表就职通电,并致孙中山,略谓:"郛等忝以菲才谬承驱辅,自维绵薄,万不克胜。矧当阁事初定之时,复有元首退职之举,仔肩愈重,担负益艰,涉川无涯,屏营万状,惟念事机危迫,不许逡巡,不得已勉竭驽材,共维现状,一俟军事粗定,自当奉身告退,谨避贤能。第建设虽在未遑,即传□亦虞不逮,迷阳在道,全倚南针,诸公元勋宿德,薄海具瞻,至恳不吝教言,随时随地,加之指示。应藉老成之启迪,俾资后进之遵循。公谊私情实同衔佩,斗山在望,倾耳德音,掬臆据陈,伏维照察。"(《新阁员就职之文章》,《晨报》1924年11月5日)

　　△　视察黄埔军校,向师生作告别演说,讲述北上之目的,勉励大家为党和革命作牺牲。

　　是日上午由帅府乘"永丰"舰抵黄埔,受到校长蒋介石以下师生欢迎。下午2时许开始检阅该校师生及军校教导团一千五百余人,同时受检的还有广东大学师生四千余人。3时,入军校礼堂作告别演讲。(《大元帅检阅黄埔军校》,《广州民国日报》1924年11月5日)

　　演讲略谓:"我这次到北京,不但是本党同志欢迎,就是各省的反直派也是很欢迎的。我相信一定可以自由行动。将来自由行动的结果究竟是怎么样?虽然不能逆料,但为前途发展起见,此时也不能不去。大家又不可以为我到北京之后,马上就能发起一个中央革命。不过借这个机会,可以做宣传的工夫,联络各省同志,成立一个国民党部,从党部之内,成立革命基础。"在谈到自由平等时,又谓:"大家要希望革命成功,便先要牺牲个人的自由、个人的平等,把各人的自由、平等,都贡献到党内来。凡是党内的纪律,大家都要遵守,党内的命令,大家都要服从。全党运动,一致进行,只全党有自由,个人不能自由,然后我们的革命才可以望成功。"(《在黄埔军官学校的告别演说》,《孙中山全集》第11卷,第264—273页)

　　△　谕黄昌谷随同北上,继续担任演讲记录工作。

　　是日召见黄昌谷,谓:"我现在决定到北京去从事和平统一,借此机会,可在北京继续讲民生主义。你的行止怎么样呢? 可不可以同去写民生主义呢?""民生主义还有四讲:两讲是居、行,一讲是民生主义的总论,一讲是三民主义的总论。讲完之后,如果再有功夫,还要讲五权宪法。你一定要放弃现在的任务,同我到北京去记述三民主义和五权宪法吧。"黄欣然表示从命。(张益弘:《三民主义之考证与补遗》,第65页)

△ 准大本营内政部长徐绍桢辞职,派次长杨西岩代理部务(至10日,准杨辞次长职,11日任谢适群代内部次长并代理部务);任命林直勉兼大本营会计司长,原任黄昌谷免职;任黄昌谷、谢心准为大本营秘书;以吴铁城为广东警务处长,原任李福林免兼,着吴铁城兼代卫士队长(至12日任卢振柳兼卫士队长,吴免兼)。(《大本营公报》第31号,"命令")

△ 训令大本营军政部长程潜、各军总司令、军长、司令及广东省长胡汉民,谓:广东各种厘税多由各军招商承办,致为奸商欺蒙,短收甚巨。现定各种厘税悉归广东财政厅克日厘定底价开投,以期收入增多。至原日指定由各该厘税项拨给各军之给养费,仍照原数支给。其开投增加之款由财政厅存储汇解,以供军用。(《大本营公报》第31号,"训令")

△ 令军需总监胡谦、建国军北伐总司令谭延闿:"所有北伐各军饷项应概由前方军需总监发给,无庸在后方支领。"并令转饬北伐各军一体遵照。(《大本营公报》第31号,"训令")

△ 报载:"自政局变更后,国民军与北京民党方面,均电请孙中山北上,闻加拉罕亦以私人资格去电探中山之意见。"本日孙中山复电,大意谓将粤事清理后,两三日内即可北上。(《孙文允清理粤事后北来》,《顺天时报》1924年11月5日)

△ 本日在大本营召集第三次会议,讨论北上问题,列席者有胡汉民、汪精卫、谭平山、邹鲁、蒋介石等。《时事新报》后曾刊载广州特约通讯,披露会议细节,谓:"胡、汪、邹等皆极力主张孙氏北上,谓广东僻陬,与政治重心之京津距离太远,对于政局上之种种措施,皆极感不便,中山北上,既可以号召南北各方,又可以权衡利害,沉机观变云云。惟当时亦有反对此议者,谓观察现时情形,曹吴之潜势力尚遍布京津,中山万难轻身北上,置身危地。互相辩论良久,始决定移驻上海。盖以上海地居南北枢纽,交通便捷,应付咸宜,至适当时机,再移节北上也。闻胡、汪、邹等之极力主张孙氏北上者,其计划一面由

孙氏挟同所谓护法议员进京,力争法统,要求承认广州政府为合法政府,由广州迁至北京,继承约法上之正式政府;一面由留守广州之各要人,组织建国政府,以便与北方对抗,如将来北方要求取消建国政府,即提出承认孙文任总统,以为交换条件,双管齐下,以期制胜。讵卒不能通过。旋又决定孙氏抵沪后,即在上海召集建国会议,邀请段、张、冯各派实力分子,筹商大计,较之在粤召集尤为妥适。最后复议及孙氏离粤后关于粤中各方面之应付方策,决定以湘军总司令谭延闿代行其大元帅职权,所有韶州方面之北伐军队,概属谭氏节制,其广州留守府,仍以胡汉民代拆代行,照旧不更动。省城治安,则令滇、许两军共同负责,东江方面则责成杨希闵、刘震寰、许崇智以全力担任,现时反攻计划,只令陈军退出东莞、石龙、增城为止。俟该处收复,即暂行停止进兵,改取守势,以策广州之安全。北伐军方面则仍积极进兵,务乘机收复全赣,不可中途停战,以扩张革命政府地盘,为将来发言地步,此则责成谭延恺〔闿〕担任,各军均须听命受命。凡此皆军事上之应付方略也。又关于财政上之规划,则决定恢复中央银行,按照原定计划发行纸币一千万元。盖以前次商场倡议罢市拒用纸币,致银行中途停顿,不能发展其业务。现今商团既经解散,抵抗政府之能力业已消失,无患再有发生罢市行动,故有此项之决议,以为政府财政之救济,又有银行为政府转动金融之枢纽,是军政费可无虞竭蹶。倘商民对于政府发行纸币计划有反抗行动,决以武力裁制之,务使流通而后已。"(《孙中山北上声中之会议》,《时事新报》1924 年 11 月10 日)

　　依大本营连日会议决定作出北上后人事安排:胡汉民代行政务,谭延闿负责北伐,廖仲恺主持党务,伍朝枢掌管外交,杨希闵、刘震寰防守东江,许崇智防守西南,并协助吴铁城、李福林维持广州治安,"均各负完全责任"。京津沪浙各方联络事宜,由张继、汪精卫、叶恭绰、孙科担任。(《大元帅已决定北上》,上海《民国日报》1924 年 11 月 5 日;《大元帅北上与北伐布置》,上海《民国日报》1924 年 11 月 10 日)

△　连日在士敏土厂迭开会议,以应付各方面。《时事新报》刊载是日广州特约通讯,披露各会议议题和讨论结果。《时报》亦有相应报道,综合整理如下:

1日召集大会,讨论关余交涉问题。列席者有胡汉民、古应芬、廖仲恺、汪精卫、罗桂芳、伍朝枢等数十人。伍出席宣布交涉经过情形,请孙中山指示方针。讨论良久,卒以外交团态度强硬,若果相持过急,不难濒于决裂,现时仍以采取和平方针为妙,结果决定以政府名义发表一宣言,致北京公使团直接交涉,此书由伍、汪起草,2日已经脱稿。

2日上午,召集各军将领到士敏土厂,会议反攻东江之事。结果决定以滇桂粤三军之力,举行反攻,大致以桂军担任虎门方面,滇军担任石滩方面,粤军担任增城方面,同时大举前进,务于最短期间内,收复东莞、增城,驱陈军出石龙,然后再进逼惠州。已即席由孙拟令,颁下该三军,限一星期进攻。同日复讨论筹集军费问题。除以商团罚款四十万元,酌量支配外,仍须赶筹二百余万,始敷挹注。有提议对商人施行四六税制,凡商民每月营业所得赢余,以六成归该商人,四成归政府,此说经多时讨论,未能表决。最后始决定将此次查封各商团店铺产业一律投标,暂时拨充东北两方面军费,尽数解交大本营。又决定在广州召集建国会议,派汪、胡起草会议绳则,即日以孙中山名义,分电段祺瑞、张作霖、冯玉祥、胡景翼、孙岳等,请各派全权代表,克日来粤,列席大会,筹商组织政府之各种方针。复又决定派遣代表赴津,一面与段、张各方周旋,一面暗探消息,看其是否容纳自己,以便应付,第一帮选定汪精卫,第二帮选定郭泰祺,不日出发。

关于对付赣湘鄂问题的讨论。决定于此三省地域内用兵。除援赣已开始进行外,即并下令委任谭延闿为援湘总司令,程潜为援鄂总司令,即分拨湘军鲁涤平、宋鹤庚两部交谭统辖,率之回湘,其谢国光、吴剑学、陈嘉祐等三部,则交程统辖,率之攻鄂。现已分配安定,

促令相机前进。(《孙文熟筹进退双全之计》,《时事新报》1924 年 11 月 8 日;
《孙中山回省后之种种》,《时报》1924 年 11 月 8 日)

　　△　《盛京时报》刊载广州通讯,报道共产党方面及国民党左派
反对孙中山北上。

　　上海共产党中央执行委员会及国民党沪执行部于 10 月 31 日及
11 月 1、2 等日,数次致电广州大本营,力阻孙中山自身或派代表北
上,谓:"段、张、胡皆英美法日帝国主义所指导之军阀,国民党大会宣
言既有本党不许与军阀谋提携妥协之规定,则总理轻身投敌,是为违
反主义,应请制止北行等语。""廖仲恺等得电,即假大本营开中央执
行委员会紧急会议,列席者除杨希闵、邓泽如、李宗黄外,皆属共产党
分子,时汪精卫、胡汉民、廖仲恺、谭平山、邹鲁等皆预得共产党命令,
反对中山北上之议甚力,汪、廖尤为激昂,谓段张与曹吴同一军阀,牛
羊何择,此行必无好结果云云。最后中山发言,力排众议,谓在粤两
年,不独北伐一举,毫无成效,即区区一惠州亦不能攻下,且经此次商
团事变之后,商民实行消极抵制,一切税捐多已断绝,若不另开拓一
新局面,粤局安能持久,故吾为本党计实当借此机会以宣传三民五权
之说,于北方各省,此乃发展本党势力,并非违反主义,吾志已决,诸
君请勿复言云云。汪、胡、廖等因是大失所望,乃于次早约俄人鲍罗
廷等在省署开秘密会议,磋商挽救之法,卒决议谓中山去志已坚,不
能阻止,应使左派同志多人随同北上,监视其行动,免为军阀及右派
所利用。于是著名左派之汪精卫、廖仲恺、邹鲁等皆在随员之列……
闻廖仲恺、谭平山等于中山离粤之前,频与上海陈独秀、毛泽东、天津
韩麟符、北京李大钊等电报往还。"(《共产党阻止中山北上之因果》,《盛京
时报》1924 年 11 月 23 日)①

　　关于共产派阻挠孙中山北上,《顺天时报》曾刊载广州特别通信,
报道国民党内部之分歧。称:当孙中山未决意离粤赴沪之前,"曾由

---

　　①　此则报道,《香港华字日报》1924 年 12 月 9 日曾刊载《京函述孙文行动及粤事之
将来》,予以转载。

国民党中央执行委员会经过多次之讨论,党中央委员胡汉民、汪精卫、廖仲恺、谭平山、戴季陶、邹鲁等皆谓北上即为投降军阀,反对甚力"。"盖国民党向分反共产及共产二派。反共产以张继、冯自由、居正、谢持等为中心,素主张维持孙段张之三角同盟,以抵抗直系。共产派则胡汪廖等为之首,素主张解散三角同盟,联合工农学各界起国民大革命,其背后有俄驻粤代表鲍罗廷为指挥,此二派中原以反共产派占全党之大多数,惟共产派有俄代表为助,故势力绝巨,中山往往为所劫持。张继、冯自由等先后被共产派控告,谓其反对共产,即违反主义,故中山曾有将张冯等除名之提议。前月张致电中山谓共产党横行无忌,自请出党,中山竟批准之,后经张静江等去电痛陈利害,中山乃改为限张一年内立功赎罪等语,此事尤大失众望。由是共产派日以国民党名义在沪民国日报宣布反对津段奉张浙卢之言论,十月卅日更决议阻止中山北上与军阀合作,十一月一日沪报曾载其决议案,大为反直各派人士所注意,胡汪廖诸人在粤力阻中山北行,亦本此意,惟中山宣言在粤无可发展,非在北方发展新势力不可,遂力排众议,决定离粤作大规模的宣传。胡汪廖以主张失败,乃与俄代表鲍罗廷协商补救之策,决议推鲍罗廷及汪廖戴邹谭等多人随伴中山作严密之监视,不许反共产派有接近之机会,凡中山与军阀协商之提案,皆须经过鲍代表及汪等拟稿,以有利于共产主张为标准,故中山此次离粤,广州市民及旧国民党员华侨等对之极形冷淡,即因不慊于共产派之故,且对于俄人鲍罗廷之同行,尤认为于时局及人心均有不利,盖汪廖等屡向中山提议,应介绍鲍氏加入北方和平会议。"(《孙中山北上之波折》,《顺天时报》1924年11月21日)

　　△ 邵元冲是日日记载:"晤精卫,知先生拟改乘十一日麦的臣总统船行。"(王仰清、许映湖标注:《邵元冲日记》,第74页)

　　△ 《晨报》刊载中华全国商会联合会为粤商团军械案事件致孙中山电文。略谓:"吾商民之对于足下,不可谓不厚也。计从前流寓海外及辛亥癸丑丙辰诸役,华侨商人,其直接济以巨款者,至再至三。

而间接之需索我商人者，则足下之党徒，到处皆是也……今则受吾商民豢养之恩，而不知补报，一味颠顶专制，独夫之所不肯为，而号称民治之足下，忍为之，敢为之……本会为挽救商民起见，不避嫌怨，力持正义，剀切陈词，开罪之道，自知不免。希为亮察，即询时日。"（《商联会痛诋孙文》，《晨报》1924 年 11 月 3 日）

11 月 4 日　黄郛摄政内阁通过《修改清室优待条例》五条，内容包括永远废除帝号、清室移出故宫等。（陈锡祺主编：《孙中山年谱长编》下册，第 2050 页）

△　发表"肃清余孽，绥靖地方"通令。

令谓："前以曹琨〔锟〕、吴佩孚祸国殃民，罪在必讨，故亲率诸军由韶入赣，以期北向中原，与天下共除残贼。连日迭接奉天张总司令捷电，暨北京冯玉祥、王承斌、胡景翼、孙岳诸将领来电，知曹、吴所凭藉之武力摧残殆尽，友军义勇奋发，海内闻之，莫不欣慰。此时余孽未靖，固当悉予扫除，而根本之图，尤在速谋统一，以从事建设。庶几分崩离析之局得以收拾，长治久安之策得以实施。本大元帅权衡轻重，决定即日北上，共筹统一建设之方略。所有肃清余孽、绥靖地方一切事宜，仍责成留守暨各军总司令、广东省长妥善办理，仰军民人等一体知悉。"（《大本营公报》第 31 号，"命令"）

△　出席大本营饯行宴会并演讲，述北上之希望①。

是晚，大本营设筵席为孙中山即将北上饯行，出席者有胡汉民、谭延闿、许崇智、杨希闵、刘震寰及各军师长以上长官等。会议开始后，谭延闿先致祝词谓："大元帅为福国利民起见，革命奋斗二三十年，都在海外与南方奋斗之时候多。这次到北方去奋斗，一定可以达到目的。我们大家公敬一杯，庆祝大元帅成功！"孙中山遂起身致答

---

①　此件时间，《国父全集》第 2 册定为 11 月 11 日；《孙中山全集》第 11 卷定为 11 月 12 日，皆误。现据《广州民国日报》改正。另有东方通信社广东 4 日电称："文武各要人，四日夜在大本营设宴，为孙氏祖饯。"（《中山先生定十日前后北上》，《京报》1924 年 11 月 8 日）

词,谓:"我这次到北方去的缘故,就是因为民国有了十三年,革命还没有彻底成功……这次北京的变动,不过是中央革命的头一步,头一步走通了,再走第二步、第三步,中央革命是一定可以大告成功的。我这回到北京去,外面不明白情况的人,以为我一定可以握大政权,其实我并没有想到握大政权,就是他们要我办,我也是不能答应的……我信这次到北京去可以自由行动,能够在北京自由活动去宣传主义,组织团体,扩充党务。我想极快只要半年,便可以达到实行三民主义、五权宪法的主张;极慢也不过是要两年的工夫,便可以成功。所以我这回为革命前途计,便不能不到北京去筹备……现在各位将领同志和绅商,就要趁这个机会,同心协力把广东的基础弄得巩固,做一个革命的好策源地……因为有好机会,所以我希望南方各同志都要联络起来,固结南方现在的力量,并且要把北伐军前进到武汉,和北方响应。到那个时候,便是革命彻底成功,三民主义和五权宪法便能够完全实行。全国人民才可以脱这十三年革命的苦痛,享革命的幸福。这就是今晚我对于各位同志的希望。"(《昨夕大本营之践行宴会》,《广州民国日报》1924 年 11 月 5 日,《各界欢送大元帅北上演说词》,《广州民国日报》1924 年 11 月 6 日)

△ 着谭延闿全权办理北伐事宜,谓:"本大元帅现因统一、建设等要务,启行北上。除仍由大本营总参议胡汉民留守广州代行大元帅职权外,所有大本营关于北伐事宜,着由建国军北伐总司令谭延闿全权办理,北伐各军概归节制调遣。"(《大本营公报》第 31 号,"命令")

胡汉民在《悼谭组安先生》文中,对此曾有记述:"十三年冬,总理北上,临行交下两个命令:(一)命谭先生完全代负北伐的军事;(二)命兄弟(胡自称——引者注)留守广州,代大元帅职权,并负责肃清东江。兄弟便到总理跟前,商承一切;并对总理说:'先生此次北上,要我们负起北伐东征的重任,实在太难了。不过我们无论如何,必须勉力做去;据我的推测,肃清东江似可不成问题,因为我们已经养成精锐的党军,足可担任。至于北伐,便不能不替组安为难,第一、组安的湘军,只是北伐军队中的一部,其他五六部,是否能受命组安,便是一个极大的疑问;第二、组安究竟不是军人,即使其他部队,能受组安指挥,但组安是否胜任,也不能不稍稍顾虑.'兄弟向来讲话,是这样直率的,谭先生听了,也不以为异,且说:'展堂先生的话,十分在理.'而当时总理说:'一切的事,我都知道,你们尽管去做吧.''尽管去做'是总理应付一切艰难困苦的格言.兄弟和谭先生,也就完全应允了."（蒋永敬:《民国胡展堂先生汉民年谱》,第 313—314 页）

《京报》后曾载文披露孙中山离粤前议决之方略,略谓:"孙氏离粤之前,大本营连日均有重要会议.凡国民党旗下之文武要人,几全体列席.经过长之详细讨论,利害权重,互较长短,乃决中山亲自出马,其预定之方略有四:(一)自袁世凯潜谋帝祠起,至曹锟任内止一切法律政令,一概宣布无效,中山继续执行临时大总统职权,以段祺瑞为总理,兼行使辛亥例之大元帅职权.(二)暂行委员制,人额至多七人,而以中山为委员长.(三)暂以领事内阁代行总统职权,以段为总理.(四)召集国民大会,选举临时大总统."[①]又称:"据民党方面消息,孙氏身虽北上,但以长江局势未定,对于北伐问题,依然猛进.其临行时决定之方策如下:(一)以谭延闿为北伐联军总司令,北伐之事,不论湘赣,归谭完全负责,各军尽受节制.(二)以胡汉民代行大元帅职权,负西南行政方面全责.(三)以廖仲恺负国民党党务全责.(四)以许崇智负肃清南路、西路全责.(五)以滇桂军付杨希闵,责成杨负肃清东江全责.(六)广州治安秩序,由许、杨会同李福林、吴铁城负责."（《孙中山昨晚可抵沪》,《京报》1924 年 11 月 18 日）

△　复电冯玉祥等,告即北上.电谓:"东电奉悉,至佩荩筹.此时所务,一在歼灭元恶,肃清余孽;一在勒〔勤〕求治本,建设有序……承邀入都,义当就道,日来已由韶返省部署行事,数日之后即轻装北上,共图良晤."同日,又致电张作霖,对推段祺瑞为联军统帅表示祝

---

① 　《晨报》1924 年 11 月 20 日亦以《孙文派之一种梦想》为题,报道此则消息.

贺,告以一旦部署军事等事毕,即北上。(《大元帅出发前之各种布置》,上海《民国日报》1924年11月13日)

是日东方社电讯称:"孙文本日致电段祺瑞、张作霖、冯玉祥等要人,谓鉴于时局之趋势,于日内即行北上云云。文武各要人,四日夜在大本营设宴,为孙氏祖饯。出发期日,原定为六日,现决定于十日前后。但乘何船,尚未决定云。又孙中山特派国民党分子慰问国民军。徐谦、王用宾等已联袂来京。徐、王等分别慰问第一、二、三军。王用宾谓此次政变系完成辛亥未竟之革命。"(《中山先生定十日前后北上》,《京报》1924年11月8日)

△ 是日东方社天津电称:"孙科奉父命赴奉天,因局面骤变,遂变更旅程,现已来津,访段祺瑞,一般人士大为注意。孙科语往访之记者曰:'改造民国之根本意见,吾父与段张完全一致,自不待言。惟于细目,略有不同。但大调既决定,则细目不难求谅解,吾父及民党员,不日即将北上。'"(《时报》1924年11月5日,"电报")

△ 谢持是日日记载:"薛仲良(晋贤)来访,王子骞俱青阳来,遂电中山先生,促北上,促筹团结在粤各军团结西南各省之办法。"(谢持:《谢持日记未刊稿》第4册,第338页)

△ 张继等访晤胡景翼于天津火车站,商议速迎孙中山北上,以阻段派活动。

昨日胡景翼率旅长李云龙克天津,本日上午,张继、马伯援、谢无量等访晤胡景翼于天津火车站。当日晚,张继、马伯援、徐谦、王法勤等赴京。翌日晤冯玉祥,连日商讨,决以马伯援代表冯、胡南下请孙即日北上,指导一切。(《中华民国史事纪要(初稿)——一九二四年九至十二月》,第758—759页)

△ 是日香港电称:"孙文见二次争海关,皆遭失败,乃又将令各军扣留之税收机关悉数交出,组织一财政统一委员会,确立财政计划。"(《孙中山应召北上》,《时事新报》1924年11月5日)

△ 派张民达兼广东兵工厂监督。(《大本营公报》第31号,"命令")

△　着留守府秘书处将海图一箱送交黄埔军校校长蒋介石。
（《给留守府秘书处的命令》，《孙中山全集》第 11 卷，第 279—280 页）

△　着范克将苏、浙、皖等处革命同志带来，与北伐部队会合。
（《给范克的命令》，《孙中山全集》第 11 卷，第 280 页）

△　令省长胡汉民保护良善商团，对商团变乱期间罢市各埠商团，除"逆迹昭著者，勒令缴枪罚款外，其它不事深究"。并责令胡汉民将缴枪罚款之事克日办妥。（《帅令保护良善商团》，《广州民国日报》1924 年 11 月 4 日）

△　汪精卫奉孙中山之命往访日本驻沙面领事馆，与领事天羽英二密谈时局问题，并商讨解决孙中山拟乘坐日轮"春洋丸"北上事宜。

关于双方谈话内容，天羽当天即电告日外相币原，其要点有：（一）孙中山已于 3 日收到张作霖于上月 30 日发出的告知段祺瑞作为联军统帅就近指挥各军的电报，并于同日回电表示赞成。同时，孙已收到冯玉祥、王承斌、胡景翼、孙岳促其早日入京的电报，以及许世英致孙劝早日来津与段祺瑞会商的电报，均已回电答应。并告孙一行预定即日起十日之内经上海赴天津。（二）孙北上与段、张会谈，大体方针如下：1. 孙无意接近政权；2. 孙无与段、张争夺之意，愿始终保持友谊关系；3. 公开宣传国民党的主张；4. 训示各地党员不接近此时的政权，且视冯、张诸军为友军。（三）对于采取委员制还是总统制问题，待会谈后决定。（《時局収拾ノタメ北上予定ノ孫文ノ主張ニツキ汪兆銘内話ノ件》，《日本外交文書》大正 13 年第 2 册，第 554—555 页）

11 月 5 日　逊帝溥仪被逐出故宫。（陈锡祺主编：《孙中山年谱长编》下册，第 2025 页）

△　特任刘震寰为广西省长。（《大本营公报》第 31 号，"命令"）

关于此项任命之起因，据《益世报》报道，系与沈鸿英部接受改编，奉令北伐之部署有关。原文谓："自京局变化以来，广西沈鸿英倾向西南团体之态度，已明确表示。日前中山下令将沈氏所部改编为广西建国军,以示西南军队之划一。沈氏日昨已将奉命改编情形,呈报中山察核①……沈军既已改编,则拨兵加入北伐之举,自不容缓。前者沈氏已答应拨所部两师,听候中山调遣,但对于北伐军费,及北伐军实之补充,尚有问题。质言之,此项接济,尚有待粤政府之筹备。然现在程潜之援鄂军,已进至湘边,则沈军之北伐部队出发湘南,以便与黔熊、粤程之援鄂军成三路形势。此正其时,故粤中北伐军总司令,曾急电沈鸿英,饬在桂林出兵,担任援鄂军攻湘之中路。沈氏奉命后,以现在本人已秣马厉兵,惟饷弹一项,须粤省有相当之接济,乃能大举,因特派乃侄第一旅沈健飞代表来粤,面陈一切,并请示入湘机宜……闻中山当日已允发给沈军饷弹,着粤政府如数汇解,沈健飞即将情形电告沈鸿英,后者刻已复电来粤,请大本营派出军事干员赴桂,〔任〕桂省北伐军之监军,以便与粤中北伐之师联络,策划军事进行云……惟民政尚无主持之人,广西人士以中山不日北上,特举派代表来粤请愿,请中山速派定广西民政首领,俾全省民政主持有人。中山因此以驻粤之西路军总司令刘震寰在粤迭著劳绩,且于桂省亦负时望,特于六日以大元帅命令,特任刘震寰为广西省长。因刘氏刻下在粤负有防御东江陈军之重责,一时颇难抽身回桂就任,大约桂省长一席,届时或派人代理职权,刘氏本人,则在粤兼顾遥领而已。"(《中山临行对于桂局之布置》,《益世报》1924 年 11 月 26 日)

△ 向日本驻广州总领事馆副领事清水谈对时局的主张,并希望日本援助中国统一。

日本驻广州总领事馆副领事清水来访。谈到时局,并要清水将他的希望传达给日本政府,其谈话要点如下:关于由北方将领等对本人提出收拾时局、今后政治方针征求意见,并同时催促北上,彼等本身并未表示何种具体意见,今后的政治主张,须由以张、段、冯及本人为首的各权力团体及人民代表之会议依民意决定。民党现在尚未充

① 沈鸿英的呈文呈于 10 月 25 日。(《大本营公报》第 31 号,"指令")

分扩张其势力,故目前不考虑占有政权。然此两三年内隐忍努力扩张党务,此机会必能到来。故民党除主义外任何事物都可牺牲,可拥护段、张助其统一。因此民党在会议中唯一的要求,在于承认政党的自由结合及运动。对此次中国之内乱日本标榜不干涉主义,中国之统一乃日本多年来之希望,在向统一之机运发展之今日,甚盼援助其统一。(《民党八主義以外ニツイテハ張、段ヲ擁護シ政党ノ自由結束卜運動ノ保障ノミヲ承認セシムル考エナル旨孫文内話ノ件》,《日本外交文書》大正13 年第 2 册,第 555 页)

△　黄郛颁布摄政令,准参谋总长张怀芝辞职,任命李烈钧继任。(刘绍唐主编:《民国大事日志》第 1 册,第 271 页)

李奉孙中山之命赴日,此时尚在日本。6 日,电通社东京电云:"李烈钧急遽由东京出发而赴上海,电通记者特造访之,叩其就任北京参谋部长与否,李烈钧对记者谈云:'关于此事,予处尚无正式电报到来。予所接得者,惟由孙文处有一简单电报,其中曾言之。至于北京方面,虽亦有个人的方面来电,相劝就职。而予对于就否之意见,须待到沪协议之后,方能决定耳。以此原因,予此时亦无若何成见可以表示,顾以为直隶派之灭亡,实为中国之大幸。且当此目下,于恢复统一上,视为有望之时也。'"(《李烈钧之谈话》,《晨报》1924 年 11月 8 日)

△　《京报》移译转载某外报对段祺瑞、孙中山的报道,分析二人对时局之主张,谓段的主张:(一)极端主张为根本的改革;(二)人物之采用,以人才主义为单位,决不侧重安福系人物。但于不通国情之外国留学生,亦抱同一见解;(三)对于外交方面之人物,不专以亲日亲美为标准,无论于何国,苟有关于该国之智识者,均予相当待遇,令采独立的态度;(四)对于财政,主张治本,再不借外债。孙的主张:(一)对于中央政府之组织,主张采委员制;(二)关于人物采用及外交、财政诸问题,全与段合肥之主张相同。该报道并对孙段合作持乐观态度,称:"今后对于收拾时局,逆料段孙当可采一致之行动。"(《段

孙对时局主张揣测谈》,《京报》1924 年 11 月 5 日）①

《京报》同日刊载评论,呼吁孙、段合作,略谓:"清季以来,至于今日,数十年专讲革命而百折不回者,可谓只孙中山先生一人而已。我国现时之政治……尚未能脱离首领主义。故在首领主义之下,一方不可无段芝泉,即一方不可无孙中山。倘能两人分工合作,以解除南北各处之纠纷,事非不可为也。再具体言之,所谓合作者,乃认定同一之目标而进;所谓分工者,则段芝泉宜于收束军事问题,孙中山宜于调剂政治及发展社会民生问题。果弃两公之短,而集两公之长,使两公左右之贤明者得政权,两公左右之无聊者遭屏绝,则首领主义必可收效于一时。"希望二人"捐除一切私见,屏弃少数私人,而共赴于为国家创造新生命之途"。（飘萍:《孙中山先生》,《京报》1924 年 11 月 5 日）

△ 陈炯明是日通电请段祺瑞入京主持大计,以"立联治之制,迅合全国,召集联省会议,建设联省政府,议定联省宪法"。（《申报》1924 年 11 月 10 日,"国内专电"）

△ 海军保卫沿海渔业监督刘昌言来电,谓:"曹去吴走,此诚国家危急之秋。非得全国属望之老成,不足以压群心而定国是。京中各团体望公之来切于望岁,伏祈早日命驾以苏霓望。"（《刘昌言电请帅座北上》,《广州民国日报》1924 年 11 月 18 日）

△ 安徽逃亡学生王步文等来电,谓:"曹、吴两贼既倒,国是亟待解决。我公为民国元勋,负天下重望,即乞命驾北上主持大计,以慰群望而奠邦基。"（《筹备欢迎大元帅》,上海《民国日报》1924 年 11 月 8 日）

△ 上海女子参政会、上海工商友谊会分别致电孙中山、段祺瑞、冯玉祥诸人,要求率师穷追,肃清长江以南诸省之直隶爪牙。（《中华民国史资料丛稿·大事记》第 10 辑,第 197 页）

11 月 6 日 国民党中央执行委员会第五十八次会议,议决准谭

---

① 《中华新报》1924 年 11 月 13 日亦以《段孙对于时局之意见》为题,刊载此则消息。

平山辞常务委员及组织部长职,以杨匏安代理组织部长;委任林祖涵为建国攻鄂军党代表。农民部长黄居素提请免秘书彭湃、阮啸仙、林苏职,改任陈孚木为秘书,事不果行。同月 27 日第五十九次会议,任罗绮园为农民部秘书,彭、阮两人为组织员。（罗家伦主编、黄季陆增订:《国父年谱（增订本）》下册,第 1149—1150 页）

△　有消息称,孙中山北上之行期,"初拟定于六日首途,经即日下令府中员役赶速准备行装,其随员名单为汪精卫、邹鲁、吴铁城、古应芬、廖仲恺、程潜、伍朝枢,暨卫士队长卢振柳等一干人物。原欲乘外国某商轮径赴上海,嗣恐有不稳妥之虞,乃改拟乘俄国兵舰出发,因俄舰恰拟离粤他往也。孙经令廖仲恺通知俄代表鲍罗廷氏,转饬俄舰长知照矣"。（《孙中山北上声中之会议》,《时事新报》1924 年 11 月 10 日）

△　段祺瑞对《东方时报》记者米灵敦谈话谓:"如果民意要求予再出山,吾亦不惮复出任艰巨,惟必得多数民意赞助方可……予与中山常有往来,去岁彼并有代表汪兆铭来此。予兹藉《东方时报》说明,予有欧美友人甚众,予之希望,即中国与世界各国,敦睦邦交增长友谊而已。"（《段芝泉与外报记者之谈话》,《广州民国日报》1924 年 11 月 6 日）

△　张继、丁惟汾来电请暂缓北上,谓:"国民军主动,刘允臣、续西峰最有力。两君意:先生缓来为妥,冯已推段为大元帅,段派毫无诚意,采用釜底抽薪计,使西南各省脱离先生。段妄自尊大,欲总揽全国军权。"（《与丁惟汾报告北方情形上总理电》,《张溥泉先生全集》,第 116 页;罗家伦主编、黄季陆增订:《国父年谱（增订本）》下册,第 1149 页）

△　冯玉祥等复电孙中山,告以"吴佩孚已于江日乘海舰他往,我军完全占领天津,京津交通恢复。万请先生早日来都共维国是"。（《冯玉祥三次电请大元帅北上》,《广州民国日报》1924 年 11 月 10 日）

△　派马耿光为大本营出勤委员。准派廖燮为北江盐务督运处专员,准原任李繙①国辞职。（《大本营公报》第 31 号,"命令"）

_____

①　"繙"字在给古应芬的指令中写作"藩"。

△　指令广东省长胡汉民,准广东警务处长李福林辞职,以吴铁城接任。(《大本营公报》第31号,"指令")

△　复电谭延闿,允方本仁输诚,任命其为湖北总司令,令合破蔡成勋部,"江西交回赣人,大本营即日移赣州。如方不欢迎,则当先攻之"。并嘱:"以后对付各方面办法,可悉由兄酌夺,不必再请示。"(《致谭延闿电》,《孙中山全集》第11集,第282页)

△　报称:"国民党六日晚会议筹备欢迎,议决编卫队一旅,在孙岳部下挑选编制。"(《北京政局现象》,《时报》1924年11月8日)

△　本日香港电称:"民党左派发传单,指右派为叛逆,为商团谋乱主谋,右派宣言驳斥,孙文令委员会查办。"(《孙文展期北上》,《时报》1924年11月7日)

△　报载广东全省商团军联防总部致上海广肇公所函,告以商团在第二次罢市中被镇压之经过,并乞求援助。谓:"诸公亲戚故旧,远在岭南,闻乡关之烽火,能勿伤心;睹元凶之纵横,讵无敌忾! 伏乞召集同乡,鼎力应援,出水火而登衽席,除残暴以安善良,粤省幸甚,商团幸甚!"(《粤商团电告广州遭劫情形》,《时事新报》1924年11月6日;《广东商团乞援函》,《中华新报》1924年11月6日)

11月7日　出席广州纪念苏联十月革命七周年大会,并演说苏联革命成功之意义。

国民党中央执行委员会联合工农军学各界在广州第一公园举行庆祝苏联革命成功七周年纪念大会。会场遍悬"打倒帝国主义! 打倒军阀! 解放世界被压迫民族!"等旗帜,党政领导人胡汉民、廖仲恺、汪精卫、邹鲁等,苏联顾问代表鲍罗廷,以及军工农学各界数千人出席会议。(《庆祝苏俄革命成功纪念》,《广州民国日报》1924年11月8日)孙中山出席会议并发表演说,略谓:"自俄国革命以来,俄政府即将旧时俄皇所订立的一切不平等条约及权利,都归还中国……系一件破天荒的事。所以俄国革命成功,就是中国得到生机之一日……我们今日来庆祝俄国革命成功,实有两意义:第一,庆祝俄国革命成功,可以救中国之危亡;第二,庆祝俄国革命成功,可以为将来中国革命之模范。"胡、廖、汪、鲍等人随后相继演说,"大意均系勉励群众,步武苏俄后尘,努力向革命事业奋斗,务期以迅速之时间,达到中国革命完全成功之目的,以与世界被压迫民族联合打倒世界之帝国主义"。大会还发出宣言,指出苏联十月革命成功是国际革命的开幕,并且是国际民族解放的起点。(《孙大元帅之演讲辞》,《广州民国日报》1924 年 11 月 8 日)

△　复冯玉祥、胡景翼等电,谓:"前闻诸兄驱逐元恶,为革命进行扫除障碍,已深庆幸;兹悉诸兄更努力建设,期贯彻十余年来未能实现之主义,使革命不至徒劳无功,尤为欣慰。文决日内北上,与诸兄协力图之。"(《大元帅复冯玉祥等电》,《广州民国日报》1924 年 11 月 8 日)

△　是日北京电称:"冯玉祥、胡景翼、孙岳等联名分电孙中山、段芝泉、唐少川、张作霖、唐继尧五人,请即命驾入都商决国是。冯个人另有电致中山表示敬意。"(《冯胡电请孙段等入京》,《中华新报》1924 年 11 月 9 日)

△　任命刘成勋为建国川军总司令。(《中华民国史资料丛稿·大事记》第 10 辑,第 199 页)

△　令北伐各军不得在省设办事处。令谓:"除北伐总司令部准在广州设立外,所有北伐各军均不得在省设立后方办事处,以符功令而促北伐军之进行。"(《北伐各军不得在省设办事处》,《广州民国日报》1924 年 11 月 8 日)

△　谕国民党中央执行委员会,定于本月 12 日首途北上[①]。中央党部于是日通告省署转通令各机关、团体、学校等,定于 12 日晚 6 时在第一公园举行提灯欢送大会,以壮行色。(《大元帅定期北上》,《广州民国日报》1924 年 11 月 8 日)

△　报称,天津已成为中国最要政治中心,谓:"解决中国今后大

――――――――――

①　"12 日"应是"13 日"之手误。

局之元老会议,将在天津举行。会议之日期,尚未定妥,当俟各方赞成电报到齐后再决,惟至迟亦不过十四年一月日,列席会议之资格问题,当俟孙中山、张雨亭来津后,方正式决定。冯玉祥等所主张之四项,只能作一参考。张作霖已电合肥,俟三省军民两政稍结束,即入关赴津;孙科亦已电广州,促中山速来津。在津民党要人在彭养光宅中会议之时,列席者为孙科、蒋作宾、焦易堂、王太狨、张继等十余人,决派人南下,迎中山北上,蒋作宾已于三日晚乘轮南下赴上海,张继已迁居熙来饭店。天津现已成为最要政治中心,各党各派代表,麕集于此,协议战后政治。反直派议员百余人,亦联翩而至,乘机活动。段氏日在其私邸召集会议,直军在津瓦散之后,其被截断之电话,亦已通行。"(《孙中山十日内当离粤北上》,《顺天时报》1924 年 11 月 7 日)另有消息称:"昨日张作霖、冯玉祥、胡景翼等之代表,及安福派重要分子,共约三十余人,冯公宴孙氏①。席间段祺瑞且发表演说,盛赞广东领袖,并称孙逸仙与冯玉祥二人为今日中国之砥柱。"(《段祺瑞盛赞孙文冯玉祥》,《京报》1924 年 11 月 7 日)

　△　《香港华字日报》刊文分析孙中山离粤北上之原因,略谓:"迩者孙文以联军内部,厄于财政,长此相持,不出两月,将呈分裂,此种现象,知之甚明,而在事实上又确难于设法收拾,不若趁北方政局剧变,冯玉祥有召集名流会议定国是之电,趁风转舵,以北上为名,先赴上海,观察各方形势,对己感情若何,如有机会,亦不妨到津一行,参加会议,或可藉此以植势力,广东之事,任其自行变化而已……据大本营传出消息,谓联军内部已行解体,湘军之回湘,乃由各军长自动,而与赵恒惕有预约,而非奉孙大元帅命令……(孙中山)以各军已饱而图逝,遗下杨希闵一小部滇军,与许崇智屡败之残军,焉足以当粤军之来攻,届时下台,不堪设想,不如趁此时堂堂皇皇,公然北上,面子上尚有点光彩。至于去后,广东如何,亦只得置之不问。"(《孙文

_____

①　指时在天津的孙科。

决定离粤之原因谈》,《香港华字日报》1924 年 11 月 7 日)①

11 月 8 日 各报移译转载大阪每日新闻,报道孙中山接受该报驻粤记者采访,述应付时局的主张和意见,双方谈话如次:

(某访员问)阁下北上之行如何?

(孙氏答)现因滇黔桂各省,均一致推予北上,故拟勉为一行。

(问)阁下派遣孙科君赴奉之结果如何?

(答)孙科赴奉之结果,颇为完满,张作霖对于余之主张,已经谅解。

(问)阁下对于现在北京之国会,如何感想?

(答)余对于现在北京之国会主张解散,因年来所有战事,皆为不良国会所酿成,非去此不良之国会,中国殆无统一之望。

(问)闻阁下对于段祺瑞、张作霖,已有一种秘密谅解,此事确否?

(答)余于张段间之意见,现已大致相同,余当与段张提携,解决国是,惟秘密谅解一层,则并无其事,余之主张,无不可以公开者。

(问)阁下北上后,对于陈炯明氏,究拟如何措置乎?

(答)为谋统一之故,余当以宽大为怀,不咎既往,陈果能觉悟,余亦当与之提携。倘彼无诚意,则余当取相当之措置,以全力扑灭之。

(问)将来之总统当然属之阁下,阁下以为如何?

(孙微笑而答云)此事余尚未有所考虑。(《孙文与外报记者之谈话》,《北京日报》1924 年 11 月 8 日)②

△ 冯玉祥致电孙中山谓:"我公为创造民国之人,热忱毅力,全国同钦。特请马伯援先生表前往欢迎,万望早日来都,以慰众望。"(《冯玉祥专电促帅座北上》,《广州民国日报》1924 年 11 月 11 日)

△ 复冯玉祥、王承斌等电,告以"准于元日由粤起行,经沪北

---

① 《时事新报》1924 年 11 月 14 日亦刊载《顺水推舟孙文弃粤赴沪》,揣测孙中山北上之缘由,所述原因与该文雷同。

② 刊载此则报道的还有 1924 年 11 月 8 日《晨报》、1924 年 11 月 8 日《顺天时报》、1924 年 11 月 14 日《中华新报》。

上,共图良举"。(《孙文定十三日北上》,《晨报》1924 年 11 月 11 日)

△ 致电北京中俄庚款委员会主席徐谦,指出旧国会须解散,伪宪法须改订,革除弊政宜严,谓:"北京政治污浊,应充分洗涤,勿以苟且瞻徇,转遗后累。"(《中华民国史资料丛稿·大事记》第 10 辑,第 200 页)

△ 令裁撤直、豫、鲁招抚使,原招抚使所辖军队,统归豫军总司令樊钟秀办理改编。(《直豫鲁招抚使裁撤》,《广州民国日报》1924 年 11 月 8 日)

△ 训令北伐总司令谭延闿、大本营会计司长林直勉,前方大本营经费着限定为每月支一万元为度。所有前方参军处着即裁撤,参谋各员酌予裁减。(《大本营公报》第 31 号,"训令")

△ 为本月 13 日广东大学游艺大会购备最新式之银质古鼎一只,作为第一名奖品,上刻"出类拔萃"四字。(《广大成立之游艺会》,《广州民国日报》1924 年 11 月 8 日)

△ 《时事新报》移译《字林报》评论,主张阻止孙中山入上海租界,谓:"此非挟有私意,实因孙氏毕生精力,皆专注于引起中国骚乱之目的,故为我人绝对不欲意之人,若准其在此间进行彼之目的,殊为不当,且不免破坏上海之中立。彼若欲有所谋,当往他处,华人已多谓外国租界容留政治阴谋家,致令中国骚乱不宁,今当一祛其惑,彼小徐①之两次逐出租界,盖即为此。今于孙氏之来,亦应闭门拒绝。"(《孙中山来沪问题》,《时事新报》1924 年 11 月 8 日)

△ 《香港华字日报》报道孙中山任命范石生为援桂总司令事,并讥讽孙中山委任过滥。略谓:"孙文对于范氏回滇,认为必须与刘震寰携手,故除任刘震寰为广西省长外,特任范石生为援桂滇军总司令,并有前方大军,受范节制之意。孙文素□范野心勃勃,攻许(崇智)排杨(希闵)及谋广东省长,尝以莫荣新自拟,将来滇军助桂军回

_____

① 指徐树铮。

桂后,广西总司令一职,或即以之畀范以羁勒之,以调停范、许、杨之冲突。此亦孙氏之一种手段云。但广西并非孙文势力,黄绍雄、李宗仁、沈鸿英、林俊廷等之虚挂孙文旗帜,不过为瓜分地盘起见不得不敷衍孙文面子耳。查孙文之明任广西桂军总司令,除刘震寰、沈鸿英二人外,今又加委范石生为援桂军总司令,而黄绍雄、李宗仁、林俊廷等,虽无总司令之名,而在桂省地盘要皆有总司令之实。孙文旗下,计总司令刘沈范黄李林共六个,足数是半打,亦一笑话也。"(《孙文又任命范石生为援桂总司令》,《香港华字日报》1924年11月8日)

当时亦有范石生将率滇军回滇的传闻,《京报》曾刊文指出,此系孙中山欲藉以打击唐继尧,略谓:"滇军回滇之说,闻亦为孙氏所鼓吹,缘滇唐为主张联治之健将,自与孙氏政见不合。目前孙任为云南建国军总司令兼副元帅,唐亦不受命。适桂省陆系完全失败,沈鸿英、黄绍雄、李宗仁等互相争长,孙氏以彼等终难信任,乃任命刘震寰为广西省长,使之无所争持。又因刘氏兵不任战,乃令范石生派兵助之回桂。桂省既平,再联桂军回滇,以践去年白马之约(去年滇桂军东下图粤事,白马之议,原自桂军助滇军回滇,滇军助桂军回桂之约)。此种举动,实欲借此以打击滇唐,逼其拥护所谓建国政府,实系一种空气作用。"(《孙中山北上与粤军反攻》,《京报》1924年11月23日)

又有报道称:"范石生回滇早已下此决心,迭次呈请帅座核准,以期贯彻初衷。但帅座以东江余孽未清,未便遽然准行。惟范氏以回滇心切,再三求帅座批准。帅座以范氏既下此决心,自未便过拂其志,因特于前日亲笔批准,并饬范将启行日期具报……范氏此次回滇,当然假道西江以入桂省……范氏此举,直以夺取西江地盘为目的而已。故日来许崇智部在肇庆一带,确已赶速严密设防……但闻孙氏此次忽准范氏回滇者,系含有一种因利乘便计划。缘桂中诸将,如沈鸿英、黄绍雄、李宗仁等,近为统一桂省起见,曾各派代表在浔州开议收拾广西全局办法……将桂省划分为沈李黄三人势力范围,而将省外之刘震寰氏所置诸局外而已。如此当然为刘氏所反对,遂极力向孙氏唆弄,谓沈李黄三人完全不看大元帅在眼内,而自请奋勇,愿将此等反侧分子驱除,并援去年白马之约,请准约同范石生所部同行。孙平生对于不看他在眼内之人最为疾视,自然易入刘氏之谗言。而自商团械案发生,范氏出任调人,已极惹孙氏之厌恶。今有此着,如刘范能马到功成,固可将沈黄李等打破,而保存大元帅之威信。设或失败,即可假手桂军,以破败范部之兵力,所谓鹬蚌相持,而已收渔人之利者也。至范氏何以又欣然助刘回桂,则亦有一种心理。缘范氏自广州市场被蹂躏后,知孙政府与人民已立于誓难两全地位,将来必生不良之结果。而自北京发生政变,全国舆论,皆闻统一之声。西南小朝廷,亦断无久延之理。倘不先自打算,事到临头,必至无从应付。故借回滇之名,实行助刘氏回桂。如其胜利,则可与刘氏同握桂省大权;不幸如败,亦可退驻梧肇握西江之地盘,此实自全之最善策也。"(《孙中山先生离粤与滇军回滇》,《京报》1924 年 11 月 27 日)

范石生率部回滇之事后来并未实现,《益世报》曾刊载广州通信,报道此事。略谓:"范石生率部回滇之举,本为对胡汉民怄气而发。而孙氏则利用其协助刘震寰回桂,以镇遏沈鸿英、黄绍雄、李宗仁诸反侧,且以打击唐继尧,使之不敢附和联治主义,故有径行批准之举。而胡汉民以日来东江粤军反攻之进行极急,惧范部一去,所遗许崇智部不能□战,结果必致不安于位。故为目前利害计,又不惜放弃其向来厌恶客军之主张,竭力向范挽留。自十号起,无日不赴范氏司令部,向范氏央求。范氏以回滇一举,本非出自本心,今得胡氏屈节来就,乐得送个顺水人情,即将回滇之说取消,并自愿早日将东江军事结束。于是留省军队,又有多数□回东江原防。"(《中山去粤与滇军留粤》,《益世报》1924 年 11 月 29 日)①

11 月 9 日　北伐军宋鹤庚等部湘军克江西南部重镇赣州,继续

---

①　因文中说"孙中山业于十三日上午十时由广州乘永丰舰启行……现孙去粤已四日",故此一报道应作于 11 月 17 日。

向吉安前进。(陈锡祺主编:《孙中山年谱长编》下册,第 2055 页)

△ 冯玉祥及胡景翼派马伯援为代表,南下迎孙中山北上,本日晨,至天津日租界熙来饭店访晤孙科及谢无量,述及赴粤之意。孙科说:"先生不久将到沪,可于沪上相候,较为便利。"并即电广东胡汉民报告孙中山。(马伯援:《我所知道的国民军与国民党合作史》,第 36—37 页)

△ 报称:"上海领事团预想吴佩孚与孙文均将到沪,决定阻两人进入租界,盖以吴孙两人均为内乱之煽动者。"(《沪领团对吴孙之决议》,《晨报》1924 年 11 月 9 日)

△ 准任钟华廷等为赣南善后委员会委员,胡芳辉等为县知事。

赣南善后委员会委员长孔绍尧呈请任命该会委员及县长,本日,令准任命钟华廷、洪彝、胡谆、廖刚、曾澳、钟腾瀚、尹伦为该会委员;并准任命胡芳辉为虔南县知事、邱汉宗为大庾县知事、谢寅为信丰县知事、刘锐为崇义县知事、蔡舒为上犹县知事。(《大本营公报》第 31 号,"命令")

11 月 10 日 发表北上宣言,主张召集国民会议以谋国家之统一与建设。

孙中山在宣言中重申:"国民革命之目的,在造成独立自由之国家,以拥护国家及民众之利益……北伐之目的,不仅在推倒军阀,尤在推倒军阀所赖以生存之帝国主义。"指出:"凡武力与帝国主义结合者无不败。反之,与国民结合以速国民革命之进行者无不胜。今日以后,当划一国民革命之新时代,使武力与帝国主义结合之现象,永绝迹于国内。其代之而兴之现象,第一步使武力与国民相结合,第二步使武力为国民之武力。国民革命必于此时乃能告厥成功。"并谓:"本党根据以上理论,对于时局,主张召集国民会议,以谋中国之统一与建设。而在国民会议召集以前,主张先召集一预备会议,决定国民会议之基础条件及召集日期、选举方法等事。"提出预备会议以现代实业团体、商会、教育会、大学、各省学生联合会、工会、农会、共同反对曹吴各军、政党等团体之代表组织之；"国民会议之组织，其团体代表与预备会议同，惟其代表须由各团体之团员直接选举，人数当较预备会议为多。全国各军，皆得以同一方法选举代表，以列席于国民会议"。进而表示："惟本党深信国民自决，为国民革命之要道。本党所主张之国民会议实现之后，本党将以第一次全国代表大会宣言所列举之政纲，提出国民会议，期得国民彻底的明了与赞助。"（《大元帅对时局之重要宣言》，《广州民国日报》1924 年 11 月 13 日；《孙中山对于时局之宣言》，《申报》1924 年 11 月 18 日）①

据黄季陆所记，其在 11 月初旬某日到大本营晋见孙中山，孙说："这次北方的同志推翻了曹吴军阀，国家又呈露出一个统一建设的机会，我这次北上要促进国民会议的召开来废除不平等条约，以谋国家的独立；要把本党第一次代表大会的宣言政纲提到国民大会予以通过，来重奠国民革命的基础。"黄问："为甚么把本党宣言政纲提交国民会议通过，便叫重奠国民革命的基础呢？"孙答称："宣言政纲现在只是本党所决定的，是我们一党的宣言政纲，实行的责任只在我们一个党，经国民会议通过之后，便成为全国国民的政纲了，全国国民都有责任来实行，这就是重奠国民革命基础的意义，也可以说是扩大国民革命的基础的意义。"接着又说："目前建国大纲已经公布，正广大征求各方的意见中，你有甚么疑问吗？现在我们要准备新国家的建设了，法制委员会最好根据建国大纲制定一套地方自治实行的计划和法规，以备将来之用。"（黄季陆：《国父逝世前后——纪念国父逝世四十周年》，《传记文学》[台北] 第 6 卷第 3 期）

《京报》稍后报导孙中山对于时局之意见，略谓："十三日孙文出发北上，临行时发表声明书，略谓予于去年春三月，在国民党大会，主张依三民主义以收拾时局，此为最大纲领。应依国民大会以决定之，但鉴于现下时局之紧迫，须先开预备会议。召集商、工、农、学生、教

---

①　1924 年 11 月 15 日的《大阪朝日新闻》也刊载了这一宣言的内容，题为"孙文的声明书对内外的改革方针"。（《孫文の声明書　対内外の改革方針》）

育,各会并政党各代表,此外加入反直派各军首领,议定最小纲领。所谓最小纲领者,在脱离帝国主义并军阀之羁绊,故对外宜改订从来一切不平等条约,对内严定中央与地方各省之权限,以期自治健全发达,夫然后开国民大会议决最大纲领。"(《孙中山临行时宣言》,《京报》1924 年 11 月 15 日)

孙中山之主张吸引着各报关注。《顺天时报》于 15 日引路透电和中美通信,报道了孙中山临行前发表之宣言,随后又于 17 日刊布了《孙中山离粤时宣言全文》。《北京日报》亦于 15 日刊载孙中山北上宣言的大略内容。17 日,《京报》刊载了新闻编译社据从外交界所觅得的孙文北上宣言之英文全文所作的中文译文。

△ 张作霖偕卢永祥抵天津,与前一天抵津的冯玉祥等在段祺瑞私宅举行会议,磋商时局。段意非俟中山北上,不商建国大政。段主和平,张、冯主对长江各省用兵。(《中华民国史资料丛稿·大事记》第 10 辑,第 202 页;《中华民国史事纪要(初稿)——一九二四年九至十二月》,第 814—816 页)蔡和森随即撰文对此三派势力之各自用意予以分析,指出:"继曹吴而起的北方政情,仍然为北洋军阀三派余孽争夺宰割的局面,旧战争未了,新战争的种子正在胚胎萌芽……人民除了静待军阀及列强的新牺牲外,只有准备上革命的道路。"(和森:《段冯张三派军阀暗斗之北方政局》,《向导》第 91 期,1924 年 11 月 12 日)

△ 大本营又收到冯玉祥和王承斌敦促孙中山北上的电报。(广东省档案馆编译:《孙中山与广东——广东省档案馆库藏海关档案选译》,第 541 页)

△ 复电冯玉祥,感谢派马伯援前来欢迎。(《大元帅复冯玉祥庚电》,《广州民国日报》1924 年 11 月 12 日)

△ 张继等来电,详告北方情形,促速北上。电谓:"大元帅不北上,段亦不出,北京陷于无政府地位,正予帝国主义以好机会。为国家计,为国际计,为本党计,务恳大元帅克日北上,以便解决一切。"

（《大元帅北上与北伐布置》，上海《民国日报》1924 年 11 月 10 日）

　　△　范石生设宴为孙中山饯行。（《范石生欢送帅座盛况》，《广州民国日报》1924 年 11 月 12 日）

　　△　准杨西岩辞大本营内政部次长，陈树人辞总务厅长兼侨务局长，徐希元辞第二局局长，吴衍慈及郑德铭辞科长。（《大本营公报》第 31 号，"命令"）

　　△　批朱和中来函，着中央执行委员会严颁纪律，禁党报之狂妄言论。

　　朱本日上呈孙中山，谓："上海《民国日报》及《新青年》出言不慎，致招是非，影响前途甚巨。请钧座以总理名义，发令本党：言论须有齐一之步调，不得自由谩骂，紊乱政纲。"孙中山在其来函上批示："着中央执行委员会严颁纪律，禁止本党各报之狂妄。"（《批朱和中函》，《孙中山全集》第 11 集，第 302 页）

　　时上海《民国日报》为中国国民党所办之日报，编辑部沈玄庐、邵力子等此时均已加入中共。中央执行委员会奉批后，即以第 89 号通告，通饬各党报严守纪律。通告云："查本党言论机关挟有宣传重要使命，须具齐一之步调，正确之表示，希冀海内外群众了解吾党主义，咸归党纪，方不失为本党之机关报。此后如遇特别重要事情发生，总理及本会有通告者，自应遵照通告意旨宣传；虽无总理及本会通告，而总理以大元帅发出之文电，亦应悉依意旨宣传，断不能稍有违反，致生歧异，妨碍党务。"至《新青年》杂志，因其非国民党党报，不受通告之约束，则决定"另案办理"。（《中华民国史事纪要（初稿）——一九二四年九至十二月》，第 812—813 页）

　　△　接受广州九十六工团代表所赠之银鼎，并致训词，勉励贯彻革命主张，从事奋斗，进行建设。

　　是日，广州九十六工团共举出代表一百多人，列队至大本营谒孙中山，进呈刻有"定鼎中原"四字之大银鼎一座，并致祝词。孙氏致训词谓："余此次北上，仍甚念广东。如广东局面平静，则全体一致从事建设,如此,则能造到和平统一,固为国家之福。倘以暴易暴,则我等当贯彻革命,从事奋斗。并谓本党民生主义,非着各工团以罢工为要挟能事,系欲劳资互助、农工合作,从事于谋联络一致。盖环顾吾国,尚无如外国能操纵全国金融、左右政局之大资本家也。至于实业未能发展之际,纷纷要求加工〔值〕,实为自杀之道……如欲吾国实业发达,非先收回关税不可。收回关税之程序,当联合全国一致,并废一切不平等之条约,庶可以达安宁,谋国家人民之幸福。并望诸君向各工人从事于团结,并联络农民一致进行革命,则可以建设。"(《工团欢送帅座之纪念银鼎》,《广州民国日报》1924年11月11日)

△　上海市民协会、全国学生总会等二十二团体组成欢迎孙中山北上筹备委员会。(《各界欢迎大元帅》,上海《民国日报》1924年11月11日)

△　使团讨论孙文过沪问题,认为既不滞留即无需干涉。

本日,驻京各国公使在荷兰使馆开外交团全体会议,讨论上海领事团来电,请示对于孙中山到沪,是否承认其入租界居住之问题,讨论结果,咸以孙之北上到沪,仅只通过而不滞留,即可无需干预,议决后当即致电上海领事团查照。(《使团讨论孙中山过沪问题》,《顺天时报》1924年11月13日)

△　《香港华字日报》刊文报道孙中山北上之事,略谓:"孙文北上,一再改期,闻因范石生回滇,孙恐范去后东江粤军反攻,无从应付,故决定先调停范部然后北上。"经连日疏解,"一面由孙发表任刘震寰为广西省长,任范石生为援桂总令,入桂后即任范为广西总司令,以坚范刘之信;一面由范石生担任统率□部先肃清东江,以为交换条件,故范已允暂缓回滇"。孙以范既允留粤,"故又决乘日本邮船春洋丸,定期十四早出发"。又称:"孙文本绝对无所谓主义,利之所在,帝国主义也可,共产主义也可,联东洋欧美也可,联俄德也可。数月前经派林森赴美,李烈钧赴日,闻均带有运动借款之使命。现据外交界消息,李在日运动借款,已有成议,某国人对于孙氏北上,亦赞成

拥段,最近北京任命李,命令李烈钧为参谋部长,即段孙推荐之力,盖所以酬其赴日运动借款之功云。孙既有此外援,故决定到津与段张先解决借款问题,然后入京,盖中国每一度战争经过,必要借一次所谓善后大借债。而在今日之北京政局,尤其是有钱则万能,无钱则万不能,孙文北行之作作有铓,固其宜也。"(《孙文北上之面面观》,《香港华字日报》1924 年 11 月 10 日)

11 月 11 日 就苏联人民发起反对帝国干涉中国的斗争一事,发表《致中国人民书》,指出:"在自由的俄国发出了这样的号召:'禁止干涉中国。'……从莫斯科传出的口号,是不存在着距离的。它闪电似的传遍了全世界,在每一个劳动者心中得到了回响。"(《中华民国史资料丛稿·大事记》第 10 辑,第 203—204 页)

△ 俄舰 Vorovsky 号自 10 月 7 日运军械抵黄埔,至本日由广州启碇返国。(刘绍唐主编:《民国大事日志》第 1 册,第 272 页)

△ 致电冯玉祥,嘉奖其铲除复辟祸根。

电谓:"令前清皇室全体退出旧皇城,自由择居,并将溥仪帝号革除。此举实大快人心,无任佩慰。复辟祸根既除,共和基础自固,可为民国前途贺。"(《大元帅致冯玉祥电》,《广州民国日报》1924 年 11月 12 日)

△ 电复国民军冯玉祥等,谓:"兹悉诸兄更努力建设,期贯彻十余年未能实现之主义,使革命不至徒劳无功,尤为欣慰。文决日内北上,与诸兄协力图之。"(《补志孙中山阳电》,《京报》1924 年 11 月 12日)

△ 题词祝贺广东大学正式成立。

是日,国立广东大学举行正式成立典礼,参加庆典者有胡汉民、廖仲恺、汪精卫、各军总司令,以及苏联顾问鲍罗廷、日本驻广州总领事天羽英二、德国代表白仁德等。孙中山因忙于北上准备事宜,特派胡汉民为代表在典礼上致词祝贺。孙并为该校亲书训词"博学、审问、慎思、明辨、笃行"。(《国立广东大学成立典礼之第一日》,《广州民国日

报》1924 年 11 月 13 日)

△ 任命廖仲恺为大本营参议兼农民部长,又令所有党军及各军官学校讲武堂,以廖仲恺为党代表。任命许崇智为军事部长,蒋介石为军事部秘书。着黄居素代理海外部长。(《任命廖仲恺职务令》《任命廖仲恺等职务令》,《孙中山全集》第 11 卷,第 304 页)

△ 任命谢适群代理大本营内政部次长,仍兼第一局局长,并委派其代理部务。(《大本营公报》第 32 号,"命令")

△ 令裁撤豫鲁招抚使(豫鲁招抚使为赵杰——引者注),所部军队拨归豫军总司令樊钟秀改编。(《大本营公报》第 32 号,"命令")

△ 谕在广州国民党中央执行委员:"现在中央执行委员在广州人数甚少,如开会不足法定人数时,应以常务委员会代行各事,将来提交中央执行委员会追认。"(《谕中执委开会不足法定人数时应以常会代行令》,《国父全集》第 4 册,第 1320 页)

△ 因闻沪领事团欲阻挠孙中山在沪登岸,汪精卫致北京李石曾电云:"元首寒(十四)日启程经沪赴京,闻沪领团欲阻止上岸,请向京使团严重抗议,并电沪法领保护。请秘密切实进行。"(罗家伦主编、黄季陆增订:《国父年谱(增订本)》下册,第 1152 页)

东方社本日北京电则称:"上海领事团关于孙文、吴佩孚入上海租界内之办法,有所商议。因此昨日公使团会议之结果,似已决定孙吴若不率兵侵入,及不以租界为政治之策源地,而惟单身入租界时,则无拒绝之必要。"(《孙中山今日离粤》,《时事新报》1924 年 11 月 13 日)

△ 新桂系反对刘震寰为广西省长,并拒其率部回桂。

本月 6 日,孙中山任命刘震寰为广西省长,将率部回桂,新桂系则反对。本日,反陆荣廷各将领在浔州召开广西善后会议,即日推李宗仁为广西善后督办,黄绍竑为会办兼省长,沈鸿英部邓瑞征为会办兼善后处长。(《中华民国史事日志》第 1 册,第 842 页)

△ 沪社于冯、胡组织国民军返京驱曹之后,曾于真日(11

日)由执行委员朱佛公领衔致段、冯、胡、孙(中山)快邮代电一通,主张即日召集国民会议,解决时局上一切纠纷,并提出若干具体建议,谓:"(一)即日召集国民会议,解决一切纠纷:(甲)由国民会议产生国民裁判委员会,严□曹吴窃位祸国民之罪,议员叛民贿选之罪,以伸正义,并为后世戒。(乙)由国民会议产生国民裁兵委员会,实行裁兵废督,除国防必须之军队外,所有军队军职,一律裁撤。(丙)由国民会议产生国民清理财政委员,清理全国财政。(丁)由国民会议产生国民调查委员会,调查各兵区人民所受损害,收没曹党私产,分别赔偿。(戊)由国民会议产生国民制宪委员会,限期制成宪法,通过国民会议,公布施行;(二)在宪法未公布以前,临时中央政府及各省地方政府,均宜采取委员制,罗致全国贤哲,共襄国是;(三)废除官吏雇佣制,实行公职无给制,藉免国家优秀人才终身以政治为生活,以从军为职业,致永酿争端;(四)在世界武装未消灭以前,凡中等以上学生,悉兼授军事教育,规定从军年限、入伍前退伍后各有职业,遇有军事,一声召集,举国皆兵,如是民即是军,军即是民,政客不能利用,军阀无从产生;(五)迁中央政府于文化中心之苏宁,或交通中心之武汉,以期政治得根本刷新;(六)实行化兵为工,举孙中山先生为全国兵工督办;(七)移原有之军费,充全国普及免费教育之用;(八)男女应受同等教育,享同等政权;(九)限制遗产,平均社会生计;(十)取消辱国条约,实行国际平等。"(《国民会议》,《中华新报》1924年11月26日)

11月12日　出席广州各界举行的提灯欢送晚会,演讲北上的意义与希望。

北上行期,初定为本月6日,继改为11日,最后决定13日成行。广州各界及机关经过数日准备后,于是日晚由各团体各机关及工、学界联合举行提灯游行大会。各提灯巡行队伍齐集广州第一公园,计分为军乐队、各军兵士、各军校、各学校、各党部、各工团农团、各界团体、各军及公安局汽车队等八个大队,游行者共约二万余人。7 时半,提灯欢送游行各队依次由公园出发,出维新路,转泰康、永汉路,抵财厅前时,各队伍均三呼"孙大元帅万岁! 中华民国万岁!"等口号。孙中山在广东财政厅前楼凭栏参观,脱帽答礼,至 10 时始散。(《万众齐呼之欢送帅座北上声》,《广州民国日报》1924 年 11 月 12 日;《举市若狂之欢送大会》,《广州民国日报》1924 年 11 月 14 日)是夕举行的提灯会,"加入者数十团体,工界居多,商界无之"。(《孙文今日离粤北上》,《时报》1924 年 11 月 13 日)

孙中山在欢送会上应邀发表演说,谓:"诸君今天到这里来饯行,是送我到北方去……我这回到北京去,外面不明白情况的人,以为我一定可以握大政权;其实我并没有想到握大政权,就是他们要我办,我也是不能答应的……我决意到北京去,继续那几位同志的任务,实行我的办法,做他们做不到的事情,拿革命主义去宣传……自由活动去宣传主义,组织团体,扩充党务……达到实行三民主义、五权宪法的主张。"并"希望南方各同志都要联络起来,团结南方现在的力量,并且要把北伐军前进到武汉,和北方响应"。(《中华民国史事纪要(初稿)——一九二四年九至十二月》,第 840—842 页;《在广州各界欢送会的演说》,《孙中山全集》第 11 卷,第 307—309 页)

有报道称:"民党中人,逆料孙氏此行必有所获,各皆踊跃赴会。故今午公园内外游人屯聚,颇极一时之盛。各团体并有致送银鼎者,以为定鼎中原之兆。而所谓国立大学之法政、师院、农业三院学生,以孙氏回粤以后,将该三校改升大学,一刹那间之专门学生,得跃升为大学生,无可为报,则组织所谓汽车队者,租用汽车六十余辆,由上午十时运贯游行马路,大出其风头,以为报恩之具(此项车费,每人至少须耗一元以上)。逆料今晚之提灯会,当比日间更为热闹。盖孙中山此次回粤,转从学生及工人方面贯彻其革命主义,致收今日打倒商人阶级之效,亦可谓取得胜利者。"(《孙中山先生离粤与滇军回滇》,《京报》1924 年 11 月 27 日)

　　△　任命卢振柳兼大本营卫士队长,原兼职吴铁城着免职。(《大本营公报》第 32 号,"命令")

　　△　指令财政部长古应芬,准设立检查出口谷米总分局。(《大本营公报》第 32 号,"指令")

　　△　令广东省长转饬广州公安局,详为切查各军师长以下仍在省垣设有办事处等名义者,呈复以凭究办。(《帅令详查驻市军队》,《广州民国日报》1924 年 11 月 13 日)

　　△　在帅府接见前来表示欢送的沙面领事团各领事等十余人。日本三井洋行行长堀田稔致函孙中山,预祝其北上克奏肤功,凯歌高唱。(《各界欢送大元帅北伐之盛况》,《广州民国日报》1924 年 11 月 13 日)

　　△　派汪精卫、伍朝枢先行赴香港,接洽北上过港事宜。(《汪伍两部长昨日赴港》,《广州民国日报》1924 年 11 月 13 日)

　　△　是日港电称:"沈鸿英电孙,在全州誓师北伐。"(《孙文今日离粤北上》,《时报》1924 年 11 月 13 日)

　　△　陈炯明致电天津段祺瑞,否认孙中山能代表中国西南诸省。(广东省档案馆编译:《孙中山与广东——广东省档案馆库藏海关档案选译》,第 541 页)

　　本日香港电称:"闻段祺瑞劝陈炯明二事,率全师入闽,暂守东江,勿扰联军。陈有容纳意,未表示。"(《孙文今日离粤北上》,《时报》1924 年 11 月 13 日)

　　《京报》报道称,东江问题将是孙中山离粤北上的后顾之忧,略谓:"惟有一节,最令孙氏不能安然而去此,则粤省大局,现尚陷于十分纷扰之状态。东江粤军反攻之事,将由传言而进为实行。滇军回滇之传说,又将惹起西江战事。而留粤诸军之意见纷歧,尤非与各军素乏感情之胡省长所能驾驭。设不幸发生问题,则粤局动摇,孙氏所靠为立足点亦随而牵动耳……陈竞存素来主张联治,反对曹吴。在最近之月前,滇唐派出代表但懋辛来粤,奔走于海丰、兴宁之间,向陈竞存、林隐青征求意见。当时竞存曾提出两种办法:一为离开孙中山,由西南派自由结合;一为组织合议制之委员会,推中山为委员长。但氏以此电告滇唐,唐氏复电,亦赞成第二种办法。故粤军在今日,因见孙氏急于北上,惟其仍不肯牺牲未来之大总统,则不如从速反攻,将孙氏在粤省之势力完全打破,即实行其川滇湘粤联治派之大联合。如此则孙氏虽欲实践其大宝,而西南有所不协,全国即不敢苟同。此就全国大势论,粤军不能不反攻之原因也。"(《孙中山先生北上与粤军反攻》,《京报》1924 年 11 月 23 日)

　　关于陈军之动向,以及孙中山北上后对陈炯明的军事部署,《北京日报》有报道称:"粤省孙中山虽已北上,但对于军事仍拟以短时间肃清东江陈军,其进取计划以石龙一隅为东江咽喉。现陈军驻该方面者只有多数民军,故决定由谭延闿、杨希闵两部各出精兵两旅分头攻袭,另以廖行超一部为援应,克期攻克石龙云。此外陈炯明之态度,初欲派遣洪兆麟全部入闽,将惠潮各属收归己有,以免内部之争。但洪氏对此极不赞成,力主先取广州,再图福建。陈氏鉴于洪之态度倔强,极为焦灼,现已面嘱林虎,促其疏通洪部各有力军官,打消先攻广州后取福建之议。但林氏与洪沆瀣一气,表面上虽不反对陈氏之主张。而暗中仍与洪氏一致行动,目下陈军内部已无团结之可能。叶举、杨坤如、钟景棠、陈炯光等为海丰派,林虎、洪兆麟等为反对海丰派。同时黄大伟、赖世璜辈又自树一帜,与闽南东江一带之民军相呼应,不受陈氏调遣。陈炯明虽为领袖,实际上已无指挥各军之能力。"(《孙文北上后之粤省军事》,《北京日报》1924 年 11 月 28 日)

　　《顺天时报》亦曾刊载香港电讯,报道孙中山临行前之军事布置,称:"陈炯明派尚在黩武不已。石滩行营报告,林虎、洪兆麟议决:杨坤如、熊略任中路,由石龙攻石滩、仙村,李易标、陈修爵任右路,抄从化逼省城,练演雄、李云复任左路,击太平、虎门,三路同进云云。故孙中山临行,对于军事,亦有部署,以许崇智、刘震寰、范石生共同担任。许部张民达移新塘,胡思舜加入虎门,范、刘两部担任石滩及广九线。此后饷需,由大本营军需处发给,着财部饬征收机关,缴解大本营会计司,大本营由胡汉民代行职权。"(《孙中山临行前之军事布置》,《顺天时报》1924 年 11 月 16 日)

△　东方社通讯称:"王正廷承冯玉祥意,与赤色浓厚之国民党及北京大学之一部通气脉,为迎合急进论者之设施……纵孙段二氏之间已有接洽谅解,但国民党员之北上,大有促成北京急进施设之虑。"(和森:《段冯张三派军阀暗斗之北方政局》,《向导》第 91 期,1924 年 11 月 12 日)而在天津会议之初,张作霖即以断然措施一举扫除冯玉祥在天津的军事势力,以武力迫冯就范。"冯去津后对于委员制及尊重孙中山等主张已一字不敢再提;而段祺瑞之所谓俟中山北上者,闻骨子里不过单就所谓'统一西南'问题有所商榷……段张皆不愿中山此时北上。"(罗敬:《段祺瑞来京以前》,《向导》第 93 期,1924 年 12 月 3 日)

△　《京报》报道称,张作霖到津后曾表示:"孙中山为民国革命之元勋,对于建国政策,早有详尽之规划,将来建国大计意见,余尊重孙氏之主张与合肥相等。"(《张表示重孙段》,《京报》1924 年 11 月 12 日)又据段祺瑞最亲近之某要人说:"段氏最近甚为健康,对于时局问题,抱有最大决心。无论武力,无论战胜,全然不置诸眼中。冯张两氏,推戴为统帅或大元帅,段氏概辞不就。盖较之彼等权力者,尤期待国民一致之推戴。张、冯、卢之所以极力主张在天津开各省代表会议,决议拥段者,其用意盖即在此。段氏一俟时机之到来,即单身入京,无稍事其踌躇。但对于孙文,仍盼其早日北上,或因令孙担任政权,段则任军制之整理乎? 此外关于建国上,或将与孙文有何等协商乎?"(《段果如此或可期一部成功》,《京报》1924 年 11 月 14 日)

△　《晨报》刊载报道,称孙中山希望各方拥之为首领,以攫取势力,略谓:"孙文北上业已定期,惟其对于时局意见如何,尚未十分明了。昨据某君谈及孙自时局变化后,已先遣其部下张继、徐谦等来京布置一切,其意自希望各方拥其为首领,并提议实行委员制。此问题

目下各实力派间确已议及,但尚茫无归着,大多数似仍趋于维持旧制。孙对于制度问题,亦非绝对坚持,其所最注意者,则于此时攫取一部势力,将来利用某某实力派与段张对峙。"(《孙文对于时局之真意》,《晨报》1924 年 11 月 12 日)

《晨报》后又载文,分析孙中山北上之动机,称:"据接近孙文方面消息,孙文本拟早日来京,其迟至今日者,盖孙深感独据广州一隅地盘太小,颇欲乘此机会,谋西南一部分之联合,自居首领,挟此来京,较有斡旋余地。而西南一部分,如黔滇等亦曾派员到粤,对于时局有所拟议,终以目前北京时局,机不可失,恐一误再误。遂仓卒决定北上。"(《制造中之西南一部联合》,《晨报》1924 年 11 月 13 日)

△ 《时事新报》记者本日会晤孙科,讨论天津会议问题。关于孙科所发表之对于时局的意见,报道称:"彼(指孙科——引者注)以为会议中最急要之问题,当可分为二种,其第一项为限制军阀之权力,除非此问题解决,则代表式之共和政体,定不能在中国施行。孙君赞成于各军阀之权力减低后,即举行新选举,俾可采行建设之计画,以订定建设之法律。对于现在之宪法,孙君视为难以施行,盖一经正当之行政机关成立,其中大多数条文,均不能见之实行也。孙君继谓吾人现实不能述明,现行宪法是否有若干之真正价值,实为问题,其故因此项宪法,自公布以后,尚未加以试行。国家听命于军阀,则一切国事,皆操诸于武人,而非国民代表之手,所谓国会议员,乃彼等所推之傀儡人物耳。孙君深信举行新选举,实属必要之图,惟时局秩序,须先恢复,国民亦当有一种学识,明悉其所有之特权。孙君以为如军阀领袖,能有远大眼光,允将势力减削,而不如现在之日望增加,则中国去有为之日,将不甚远。"(《孙科对时局之意见》,《时事新报》1924 年 11 月 18 日)

11 月 13 日 乘"永丰"舰离粤,前往香港北上。途经黄埔军校,作最后之视察。

是日上午9时30分，偕宋庆龄等登"永丰"舰。10时，"永丰"舰鸣号三响启锚。下午3点多"永丰"舰抵黄埔。遂登岸入黄埔军校视察一周，复由蒋介石等导往鱼珠炮台检阅第一期毕业生演习战术实施等。检阅毕，乃赞曰："本校学生能忍苦耐劳，努力奋斗如此，必能继续我之生命，实现本党主义。今我可以死矣。"①随即，蒋介石设宴饯行。5时50分，"永丰"舰在苏联巡洋舰"波罗夫斯基"号护卫下，离开黄埔驶往香港②。

在舰上，孙中山反复说明北上全以贯彻主义为主旨。略谓："此行绝对不欲在政治上有所活动，只以北方军政各界信仰革命主义者，既如是其众；此次冯、王回师推倒曹吴，亦全恃北方同志之力，遂能以最短时间打倒根深蒂固之军阀。如不予以充分之指导，未免辜负各同志一番奋斗工夫，而革命主义亦无由做去。须知解救现在中国之困厄，只有贯彻革命主义方可图成，除此已无他法。"

此次随行离粤北上者计有：中文秘书汪精卫、邵元冲、连声海、黄昌谷，英文秘书陈友仁，法文秘书韦玉，德文秘书朱和中，参军邓彦华、赵超，副官黄惠龙、马湘，高级参谋喻毓西，书记张乃公，以及邵、

---

① 关于孙中山检阅鱼珠炮台后之谈话，蒋介石后来的记述略有增加。1925年3月27日，蒋在兴宁的讲话中称，孙中山检阅炮台后在归途中对他说："我现在进京，将来能否回来，尚不能定，然而我进京是去奋斗的，就是死了，也可安心。"蒋问何出此言？答谓："我所提倡的三民主义，将来будет希望实行的，就在你们这个黄埔陆军军官学校的学生了。"并重复此处已引的那些话的意思。(毛思诚编纂：《民国十五年以前之蒋介石先生》第9册，第77—78页)另据冷欣回忆，孙中山在校阅黄埔学生战术演习后，沉默良久，叹曰："我这次到北京去，明知道是很危险的，然而我为的去革命，是为救国救民去奋斗，有何危险之可否呢？况今我年已五十九岁了，亦已经到死的时候了。"蒋介石闻此言，异常惊愕，遂问："先生今日何突作此言？"答曰："我是有所感而言的，我看见你这个黄埔学校精神，一定能继续我的革命事业。现在我死了，就可以安心瞑目了！如果前二三年，我就死不得；现在有这些学生，一定可以继续继承我未竟之志，能够奋斗下去的。"并且表示："这次北上不论成败决不回来，革命大任交黄埔军校同志负之！"(冷欣：《三次恭迎总理记》，《传记文学》[台北]第7卷第5期)

② 此处存疑，因另有消息称，俄舰Vorovsky号于本月11日已由广州启碇返国。(刘绍唐主编：《民国大事日志》第1册，第272页。)

黄两秘书夫人等共十几人①。当日随"永丰"舰送孙中山等一行赴香港者,计有廖仲恺、何香凝、伍朝枢、梅光培、罗翼群、李纪堂、李朗如,以及古应芬夫人,连声海夫人、朱执信夫人等。午夜 12 时,"永丰"舰抵香港港口外泊定。(《大元帅北上过港各界欢送之盛况》,《广州民国日报》1924 年 11 月 17 日;《大元帅北上之真意》,《广州民国日报》1924 年 11 月 20 日;毛思诚编纂:《民国十五年以前之蒋介石先生》第 8 册,第 49—50 页;罗家伦主编、黄季陆增订:《国父年谱(增订本)》下册,第 1153—1154 页)

　　△　苏督齐燮元在南京召集苏、浙、皖、闽、赣、鄂、豫、陕八省及海军联防会议,并有川、湘代表参与,会后,即由齐燮元领衔通电,宣布对北京现政府独立,不承认其一切命令。(《中华民国史事纪要(初稿)——一九二四年九至十二月》,第 852—854 页)

　　△　复电湘军北伐各将领,勉其为国立功,谓:"文于本日启程北上。诸兄为国宣勤,至为慰念。长江余孽犹存,非有摧陷廓清之功,决无根本解决之望。切盼急起直追,以最短时间先定章贡,会师武汉,以集大勋。"(《大元帅复湘军各将领电》,《广州民国日报》1924 年 11 月 17 日)

　　△　李烈钧自日归国,表示将偕同孙中山北上。

　　李烈钧此前奉命出使日本联络日本朝野各界,不得要领。是月8 日晚由大阪抵神户,10 日抵门司。应孙中山电召,加之又被任命为北方政府参谋总长,11 日正午乘邮船"箱根丸"启程归国,13 日早晨6 时抵上海吴淞口。

　　李烈钧离开日本前,曾对日记者等发表谈话,略谓:"孙文之北上将尽力统一中国,以发扬民众政治,自足深信……余决计返上海,以待孙文之来。"又说:"目下最紧要之问题,则为中日俄之亲善提携。

---

　　①　孙中山抵沪后,随同北上者有参谋长李烈钧,日文秘书戴季陶。关于随行北上之人员,各家记载不一。罗刚编著《中华民国国父实录》第 6 册第 4864 页所载,除上述人员外(缺连声海),还列有随员马超俊、吴一飞、罗宗孟、陈剑如。而黄昌谷在《由粤往津记事》文中,谓北上者有卢师谛、陈耀祖,到沪后又有耿毅、喻应麓随赴日本。(陈锡祺主编:《孙中山年谱长编》下册,第 2062 页)

余此次来日,完全基于此项目的而来。"及返抵上海后,在谈话中指出:日本政府之主义政策,完全"不理解新中国的急进的发达思想,且不洞察现时之中心势力所在"。孙中山北上抵沪后,李力劝其绕道日本赴天津,认为赴日本一行必有大益。(《李烈钧离日前之谈话》,上海《民国日报》1924 年 11 月 14 日;《李烈钧之东游谈》,上海《民国日报》1924 年 11 月 15 日)

△　国民党上海执行部发布欢迎孙中山之通告四项:(一)孙氏到沪时,各区分部应推代表赴码头欢迎,一致欢呼,其口号为:孙总理万岁,中国国民党万岁,中华民族解放万岁。(二)当各代表列队欢迎时,应一致服从总指挥之命令,以免凌乱秩序。(三)孙氏到沪后,当另举行大规模之欢迎大会,各区分部如有意见,用书面送交执行部,以便汇呈。(四)欢迎所用旗帜,由党部分发。(《欢迎孙中山之筹备》,《中华新报》1924 年 11 月 14 日)

△　报称,北京学生联合会发表对时局宣言,主解散国会,严惩国贼,并阻止孙中山来京。(《孙文离粤之前》,《时事新报》1924 年 11 月 14 日)

△　《香港华字日报》刊文,称商团事件给国民党带来负面影响,引起党内分化。略谓:

"孙文自经此次屠城后,假面具已完全揭破,而一部分未失之人心,亦已消灭无余,不特为中外舆论所痛诋,即党中人具有天良者,亦自耻拥戴残民以逞至于此极之党魁,先后宣布脱离党籍者,已不知凡几……而此尤足惹人注意者,即为在沪民党要人谢某张某冯某,亦因此事联名致电国民党本部诘问,并有脱党之势。谢张冯等辈,实为民党优秀分子,而最为孙文所倚重。顾前次民党开全国代表大会时,因反对共产之故,为共产党之胡廖汪谭所压迫,卒以势力不敌,莫能争胜,愤而离粤,避居沪上。但表面上虽取不问党事之态度,惟仍暗中活跃,力谋与共产党对抗,盖虽态度消极,而以孙文为共产党包围,不忍见其为此辈所陷,致一生事业毁于一旦,而思有以挽救之也。值此次屠城惨剧出现,而明知孙文已陷于绝望之境,名誉与功荣,皆扫地以尽,于是心志全灰,并挽救亦且置之度外,遂有联名诘问之事。电文中指斥处置商团之过于残酷,措词极为痛切,而归罪于共产党,尤可见民党中以孙文倚重共产党而离心离德。此次屠城之举,意见亦分两派,如陈独秀一派,则亦谓为过当,其中一派虽□指为诋毁政府,议决施以革除党籍之惩戒,谭某且以通敌有据,竟于日昨畏罪潜逃。"(《屠城案与民党自身之影响》,《香港华字日报》1924 年 11 月 13 日)

该报是日又发表论说,称国民党民初以来之各种政治主张,无非以夺取政权为目的,略谓:"民国初年国民党人的所谓主张中央集权与联邦或联省自治者,无非藉以达到该党夺取政权的目标的。"今国民党人又主张中央集权,无非因为"中山先生做了非常大总统以后,屡次要代表西南各省,而西南各省要人如陈炯明、赵恒惕及唐继尧,皆利用联省自治的招牌,以拒绝中山先生及其部下干涉所属政权,联省自治因而为中山先生(或其部下)所不喜",故"就今日国民党自身的利害而论,他们现在主张集权制,反对联省自治,与他们本身是百利而无一害的"。(《国民党主张中央集权与反对联省自治》,《香港华字日报》1924 年 11 月 13 日)

11 月 14 日　自香港启航赴上海。

孙中山一行转登"春洋丸"①之后,登轮欢送者络绎不绝。孙中山与夫人宋庆龄等立于船头,向欢送者脱帽扬巾为礼。当日下午,"永丰"舰和"波罗夫斯基"号舰,分别启碇返广州与黄埔。(《大元帅北上过港各界欢迎之盛况》,《广州民国日报》1924 年 11 月 17 日;《哀思录》初篇,"由粤往津记事",第 2 页)长崎县知事富永鸿向日本币原外相报告称,据春洋丸事务长佐佐木宪正所谈,随孙中山同行者有汪精卫、韦玉、陈耀祖、邵元冲、黄昌谷、喻毓西、朱和中、卢锅乡、赵超、邓彦华、马湘、黄惠龙、张乃恭等。(《北上中ノ孙文一行ノ顔触レ二ツキ报告ノ件》,《日本

---

①　一说为"春阳丸"。而《日本外交文书》中所载各件报告皆作"春洋丸",应以此为确。

外交文书》大正13年第2册,第562—563页)

　　△　与香港《中国新闻报》记者谈话,告以北上将注重宣传国民党之主义。

　　是日晨7时,"永丰"舰驶入港口泊定后,孙中山等一行转乘东洋轮船公司赴日本邮轮"春洋丸"号,登轮后,接待各方来访者。因香港《中国新闻报》记者叩以北上行止、建国计划及北伐军情况等,略谓:此次经沪北上入都,乃因"自曹、吴倒后,中国政局已大有转机。我们亦即认为在北方发展之开始……此行第一步功夫,即注重宣传。务期将北京之思想界完全改造,将旧日之复辟陈旧官僚,划除净尽,于是国民革命始易着手,而本党主义始有实现之希望"。除了强调在政治思想上做功夫,也表示北伐要积极进行,以长驱直捣鄂苏。(《大元帅北上过港各界欢迎之盛况》,《广州民国日报》1924年11月17日)

　　△　指令省长胡汉民,准依照广州市市长选举暂行条例,速办广州市长选举事宜。(《大本营公报》第32号,"指令")

　　△　答复香山业佃代表请收回撤销沙田自卫成命事,大意主张设一农民协会,组织保安营,以保卫农民为主义。对于收回撤销自卫局事,毋庸置议。(《香山业佃请保存自卫局》,《广州民国日报》1924年11月14日)

　　△　陈炯明在汕头各界欢迎会上发表演讲,表示暂不就总司令职。

　　《申报》报道称:"据陈氏于各代表欢迎席上之表示,略谓:对于复任粤军总司令职或任闽粤赣三省联军总司令职暂不就任,此次来汕,固因任总司令之故,非即有较重要之问题。则以汕头交通较便于海丰,自北京政变后,各方代表咸到海丰,共商国是,段芝泉亦相约出而主持统一大计,且现在情形,向所怀抱之联治主义已有实现之机会,故亦自愿出而图联治主义之实现。职此之故,将在汕先与各方面代表接商一切,转可不必就总司令职。至如有就总司令职之必要时,亦即就职。"(《陈炯明抵汕后态度》,《申报》1924年11月

20 日)

11 月 15 日　孙中山北上后,陈炯明方面的态度与动向亦吸引各方关注。

陈炯明因其部属劝促复任粤军总司令,乃集会汕头,部下有主张循商团请求攻取广州者,有主张弃东江而援闽者,意见不一,终无决议。(《中华民国史事纪要(初稿)——一九二四年九至十二月》,第 860 页)

《时报》刊载本日香港电,称:"陈军将领,纷电请陈出山,乘孙离粤,收拾粤局。陈已赴汕头,将召集会议。"(《孙文离粤后之粤局》,《时报》1924 年 11 月 16 日)

《盛京时报》刊载粤讯,称陈炯明欲联段倒孙,略谓:"陈炯明自前年宣告下野后,至今仍未复职,依然徜徉于海陆丰山水之间,而所部之粤军亦自去年近郊一役之后,即已无声无臭,视粤事若隔岸观火,及此次孙文纵兵焚劫西关,解散商团,粤人皆希望粤军能于此时积极反攻,饮马珠江,投鞭鹅潭,予孙政府以巨创,以解此倒悬。顾粤军仍徘徊不前,报纸所载粤军反攻消息,至再至三,仍是空气作用,粤人于是有选派代表赴海丰谒陈,请愿出师讨孙之举。日昨代表某君方由海丰归来,为记者言,陈氏赞同倒孙之态度,极为详晰。陈云,粤军久恶孙文在粤捣乱,无日不以倒孙为职志,粤军与孙军,已立于势无两立之境,外间疑粤军有所爱于孙氏,殆属误会。惟此次所以迟迟不进之故,始则因出兵饷项非得数十万不济,而一时仓卒,筹措未及,又因京奉各方调和之使纷来,提出和平统一办法,大抵皆谓段芝泉不日出山,提挈全局,请孙离粤,粤事交回粤人与粤军办理善后,不必遽然诉诸兵戎。当时粤军军事动作,未尝不因此暂行停顿,所以广州第一次罢市,粤军未能提师响应,实留孙氏以悔祸之余地,不欲遽为已甚。迄第二次罢市之说起,粤军知桑梓危急,即欲与商团协力,解决粤局,惟商团方面因身家性命所关,瞻顾徘徊,卒无成议,而孙氏竟用迅雷不及掩耳手段,大演焚城惨剧,此亦粤军先事不及□维,诚无以谢粤中老百姓。至现在粤军态度,已决定分为两种。一对全国则响应冯玉祥,请段出山,扫除武力统一之魔障,而开全国共和之坦途。昨陈氏已发出两电,一致段祺瑞,一致冯玉祥……二对粤省则徇人民之请求以快刀斩乱麻手段,驱除孙氏,以救粤难,以平民愤。"(《陈炯明之联段倒孙》,《盛京时报》1924 年 11 月 15 日)

《申报》亦称陈炯明欲驱孙中山及客军出粤,与段祺瑞联系密切,但不愿居攻粤之名,故对外仍揭橥联治。略谓:陈炯明部下分为两派:一为叶举、杨坤如等攻粤派,一为赖世璜、黄大伟等攻闽派。陈炯明赴汕系为征求多数将领之意见,然后妥为应付。现在孙、段之关系正浓,未免投鼠忌器。攻粤派叶举等人致电陈炯明,请其即复总司令职。陈炯明于本日复电叶举、林虎、洪兆麟等人,表示本人不能攻粤攻闽之意,谓:"此行专为接洽各方交通利便起见,并非为复职而来,千祈再勿以此问题相扰,先从目前应办之事,切实做去。总之,粤军粤事,付之诸兄主持,比较容易措施,我决不再干。至联结西南及同志,应付北方,促成联治统一,炯一日未忘邦国,即一日不能停止活动,故有汕头之行。近日造谣之徒,妄为我欲就粤闽赣总司令职,又谓下令湘臣(洪兆麟)攻闽,离奇怪诞,无所不有,须知昔年入漳,军政府发表长闽、入桂,推总两粤,我均不干,今日一粤尚未恢复,何至闭户自尊。我生平未尝有此夸妄之历史,故特此相告者,诸兄当可知其不为欺妄也。"《申报》评论称:"竞存素来与段有渊源,而段近与中山关系日深,为维持段之感情计,不敢显然倡言攻粤,以统其联治军入广州,而先遣叶等为尝试耳,在竞存之用心,亦云苦矣。然以主义言,此种举动,实未免不彻底,盖竞存联段,则不应主张联治(因段主张独裁故),主张联治,则不应联段。今既联段,而又主张联治,此其所以可疑也。"(《陈炯明赴汕后之态度》,《申报》1924 年 11 月 27 日)

△　报称:"孙中山任唐继尧为川、湘、滇、贵四省建国联军总司令,熊克武为前敌总指挥,率兵三万,先攻湖北。"(《益世报》1924 年 11 月 15 日,"重庆专电")另有消息谓:"谭延闿奉孙命,积极北伐,于本日抵韶,召集军事会议,决令陈嘉祐部助豫军攻赣州,宋鹤庚部攻龙

泉。"(《粤省之近闻》,《时报》1924 年 11 月 19 日)

△　裁撤大本营军需总监,着中央军需总监胡谦即免职。任命冯朝宗为大本营高级参谋。(《大本营公报》第 32 号,"命令")

△　在香港成立的"救粤联合会",是日发表通电,指责孙中山"剥夺民权,厉行专制","大演屠城之祸"。是日并有报道称:"昨有自省城来者云,孙文离省之日,一方有所谓欢送会,表面上弄得热热闹闹,一方竟有人暗中分派一种印刷品,其标题曰'孙文祸国祸粤罪状'。此等印刷品,除僻静地点及孙政府侦查警察等所不留意之地方曾有张贴外,大约各社团均有接到由邮寄之函,其中或十数张数十张不等。"印刷品所详列之罪状包括:第一,"摇动国体";第二,"妄行共产";第三,"纵兵殃民";第四,"摧残民治";第五,"破坏金融";第六,"抽剥民财";第七,"大开烟赌";第八,"摧残教育";第九,"蹂躏实业";第十,"破坏司法";第十一,"铲灭商民团"。(《孙文去矣》,《香港华字日报》1924 年 11 月 15 日)

△　吴佩孚抵南京,向齐燮元等各省直系代表出示所拟《护宪军政组织大纲》,主张维持法统,出兵讨伐段祺瑞;张作霖、冯玉祥、卢永祥、胡景翼、孙岳等通电拥段祺瑞为中华民国临时执政,促即出山,以济艰危。(《中华民国史资料丛稿·大事记》第 10 辑,第 205—206 页)

△　电通社天津本日电称:"时局混沌,解决难期,外传段氏入京之说,其确期亦难断定。大抵段之心中,对于时局,须有相当时日,方能按正式之顺序进行。最后须开一全国代表会议,将所有问题咨交议决,而后可见实施。此代表会议之召集,大抵须候孙文到津,方能着手,度其时日,当犹在十日外也。又闻段果入京之时,则北京之摄政内阁,须当然解散。其后继内阁,则由段氏参孙张之意见,联成混合性之阁员。斯时若卢永祥,若冯玉祥,或亦有参加主张之可能性,但实现之期犹远,日内难断言耳。"(《段合肥主张循序解决时局》,《京报》1924 年 11 月 16 日)

△　《北京日报》刊载报道谓:"此次战争告终,军事之结束急待善

后会议以解决之。而时局收拾之办法,有主张元老院会议者,然不论善后会议,或元老院会议,而最终之决定,则均待民意之取决以为断。故国民会议已为段张孙冯各系联合一致之主张,用以讨论中国政治上一切重要问题,至国民会议代表之选举法业已大致规定,系由各省区省议会、教育会、农商会、工会及律师公会等法定公民团体推举代表以组织之。"(《国民会议代表之选举法》,《北京日报》1924 年 11 月 15 日)

△ 《晨报》据天津方面消息,报道孙科近日对某外报记者之谈话,意在澄清国民党与俄国及中共之合作,并非变更国民党一贯之主义。孙科略谓:"民党于中国政治革命之主张,始自前清。所抱主张为三民主义与五权宪法,因应付各时代之需要,策略上固有若干之变迁,但其主义,自始至终并未更变。近有人怀疑国民党与俄国合作,宣传共产主义者,此说无论自何方面看,完全无稽。因国民党之主义既未变更,且中山先生领袖之国民党完全为中国之政党,中山先生为真正之民治政治之领袖,何至放弃自己之主张替他人宣传其主义耶?共产党人加入国民党,早已自认放弃其主义与工作,足见不能有自己独立之主张。至左派主张继续革命云云,亦不确。盖国民党并无左右派也。政党之所谓左右派,必分自总理以下。若违反总理命令而自为左派,殊为不合,自有相当之处分。余敢断定国民党同仁,可与现在各方领袖合作,共同在不违反主义范围内,解决国是。"(《孙科大吹国民党》,《晨报》1924 年 11 月 15 日)

11 月 16 日　商团邓介石等六代表本日到汕谒陈炯明,表示愿助攻广州。惟陈连日赴各界宴,皆表示以和平解决粤事。(《粤省之近闻》,《时报》1924 年 11 月 21 日)

△ 《京报》刊载醒民通信社消息称:"天津会议,连日经各方商洽结果,除对于政治上之根本问题,须俟孙中山北上协同解决外,关于廓清西南及长江流域吴系余烬问题,业经决定。除凡与反直各军取一致行动者,得维系其原有地位外,其余执迷不悟,障碍和平者,则不能不施以相对之武力,策成统一之实现……各项计划,业已协商妥

当,只俟中山抵津,再为一度接洽,即可开始实行。”超然通信社亦称:
“正式会议,须待孙中山到津后,方能举行。各省代表在津者,现正分
头接洽。”(《段合肥主张循序解决时局》,《京报》1924 年 11 月 16 日)

11 月 17 日　安抵上海。答东方社记者问,对租界当局欲阻其
登岸,予以严厉谴责,表示要收回租界。

孙中山一行所乘的“春洋丸”于是日晨 3 时抵吴淞口泊定后①,
先搭小火轮前来吴淞口欢迎者有国民党要人李烈钧、于右任、居正、
戴季陶、石青阳、杨庶堪、宋子文、叶楚伧、林业明、蒋作宾、李鸿儒、沈
卓吾、茅祖权、赵铁桥、彭介石等,以及冯玉祥的代表马伯援、段祺瑞
的代表光云锦、齐燮元的代表凌铁庵等,还有东方社记者共计二十
余人。

事前租界当局借口不能作政治活动,欲抵制孙登岸。《字林西
报》即据此旨意,登出禁止孙中山入租界之通告。时有一日本东方社
记者在船上对孙说:“上海《字林西报》日前发有短文,略谓:‘孙博士
此次北上京津,所主张之救国国策,为废除各国在华不平等条约,收
回中国一切租界。上海租界,乃为各国根据其历年与中国政府所订
外交条约而来,孙博士此次假道上海,北上京津,住在上海租界内,不
能作任何政治活动。’请教孙博士对此社论有何高见?”孙闻言乃愤然
告之:“余对于时局之意见,及国民党之政策,一与余离粤时发表之宣
言书相同,兹不另行发表。惟《字林西报》日前著论主张应拒绝余入
沪租界,以外人而发是言,实太不自量。上海为中国之领土,吾人分
明居主人之地位,彼辈不过为吾人之客,一般宾客并无拒绝主人入门
之权利。倘租界当局有意阻碍吾在租界之居住,则吾对之有出坚决
手段之决心。今之时代,已遭逢撤销一切外国在华租界之时机。吾
人为贯彻此种目的起见,不惜极尽能力以赴之。中国人民早已不能

---

①　关于孙中山坐轮抵吴淞口的时间还有凌晨 1 时半、2 时、4 时、5 时等不同记载。
(《孙中山抵沪记》,《申报》1924 年 11 月 18 日)

忍耐外国侨民在中国领土之飞扬跋扈。"①(《大元帅安抵上海之电讯》,《广州民国日报》1924年11月19日;《孙中山抵沪纪》,《申报》1924年11月18日;《哀思录》初篇卷4,第2—3页)

△ 自外滩码头至寓所途中,受到各界群众的热烈欢迎。

上午9时半左右,孙中山等一行改乘沪党部派赴欢迎之"褒尔登"号火轮,至法租界大马路外滩法兰西邮船公司码头靠岸。在码头欢迎者有各派代表,中西各界人士及国民党员、工团代表等四千余人②,计所到之团体共有一百余。各团体欢迎者,由团体自备红色及其他欢迎徽章,各推纠察维持秩序。国民党员,则一律佩带青天白日上书"欢迎"二字之标帜,列队至码头。各团体所携之旗帜甚多,上书"欢迎民国""元勋革命领袖"等字样。欢迎者高呼"中华民族解放万岁"等口号。孙登岸后额头微笑致谢。旋乘汽车赴莫利爱路第29号寓所。汽车经过后,欢迎群众亦转向法国公园方面行进,一路高呼口号,欲至孙寓邸一表热忱。途中法捕曾出而阻挡,法国领事云只是为了欢迎,无其他扰乱行为。孙抵寓后,各团体代表及党员均纷纷随至。孙于室中略事休息即应大陆影片公司及其他照相馆之请求,而偕夫人至花园摄影。摄毕,大陆影片公司男女演员,同于绿茵之上,唱英文欢迎祝福歌,孙与夫人微笑致谢而入。(《大元帅安抵上海之电讯》,《广州民国日报》1924年11月19日;《孙中山先生昨晨抵沪》,上海《民国日报》1924年11月18日;《中华民国史事纪要(初稿)——一九二四年九至十二月》,第871页)

△ 在寓所接见记者,强调北上力求和平统一,并望国民努力反抗帝国主义。

———————

① 该记者于18日发表了孙中山的这番言论。日本驻上海总领事矢田七太郎于19日电告币原外相,称之为"露骨的挑战声明"。但孙中山认为日本是暗地协助自己,故上岸后,即派汪精卫、戴季陶去日本领事馆,对矢田总领事表示谢意。(《孙文ノ上海到着後ノ言動並ビニ日本経由北上シタキ意向ノ旨報告ノ件》,《日本外交文書》大正13年第2册,第562页)

② 在码头欢迎的人数,另有五百余人、二千余人、三千人、万人以上等记载。(《孙中山抵沪纪》,《申报》1924年11月18日;《孙中山昨日抵沪情形》,《时报》1924年11月18日)

上午 10 时,在寓所接见国闻、东南两家通讯社记者严慎予、陈冰伯。下午 3 时(另一说为 5 时)又接见《申报》记者康通一。记者们询问其对于时局的意见。谓:"余之政见,已见于余离粤时所发表之宣言,北上后当本此进行。余前所希望和平统一之目的,今或可达到。"又谓:对于解决时局"终有办法","惟奠定国是全仗国民通力合作,而尤望舆论界尽力声援,方克有底于成。现在武力政策既已打破,和平统一之期相去非遥。国民对国内政治前途固极宜注意,而于外力侵涉内政尤宜严加防遏……深望国民全体注意及此,共起打破此帝国主义之发纵者,则中国可谋长治久安矣"!在回答记者问及何时北上入京时谓:此当视北方局势变化而定,局势纷乱当速行,平静则可稍缓北上。(《孙中山先生昨晨抵沪》,上海《民国日报》1924 年 11 月 18 日;《孙中山抵沪纪》,《申报》1924 年 11 月 18 日)

△　《北京日报》载外报消息称:"十七日孙文到沪后,在门外会见各团体时,有一刺客持手枪靠近孙文,当为两学生所发见,夺其手枪。刺客当即逃逸。孙氏现谢绝一切各访谒者,即北上期日亦极秘密,不使人闻知云云。姑志所闻,以待证实。"(《外报谓孙文遇险》,《北京日报》1924 年 11 月 25 日)《晨报》18 日上海专电亦谓:"孙(文)昨晨九时到沪,有人袖手枪图刺。"(《孙文过沪几被刺》,《晨报》1924 年 11 月 19 日)

△　接见冯玉祥、胡景翼的代表马伯援,详询京津情形。

先是上午在换乘之小火轮上,曾与马伯援交谈,并询问胡景翼为人若何?马告以胡曾表示:对中山"人远心近,始终一致"。孙甚喜。此时,又问冯玉祥革命彻底否?马问:何谓彻底?孙谓:(一)对外主张收回权利;(二)对内主张和平民权。马尽力为冯氏鼓吹,并请孙速北上。孙听后乃谓:"关于北上的事,容商而后行。"时沪上谣言甚多,马即致电北京,谓:"中山先生篠晨抵沪,但此间议论极恶,请示真相,俾促先生速行。"(罗家伦主编、黄季陆增订《国父年谱(增订本)》下册,第 1156—1157 页)关于双方接触内容,后有报道称:"冯玉祥抵京后,派马某赴粤表示欢迎中山北来之意,一面向中山提出数种条件:一、须尊重委员制;二、不得干预军事;三、破除党见。中山聆悉之下,笑应马氏曰:'到了北边再说。'"(《孙中山抵沪后之所闻种种》,《时报》1924 年 11 月 19 日)

　　△　召集杨庶堪等议西南事。据谢持是日日记载,孙中山"上午九时登岸,欢迎者至众","下午四时集沧伯、锡卿、青阳、怒刚、无量、铁桥及我议西南事,而涉及党务,无量、锡卿、沧伯、我皆有辩难"。(谢持:《谢持日记未刊稿》第 4 册,第 351 页)

　　△　安庆总商会特派代表范厚泽来沪欢迎,本日谒见孙中山,表示敬意后,即乘"湖北丸"赴津,因对于皖省政局有所建议。(《孙中山抵沪后之所闻种种》,《时报》1924 年 11 月 19 日)

　　△　派林直勉为财政委员,任命梁弼群为赣中善后委员会委员长。(《大本营公报》第 32 号,"命令")

　　△　令广东省长胡汉民即转饬市政厅照案迅速拨给公地建设烈士孤儿院。(《大本营公报》第 32 号,"训令")

　　△　派员向双轮牙刷公司订制牙刷五十万把,着上刻"大元帅特奖"字样,俟北上后奖给反直各士兵。(《孙中山先生昨晨抵沪》,上海《民国日报》1924 年 11 月 18 日)

　　△　段祺瑞来电促驾,谓:"何日启节北上？特请曾云沛、李赞侯两总长欢迎,希告行期。"(《敦促孙先生北上》,上海《民国日报》1924 年 11 月 21 日)

　　△　报称是日上午段祺瑞有电至代理内阁总理黄郛,其大意谓:"本人年力就衰,本无心过问政治,顷承公推为临时执政,辞不获已。拟俟孙中山到津晤谈后,始能来京。此时请现内阁暂维现状,以支危局,慎勿轻信谣言。"(《段合肥请摄阁维现状》,《京报》1924 年 11 月 18 日)是日,段祺瑞在日租界本宅,设宴招待孙科。在席间历述中山须早日到津参与会议之必要,并声称中山一日不来,即以解决大局为目的之会议,则不能开幕。且无论如何计划,亦将无实行之可能,最后则请孙科速即南下,以此意转告中山,请其立即北上。(《孙中山抵沪后之行止》,《顺天时报》1924 年 11 月 20 日)

△　报称,旅津国民党各要人闻讯孙中山即将抵津后,集议数次,讨论欢迎办法,并决定以张家花园及张勋之旧第,为孙之行辕。业已与张宅管事接洽妥协,连日修葺房屋购办木器,非常忙碌。(《津国民党欢迎中山之忙碌》,《顺天时报》1924 年 11 月 17 日)

△　吴佩孚抵汉口,发篠电宣布组织护宪军政府于武昌,公布组织大纲十条。此举促使段祺瑞速即入京就执政职。(《中华民国史资料丛稿·大事记》第 10 辑,第 206 页;《中华民国史事纪要(初稿)——一九二四年九至十二月》,第 873—875 页)

△　东方社本日广东电称:"当北京政变时,侥幸得避去财政的及军事的危险之广东政情,今因孙文之北上,与范石生军之归滇,消息次第归于平静,政府现基于预定计划,以滇军、桂军等积极肃清东江方面,并令北伐军总司令谭延闿以湘军、豫军、赣军等进迫江西,努力扩张自派之势力。蛰居故乡海陆丰而久无动作之陈炯明亦于十四日抵汕头,正式就粤军总司令之职,同时派马育航至京津方面,俾对段派及其他运动其联省自治之主义。又对于东江方面,则已派胡某至石龙一带为增援,以阻孙派联合军之出入,现在据孙派方面云,在该方面不免有决战的大冲突。"(《孙中山去后之粤局》,《中华新报》1924 年 11 月 19 日)

△　报载,吴稚晖评述商团事件时,论及商人对孙、陈的态度,称:"第二次革命失败后,广东的商人开始痛恨革命党,于是欢迎龙济光入粤;迨龙济光无恶不作,则又欢迎莫荣新;迨莫荣新实行以桂人亡粤的政策,则又欢迎陈炯明;陈炯明打总统之日,洪兆麟军队抢掠东南关一带,十室九空,于是商人又厌恶陈炯明。至陈炯明出走之日,广州与香港的商户大燃爆竹,这时广州商人厌恶陈炯明,可谓至于极度了,到现在的商人心理则又谓孙不如陈。"(《吴稚晖再论广州商团》,《广州民国日报》1924 年 11 月 17 日)

11 月 18 日　发表抵沪启事,谓:"文此次抵沪,备承各界、各团体盛意欢迎,深为感愧,惟事冗不及一一接谈,无任歉仄,专此道谢,统希鉴察。"(《孙文启事》,上海《民国日报》1924 年 11 月 18 日)

△ 在寓所接见《文汇报》记者。告此行劳顿，恕不能长谈。即命秘书取《北上宣言》一份交给记者。其秘书旋谓记者：中山北上系应冯玉祥、张作霖等邀请。此行无意总统，苟有利国家，极愿与他人合作。(《孙中山暨其秘书之谈话》，《申报》1924 年 11 月 18 日)并公开接见民众代表，示以《北上宣言》，并解释召集国民会议的用意，望大家广为宣传国民会议主张。(《哀思录》初编，"由粤往津记事"，第 3 页)

△ 李烈钧来谒，主张入京前绕道日本访问。

李烈钧前来谒见，面呈一切。据李于自传中追述："余抵沪时，总理已至①。即晋谒，总理诏余曰：'芝泉约余赴北京，现正待启行，而诸友意见不一，君谓余当如何?'余答：'日本老友甚多，如头山满、犬养毅、白浪滔天②、床次竹二郎诸人者，皆彼国之贤达，与总理夙相契厚者，倘过日本晤谈，获益必大。'总理乃定取道日本之计。"(《李烈钧将军自传》，第 83 页)③

————————————

① 该自传载孙中山先李烈钧抵沪，记忆有误。事实上，李烈钧已于 13 日早乘"箱根丸"返回上海。

② 白浪滔天即宫崎寅藏。惟寅藏已于 1922 年 12 月 6 日逝世。此系李氏自传之误记。

③ 孙中山绕道日本赴天津的决定是何时作出以及为何作出这个决定的问题，存在不同说法。一说是出于路途安全问题考虑。11 月 18 日，李烈钧访矢田总领事，谈到孙近日北上，考虑路途安全，拟经由日本，如何确定，望矢田关照。(《孙文ノ上海到着後ノ言动並ビニ日本经由北上シタキ意向ノ旨报告ノ件》，《日本外交文书》大正 13 年第 2 册，第 562 页)李烈钧对矢田的传达，即是考虑路途安全问题。孙中山的秘书黄昌谷则是另一说。据称："及 19 日下午，知道了由上海直往天津在两个礼拜以内都没有船位，而北方欢迎的代表又是催促很急。所以同时又调查绕道日本到天津的船期。那日晚间，知道了在十日之内由上海绕道日本可有船到达天津，便立时决定由上海绕道日本往天津的路程。大元帅的意思，以为到日本之后还可以借候船的机会，在日本去宣传对于时局之主张，同时也可以会晤日本的旧朋友，和征求日本国民对于废除不平等条约这个主张究竟是一种甚么意见和一种甚么态度。"(黄昌谷：《大元帅北上患病逝世以来之详情》，尚明轩等编：《孙中山生平事业追忆录》，第 653 页)根据黄昌谷所说，绕道日本，主要是船位问题，而且是在 19 日晚上才定下来的。但经过日本之事，矢田总领事已于 18 日和李烈钧谈到，并于 19 日报告了外相。另外，长崎县知事富永鸿 20 日报告内、外两大臣，据 19 日上午抵长崎的春洋丸事务长佐佐木宪正报告，该船从香港抵上海时，李烈钧前往迎接孙中山，透露预计从上海经海路到天津再赴北京。(《北上中ノ孙文一行ノ颜触レニツキ报告ノ件》，《日本外交文书》

△ 致电日本泽村幸夫，告北上将顺道访问日本，盼中日两国真正提携合作，谓："余此次访问日本，意在赴天津会议之前，先访问在日本之旧友知己，率直交换意见。现今之中国正遭遇即将迈上统一路途之重大时机。究将如何达成此一目的？乃识者必须加以深思考虑之事。今者，中国之问题已非单纯中国一国之问题，实际已成为世界问题而受到重视。余对此一时局深深痛感。无论如何，如不与日本提携合作，则决不可能解决。而此种说法，更不可仅仅成为外交辞令中之中日提携合作。中日两国国民必须在真正了解之下救中国，确立东亚之和平；同时巩固黄色人种之团结，藉以对抗列强不法之压迫。

大正 13 年第 2 册，第 562—563 页）因此，从海路到天津，应是在 17 日孙中山抵上海之初即考虑了，但当天恐怕尚未决定绕道日本。黄昌谷的讲话与孙中山本人的说法是一致的。11 月 23 日孙中山在长崎对中国留日学生代表的演说中提到，"我这回路过日本到天津的原故，就是因为由上海到天津的船位已经定满了，再过十五日之后的船位，也是定满了。所以在上海等船，还不如绕道日本"。（《孙中山全集》第 11 卷，第 367 页）25 日，孙中山在出席由东京、大阪、神户三埠的国民党组织联合举办的欢迎会上发表演说时除了提到船位问题是主要原因，还说"路过日本，可以看看日本的旧朋友，及观察日本国民最近对于中国的感情"。（《孙中山全集》第 11 卷，第 379 页）他们所说的船位问题肯定不是指普通的船位，应是指头等舱。据上海《民国日报》所刊消息称，孙中山一行"本拟径自赴津，后因铁道不通，轮船乘客更形拥挤，且近日各轮船公司赴津，头等舱位早经售罄，故特改乘上海丸赴日本，再转轮至津"。（《孙中山先生昨晨离沪》，上海《民国日报》1924 年 11 月 23 日）另据日人藤本尚则所作之《巨人头山满翁》，孙中山抵沪后，与等待他的李烈钧进行了长谈，听其汇报，李烈钧详细说明了他在日本停留期间受到日方的友好关照以及在日本官民间兴起了对于中日合作的热切期望。结果，孙中山感到在出席北京会议之前有必要与日本有关人士沟通意见。且因当时上海天津之间的火车不通，若乘船去大连，在大连等待去天津的船，所需时间反而比途经神户去天津更多，而且还不如后者方便。此外，孙中山也想看看所谓第二故乡的日本山河，会见恩人头山满和犬养毅。（[日]陈德仁、安井三吉编：《孙文·講演〈大アジア主義〉資料集：1924 年 11 月日本と中国の岐路》，第 226 页）综上可知，一般认为绕道日本的原因大致有三：一是船期问题；二是拜会日本朝野人士；三是安全考虑。然就其主要目的来说，据藤井昇三研究，除了交通和会晤日本友人等理由之外，有意在日本宣传自己对时局的主张，是他来日本的最重要的使命。（[日]藤井昇三：《孫文の研究：とくに民族主義理論の発展を中心として》，第 208 页）李吉奎认为其来日的主要目的，似为活动成立中日俄联盟做准备，退而言之，寻求关税自主和废除治外法权。（李吉奎：《孙中山与日本》，第 584—585 页；李吉奎：《龙田学思琐言》，第 103—114 页）而桑兵则指出，孙中山对于日本政府已经失望，希望利用美国排日移民法案所造成的日本朝野对于脱亚入欧国策进行反省的时机向日本国民进行宣传大亚洲主义。（桑兵：《排日移民法案与孙中山的大亚洲主义演讲》，《中山大学学报》2006 年第 6 期）

余尚未考虑要求'二十一条'条约之废除与旅顺、大连之收回。余尚有具体之方案。"①(《致泽村幸夫电》,《孙中山全集》第 11 卷,第 310 页)

△　致电冯玉祥、胡景翼、孙岳,告已抵沪,数日后即赴津晤教。(《各方推段与孙文行止》,《晨报》1924 年 11 月 20 日)《时报》19 日香港电亦称:"孙中山电冯胡孙,十七日抵沪,稍留即北上。"(《时报》1924 年 11 月 20 日,"电报")

△　任命罗翼群为大本营军需总局局长。(《大本营公报》第 32 号,"命令")

△　令建国滇军总司令杨希闵、建国粤军总司令许崇智,即按照表列各关、厂、捐局地点,分饬其所属各截收军队,"嗣后应一律恪守功令,将所有各税捐厘费加二等款,悉交由财政厅收管,毋得藉词截收,致碍财政统一"。事缘广东财政厅呈称,该厅"收入鲜然,缘因不在人民之不乐意输将,亦不在各厂局承商不遵命令,而在各防军贪多务得,仍予截收所致",并将所属收入加二各厘税捐务被各防军截收者,分别列表呈请核办。(《大本营公报》第 32 号,"训令")

△　令粤、滇、湘、桂、豫五军总司令,即重颁禁令,通饬所属"嗣后非遇要公,不得擅封各江轮渡",倘须用轮渡时,"只可向商船公会订约雇用,以维航业而重国课"。(《大本营公报》第 32 号,"训令")

△　令大本营、广东省、广州市各财政征收机关长官,着自 11 月 16 日起,将每日经征收入及支出各数目,按日分款列表报告留守府备核。其 11 月 1 日至 15 日收支各数目,仍汇列一并补报。并强调指出:"事关整理财政,其各凛遵毋违!"(《大本营公报》第 32 号,"训令")

△　指令禁烟督办谢国光,准予题颁"急公好义"匾额,嘉奖将抵

---

①　此文译自东亚同文会业务部于昭和十二年(1937 年)8 月出版之《支那》杂志第 28 卷第 8 号上刊载的泽村幸夫《送迎孙文先生私记》。原记为本年 11 月 12 日即孙文离广州之前一日发出此电,《孙中山年谱长编》亦将此电系于是日,同时也附注了"此电系孙文北上抵沪后所发"之说。罗刚编著的《中华民国国父实录》以孙中山确定赴日,系在李烈钧返抵上海以后,故列此电于 11 月 18 日。但据李吉奎考证,此一电文似为伪件。(李吉奎:《孙中山与日本》,第 584 页)

余按饷三万七千元报效军费的万益公司。(《帅令嘉奖万益公司》,《广州民国日报》1924 年 11 月 18 日)

△　《北京日报》刊载"天津消息",报导孙中山对于时事之表示。称:"孙中山此次之北来,各方面均认为解决时事之枢纽。据闻孙氏自粤首途之前,曾发两电,一致津方某要人除通知北上日期外,对于时局之处理亦略有措辞,大旨谓:旧国会须解散,宪法须改订,革除弊政宜取严义,对待政敌实存恕道,并谓北京政治污浊已极,应充分洗涤,勿以苟且瞻循转贻后累等语。津方各要人对于此电认为有注意之价值,且以凡事言之匪艰,行之维艰,来电虽只寥寥数语,而实施之时手续甚繁,稍一不慎即有后患之虞,故不得不审慎从事,日来正在精密研求中,务于孙氏抵津以前将提纲分清,以便与孙氏当面讨论云。又闻孙氏另有一电致合肥,赞成联合各方共维时局,俾得激底澄清,改造一切,文中有'文老矣,对于政治地盘,毫无野心,将来愿赴海外代政府宣扬德意'等语,末尾复有劝段出任巨艰挽救危局之言。"(《孙文对于时事之表示》,《北京日报》1924 年 11 月 18 日)

△　《益世报》刊文分析张作霖对孙中山之态度,称:"近日国民党方面传出消息,段、张、冯三氏之意见,主张推孙中山为将来临时大总统,担任政权,段合肥则专就大元帅之职。张氏所以如此主张之原因,约有三点:(一)孙中山为中国之革命家,且为新思想家,在思想界颇占用大部分潜势力,若之当国,必得思想界之同情,则张等所有动作,不致令全国人民怀疑。(二)孙中山为民国元勋,各方推戴甚殷,且其政治、学识、经验,尤甚宏富,建国方略更为卓著,将来执掌国政,自能使政治渐上轨道,日有促进。(三)孙中山外交手腕敏疾强硬,平时与日、俄两国,尤多接洽,足以维持东亚小〔和〕平,苟得为大总统,于国际间自能增高国家地位。至于段合肥,以大元帅治理全国军务,尤属适当,因全国将领,非合肥部曲,即曾列门墙,或与有特别感情,必能披肝出诚,以服从其命令。"(《各要人对孙中山之属望》,《益世

报》1924 年 11 月 18 日）①

△　本日香港电称："南洋实业家张永福调和孙陈,闻有效,陈炯明已电令停止军事行动。"（《粤省之近闻》,《时报》1924 年 11 月 19 日）

△　《香港华字日报》报道陈炯明与救粤会代表所进行之谈话,称:

救粤会成立后,即派代表赴海丰征求陈炯明意见,提出两点磋商:（一）询陈是否肯挺身救粤;（二）询陈是否肯实行民治。陈炯明与该代表等纵谈竟日。陈炯明谓:"北有曹、吴,南有孙文,皆为和平障碍,与余联治主张,势无两立。故日前各方环来迫我和孙,均不为所动;且粤军若不反攻,则东江幅员狭小,给养数万大兵,岂能持久? 故反攻实无徘徊余地,不过待饷而发耳。至于宪法统一,余亦可相对赞成。盖民十制宪之始,余曾约各省军人不得干预议员制宪,将来制定之宪,无论为红色也可为白色也可,但经两院通过,总统颁布,各省即须执行。其时吴佩孚极赞成此说,至告余代表,谓他日曹锟若不行宪,我吴某跪于曹锟之前,请其杀却头颅以谢天下等语。今查该宪法大体已容纳联治,其中虽有不甚妥善之处,总可修改。不过曹、吴逐黎元洪而贪颁布宪法之功,既颁布又不实行,为可恶耳。"

该代表还向陈炯明呈交救粤会致陈炯明函,略谓:"我粤自民元而后,迭经丧乱……粤人痛桑梓之陆沉,无不欲立举义旗,驱除民贼。惟环顾粤中,向以爱粤相号召,而力有足以副之者,惟公为能。料公当此救焚拯溺之秋,必无隔岸观火之理,爰于本月纠合各界,设立救粤联合会,并即选派代表为公促驾。"并提出治粤六大方针。陈炯明表示完全赞同,并复函救粤会,称:"定粤之后,自当竭力图见施行。至筹款自当仗大力主持,迅速募集,俾资进行。"

该报道又称:"现闻竞存一出,除林、洪、叶、邓四部同时发动外,

_____

①　20 日,《益世报》据东文天津日报,再次刊载了这则消息,文字稍有不同。（《东报纪中国政局之将来》,《益世报》1924 年 11 月 20 日）

赣之方本仁，湘之赵恒惕，闽之张贞、杨树庄，桂之李宗仁、黄绍竑，均具有相当联络。故反孙派武力大约集中得其七八。现该会方进行财力集中、智识力集中两种运动。务使京、津、沪、海之粤籍名流，各界人士同纾义愤，并走集于救粤旗下，而为大规模之平民革命运动。"（《救粤会大运动之写真》，《香港华字日报》1924 年 11 月 18 日）

11 月 19 日　在上海招待新闻记者，就中国时局问题发表演说，强调国民会议为解决中国祸乱之法。

下午 3 时许在上海莫利爱路私宅邀请新闻界谈话。到会者有《商报》陈布雷、潘更生，《申报》康通一，《时报》戈公振、沈能毅，《新闻报》曾谔声，《时事新报》周孝谔，《大陆报》许建屏，《神州日报》吴瑞书、余谷民，《新申报》孙奇屏，《中国晚报》沈卓吾，以及国闻、远东、公平、东南四家通讯社记者之严慎予、王景石、郑青士、陈冰伯，还有《民国日报》记者等，共约三十余人①。汪精卫、戴季陶、叶楚伧、邵元冲代为招待茶点后，出与各记者相见，并宣讲时局主张。演说毕，各记者踊跃发言。5 时 20 分，与各位记者一一握手道别。（《孙中山先生招待新闻界》，上海《民国日报》1924 年 11 月 20 日）

孙中山在谈话中说："这回曹、吴的武力统一，被国民军推翻了，兄弟以为到了讲和平统一的机会……这次单骑到北京去，就是以极诚恳的意思，去同全国人民谋和平统一。至于要达到这个目的，还要有办法……大概讲起来，是要开一个国民会议，用全国已成的团体做基础，派出代表来共同组织会议，在会议席上公开的来解决全国大事。中国现在祸乱的根本，就是在军阀和那援助军阀的帝国。我们这次来解决中国问题，在国民会议席上，第一点就要打破军阀，第二点就要打破援助军阀的帝国；打破了这两个东西，中国才可以和平统一，才可以长治久安……我们这次解决中国问题，为求一劳永逸起见，便同时断绝这两个祸根……国民会议开得成，中国的乱事便可以

---

①　《国父年谱（增订本）》下册第 1260 页称：参加茶话会者尚有日本大阪《每日新闻》记者知识真治。

终止,若是开不成,以后还要大乱,大乱便无穷期……中国以后之能不能统一,能不能够和平统一,就在这个国民会议能不能够开成。所以中国前途的一线生机,就在此一举。"(黄昌谷编:《孙中山先生由上海过日本之言论》,第65—90页)

《时报》对当日的谈话会亦有详细记载。谈话会"由汪精卫、叶楚伧、周佩箴、戴季陶等招待"。"茶点后,孙氏在席间发表言论,大意谓余为主张和平统一之人,而曹锟、吴佩孚则为坚持武力统一主义者。今曹吴之武力统一已为国民军倾覆,和平统一于此或得实现之机会……然和平统一必有其方案,此种方案,惟冀报界诸君,有以鼓吹之,使民众趋于一致。"(《孙中山昨日招待新闻界》,《时报》1924年11月20日)

《京报》据上海11月23日电报,称孙中山在沪与新闻记者谈话时,曾发表声明,似即为此次接见记者谈话内容之部分。声明谓:"余赴京之主要目的,并非参与所谓元老会议,乃欲造成从速在北京举行国民会议之空气,而此会必须为一最能代表国民之国民会议。外闻似有谓余拟赴京就总统职者,实则余至少目前无意作总统。中国今日亟需一能造成及团结强大民意之人,余以为本人正适宜中国之需要。余以私人资格活动,较无拘束,故余拒绝在政府中占任何负责位置。中国以往十年之灾祸,皆列强所造成。列强压迫中国,视中国为其猎场,以至不时惹起纠纷。因之余决定仍如向来所为,以全国一致之民意为后援。盖余知世界中凡思想正确之人,皆深悟其政府在中国所为之违背正义与谬误也。此种谬误应设法加以纠正,故余要求立行撤废列强在中国之租界,冀能达到是项目的。此并非余个人之要求,实中国全国之要求。"(《中山宣言不作总统》,《京报》1924年11月25日)

《时报》曾刊载署名"清波"的评论文章,称:"孙中山先生昨日下午在其寓庐,开茶话会招待新闻记者,余亦参末座。中山演说词甚修,其第一令吾人满意者。中山先生谓'此次北行纯粹以平民资格,去代平民向他们有刀有枪的人说几句话',此真能表现平民精神,使平民感激淬厉者。今之号称代国民说话者,或用军阀资格,或用官吏资格,或用绅士资格,或用议员资格,或用某会某党某社资格,究其实所说者,并未能代表平民说一句话。絮絮千万语,胥为一身一家一团体一机关而说,语私而名不正,其谁信之。今兹中山先生北行,毅然放弃其种种资格,种种名义,以平民资格,为平民说话。凡为平民者,孰不表同情于中山。行矣先生,努力为平民说话。"(《赴孙中山先生茶话会以后》,《时报》1924年11月20日)

△ 中国共产党发表对于时局宣言,支持孙中山召集国民会议以解决国是的主张。国民党人在《向导》周刊上撰论,对孙中山北上表示欢迎。(陈锡祺主编:《孙中山年谱长编》下册,第2068页)

△ 向《大阪朝日新闻》特派员谈访问日本的目的及对时局的看法。谓:

"今日中国的问题不只是中国的问题,也是世界问题的中心,不可能只由中国本身来解决。尤其鉴于中日两国的关系,今日中国的改革问题,无论如何取得日本的完全谅解是至关重要的,这正是我去天津途中决定先途日本的原因。出发日期将在一二日内决定,至迟也不出一周时间。关于时局问题,二年以来,我于广东致力于驱逐曹、吴,已渐次实现了,应该实行国家统一,政治改革的时机到来了,因此乐于响应天津方面要人的催促,以就北上之途。盖因民国以来,十三年间徒有共和之名,而无其实。之所以兵乱不息,一因人民不能参与国家政治,国家在事实上完全归于军阀之专横。因此,为将中国从今日的状况中拯救出来,必须让国民之力直接参与政治,为此,我主张召集国民会议,在天津与各首领会合,于会议上应该讨论以下问题:一、关于内政问题,将政权从军阀手中收归国民之手,以此堵住扰乱之源;因国内产业之发达,国民生活可得安定。二、对外方面,在免除帝国主义压迫的同时,期望保全国家主权,为此必须废除不平等条约,收回租界及其他各种自主权。即无论如何也要坚决以国民之力为主,谋求国内统一制度的改革,同时对外恢复国家主权,成为自主独立的国家,相信此点必将得到全国人民的后援。"(《支那を纏めるには日本の諒解が必要》,《大阪朝日新聞》1924 年 11 月 21 日)

　　△　就吴佩孚组织"护宪军政府"与某要人谈话,指出"护宪军政府"之组织,"本属恋位贪利之军阀应有之举动,且从中不问可知而有帝国主义者暗为鼓煽。无知妄作,民遭毒害,结果仍不免归失败……但经此次之暴举,和平统一之希望因之更佳"。(《中山先生之长江变化谈》,上海《民国日报》1924 年 11 月 20 日)

　　△　段祺瑞、胡景翼来电,再促孙北上。段电谓:"大旆将临,欢声雷动。行期有日,请先电示,以便欢迎。"胡电谓:"公道德名世,经济匡时,万民有倒悬之忧,四海切云霓之望,尚祈迅速命驾,惠然前来,不胜盼祷之至。"(《渴望大元帅北上》,上海《民国日报》1924 年 11 月 22 日)

　　△　报载:"天津张作霖、冯玉祥等,以吴佩孚在长江方面联络反抗,恐酝酿成熟,复为统一之障碍,亟欲扫除,故孙氏前日抵沪,昨日即接张等由津来电,促其即日北上,共商大计,并请其不必在沪勾留。"又称:"国民党方面消息,谓在天津之孙科,昨电乃翁中山请缓北上,原因未详。"(《孙中山抵沪后之所闻种种》,《时报》1924 年 11 月 19 日)

　　△　决定绕道日本北上,嘱随从人员乘轮分别而行,以天津为齐集地点,指定戴季陶、黄昌谷等数人,随同赴日。(罗家伦主编、黄季陆增订:《国父年谱(增订本)》下册,第 1157—1158 页)召汪精卫、马超俊到寓,嘱先行北上进行任务,汪负责联系军事、政治事项,马负责指导民运、工运事项。(《中华民国史事纪要(初稿)——一九二四年九至十二月》,第 889 页)

　　△　任命卢兴邦为福建上游指挥官;任命任应岐为建国豫军第一师师长兼第二旅旅长并兼任豫军总指挥;任命陈青云为建国豫军第二师师长兼第三旅旅长。着裁撤建安督办。(《大本营公报》第 32 号,"命令")

△　令大本营军需总局局长罗翼群、禁烟督办谢国光、广东财政厅厅长古应芬、两广盐运使邓泽如、广东筹饷总局总办范石生,以及连县、连山、阳山、乐昌四县管理粤汉铁路事务陈兴汉,各该认饷机关原日应拨各北伐军之款,于本月 21 日起,概行如数解交大本营军需总局收付。又令北伐军总司令及各军长,以后北伐各部队军饷,即向大本营军需请领。其原日令由各机关拨付之款及由各部队就所在防地自筹之款,概行拨交大本营军需总局统收匀拨支付,以一事权而专责成。(《大本营公报》第 32 号,"训令")

△　准拨款建倪映典烈士纪念碑于殉难处。

先是革命纪念会呈称:"民国纪元前一年辛亥正月初三日,广东新军之役,倪烈士映典多所戮力,及举义时,敌军拒战,倪烈士单骑至牛王庙说敌附义,被乱枪集击,遂及于难。其奋不顾身,为国流血,忠勋实足千古。表扬先烈,后死之责也。应请钧座核准拨款六百元,就烈士殉难地点建立纪念碑,以垂永久而资景仰。"特令照准,并饬广东省长照数拨给。(《大本营公报》第 32 号,"训令")

△　《京报》刊载新闻编译社消息,言孙段合作之事,称:"关于建设政制之决定,既须根本刷新,则以政权完全在民之意味,应召集全国国民代表会议以商决之。闻中山对此极为主张,而段合肥亦深以此项主张为然。因孙段两公之意见一致,此项会议,大有实现之可能。其如何召集,则尚待商议。"(《全国国民会议可望召集说》,《京报》1924 年 11 月 19 日)又称:"此次时局中最重要之两首领,为段与孙,有人主张孙段并重,且以其信望地位之各有所宜。若请段主持军务,而以孙调剂政治,则时局当格外易于收拾。闻日内因中山业已到沪,不日北上,故此说渐成有力。拟以段孙分立军务与政治,其用名义方法,则尚未确定。有谓一为大总统,一为大元帅者;有谓用执政首领者,恐尚有斟酌之余地。然段孙张等皆将联袂来京,共商大计,则已为预定之事实。"(《孙段分主军务政治将实现》,《京报》1924 年 11 月 19 日)

《京报》后又发表评论文章,针对善后会议与国民会议事,主张

"孙段并重"，并强调国民之责任。略谓："两项会议者，乃执政及临时政府生命所寄，苟得鱼而忘筌，或食言以自肥，国家固大蒙厥祸，自身亦立遭其殃……故此际尤望数十年来以革命自□之国民党党员，能先国民而开建设之途径。吾人所以希望请孙中山先生为国民代表会议之议长者，乃原乎'孙段并重'之主张，觉以段统帅军系，以孙指导国民，与两人之历史地位皆可谓适如其分……虽然，国家者，乃四万万人之国家，吾人固承认今尚不能脱离首领主义，然国民切勿误会，谓凡事皆当委诸两人，为国民者即可安享政治改良之幸福，总言之，国民代表会议，吾人应认为唯一难得之机会，然'一般国民不从事于实际运动即难期有益结果'之原则，固不容漠视而误为可以侥幸成功者耳。"（《如何完成两种会议？》,《京报》1924 年 11 月 29 日）

△　《顺天时报》载文报道陈炯明对段、孙的态度，略谓："汕头陈炯明昨日亦有致冯总司令电文一通抵京，对于公举段祺瑞为临时总执政一事，极表赞同……又据汕头电讯，粤之陈炯明近已抵汕头，尝与某往访者谓，对于孙中山虽仍持反抗态度，而对于段合肥，则决定推戴。又谓就孙段从来之主义政策观之，协同合作，恐决不能实现。"（《陈炯明赞成举段为执政》,《顺天时报》1924 年 11 月 19 日）

△　吴杰致函陈炯明、林虎、洪兆麟、叶举诸人，促其讨孙救粤。略谓："为公等贯彻主张计，先平粤难，实为当务之急也；若以大权旁落，粥少僧多，日处于相猜相忌之中，余何言哉。"（《吴杰致粤军将领书》,《香港华字日报》1924 年 11 月 21 日）

△　《盛京时报》刊载报道，言孙中山北上事，略谓："据广州方面传来消息，谓孙中山氏早应北上，其所以迟迟其行者：（一）为西南团结问题；（二）为解决长江形势问题。现此两问题，已先后大体解决，故孙氏不日即可抵津。盖自冯军入京后，西南各省当局以情势大变，大有新结合之必要，遂纷纷选派代表，齐集广州，最重要者，如黔滇川代表，即湘南督办唐生智亦遣派代表包道平与会，其范围宽广，可想而知。各省代表会谈之结果，群以可与段张直接谈判者，仅孙中山一

人,遂重新结合,一致推戴孙中山为首领,想将来会议席上,孙氏具有实力为后盾也。至长江问题,则决定委滇唐负领袖解决之责任,近日鄂西之独立,湘西之活动不为无因。"(《西南各省与粤孙之团结》,《盛京时报》1924 年 11 月 19 日)

11月20日　段祺瑞、张作霖、冯玉祥等在天津开会议决:段氏先入京主持一切,对长江直系各省暂取和平方针。黄埔军校教导第一团正式成立,何应钦任团长。(陈锡祺主编:《孙中山年谱长编》下册,第2070页)

△　在寓所接见来自复旦、东吴、法政、上海等大学的何世桢、喻育之等三十多位国民党青年党员。何世桢等略谓:外间对三民主义每多误会,"此层望对外须有解释,而于本党分子应按纪律严加处理"。答称:"尔等所言各节,余已明了。关于民生主义一部分,外间及党员尚多未了解,故余在粤曾有演讲,现已付书局印刷,不久可出版,将来可购阅研究。至关于纪律一层,余已有办法。"(《国民党员昨谒中山》,《申报》1924 年 11 月 21 日)又某君问:"近有某党假借本党名义及破坏本党等情,应如何对付?"答谓:"某党不敢公然独行,乃假冒本党之名者,足见本党牌子之老而能受人信仰。吾党万勿因彼辈冒牌即怀妒恨,我意惟恐其不假冒……愿君今后努力,为本党多多介绍同志,异日予自京归,必将迎君畅谈。倘仍独君一人,而不能尽力介绍者,则君不必见我。"(《党员须多量介绍同志入党》,《国父全集》第 2 册,第 870 页)

《顺天时报》对此事有详细报道,谓:"兹闻孙在粤时已与俄代表鲍罗廷会议多次,约定到津后延聘鲍氏为革命指导顾问,故鲍氏遂偕共产党执行委员兼国民党中央组织部长谭平山搭密地逊总统号先中山到沪数日。及中山既到,鲍每日恒在莫利爱路孙宅,汪精卫、戴季陶等行事一秉承其命令,则鲍氏在中山左右之势力,可以概见。《民国日报》已为共产党蟠据月余,迭次著论反对段张卢冯,非常激烈。谢持等曾屡电中山请将共产派沈定一等严重制止,及抵沪后,谢等再申前请,中山尚不置可否。闻有命叶楚伧复任该报编辑之意,然共产派恃俄人为助,叶畏之如虎,想亦不易复职。沪上民党原以反共产派居大多数,其中老党员冯自由、居正、张静江、张继等因愤汪、胡、廖诸人之专横,多不问事,青年派何世桢、周颂西等则素与共产派为敌。日前共产派曾用国民党名义驱逐双十节国民大会主席喻育之出党,复提议将张继、谢持二人除名,即为报复反共产派之一种计划。何等蓄愤已久,遂于中山到沪之第四日即二十日上午十时,召集在南方、法政、上海、复旦、东吴各大学之民党教员,学生五十余人同谒中山,质问民生主义与共产主义之界说,略谓本党自准共产党员加入后,人心瓦解,党势涣散,皆由共产党员恣无忌惮,日借本党为宣传共产机关,且李大钊、陈独秀等向与吴佩孚有密切关系,故专主张解散反直之三角同盟,日在其机关报反对奉、浙、冯各友军,以挑拨各方恶感,致令各方对于本党之信用日渐薄弱。前数月京、沪、鄂、粤、港、澳各地同志均请将共产党严重惩究,以维纪律,乃总理概置不问,且提议将全党所属望之张继、冯自由二人除名,实为大失人心。今共产党复在《向导》周报公然反对北伐,及攻击反直倒曹各军,其叛党乱纪之罪已明白显露,应请总理毅然下令将共产员一律斥逐云云。各人陈述毕,中山容颜似极不怡,答词极为简单,略谓尔等多不了解民生主义,余在粤曾有演讲,不久可出版,将来可再细心研究。共产党乃第三国际使之来加入本党,乃世界之政党,故余特许其享有跨党之特权,本党与之同负改造国家之责任,至关于纪律一层,现正酌量办法,尔等勿为帝国主义者煽惑可也云云。各人以中山所答绝不得要领,故退时咸露失望之色。"(《孙中山与反共产派之谈话》,《顺天时报》1924 年 11 月 29 日)

　　△　在寓所接见青年党人士曾琦。

　　曾琦是日日记云:"上午接郑心南一函,赴铭德里访谢惠生(持)不遇,乃往莫利爱路访孙中山。"曾琦后于自订年谱中称:"是年冬,孙中山先生北上过沪,予曾谒之莫利爱路,劝其中止联俄容共,中山固执己见,予亦当仁不让,辩论久之,不欢而散。"并谓与孙中山晤面,系由谢持介绍。(陈正茂等编:《曾琦先生文集》下册,第 1413—1414 页)

△　致电日本涩泽荣一,谓:"契阔多年,恒怀雅度。远闻高节,至慰私衷。特布极拳,曷禁神往。"(《致涩泽荣一电》,《孙中山全集》第 11 卷,第 351 页)

△　着中央直辖第三师师长张毅,第四旅旅长张振武,第一混成旅旅长兼连阳绥靖处长何克夫,赣军第一、第二混成旅旅长易简、江汉,东路警备第一路司令罗伟疆,三罗警备司令谭启秀,潮梅守备司令周潜,大元帅直辖讨贼军司令李天德,海军陆战队司令孙祥夫,北方第一路司令卢占魁,均即免职。以上各部及湖南讨贼军第二、第三路司令均裁撤。(《大元帅命令》,《广州民国日报》1924 年 11 月 20 日)

△　冯玉祥电复马伯援,请速促孙中山北上。马持冯电谒孙,孙告已决定绕道日本赴津。马伯援则偕邵元冲、韦玉等经烟台赴津准备一切。(罗家伦主编、黄季陆增订:《国父年谱(增订本)》下册,第 1158—1159 页)

△　委派人员分赴各地宣传,俾民众均得了解召集国民会议之真意,为此发表致各省、各公署、各公团、各学校通电,曰:"文主张召集国民会议,为解决目前中国问题之唯一办法,前已发表宣言,通告全国。惟内地交通不便,每多隔膜,因特派同志分赴各地宣传,俾民众均得了解国民会议之真意。所派同志,均给有委任书,到时务期惠予接洽为幸。"(《中山先生之通电》,上海《民国日报》1924 年 12 月 3 日)

△　任命陈新燮为大本营内政部第二局局长。(《大本营公报》第 32 号,"命令")

△　报称,孙中山军事代表赵西山是日下午已前赴通州,与前陕军参谋长刘允臣接洽要公。据赵氏云,中山二三日内即可到津。此前赵西山曾到北京谒见国民军当局,有所接洽。(《孙中山军事代表来京》,《北京日报》1924 年 11 月 21 日)

△　殷汝耕向日本外务省探询日政府对孙中山去东京的意见。

是日与 21 日,殷汝耕与日外务省亚洲局长出渊胜次商谈孙中山去东京事宜。出渊说:"孙文到东京与日本当权人士会面,可能引起误解。"同日午后,又通过小村俊三郎对殷说:"孙文到东京一事,从大局来看,不可行。"次日,殷访问出渊,提出由戴季陶作为孙中山代表去东京,出渊回答:如此,"则不致过分引人注目,亦宜于了解日本政府方面的意见"。但之后戴季陶并未去东京。出渊于 22 日还以其个人意见对殷谈到日本之对华方针及对孙的看法:(一)对张作霖、段祺瑞、孙文,"不考虑偏向一党一派乃至一个人";(二)孙文废除不平等条约、撤销领事裁判权及外国租界之主张,"乃过分趋于理想之议论,不能得到识者之同情";(三)孙文"为同段氏握手而去天津,个人极表赞成";(四)段、孙二人握手建立中央政府,"日本则必尽力给以善意援助","但应尽量避免向外国借款,执行中国政治依靠中国财力之方针"。若"今后中国需要资金,各国可共同给以一定程度的财政支援"。殷汝耕于 23 日赴神户向孙传达上述情况。(俞辛焞:《孙文の革命運動と日本》,第 361—363 页;[日]藤井昇三:《孙文の研究:とくに民族主義理論の発展を中心として》,第 211 页)

11 月 21 日 段祺瑞通电宣布拟于 24 日入京就中华民国临时执政之职,组织临时政府,先后召集善后会议与国民会议。

曹锟被迫退位后,11 月 10 日,齐燮元等九人通电拥护段祺瑞。15 日,张作霖、冯玉祥、胡景翼、孙岳等推段任临时总执政。19 日,齐燮元等复联名电促段早日入京。正当段祺瑞在天津静候孙中山磋商大计时,逃亡武汉的吴佩孚发表篠电,宣布组织"黄河上流及长江同志各省"的护宪军政府,"张、冯乃更促段急速入京就职,以维中枢"。(章伯锋主编:《北洋军阀》第 5 卷,第 10 页)

段祺瑞遂于本日发表拟就临时执政的"马电",宣布其政见,略谓:"共和肇造,十有三年。干戈相寻,迄无宁岁。驯至一国元首,选以贿成……法统已坏,无可因袭。惟穷斯变,更始为宜。外观大势,内察人心,计惟彻底改革,方足定一时之乱,而开百年之业……海内久望统一,舆论趋于革新。愿与天下人相见以诚,共定国是。如制定国宪、促成省宪、改订军制、屯垦实边、整理财政、发展教育、振兴实业、开拓交通、救济民生诸大端,必须集全国人之心思才力为之,庶克有济。"同时宣布拟组织两种会议：一曰善后会议，以解决时局纠纷，筹议建设方针为主旨，拟于一个月内召集。二曰国民代表会议，拟援美国费城会议先例，解决一切根本问题，期以三个月内召集。(中国第二历史档案馆编：《善后会议》，第3页)

△　上午9时，国民党上海各区分部代表周颂西、石克士、徐畏三、蒋作新、童理璋等四十余人往莫利爱路孙宅谒见，请求训示和对本党不守纪律之分子给予惩戒。孙中山听罢训诫谓："同志应不辞劳怨，不避艰难，宣传党义，努力奋斗，使人人了解三民主义，感化民众，共向光明路上走去。为党努力即为国宣劳，诸同志务须了解斯义。努力前途，毋负本总理之期望。至于整顿纪律，自有办法。"(《孙中山今日离沪·区分部党员昨日谒见中山谈话》，《时报》1924年11月22日)[1]

对于连续两日有反共派国民党员谒见孙中山，要求予以惩戒，《顺天时报》后曾刊载上海特别通信，专言此事，谓：

"沪上国民党内部反共产派及共产派之冲突，自双十节天后宫国民党大会酿成命案后，较前愈为激烈。此次孙中山抵沪之前，各团体发起欢迎会，两派又预备在欢迎场中用武，经叶楚伧等再三向反共派请求始得无事。然是日共产派之上海大学学生仍在法界外滩及沿马路派送打破一切军阀，推翻奉、浙、冯各武人，反对北伐用兵等传单，卒被法捕房捕去五人。共产派指为民党右派勾结外人所为，群拥俄代表鲍罗廷赴莫利爱路孙宅质问，后由中山派代表到法捕房保释始了。二十日有何世桢、费公侠、喻育之、何葆仁等率领各大学之民党教员学生五十余人谒孙，痛言共产党反对北伐及攻段、张、卢、冯各友军之罪，请中山实行纪律，革逐若辈出党，中山答辞模糊，绝不得要领，众皆怏怏而退。二十一日又上海各区分部执行委员石克士、童理璋、周颂西、李□琴、高子培等六十余人往见。时中山方与俄人鲍罗廷、汪精卫、戴季陶及共产党执行委员沈定一、瞿秋白等作长时间之

––––––––––––––––

①　该报道中有言"孙中山由粤抵沪，倏已五日"，孙于是月17日抵达上海，故该报道系22日所发，报道中所称"昨日"，系于21日。

谈话。各人由晨早九时候至下午一时,始得中山出而一面,当由童理璋、高子培等详言党员反对共产党之理由,并将共产党违背主义、破坏大局、攻击友人、私通仇敌、棍驱工人之各种证据逐件宣布,力请中山治若辈以应得之罪。中山闻言大为震怒,谓:'十三年来民国绝无起色,党务并不进步,皆由尔等不肯奋斗之过,彼共产党成立未久,已有青年同志两百万人,可见其奋斗之成绩,尔等自不奋斗而妒他人之奋斗,殊属可耻,彼等破坏纪律,吾自有办法,与尔等何干。上海现有人口一百五十万人,今吾限尔等每人一年内须介绍党员一千人,否则不准再来见我。'语毕即怫然登楼。众退后极为失望,遂于是晚由何世桢等号召上海各区分部执行委员及各学校民党教员学生等组织一民生社,预备进行反共产之大规模运动,以唤起中山之觉悟。倘中山仍固执如故,然后从事根本改组,惟闻中山以俄国之密切关系,二十一晚曾赴驻沪俄领署之会宴,且已预约俄人鲍罗廷到京相助,故对于共产党极为重视,决无开罪若辈之思想,反共产派人数虽众,亦必徒劳无功。"(《中山到沪与共产党之活动》,《顺天时报》1924 年 12 月 2 日)

△　谢持来谒。(谢持:《谢持日记未刊稿》第 4 册,第 355 页)

△　在住宅接见上海商界代表虞洽卿、周佩箴两人。虞、周向孙中山表示慰问,并告商界赞成国民会议主张。孙与彼等谈话三十分钟,讨论商业与国民外交等问题。(《虞洽卿谒孙先生》,上海《民国日报》1924 年 11 月 22 日)

△　致电许世英、张少卿、陈宧等,告以 22 日启程,绕道日本赴京。电曰:"天津许俊人、张少卿、陈二庵先生,哿电诵悉。文订于养日由沪起程,绕道赴京,如届时芝泉已入京,当直接抵京晤教。"(《孙中山抵长崎》,《顺天时报》1924 年 11 月 25 日)

△　交给《东京日日新闻》《大阪每日新闻》驻沪记者一份声明书,委托两报记者向日本国民转达其此次访问日本的目的。内称:"此次余之访问日本,系在赴天津会议之先在日本访问旧知,并与朝野各方会见,毫无隔阂地交换意见。现在中国行将统一,值此重大之

时机,究应如何达此目的,当为有识者所慎重考虑。当今中国之问题,非独中国一国之问题,实宜以世界重大问题视之。余处此时局,痛感无论如何若不与日本提携则此事不可能解决,且不仅为外交辞令上之日中提携,必须在日中两国国民的真正了解之下,为拯救中国、确立东亚的和平,共同巩固黄色人种的团结,以对抗列国的非法压迫。为此,关于日本朝野对此时局有何意见,并今后将采取何种方针,欲听取日本朝野的意见,以资收拾中国之时局。一部分人传说余有意要求日本废除二十一条,归还辽东半岛,现在余对此类问题尚未有何等具体的考虑,不久抵北京后将召集国民会议,听取国内舆论,方为最善之策。”并表示:“今次中国之动乱,日本所采取之态度实为光明正大,余心窃为佩服。”这个声明书,该两报记者以“上海特电”发回,次日两报分别刊出。（李吉奎:《孙中山与日本》,第586—587 页）①

　　△　北京摄政内阁新委任的江苏交涉员陈世光谒见孙中山于寓所,代转外交部欢迎北上之电,请示行期。（《渴望大元帅北上》,上海《民

---

　　①　据李吉奎考证,时任《大阪每日新闻》中国部部长的泽村幸夫后在《送迎孙文先生私记》(《支那》杂志第 28 卷第 8 号,1937 年 8 月)中称孙中山发给他所谓告日本国民书并委嘱其发表之事,实为泽村幸夫刻意篡改了发表于《大阪每日新闻》等两刊上的孙中山《声明书》。《送迎孙文先生私记》中所引孙中山发给他的电文谓:“余此次访问日本,意在赴天津会议之前,先访问在日本之旧友知己,率直交换意见。现今之中国正遭遇即将迈上统一路途之重大时机。究将如何达成此一目的? 乃识者必须加以深思考虑之事。今者,中国之问题已非单纯中国一国之问题,实际已成为世界问题而受到重视。余对此一时局深深痛感。无论如何,如不与日本提携合作,则决不可能解决。而此种说法,更不可仅仅成为外交辞令中之中日提携合作。中日两国国民必须在真正了解之下救中国,确立东亚之和平;同时巩固黄色人种之团结,藉以对抗列强不法之压迫。余尚未考虑要求‘二十一条’条约之废除与旅顺、大连之收回。余尚有具体之方案(复按原文,应译作“尚无其具体方案”——著者)。”(《孙中山全集》第 11 卷,第 310 页;［日］陈德仁、安井三吉编:《孙文·讲演〈大アジア主义〉资料集:1924 年 11 月日本と中国の岐路》,第 239－240 页)与孙中山《声明书》对比,可知在关于二十一条之废除与旅顺、大连之收回问题上,泽村阉割了《声明书》中最重要之点,而伪造了完全相反的文字。泽村篡改之行为,或因在 1937 年中日交战背景下欲为日本帝国主义侵华服务,或出于借附丽孙中山以抬高自己身价的目的。(李吉奎:《龙田学思琐言》,第 103－107 页)

国日报》1924年11月22日)

　　△　《顺天时报》刊载天津消息称:"段执政昨接孙中山由沪来电,准备即日北上至津,共商时政。段特派员在宫岛街本宅对过之张园,为孙预备行辕。"(《段执政为孙文预备行辕》,《顺天时报》1924年11月21日)

　　△　日本内务省警保局长致电长崎县知事富永鸿,通知应对孙中山一行来日给予相应保护,并提供方便。(《北上ノ途次本邦二立寄リタル孙文一行ノ動静並ビ邦人记者トノ会见模樣ニツキ报告ノ件》,《日本外交文书》大正13年第2册,第567页)

　　△　命邵元冲及朱和中、韦玉等于明晨乘招商局新丰船行。次日11时顷启碇赴天津,同船者有马伯援、韦玉、朱和中、张乃恭等。(王仰清、许映湖标注:《邵元冲日记》,第78、79页)

　　△　训令广东省长胡汉民迅令市政厅督饬公安局,再在该市续征租捐一个月,听候分配指拨,藉济军用。(《帅令续收租捐一月》,《广州民国日报》1924年11月21日)

　　△　任命杨愿公为大本营参议。(《大本营公报》第32号,"命令")

　　11月22日　偕夫人宋庆龄等离开上海,前往日本。启航前在船上接见中外记者,重申收回租界,主张召开国民会议,并望中日两国提携亲善。

　　本日,孙中山一行乘日本邮船"上海丸"取道日本北上。晨6时45分,偕夫人宋庆龄及副官马湘、黄惠龙同乘汽车自莫利爱路,直驶虹口汇山码头登船。7时,与夫人宋庆龄登上"上海丸"。在房舱略事休息后,即到大餐厅接见记者,并就日本记者提出的时局等问题,作简短谈话。与记者们谈话毕,即登上三楼与送行者一一握手道别。计是日前来送行者有石青阳、谢持、居正、陈友仁、沈卓吾、赵铁桥、林焕廷、周佩箴,以及陈世光、张允明、驻沪日领事代表等数十人。至8时30分,船中鸣锣,各记者暨送行者始兴辞离船。8时45分,"上海丸"启航,孙中山偕夫人与李烈钧、戴传贤均立船舷栏杆边脱帽挥手,向送行者告别。计是日随同赴日者有李烈钧、戴季陶、黄昌谷夫妇，及副官马湘、黄惠龙等人[①]。其余随行人员则在其离沪前后陆续专程由沪赴津、京等候。

孙中山在与记者谈话中说："关于列国之租界问题，务必要求早日归还中国，余个人亦必毅然主张之。甚望曾与中国立于同样境遇、有其苦经验之日本与以同情……由来中国迭起纷乱，统一不能实现之根本原因，不在内政问题，而在外交问题。列强对于中国提倡共管、瓜分等说，临以压迫的态度，致政事改良及其他要事均难进行。""要之，中国扰乱之原因，即在对华抱有野心之列国……中国非完全排除此等外力，则国家之统一不能永久。而欲排除外力，仅中国一国民之力现尚有所不能，必依其国民之觉悟促其本国政府反省始能实现。取必立于国民之地位，指导觉醒我国民与外国之国民联合，以促欧美列强之反省。"又谓："余认与其在中国国力尚未充实之际立于庙堂，无宁以国民资格努力唤起内外国民之舆论……余之北上，盖在以所抱负提议开一大国民会议耳！""中日两国就目前世界大势言，非根本提携不可。两国人民尤应亲善携手，共御他人侵掠政策。近年来中国人民对于日本颇多怀疑，此后日本上下应切实表明对华亲善政策……颇愿日本朝野予以同情之助力。诸君多为新闻界有力者，以上所述，深愿时加鼓吹。"（《孙中山先生今日离沪》，上海《民国日报》1924 年 11 月 22 日；《孙中山先生昨晨离沪》，上海《民国日报》1924 年 11 月 23 日；《中

---

① 关于随行人数，有不同说法。11 月 22 日，驻上海矢田总领事致币原外务大臣电中说一行十一人。11 月 24 日，长崎县知事富永鸿致币原外务大臣等函中报告是十四人，分别是："孙文（五十九岁）、孙夫人（三十一岁）、李烈钧（四十五岁）、马湘（三十五岁）、黄惠龙（三十七岁）、陈虞青（二十六岁）、周鳌山（四十岁）、耿鹤生（四十岁）、戴传贤（三十六岁）、俞咏胆（四十岁）、曾勇父（三十五岁）、黄芳池（三十四岁）、田赋均（二十八岁）、黄昌谷（三十五岁）。"（《孙文一行上海発本邦向ケ出発ノ件》，《日本外交文书》大正 13 年第 2 册，第 566—567 页）又神户《又新日报》25 日载，孙文一行 23 日中午乘"上海丸"抵神户，一行人的名单为：孙中山（五十九岁）、孙夫人（三十一岁）、李烈钧（四十五岁）、黄惠龙（四十八岁）、戴季陶（三十八岁）、马湘（四十八岁）、黄昌谷（三十六岁）共七人（陆晓燕译：《孙中山在神户》，《近代史资料》总 68 号，第 191 页）

山先生离沪前之谈话》,上海《民国日报》1924年11月24日;《孙中山离沪前对日记者谈话》,《申报》1924年11月24日)

关于此次孙中山答日记者问,是月23日《大阪朝日新闻》以"欧美各国之野心乃中国动乱之原因"为题发表,转述孙中山的发言,曰:"余对日本国民之希望乃两国国民携手支持亚洲之大局。中国国民虽怀疑日本之对华态度,但若日本在对华态度上能表现出不追随英、美等其他列强进行侵略或并管等行动,日本全无如是之野心,则中国国民绝不会怀疑日本,还会讲求亲善之道。我决心要求废除在中国租界之治外法权制度,尤其希望就此问题能获得日本之同情……中国动乱之原因非在内而在外患,余认为于我国国力不充实之际,跳出政界,在民间与诸外国同志携手,敦促外国政府反省,乃有利之举。余若立于政界表层,则可能惹起与诸外国之冲突。"又谓:"这十年来之动乱亦皆列强试图利用军阀来统一之阴谋所致……诸外国此种错误政策,只能通过该国国民之反抗才能防止。故余想在民间担当此种与诸外国国民联络之事。"

航行开始,《大阪朝日新闻》村田特派员与孙中山秘书兼翻译戴季陶先进行交谈,戴除发表个人感想外,并转述孙的一些看法。戴称:"先生认为,至少日本国民乃中国之唯一友人。在欧战后不久召开的华盛顿会议期间,中国虽有持各种看法的人,而今日却益加痛感中日携手之必要。其间虽有不少错误行径,但我认为应将过去全部埋葬,实施新的东西。"

随后,村田与戴季陶一起到孙文船舱访问。村田记述:与二三年前相比,孙氏头发已大部分脱落,但仍壮志凌云。他回答村田提问时称:"日本最伟大的地方,即它同样地处东亚,同为东亚民族,但比它国率先图进步,并得以实现。同时缺点也在这里,强盛后却忘记自己仍是东亚之一国,仍是东亚之民族。""俄国革命后,归还利权于中国,中国国民对此非常重视。若日本亦能采取与俄国相同态度,中国国民必将怀有非常友好之感情。""得人心比并吞领土更加尊贵,抛弃有形的物质利益,得到无形的宝贵理想。日、俄、中三国同盟乃党(国民党)之主张。我等迫切希望能实现这一点。如果能成,则可抑制英、美对东方之跋扈。"①([日]陈德仁、安井三吉编:《孙文·讲演〈大アジア主義〉资料集:1924 年 11 月日本と中国の岐路》,第 84—88 页)

李烈钧于《自传》中记述:"随侍登轮,向神户进发,船行甚速,入太平洋,总理即感不适,余入问安叩病状,总理以肝病复发答之,余谓总理乃有名之医学博士,奚不早自治之,总理答曰,俟到津后再议,夫人侍奉极殷勤,每日饮食,皆夫人自洁者。"(《李烈钧先生文集》,第 67 页)

△　未参与贿选议员在北京组织国会非常会议,发表成立宣言。嗣又议决国会非常会议组织大纲。

北京临时政府成立,前曾贿选曹锟为总统之国会议员,因惧法律制裁,均销声匿迹,至于未参加贿选之议员尚有二百七十九人,本日组织国会非常会议于北京,并发表成立宣言。旋又于本月 25 日议决国会非常会议组织大纲十一条,规定:该会议由未参加民国 12 年 10 月 5 日非法大总统选举会之国会议员组织之,有制定一切临时法规,并议决关于政治重要事件之权,非有十四省以上之议员列席,不得开议,非列席议员过半数之同意,不得议决;由各省议员互选一人充行政委员,执行一切事务,并于开会时依次主席。惟此国会非常会议虽迭次宣言护法,但临时政府并不措意,孙中山亦不加以重视。(罗刚编著:《中华民国国父实录》第 6 册,第 4881—4882 页)

△　段祺瑞离津入京,冯玉祥、张学良、吴光新、许世英等十余人

①　是月 24 日上海《民国日报》、《申报》分别以《中山先生离沪前之谈话》《本埠新闻:孙中山离沪前对日记者谈话》报道了这一谈话的主要内容。(《孙中山全集》第 11 卷,第 359—361 页)《大阪朝日新闻》所载,为前后三次,一次是在离沪前,另两次是在启航离沪后。就内容而言,较上海《民国日报》《申报》要丰富。因前者系当事人所写,后者则可能是三次谈话的汇总整理,又冠之以"离沪前",故不如前者之真确。现仅摘录其突出要点,详细内容可参考《孙中山全集》所载。(段云章编著:《孙文与日本史事编年(增订本)》,第 690 页)

陪行。(陈锡祺主编:《孙中山年谱长编》下册,第 2073 页)

　　△　本日,孙科与《华北明星报》记者作长时间之谈话。孙科称其父"并不拟在日本勾留,其所以绕道日本者,仅为旅行上之使利"。对于外闻风传中国将采行苏维埃制度,孙科则再作澄清:"俄国革命,实可为急谋脱除压迫者之模范……然吾辈之目的,并非在使中国实行苏维埃制也,世人若熟读余父之宣言,必知吾父之宣言,必知吾父并未一曾提及中国之苏维埃制也。"①(《孙科与外报记者之谈话》,《京报》1924 年 11 月 25 日)

　　△　上海 23 日电讯称:"八省工人大会决在国民会议中援助孙中山。当中山未离沪时,上海五十六团体,曾联合函请中山促成国民会议,要求中山在会议中宣布中国国民之真正民意,实行废止一切不平等条约,铲除国家事业发展之障碍,取消厘金制及督军制,划定教育基金,实现言论集会出版等自由。商会亦曾派代表谒见中山。"(《上海方面援助中山运动》,《京报》1924 年 11 月 30 日)

　　△　《时报》载文分析孙中山离粤后广东政局的三大问题。

　　针对东江问题,称:"现在曹吴已倒,陈炯明复表示拥段,中山亦素与段氏提携,是陈联两军似无再以兵戎相见之理。而联军方面,连日仍增调部队前赴石滩增防者,闻陈军林虎、洪兆麟二人主战仍力,恐其乘此南北纷乱局面未定之际,突起反攻,冀夺取广东地盘,以备将来南北妥协时,将全粤收归其支配之下,故联军不得不严为之防。并闻中山对于东江军事,交付滇桂两军负责,桂刘之意,拟实行进攻,希望乘时解决东江战局,俾得进行回桂。而滇军方面之意见,大部分主张取守势,以保持现有防地为限。盖滇军回滇,比较桂军回桂稍难,此则夫人皆知者。惟然,故滇军恒不欲消耗其实力,总以能多持一部分精力则保持多一分精力,以供将来实行回滇时之用。以现在情形推测,滇桂两军对于东江用兵,尚未能十分一致,大约东江问题,

─────────

　　①　《晨报》1924 年 11 月 15 日曾报道孙科就苏俄问题与外报记者之谈话,见本编年是月 15 日条下。

尚难在广东方面联陈自行解决。因彼此实力确有所不能,预料中山北上后,或可以元老会议谋一妥协,亦未可定。刻下恐仍不免双方相持而已,现在虽有陈军练演雄部逼虎门消息,但此犹是局部问题,于东江全局似无重大影响也。"

针对北伐问题,则称:"现在曹吴虽倒,而江西尚为曹吴势力范围,故中山依然主张积极进兵。闻已饬令朱培德、李明扬、卢师谛及湘军全部,大举入赣,务以较短时期,将全赣收而有之。且赣湘毗连,湘军入赣后,更可随时进行回湘。湘军之允为参加攻赣者以此,目下仍未能猛进者,闻纯因财政问题。夫开拔固需费用,而赣方天气比粤方较寒,赶办各军棉衣,亦用款不少。凡此种种,均于出兵有密切关系者也。"

针对财政问题,谓:"两年来所最棘手者,厥为此问题。闻中山对于此点,最注意筹饷局及禁烟督办两机关,盖以收入以两机关为最多也。滇桂湘各军之伙食,俱仰给于此。现范石生既允交还筹饷局,莫若与禁烟督办署合并。另委人员接管,实行设法整顿,务使收入增加,足敷各军之给养为最小限度。果能达到此结果,则于军事前途,固裨益不少。而于各项政务,又可不至常受军费问题之牵动,呈中止之状态云。统观上述各问题,中山现虽离粤,但广东局面,谅亦无甚大变化,恐不外犹是沉寂耳。"(《中山去后之粤局》,《时报》1924年11月22日)

11月23日　是日正午,乘坐的"上海丸"抵达日本长崎,受到长崎新闻记者、中国留日学生及华侨等二百余人欢迎。孙在船上接待登轮的欢迎者,并先后与日本记者及留学生等进行谈话。傍晚,"上海丸"由长崎开行,前往神户。关于当日的活动,各报多有报道:

上海《民国日报》载,孙中山与欢迎者谈话表示:"中国决不望任何友邦援助,将以国民实力收拾时局。"并认为冯玉祥逐溥仪等出宫"亦国民所希望之正当行为"。(《孙先生在日本之谈话》,上海《民国日报》

1924 年 11 月 28 日）

　　《京报》和《顺天时报》据长崎 23 日专函报告云:"孙中山先生偕
戴天仇、李烈钧等数人,于本日(二十三日①)上午 11 时,由上海乘上
海丸邮船平安驶抵长崎。当有此间留学之我国学生百数十人,手执
五色国旗,先至码头欢迎,旋即一同簇拥至船中大饭厅,三呼万岁。
时有日本记者多名,登轮拜谒,中山先生一一引见,并郑重对各记者
发表谈话,由戴天仇君通译。略谓'本人此次由沪起程前往北京,绕
道来日,藉与日本国民联络情谊,预定在神户勾留二数日,即乘便船
转赴天津。最近外报所传列国对华共同干涉之说,本人以为绝对的
不致有其事,而中国国民亦绝不愿受外国之干涉。至于段祺瑞君向
美国订立一万万元借款合同之外电,尤不足信。余自信中国即不受
外国之援助,亦尽有料理政治财政之充分可能。盖中国应以中国国
民之力,管理将来之中国,且亦足以自管而有余也。惟以现时之状态
观之,诸君(指日本记者)或不能相信,但征诸第一次革命之结果,即
知余言决非过言耳'云云。各记者均满意而退,寻由长崎华商等欢迎
先生上岸,至广东会馆列席欢迎午宴。下午三时顷,复返原船,即于
五时解缆向神户而去。预计二十四日上午十时前后,可抵神户也。"
(《孙中山至早六日来京》,《京报》1924 年 12 月 1 日;《孙文过长崎记》,《顺天时
报》1924 年 12 月 1 日)

　　日本神户《又新日报》载:日本方面的许多社会名流,以及议员西
冈竹次郎也到码头迎接。中午 12 点 15 分,邮船靠岸,等候的记者团
就径直走上甲板,采访孙中山。在餐厅用膳时,中山通过戴季陶翻
译,说:"中国将来的事情总会解决的,正如我们从第一次革命以来的
十多年中所提倡的,民国的将来,应该依靠民国人民的力量得到统
一。但某些国家认为可以借助外国的力量或依靠武力来统一。在这
次直奉战争中,吴佩孚虽然已经大败,并几近覆灭。但是,一部分外

---

　　①　《京报》之报道误记为"二十二日"。

国人和民国中的一些人却援助了这个军阀吴佩孚，终于使他又能上溯长江。谁都知道，这正是因为有某国政府的支持。然而这次长江联盟是不会成功的。"（陆晓燕译：《孙中山在神户》，《近代史资料》总 68 号，第 192 页）

长崎县知事富永鸿于次日发给外务大臣币原喜重郎等的报告中对孙中山当日的活动过程作了最为详细的记述。据其报告，当孙中山一行乘坐的轮船靠岸时，中国驻长崎领事馆的郭领事、王副领事与其他馆员以及各团体干部和有势力者，还有大约三十名手摇着中国国旗的留学生前来迎接。孙中山在船上的谈话室里接受了欢迎，并对全体学生致答谢辞，谓："民国成立十三年以来，其间数度内乱，国民未得安宁，如今政变又起，政局陷入无法收拾的状态，原因就在于军阀政治，而国民全体不能参与政治。要想实现东洋和平与维持东洋民族的幸福，就必须谋求中日亲善，实行国民政治，实现国家统一。我这次经天津去北京开国民大会，就是基于收拾时局和谋求国家统一的考虑。希望诸君现在日本勤勉钻研，学成归国之后，成为国民模范，为振兴国威而努力奋斗。"孙中山还希望从当地留学生选出几名代表出席在北京召开的国民会议，留学生欣然接受了这一要求①。随后到甲板上一起摄影留念。接着，当地侨民恳请孙上岸去出席他们已经准备好的欢迎会，孙对此表示感谢，但因为雨天，推迟了上岸。戴传贤和俞应麓则代孙中山就此次来日本的目的和处理中国时局的对策向长崎县的入境查证官作了说明。

---

①　据《孙中山先生由上海过日本之言论》，孙对留日学生代表发表之演说内容较长，略谓："我放弃西南，只身往北方去提倡和平统一。我所主张和平统一的办法，是开一个国民会议，用全国已经有组织的团体，举出代表来出席国民会议，大家商量解决国事……我们组织国民会议的目的，是要解决两个大问题。这两个大问题：一个就是解决国内民生问题，二个是打破列强的侵略。要打破列强的侵略，就是要废除一切不平等的条约，收回海关、租界和领事裁判权。"并希望广大留学生向日本人宣传国民会议主张，促日本赞助废除不平等条约，同时联络留学界及国内亲友们，来赞成和力争召开国民会议。（《学生须赞成国民会议》，黄昌谷编：《孙中山先生由上海过日本之言论》，第 94—103 页）

船停靠码头后,在船上的谈话室里,通过戴天仇的翻译,接见了来访的新闻记者,对记者的提问作了回答。问答内容如下:

问:收拾中国政局的首要人物是段祺瑞吗?

答:中国政局将由段祺瑞处理。

问:最近流传着对中国共管之说,您的看法如何?

答:列强共管中国之说不可能实现。

问:谣传北京方面向外国借款一亿元,事实如何?

答:没有那样的事实。

问:以目前的状况,借款没有必要吗?

答:我看没有必要。我国之政治,应由国民全体之力以处理之,决不能只依靠一部分政治家及武人处理,故对内打倒军阀,对外排斥诸外国之干涉,推行国内政治,这就要产生广泛的国民会议,让各方面的代表人士参与政治问题。

问:这种理想,在当下的中国究竟能否实行?

答:无论能否实行,信念是有的。十多年前,我国推翻了清朝,而此前在日本及其他诸外国尤其是国内,都不相信可以做到,然而事实胜于雄辩,证明了能够实现。这次推翻直隶派大军阀的也是国民的力量,相信将来亦必可由国民之力打倒军阀。一国的政治,不可由军阀及外国的势力来处理,实际上只能由国民的力量来处理,否则就不会出现和平。

问:废止清室待遇是当然的吗?

答:那是全体国民的愿望。

问:用什么方法来统一中国呢?

答:召开国民会议,各种政治悉依其决议而行。

问:国民会议应怎样组织的呢?

答:已经由我的宣言发表过了。

问:近来传闻广东政府同俄国亲善,如制度上仿效俄国,事实如何呢?

答：中俄两国之革命，事实上是走着相同的道路，除了两国（亲善）的国际关系之外，共同革命的道理也是一致的。然而两国之政策因其执国柄者相异，故有所不同。

问：而中国将来的制度会怎样呢？（未答）

问：听说直隶（吴佩孚）背后有英美的援助，然否？

答：确有此事。

答：余以日本之维新为第一步，以中国之革命为第二步。因此我感到俄国的革命与民国的革命是一样的，故在此意义上劳农俄国和中华民国可得一致，然而日本之国民不将日本之维新与民国之革命视作同一（意义），想必乃系谬误。

最后，孙中山在吸烟室里通过戴季陶和前来迎接的日本议员西冈竹次郎谈话，略谓："欲解决中国目前的问题，须解决其根本问题，所谓根本问题，即亚洲民族联合起来以排除欧美的压迫。""故将来日本欲成亚洲联盟之霸者，以对抗欧美，则应努力团结亚洲全体以图亚洲之独立，摆脱欧洲压迫之羁绊。日本也应如法国尽速承认俄国工农政府。""目前日本虽处于财政困乏之秋，若早日承认劳农俄国，有利于改善国际关系，实属诸急务之燃眉之急，所以希望阁下同日本身居高位的代议士们相商，鼓励政府早日承认俄国。"[①]（《北上ノ途次本邦二立寄リタル孙文一行ノ動静並ビ邦人記者卜ノ会見模様二ツキ報告ノ件》，《日本外交文書》1924 年第 2 册，第 570—571 页）

△　致电涩泽荣一，告前往北京，绕道日本，"愿与诸贤恳谈东亚之大局，阁下如能光临神户，幸甚。并望向朝野贤达广为传布"。［日］陈德仁、安井三吉编：《孙文·讲演〈大アジア主義〉资料集：1924 年 11 月日本と中国の岐路》，第 336 页；《致涩泽荣一电》，《孙中山全集》第 11 卷，第 371—372 页）

涩泽接电后即遣日华实业协会常任理事角田隆郎向孙中山致好。角田携带涩泽 27 日写的《欢迎孙文氏大要》，略谓："阁下此次

---

①　上述与新闻记者的对话，另详见黄昌谷编《孙中山先生由上海过日本之言论》第 105—111 页，惟与此处所引有些出入。

来游,邀往一谈,以贱体为疾病所缠,不能趋前,至为抱歉!所嘱之事,已与诸同志磋商,均以事忙,不能前往,甚为可惜!幸可拜托友人角田君前来致意。我于数年前摆脱政界及实业界关系,对于现状之观察,甚为迂远。今晨捧读《中外商业新报》所转载之阁下宣言(指孙中山与《中外商业新报》记者高木的谈话),颇合我意,如能当面一谈,岂不更加有趣。日华实业协会由与贵国事业有关之人所组成,我被推为该会会长,故对贵国之近况甚关心。自前年至去年,贵国学生及工商业界所掀起之排斥日货运动,深感不妥,本会亦曾提出抗议,幸而最近这种运动已沉静下去,实为可喜之事。然而两国之邦交,不管从政治上或经济上而言,总之,痛感未能达到成熟圆满阶段。关于此一问题,不应互相责难,应各自反省,以巩固两国友情,此实所至望也。”“阁下不日抵北京,与段、张诸氏会谈时,务期国交顺利,与其从大局着眼,不如从小事着手。”“又,以前与阁下所组之中日实业公司,其后无任何进展,愿今后与贵国继续努力。”([日]陈德仁、安井三吉编:《孫文·講演〈大アジア主義〉資料集:1924 年 11 月日本と中国の岐路》,第 336—338 页)

犬养毅时任内阁递信大臣,以不便离东京为词,派古岛一雄为代表前往神户迎候孙中山。(古岛一雄:《一老政治家の回想》,第 129 页)

△ 黄郛摄政内阁通电宣布次日总辞职。(《中华民国史事纪要(初稿)——一九二四年九至十二月》,第 928—930 页)

△ 北伐军程潜部克湘南宜章县,旋败退回粤。(《中华民国史事纪要(初稿)——一九二四年九至十二月》,第 927 页)

△ 《北京日报》报道称:“孙氏抱定来津后,对于时局问题,仅以私人名义,提出一种意见及计划,贡献当局,决不加入元老会议。对于个人方面,仅希望当局予以一种名义,藉此下台,以便出洋游历,向国际方面有所考查。”又据段祺瑞左右人言:“段氏已派定许世英为总招待,以张园为中山行辕,并于国民熙来尔饭店内租定房间,为中山随员下榻之所。许世英准于日内返津,预备欢迎中山,并闻唐绍仪昨亦有电到津报告,准于二十五日以后由沪起程北上。”(《孙中山不加入

元老会议》,《北京日报》1924 年 11 月 24 日)

△　香港电讯称,陈炯明将所部各军改称救粤军,并于是日电促各将领"合力救粤","提师而进"。(《申报》1924 年 11 月 30 日,"国内专电")

△　陈炯明在汕头向各方代表发表谈话,表示要为攻打广东作好准备。略谓:"外间纷传粤军打赣打闽,不打广东,实属揣测之辞。焉有不先救家内人而救家外人之理。不过'打广东'三字,不是与打一两封电报,说几句声罪致讨空文这等容易。第一须先从两方实力比较一下,其次又须从长筹备,才不致落空,才不致失败。现计孙文兵力与粤军兵力比较,实在是势均力敌。若粤军绝无规划,贸贸然向前一拼,万一失败,则反孙势力将消灭无余,'救粤'二字更成绝望。即不失败,而如年前东江相持之局,旋进旋退,亦徒糜烂地方。孙军更得藉口用兵,而荼毒粤民,岂非不能救之,反以害之。况现下孙军不肯来攻而屯兵广州,并力死守,亦兵家所顾忌者。故此次粤军不用兵则已,一用兵则非有一战而下广州之把握,不能造次。日来正从事此等布置,分头进行,大抵一面摇动敌方之游离军队,以减少其战斗力;一面联络赞助我方之军队,以加厚我战斗力。其内容关系军密,自不能宣泄,外间不明战略,亦无怪其怀疑也。至于删电表示不就职之意,因粤军血战两年,不能出粤民于水火,问心有愧,故谢绝政权,并非对广东人有漠视不救之心。将来各将领若与孙军开仗,自然不能不揭本人联治招牌,去挡一挡煞。总之,广东事情大家有份,我在此日夜想法子,有一分之力,尽干一分,此是本人所可自信者。"(天柱:《陈竞存就职与否及其态度》,《香港华字日报》1924 年 11 月 27 日)

11 月 24 日　抵日本神户,受中日各方人士欢迎。在船上对新闻记者发表谈话,强调中日共同提携以维东亚大局和中国必须实现和平统一。

下午 2 时,孙中山一行乘"上海丸"抵神港。这是他时隔六年再来神户。"上海丸"泊定后,日本记者纷纷登轮谒见,表示欢迎,并询问赴日原因及对时局主张等,孙一一作答,强调日本应帮助中国废除不平等条约。谓此次绕道日本的原因,一为由沪至津交通梗阻,一为重游旧地看望故友。并称:"统一是中国全体国民的希望。能够统一,全国人民便享福;不能统一,便要受害……所以不能统一的原因,并不是由于中国人自己的力量,完全是由于外国人的力量……在中国的外国人……总是利用那些条约来扰乱中国,不许中国统一。"还谓:"我们中国此刻能不能够废除那些条约,关键不在别国人,完全在日本的国民能不能够表同情!"希望日本推己及人,放远眼光,带头帮助中国废除不平等条约。虽然会因此而损失一些眼前小利,但是"可以得中国的人心……以后的大权利,便可无限量"。(《孙中山先生由上海过日本之言论》,第113—122页)①继而欧美各报通讯记者亦上前请孙中山宣布政见,以时间已迫,婉谢之。(罗家伦主编、黄季陆增订:《国父年谱(增订本)》下册,第1162页)

　　是日,中国驻神户领事柯鸿烈、神户国民党支部长杨寿彭、中华总商会会长郑祝三,以及当地中国人小学校的学生、国民党东京支部员、大阪商工学校的学生等约五六百名中国人前来码头迎接。他们摇动着写有"中国国民党万岁""欢迎孙总理""中华民国万岁""东亚民族联合起来"等口号的旗子,并口呼"万岁万岁"。前来欢迎的日本人,包括众议员古岛一雄(犬养毅的代表)、高见之通(宪政本党总裁床次竹二郎的代表)、望月小太郎、森田金造、砂田重政(立宪政友会重要干部),原代议士萱野长知、菊池良一,孙中山的顾问井上谦吉,以及新闻记者等百余人。日本方面出于安全考虑特配数名便衣警察予以保护。(《神戸来着ノ孫文ノ船上二於ケル記者会見及ビ埠頭ノ歓迎情况等報告ノ件》,《日本外交文書》大正13年第2册,第571—572页;《支那統一の鍵は不平等の条約撤廃》,《中外商業新報》1924年11月25日;

---

　　①　谈话内容另参:《支那統一の鍵は不平等の条約撤廃》,《中外商業新報》1924年11月25日;《孫文氏に望む　神戸寄港を迎えて》,《大阪朝日新聞》1924年11月25日。《京报》1924年12月5日据日本报纸所载孙中山的公开谈话,全文译刊,内容基本相同。

[日]陈德仁、安井三吉:《孫文と神戸:辛亥革命から90年(補訂版)》,第243页)

3点半,孙中山一行即由杨寿彭等人招待登岸,乘车入住东方旅馆。是时,除与日本数旧友,如宫崎、萱野、山田诸人稍为谈话外,未另见客。仅阅当日各地报纸,以观察日本国民之态度,特别是对他在长崎所发政见的反应。及见舆论颇为一致赞成其日来之主张,极为欣慰。(《哀思录》初编,"由粤往津记事",第4页)

△　与山田纯三郎晤谈。

孙中山对来迎之山田纯三郎说:"这次趁便来日本,打算会见犬养先生,询问他对我那封长信的意见。到北京后,拟住两个月,赴欧洲一游,归途再过日本。"孙又约山田陪他赴欧。(陈固亭:《国父与日本友人》,第59页)又据宋越伦撰《总理在日本之革命活动》载:"关于总理经日本抵天津情形,当时追随左右之山田纯三郎言之甚详,据云:十三年岁暮,山田纯三郎偕夫人由东京至神户,与总理在东方饭店相见,总理当时率先询问犬养毅等对年前由山田转交书翰之态度(孙中山曾于民国12年11月16日以亲笔函托山田返日时致犬养毅),山田当将其中曲折情形告知,并谓头山(满)、古岛(一雄)等即可至神户与总理会晤。总理突谓山田,欲将其公子华生(华生系总理所命名)自东京接至神户,与之一见。山田谓华生在小学就读,目下犹未放假,因半年来未尝缺课,故未携来,总理闻言遂即作罢,惟频询华生之教育及就学情形。当时山田颇以为异,盖数十年来,总理语不及私,对山田家属情形,从无如此详细询问者。总理于山田夫人辞别返东京之际,亦频加慰问,谓革命家之妻原不易为,而山田夫人于料理家务之外,复经常以大胆不敌之精神,襄助同志,实际参与革命工作,殊为难能可贵。(上海起义前,山田夫人常利用日本侨民眷属身份,以乳母车装运武器炸弹,由法租界偷运至南市闸北等处。陈英士先生之被刺,即在山田沪上寓所,其长女民子尚在襁褓,乳母闻枪声惊悸,致将婴儿失手坠地,从此该女神经受震失常……由山田夫人亲为看顾,其情至为可悯。此外,山田夫人对革命党同志之照料,可谓无微不至,宜乎总理慰勉备至——原注)……山田先生以总理态度有异常时,且觉其精神颇为倦怠,谈话稍久,辄以手杖之柄,揉摩胸腹之间,其痛似不可忍,因此内心颇觉不安。迨总理在日事毕,即嘱山田摒挡一切,随同前往北京。"(罗刚编著:《中华民国国父实录》第6册,第4889—4890页)

　　△　梅屋庄吉时正卧病在床,无法来神户与孙中山晤会,乃托萱野长知带着自己的亲笔信和礼物到神户面交孙中山夫妇。孙氏夫妇亦从萱野口中得知梅屋夫妇近况,两人反复叮嘱萱野向梅屋夫妇转达他俩的问候和祝福。(车田让治:《国父孙文与梅屋庄吉——献身于中国的一位日本人的生涯》,第363页)孙中山在离开日本前夕,给梅屋庄吉发了一封电报:"感谢在贵国停留期间各位给予的深情厚谊。今后为了全亚洲的民族复兴,还恳切希望得到您的协助。祝身体健康。"(小坂文乃:《孙中山与梅屋庄吉》,第216页)

　　△　在孙中山来访前后,神户南京町等华侨聚居地的房屋、电线杆上出现了以"爱国除害团""华人救国联合会""救国义勇团"等名义张贴的污蔑、攻击孙中山之招贴、传单。与广东商团有关系的一些在当地的广东人视孙中山为国贼,横加訾议,发泄其对孙中山之愤懑。([日]陈德仁、安井三吉:《孙文と神户:辛亥革命から90年(補訂版)》,第250页;《神户来着ノ孙文ノ船上二於ケル记者会见及ビ埠头ノ欢迎情况等报告ノ件》,《日本外交文书》大正13年第2册,第572页)《时事新报》亦曾刊载电通社25日神户电,称:"孙中山抵神户时,有一部分华侨,阴抱反对,故日警特加严重戒备,未曾发生事故。念四日晚有在荣町发散反对孙文传单者,故日警戒备愈加严重。"(《羁留日本之孙中山》,《时事新报》1924年11月26日)

　　△　《大阪每日新闻》发表社说《孙文氏来日,吾等之忠告》,略谓:"孙氏之访日,不少外国人认为其恐与今后段、张、冯诸人之会议有重大关系,不用说,此乃段祺瑞向来与日本关系颇为友善之故也。"社说表示:"孙氏来我国之动机何在? 虽不想臆测,但可借此机会看

出孙氏对时局的意见。"从孙中山于沪上所发表的声明书来看,其理想依然远大,即内图击溃军阀、统一国家,确立民权基础,保障人民自由,外图建设独立自由的国家,强调对抗列强的非法压迫。该社说一方面对此理想表示敬意与共鸣,另一方面却又认为,今日民国的救急之道不在于百千之理想与议论,惟在实行,"孙氏在广东一省尚且不能实现其理想,其在全国又谈何容易"? 尤其是孙"对劳农制度之憧憬","不仅使列国狼狈,也使民国越发陷入混乱,最终招致无法收拾之纠纷","吾等于此不得不先警告孙先生关于急进主义与露骨的排外主义之危险"。并责备孙中山"玩弄以夷制夷之策,数次使日本之立场陷入困境"。但对孙氏所主张之两国提携,则表示深有同感,"衷心期待孙氏能以实际行动来代替理论"。(〔日〕陈德仁、安井三吉编:《孙文·讲演〈大アジア主義〉资料集:1924年11月日本と中国の岐路》,第128—130页)

△　特任李宗仁、黄绍竑为广西全省绥靖处督办、会办。(《大本营公报》第33号,"命令")

△　任命钟华廷为定南县知事。(《任命钟华廷职务状》,《孙中山全集》第11卷,第377页)

△　段祺瑞在北京组织临时政府,宣誓就任临时执政职。冯玉祥被迫通电解除兵柄下野。

段祺瑞就临时执政后,任命执政府组成人员:外交总长唐绍仪,内务总长龚心湛,财政总长李思浩,陆军总长吴光新,海军总长林建章,司法总长章士钊,教育总长王九龄,农商总长杨庶堪,交通总长叶恭绰,参谋总长李烈钧(留任,次长刘汝贤暂代)。又任命梁鸿志为临时执政府秘书长。段祺瑞之新内阁不设总理,一切政令由执政召集国务会议议决即行。同时公布《中华民国临时政府制》六条,订明新政权之组织及权力。又令旧有各法令与临时政府制无抵触者"均仍其旧"。(《中华民国史事纪要(初稿)——一九二四年九至十二月》,第937—939页)

△　李耀汉致电孙中山、胡汉民悔过输诚,谓:"耀汉已往之事业

成陈迹,当邀宽恕。自兹以往,仍以秉承大元帅为主义,凡有利于国有益于民者,必当尽力以赴之,以竟初志。"(《李耀汉向大元帅悔过》,上海《民国日报》1924 年 12 月 4 日)

《香港华字日报》后曾刊载报道,言李耀汉输诚之事,略谓:"事缘距今两月前,段系要人徐树铮,由沪来港,住坚道李耀汉家,时孙段联络正殷,广州孙系党徒,群向李宅,趋谒小徐,因乌及屋,李氏遂为孙政府频频垂青。李久已杜门,今年合该红鸾照命,福至心灵,乘机托小徐致书孙文,要求取消通缉,发还家产。孙为敷衍小徐面子起见,作有条件的答允。其时孙正摒挡北行,遂交胡大代帅一手经理。未几胡遂派其政务厅长陈树人,与李商量,嘱其照发,于是所谓李耀汉输诚大元帅之通电,遂遍发于省港各报矣。李氏不过为得回封产起见,不妨权宜将就,故自此电拍出后,李即毅然上省,进谒胡代帅,接收还产。但闻靖海铁码头,已为孙政府去年售去,约价四万五千元,胡以政府现方罗掘一空,嘱李自行向投承人取赎,仍旧口惠而实不至。"(《李耀汉输诚孙文之近情》,《香港华字日报》1924 年 12 月 30 日)

△ 天津市民因孙中山将于日内来津,特发起筹备欢迎,各团体踊跃参加,特于本日召集第一次筹备大会,到会者有直隶省教育会、中国国民党直隶省党部、天津国民党市党部等四十一团体代表五十余,讨论筹备欢迎办法,议决由各团体各派代表二人赴码头或车站欢迎,并请孙中山演说。(《津人筹备欢迎中山》,《中华新报》1924 年 12 月 2 日)

△ 《香港华字日报》载文称,孙中山北上后,湘、滇军争韶关防地,形势险恶,略谓:"滇军欲争韶关防地,谭延闿以北伐军总司令名义,调赵成樑部全师离韶,开拔东江。谭氏自云系根据孙文命令,及以滇军肃清东江之计画,各情已见前报。但赵氏知谭欲争韶关防地,不特不拔队离韶,所有留省部队,且全数调返韶关,以防谭部有所动作,且有谭氏既奉命北伐,自不得滞留韶关,以隐然有驱逐湘军离韶之表示,其形势甚险恶。闻当孙文去时,曾以广东省地盘,完全许与

滇军,滇军始答应维持地方,不向西江去,今滇军欲行其大云南主义,自然要调离湘军,使不得留粤。又诚恐湘军反戈,广州后方摇动,故杨希闵昨调干部学生,分驻于西村,廖行超大队集中江村高塘,巩固北路,外间传为对许崇智之动作,实亦兼拒湘军再返省城也。据滇军总部某军官传出消息,谓先泡裂湘军,次及于许崇智,许部兵力有限,又为屡败之将,滇军自当瞧他不起,但亦必扑灭之等语。许崇智尝骂孙文召来十三省客军,胜则亡省,败则亡党,今观此形势,无怪乎许氏逢人便骂中山失策矣。"（《孙文去后之湘滇军形势险恶》,《香港华字日报》1924 年 11 月 24 日）

11 月 25 日　出席日本各埠国民党人联合举行的欢迎会,并发表演说。

中国国民党东京、神户、大阪支部原计划与中华总商会在神户中华会馆联合举行欢迎宴会,为孙中山一行洗尘接风,因部分华侨对镇压广州商团不满,联合未成,故改由三地区国民党支部单独开欢迎会,地点在神户东方旅馆。是晚出席欢迎酒宴的有东京、大阪、神户等地国民党员六十多人。孙中山在席间向欢迎者演说一小时。略谓:中国革命党奋斗多年,革命尚未成功,就是因为有军阀及其背后之帝国主义捣乱。曹锟、吴佩孚这次倒台后,给我们以极好的宣传机会。"此时各方人民,都是希望中国赶快和平统一。说到和平统一,是我在数年前发起的主张;不过那些军阀都不赞成,所以总是不能实行这种主张……要以后真是和平统一,还是要军阀绝种;要军阀绝种,便要打破串通军阀来作恶的帝国主义;要打破帝国主义,必须废除中外一切不平等的条约。我这次到北京去的任务,就是要废除中外不平等的条约。"他以事实说明吴佩孚作恶,广州商团叛乱,皆由帝国主义唆使支持之后,又谓:我入京后"首先要提出来的就是两件事:一件是改良国民生计;一件时〔是〕改良中外不平等条约……要把这两件事做成功,还是要开国民会议。要能够开〔国〕民会议,还是要大家先出来提倡……国民会议开得成,中国便可以和平统一,大家便可以得太平幸福;国民会议开不成,中国便还要大乱不已,大家便还要受兵灾的祸害……今晚各同志来欢迎我,我便希望各同志在散会之后,对于国民会议要努力去奋斗”!(《孙中山先生由上海过日本之言论》,第35—64页)

　　△　在神户东方旅馆,接待来访者,并对东亚被压迫民族代表谓:“东亚民族处此帝国主义压迫之下,必须团结一致。”(《哀思录》初编,“由粤往津记事”,第4页)

　　△　在旅馆接见神户商业会议所副会长西川庄三,应其要求,答允28日作《大亚细亚问题》演讲。27日,《大阪朝日新闻》《大阪每日新闻》《神户新闻》《神户又新日报》等在报端刊出预告:“中国国民党总理孙文氏演讲会”,题为“大亚细亚问题”,时间是“二十八日午后二时”,地点在“县立神户高等女学校讲堂”,免费入场。并称孙中山为“中国革命的先觉,东亚联盟的提倡者,日中亲善的楔子”。([日]陈德仁、安井三吉:《孫文と神戸:辛亥革命から90年(補訂版)》,第247—249页)

　　△　接见日本各界来访人士,自朝至暮,络绎不绝。先后有头山满、望月小太郎、萱野长知、古岛一雄、高见之道等人,先后与彼等分别讲话,大意谓处现世各种民族竞争之际,中、日两国国民非亲善不可,想要中、日亲善,日本国民应先帮助中国废除不平等条约。孙中山反复申明此旨,并一面索阅日本各地报纸,以观彼邦舆论的意向。(《中华民国史事纪要(初稿)——一九二四年九至十二月》,第948页;《宫崎滔天书信与年谱》,第278—279页)

　　△　路透社是日神户电称:“孙中山语报界代表,谓近今中国内战,多由于外国妄施势力,例如不公允之条约,使外人得在华施行不正当之行动,利用军阀之一部分为其傀儡,此种条约之取消,端赖日本之态度。”并谓:“孙将留居神户数日,遍访日本政治家,然后赴津。”(《孙中山将访日本政治家》,《时报》1924年11月26日)

　　△　令粤军总司令许崇智,严饬水陆各军分道保护运米商船,“以维商运而利民生”。事因米糠行养和堂呈称:该行宝和、五丰等号

由港购运糠米六千余担，分载彭满利、英顺隆两舫由雁山轮船拖运来省，驶至虎门附近，突被匪轮拦途截劫。"查粤省米食，向赖外洋接济……设非实力保护，货物运输危险殊甚。商人血本所关，必至裹足不前，民食前途，更将何赖。"（《大本营公报》第 33 号，"训令"）

△　报载国民党江苏省党部致孙中山之意见书，谓："此次中山到沪，中国国民党江苏省党部，对于国是前途，曾提出一极长之意见书，内容大致分治标、治本两部。属于治标者：一、惩罪魁；二、惩贿选议员；三、惩附逆；四、迁都；五、废督裁兵；六、废海军；七、解散国会；其属于治本者，为打倒军阀，打倒帝国主义，根据该党第一次全国大会宣言所列举之政纲，一一施行。末以苏省党部党务报告，并述该党部目前恳求指示南针，俾图发展。"（《各方面对时局之表示》，《时报》1924 年 11 月 25 日）

△　报载："江西自治会日前公推叶纫芳、刘天择、帅功立代表，谒见中山面递一书，请愿坚持肃清直系余孽主张。兹悉中山于接书后对于该会意见，深为嘉纳，已嘱中国国民党上海执行部秘书处，代复一函，大意谓军阀不除，民治终梗，贵会盱衡时局，殷殷以肃清直系余孽相勖，力所能及，自当采纳施行，尚希贵会联合地方同志，一致奋斗，自治终有实现之一日。"（《各方面对时局之表示》，《时报》1924 年 11 月 25 日）

△　报载文监帅路商界联合会提议召集会议，赞成孙中山国民会议之主张，其提议书略谓："民国成立，十有三载，兵戈扰攘，迄无宁日，军阀争权，官僚窃国，议员贿选，政客横行，种种罪恶，罄竹难书，今幸段祺瑞先生就任执政，孙中山先生宣言国民会议，解决国时，实大有清明气象，吾等虽属商人，亦系国民一份子，理应秉主人翁之地位，召集会议，共同讨论，一致赞成孙□□主张，用□建议于贵□联合会，迅予召集全体□事大会，开会讨论以□团结，而重国政。"（《国民会议》，《中华新报》1924 年 11 月 26 日）

△　在赣之建国湘滇军因方本仁之变意而自吉水退守苍岭。

本月 6 日,北军粤赣边防督办方本仁,以曹、吴分别遭禁被逐,直系失势,而改向建国北伐联军输诚,遂由联军总司令谭延闿委任方本仁为赣南督办,合力攻蔡成勋军。建国军于 21 日占吉安。至本日,方本仁得悉北京黄郛摄政内阁已卸任,由段祺瑞临时执政,乃又勾结湖南赵恒惕、广东东江陈炯明,竟食前约,致建国湘、滇军受挫于吉水,朱培德、宋鹤庚、鲁涤平等退守苍岭待援。(《中华民国史事纪要(初稿)——一九二四年九至十二月》,第 958 页)

△　谭延闿在韶关召集军事会议,限北伐军五日内集中湘、赣边候命。(陈锡祺主编:《孙中山年谱长编》下册,第 2076 页)

11 月 25 日至 26 日　在神户与日本《中外商业新报》特派记者高木谈反对帝国主义、国民会议及中日友好等问题[①]。孙中山说:"不驱除列强对中国的压迫,中国的军阀将永不可能根绝。因此我们今天应奉为口号的是:对外打破帝国主义,对内打破军阀,这是我们的主张。专用废督裁兵这样的简单言语,不能充分表明我们的意见……为达到这种目的,当今收拾时局的方策,我们主张召开以国民——即以全国的确确实实的各部门职业团体为基础的国民会议,以该会为中心执行政权……并由之产生政府,定出根本大法,则全国一切均将归于统一。"而在此之前,出于维持现状的需要,广东政府"理应在事实上继续存在下去"。在谈到中日友好时,孙中山指出:"我认为两国全体国民应当为了东洋民族,广而言之,应为全世界被压迫之民族,携起手来争取国际的平等。离开这个目的而谈论两国的友好乃是错误的。因此我深信,日本国民如不改变视日本为列强之一的观念,将无法产生对于真正的中日友好的思想。"他表示:"在我中华民国实现国际平等之前,我将不遗余力,以一亚洲国家的一个国民代表的身份奋斗不止,即有决心在国

①　谈话登载在本月 27 日《中外商业新报》上,据彭泽周《中山先生的北上与大亚洲主义》一文的考证,定为 25—26 日。

家独立之前不同政权接近。"(《与高木的谈话》,《孙中山全集》第 11 卷,第 390—393 页;《孫文氏語る 東洋民族の為日支の握手》,《中外商業新報》1924 年 11 月 27 日)

11 月 26 日 与头山满晤谈,表明对"满蒙问题"的态度。

昨日头山满来访,两人会见之后,是夜头山满即住在东方旅馆。次日上午两人再次会见,在没有翻译的情况下,借助表情和手势略为交谈。随后,井上雅二(众议员)、森恪(立宪政友会干事长)等来访。午饭后通过戴季陶翻译,与头山满就"满蒙问题"交换了最后的意见。头山满问孙中山:"您所说的废除旧条约,是否可以解释为收回日本在满蒙的既得利益? 具体说来是包括收回旅顺、大连的意思呢?"孙中山表示只希望日本在列国中带头帮助中国,使其实现关税独立和废除治外法权之要求,而没有考虑收回日本在"满蒙"的既得利益。他对头山满说:"我所说的是废除一般的旧条约,没有考虑收回旅顺、大连。香港、澳门也是这样……旅顺、大连问题,如果在现有的基础上再扩大其势力的话,就会出问题;但像现在这样维持原有势力的话,还不致于发生问题。"(《領事裁判の撤廃と税関の独立を希望孫文氏から頭山翁へ懇談》,《大阪朝日新聞》1924 年 11 月 27 日;《旅順大連の回収 そこ迄は考へてゐない》,《東京朝日新聞》1924 年 11 月 27 日)

△ 《东京日日新闻》社说谓:"孙氏来朝,切望自重,共同以孔夫子之教'中庸'二字为经国之策。"反对其反帝反军阀革命方策。([日]藤井昇三:《孫文の研究:とくに民族主義理論の発展を中心として》,第 210 页)

△ 令准邹鲁提出的呈请通令军政各机关一律维持筵席捐附加教育经费,不得发用免捐字据。(中国国民党中央委员会党史委员会编:《邹鲁先生文集》,第 525 页)同日,令建国军滇军总司令杨希闵等军政长官,即通令军政各机关一律维持筵席捐附加教育经费,不得发用免捐字据。(《大本营公报》第 33 号,"训令";易汉文:《孙中山与中山大学》,第 59—60 页)

邹鲁于本月 20 日再次提出呈文,请孙中山大元帅维持省河筵席

捐。呈文指出,在征收筵席捐过程中,有个别商店称筵席为军人定
购,不肯纳捐,并出示各机关免捐字据以抵抗征收,并称:"鲁为维持
学款起见,合无仰恳大元帅俯准通令军政各机关嗣后如有宴会,须一
律附加教育经费,不得给用免捐字据,致各商店藉以瞒吞,并令行广
东省长布告各酒楼菜馆等遵照,对于此项捐款务饬负责抽收,所有各
界免捐字据概作无效,否则作包庇抗论,从严处罚,以维教育而杜取
巧。"(《邹鲁先生文集》,第 524—525 页)

　　△　令中央第七军长刘玉山,将擅自率众谋劫友军官长之第七
军第三师师长陈天太革职严惩。(《大本营公报》第 33 号,"命令")

　　△　报称段祺瑞派许世英赴津欢迎孙中山,谓:"兹某方面昨(廿
六)又接到报告,则谓孙于后日(廿九)可以抵津,并于抵津后,即直接
换乘专车,来京与段祺瑞各巨头会商一切要政。段祺瑞接得该项报
告后,当派许世英为代表往津,一面招待孙之夫人及汪精卫、李烈钧
等,一而筹备欢迎孙文抵津之各项事务。许氏奉到段谕后,于昨日
(廿六)下午三时即行赴津。"(《孙中山有二十九日抵津说》,《顺天时报》
1924 年 11 月 27 日)

　　△　上海各界二十七公团成立国民会议促成会筹备委员会。全
国学生联合会通电全国,号召学界赞成孙中山提出的国民会议主张。
唐继尧召集所部在滇誓师北伐,演说重申联省自治主张。(陈锡祺主
编:《孙中山年谱长编》下册,第 2078 页)

　　11 月 27 日　日本旧友松方幸次郎、三上丰夷访问孙中山。兵
库县知事平冢广义开欢迎会接待孙中山一行。([日]陈德仁、安井三吉:
《孙文と神戸:辛亥革命から90 年(補訂版)》,第 254—255 页)

　　△　殷汝耕连日与孙中山等在神户会谈,于本日到东京访问日
外务省亚细亚局长出渊胜次,向他通报与孙中山等会谈情况,略谓:
(一)孙想与段祺瑞、张作霖合作;(二)冯玉祥辞职系为清除吴佩孚之
反感;(三)唐绍仪去京想当总理;(四)孙对英、美有反感;(五)孙的确
想废除不平等条约;(六)李烈钧想当陆军总长;(七)孙之来日是为交

通方便,能早日赴津;(八)孙对在神户受欢迎深表满意。(《孙逸仙来邦二関スル件》,JACAR(亚洲历史资料中心)B03050764600)

△　《大阪每日新闻》自本日起一连四天刊载戴季陶讲《孙中山及其事业》。(戴天仇氏谈《孙文氏と其事業》,《大阪每日新聞》1924 年 11 月 27 日-30 日)泽村幸夫说是他恳请戴季陶于百忙中谈孙中山及其事业并将其速记下来的,费两天时间作成四回连续的新闻原稿。(沢村幸夫《孙文送迎私記》,《支那》1937 年 8 月,转引自[日]陈德仁、安井三吉编:《孙文·講演〈大アジア主義〉资料集:1924 年 11 月日本と中国の岐路》,第 243 页)

△　接受朝鲜《东亚日报》记者尹洪烈来访。谓:"我此次北上是要彻底说明十三年前大声提倡的中国革命的精神,平行推进三民主义,即由民族主义而致国际的平等、由民权主义而致法制的平等、由民生主义而致经济的平等,为了实现我的理想,不管多大牺牲也在所不辞。回到北京后,待收拾时局告一段落后,将游说欧美各国,驳斥国际的不平等之非。"又谓民族主义和民生主义绝非冲突抵触,"如果没有政治、法律的自由平等,又如何才能实现经济上的平等呢"? 对于他所提倡的"大亚洲主义",记者问其与朝鲜目前的状况不相抵触吗? 孙中山回答说:"当然不能两立。但是,日本想回避彻底的讨论朝鲜问题。"(朝鲜《东亚日报》1924 年 11 月 30 日,转引自[日]陈德仁、安井三吉编:《孙文·講演〈大アジア主義〉资料集:1924 年 11 月日本と中国の岐路》,第 102 页)

△　特任赵杰为大本营高等顾问。(《大本营公报》第 33 号,"命令")任命王裳为财政委员会委员。(《派王棠为财委会委员状》,《国父全集》第 4 册,第 1335 页)

△　令北伐讨贼军第三军第一旅余辉照部改编为赣军独立旅,并限于二日内将改编完毕情形具报。(《大本营公报》第 33 号,"训令")

△　宋子文以广东印花税分处处长的身份,向孙中山呈送当年 11 月 1 日至 15 日半个月收支各款数目清册暨 17 日至 22 日每日收支各款清册,请察核备案。12 月 1 日,孙中山颁令准予备案。(《大本营公报》第 34 号,"指令")

△ 是日下午 2 时,有学生联合会、文化大学、蒙藏学院、旅京江西同志会、国民对英外交会、湖北教育改进社、黄陂乡村改良促进会、人民会、共进社、争自由运动同盟、社会主义青年团、政治生活、向导会、今日学会、非宗教大同盟、马克思学说研究会、知行社、西北向导会、新民国杂志社等五十余团体,在北大第三院开筹备会,到七十余代表,议决进行方法十条,并组织一执行机关,定名为"北京各团体欢迎孙中山先生筹备会"。另决议组织一维持队,讲演队由学生联合会担负,又议决由到会各团体分途向各方面广为宣传,务使能组织一广大的群众以欢迎此三十年来革命不衰之首领。(《北京各团体筹备欢迎孙中山》,《京报》1924 年 11 月 28 日)

北京学生联合会本日在北大第三院开各校代表会议,到会者约三十余人,讨论对于孙中山到京应具何种态度,结果主张欢迎者为多数,其欢迎理由为:"本会前次反对中山先生北上,系反对其参加元老会议,使国民革命的实力有堕落之虞,后见中山先生北上之宣言,其所主张如召集国民会议、取消一切不平等条约等,到沪时与新闻记者谈话又表示收回租借地(即租界)、取消治外法权,表示不参预元老会议,说明北上的任务是要贯彻其革命主张,因此之故,本会自当欢迎。"并议定各项欢迎措施:(一)发表二次宣言(响应中山先生北上宣言);(二)孙先生到京时各校全体学生出发欢迎;(三)发起"市民欢迎中山先生筹备会";(四)组织演讲团宣传中山先生的革命主义并发散传单。(《北京学生联合会开会纪事》,《京报》1924 年 11 月 28 日)

△ 冯玉祥因皖奉勾结相逼,于 24 日向段祺瑞送交"辞呈"。是日段下令"慰留"冯玉祥。(陈锡祺主编:《孙中山年谱长编》下册,第 2079 页)

11 月 28 日 偕夫人赴神户高等女学校作关于"大亚洲主义"问题的演讲。

是日下午 1 时,偕夫人从东方旅馆出发,前往神户高等女学校,出席由神户商业会议所、神户新闻社、神户又新日报社等五团体举办的演说会。约十五分钟抵校,受到女校校长篠原辰次郎的欢迎。稍事休息后便来到大讲堂,向约一千名女学生作了简短的讲话,曰:"相隔数年再来贵邦,看到各方面的进步,尤其是女子教育非常发达,值得庆贺。贵国的昌盛起因于距今六十年前的维新改革。中国今日的革命即相当于日本的明治维新。东洋的和平将根据这个维新的完成和两国的合作而确保。即中国革命的成功是中日两国应当共同祝福之事,故望日本同情我中国之革命。"

接着宋庆龄用流畅的英语进一步阐述了作为现代妇女应有的觉悟,由该校教师塚本藤子翻译。她说:"妇女地位是一个民族发展的尺度。当今世界上,只有意识到这点的民族,才能成其为伟大的民族。"并恳切呼吁:"东方和西方的妇女,为改造世界而联合起来! 联合起来要求普遍裁军,废除歧视政策,废除不平等条约……我希望中国和日本的妇女,争取实现那个人类不为动物本能所支配,而由理性所指导的日子。"(*A Nation Rises No Higher Tham The Status of Its Women*——*Mrs. Sum Yat-sen's Inspiring Address to the Girl Students of Kobe*, *The Osaka Mainichi*, December 4, 1924;尚明轩等编《宋庆龄年谱》,第 44—45 页)

宋庆龄讲话结束后,已经是二点过五分左右,因为原先预定 2 时正式演讲开始,这时大门口已经聚集了三千多前来听讲者,他们连声喊着:"开门! 开门!"拥挤的情况越来越严重,甚至把结实的铁栅栏都挤断了。时至二点半,大门才打开,人群像决了堤似的涌进会场,挤得天花板似乎都要掉下来了。见此情形,孙中山表示再作一次讲演,遂以雨天体操场作为第二会场,以容纳不能入场的市民。孙中山首先在第二会场与听讲者见面,神户商业会议所会长泷川仪作代表主办方致词:"欧洲大战已经结束,根据凡尔赛条约,世界现已走向和平。而东亚的和平将根据(日本与)中华民国缔结完全对等的同盟加以解决。中日两国在感情上一天比一天亲善。中国的内乱今后也将根据超越人类的孙阁下以及与孙阁下意见相同的各位人士的英明决断，予以解决。东洋的和平即世界上人类和平的确立，时机已经到来，解决的钥匙在孙阁下手中。我代表日本国民向孙阁下致以最崇高的敬意!"接着，孙中山作简短的讲话："今天受到大家热心的欢迎，感慨无限。今天因为听众诸君人数非常多，不得进入会场，不得已在此设立了第二会场，遗憾没有机会说更多的内容，在第一会场演说的内容明天将会刊载在报纸上，还请各位谅解。"

　　孙中山随后回到讲堂，三点多演说正式开始。在泷川会长陪同下，孙中山登上了讲台，立刻响起了雷鸣般的掌声，听众连呼"万岁"，宛如欢迎凯旋的将军。受到人们如此欢迎，孙中山眼中闪动着感激的泪花。待会场渐渐安静下来，泷川会长首先致词："今日世界的大伟人，我们平素敬佩不已的孙阁下来神〔户〕，我们大家都很高兴有此机会得以亲耳聆听他的高见，首先允许我对阁下致以深切的谢意。"终于，身着黑绸马褂的孙中山在热烈的掌声中登台演说，由戴季陶作翻译。

　　首谓："我们亚洲就是最古文化的发祥地……到近几百年以来，我们亚洲各民族才渐渐萎靡，亚洲各国家才渐渐衰落"，受欧洲各国之压制。日本明治维新后，废除不平等条约，成为亚洲头一个独立国家，随后日本又战胜了沙俄帝国，震动了亚洲。这两件事对亚洲各国民族影响甚大。"要脱离欧洲人的束缚，不做欧洲的殖民地，要做亚洲的主人翁，这种思想是近三十年以来的思想。"在这思想支配下，亚洲各国先后发生独立的运动和事实。"在亚洲东部最大的民族，是中国与日本。中国同日本就是这种运动的原动力。"可惜，中国、日本两国尚未有大联络。

　　次谓：世界文化有两种，"欧洲的文化，是霸道的文化……亚洲的文化，就是王道的文化……我们现在处于这个新世界，要造成我们的大亚洲主义，应该用甚么做基础呢？就应该用我们固有的文化做基础，要讲道德，说仁义。仁义道德，就是我们大亚洲主义的好基础。

我们有了这种好基础，另外还要学欧洲的科学，振兴工业，改良武器。不过我们振兴工业，改良武器，来学欧洲，并不是学欧洲来消灭别的国家，压迫别的民族。我们是学来自卫的”。

末谓：“俄国最近的新文化，极合我们东方的旧文化，所以他便要来和东方携手，要和西方分家……我们讲大亚洲主义，研究到结果究竟要解决甚么问题呢？就是为亚洲受痛苦的民族要怎么样才可以抵抗欧洲强盛民族的问题。简而言之，就是要为被压迫的民族来打不平的问题。你们日本民族既得到了欧洲的霸道文化，又有亚洲王道文化的本质，从今以后对于世界文化的前途，究竟是做西方霸道的鹰犬，或是做东方王道的干城，就在你们日本国民去详审慎择！”①

①　关于演讲最后一段中提出的日本“究竟是做西方霸道的鹰犬，或是做东方王道的干城，就在你们日本国民去详审慎择”，是演讲原稿固有的，还是演讲后经过增补再发表于上海《民国日报》（1924 年 12 月 8 日）的，众说不一。如藤井昇三认为后来增补的可能性很小，其理由是：第一，如果没有这最后一节，就相当于缺了结论，作为长时间的演讲，难免有不相称之感；第二，从 11 月 28 日演讲到 12 月 8 日上海《民国日报》登出，在这极短时间里，如此重要意味的一节被添加到结论部分，而且未作任何说明，不能说完全没有可能，但是可能性很小。他认为当时日本的报纸之所以没有刊载这段话，存在着各种可能，其中以下述两种可能性最大：一，报纸未予刊载；二，戴季陶当时未将词句译出。（［日］藤井昇三：《孙文の「アジア主義」》，辛亥革命研究会编：《中国近现代史論集》，汲古書院 1985 年）安井三吉通过比较记载了孙中山“大亚洲主义”演讲内容的五种文本，（分别是：A.《神户又新日報》1924 年 11 月 29 日—12 月 1 日）所载，题为“大亜細亜主義孫文氏講演”；B.《大阪每日新聞》1924 年 12 月 3 日—6 日所载，题为“大アジア主義　神戸高女にて　戴天仇氏通訳”；C. 上海《民国日报》1924 年 12 月 8 日所载，题为“孙先生‘大亚细亚主义’演说辞”；D.《改造》1925 年 1 月号所载，题为“大亜細亜主義の意義と日支親善の唯一策”；E. 黄昌谷编《孙中山先生由上海过日本之言论》，广州民智书局 1925 年 3 月初版，1927 年 1 月第六版，题为“大亚洲主义”）则认为后来增补的可能性很大。（［日］安井三吉：《孙文「大亜洲主義」のテキストについて》，《近代》第 64 期，1988 年 6 月）伊原泽周认为最有可能是，记者当时虽然记下了这段话，但是顾虑日本政府的新闻检查及国民的反感而删除了。（［日］伊原泽周：《从“笔谈外交”到“以史为鉴”》，中华书局 2003 年，第 323 页）此外，关于以“大亚洲主义”为题，在孙中山是主动还是被动；演讲的目的究竟何在；演讲的效果如何；时人及后人的评价，也颇多争议。参看［日］藤井昇三：《孙文の研究：とくに民族主義理論の発展を中心として》，東京：勁草書房 1983 年；［日］安井三吉：《講演「大亜洲主義」について：孫文と神戸，1924 年》，《近代》第 61 期，1985 年 3 月；［日］陈德仁、安井三吉编：《孫文・講演〈大アジア主義〉資料集：1924 年 11 月日本と中国の岐路》，京都：法律文化社 1989 年；桑兵：《排日移民法案与孙中山的大亚洲主义演讲》，《中山大学学报》2006 年第 6 期。

（《孙中山先生由上海过日本之言论》,第 1 — 22 页;《孙先生的"亚洲民族联合"演说》,上海《民国日报》1924 年 12 月 5 日）①

孙中山大约用了一个半小时才结束了这次演说。演说过程中共有十九处鼓掌,到西川庄三致闭幕词的时候,场内仍回荡着暴风雨般的掌声和"万岁"声。过了四点半,演讲会散了。（《熱狂杨聴衆を前口大亜細亜問題講演》,《神户新聞》1924 年 11 月 29 日;《亜細亜主義を高調二十八日神户に於けア孫文氏の講演》,《大阪朝日新聞》1924 年 11 月 29 日）

孙中山讲演《大亚洲主义》后,一直关心日本方面的反应。据萱野长知回忆,他代表犬养毅、头山满去北京看望病重中的孙中山,当时孙中山刚做完最后一次手术,刚走到病床前,孙中山突然向萱野问了第一个问题:"我的演说精神（大亚洲主义）在日本反响如何?"萱野回答说:"（演说）在《改造》上登载,在日本全国各地均已发生极大反响。"听闻此言,孙中山高兴地说:"我的理想由日本而实现。"（萱野长知:《孫文の憶出》,《改造》1938 年 1 月）②

至于这一演讲及其相关思想对当时亚洲处于日本殖民统治下的人们影响如何,反应怎样,从台湾知识人办的《台湾民报》的相关报道和文章,可以窥见一斑。《台湾民报》以《孙先生的'亚洲民族联合'演说》为题,刊载了演讲的内容,并多方转载报道孙中山的行踪,呼应孙中山的主张,希望中日两国提携团结,成一大团体之黄色人种。而结交须以诚意为本,台湾本属中国领土,台湾驻民系属汉族,与中国民族素有血缘之亲,欲图亲善中国,当优遇台民,以示亲爱之心,而敦友谊之好。"不然,则中国之民族,视我台民之境遇,必痛心疾首,深恨

---

① 关于演讲的内容,除了上注中安井三吉所提的五种版本之外,《大阪朝日新聞》1924 年 11 月 29 日以「『大亜細亜問題』孫文氏講演」为题予以揭载。

② 此处所引萱野长知对于孙中山的回忆因发表于 1938 年日本侵华战争时期,或有迎合战争的舆论宣传需要而夸大其词,至于孙中山的"大亚洲主义"演讲在当时的日本究竟有何影响,据藤井昇三的研究,作为孙中山主张撤废不平等条约第一阶段的最希望实现的收回关税自主权和废止领事裁判权,日本对此没有全面支持的言论,仅见《东京朝日新聞》社论指出应该重视在孙中山主张背后中国民众的支持。（［日］藤井昇三:《孫文の研究:とくに民族主義理論の発展を中心として》,第 271 页）

邻邦之残酷,衷心日益疏远,终无亲近之一日,且含有仇视报雪之心,何有亲善之可言哉。"(桑兵:《排日移民法案与孙中山的大亚洲主义演讲》,《中山大学学报》2006 年第 6 期)

　　△　出席神户各团体欢迎晚宴并演讲,希望中日两国国民携手协力,日本援助中国废除不平等条约。

　　是日晚,神户商业会议所、日华实业协会等团体以及中国驻神户领事馆,旅居阪神华侨团体等,在东方旅馆设宴招待孙中山一行。孙中山即席发表演说,谓:"照中国同日本的关系说,无论讲到那一方面,两国国民都是应该要携手,协力进行。"中国革命久未成功,原因在列强加给中国的不平等条约。这次欧战德国战败后,"废除了那种条约……近来俄国也废除了那种条约。俄国之所以要废除的原故,是因为俄国革命之后很主张公道,知道那种条约太不平等,对于中国太不讲道理……若是日本真有意来和中国亲善,便要先帮助中国废除不平等的条约,争回主人的地位"。(《孙中山先生由上海过日本之言论》,第 23—33 页)出席宴会者,除了孙中山、李烈钧、戴季陶等一行十三人,日方有平塚知事、八木警察、平田产业部长泷川商业会议所会长胜田银次、今井嘉幸、西川庄三等一百五十余人,中国方面有柯鸿烈领事、华侨代表郑祝三、杨寿彭等。宾主欢叙过 9 时始散。(陆晓燕译:《孙中山在神户》,《近代史资料》总 68 号,第 202—203 页)

　　△　与大阪《英字新闻》①记者谈话,强调列强应停止捣乱和归还中国的主权。

　　略谓:"在华的英国人老在中国制造麻烦……被压迫的中国人在仔细考虑对英国的全面抵制……美国和其他国家,日本也不例外,都效法英国人立下的恶例。如果日本特别要和她的邻国达成真正的友善关系的话,她就应当像俄国和德国已经做到的那样,归还所有从中

――――――――

　　①　《孙中山年谱长编》下册第 2082 页注称:"大阪《英字新闻》,有的译作英文《告知报》,也即是英文《日本年鉴》。"《孙中山全集》第 11 卷第 414 页注"《英字新闻》(*The Englishi Mainich*)为大阪《每日新闻》的英文版"。该刊应该是 *The Osaka Mainichi*。

国拿去的东西。"(《与大阪〈英字新闻〉记者的谈话》,《孙中山全集》第 11 卷,
第 414—416 页)

　　△　午后 6 时,朝鲜人协会东京本部金东赫、徐基俊和大阪本部
李善洪、朴兴奎等四人来访,请求会见,得到可翌日来访的答复。次日
上午 9 时半左右,该四人再来,但孙中山只接见了金、徐两人,约十分
钟后辞去。(《支那名士孙文访问ノ鲜人ノ件》,〔日〕陈德仁、安井三吉编:《孙文·
讲演〈大アジア主义〉资料集:1924 年 11 月日本と中国の岐路》,第 210 页)

　　△　冯玉祥嘱马伯援即赴津欢迎孙中山。

　　马伯援从上海北返,本月 26 日抵天津,翌日到北京。本日下午
赴西山慈云寺访冯玉祥,密议欢迎孙中山入京事,与议者尚有黄郛、
张之江。首由马伯援报告在沪与孙中山的谈话及孙对内政外交之主
张,以及绕道日本的目的。冯闻之甚悦,即嘱马伯援赶赴天津,预备欢
迎孙中山。并告知孙中山来北京为上策,但万不可来西山,以免惹人
注目。冯又言:"外面我虽辞职,军事方面,我仍然负责进行,请语先生
放心。"(罗家伦主编、黄季陆增订:《国父年谱(增订本)》下册,第 1164—1165 页)

　　△　报称:"天津各团体以孙中山不日来津,连日开筹备会,拟议
大舞台为欢迎会场,并发出入场券甚多。"(《京报》1924 年 11 月 28 日,
"简要消息")

　　△　报称,是日下午 3 时,北京各团体在北京大中公学开欢迎孙
中山大会筹备会,到会者计有七八十个团体,议决欢迎方法:(一)发
表宣传;(二)散发传单;(三)整队到站欢迎;(四)提灯;(五)在天安门
开国民欢迎大会;(六)各团体联名电津欢迎。临时办公处设于北京
大中公学。又有消息称:文官考试同人联合会,议决联合留学生、司
法官各考试同人开会欢迎孙中山;武昌中华大学旅京校友数百人筹
备加入欢迎孙中山大会;北京新闻界张汉举、陈冕亚、叶我心等发起
欢迎孙中山大会,已开筹备会。(《孙中山只拟留北京数日说》,《京报》1924
年 11 月 29 日)

　　△　报载于右任本日谈话,申述孙中山的态度,"谓中山此来,系

以西南之首领资格与北方当局会商建国方略。稍有头绪，即将出京，对于政权绝无何种希冀。且中山本人因与西北人民离别已久，今亦欲藉此机会，一为慰问"。（《孙中山今日可抵天津》,《顺天时报》1924 年 11 月 29 日）

△　是日上海电称："上海各团体代表组织临时执行委员会，今日开第一次会议，讨论促成国民会议群众运动。各白话报皆载录举行国民会议之决议案。国家实业助进会及农业联合会，业决议援助孙中山，并宣言中国今日唯一之问题，即废止不平等条约。"（《上海方面援助中山运动》,《京报》1924 年 11 月 30 日）

△　追赠沈寅宾陆军少将并照上校给恤。

中央直辖赣军司令部上校副官长沈寅宾，奉命东征，在新丰阵亡，本日令着追赠陆军少将衔，仍照上校阵亡例给恤。（《大本营公报》第 33 号,"训令"）

△　段祺瑞成立临时执政府，面临他国承认问题。段之入京及其就职，各国驻华使节均未表示，后因日本公使芳泽谦吉斡旋，段复有意"外崇国信"，尊重条约，各使乃于本日分班入贺。段祺瑞暗地答应若干勒索，始得此"非正式之承认"。如：日本以双桥无线电信独占权之确认为承认之第一条件，美国以菲礼拉留无线电信公司契约为承认之交换条件，英国则提出要求中国不反对其在新加坡筑造海军基地为承认之交换条件。日本力谋单独操纵段政府。（王芸生编著：《六十年来中国与日本》第 8 卷，第 83 页；《中华民国史事纪要（初稿）——一九二四年九至十二月》，第 987—988 页）

△　《北京日报》刊载沪讯，称孙中山不许杨庶堪就职段执政内阁，略谓："此次段氏组织执政内阁，民党被罗致者只杨庶堪一人。杨虽非反共产派之铮铮者，然以迭受胡汉民、蒋介石、廖仲恺等之排挤，被逼去粤。故对于粤省之共产政府自无好感，因此介执政命令发表后，中山左右之共产派群为反对。闻中山自神户来电二通，一不许杨沧白就现政府官吏，否则开除党籍；二凡党员入京者，须得本地党部

盖章立誓,不得任现政府官吏及为政治上活动,否则除名。此消息传播后,民党有力者多人均表示反对。"(《孙中山有不许杨庶堪就职说》,《北京日报》1924 年 12 月 6 日)

　　△ 《香港华字日报》刊载报道,意在澄清唐继尧方面对孙中山的真实态度,谓:"记者特为此事①访晤驻汕滇唐代表,叩以真相,始知内容大谬不然。据唐氏代表云,冀公平素知中山大言欺人,故不甚信仰,前年柳州追击之役,益知中山狠暴,不可共事,交道遂绝……此次广州事变,中山以谈民生主义之人,而偏干民死主义之事,冀公尤为痛心疾首,谓中山将国民党招牌,污蔑净尽。日前中山以副元帅及联军总司令等名义溷冀公,冀公拒绝不受,中山犹复委伍朝枢亲行赴滇作说客,后唐公示意部下电拒,伍始不□来,故外间疑孙唐携手,殊属臆测。至建国军之号,云南动议于先,中山闻滇军改号,乃又取巧称建国某军某军,以为孙唐一致之证,此似近于假冒招牌影射商标,一以欺粤民,一以驱东江粤军。□现在冀公真意,对粤则主张中山不可再登政治舞台,非去不可,对国则专望段芝泉早日组织联省政府,使国内势力,平流共进,以渐入轨,如段办不到,仍保留滇省实力,以俟时机。至于熊克武、□焘、石青阳辈,现仅存残破,屯兵滇蜀边境,冀公以熊氏素主张联治,其推挽中山,不过表面上事故,为亲邻睦友,周急恤患计,不得不竭尽东道之谊,每月助以饷糈二三万元,以免其流落。惟再用兵入蜀,或资助熊氏四师,则决为冀公现时所不许。盖蜀兵新败,土地残破,疮痍未复,而杨刘等又乘新胜之机,团体固结,且无大祸恶,蜀民思得休息,岂宜妄启兵端。故京局虽复,而滇蜀间不致因此而牵动风云,则冀公所可自信者。"(《滇唐代表力辟孙唐携手之一席话》,《香港华字日报》1924 年 12 月 1 日)②

　　11 月 29 日　段祺瑞举行首次国务会议。天津各团体开会筹备

---

　　① 指孙唐携手之事。
　　② 此文末尾署"十一月廿八日",系是日之通讯。

欢迎孙中山到津事宜,一致表示赞同国民会议主张。(陈锡祺主编:《孙中山年谱长编》下册,第 2082 页)

　　△　连日来接待访客及发表演讲,甚耗体力,据秋山定辅说,当时孙中山脸色灰白,因此劝告多加保重,而孙中山亦决定休息,并订了九州别府龟井旅馆的房间,惟接到汪精卫拍来的电报催促,于是决定离日,订好了 11 月 30 日开船驶往天津的"北岭丸"。(《中华民国史事纪要(初稿)——一九二四年九月至十二月》,第 991 页)

　　△　接见神户的英文报纸《日本纪事报》(The Japan Chronicle)①记者②,谈对日本占据"满蒙地区"之态度及与张作霖、段祺瑞的关系等问题。

　　在谈话中,孙中山"很直率地说了他的意见,尤其是提到他要求恢复中国的独立。在这方面,他首先向列强的良心呼吁,其次吁请注意可能会出现的危险";他还"愿意回答一些稍微难于置答的问题,譬如他对日本的态度的突然变化,他与张作霖和段祺瑞的关系"等等。

　　孙中山承认日本有报道说他愿意让日本在满洲的领地问题暂且搁置的说法,"但他并不曾表示日本该有别于其他列强而置之于另一

　　①　《孙中山全集》第 11 卷第 424 页译作"《日本新闻》"。上海《民国日报》1924 年 12 月 10 日刊载题为"孙中山先生与英记者之谈话",内容与《日本纪事报》上登载的《孙逸仙谈中国的屈从地位》(Sun Yat-sen on China's Subjection)基本相同,《孙中山全集》第 11 卷第 420 页在收录该报道时,自拟标题为"与《告知报》记者代表的谈话"。不知道《告知报》"的出处何来,《孙中山年谱长编》进而说成是"大阪《告知报》"。《国外中国近代史研究》第 3 辑刊登藤井昇三的论文《孙中山与"满蒙"问题》(中译文),其中引用了孙中山与"《日本年鉴》"记者的谈话(第 162 页),查其引文出处为"《字林周报》第 2992 号(1924 年 12 月 13 日),第 442 页"。据译者注,藤井的论文原文出自日本《〈国际政治〉——日本的外交史诸问题》,1964 年第 1 期,同样内容出现在氏著《孙文研究》中,发现所谓"《日本年鉴》"应当就是 The Japan Chronicle,而《字林周报》实为 The North China Herald。([日]藤井昇三:《孫文の研究:とくに民族主義理論の発展を中心として》,第 250—251、268 页)

　　②　原文只说孙中山动身回中国的前夕和记者谈话(On the eve of his departure for China he had a talk with a Chronicle representative),至于该记者的姓名,安井三吉怀疑是"ブレールス・フォード",([日]陈德仁、安井三吉编:《孫文・講演〈大アジア主義〉資料集:1924 年 11 月日本と中国の岐路》,第 15 页)可译作"布雷尔斯・福特"。

范畴"，他将日本在满洲的租借地"置于和香港、澳门的同样地位，他不要求目前就收回"。"在他为恢复中国的独立而进行的活动中，眼前要办的限于两件事：废除外国人的治外法权和恢复中国的关税自主。"他说，"外国人在中国不受中国法律的管辖，是非常不公正的。依靠这种置身法外……外国冒险家在中国一直挑起麻烦"。"要是没有列强的支持，也不会在中国出现帝制活动。最近他们已选中吴佩孚为他们的'强人'并给他以支持"。"现在，每一个英国人在中国都是王。"他还说，"列强只有在解放中国方面效法俄国，才会有世界和平，舍此别无他法……并宣称中国可能与俄国和印度联合以对抗西方列强，如果当前的压迫持续下去的话"。"他确信日本人民是一致赞同他的。而对日本政府的支持，他没有把握"，但他相信日本国民会迫使政府采取行动的。关于西原借款，孙中山说："如果日本能被说动来支持中国的要求独立，这一亿五千万日元是很值得的。中国愿意作一点牺牲以恢复国家的生气。"又说他现在很愿意和张作霖共事，"也相信，除非有外国挑动和支持，张是不会再从事什么帝制活动了"。当被问到"是否曾实际上命令火烧西关时，他回答说的确是那样。他把这件事和伦敦西德尼（Sidney）街事件相比，曾有些强盗在那条街上以武力抵抗警察……据他回忆，在对付那些强盗的军事行动中，有些房屋被烧掉了。广州的商团曾在西关为他们自己设防；他们拒绝了多次向他们作出的要他们服从孙博士的政府的权威的呼吁。这就有必要烧一下以摧毁他们的抵抗。在伦敦，要对付的只是几个敌人；在广州要对付的是差不多七千人。"（*Sun Yat-sen on China's Subjection.* "*Every Englishman A King In China*"，*The Japan Chronicle*，December 2，1924，译文据《附：同题异文》，《孙中山全集》第11卷，第424—430页）

　　△　泽村幸夫代表大阪每日新闻社社长山本彦一拜访孙中山，谢其演讲并致告别之意。送给宋庆龄一副望远镜，作为访问神户的纪念。（沢村幸夫：《孙文送迎私記》，《支那》1937年8月，转引自［日］陈德仁、安井三吉编：《孫文・講演〈大アジア主義〉資料集：1924年11月日本と中国の岐路》，第245页）

△　东京国民党发表关于时局之宣言，提出废督裁兵、解散国会，召开国民会议，由国民大会组织选出合法总统，以杜武人专政之弊。

日本东京国民党本日有宣言寄沪，宣言略谓："此次政局突变，曹吴势削，适与吾人澄清政治之良机。惟欲澄清政治，必先去其障碍。而现今之障碍，第一厥为军阀与其所属之军队，盖少数军阀，如督军、督理、巡阅使等，当籍军队攫取地盘争夺权利之资……故废督裁兵，实为当今澄清政治之第一要图……第二之障碍为贿选之国会，盖自民国成立以来，每次内乱，必以国会为祸根。即以此次战争而论，苟多数议员，能代表民意，毅然拒绝曩日之贿选，则曹无由僭位，安有今日之政变乎……故解散国会，实为当今澄清政治之第二要图。至于政治善后问题，兼采众论，广征民意，共同讨论根本大计，以图解决，但卖国行为显著，声名狼藉者，应取消其参加国民会议之资格，以示儆戒。至总统问题，尤属关系重要，断不能由少数人包办，应由国民大会，组织总统选举会，选出合法总统，然军阀不得膺选，以杜武人专政之弊。"（《东京国民党之宣言》，《中华新报》1924 年 11 月 30 日）

△　上海谢持、居正、周佩箴、叶楚伧、邵力子受孙中山之托，在莫利爱路二十九号招待沪实业团体、商会、教会各重要人物，说明孙中山发起国民会议之旨趣，详述国民党对于时局的主张，谓国民会议乃解决国是的唯一方法。虞洽卿表示完全赞同孙中山的主张，且谓上海总商会早有通电，主张以职业团体代表组织国民会议。叶惠钧、周霁光、徐春荣、沈田莘等皆发言表示赞成国民会议主张。（《各方面对时局之表示》，《时报》1924 年 11 月 30 日；《国民党员招待商教界》，《中华新报》1924 年 11 月 30 日）

△　报载："张作霖拟于日内赴津，候中山到时筹议国事善后各问题，决定后即行回奉，并派张学良为驻京代表。"（《京报》1924 年 11 月 29 日，"简要消息"）

△　北京学生联合会、中俄协进会等四十余团体就欢迎孙中山

事发表启事,谓:"国民革命领袖孙中山先生不日来京,同人等对于革命领袖所发表之宣言(对外废除一切不平等条约,对内主张中央与地方分权,以县为自治基础及召集国民会议)极端赞成,故特组织北京各团体欢迎大会,预备欢迎。凡我各界各团体或个人愿意参加欢迎者,请函告北大地医院敝筹备会可也。"(《北京各团体欢迎孙中山先生筹备大会启事》,《京报》1924 年 11 月 29 日)

△ 北京各团体联合欢迎孙中山大会,本日在中央公园水榭办公处开全体大会。议决内部组织,分文书、交际、总务、会计、庶务、宣传、纠察七股,每股设主任二人(以团体为限)。次议经济问题,议决不向外募捐,所需款资,即由加入该会各团体,自由分担,并定于每日上午九时开职员会一次。并议定欢迎孙中山方法:(一)先期由汽车散放传单。(二)于中山先生到时,克日举行提灯游行。该会已备妥灯笼二万,青天白日手旗三万手。至对外则由该会代表与教育当局即各校当局接洽,请于中山到会,北京各校放假一日,以示热烈之欢迎。并议决与航空署商借飞机,散放欢迎传单。(《欢迎中山先生》,《京报》1924 年 11 月 30 日)

△ 报载全国学生总会、旅沪广东自治会等二十七个团体支持孙中山国民会议主张之宣言。略谓:"中山先生主张以九种团体的代表来组织,我们觉得这九种团体,才负得起代表民意的责任。但是这样的国民会议将如何产生呢? 连日报载段祺瑞已预备善后会议,各省派代表二人列席,再由善后会议来定国民会议的组织法,我们认为这是于国民会议的前途有不利的。各省派的代表,不消说是代表军阀和官僚,他们所议的善后,更可断定是军阀和官僚私人的善后;国民的善后,和他们利益冲突,如果请他们来订国民会议的组织法来代替中山先生所主张的预备会议,我们是绝断反对的。因为国民会议及其预备会议,都应该由人民选出,若由军阀官僚假借名义把持会议,则政权仍在军阀官僚手里,而祸根不去,未来的战乱,将一如过去。所以我们要在国民会议里,谋中国的统一和建设,将必要求中山

所主张的国民会议实现。要想中山先生所主张的国民会议实现,第一步该争中山先生所主张的国民会议预备会实现,因为预备会议这一层做到,国民会议的基础才稳固,然后可用国民真正的自决去解决一切。"(《各方面对于时局之表示·国民会议促成会宣言》,《中华新报》1924 年 11 月 29 日)

　　△ 《顺天时报》发表社论,提出对孙中山与唐绍仪的期望。略谓:"段芝泉之德,张雨亭之力,孙中山之识,唐少川之见,均为现代杰出之流。若果得此四人共同合作,即足以兴国。然各自为其长处所拘束,而弊害亦因之产生。有德者,或为左右所误;有力者,或失于自恃;有识见者,或走入理想,且有倾向消极之弊。故吾人对于段氏,请其慎重注意;对于张氏,请其自重抑制;而对于孙唐二氏,亦不得不有所希望……如孙氏者,既为实际政界及思想界之有力者,非特能专力内治,以谋政界之革新,并可谋思想界之革新,至与外国国民互相提携,欲达其目的,亦非不可能。然其口吻,既不注意于国内之祸根,而徒以与外国民提携云云,殊非吾人所敢赞同。且仅以此等思想为出发点,以谋国事,则敢断言其必无成功之望……吾人对于中山先生,希望其与外国国民互相提携策同时,或用较此以上之方法,以改正内部人心,而对于少川氏,则不能不希望其自己奋勇,以当救国之难。"(《中山少川二先生》,《顺天时报》1924 年 11 月 29 日)

　　11 月 30 日　离日本神户,前往天津。

　　孙中山在神户逗留期间,先后接见的日本人士甚多,除前已述者之外,尚有老朋友井上谦吉、大久保高明、菊池良一、岛田经一、寺尾亨、宫崎震作等;政界人士有井上雅二、蚁川五郎作、西冈竹次郎、望月小太郎、池田长康、内田嘉吉、森恪、福原俊丸等;实业人士有泷川仪作、草鹿甲子太郎、松方幸次郎、三上丰夷等。他还接见了华侨联合会负责人及朝鲜协会负责人等。是日结束在神户的访问,启程赴津。([日]陈德仁、安井三吉:《孙文と神户:辛亥革命から90年(補訂版)》,第252—253 页)

晨,孙中山一行离东方旅馆至码头,旋登"北岭丸"(或作"北岑丸")。到码头来为其送行者有神户市长以下官员,日本友人宫崎龙介等,东京等地国民党支部成员,及留日学生、华侨等中日人士共约三千人。上午 10 时,"北岭丸"启航离神户。当日陪同孙中山赴津者除夫人及随行人员外,尚有大本营高等顾问井上谦吉、日本友人山田纯三郎等。(《孙总理离日时之欢送盛况》,上海《民国日报》1924 年 12 月 5 日)

离神户时曾致函神户市民告别,感谢各方面的热诚欢迎招待,并谓:若时局安定,想明春到外国游历,最初到欧美,归途再访日本,届时拟到东京一行。([日]陈德仁、安井三吉:《孫文と神戸:辛亥革命から90年(補訂版)》,第 262—263 页)

△　吴稚晖、李石曾、汪精卫、孙科等相晤,商讨筹设北京《民国日报》事宜。

中国国民党于上海及广州等地皆已发行《民国日报》,以为言论机关。本年 2 月 20 日在北京曾由邵元冲筹设《民国日报》,试行出版,后因故中止。至本日,李石曾在寓所邀集吴稚晖、钮永建、汪精卫夫妇、孙科、石瑛、皮宗石、马伯援(冯玉祥代表)等商议设一报于北京,并欲由吴稚晖负责,但续谈三日未成,仍委由邵元冲筹办此事。之后,邵遂兼任北京《民国日报》社社长。据吴稚晖所记云:"昨日(12月 3 日)汪、孙已去天津,今早石曾又去。出报事,止谈到三天(11 月30 日至 12 月 3 日),皆止数分钟,客来截止,故仍无下落。"(《中华民国史事纪要(初稿)——一九二四年九至十二月》,第 1010 页)邵元冲亦记当日赴李石曾寓晤谈之事,惟内容不详①。

△　报称:"民党议员彭养光等筹备欢迎中山各节已志报端。兹闻又有方子杰等在西河沿大耳胡同设立议员办事处。昨日(三十日)开会,公推方子杰、尹承福、栋固、多尔济、邱钟俊等人即日赴津欢迎

---

①　"晨十时顷,仁甫来谈。偕叶玉虎、孙哲生同至干面胡同 11 号李石曾寓,与精卫、石曾、季龙、伯援等谈京中各方情况。"(王仰清、许映湖标注:《邵元冲日记》,第 82 页)

孙中山。"（《又一议员团体欢迎中山》，《北京日报》1924 年 12 月 1 日）

△　将抵津京，致谣传纷纭，马伯援访鹿钟麟，谈孙中山入北京之治安问题。

本日上午，马伯援至北京干面胡同李石曾宅，晤汪精卫、孙科等，报告冯玉祥之谈话及其计划。下午，马伯援晤京师卫戍总司令鹿钟麟，谈及孙中山入北京之治安问题。鹿说："此间谣言虽多，却无妨害。况中山先生为创造革命之伟人，谁敢怎样。"又说："余既为警卫司令，当负全责保护。"（马伯援：《我所知道的国民军与国民党合作史》，第 42—43 页）吴敬恒于 11 月 29 日抵北京，据其《茶客日记》12 月 2 日追记 11 月 30 日起数日内之情况云："余两日内听四面风声，昨夜感到，或者张作霖可以杀孙文，复辟，幽段祺瑞，解散冯军，驱净北京大学。说与各人，各人亦不敢否认吾言。遂拟由国民党内几个学者，出名请孙文宣布入京主旨，并云不久出京，拟一进京，即神龙变化而出。拟好一书，至皮宗石等寓里商酌。彼等或唯或否。彼等又因一杂志名《现代评论》将出版，正要议事。在皮寓吃夜饭。后知张作霖忽出京，全与所料相反。付诸一笑。张出京，外间亦有说孙入京，冯即推他为总统，在席上拘张氏父子杀之。足见京中内部之各存疑怪。余之疑：（一）因张要调十五师，在丰台请段大阅；（二）那两天秘密阁议：甲、处置曹锟，乙、回复优待条件，丙、取缔过激党等等。"（《吴稚晖先生全集》第 16 卷，第 212 页）

△　陈炯明部进占宝安、东莞、石龙等处。（毛思诚编纂：《民国十五年以前之蒋介石先生》第 8 册，第 59—60 页）

是月下旬　退守湘边之豫军樊钟秀部又展开攻势，连克江西遂川、宁冈、莲花等县。广州留守府多次商讨东征计划。（陈锡祺主编：《孙中山年谱长编》下册，第 2084 页）

是月底　胡汉民、许崇智与杨希闵开会讨论东战场情势，制定防卫广州计划。

孙中山北上以后，留守广州的胡汉民即与谭延闿洽商关于东征、北伐及处理广州善后之计划。谭负起北伐重任,至于东征计划,本月底由胡汉民、许崇智、杨希闵开会讨论。是时苏俄新派之军事总顾问加伦将军已于十月间到达广州,亦出席此项会议。加伦建议立即准备东征,与会者均原则同意,惟有两问题待解决:(一)东征军费无着;(二)滇军第二军军长范石生之态度可疑,担心东征发起后,范乘机占据广州。当时曾订定防卫广州的计划,并适当调配部队,以防范石生叛变。因此,东征计划遂延搁。(蒋永敬:《民国胡展堂先生汉民年谱》,第314—315页)

《晨报》曾刊载报道,言孙军北伐与东江形势,略谓:"孙文未离粤时,曾拟定北方政局未明了以前,本人一面北上,而驻韶之北伐军大本营,一面仍旧办理筹备入赣湘各事。现北京方面,仍在混沌之中,留粤大本营诸人,如谭延闿、胡汉民等,遂议决乘此机会,先收湘赣入我范围,将来发言更有力量。且日来赣蔡方面,与方本仁大生意见,方氏有愿以迅速手段逐去蔡成勋之说(二十四日陈炯明在汕头会合湘、赣、闽、滇各省代表开军事会议,方氏代表亦声称方氏之意,要先解决蔡成勋问题,然后处理邻省之事等语。可知方蔡之间,不久或生决裂也)。一日〔旦〕发生内讧,联军自易为力。又因在粤中央军需总局成立后,罗翼群出任局长,将从前湘军之烟、滇军之赌两宗巨饷,均归该局统筹分配。湘军已得一宗开拔费。故于二十五日由谭延闿在韶之大本营,召集各军将领开军事会议,共商入赣作战机宜。议毕,即下令驻韶各军,限文到五日内,一律开到南雄及赣边集中,听候下动员令。在韶各军,于领到开拔费后,二十六七两日后,已纷向南雄进发……至东江方面,因陈炯明对就职问题之犹疑不定,故至今未有变动。闻陈炯明抵汕后,经与滇唐、湘赵、闽周、赣方暨广州商团救粤联合会等各代表,迭有接洽。对于就职救粤一事,曾由各代表为详细之谈话一次。其言略谓:'外间纷传粤军打闽打赣,不打广东,实属揣测之辞。余与粤人,譬犹一家,焉有不先救家内人而救家外人之理。不过打广东三字,不是与打一两封电报,说几句声罪致讨空文,这等容易。第一须先从两方实力比较一下;其次又须从长筹备,才不致落空,才不致失败。现计孙文兵力,与粤军兵力比较,实是势均力敌。若粤军绝无规划,贸贸然向前一拼,万一失败,则反孙势力,将消灭无余,救粤二字,更成绝望。即不失败,而如年前东江相持之局,旋进旋退,亦徒糜烂地方,不能救之,反以害之。况现下孙军不肯来攻,而屯兵广州,并力死守,亦兵家所顾忌者。故此次粤军不用兵则已,一用兵则非有一战而下广州之把握,不能造次。日来正从事此等布置,分头进行。大抵一方面摇动敌方之游移军队,以减少其战斗力,一面连络赞助我方之军队,以加厚我战斗力。其内容关系军密不能宣泄,外间不明战略,亦无怪其怀疑也。至于删电表示不就职之意(声明不就粤闽赣联军总司令职),因粤军血战两年,不出粤民于水火,问心有愧。故谢绝政权,并非对粤人有漠视不救之心。总之广东事,大家有份,我在此日夜想法子,有分之力,尽干一分,此是本人所可自信者。'"(《孙军北伐与东江形势》,《晨报》1924 年 12 月 15 日)

12 月

12 月 1 日 乘日轮"北岭丸"抵日本门司,在船上接待来访者及新闻记者,谈中国统一和废除不平等条约等问题。

清晨即起,取阅黄昌谷连日记录的演说稿,并加修改①。船行平稳,旋抵门司。时有日本记者登船采访,叩以访日感想、是否出任总统、中国南北调和以及对于日本二十一条的态度等问题,孙中山一一答复,略谓:"我到日本的目的,已经在日本各新闻纸上发表过了。我

---

① 据黄昌谷称:"先生演讲,贻荪(黄昌谷字,此系自称)执笔记录。先生辄喜其所记,为不失真。洎由粤北行,贻荪汇稿以呈。先生自署其端,仍拟'待修改'三字。顾由粤而沪而日本,而津,都无暇。至津以后,而先生病矣。按其中诸稿,大率经先生阅定,而曾发表于各地报纸者,可信为大体不误。"(黄昌谷编:《孙中山先生演说集》,第 1 页)

所发表的主张,最重要之一点,就是在求日本援助中国,废除中国向外国所立的一些不平等条约。""中国一日没有完全独立,我便一日不情愿做总统。""如果北方有胆量,能够赞成南方的主张,废除那些不平等的条约,于中国前途有大利益,南北才可以调和。若是北方没有这个胆量,来赞成南方的主张,中国不能够脱离奴隶的地位,就是南北一时调和,于中国前途,只有害而无利,南北又何必要调和,何必要统一……所以我这次到北京去,是不是执全国的政权,南北是不是统一,就在北方政府能不能够赞成我们南方的主张,废除不平等的条约,争回主人的地位,从此以后,再不听外国人的话,来残害南方的人民。"又谓:"如海关、租界和治外法权的那些条约,只要是于中国有害的,便要废除……所有中国同外国所立的一切不平等条约,都是要改良,不只是日本所立的二十一条的要求。二十一条要求也当然是在要改良之列。""对于国内的问题,也是要先废除条约。因为中国近来的兵与督,都是外国条约造成的。"(《对门司新闻记者之谈话》,《孙中山先生由上海过日本之言论》,第125—135页)

又与其他来访者谈话,谓:"予赴北京,将于大体方针决定之日,即往欧美漫游,决不久滞。予第一目的,在欲废除十三国对华之不平等条约,使中华民国成真正大一统之国家。则治外法权及关税各问题,均可一一解决。而所谓二十一条问题,此际日人宜反省之。其次为贯彻废督裁兵,及财政整理。倘此志不达,即选予为总统或任何制度下之领袖,予均不就。且以为果国运至于斯极,可任国民之意志,或分中国为若干国而各别统治。予观中国衰亡原因,第一乃为英国所侵害。予有机缘,当首访英国,次及列国,以求尽吾力。至于目下之北京政府,段祺瑞既出任政府,其资格良宜。予舍推崇之外,别无他见存也。"(《中山来京后将游欧美》,《京报》1924年12月5日)[1]

---

[1]　《晨报》1924年12月5日亦以《孙文昨午到津》为题,报道此则消息。

孙中山还与一当地驻军武官作稍长时间之谈话,因该武官曾驻扎西伯利亚,故详询俄国革命时情况。是日午间,"北岭丸"离门司驶往天津。(《哀思录》初篇,"由粤往津记事",第5页)

△ 致电梅屋庄吉,感谢盛情关照,盼为亚洲民族复兴协力;致电涩泽荣一,感谢日本朝野各界之盛意,望今后为中日两国国民经济之联系多方操持。(《致梅屋电》《致涩泽荣一电》,《孙中山全集》第11卷,第437页)

△ 特任常德盛为建国奉军总司令①。(《特任常德盛职务状》,《孙中山全集》第11卷,第440页)

△ 任命余和鸿为大本营会计司司长,原任林直勉免职。着裁撤中央直辖赣军总指挥,原总指挥董福开免职,另任为大本营参议。任周雍能为赣军警备司令。(《大本营公报》第34号,"命令")

△ 指令粤军总司令许崇智整理西江财政,造送1924年9月份收支报告表。(《大本营公报》第34号,"指令")

△ 沈鸿英致电孙中山,谓遵孙中山令,于本日在柳州行营就建国军桂军总司令职。(《大本营公报》第34号,"公电")

△ 上海《民国日报》刊载孙中山所发表的关于民主政治与人民知识程度关系的谈话,略谓:"许多人以为中国不适用民主政治,因为人民知识程度太低。我不信有这话,我认说这话的人还没有明白'权能'两字的意义……譬如坐汽车的与开汽车的,坐汽车的是主人,他有的是权,不必有能,他只要说得出要到的地方,就可以到要到的地方,不必知道汽车如何开法;开汽车的是雇员,他有的是能,他能摇动机关左右进退迟速行止,但是他并没有开到哪里的权。行使坐车人的权,取用开车人的能,汽车便很顺利地会到目的地了。人民是民国的主人,他只要能指定出一个目标来,像坐汽车的一般,至于如何做去,自有有技能的各种专门人才在。所以,人民知识程度虽低,只要

---

① 原状日期不详,按12月15日《广东七十二行商报》所载,常顷奉到孙特任状,"遵于十二月一日就职",今据常德盛就职日期标出。

说得出'要到那里'一句话来,就无害于民主政治。"①(《逐件来解释民众间对国民会议的怀疑(二)》,上海《民国日报》1924年12月1日)

△ 《香港华字日报》报道称:"刻接沪上民党某君函,谓中山抵沪,感于各方面对之热击冷讽,而沪上西报,且有不准其到某租界之议论,中山已大不怿,继知北方政局,自此次政变,实为某国人所扯线,欲在中央占有发言权,先须出其交际手段,以为拉拢,故有赴日之举。但日人以孙固宣言打倒帝国主义者,故对之亦无甚表示,结果何如,已可想见。又闻孙科对段提出要求,谓中山可丢弃中央政权,但广东地盘,一定要拨归孙军所有,段对之尚无表示云。又据某方消息,段氏素推重陈竞存,现广东各界及商团代表,已抵沪津,谒见各方要人,分诉孙氏在粤之暴政,粤军方面,又派刘君亮赴京谒段,马育航亦将俟今日陈炯明就总司令职后,起程北上,与各方接洽,而孙文在粤之情形,已尽为北方所洞悉,在北未必有望,孙氏自知形势不佳,闻不日回粤,预计必有惊人之举,共产党将乘机大活动,大有以广东供其最后之试验。"(《孙文又有回粤说》,《香港华字日报》1924年12月1日)

△ 《申报》报道当时各方关于国会问题之论调,并提到孙中山一派关于国会之主张。称:"自上上日二十三以后关于国会问题之论调,曰法统说,曰改造说。改造说之下分为二派:一则全体推翻从新创造,一则就拒贿议员中选出若干人加入国民代表会议。法统说之中又分四派:(一)认现行宪法为有效而谋再选总统一次,吴景濂、张伯烈之活动属之;(二)不追咎去年贿选,不否认宪法而但修改宪法,将林长民等所主之民生、教育两章,汤漪所主之宪法施行法一概加入,此为声调最低之调停派,亦有少数人主之;(三)否认贿选,否认宪法之公布,而主剔除贿选分子,以候补人递补,如不足则补选,再行国会职权,继续开宪法二读会,则中山派属之;(四)继续去年六月十三

---

① 此为上海《民国日报》总编辑叶楚伧回忆孙中山谈话的笔记。谈话时间不详。按:孙中山在三民主义演讲(民权主义第五讲)中谈及"权和能的分别",且引汽车为比喻,则时间在1924年4月间。

日法统,自去年六月十六日会合会以后之国会行为,根本作为无效,而仍由去年六月十三以前之原分子,续行职权,接近黎氏者属之。然尚有一派,主以拒贿议员开非常会议者,介乎上两说之间。此一月以来京津之间异说纷纷,皆不外此。要之,宪法、国会,皆成一大问题也。"(《申报》1924年12月1日,"国内要闻")

12月2日 "北岭丸"离门司,初行平稳,本日船出东海,突遇大风巨浪,船身仅二千余吨,摇簸殊甚。据随员李荣追述:"赴津道上,风涛颇盛,而总理殊镇静,恒手不释卷,处之泰然。"(《中华民国史事纪要(初稿)——一九二四年九至十二月》,第1021页)

在日时增购新书盈箧。邵元冲记孙中山此次在日本增购新书,云:"是年秋总理在广州中山大学讲演①,于完竣民族民权诸讲外,民生主义尚只四讲,而有津京之行。总理时预期在北京完成民生各讲,故携参考书颇多,于舟经日本时,更增购新书盈箧。既抵京,卧病行馆,犹于枕上批览不辍,余谛视之,则讨论居宅之书也(按,民生主义第四讲只及食衣问题,而民生四大需要中之住行两问题,尚未讲及)。至北京,入协和医院后,因医士之诫,始辍阅读,而疾已大渐也。"(邵元冲:《玄圃遗书》下,第602页)

△ 在"北岭丸"上修订黄昌谷所记录的由上海过日本之言论。(《哀思录》初篇,"由粤往津记事",第5页)

△ 关于孙中山此次东渡日本,宋庆龄在1956年曾回忆道:"我还清楚地记得这次旅程。这一次我们是取道日本的。那时,日本人对美国国会通过的移民法案还在感到痛心——这个法案撕毁了过去的协定,不准日本人和其他亚洲人民移居美国。孙中山在好几个大会上讲了话。在这些会上,我看到听众中有许多人为美国政府加在他们头上的耻辱而悲愤下泪。孙中山对他们阐释中国革命,呼吁他们和一切亚洲人民团结起来努力打倒帝国主义和它所滋长的骄横暴

---

① 此为邵元冲之忆述,当时仍称"国立广东大学"。孙中山逝世后,国民政府方下令改名"国立中山大学",以表纪念。

戾，维护亚洲人民的光荣、国家独立和种族平等。"（《孙中山——中国人民伟大的革命的儿子》，《宋庆龄选集》，第374页）

据在日本工作的陈季博党务报告称："日本人表同情于本党的也是很多，因为日本人也是多数受武力压迫的，所以他们和本党去做工作。"并提到日本民众对于国民党的态度，称："日本是一个帝国主义的国家，民众联络是很不容易，所以，从前对于本党是不能十分了解。但现在的态度是已经变了，在政党中也有同情于本党的。因为他们民众懂得他们自己是被压迫，所以也想联合起来和帝国主义抵抗。在他们政府，就不能不略表同情于本党了。去年总理东渡日本，提倡东方民族应该联合起来，所以日本的人对于本党的观念较为深刻。本党的三民主义传到日本，日本的民众觉得本党主义和他们的国情是十分适合。"（中国第二历史档案馆编：《中国国民党第一、二次全国代表大会会议史料》上，第277—278页）

孙中山此行在国民党内亦有强烈反响。据时任孙中山军事顾问的加伦在1925年1月10日的报告中评述："孙中山东渡日本，使国民党右派兴高采烈，一瞬间，日本成了人们议论的中心。""在国民党右派看来，孙中山此次日本之行，可加强右派对孙中山的影响，他们坚信日本将给孙中山以支持……现在，日本人频繁登门拜见政府的几位大员……司令部上上下下一议论起日本可能派教官到广东来，就几乎是喜形于色……我在同许将军、廖仲恺、胡汉民将军的谈话中表示，我认为孙中山日本之行一来不合时宜，二来徒劳无功，但他们以种种理由加以反驳。他们反复向我说明，孙中山此行符合中俄两国的共同利益；孙中山会晤日本政府的要员和各政党领袖，即使不能导致三国联盟，无疑也能加强俄中日三国之间的相互关系；其次，此行可提高孙中山同北京的争端中所处地位，等等。""一瞬间，亲日情绪油然而生，党政要员无不陶醉于这种情绪之中。及至孙中山抵达天津，喧嚣一时的亲日情绪才渐渐消退。到12月上半月，人们就已完全清醒过来了。"（［苏］卡尔图诺娃：《加伦在中国（1924—1927）》，第115

加伦还谈到他于12月2日在广州与时任中央银行总裁的宋子文就此有过一次讨论。当宋告知加伦孙中山受到日本友好接待时，加伦说："我不相信这种接待的诚意，因为实业家从中无利可图。"宋不以为然，称接待孙中山的是对国民党友好的政党。加伦指出，宋所说的是个工商实业家的政党，名叫宪政会，并称："诚然这个党是反对本国政府的，但并不反对侵华，长江和山东的情况就足以说明问题。可见这个党决不会真心实意地支持孙……日本如此接待，无非是急欲乘华北形势变化之机，借助孙（中山）从中国攫取利益。"宋说："鲍罗廷同志也是这个观点，地方党某些人士也赞同这个看法。但要在这个问题上说服孙（中山）是困难的。"（［苏］卡尔图诺娃：《加伦在中国（1924—1927）》，第85—86页）

《申报》后曾移译转载日文报刊对孙中山赴日的评论，谓：《每日新闻》称孙中山"理想甚为远大"，"吾人对于孙氏之主张，不禁表满腔之敬意而由衷心与之共鸣者也"。《朝日新闻》载称："孙氏取道日本，北上收拾时局，共出处进退之光明正大，毫不图谋私利，实堪钦佩。此外孙氏最伟大而不容他人追随之特征，在为中国国民之指导者。吾人接孙氏之高风，益觉感慕不置也。"（《孙中山此次来日之印象》，《申报》1924年12月12日）

《香港华字日报》则刊载报道，披露孙中山赴日一事背后的政治角逐，略谓："孙文此次北上，间道赴日，在孙氏本身之自信希望固甚大，然究其实在原因若何，不特外间知者甚鲜，即孙氏自身亦如堕五里雾中……孙文朝由沪下船赴日，段即夕由津入京执政，此中大有机窍。孙文抵神户……即知上了他人的当，遂不得已通电贺段入京执政，以自行掩饰，至所谓某国人欢迎孙到日京商量借款一事，不特是水月镜花，即连影子都绝无所见。孙文抵神户，又不特不得日政府欢迎，并加派警察严重监视其行动，名为在孙文身边警戒，实则不欲孙文及其党徒居留日本活动。"关于孙中山何以抵沪后忽又赴日，该报道则推测:"盖孙党知段张结合,其枢纽在某国人,尤于大借债有关,故怂恿孙往一行。孙在粤时逆料将来无论何人收拾时局,皆须首先解决钱的问题,即首先解决债的问题,故特派李烈钧赴日有所运动……意以为经孙亲自出马,掉三寸不朽舌,为有力的宣传,当必大有可观。初不料扯线于其后者(某国人)早已布下天罗地网,任你打一百个大筋斗,终跳不出圈套去也。至段祺瑞既毅然不俟孙到即行入京,当然自有其计划……盖知在东南诸省形势未定之前……而径行入京,势必仰战胜者之鼻息,或为奉派之傀儡,或作冯派之招牌……故段氏务迟迟入京,必将本系各省及旧有直系各省联络就绪,以消弭奉冯二派之隐患,且进而造成得号令天下之实势力,而后入京主持……今既毅然入京,或者已得吴佩孚确实拥戴之表示,未可知也……说者谓孙文不出三个月,又要跑回广州,高叫什么北伐,什么讨段祺瑞,讨张作霖,此虽或神经过敏,然一出场便打输头阵;所谓冯玉祥欢迎大元帅北上建国,虽说甚震天价〔作〕响,究其实未免自作多情。"(《孙文抵日之情形及其赴日之内幕》,《香港华字日报》1924 年 12 月 2日)

　　△　孙科对记者谈话,谓孙中山定 4 日到津,6 日晋京,对大局已有计划。

　　本日上午,电通社记者至北京饭店访问孙科。孙科谓:"予即日入京,与予母同至。现予检束行李,定本日复回天津。盖予父四日到津,并预定于六日入京也。予父之来北京访段执政,系纯为表示其敬意而来,故关于政治的意见,并未预行接洽。予意一切事件,予父心中现必有若何之计划,俟其来后商议耳。"(《孙科之谈话》,《晨报》1924 年12 月 2 日)

　　△　报称:孙科、汪精卫、易培基已于是日出京赴津。(《欢迎孙中山之热烈》,《京报》1924 年 12 月 3 日)又据邵元冲日记载,是日"午后三时顷偕精卫等乘专车赴津。同行者有吴自堂等。九时顷抵新站,仍就寓于熙来饭店"。(王仰清、许映湖标注:《邵元冲日记》,第 83 页)

△　是日北京电称："加拉罕催开中俄会议，外部答：俟外长到任再定期。加意乘中山在京较易商量，故催速开。"（《申报》1924 年 12 月 3 日，"国内专电"）

△　报载各方面筹备欢迎孙中山来京极为忙碌之情形：北京各团体欢迎孙中山先生联合大会（截至昨日止，加入之团体已达八十一个之多①）致函执政府教部学务局及各学校，请于中山抵京之日饬令各机关各学校放假一日，并到车站欢迎。又函航空署，于是日驾驶飞机散播传单，并函警察务令各商店住户悬挂国旗；上海学生联合会等六十二团体通电全国，拥护中山主张；各官考试同人纠集留学生及司法官考试同人代表，组织民国历届各项考试同人欢迎孙中山先生联合大会，讨论欢迎事宜；新中国建设会昨开执行委员会，议决欢迎中山四项办法。（《欢迎中山先生》，《京报》1924 年 12 月 2 日）

下午 2 时，欢迎孙中山大会宣传股正、副主任，中华新闻学会、平大学生会，偕同各干事，分乘汽车多辆，向内外城出发，散布宣言。车前高竖青天白日中国国民党之旗，两旁白旗，书"民国元勋""革命领袖"等字样，并用军乐引道，气象极为堂皇，传单纷如雪片飞散，市民争先接受，莫不以先睹为快。又闻该会现以中山期迫，已知照警察厅，拟在天安门搭讲台开国民大会，请中山演说三民主义、五权宪法。（《迎孙筹备忙》，《顺天时报》1924 年 12 月 3 日）

△　《申报》刊载通信称："中国国民党总理孙中山提倡召集国民会议为解决国是之唯一办法，月前已有宣言发表，惟恐内地国民因交通不便或有隔膜，故特派党中重要份子分赴各地解释要旨，俾一般民众得了解国民会议之真相。"特派员朱季恂已于是日午抵松江，"携有孙公致当地农工商学各团体公函多件，刻正向商会、农会、工会、教育会及各中等学校接洽，将定期召集大会，宣讲国民会

①　在该会所发表的"启事"中，则称"本会由百余团体联合"。（《北京各团体欢迎孙中山先生联合大会启事》，《京报》1924 年 12 月 2 日）

议要旨,以期各界共起主张解决国是"。(《申报》1924 年 12 月 3 日,
"地方通信")

△　本日北京政府国务会议通过《善后会议组织法大纲》后,原
拟立即公布,惟由于许世英提议,以孙中山即将抵达天津,可携往征
求同意。数日后,许赴天津晋谒征求意见,而此大纲名称亦已改称为
《善后会议条例》。(郭廷以编著:《中华民国史事日志》第 1 册,第 845 页)

12 月 3 日　所乘"北岭丸"渡黑水洋,是时狂风巨浪并作,同行
诸人皆晕船,不能起。惟孙中山与戴传贤,仍至餐厅用日式饭菜如
常。然颜面现疲惫之态,似有病容。(罗家伦主编、黄季陆增订:《国父年
谱(增订本)》下册,第 1166 页)

据随行的山田纯三郎记述,船至山东半岛附近时,孙中山破习惯
地令人即时给日本的同志打致谢的电报,又给在日本时已答应拜托
的日本友人写字。他边笑边说地写着:"叫我革命,我马上可以革命,
但要我写字实在太痛苦。"并利用最后一张纸写了"亚细亚复兴会"六
个字,签名之后,送给山田纯三郎。(宫崎滔天等撰,陈鹏仁译:《论中国革
命与先烈》,第 245 页)

△　国民党以孙中山将到津,拟在日租界秋山街寿荫里 38 号设
立民党天津事务所。(《京报》1924 年 12 月 3 日,"简要消息")中山侍卫十
六名及参军邓、赵二氏同乘新康轮入津,分居张园、国民饭店、熙来饭
店三处。(《京报》1924 年 12 月 5 日,"简要消息")

△　《字林报》本日天津电云:此间准备明晨欢迎孙中山之盛况
实为近年所稀有,华界街衢中遍悬旗帜,上标"三民主义"等字样,各
演说家咸于今夜演讲孙中山历史,各学校宣告明日停课,而一般普通
人民亦非常欢忻鼓舞。(《津人预备欢迎孙中山》,《申报》1924 年 12 月 6 日)
另有天津电讯称:"国民党连日持青天白日旗,在各马路演讲孙中山
将来津。"(《孙中山今日抵津》,《时报》1924 年 12 月 4 日)

△　张绍曾派其弟张绍程谒见段祺瑞,段立予接谈,谓:"现在雨
亭亦无用兵之意,此次出京完全为整顿部曲,如无留驻之必要者,则

酌量调回原防。焕章已决定下野出洋。中山方面，余迭与孙哲生、汪精卫谈过，亦赞成余之和平方针。"（《段合肥口中之张冯孙吴》，《京报》1924 年 12 月 4 日）是日北京电讯亦称："孙科、汪精卫与段商时局善后办法，已拟定大纲，俟孙中山来京取决。"（《孙中山今日抵津》，《时报》1924 年 12 月 4 日）

　　△　致电各省、各公团、学校等，告派出国民会议宣传员赴各地进行宣传。电谓："文主张召集国民会议为解决目前中国问题之唯一办法，前已发表宣言，通告全国。惟内地交通不便，每多隔膜，因特派同志分赴各地宣传，俾民众均得了解国民会议之真意。所派同志均给有委任书，到时务期惠予接洽为幸。"（《中山先生之通电》，上海《民国日报》1924 年 12 月 3 日）

　　孙中山代表沈玄庐到杭州后，与各界会晤有所接洽，并于本日下午八时与督理孙传芳晤谈①。孙传芳谈话略谓："论者疑中国不统一，或有他因，其实中国人民，何尝不统一，所以为统一梗者，惟吾辈带兵官耳（言时手指其胸，沈亦为之一笑）。中山先生，兄弟所服膺者。元年时之中山，与民国二三年间之中山及今，其得民众之信崇，几乎一落千丈。兄弟亦国民党中老资格之一，视中山非但是一代伟人，直是国家元气。默察民情，似皆不慊于中山先生之好用兵，盖人民苦战久矣，中山先生最近之行动，果如先生（指沈）言，不愿在政治上居地位，则兄弟尤为钦佩。盖中山能以身作则，从事实际活动。军阀虽恶，尽可以民团击之。"沈谓："凡持武器之团体，如不了解政治意义，民团与军阀等耳。而且军阀之恶势力，浮在人民上层，民团则深入民众。土豪取军阀而代，祸且甚于军阀，盖尸腐

―――――――――

　　①　据《中华新报》1924 年 12 月 7 日所载"六日杭州通信"，称："孙中山为宣传国民会议特于每省派遣委员三人，赴浙委员为沈定一、陈德征、王华芬三人，沈、王已来杭数日，沈连谒商会省议会自治代表会各团体领袖暨省长夏超，解释孙中山对时局宣言之内容，并协商一切，各界对国民会议均表示赞同。又孙传芳于三日晚八时接见沈定一，孙氏并自认为国民党员，谓中山能从事实际活动，军阀虽恶，仅可以民团击之，最后沈氏述明来杭之任务，孙氏亦表赞同。"

及根株矣。"孙闻言为之警然,继复谈及教育及土匪问题。孙颇主张普及教育,而愤愤于匪乱。最后沈言:"余自受总理命来浙,组织国民党,所吸收之党员,皆社会优秀青年,几经训练,必能为国民负前驱之责。吾党无一匪,匪中亦无一吾党人。改组后之国民党,不似才光复时,党证四散动万计,一切材官驵卒,皆得与于党籍,而借党为升官发财之计也。此次奉命来杭,一面对于社会各种团体有所陈述,一面为训练党员而来。"孙深然其言,且主张立宪国必须有党,又甚望国民党之取材务精,取义务宏,并拟与沈再订期谈话。(《中山先生代表与浙孙之谈片》,《京报》1924 年 12 月 12 日)

另有报载,孙中山所派赴浙委员沈定一、陈德征、王华芬于 4 日赴之江大学宣传,"在该校自治会职员席上说明国民会议之性质,并详述国民会议之必要。当时听者颇为动容,并约陈君于 5 日赴该大学向全体学生演说。又沈、陈诸委员商定于星期六下午二时,召集在杭全体国民党员,解释一切"。(《国民党员赴杭宣传》,《中华新报》1924 年12 月 7 日)

△　令准伍廷芳举行国葬,谓:"前外交总长兼财政总长、广东省长伍廷芳,功在国家,应准予举行国葬典礼,以昭隆异。所有关于该项典礼应行事宜,着内政部查取成例,分别咨行办理。"(《大本营公报》第 34 号,"命令")

△　任命赵端为大本营咨议;准卫鼐辞建设部科长;追赠建国军湘军故团长柳大训为陆军少将,并给予上校恤金。追赠故湘军第一军第一师军需处长成汉以陆军上校,并给予上校恤金。(《大本营公报》第 34 号,"命令"、"指令")

△　李宗仁、黄绍竑等致电孙中山,遵令于是日就广西全省绥靖处督办、会办职。(《大本营公报》第 34 号,"公电")

△　陈炯明致电方本仁,谓:"比者北局变化,全国军兴,广州焚劫,少老啼号,引领德邻,弥资善导。吾兄筹谋所及,谓当如何进行?对于粤军,当如何合作?渴想电示。"(《东江陈军未能反攻之原因》,《申

报》1924 年 12 月 24 日)另据粤海关情报称:"当地报纸获悉:陈炯明现已在汕头复任总司令职。陈廉伯以及商团其他领导人正在采取措施,为陈家军筹饷。"5 日又有情报称:"自陈炯明在汕头复任总司令职以来,陈在香港的党羽异常活跃。其追随者与在香港避难的商团领导人相配合,组织了一个新的联合会,称为'救粤联合会',宗旨在于筹集反广州政府的军饷。"①(广东省档案馆编译:《孙中山与广东——广东省档案馆库藏海关档案选译》,第 566、672 页)

12 月 4 日 上午 9 时,"北岭丸"抵天津外大沽口,同行者有宋庆龄、戴季陶、李烈钧及山田纯三郎、井上谦吉两顾问等。事先得到消息的孙科、汪精卫以及姚提昌、张国元、马超俊、郑家荣等已乘一小舟至,旋登轮谒见孙中山,并报告京、津各方面情况。"北岭丸"驶进北河,沿途受到镇威军官兵列队欢迎。11 时 45 分,"北岭丸"到达天津法租界利昌码头时,受到在码头、河岸的工商学及市民的热烈欢迎。孙中山等出立船头脱帽为礼,向欢迎者致谢。船甫泊定,国民军代表徐谦、焦易堂、镇威军代表杨毓珣,段祺瑞代表许世英、吴光新,黎元洪代表李根源、熊少豪,直隶省府代表杨以德等,以及京、津国民党人、各团体欢迎代表王法勤、叶恭绰、蒋梦麟、吴子才等共百余人涌上船。孙中山与他们一一握手。12 时 30 分,"北岭丸"行抵法界美丰码头,欢迎人员更众。各法团各代表要人,均纷纷莅至,扬旗欢呼,声如雷动。孙中山偕李烈钧、戴天仇、马湘、黄斡禾等,舍舟登岸,脱帽含笑,向群众点头致谢。并有百代公司当场拍摄影片,中外新闻记者持镜拍照者尤多。张作霖代表杨宇霆、财长李思浩、法长章士钊、交长叶恭绰等以及天津地方长官,上前迎讶。孙中山与各代表一一握手后,与随员等分乘汽车十五辆,向日租界张园而去。张总司令及杨以德厅长派军警多名,沿途站立保护,断绝交通两小时之久。各欢迎团体一路均随从拥护。下午 1 时抵张园,即在张园前高台上,当众

---

① 此为传言。陈炯明正式就职系在 12 月 27 日。

答谢,略谓:"今日承诸君相迓,本人甚为感谢,但征尘甫卸,未能一一接见,深为抱歉。一俟稍定,即当约请君共谈时事,讨论一切。"(《哀思录》初篇,"由粤往津记事",第5页;《中山先生到津盛况详志》,上海《民国日报》1924年12月11日)①

　　另有报道称,孙中山抵张园后,各方要人陆续到张园拜谒,惟因舟车劳顿,身体不适,未能一一延见,当众表示歉忱。旋有外人数名,要求谒见,乃派汪精卫代见。汪氏代表中山表示三点:(一)中山此次道经日本,极力劝告日本上下,本同种同文之谊,抛弃侵略主义,取消二十一条及一切不合理之优先权;(二)此次北来努力促进国民会议,一俟大局粗定,即游历欧美,运动取消各国对华之一切不平等条约,及不合理之优先权。至总统及其它一切地位,暂时均不愿居;(三)对国民军修改清室优待条件及请溥仪迁出禁宫之举动,认为满意。(《汪精卫代中山表示三事》,《京报》1924年12月6日)②

　　当时各方对迎孙盛况的报道,关于欢迎者的人数,有"千余人"到"十万以上"等说。《香港华字日报》称"欢迎者有军政界各要人及商、工、学、党各团体代表约千余人"。(《孙中山抵津之共产潮》,《香港华字日

────────────

　　① 《申报》报道则谓:孙中山抵达天津张园后,在大客厅向各界代表致谢意,并称"因在船上受海风颠簸,精神萎顿,委托汪君精卫代达微忱",言毕鞠躬而退。(《申报》1924年12月11日,"天津通信")

　　② 《孙中山年谱长编》1924年12月5日条,称:"是日,天津欢迎先生各团体假大舞台召开欢迎大会,请先生出席讲解三民主义、五权宪法。先生因身体不适未能到会,由汪精卫代为宣读书面谈话。大意谓:'曾告日本应取消二十一条及取消特别优先权等成见,实行中日亲善。予以国民资格向各方建议不愿为总统,但并不反对人以总统拟予。予志愿各国对华平等解除一切不平等条约等条件时方为总统。予此时竭力宣传,请各国尊重中国国际地位。予认国民军解决清室问题,甚妥当。'"其所标出处为1924年12月6日《申报》报道。(陈锡祺主编《孙中山年谱长编》下册,第2089页)而查《申报》原文,仅谓:"孙七号尚难来京。孙言:曾告日本应取消'二十一条'及取消特别优先权等成见,实行中日亲善,予以国民资格向各方,建议不愿为总统,但并不反对人以总统拟予。予志愿各国对华平等解除一切不平等条件时方为总统,予此时竭力宣传,请各国尊重中国国际地位。予认国民军解决清室问题,甚妥当。"(《申报》1924年12月6日,"国内专电")《孙中山年谱长编》所载信息,其溢出《申报》原文的部分,不知出自何据,但其所言内容,与《京报》12月6日所报道的《汪精卫代中山表示三事》较类似。

报》1924年12月23日)日本方面的报告称,来迎者有孙科、许世英、吴光新、叶恭绰、张继、卢永祥、臧致平、王正廷以及各团体共约三千五百人。(《孙文一行ノ天津到着卜出迎ノ情况及ビ国民党支部員ノ宣伝文撒布二関スル件》,《日本外交文书》大正13年第2册,第578页)《申报》报道称"欢迎者有各要人各团体约六千人"。(《申报》1924年12月6日,"国内专电")上海《民国日报》称有"百余团体二万余人"。(《中山先生到津盛况详志》,上海《民国日报》1924年12月11日)《时报》则谓:"国民党员,各机关团体,政府代表,当地军警等,在码头欢迎者达万人,法租界交通阻断一小时。"(《孙中山抵天津》,《时报》1924年12月5日)在《京报》同日所刊载的各方报道中,说法也不一致,有称"欢迎者数万人",有称"欢迎人员十万之众",有称"标明团体名义者,约二百数十个,人数则在十万以上",有称"总共人数在二三万以上"。(《中山抵津盛况拟于七日来京》,《京报》1924年12月5日)

《申报》后有报道称:"孙中山抵津之日,天津各法团参与欢迎者确仅八十余团体,每一团体之代表二三人不等,约计不逾二百人,连同各要人代表及民党分子总共五百人,而是日手持旗帜者竟达千人以上。嗣经记者调查,其溢出之人数系国民大饭店五十八号筹备处所雇佣,揆其用意,盖恐欢迎人数太少中山不喜悦耳,其此种做作,中山若知,当更不喜悦矣。"(《申报》1924年12月11日,"天津通信")

△　段祺瑞派往天津迎孙的许世英,由津埠向执政府发电,报告中山已于本日正午12时抵津,寓居张家花园,现正准备亲赴各欢迎会,现因招待一切,及欢迎入京等事,在在需款,务请从速拨发以资应用。(《孙中山定于七日入京》,《顺天时报》1924年12月5日)

△　午后往曹家花园拜访张作霖,进行交谈。

对于此事之原委,当时的报道及事后之追述颇有出入。在到访时间与随行人员上即有歧异。《京报》报道称孙中山于"下午二时许"赴曹园访张作霖,并晤谈"约一时许"。(《中山先生改定八日来京》,《京报》1924 年 12 月 6 日)《顺天时报》的报道则谓"午后三时半"。(《孙中山昨午抵天津》,《顺天时报》1924 年 12 月 5 日)《时报》所载电讯称:"孙中山四日下午五时偕随员赴曹园访问张作霖,六时返寓,张即回京。"(《抵津后之孙中山》,《时报》1924 年 12 月 6 日)《北京日报》则称,孙中山系"下午四时即偕孙科、戴天仇、汪精卫等访张作霖于曹家花园","旋于七时应张氏之约在国民饭店晚餐,奉方重要将官均列席"。(《孙中山抵津后之所闻》,《北京日报》1924 年 12 月 6 日)《申报》的报道也前后矛盾,其"国内专电"称孙中山"下午二时往曹家花园访张作霖,六时张往孙行辕答访";而其"中国时局之外电"则说孙中山"午后偕张作霖谒见黎元洪"。(《申报》1924 年 12 月 5 日,"国内专电")又谓"闻孙午后二点亲往曹家花园访奉张,五点赴国民饭店各界各机关之欢迎会"。(《申报》1924 年 12 月 6 日,"国内专电")《晨报》报道则谓:"(孙本拟——引者注)下午二时到曹家花园访张作霖。因行装甫卸,略为休息,于四时许始出门拜客。随从秘书戴天仇等,副官俞应麓等十余人……孙回寓,时已夜深。"(《孙文缓期来京》,《晨报》1924 年 12 月 6 日)

据随员李荣略述:"张学良衔其父作霖命到谒,具言即日正午,作霖拟请总理至曹家花园会晤。总理慨然允之,谓雨亭吾正欲与一谈。旋以正午十二时半,命车赴黄纬路作霖行署,随行仅侍卫长黄惠龙。既抵,张作霖亲迓至门外,下车携手入内,屏左右,作深谈者逾二小时,良久告别出。"(李荣:《总理病逝前后》,尚明轩等编:《孙中山生平事业追忆录》,第 649 页)另据山田纯三郎所述:"下船当天下午三点,在天津张园,孙先生跟张作霖会见。町野武马跟着张作霖,我陪着孙先生,没有别的人,大约谈了三十分钟。"(罗刚编著:《中华民国国父实录》第 6 册,第 4909 页)[①]

关于孙、张谈话情形和谈话内容,亦有异说。据《晨报》报道:

[①] 《中华民国国父实录》原注称:"李荣所记谓张作霖至门外亲迎国父及谈逾二小时之部份,恐有误。"并谓:"山田纯三郎所记者,谅系张学良来张园先谒国父情形之误置。"

"孙张相见,各道倾慕,谈话宽泛。旋张谓今晚各团体在法租界国民饭店公宴我公,顷闻被法工部局禁止,良为惋惜。若弟为公接风,或不致发生周折。孙照例谦逊。张即命副官处电话,向国民饭店预定两菜。该饭店回电极表欢迎。张即与孙及其随员在客座设席。张并召部下将领杨宇霆、张学良、李景林、许兰洲、阚朝玺等作陪,觥筹交错,尽欢而罢。席间泛谈一切,未及政治。宴罢休息。张言明日闻公应各团体之请,预定在大舞台演讲三民主义,届时听者势必甚众,人数杂众,保护困难。弟意我等身膺国家重任,举动不可不慎,鄙意不如作罢,以免意外。孙言弟惯于在群众前演说,此层不必过虑。张言还是请公俯纳刍荛,凡事谨慎为是。孙沉吟片时,即谓作罢亦无不可,但既承各团体雅意,拟在敝寓折柬邀请各团体领袖茶话。张极赞成,遂与张约明日再见而散。"(《孙文缓期来京》,《晨报》1924 年 12 月 6 日)另有报道称,张作霖询孙中山对段祺瑞出来收拾时局之看法及今后行止等问题,孙表示:现在收拾时局,除段氏外实无第二者可当此任。入京后约逗留两星期,一俟时局稍定,即作欧美之游。(《与张作霖的谈话》,《孙中山全集》第 11 卷,第451—452 页)

而据鹿钟麟忆述,是日下午,孙中山在邵元冲、孙科、李烈钧、汪精卫等陪同下,按事先与张作霖约定的时间驱车前往曹家花园拜访张作霖。张令部署警戒森严,由张学良将孙中山一行迎入客厅后,等候许久,张作霖才出来见面,且态度倨傲。宾主之间,默无一言。经过一度沉寂之后,孙中山先开口对张派军警前来欢迎之盛意表示申谢,并谓:"这次直奉之战,赖贵军的力量,击败了吴佩孚,推翻了曹、吴的统治,实可为奉军贺喜。"张听后才开口说:"自家人打自家人,有什么大惊小怪的,更谈不上什么可喜可贺了。"说话时眉宇间流露出一番不欢喜的样子。见此局面,李烈钧忍不住站起来说:"事情虽然是这样讲,要不是把国家的障碍像吴佩孚这流人铲除,虽想求国家进步和人民的幸福,这是没有希望的。今天孙总理对雨亭之贺,实有可贺的价值,也唯有雨亭能当此一贺啊!"张闻李言,始显露出笑容来。这时孙中山又说:"协和(李烈钧)的话说得对,回想自从民国以来,当面得到我的贺词的也唯有雨亭一人而已。"谈至此,满座欢笑,才扭转过来方才的僵局。又据叶恭绰回忆:"中山先生到津时,地方招待情形,极为疏慢,民众及工人、学生,均不能接近,到行馆少息,中山先生即往拜张作霖,时在座者张作霖、张学良、吴光新、杨宇霆、叶恭绰共五人。中山先生对张表示谢其历年相助,张当场表示:'我是一个捧人的,可以捧他人,即可以捧你老。但我反对共产,如共产实行,我不辞流血。'"(鹿钟麟:《孙中山先生北上与冯玉祥》,尚明轩等编:《孙中山生平事业追忆录》,第480—481页;叶恭绰:《我参加孙中山先生大本营之回忆》,《孙中山生平事业追忆录》,第413页)①

　　另据汪精卫回忆,当时张作霖曾对他说:"我从前以为孙先生是个什么难说话的人,今日才知他原来是一个温厚君子。只是北京各国公使都不赞成孙先生的,大概是因为孙先生联俄呀。你可否请孙先生抛弃他联俄的主张,在我张作霖身上,包管叫各国公使都和孙先生要好的。"汪答谓:"孙先生为什么联俄? 因为俄国以平等待我,如果各国也都以平等待国,孙先生便都可以和他们要好的。"(《汪精卫先生在第二

---

　　① 　关于张作霖对于"共产"的言论,《香港华字日报》的报道则称:"中山往访张作霖约谈一旬钟之久,张谓:'我向来是抬轿的而非坐轿的,请先生不要再闹共产,我们东三省与俄国接壤,如果共产可行,我早已实行了。'中山闻言默然不答。"该报道并渲染孙中山抵津所引发之共产派与反共产派之争,略谓:"同日黎元洪设宴为中山洗尘,中山因病不到,亦由孙科为代表。席间黎语座客云:中山先生此回北来,各方欢迎热烈,真是千载一时的机会,但切不可谈及共产及与共产派来往,致惹起各方怀疑,且于大局无益云云。闻者均称为的论,惟中山在病中仍受共产派汪、戴等包围,民党各要人欲痛陈利害,多被隔绝,因是有京汉津浦两路工会委员,特致函警告汪、戴二人,令即离开中山左右以开贤路,否则以相当对付等语,此可见反共派之激昂也。北京方面之欢迎团体,亦分反共产及共产二派,大约中山抵京时,恐不免又演出何种活剧。政府方面,则警备已设种种方法禁止过激运动,近且捕去散布共产传单之学生五人,似均为中山而起,东交民巷之外交团则因驻粤俄代表鲍罗廷之抵京及□晚俄使馆有学生多人集会事件,均极形注意,闻谭平山亦偕鲍罗廷来京,若辈咸主张中山即日赴俄。"(《孙中山抵津之共产潮》,《香港华字日报》1924年12月23日)

次全国代表大会之政治报告》,《政治周报》第 5 期,1926 年 3 月 7 日)

△　自曹家花园返寓后,寒热突然发作,肝胃病相继复发且加剧。于是急请德国医生施密特诊治,被诊断为感冒,故暂行谢绝演讲、宴会诸事,以期修养。(《哀思录》初篇,"病状经过",第 1 页)

据李荣记述:孙中山"登车返至张家花园,即感不适,一面嘱汪精卫代出席是晚国民饭店之市民大会,一面延日医松冈诊治,戒以少食水果。旋前大总统黎元洪到访,嘱食白凡鱼粥,谓殊适合胃病。总理依方烹食,服之略呈效验,余则留至下午。不料膳后即呕吐大作,偏〔遍〕体大汗,荣以毛巾代拭,竟透湿两巾,其严重情形,如此可见。至晚总理索食水果,不与不休,勉食后,翌早 6 时起床,精神略佳,似有起色"。(李荣:《总理病逝前后》,尚明轩等编:《孙中山生平事业追忆录》,第 649 页)孙科追述说:"先父到达天津时,因气候严寒,加以旅途劳顿,渐感不支,发冷发热,肝亦觉痛。延德医诊治,劝其勿过劳动。各界来宾进谒,都由戴季陶、汪精卫和我分别接见。"(《中华民国史事纪要(初稿)——一九二四年九至十二月》,第 1034—1035 页)

△　报称,孙中山访张作霖归后,胃病复发,当日辞谢一切预定之拜访及酬应,均各顺延。原定是晚 6 时赴国民饭店之欢迎会,因被法领制止。复经代省长杨以德面见法领遂允,但仍只许致欢迎辞答辞,不许演说。因胃病并未出席。至 8 时,孙科、汪精卫、许世英、杨以德等莅场①。席间由许世英代表段执政欢迎辞,略谓:"中山先生国家泰斗,此次北来极端欢迎,合肥本拟到京迎迓,因政务羁身未来。特派世英代表,请中山先生入京,共商救国大计。敢敬一杯,为中山先生寿。"众鼓掌。后汪精卫起立发言,略谓:"中山因胃病不果来,令

――――――――――

①　关于此事,日本驻天津总领事吉田茂于次日电告币原外相,谓天津各界预定午后八时在国民饭店举行孙中山欢迎会,因当日散布的传单中有反对不平等条约、收回租界等词句,法租界警察遂不许在国民饭店集会,虽经派员反复交涉,仍被拒绝,杨以德只得亲往交涉,以欢迎会为杨氏亲自招待之故而获谅解,欢迎会终于在八点半才得以开始。孙中山因病由汪精卫代为出席。(《天津ニ於ケル孙文ノ欢迎会开催ニ关し报告ノ件》,《日本外交文书》大正 13 年第 2 册,第 582 页)

鄙人代表蒙诸君盛意欢迎,至深感极,拟于八日入京与合肥共商治国方法,将来到京再与诸君畅谈。"至9时20分尽欢而散①。(《中山先生改定八日来京》,《京报》1924年12月6日)

有消息谓:"是日上午十时,警厅所派警通知新闻界,下午五时派员前往国民大饭店参与欢迎大会,并聆中山演说。不料下午三时,警厅又派警通知新闻界,声明欢迎大会作罢。据闻,系租界当局恐人数众多妨碍治安之故,但各团体已决定明日下午五时假荣吉大街大舞台开欢迎大会,并请中山演说,该处宽敞,可容五六千人,较国民饭店为尤适宜也。又闻汪精卫向欢迎代表者言:中山为乘此机会谋与华北人士晤面计,拟举行露天讲演。筹备处闻讯十分欢迎,当即决定六日下午假南开大操场为讲演地点,惟张作霖不以为然,因恐野外保护难周,立即派人向警察厅及筹备处劝告须在室内讲演为宜。警厅已向张园转达此意,尚未识如何结果。"(《孙中山抵津盛况》,《申报》1924年12月8日)

△　中山病后,段执政以下如京畿警卫司令鹿钟麟、国民军副司令兼第三军军长孙岳、国民军总司令部军事参赞刘昌言等人,皆于是日去电慰问,盼其早愈来京。(《中山在津消息》,《京报》1924年12月10日)

△　英、美、日、法、意、比、荷七国驻京公使,集会密议应对孙中山入京之对策,及是否承认段临时执政问题。

据《时报》报道,是日上午11时,驻京英、美、日、法、意等各国公使,在荷兰使馆召集外交团临时会议。"会议之内容,以列席各使严守秘密,外间颇难探悉。但以最近使团方面之形势测之,其所讨论之问题,在外交团虽认为事关重大,然在我国视之,实不过因外人之神经过敏,而起之恐慌。盖自政变以后,外人当以苏联之易于接近我国为虑,故意以中国政府之赤化,为耸听之口实。及孙文由粤起程时,

---

①　另有消息称,此次宴会"各界到者亦寥寥,夜十一时散"。(《抵津后之孙中山》,《时报》1924年12月6日)

发表宣言,主张取消不平等条约,彼等恐慌更甚。所谓将联合列强,向我要求遵守既成条约之拟议,即因此而起。至段就执政职,宣言外崇国信,彼等方略觉放心。不料主张取消不平等条约之孙文,今明即当入京,彼等恐慌遂达极点。据闻前日会议,有某某国公使,主张孙文来京后,北京果开善后会议,其决定之新政体或新政府方针,如无左倾于过激之虑则已。苟带于左倾色彩,列国即一致以承认问题为对抗之惟一手段,第以中国之善后会议,尚未为此时只应有对付之准备已足,不必先为夸大之主张。而一面对于孙文之来京,则拟向中国政府方面非公式表示使团疑虑之意,希望当局格外注意,以防患于未然。"(《使团对孙中山来京之疑虑》,《时报》1924年12月12日)

此前,荷兰公使于是月1日向日公使芳泽提议:像孙文这样的赤化人物来京,必与当地赤化分子和苏联派来的加拉罕等共谋掀起危险事态。有此担心,故应支援张作霖镇压当地的布尔什维克。同日,张作霖也通过日本人町野向芳泽表达了同样意思。翌日,英国公使麻克类提议召开非正式的外交团会议研究此事,芳泽对此表示没有异议,但提出与会者限于签订九国条约国家。本日,上述会议召开时,荷公使提议在孙文到京前,将对策提交给执政府。芳泽有同感,但认为事关重大,须请示本国政府。此时,列强深恐冯、孙联合,再次发动政变,推倒段、张政权。芳泽对此表示怀疑,希望回避具体问题只作抽象的声明,但认为孙中山可能提出废除不平等条约、废止租界等激进政纲,故赞成采取预防措施。最后推定英公使起草给执政府的声明,芳泽仍提出避免写上赤化、过激活动等词,也不要点孙中山、冯玉祥的名字,只表示各国支持执政府,并要求在双方共同修订条约之前,执政府须承认和保障中国与列强所缔结的所有条约,以及列强在华权益。对此声明,日本币原外相表示赞成,但提议删去"双方共同修订条约之前,承认和保障"这句话,以免中国方面误解列强有修改条约的意向。这表明币原反对孙中山废除不平等条约,但他认为孙中山总得与段提携,在政治方面一切委任于段,对张亦无反感,大体上对段、张一视同仁。因此他对孙中山联合冯玉祥破坏段、张政府持怀疑态度。(俞辛焞:《孫文の革命運動と日本》,第 376—377 页)同日,美国驻华代办梅耶(F.Mayer)给美国务院的报告中说:承认和支持张作霖政府可能有利于日本,但若把这件事和废除不平等条约运动相比,那么它的"危险性"就要小得多,"在此两者之中,我之大大地赞助日本人,固不待言"。(邵鼎勋:《中国第一次革命战争时期的美日勾结》,《历史研究》1958 年第 8 期)

此前,当段祺瑞由津入京就临时执政,各国驻华使节未有表示,由于日使斡旋,11 月 28 日各国公使方分班往贺,惟声明不含承认之意,段遂有"外崇国信"表示,英、美、法、日、义、比、荷七国使节以段愿继续承认不平等条约,本日起乃在北京举行七国使节会议,会商承认段氏问题。(郭廷以编著:《中华民国史事日志》第 1 册,第 846、848 页)

孙中山则因主张废除不平等条约,驻北京外国公使团对其入京颇加干涉。当孙中山未抵达天津时,各界代表商议在法租界国民饭店开欢迎大会,而驻津法领事,以孙倡废除不平等条约运动,竟不许;且扬言孙登岸时,不许通过法租界,故各代表乃预备张园为行馆。(《中华民国史事纪要(初稿)——一九二四年九至十二月》,第 1033 页)据新闻编译社消息称:"中山抵天津法租界码头时,法国巡捕曾当场逮捕学生三名。当经许世英向法领事提出交涉,中山之来,同受政府国民之欢迎,不得任意逮捕,该学生等业于前晚释出。"(《天津法巡捕无故逮捕迎孙者》,《京报》1924 年 12 月 6 日)另有消息称,事情起因于学生在迎孙时,持反对帝国主义等旗帜,故引来法捕房干涉。(《抵津后之孙中山》,《时报》1924 年 12 月 6 日)

对于各国驻京使节因孙中山北来而产生之恐慌以及随之采取的恫吓手段,《京报》有评论略谓:"此类手段,皆系外人之作用,亦可谓理屈心虚,无意识之恐慌。孙中山当然始终反对帝国主义、侵略主义,且主张我国与各国所订不平等之条约非设法废止不可,是为我国国际地位平等之主张,乃全国国民人心所同,完全出自自动之觉悟。彼某使馆众人对人谈话,亦谓其赞成我国得有平等之地位。则对于中山之恐慌,未免神经过敏,中外人士,幸勿为谣言所惑也。"(《外人对中山来北无意识之恐慌》,《京报》1924 年 12 月 4 日)

△　与来访日本记者藤泽山内等进行谈话。

是日下午 3 时,在张园寓所接见日本驻津记者藤泽山内、江崎、西村、岛田等,并作简短谈话,对这次过日访问受到日本上下官民之热诚欢迎表示感谢,并告其"个人之方针,渡日之际已在长崎、神户、门司等处发表。日内更当发表具体之宣言书,以供国内外人士之研究";"余尚欲拜访张作霖……7 日早车入京"。(《孙先生到津后之表示》,上海《民国日报》1924 年 12 月 13 日)

随后,戴季陶以国民党宣传部长身份与记者晤谈,发表六条时局意见,包括孙中山对列强的态度、收拾时局之方针、废督裁兵之办法、整理内外债问题、广东政府之将来及中日关系。提出应废除督军制,召集国民会议以行使政权;整理财政以恢复国内秩序;在全国统一、依法产出正式政府之前,广东政府仍当继续维持现状;中日两国国民应全体携手,谋东亚民族之发展,求国际的和平。戴氏并谓:"中山自己之第一任务,对内谋国家之统一,对外完成国家之独立,实现中华民国国际的平等。"(《中山对时局之意见》,《盛京时报》1924 年 12 月 10 日)

△　诫由粤来京人员不得任官职,否则以违党纪论。

本日,以邵元冲为行营机要秘书,并着兼任北京《民国日报》社社长。特手令曰:"凡由粤来京人员,不准在北京任一官一职,否则,以不遵守党纪论。"当时,北京政府任命杨庶堪为农商总长、唐绍仪为外交总长、李烈钧为参谋总长,均尚未就职。仅叶恭绰因梁士诒与段之关系,于一星期前就交通总长职。孙中山深恐段祺瑞之临时执政政府以职位诱革命党人,故特令告诫。本日曾面告刘成禺及郭泰祺诸人曰:"此次随予由粤来津者,在职人员甚多,如趁此机会,图谋本身在北京膺显官高职者，非吾党革命之志士也。吾知汝二人，由我派驻武昌，有重要事来北，与予商榷，自然相信。凡由粤来人，以我语相告，否则，北京人谓吾党谋权利，而来抵北京。"(刘成禺：《先总理旧德录》，尚明轩等编：《孙中山生平事业追忆录》，第 689 页；邵元冲：《玄圃遗书》上册"传略"，第 17 页)

　　△　《京报》刊载评论，称道孙中山北上之诚意，略谓："中山北上之唯一目的，乃在宣传其主张，殆一时不与现实政治生何等关系。故其同行之人，皆经审慎之别择，其主旨为决不猎官，凡有总次长资格者，概不许其同行。"并称："其态度之纯洁，只有宣传主张之使命，而无争夺权位之私心，诚不愧为平民之首领也。于此可知外人种种谣言，如与某某等联合有何举动等说，皆属挑拨之作用。盖中山之真态度，可谓除贡献其纯洁之精神以外，绝无他项目的者也。"(《中山先生北来之真确态度》，《京报》1924 年 12 月 4 日)

　　《顺天时报》发表时评，谓："中山为建造民国元勋，其立志革命，改造国家之精神，始终一贯，数十年如一日，视之近来时髦政客朝三暮四、惟势是从、一无节操之流，不啻霄壤之别，此孙氏所以见重于国民者也……吾人希望中山此次来京，深□自己责任之重，牺牲一切自己利欲观念，与北方各首领相联络，以定中原统一大业。"(《欢迎孙中山》，《顺天时报》1924 年 12 月 4 日)

　　对于孙中山之来津，是日英文《华北明星报》有短评略谓："就以往之事实观之，孙中山殊不愧称为世界之伟大人物，彼本高尚之爱国热诚，牺牲其第一任之中华民国大总统，而彼在任时，又未尝发生任何事变，实为中国各大总统之特色，中国人之名震全球者，亦唯中山一人。在今日之中国人中，为国民所竭诚拥戴者，除中山外，殆无他人。中山坚持其所抱之主义，故一班自私者因其有害于彼辈，故视为敌人，多方宣传，谋所以中伤之。然皆徒劳而无功。盖善意的宣传，固足以扬名，但苟其人之地位已确定于群众之心目中，虽有人谋所以毁谤之，亦不能也。吾人观历史上之伟大人物，即可知之。此次孙中山之来津，其关系重要之点固不仅一端，然其与张作霖之晤面，以共谋中国之统一,实其尤要者。中山与合肥同为中国之伟大人物,然颇多不同之点,但此次相会于北京,其结果必将有大有利于中华民族与国家,可断言也。"(《孙中山到津欢迎纪》,《益世报》1924 年 12 月 5 日)

△　以大元帅名义下令公布《赣中善后条例》十一条、《赣中善后会议暂行细则》三条、《赣中善后委员会各职员之职责及公费暂行细则》五条、《赣中征发事宜细则》三十三条。(《大本营公报》第 35 号,"法规")

△　指令粤军第三军长李福林,不准请求开去本兼各职,着仍应勤劳国事,捍卫乡邦。(《大本营公报》第 34 号,"指令")

△　余棨①来函,言约法与武力,略谓:"中华武力迷梦,项城既以身殉,天不延祸,甲子运兴,段吴师生,覆辙相继,基督军人,能察民意,和平标旨,随倡下野,政治澈底,期在此时,法律解纽,防在此时,约法之兵争,早成过去,宪法之言战,忽觉方来,吾国民性特美,是非极易判明,约法并非以武力得之,宪法何容以武力成之。"(《余棨与孙中山言法绪书》,《益世报》1924 年 12 月 4 日)

△　旅沪公民叶冠千等一百二十六人致电孙中山,支持国民会议。(《旅沪公民致孙中山电》,《时报》1924 年 12 月 5 日)

△　天津市民欢迎孙中山先生大会致电孙中山,请孙中山做到八项条陈:(一)收回海关权、租借地、领事裁判权,撤消一切不平等条约;(二)取消一切苛捐杂税;(三)取消元年以来一切不合法的法令、治安警察法、盗匪惩戒条例、出版条例、罢工刑律;(四)将曹氏兄弟及其同党非法取得的财产没收,救济兵、水两灾;(五)将学校及民房之驻兵移出;(六)解散国会,取消伪宪;(七)取消督军及从前一切军职名称;(八)恢复教育原状,使教育经费完全独立。(《天津市民提出最低要求》,上海《民国日报》1925 年 1 月 8 日)

△　《益世报》刊载康有为自杭州致段祺瑞之电文,要求恢复优待清室,力谓孙、冯不可共事。电谓:"北京段芝泉先生鉴:前承由何

---

①　余棨(1881—?),安徽望江人,曾任安徽咨议局议员、国会众议院议员、湖北清乡总办、湖南武陵道尹等职。(周家珍编著:《20 世纪中华人物名字号辞典》,第 1047 页)

茂如转来尊电诵悉,仆以生民涂炭,不欲兄弟阋墙久稽裁答。顷旧政府颠覆,众望归公,朝歌有属,望救水火。然民国十三年来,大乱如麻,四万万人民,惴惴不保其生命,共和而为共乱共斫矣。闻公密语人,共和非己意,但为项城压迫,故历年事变,公对于优待皇室条约,力为维持。今冯玉祥背信弃约,乃敢反悖万国共护之优待皇室条件,废帝号、逐乘舆、劫宫库,外人骇愤,举国震怒。夫清朝竭其兵力定满蒙回藏二百万方里之地,归之中华,让于民国,令数万万人民匕鬯无惊,首领得保,此其功德,横绝宇宙,岂有比哉。故有优待条件,公与项城、唐少川、朱尔典所商定,通告万国而共证之。其仍居京师,正如意得罗马,仍优待教皇,偁尊号,居故宫同例。六十年来,未闻有改其条件,逐教皇,而废其尊号,劫教皇宫而夺其财宝者。法灭安南,荷兰灭爪哇之梳罗,亦存其帝号,保其宫库。日灭高丽,虽降王爵亦保宫库。至拿破仑第一之破罗马,教皇亦行教皇尊礼,保其宫库。德威廉第一之虏拿破仑第三,幽之别宫,亦待以帝礼。况今酬报让国,而可废尊号、逐乘舆、劫宫库耶? 夫人道莫重于报,故杀人偿命,欠债还钱,若报可废也,则律于人不必偿命,欠债不必还钱,其可矣行乎? 若任一人盗劫之私,条约可随意而废,则何必立条约也。煌煌万国共证之优待皇室条件,既可随意逐夺之,则可随意毒弑之。今改正优待条约,更可随意废改,谁能信之,谁能保焉。公是亲订条约者,而不能争回,是与自废优待条件等也,不能以既废空言了之也。且蒙回王公世爵,皆与优待条件相连,若皇室优待条件废改,则蒙回皆自危矣。东北强邻,方垂涎蒙回,日伺其隙,岂非为渊驱鱼,逼蒙回以投外,一举而失二百万方里之地,天下之愚,未有若此者也。英争一亚丁,意争一阜姆,俄争一华沙,皆倾国力,百战数十年然后得此区区之地,而公今乃听冯玉祥一贼之私盗,明背万国共证之大信,甘弃二百万方里之名疆[1]乎,何

---

① "名疆",《盛京时报》所载作"岩疆"。

其慎哉。夫冯玉祥狼子野心,穷凶极恶,何厌之有。昔陆建章携①冯玉祥于兵卒之中,妻以甥女,擢为大官。而冯玉祥先背而陷之,及从陈宦入川,则叛陈宦,既入陕则毒杀同时之阎相文,入豫则杀无辜宝德全阖家,而劫赵周人之财,至今令其兵散扰河南。去年过陕豫,两省人士谈冯玉祥劫夺富豪之财无数,莫不切齿。听其言仁于基督,考其行暴于盗跖,以冯玉祥而言和平,何异虎豹之言仁。而人有信者,岂不异哉。冯伪恶衣食,而富二千万金,全京米麦,皆归冯有。前年媚事黎宋卿,而去年则废宋卿而举仲珊矣,今日倒戈而背吴子玉废曹仲珊矣。仲珊传书,谓冯玉祥实主战,奉颁②兵抵沈阳,扑杀张雨亭。今又主和,拥雨亭而戴公矣。盖将据公于炉火之上,复以公为黎曹也夫。人而无信,不知其可,巧于中立,心持两端,笑里而藏刀,联裙而设阱,欢饮而置酖。今日换帖拜门,明日仇雠拔刀,人人无可辖据③,人人无可依恃,则行不知所从,手不知所恃,举足百为危境,凶德参会,恶伪养成,人道之堕,不如禽兽。自古以来,未有若今之甚者,何所恃以为人,何所恃以立国?闻之刺心,睹之酸骨,而今诸公乃欲云云,尚何政制之可言哉。今之附公者,公自审之。冯玉祥反复纵横,高下在手,犹尚不足,乃觊觎皇宫之宝藏,明目张胆而劫之。浸假而毁阙里,废文庙可也;浸假而法俄大革命叛基督废上帝可也;浸假而力行赤化,戮国民而夺其产可也,孙文在粤先力行之矣。易曰履霜坚冰,至言其渐也。昔闻英人某谓冯玉祥以洪秀全将大乱中国,今果然矣。其反复倍于吕布,其诈伪甚于王莽,合董卓、侯景、洪秀全为一人,他日必百冢磔蚩尤,千刀剌王莽,而今公等纵之,令国民受其荼气,公等亦必受其祸,为可痛也。比者国人闻雨帅拘留冯玉祥,莫不欢忻,可见人心矣。公学佛者,应有慈悲,而忍坐视国民为俄民之惨

---

① "携",《盛京时报》所载作"提携"。
② "奉颁",《盛京时报》所载作"欲"。
③ "辖据",《盛京时报》所载作"控据"。

乎。公在清朝,位极总督,而忍坐视故主抄没幽黜,不如安南高丽王乎。陈宜庵在公左右,受冯反背之害剧矣,公明知之,乃与雨亭引虎自卫,认贼作子乎。昔徐又铮请吾与公合作,谓明公之望,与吾之学,可救中国。吾以与公异趣,未之许也。今公诚能密与雨亭诛冯玉祥,正其反复背约之罪,一以慰天下万国之心,一以除左右反侧之患,然后恢复皇宫优待条约,立撤抄宫委员,迎还乘舆于故宫,则万国赞美,兆民颂德,天下归仁,四海同戴,岂惟鄙人。然后调和洛奉,乃议政制,吾亦必有以报公也。开和平会议者,乃冯玉祥令全国人服彼云尔,子玉不服,冯即用兵,血满津沽。今欢迎者,乃为焚居广州之孙文,奸民所恶树之风声,以此教导国民,岂非欲以全中国为第二广州耶。如此和平,敢欺国民,颠倒奇骇,晦冥失日,是则基督教之博爱,宜钉十字之架,释迦之慈悲,宜下阿鼻之狱,宜天下皆为惨祸会议也。今之居高位者最能伪诈,夫孙文日言民权,而乃好独裁专制,日言民权,而乃日为屠伯杀子,南孙北行,厉行俄化,言行反绳,公乃聚猰貐大风于一堂,引毒蛇豺虎为同榻,天下惊惧,善良饮泣,更为公与雨亭忧之。吾昔劝公听信徐又铮语,谓公有一范增而不用,公不能听吾言以是致败。吾顷告吴子玉请防冯玉祥,万勿出京,子玉不听以至败,今公若不听仆言,可坐视公之败也。惟公图之,并转张雨帅同鉴。康有为启。"①(《康南海之与段合肥论证》,《益世报》1924 年 12 月 4 日;《康圣人痛诋冯玉祥》,《盛京时报》1924 年 12 月 7 日)

12 月 5 日　昨日有感冒病状,曾由日医松冈诊治,据侍从李荣述本日情形,是日晨起,谓李荣曰:"日医嘱余勿食水果,今余食后,病势已减,如该日医来时勿以告之。"是日下午,肝病暴发。(李荣:《总理病逝前后》,尚明轩等编:《孙中山生平事业追忆录》,第 649 页)

△　复电北京中央公园各欢迎团体联合大会并转各公团,感谢欢迎盛意。并告:"刻以胃病,医劝休养数日,行期届时电闻。"(《孙中

---

① 此件未收入张荣华编校的《康有为往来书信集》,中国人民大学出版社,2012 年。

山来京期未确定》,《顺天时报》1924 年 12 月 7 日)

△ 复电段祺瑞,告昨午抵津,谢其派许世英代表前来欢迎,并谓:"本拟于七日晨入京,藉图快晤,惟因途中受寒,肝胃疼痛,医嘱静养三两日,一俟病愈,即当首途。"(《申报》1924 年 12 月 7 日,"国内专电")

△ 报称:"关于召集国民会议为解决时局方法一事,为孙中山所主张。段合肥虽亦明白载在通电,但新离京之某大力方面对政府召集国民会议之举,并不十分热心赞助。因此国民会议前途荆棘尚多,将来能否准可召集,现在政府中人均谓实无把握。"(《国民会议之前途》,《北京日报》1924 年 12 月 5 日)

△ 中华民国国民会议湖南促成会致电孙中山等人,言赞成国民会议。(《湘团体赞成国民会议电》,《益世报》1924 年 12 月 10 日)

△ 有消息称,是日孙中山在黎元洪宅与张作霖会晤,孙中山对张谓:"本人主张五权宪法,当提出国民会议公决。予非赞成共产主义,予乃社会政策,正所以引共产主义者入于正轨。"又谓:"予已嘱民党勿做官,望君提倡废督裁兵。"张谓:"吾先自行解职,请劝国民军勿扩充军队。"孙继之谓:"直隶系倒,拥兵目的已失,任何方面均应裁兵。"(《申报》1924 年 12 月 7、8 日,"国内专电")另有东方社是日电称:"孙中山、张作霖及段祺瑞代表许世英、李思浩两氏,本日在黎元洪宅,密议何事云。"(《孙中山来京尚无确期》,《顺天时报》1924 年 12 月 6 日)[①]

另有《顺天时报》报道谓,张作霖因闻中山感冒,特于本日下午 4 时往张园慰问,"至则孙氏尚未起床,张氏入内,则在床前会见。中山精神虽惫,尚谈话自如,略谓此次北上,绝无权位思想,一面对于国民有所贡献,同时对于外交上不能不反对帝国主义之侵略与不平等条约之压迫,随从人员,莫不彻底觉悟,言动谨饬云云。据孙氏左右传

---

① 此报道似不实。《邵元冲日记》五日载:"午间应黎宋卿午餐之招……本日之宴,本特为孙公,乃公以疾不能行,故由精卫等代表前往。三时顷归张园。少顷,张雨亭来视孙公疾。"(王仰清、许映湖标注:《邵元冲日记》,第 84 页)据此,孙中山并未出席宴会,与张作霖的谈话地点应是在张园,非在黎宅。次日《京报》报道亦称,孙中山因胃疾,"昨午黎黄陂之欢迎宴,亦未能举行"。(《中山先生改定八日来京》,《京报》1924 年 12 月 6 日)

出消息,孙氏要求与张偕同入京,张已有允意,但届时究竟能否同来,殊难逆料"。(《孙中山来京期未确定》,《顺天时报》1924 年 12 月 7 日)《京报》亦报道张作霖探孙中山病,称:"自曹家花园至日本租界,沿途警卫森严,断绝交通。至则孙氏尚未起床,张氏入内在床沿就座,屏去左右与孙密谈半小时方出。复入客室,孙科、汪精卫任招待之责,张与之略为周旋,即返曹家花园。所谈为何,不得而知。惟据孙氏左右传出之消息云,孙氏要求与张作霖偕同入京,张已有允意,一说则张学良侍中山来。"(《奉张父子与中山》,《京报》1924 年 12 月 7 日)陶菊隐在《北洋军阀统治时期史话》中提到,张作霖来张园与孙中山晤谈,"劝孙中山不要反对外国人,因为外国人都是不好惹的;而各国公使非常反对联俄、联共政策,希望放弃这个政策,他愿意代孙中山疏通外国人的感情"。(陶菊隐:《北洋军阀统治时期史话》,第 203 页)

　　△ 在寓所接见来访之日本某访员。该访员询以时局及亚细亚民族之结合与废约关系等问题,答谓:"如能实行全国民之真政治,则财力虽难自国内筹出,但在国民全体之意志未能一致,及正式政府未能成立以前,或能赔少额之外债……亚细亚全民族之结合,排除欧美之压迫,中国问题自然解决。日本自谓已脱欧美势力之压迫,然自明治维新后极力慕仿欧美。今之日本,虽转于三大强国或五大强国目之中,然其思想方面尽步欧美人之后尘,而于亚细亚之真精神反弃之如遗。为日本计,现在应急图还东亚民族之真光,而最要者,首应承认苏俄联邦共和国。"又谓整理时局之人物"除段祺瑞氏而外,无适当之人物"。(《大元帅抵津后之言行录》,《广东七十二行商报》1924 年 12 月 22 日)[1]

　　△ 昨日入晚,感冒痛厉害,即命山田纯三郎请日本医生来。山田往请日本总领事吉田茂设法,吉田立即允代请医生,并以外间所谓

---

[1] 《晨报》1924 年 12 月 6 日亦以《孙文之谈话》为题,刊载"天津五日东方电",报道此则消息。

"赤化"之谣传问其看法。山田答谓："我跟随孙先生很多年，所以不相信会有这种事。国共合作，发表跟越飞的宣言时，孙先生都曾经遭受许多人的反对和忠告，但中国目前最需要的是废除列国的不平等条约，以获得真正的独立。苏联是最先对中国废除不平等条约的国家。中国要跟任何尊重她独立的国家做朋友。但是，中国有中国的文化，她应该走她自己的道路。请信赖我。没有独立的中国和独立的亚洲，亚洲便不会有和平。亚洲没有和平，世界便不会有和平。而为了求取亚洲的和平，日本跟中国必须合作，孙先生经常这样说。"吉田表示他虽明白山田所言，但"不能凭这些就向外务省打电报，因为它关系日本的将来"，因而要求与孙中山见面。经山田转告，孙中山允之来见。本日，"吉田茂来跟孙先生单独见面"。（陈鹏仁译：《论中国革命与先烈》，第246—247页）

　　△　因孙中山不日来京，北京各团体迎孙中山先生联合大会等各团体积极筹备迎接事宜。（《京中各界迎孙筹备》，《京报》1924年12月6日）北京朝阳大学全体学生致电孙中山，请孙中山莅校演说。（《北京欢迎孙先生热潮》，上海《民国日报》1924年12月15日）另有消息称，当各界正忙于筹备欢迎，本日午"警察厅派出警察多名分赴各公私立学校，口头声明专门以上学校只得派十人为代表，届时到站欢迎。先时开出名单送厅，俾发给进站徽章。中小学校无须欢迎，亦无庸派遣代表，俾站台秩序易于维持"。（《政府限制迎孙之学生》，《京报》1924年12月6日）

　　有报道称，执政府为孙中山来京事召集军警长官开会布置警卫，谓："执政府内因孙中山有期来京，除饬各机关届期派遣人员赴车站欢迎外，嗣以现在京内流言繁多，孙氏来京颇为中外人士所注意，深恐有不逞之徒，乘机滋生不法行为，妨碍统一大事。故此特于是日召集军警长官开一会议，闻所议内容，大致以孙中山为有功国家之人，此来又于统一关系重大，亟应恭迎，并为严重之警卫。次因届时各界欢迎会，人必众盛，其中份子良莠不齐，应由警厅发给入车站之标志，再次对于各界欢迎者，应须首重秩序。俾免混乱状态。故此决定每一团体，限定十人为代表。并禁止揭执赤色旗帜，及不许散布鼓吹无政府共产主义之传单。以上决议事件，闻已令警厅、警卫司令部遵照办理矣。"（《执政府为迎孙开会议》，《顺天时报》1924 年 12 月 6 日）

△　日本驻华公使芳泽谦吉致电日本外相币原喜重郎，报告民党派及学校和其他各团体准备欢迎孙中山入京的狂热现象及其形成原因。据称，本月 3 日各团体代表一百五十名为迎接孙中山，特备专车赴津；同日又在中央公园召开欢迎准备联合大会，并议决：（一）孙中山到京当天，学生及其他团体一起在天安门前摇旗游行至前门；（二）翌日晚举行以国立八校等校学生为中心，一般市民参加的提灯大游行；（三）在游行之际合唱欢迎标语，散发欢迎传单。此外还传闻孙中山到京之后将在北京大学等地举办三民五权主义大演讲。另有情报说，形成此种狂热现象的原因是，苏俄驻华公使加拉罕建议中国方面的同志学习 1917 年 3 月俄国革命之际列宁进入彼得格勒时的策略。为此投入大量费用以煽动气氛，宣传主义。其资金由加拉罕秘密供给民党方面。加拉罕通过议员胡鄂公支付了十万元，以运动赤化运动，其中四万元用于京汉铁道职工同盟罢工，其余六万元被其私吞。加拉罕发现此事后，中止支付胡鄂公支票。北大学生方面，以往由胡鄂公亲手交给，今后将由加拉罕直接支付，每人二百元上下，约二百人。不过这只是传闻，未知真伪。（《孫文ノ歓迎準備熱狂的ナル旨並ビニコレヲ醸成セル原因ニツキ報告ノ件》，《日本外交文書》大正 13 年第 2 册，第 581 页）

△　特派胡汉民为参加伍廷芳国葬典礼代表，届时前往致祭，并宣读祭文。（《大本营公报》第 34 号，"命令"）

△　着广东筹饷总局与禁烟督办署合并为广东全省筹饷总局，原督办、会办均裁撤。特派范石生任广东全省筹饷总局监督，谢国光、韦冠英为副监督；任罗翼群为广东全省筹饷总局总办，梅光培为会办。准任杨允恭、王紫剑、平宝善、张卓立分为江西龙南、会昌、兴国、瑞金县知事。（《大本营公报》第 34 号，"命令"）

△　给予湘军中校营长孙谋等人①恤金。(《大本营公报》第 34 号，"指令")

△　本年 3 月初特许台山县试办地方自治，并由该县县长刘栽甫拟定整顿台山县自治办法五条。本日准其酌留部分国税。复于本月 11 日令饬驻防各军协助该县自治。(《饬酌留国税拨充台山自治径费令》《饬驻防各军协助台山县自治令》，《国父全集》第 4 册下，第 1343—1344、1346 页)

△　孙中山所派赴浙代表沈定一是日午后在总商会演讲，首报告孙中山不得已解散粤商团之经过，次解析国民会宣言，请群众努力发展工商业，如收回海关权、航海权种种，不妨条陈孙氏，预备提出会议。(《申报》1924 年 12 月 7 日，"杭州快信")

△　据津讯，本日上午 10 点，突有英工部局副局长带人闯入英界义庆里中国国民党直隶省党部，搜查传单印刷品，并传中央执行委员韩吉祥、直隶省党部委员于方舟。计搜去中国国民党直隶省党部、津市党部敬告市民及市民方面存放之欢迎孙中山传单千余张。(《搜查国民党》，《晨报》1924 年 12 月 8 日)

△　报称，在沪国会议员以此次北京将召集非常国会，曾经一度集议取决对付办法，由田桐草拟建议书北上接洽，于是日乘轮赴京，同行者有孙中山的代表谢无量。(《在沪议员与非常国会》，《申报》1924 年 12 月 6 日)

△　国民会议湖南促成会致电孙中山、段祺瑞诸人，拥护国民会议，反对善后会议。(《湘团体赞成国民会议电》，《益世报》1924 年 12 月 10 日)

△　芜湖学生联合会致电孙中山、段祺瑞诸人，拥护国民会议，并提出四项要求:(一)废除一切不平等条约，收回租界权、关税权、司

———————

①　指湘军第一军第九师第二十五团第一营中校营长孙谋，第九师师部中校副官长张明鉴、第九师第一旅旅部少校副官黄超白。此三员均在是年 7 月先后在东江军次积劳病故。

法权、教育权;(二)废止法〔治〕安警察条例及罢工刑律,保障人民集会、结社、出版、言论、罢工之绝对自由权;(三)废督裁兵,移民殖边;(四)惩办贿选议员。(《皖人群起援助孙中山》,上海《民国日报》1924 年 12月 11 日)

　　△ 《益世报》就孙中山北上莅津发表社论,略谓:"昨日孙中山之莅津,殆为近日欢迎之极盛者欤,盖其它要人之来,从事于欢迎者,官场而已,军警而已,与来者有关系之一派人而已,于市民无与焉。欢迎中山者,则于上列各类以外,大多数为全埠之市民。""夫人民之所以热烈欢迎者,非震于其名位之高,非慑于其权威之大,实为其为革命巨子也,为其为共和元勋也,为其抱有改革不良政治之宏愿也,为其具有制造平民国家之魄力也,为其有周历各国之经验,能淹贯中外之治体也,故欢迎之意,不类于官场之具文,而出于人民之心理。第孙氏此来,果将何以餍人民之望,而大有裨益于国家者,谅不致仍以空言虚气,唐〔搪〕塞一般人之观听也。""孙氏自民国以来,所经过之历史,业已尽人所能道,何庸赘述,而其屡蹶屡起,始终不挠之强毅精神,致足令人钦佩。惟年来迭遭失败,困斗岭南,颇有日暮途远倒行逆施之概,有如扣商团械,屠广州市,使桑梓横罹涂炭,曾是矢志救民者而为之乎? 倾向过激,提倡赤化,与俄党结合契约,曾是高谈爱国者而为之乎? 以故国人之对于孙氏,渐由敬仰而入怀疑,是则不能不为孙氏深惜者。今日之热烈欢迎中山,一般有识者之思想,未必不含有窥测其举动是否有变化,言论是否有觉悟,以为论定其人之标准。而吾人则深望孙氏,确能抛弃其一时之错见,毅然趋改革政治之正当途径,出其伟腕,挽此狂澜,庶几孙氏无负此行。民国建元十三稔,所谓共和国家,仅化君主专制而为军阀专制,若云民治国之真谛,尚苦去题千里。孙氏所标榜之三民主义,固觉一蹴难几,然本其研究民治之根柢,顺从民意,斟酌国情,为醉心武力者,痛下切当之针砭,

引之于公正和平之轨道，凡一切不适于民主共和之治理者，悉举而扫除之。病根既去，则国家基础可以巩固，国际地位亦易增进。孙氏此来，方足以慰其数十年为国奔走之苦衷，而善葆其民国第一伟人之令誉。若仍挟异邦之危险种子，思自南而北，遍播而广植之，以害于而家，凶于而国，则孙氏之北来为多事，而亦甚非吾人今日欢迎之本意焉。"（《为孙中山进一言》，《益世报》1924 年 12 月 5 日）

《京报》亦就欢迎孙中山北上问题刊载文章，分析迎孙者中所夹杂的不纯之动机，约有以下数项："（一）一部分青年之崇拜虚誉偶像热；（二）因其有大总统、元勋、首领之资格；（三）假借机会，为团体出风头；（四）假借机会，为个人露头角；（五）视为一种不可少之应酬；（六）惧之，不信之，则礼貌愈形隆重。"并指出欢迎孙中山之正当理由，对之抱以期望："（一）欢迎敝屣既得之地盘权位而愿纯为平民，以促军阀下野之中山先生；（二）欢迎有主义主张，真诚革命，数十年如一日，毫不含糊之中山先生；（三）欢迎贫贱不移，威武不屈，失败不馁，成功不居之中山先生；（四）欢迎欲为全国国民会议指导之中山先生；（五）欢迎反对帝国主义，反对不平等条约，反对国际资本掠夺，绝对不排外亦不媚外之中山先生；（六）欢迎此来除为内政立根基，为国家争人格，为各派某和平，自身及部下绝无权位利益的欲望之中山先生；（七）欢迎此来足使外国知中国大多数民意所向，不得不稍敛其侵略野心之中山先生；（八）欢迎此来足使'有枪阶级首领，□战胜为可喜，出门清道，断绝交通，令人视之如帝王者自生愧悟'之中山先生；（九）欢迎此来足使暮气沉沉如一盘散沙之青年，大同团结，一致奋起之中山先生；（十）欢迎此来调和空气，足使中华民国自此泯其南北东西之畛域，精神上立见统一之中山先生。"（《因何欢迎中山先生》，《京报》1924 年 12 月 6 日）

　　△　是日《益世报》移译转载日本报刊之报道，分析中国的内政、外交问题，谓对中山访日甚满意，希望中日谋永久之诚意的亲善："日报载称段祺瑞入京以来，屡次声明以和平方法，收拾时局，张作霖已

允离京退奉,冯玉祥亦拟辞职外游,民国元勋之孙中山氏,不久亦可入京,与段氏协商国政。凡此种种,或可使国内政局苟安一时,但不过仅在内政范围;就目下中国政局观察,即能收拾内部残局,仍难遽抱乐观。北京政府虽已潦草成立,但对外交涉,可称由此开幕,中国即不向列国积极提议借款,而列国亦将以中国为世界问题而加以审慎之考虑无疑。盖列国间盛倡共管中国之说,由来已久,将向中国提出如何条件,实难预料,但新政府之承认问题,即难免发生纠纷,此亦应特别注意之一点。孙中山氏痛言列国之对华压迫,实为中国和平统一之障碍,极愿中国之革命,由华人自力为之,无须外人干涉云云。吾人(日人自称——原注)不能不称其为快语。盖孙氏之革命事业,被英国压迫者屡矣,遂使其建国计划,未能快愉进行,殊属遗憾。再就中日关系论,一部分人士,不无误解之念,且有云中日万难并立者。此种观念,关系于中日邦交前途者甚力,不得不望两国之智识阶级,设法交换意见,除去一切误会。盖中日邦交之能否圆满,不但影响远东之和平,即与世界问题,亦有莫大之关系,中日为齿唇相辅之邦,当有两立之可能。孙中山氏此次访日,颇与日人以极深刻之印象,此后双方当可以公平之态度,为远东和平计,而谋永久之诚意的亲善。"
(《东报论中国之外交前途》,《益世报》1924 年 12 月 5 日)

12 月 6 日　发布抵津公启,申谢各界各团体之盛情欢迎,谓:"文此次抵津,承各界各团体盛意欢迎,深为感谢,惟匆卒未及一一接谈,殊引为歉,谨道谢悃,统祈谅鉴。"(《孙文启事》,《益世报》1924 年 12 月6 日)

△　随孙中山留津的国民党要员汪精卫、孙科、邵元冲、戴季陶、王法勤、张继等十一人举行会议,根据孙中山的基本立场讨论关于对北方政局之问题,决议事项如下:(一)约法存在,不生问题,现在无完全的约法上之机关;(二)贿选之国会议员应依法惩办,与国会机关无涉;(三)临时执政府无法律之依据,只能视为临时发生之事实政府;(四)统一问题应付之国民会议,以符和平统一之实;(五)严惩此次主

战祸首曹锟、吴佩孚、孙传芳、齐燮元、萧耀南等人;(六)清室财产,应依摄政内阁所定条件,由清室善后委员会续办清理;(七)一切善后问题应由国民会议解决,无必要另行召集善后会议。(《中华民国国父实录》第 6 册,第 4914 页)

△　段祺瑞接孙中山昨日来电,本日电复,且致函孙中山问候起居,促速进京。电谓:"昨闻偶抱清恙,良深驰念。尚望加意珍摄,早占勿药。拱候高轩,无任延跂。"另致一函,略谓:"忽奉电音,始知贵体违和……尚祈为国珍重,保卫政躬……鹄候苞止,论道匡时,敬备蒲轮,以候君子。"(鹿钟麟:《孙中山先生北上与冯玉祥》,《孙中山生平事业追忆录》,第 480 页)

《京报》引执政府消息谓:段祺瑞本日"接赴津代表许世英来电,电告中山先生因在途偶受感冒,胃疾复发,已延请日德两国医生诊治。医者告以须静养数日,来京行期,俟确定后,再行电陈",即"命梁秘书长致电天津张园慰问"。该报道并称:"又闻民党分子于右任与陆军驻京办公处长李含芳两氏,因中山来京期近,特于日昨赴帅府园警卫司令部,谒见鹿钟麟总司令、李兴中参谋长,磋商中山抵站时之维持秩序方法。派得力军队欢迎中山,使欢迎中山之群众,得尽瞻仰中山之热忱。"(《中山先生胃疾稍愈即当来京》,《京报》1924 年 12 月 7 日)

△　许世英致函叶恭绰,告以孙中山病情,并因"善后会议条例既有候中山先生到京一看再定之议",请叶将善后会议条例定稿照录一份,派专差送交其转致,"俾得早日看定,俟中山先生到京之次日,立即公布"。(《许世英来函》,《叶退庵先生年谱》,第 222 页)

△　汪精卫致函邵飘萍,言:"中山先生在船中感冒风寒触起肝胃宿恙。抵津之第一日,尚能勉强支持。即夜已病不能兴,昨今两日(五、六两日——原注)均延德医史维德诊治。今晨(六日)加请日医参订药方,均谓须休息数日,始能起床。因之赴京之期,为之展缓。"

又某要人致信邵飘萍,谓:"中山先生患病,德医谓系肝病,日医谓与肝无关,但均主张静养,不可见客。先本以二十四小时为限,因昨日在床前见弟时多说话,后又见王一堂、卢子嘉,晚又见张雨亭,过劳精神,致病不能急愈,须得三日修养。今早(六日)发汗胃痛逾时又好,医生谓无妨启程,不耽延也。中山先生北来,随行之人为李协和和戴季陶(天仇),黄诒荪(昌谷)暨副官黄惠龙、马湘,余外无别人,真可谓轻车简从矣。其预先由沪来津者,为朱子英(和中),再如邵元冲则系公子孙科同行,现均在此分办函电暨各文件。前昨两日,接京中与外省各团体欢迎之电报,已达二百余件,现仍纷纷拍来,尤以市民为多数。京津来求见者,均系精卫、哲生(公子科)代为接待。至如赴会演讲各事,则均俟病愈之后。弟在此稍留,将随行中山先生回京,余容续闻。又中山先生住日界张园,随员住熙来饭店,李协和住张勋公馆。并及。"(《中山在津病稍愈即行来京》,《京报》1924 年 12 月 8 日)

△　东方社本日特讯称:"京津之欢迎孙中山,在中山深为感谢。大势已趋于和平统一,但野心家有利用中山之来津,以搅乱此大势之倾向,在中山殊感不便,自然由自己及国民党之立脚点,又难下全然舍却此等异分子之决心,故中山希望早离京津而外游,以努力向列国介绍新中国之国情。中山决定七日晋京后,勾留二三星期,即赴俄国,次巡游欧美,最后取道日本回国。中山此行决轻骑减从,夫妻外仅带一二人。"(《滞津中之孙中山》,《益世报》1924 年 12 月 7 日)

△　是日北京电称:"孙在津称病不出,各团体欢迎,均命孙科代表,来宾往谒,由汪精卫、戴季陶代见。谓孙来此专为促成国民会议,俟国民会议通过废止不平等条约,孙将遍游全国,运动实行;京警厅通告,各团体迎孙,每团限十人入站台。专门学校开十代表名单送厅,备发标帜,中小学不得参与。届期不得执红旗,不得散过激传单,提灯会允准举行;外团对孙有不满意,段命沈瑞霖解释。"(《孙中山入京期展缓》,《时报》1924 年 12 月 7 日)

《北京日报》亦刊载报道,言民党对清室之态度,孙中山表示其北来无危害清室之意,谓:"孙中山行将来京,但其素昔主张多不利于清室,故清宫颇多疑虑。前日曾密派在津遗老朱益藩就近探查,以使随时报告。兹据津门电话云,孙氏因此乃令彭养光转托朱念祖告朱益藩,说明中山此次来京之宗旨,绝无危害清室之意,幸勿误会。"①(《民党对清室主和平》,《北京日报》1924 年 12 月 7 日)

　　△　天津市民欢迎中山先生筹备会代表马千里、宋则久、鲁嗣香、宋朝义、邓颖超、崔物齐、史汉清等十人于本日上午十时赴张园求见。孙中山因遵医生所嘱,再行休养数日,故未亲出,由汪精卫代表接见。"首由马千里代表述说天津市民对中山先生之希望,汪君答云:一切均当代为转达,惟不能代表中山先生作何答复,因其在病愈后,仍当再与诸君相见云云。遂改为各代表与汪君个人之谈话。宋则久问:南北政府之区别点安在? 汪答:广东政府完全本民意以从事一切,故对于农工商民团结运动,极力维持,求其能组成真正之民意机关,而政府之措施,乃得有所本,其次则广东政府成立至今,未借外债分文,故取税稍重。北京专恃借外债以为生,且借来外债,全供军事之用,命陈炯明、陆荣廷、方本仁围攻广州,而广州政府断不为此,所加厘税,亦用之于正当政费,此其大要之分别也。宋又问:此次商团事件,北方商民多不明真相,愿闻其详。汪答语甚长,大致因商团为反动派所利用,谋推翻粤政府,故政府出于不得已而以武力解决,结果死伤如许商民,非政府意料所及,现正设法调查,谋所以抚恤云云。鲁嗣香又问中山经过日本之情形。汪答:在日本演说甚多,大致劝日本朝野觉悟,取消一切不平等条约与不合理之优先权。本同文同种之关系而互助云云。最后由邓颖超表示市民代表愿中山先生早日痊愈,而能与全津人士相晤见,遂与辞而退,已十一点半矣。"(《市

---

①　《益世报》亦报道称:"孙氏现每日在病床间,仍不时接见来宾谈话,一面延医治疗,极惹起各帝国主义国家之外人注意,而清室因孙氏乃革命领袖,恐其入京后有何种信心,益惴惴不自安。一般与清室有关系之遗老,亦均怀疑虑。其实孙氏此次北来,除对于时局有所建议外,完全致力于其主义之宣传。民党议员彭养光,昨特请朱念祖转告宣统师父益藩,请其对溥仪说明,中山北来于彼毫无危险,彼今为一平民,在法律上亦应受保护。"(《孙中山滞津行动昨闻》,《益世报》1924 年 12 月 8 日)

民代表会见汪精卫》,《益世报》1924 年 12 月 7 日;《天津市民代表与汪精卫博士之谈话》,天津《大公报》1924 年 12 月 7 日)

△ 《北京日报》据各方消息,报道孙中山抵津后之所闻。略谓:"北京各团体欢迎孙中山最为热烈,然一般旧官僚对于三民主义、五权宪法不甚了解。日前某当局命研究系林某、政学系章某说明三民五权之精神,并由章某置就答辞,对于三民五权有所讨论。一俟中山入京之后,某当局即当发表此项主张也……自中山抵津后,京中各界均派代表前往欢迎。学界首先推举代表四人随同李石曾、蒋梦麟等往津谒见,请其来京演讲。商界及公民团体亦有代表前往敦促。闻孙氏已允抵京后演讲三日,以餍京师各界之望。并闻孙氏此次北来纯以公民资格,一切应酬均以平民主义为前提,其意在力矫高自位置不面平民之恶习,所以酬酢既偏重于平民,其行动亦坦率,绝无藏头露尾、高贵自大之气概。闻孙氏对于津埠军警之警跸不甚谓然,希望京师无此现象,以示与民相亲之意……又闻孙氏来京之演讲三民主义时,不限听者之界限,凡有国民之资格均得列席听讲。北京各界得讯后,正在联络各界筹备演讲事宜,至演讲地点尚未确定。闻学界主张在北大,但北大地位狭窄,不能容纳多人,盖预料此次听讲者必甚踊跃,非寻常可比也。"(《孙中山抵津后之所闻》,《北京日报》1924 年 12 月 6 日)

△ 《京报》本日宣称,准于 7 日随报附送一尺长宽之孙中山先生最近肖像一帧,为欢迎孙中山入京者之用。因中山来京改期,遂决"暂缓一二日赠送,日期容再宣布"。至本月 31 日,始将长宽约一尺之精印孙中山先生肖像附刊分送。(《欢迎中山先生者大注意》,《京报》1924 年 12 月 6 日;《中山先生肖像赠送改期》,《京报》1924 年 12 月 7 日)

△ 任命蒋群为建国军宪兵司令。准追赠前海军驻汕头舰队指挥兼"肇和"舰长盛延祺为海军中将,照少将例给恤,以昭忠烈。(《大本营公报》第 34 号,"命令"、"指令")

△ 谭延闿令北伐军分三路大举进攻赣南,中央军宋鹤庚部占

新城，兵锋指向赣州。方本仁部占樟树，蔡成勋由赣逃沪。（陈锡祺主编：《孙中山年谱长编》下册，第 2090 页）

△ 建国山陕军司令路孝忱致电胡汉民，请转报孙中山，谓：忱部于鱼日（6 日）午后 5 时已将仙人岭、大梅关各要隘完全占领，俘获敌人五名，夺获步枪十余枝及军用品无算，现正向大庾县追击中。查赣边险要已经克复，此后大军当可长驱直入。（《大本营公报》第 34 号，"公电"）

△ 是日在广州举行伍廷芳国葬典礼，胡汉民代表孙中山致祭。祭词曰："维我贤辅，明德通玄，周流瀛寰，海纳百川。哲理湛深，法学精研，所学既邃，道力弥坚。时遭祲沴，转坤旋乾，始终弗渝，大节凛然。如何苍昊，夺我元老，飘风发发，逝水浩浩。怆怀忠义，中心如捣。灵爽在天，陟降斯邱。前有先烈，济济与俦，亿万斯年，遗芬永留。"（《伍廷芳葬礼祭文》，《孙中山全集》第 11 卷，第 478—479 页）伍廷芳逝世后，于本月 3 日决定国葬，本月 10 日，择葬所于广州东郊一望冈。（《中华民国史事纪要（初稿）——一九二四年九至十二月》，第 1072—1074 页）

△ 中华自治协会致函孙中山，欢迎其北上。（《自治协会致孙中山函》，《益世报》1924 年 12 月 6 日）

△ 《顺天时报》刊载奉天特函，谓："关外民党人数虽不多，然拥戴中山与其主义之热诚则不落各地同志之后。此次北京政变后，当地民党一直主张孙中山北上担负收拾时局之责任，及闻中山取道日本赴津，将乘车过沈阳，尤为欢跃不胜……但迄至三十日早，行政公署方面消息，谓中山已来电报告，在神户坐'北岭丸'直接赴津，闻者莫不失望。民党分子当即集议，议决派遣代表赴津欢迎，由朱霁青君负责此任务，对于时局彼此交换意见。后已有一致主张，即托朱君向中山陈述，俾得于善后会议时正式提出。"（《关外民党之迎孙》，《顺天时报》1924 年 12 月 6 日）

同日《顺天时报》并就孙中山北上入京问题发表社论，分析南北政局与孙段关系,略谓:"孙氏北上,段张冯诸氏引领望之久矣。各团体欢迎情形,亦甚踊跃。其威风之盛,既优于奉天战胜将军,亦凌驾救国中心之段氏也。盖国民厌乱望治之念甚切,而信氏来京后,救国基本事业,可以就绪故也。又氏之北上所以与人心以异常之刺戟者,实由于氏之意见与一般政客异其色彩故也。民国以来,十有三载,南北抗争,相继不绝。北方以武力为优点,南方以政论为特色。武力之代表者为北京政府,政论之代表者为孙逸仙氏也。迩来说南北统一之必要而努力者甚多,但多未达目的,幸此次战争结果,得见孙氏之北上,而南北统一之外形见焉。"该评论并对赤化问题表示担忧,称:"据里巷喧传,共产主义者将以孙氏北上为机会,拥孙氏为中国之列宁,畀冯将军以托洛基之地位,使其以武力为孙氏之后盾,排斥段氏,占领北京政府,而谋驱张氏之势力于关外云。以上所传,想属流言,然不可以之为全无根底之蜚语也。纵令孙氏自身不与此议,然难保周围政客,绝无此意耳。苟孙氏而为此种议论所动,非惟将招北京之大乱,即全国亦将因之而颠覆。"关于政局的出路,则认为段祺瑞"对于今日之中国实最稳健适宜之人",谓:"孙氏诚宜暂时以其理想委诸段氏,且为段氏后援,以遂行其怀抱之政策也。"(《段孙两氏》,《顺天时报》1924 年 12 月 6 日)

12 月 7 日 原预定于本日入京,旋因肝疾突发延期。本月 23 日慰勉樊钟秀之电中有云:"文四日抵津,原拟七日入京,与执政商榷收拾时局,忽患肝肿,卧病兼旬,尚须调治数日,始能入京。"(《慰勉中央直辖豫军讨贼军总司令樊钟秀暨诸将士电》,《国父全集》第 3 册,第 982 页)

△ 《益世报》刊载本日北京专电,称:"孙文行辕已改于西堂子胡同孙宝琦宅。又警厅通知各校,不许欢迎孙文。"(《益世报》1924 年 12 月 7 日,"特电")

△ 北京各团体欢迎孙中山先生联合大会发表紧急启事,称:"本会据闻警厅昨向各校宣称到站欢迎孙中山先生人数,国立大学每校限制二十人,私立大学每校十人,中小学校不准前往等情。本会当

以欢迎孙先生人具同情此种限制,殊属有拂国民心理,曾特派代表向警厅交涉,据称此种限制系指到站内月台而言,站外欢迎人数并不限制。为特通告加入本会各学校、各团体仍于接到本会通告孙中山到京之日,全体到站欢迎。并请于今日以内速派代表到水榭报告人数、领取徽章为荷。"(《北京各团体欢迎孙中山先生联合大会紧急启事》,《京报》1924 年 12 月 7 日)是日亦有上海电讯称:"京畿厅通告,迎孙文者每团体限派十人,禁执红旗,及散派过激传单,中小学校不准参与,专门以上每校限派十人,孙到之日,各学校工厂拟休假一天。国民党运动各界举行提灯会,为孙入京点缀。使团访闻鲍罗廷在孙文左右鼓吹共产,又传加拉罕出资十万宣传学界,使学界助孙,故暗谋阻孙入京。段祺瑞命沈瑞麟疏通,孙滞留天津即因此,能否入京,视沈疏通使团为定。"(《香港华字日报》1924 年 12 月 8 日,"本报特电")

△　国民通讯社消息称,教育界对警厅不许欢迎孙中山事极为愤慨,北京教育会已致函京师警察厅质问。略谓:"北京教育会前曾筹备欢迎孙氏,期与各校取一致态度,近因警察对于教育界欢迎之举,遂施干涉,该会甚不满意,已致函警厅质问。兹探得该会函稿,登录如下:敬启者,此次孙中山先生来京,敝会及各学校预备列队赴站欢迎,原出于学界同人崇拜公之诚心,亦即行使人民应有之权利,于地方秩序,毫无妨碍,乃贵厅所属各区警察,竟分赴各校,故设种种危词,百方阻止,甚至声称段执政令,禁止欢迎,本会同人认此种举动,实超乎警察应有职权以外,且迹近挑拨,在政治上难免发生不良影响,与警察维持公安之责任,大相背驰。究竟各区此种举动,是否奉有贵厅命令,请即赐复,俾释群疑。"(《何故不许欢迎孙文乎》,《顺天时报》1924 年 12 月 7 日)[1]

△　报载天津消息谓:"中山入京之期,现因欢迎分子有离奇举

---

①　同日《京报》亦刊载此则消息。(《中山先生胃疾稍愈即当来京》,《京报》1924 年 12 月 7 日)

动,引起法工部局之非礼行为。京中外交团之戒备甚严,故其行动格外谨慎……又闻某使馆消息,某新进国向与帝国主义抱敌对态度,此次因中山入京之迎拒,益见意思之冲突,现警厅方面向外团解释误会。至段执政盼中山来京,因鉴于津门近事与夫外交团之态度,恐仓卒入京与国家及中山均有遗憾,故已嘱外交当局切实疏通,中山入京之期或将因此延缓至十日以后始行到京,亦未可知。"又称:"中山所以迟迟其行者,实为张雨亭、黎宋卿等极力挽留之结果。大致谓彼若仓猝入京,使团方面尚须得有相当之谅解,庶可免除种种误会。因孙氏现有某国驻粤代表追随左右,各使对于彼之来京更为注意。法工部局对于欢迎孙氏者之取缔及大罗天讲演之无形取消,均与此事确有多少关系。现闻孙氏对于各方面往访者均由汪兆铭及戴天仇等招待,各团体之欢宴等事概由孙科代表一切。至外传出洋之说,至早亦须在国民会议闭幕之后。"(《孙中山暂缓来京与各方面》,《北京日报》1924年12月7日)另据路透社北京电云:"据半官消息,张作霖因共产份子集众示威,故反对孙中山立即入京,盖防共产党之行动,将有不利之影响及于新政府,而就国际视察点上特为尤甚也。布尔希维克党欲以孙中山之抵京为宣扬共产主义之机会,已无可疑。"(《孙中山病势剧增》,《时报》1924年12月8日)

△ 报称:段祺瑞派陆军总长吴光新、秘书长梁鸿志于是日晚7点乘专车到津。吴慰问中山疾,梁访张作霖商对付长江问题,同车来者有朱深、曾毓隽、张琬厚等。(《益世报》1924年12月8日,"特电")

△ 在病床上与某要人谈话,述北上目的[①]。

是日,某要员求谒孙中山,汪精卫领其至孙病榻前,孙即在床上与之谈话谓:"此次北上,绝无权位思想。一面对于国民有所贡献,同时对于外交上,不能不反对帝国主义之侵略与不平等条约之压迫。"

---

① 是日,孙中山肝疼好转,在病榻上接见过曲同丰、吴光新等人。谈话对象为曲、吴的可能性大。时间也依此确定。(《中山先生在天津养疴》,上海《民国日报》1924年12月12日)

并表示极欲尽早入京与各方相见，以慰期望。（《中山先生在天津养疴》，上海《民国日报》1924 年 12 月 12 日）

△ 在津接见胡景翼的代表，答允入京后赴豫访胡，并就此次参与推翻曹锟、吴佩孚之事，称道胡景翼。（《孙中山先生允赴豫》，上海《民国日报》1924 年 12 月 7 日）

△ 北京律师公会会长陈炳堃召集全体会议，商议欢迎孙中山办法，决定全体会员于中山来京之日，赴站欢迎；并定期假东方饭店，谦请孙中山暨新任司法总次长，并邀司法各当局作陪。（《国民党筹备欢迎中山》，《顺天时报》1924 年 12 月 8 日）

△ 报载蒋梦麟致电孙中山，谓学界同人对中山人格久所倾慕，更希望早日来京。（《北大备旗一面》，《顺天时报》1924 年 12 月 7 日）

△ 广州工人代表会、上海法政大学学生会等致电孙中山、段祺瑞诸人，拥护国民会议，反对善后会议。（《上海法大学生会通电》，上海《民国日报》1924 年 12 月 9 日；《粤工会对国民会议之通电》，上海《民国日报》1924 年 12 月 14 日）

△ 建国军北伐总司令谭延闿致电孙中山，捷报"职军会同第三军鱼夜占领马鞍山"，"今日拂晓已完全占领南安县城，刻正分途追击中"。建国军湘军总指挥鲁涤平等亦来电，谓："职等于鱼日午后率队将大孜梅团马鞍山各要隘之敌击败，敌之田团向南安、宋团向崇义分窜，阳晨完全克复南安县城。此役夺获步枪百余，俘虏数百。谨电报捷。"（《大本营公报》第 34 号，"公电"）

△ 沪妇女界成立"上海女界国民会议促成会"，响应孙中山召开国民会议之主张，以反对段祺瑞之善后会议。（郭廷以编著：《中华民国史事日志》第 1 册，第 894 页）

△ 报称，孙中山特派江苏省宣传委员朱季恂来松江后，遍向松地各团体接洽，是日下午 2 时在城内图书馆大会堂演讲国民会议要旨。"大意谓：中国十三年来受军阀的害皆是国民自己放弃不问国事之非，现在孙先生提倡国民会议解决国是，是已将军阀手中之刀夺而

界之国民,我国民再不可自己放弃,坐失机会。""是日到会者除县教育会、市教育会、工商会等各团代表外,并有七县共立女子师范、景贤女子中学、松江初级中学、省立第三中学、维四初中等各校男女学生二百余人,场上并有人发布促起注意国民会议之印刷品多种。闻朱君日内将赴金山等县宣讲,然后转道赴宁属各县。"(《中山代表宣讲国民会议要旨》,《申报》1924年12月9日)是日下午又在公共体育场正厅开会,到者百余人,由侯绍裘、朱季恂等相继讲演孙中山的国民会议主张,大意与上述演讲相同。次又述及军阀祸民之种种致国民不能得真正之幸福等语,次散发系中山对于国民会议之宣言与国民党政纲及广州商联会宣言、广州商团罪恶史等传单而散。(《民党对于国民会议之宣传》,《申报》1924年12月8日)

△ 段祺瑞本日午前8时在私宅接见东方社记者,发表对于时局之意见,对孙中山废除不平等条约主张及冯玉祥等驱逐废帝出宫事殊不赞成。其大旨如下:一、执政府之对外正式承认问题。"此次政变比较前此辛亥革命情形,迥然不同,盖此番不过共和民国之内部的政变,则列国对于执政府自无何等问题,正式承认一事纯为时日问题而已。"二、对外尊重条约问题。"孙文所论要亦理想的大体论耳,试思中国与俄国状态根本相异,盖中国五千年来之井田法至今犹存,国土乃属公平均分,绝非常见佃户争执之俄国可比,吾人须亟速增进对外信用,所以孙文大炮式之撤废不平等条约说万难附和。"三、溥仪避难问题。"予所居地位关于宣统逊帝问题,不便发表具体的意见,惟逊帝退出宫禁,固为早年既定事实,然摄阁逼迫逊帝立即退居之态度,固属难以赞成。此次避难日使馆现象既属逊帝自由行动,为他人所无可如何,优待条件是否恢复,是时尚难明言。"四、与孙文之关系。"孙文对外所说及一部分民党所主张姑置勿论,惟孙文之实际的意见,料与执政府无何等抵触之处,盖孙文并不企图以在粤手段直拟用之于京师,殆深谅广东与北京之区别情形。溯孙文前者在粤行动,如受粤人抨击阴私,似当无言可答。要之,孙文纵处于激烈的漩涡中,

然其人却超然于圈外。"五、财政及借款。"财政洵为当务之急而亦异常困难，由大局上观之，仍待外国资本输入，盖财政用外资整理固足以促进国富，经济发达可期，而待外此关税盐余等之国家收入，如树长久之计，为之整理财政前途，绝无何等悲观之点。"（《段执政之时事谈话》，《盛京时报》1924年12月9日）①

△　《顺天时报》就迎孙入京事发表社评，略谓："全国青年所以钦仰孙氏者……乃在其怀抱高远之理想也。孙氏为人恬淡寡欲，宽怀宏虑，以国家之幸福相终结。此等人在中国政治家中，实乏其俦，此亦孙氏所以获得令誉之原因。然钦仰孙氏之热度，非仅在德行一点，毕竟孙氏之理想，实有以致之也。近来中国理想家甚少，大凡在理想家缺乏时，国家恒难进步。盖无刺戟不能使之发奋，惟使其品格地位，日形卑下耳。孙氏富于理想，为国效力，能使国家骎骎日上，此盖为国民仰瞻之焦点也。孙氏所唱之大亚细亚民族主义，不平等条约撤废主义，皆无不可。国民宜促其始终一贯努力于理想之实现，此即使孙氏以其所长贡献于国家之道，抑亦使国民增其钦仰之原因也。"转而谓孙中山为一理想家而非实行家，"虽属开国元勋，革命领袖，然事实上执干戈之劳，举倒满兴汉之功者，非孙氏也。孙氏不过鼓吹革命大义，使建造民国之空气，弥漫于国内耳……于是吾人以为孙氏此之来，宜以一理想家而欢迎之，并宜使其以一理想家而应指导国民之重任也。若欲以为实行家而使之当行政之局，实误谬之甚者也……又孙氏所主张之大亚细亚民族主义，或不平等条约撤废主义，虽不外孙氏之高调的理想，然若为此等理想之实现起见，与俄国共产主义者取一致之行动，或倚俄国共产政府之后援，结果恐反使理想不能实现而已。兹吾人之所以对于此点特为注意者，盖恐孙氏入京之后，过激主义者将实行跳梁，且恐利用之为赤化之宣传故也。要之，欢迎孙氏者，宜洞悉所以欢迎之理由，俾孙氏得发挥其真面目耳。"

---

① 上海《民国日报》1924年12月9日刊载《段与日记者之谈话》，内容大略相同。

（《孙中山入京及其欢迎之理由》,《顺天时报》1924 年 12 月 7 日）

△ 《香港华字日报》有报道称,广州军政界分为拥段、反段、中立之三派,略谓:"刻下广州军政界方面,分为三派:(一)拥段派,杨希闵等属之;(二)反段派,胡汉民、林森属之;(三)中立派,徐绍桢等属之。盖杨希闵欲保存广州地盘,闻已派代表赴京接洽,□然乐于拥段。胡汉民、林森为孙派嫡系,其计划系联络各地职业团体,由国民会议举为大总统,如国民会议失败,即北伐讨段,故孙派刻下全副精神,皆注于国民会议。其进行步骤,一面设法消灭现国会,盖国会议员冯自由、叶夏声等均已离孙,谢持、田桐等亦必肯为孙出力,故由国会选举总统,孙当然无甚希望,因此孙派决定藉口国会贿选曹锟,不能继续开会。日前国会议员因北京起诉贿选案,纷纷逃到天津,曾与孙文接洽,拟在津开会举孙为总统,如津站不住,则南下来粤,再唱非常国会之一幕活剧。"并称:"暹罗国民党党员昨电中央党部,主张举孙文为大总统,段祺瑞为副总统,立国方针,本革命党纲,实行三民政策。此为孙党预定之计划,此等电报,必将如雪片的发见于各报。"
（《孙文到津情形及今后竞争总统之计划》,《香港华字日报》1924 年 12 月 11 日）①

12 月 8 日 发表宣言,说明国民党的三民主义及目前之具体政纲。

宣言首述国民革命之志望,在谋国家之自由与独立,为达此目的,"则毒恶相等之军阀与帝国主义,必被毁灭而无疑。吾党之主义,在北伐中为军事之表示,实欲以之创造一种局面,而使彼辈毒恶悉遭灭绝也"。

次谓:"三民主义乃吾党之唯一基础,在此种基础之上,吾国各项问题可期恒久解决。三民主义乃作成于最大纲领之中者,业经国民党第一次会议加于采纳矣。然吾人现在预备拟成于最小纲领,以适

———————————

① 该文内容有"昨六日"语,应作于 12 月 7 日。

应目前时局之需要。在此项最小之纲领中，当提出对外政治之主要条件，即帝国主义列强加诸中国之不平等条约与协议，以及陷中国于经济奴仆地位之各种契约，应即废除。至对内政治，应分清中央政府与省政府之权限，并建立地方自治政府之基础。"并指出上述对外对内政策实施后，中国将与列强谋国际平等、促进实业发展以改良民众生活、振兴商业及文教事业、废除领事裁判权后全国得以实行法制，等等。

最后强调：曹锟、吴佩孚倒台后，中国"已起生一新的时局，吾人为应付此项新的时局，仅欲谋吾人最小纲领之实现……国民党提议召集一国民会议。国民会议之主要任务，惟在谋国家之统一与重新建设。但在此国民会议之可以召集之前，必须召集一预备会，以决定各种主义与方法……为保障国民会议成功起见，〔应〕宣布大赦政治犯，并宣布全国人民与各团体，应有宣传与选举完全自由，俾各得应其所需，任意向国民会议建议一切"。国民会议召开后，国民党自当将三民主义最大之纲领，"提出于国民会议，以期国家采纳，承认并实施焉"。（《孙中山到津后之宣言》，《益世报》1924 年 12月 8、9 日）[1]

△　天津本日东方电称："孙文因旧病之胆囊炎复发，六日竟不能言语，亲近者大为忧虑。其后经过颇为良好。但久留天津，恐发生种种误解，闻定一星期内力疾入京云。兹有孙氏左右某，以孙文随从人员之名单见示，为录如左：中文秘书汪精卫、邵元冲、黄昌谷；英文秘书陈友仁、法文秘书韦玉、德文秘书朱和中、日文秘书戴天仇；参谋长李烈钧，高级参谋喻毓西，参军邓彦华、赵超。副官黄惠龙、马湘、吴雅觉；随员马超俊、吴一飞、罗宗孟、陈剑如；书记张乃恭。"（《孙文病势已减》，《晨报》1924 年 12 月 10 日）

△　报载："反对贿选议员所组织之国会非常会议，前日结合

---

①　长沙《大公报》1924 年 12 月 22 日所刊《孙中山在津之宣言》，文字略有不同。

团体赴津欢迎孙中山，本拟与于欢迎之便，详达组织非常会议之意。奈因中山身体欠适，未能切实接洽。特请彭养光、王用宾、焦易堂、张继等留津，就近与中山协商。"(《非常会议》，《京报》1924年12月8日)

　　△ 中国国民党中央执行委员会北京执行部发表通告称："总理行将来京。凡在京党员务各携带登记证，于本月八九两日上午九时至十二时及八日下午一时半至四时半到北大东斋、法大、师大三处就近领取'欢迎总理'徽章，以备届时全体齐集天安门携队赴站欢迎。至总理何日来京，临时再专登京报论前通知。"(《中国国民党中央执行委员会北京执行部通告》，《晨报》1924年12月8日)

　　△ 任命陈翰誉为大本营咨议。(《大本营公报》第34号，"命令")

　　△ 北伐军总司令部参谋处致电孙中山，捷报："路部鱼申占领仙人岭、大梅关，俘房五人，得枪十余杆。鲁军戴师鱼午将马鞍山石阑坝之敌击退，阳日拂晓完全占领南安城，敌军田团由南安分向南康、崇义两方溃退，各部均在分途追击中。"(《大本营公报》第34号，"公电")

　　△ 武汉学生联合会致电孙中山、段祺瑞，拥护国民会议。(《武汉学生会忠告段氏》，上海《民国日报》1924年12月17日)

　　△ 江苏松江县教育会、市教育会发表通电，拥护国民会议。江苏吴江县盛泽国民会议促成会等团体致电段祺瑞，表示支持国民会议。(《申报》1924年12月10日，"地方通信")

　　△ 多家媒体刊载报道，就国民党内部分歧问题以及孙中山对于政局之态度发表评论。

　　《北京日报》报道称："孙氏对此次大局之变化，其原有主张系欲从各方协作中发展国民党之治国计划，故在该党中受俄人鲍洛廷所指挥之共产派人某某等，虽用尽方法以图打消其北上主张而不可得。今则孙氏感于段派政策之变迁，因之亦改变其北上初旨，而先从事于国民党政策之宣传，以期引起多数国民之同情，绝不欲发表其他主张而徒起周折。但其行动与发挥,往往因少数共产派人以国民党名义乘机捣乱,而引起一般观察力薄弱者之误会。查此次中山行动中参预机要者,为汪精卫、卢师谛两氏。除卢师谛以稳健派自居外,汪则虽非共产派,而受共产派之包围处则甚多。其最近所以与鲍洛廷、谭平山共同策划,以图牵制孙氏政略,亦其受包围之结果。故中山所过之地,共产派均以打倒帝国主义及收回租界等口号,以国民党口吻于租界遍发传单,而期引起外交团之反感,并图阻止中山之入京。而当中山过津时,该派则更于马路要口以白布大书反对中山入京,反对中山与军阀勾结等字样。并闻共产党要人在中山处且力图排斥非共产派之接近,故京沪国民党纯粹分子以团结一致,以防共产派之谬妄败事。今日该党京沪重要分子均纷往天津联络卢师谛,拟向中山陈述利害,使中山毅然执必要之手段,以免数十年之经营悉误于共产党一时之操纵云。故中山在未解决其国民党本身问题以前未必能入京也。"[①](《孙文延期入京之别讯》,《北京日报》1924年12月8日)

《顺天时报》称胃病未愈乃孙中山表面之托辞,未如期入京的真实原因乃因本党内部意见不一。略谓:"孙中山来京日期,尚未确定等情,业志昨报。兹闻孙氏胃病增剧,不能成行,据德医诊断之结果,至少尚须一星期之静养,方可自由行动。闻孙氏已决定,俟病体痊愈,与张学良同行入京,其在京之勾留,以一月为限,本人对于一切利禄,皆无觊觎之念,惟将其历年所计划之建设大纲条陈合肥,请其择要施行。本人订于明年春间出洋游历,运动各国,取消一切不平等之条约云。并闻段执政对中山卧病在津,除已发电慰问外,昨晨复使吴光新赴津代表慰问,请俟病体痊可,即行入京云。此种因病延缓来京之报告,为一般之普通消息,但据某消息家关于孙文延期来京之谈话云,孙文藉病延期来京,乃系表面假托之词。至其内幕真相,纯因孙

---

① 《顺天时报》1924年12月8日所载《孙中山延期来京原因》,称此则报道所据为中美社之消息。《晨报》1924年12月8日也以《国民党内讧》为题,转引中美社是则报道。

氏到津后，事事酬应，对于最近时局之情形，毫不明了。且国民党内部之意见，亦不一致，故暂行留津，俟其本党对于时局之方针确定，及中央政情彻底明了后，始可再行来京。因而孙之来京期，似迄今尚未确定。"（《孙中山延期来京原因》，《顺天时报》1924年12月8日）

《益世报》亦转载日本报纸对孙中山的对外主张之意见，建议先谋国内之统一，然后再行确立对外政策。略谓："孙中山进京，将与段祺瑞如何商榷国政，固难预料，但就中国之现状观察，颇有和平统一之希望……果其入京，则念佛之段氏，能否与之协调，不无疑问，但孙氏之极口排斥外力，亦有充分之理由，吾人（日人自称）当表同情，考中国历年之内乱，外人之从中国挑拨，实与有关。而华人自身之不知觉悟，乃为其最大原因，所谓物必先腐，而后虫生之，如华人不以自相惨杀为能事，则外人即无能为力矣。孙氏主张废除治外法权，及一切不平等条约，不免偏于理论，就事实方面着想，华人果能以自力维持国内之治安，俾和平统一，早日实现，则外力不须排斥，自有消灭之一日。若仅注意于排斥外力，而不求内政之改良，则恐一时难达其目的。盖任何国家，如欲取得国际之信用，首在尊重互相间之条约，否则各国将群起而阻其国家之发展，结果不但不能收其排斥之力效果，反使国家地位，濒于危急，殊非计之得者。吾人为此言，并非谓中国与各国间所订之条约，不容变更，盖欲促华人之根本觉悟耳。孙氏如能以其数十年来所得之经验，与其丰富之学识，先行整理内政，一俟稍有成效，则可向各国提议，改订公平之条约，彼时各国将必助其达此目的也。殊如中日间悬而未决之廿一条问题，现虽未废，但无永久存在之必要，是在华人之能否努力以为断。为今之计，孙氏须尊重各国之意见，先谋国内之统一，然后再行确立对外政策。总之，外交之要素，首在扩充国力，俾能与各国协调，致益于世界，则各国对其同等之任何国家，必以公平态度之平等精神，相与交际，而国际间之真正和平，亦可随之而实现。"（《东报之孙中山入京观》，《益世报》1924年12月8日）

《京报》曾函托汪精卫撰述稿件，谈论孙中山对外交、内政各问题之态度。得汪精卫手翰后，设为问答如下：

问：中山先生对于时局之宣言，以运动取消一切不平等条约为第一义，此次在神户演讲，亦集中此点，夫内政不修明，外交何能得胜利。今主张如此，得毋舍本逐末，移急就缓欤？

答：内政不修明，外交不能得胜利，自是颠扑不破之论，但中国现在外力割宰之下，若不集中国民精力，以求冲破此境遇，则了无修明内政之可能。举例言之，今日中国处于经济落后之地位，民穷财尽，至于极点。欲求改进，非发展实业不可。然关税权在外人掌握，中国人之实业，在国内且不能与外人竞争，遑云国际。在此种状况之下，而言发展实业，无异絷人之手足，而与之言体操。即此一端，已可证明中国今日非解脱外力之束缚，则百事皆无可言。故我欲为内政修明，下一解释。凡能明了中国在世界上之地位，而力求自拔者，始可为贤明之政治家。否则枝枝节节而为之，终于无常而已。

问：以极弱之中国，而冒昧倡取消一切不平等条约之说，得毋触各国之忌，而被以布尔萨维克（日人译过激主义）之罪名耶？

答：取消一切不平等条约，是国民革命之必要手段，与所谓过激主义，风马牛不相及。日本、暹罗、土耳其皆尝于此努力，亦皆得有所成就，安得遽以布尔萨维克之名词相加。至于触各国之忌，固意中事，然亦未必尽然。证之此次中山先生在神户演讲，要求日本国民援助中国运动取消一切不平等条约，大得日本国民之同情。可知今日无论何国家，其国民皆有帝国主义者与反帝国主义者两派，不能听帝国主义者以一手掩尽天下耳目也。

问：对外政策，既有所闻矣。对内政策，以何者为先？

答：第一步使武力与民众结合，第二步使武力为民众之武力。对于时局之宣言，已详言之矣。

问：尊重民众，固是对内第一要义。然孔子有言，听其言而观其行。今者广州政府之所行，与中山先生之所言，果能一致欤？

答:昨岁以来,广州政府无日不在四□苦战之境遇中。军事艰困,可云已极。财政竭蹶,民治废弛,缘之而至,自所不免。但有两大精神,为广州政府之特色,国人所不宜忽视者。其一,六年以来,广州与北京对抗,而未尝借一钱外债,以充军费。有人谓此由广州政府未得各国承认使然。其实□非,外人但患中国无卖主,不患无买主也。其二,中山先生在广州,无日不接近民众,其于民众团体,提倡保护,不遗余力。最近在津有人发起露天演讲大会,中山先生慨然诺之,因卧病不果,颇为当地官吏所讶,而不知中山先生在广州固时时行之也。

问:广州商团独非民众团体欤,何摧残之若此?

答:广州商团事件,已有专书说明,不必多赘。今所要求注意者,广州商团,并非完全由商家自己当兵。其大部分皆由商家出钱,雇人当兵。故退伍军人及土匪团聚其间,而易为人利用。故商团军之名词,不过商人招兵之别称而已。少数商家受英国帝国主义之引诱,吴佩孚之嗾使,陈炯明之煽惑,利用商团军以与政府为敌。证之其所揭标语为"曹帝吴王请孙下野"可不烦言而解。更证之商团军击散后,被胁罢市之广州商店一律开市,则商团军之是否民众团体,可了然矣。

问:有人言中山先生此时对于各国及国内各方面有势力者,若能缓和其论调,则取得政权,自属易易。何必舍易就难若是?

答:枉道求合,君子不为。中山先生若枉道以求合,应亦哑然失笑矣。(《汪精卫先生所撰问答》,《京报》1924 年 12 月 8 日)

△　据东交民巷消息,外交团于是日上午 10 时在荷兰公使馆开会,讨论孙中山来京后使团应取之态度问题,"内容颇为秘密,不易探悉"。到会者有意国公使□禄第、参赞斯嘉图,英国公使麻克类,比国公使华洛思,法国代办祁毕,美国代办梅尔等,由荷使欧登科主席。(《使团昨日会议》,《晨报》1924 年 12 月 9 日)

次日,驻京美、英、意、法、日、比、荷七国公使联名照会段政府,以尊重不平等条约作为正式承认之条件。先是,本月 4 日之七国使节会议商对段祺瑞之承认问题,至 9 日,始由驻京领袖公使荷兰公使欧登科,以美、比、英、法、义、日、荷驻华七国公使署名之照会,交北京政府外交部,除声明承认临时执政政府外,惟要求尊重条约不能任意变更。并附告华盛顿会议决议关于中国各案,愿于短期内设法履行。段祺瑞旋于本月 12 日向公使团声明,前黄郛摄阁期间所下命令,一概有效。(《中华民国史事纪要(初稿)——一九二四年九至十二月》,第1068—1069 页)

据《申报》报道:"前日(九日)下午五时,驻京领袖公使欧登科亲赴外交部,经代部沈瑞麟接见,当经欧使将通牒递于沈氏,沈接阅之下颇出意料之外,闻当向欧登科声明此系使团误解之处,执政府对于各国条约均极尊重,已经发及宣言,不意竟未蒙各国之谅解。欧答称,列国实因废约之说盛传一时,为避免中外之误会,故不得不请中政府注意,以求彻底之谅解。沈以事关重大,当即亲身送至吉兆胡同段邸呈段核阅,段亦认此问题关系较大,闻已决定提出十一日星期四阁议讨论。"(《使团九日提出通牒》,《申报》1924 年 12 月 15 日)

关于驻京公使团致外交部牒文之动机,及京中守旧势力对此之态度,《申报》报道称:"此间外交团中之数员,深以孙中山来京为虑,盖孙氏曾屡次发表激烈之意见,恐其到京后将建设急进主义之政府,取销中国与各国所订之条约。此种政府固不能持久,然后继之政府纵抱保守主义,而以舆情反对为虑,恐不敢毅然恢复目下之各约也。众信昨日外交团致□交部之牒文,乃欲先发制人,以遏制激烈行动,文中含有中政府须切实声明尊重各约,而后各国始能承认后此成立之正式政府之意。"(《使团通牒承认执政府》,《申报》1924 年12 月 12 日)又称:"中政府曾请孙中山延至各使宣布态度后再行入京,京中守旧之华人因红党日见活动,颇为不安,如孙中山抵京,势将益盛,深虑共产党欢迎孙氏之举动将引起外国不良之感想。自各使牒文发表后,评论者颇多,下文实为公允之要略:吾人当视此牒文为反对中国布尔希维克主义之宣言,中国时局浸假将酿成日俄之决斗,故各使一致要求中政府尊重□约及外人所享之权利,实足□人忻慰。盖苏俄在华之宣传及孙中山之演说与宣言,皆以否认各国条约与权利为根据也。以段祺瑞之为人,自不致置国际义务于不顾,惟各使之牒文可令段有词遏制无意识之运动,此种运动有害于中国较有害于各国更甚也。"(《驻京各公使牒文》,《申报》1924年12月11日)

△ 报称:"陈炯明派陈依庄为代表,已于日前到京。该代表对某外报记者表示,陈对孙段均甚敬佩。□时反对中山乃反对其为共产派包围,现中山北上,号召国民会议,并有压抑共产派之意。故仍拟与孙氏合作,至对段则当然可以服从。"(《陈炯明愿与孙段合作》,《京报》1924年12月8日)

△ 报载:"孙中山所派代表沈定一等来浙解释国民会议宣言。沈氏连日莅各团体各机关,讲演甚为忙碌,各界均表欢迎。闻沈氏在杭小作勾留即拟赴宁、绍各地宣传。"(《申报》1924年12月8日,"杭州快信")

△ 孙中山代表刘成禺、郭泰祺是日下午2时由沪到宁,齐燮元派副官陈廷谟到下关车站迎迓,即乘汽车入城。(《申报》1924年12月10日,"南京快信")报道称:"孙中山现在天津养疴,特派代表刘成禺、郭泰祺二君,由申来宁,下榻于下关花园饭店,其来宁之任务,颇为一般人士注意。闻其抵宁后,经齐督军派员恭迎,当即赴军署,宣称中山之意,希望长江各省一致保持和平,将来促进国是会议,解决一切纠纷,决不使当局有军事行动,与齐督意见极为融洽。并拟在宁将旧有国民党支部,另行改组,从事扩充,宣扬中山三民主义、五权宪法之党纲。惟此次改组,不能如前次滥竽,须力求人品资格,以免种类复杂之弊。大约在宁勾留数日,仍须返申,致省垣旧有国民党及老同盟会人员,前已在某宅会议一次,只以布置尚未就绪,仍守秘密,一俟各方接洽妥当,即将正式开幕。"(《孙中山代表来宁之任务》,《时报》1924年

12 月 11 日)

△　国民党在京党员组织欢迎总理委员会,计先后筹备七事项,对当局限制欢迎之规定表示不满。报称:"国民党党员在京者,约有万余人,此次接得总理北来确讯,即组织一筹备欢迎总理委员会,派定委员三十余人,办理一切,计先后筹备之事项如下:(一)印刷建国大纲及中山先生宣言各十余万份;(二)印刷总理像片及总理亲笔之勉励同志手书数万张;(三)印刷欢迎及解释主义包含中山先生小传之传单二十余万张,用汽车派定专人分散;(四)印青天白日旗三万余份,以万份分散与市民,以万份分制小旗,凡党员于该日到车站欢迎时,除手执党旗外,并佩带欢迎总理红花小徽章一枚;(五)在东西牌楼、东西长安街及前门、崇文、宣武门等处悬挂欢迎布条;(六)各电影场印演总理最近像片;(七)为应各界欢迎者之要求,俾市民得以瞻仰总理丰采起见,特在天安门前搭盖讲台一座,以便孙总理到时,作简单之演说,答谢各界欢迎者之盛意,亦以表示国民党之运动始终不离乎群众之意云云。并闻该党对于护卫总理之安全,除商同军警当局,切实保护外,自身亦筹有妥善防卫之法,届时到站欢迎者,群情奋勇,当为空前所未有,该党为预防闲杂人混入车站,特制定欢迎徽章数百枚,先期分发欢迎各团体之代表,凡无该项徽章者,概不许入月台。本京当局为维持安全计,有严行限止〔制〕欢迎人数之说,该党颇不谓然,现正力向当局关说,戒备不妨严密,秩序务须整齐,惟因此而断绝交通,限制欢迎,即未免庸人自扰,干涉人之自由太过。苟当局未肯容纳,则总理不能达到与民相见之目的,纵来京亦复何益,或恐因此终止来京,亦未可知。"(《国民党筹备欢迎中山》,《顺天时报》1924 年 12 月 8 日)

△　农大学生发表欢迎中山宣言,希望孙氏注重农业教育,除孙中山到京之日全体到站欢迎外,尚拟在校单独开欢迎会。(《各方面与中山》,《京报》1924 年 12 月 8 日)

12 月 9 日　德医劝入北京至协和医院检查病情。

孙中山抵津,初延日本医生诊治,日医判其病为风寒感冒,在三数天内可愈。至6日乃改延德国医生石密德诊治,本日已能起床,入客厅休息①。德医以中山病状之真相,必须精细检查,始能判断,惟天津无此优良设备之医院,须赴北京入协和医院,因劝其早日进京,从事检查。(罗刚编著:《中华民国国父实录》第6册,第4917页)

△ 闻悉吴佩孚欲逃离南京,乃电劝齐燮元勿与吴同恶,而将吴所乘之"海圻"舰截拿。

先是吴佩孚败后离天津经上海、南京、武汉而达洛阳,又奔郑州等地。段祺瑞电令各督军合力攻吴,并电吴劝其下野。鄂督萧耀南恐其入鄂引起战祸,曾电促吴下野,惟吴佩孚有意由鄂经长江赴沪出洋,并派其日本顾问赶往上海布置一切。本日,吴佩孚致电齐燮元与孙传芳,有谓"现在段之和平政策,想必不能永久继续,余自己拟就此时机,暂从美人之劝告,渡美修养,将俟他日再来负担中国之结束"。孙中山在津闻悉吴欲逃南京之讯息,本日乃致电齐燮元,望加以截拿,电曰:"南京齐抚万先生鉴:闻吴佩孚乘'海圻'舰欲逃江宁,以燃已死之灰。若公此时仍执迷不悟,与彼同恶,则和平统一无望,而东南祸乱无已,殊深痛惜。若能放下屠刀,则请饬江阴、镇江、乌龙山等处炮台,严为防备,俟'海圻'等舰到时,将人船一并扣留,以待国民会议之解决,则公造福国家,与合肥之赞成共和,可以后先辉映矣。幸为图之。"(《中华民国史事纪要(初稿)——一九二四年九至十二月》,第1018、1025、1065—1066页)

△ 孙中山抵津之当日,虽与张作霖会晤,惟张听信谣言,以为孙之联俄将不利于彼。孙乃亲函张作霖,声明与俄国虽有联系,然"对于共产主义,则绝对不能赞成"。(《中华民国史事纪要(初稿)——一

---

① 此处说法似有误。据汪精卫是月6日致邵飘萍函,5、6两日均延德医史维德诊治,6日晨加请日医参订药方。在许世英6日致叶遐绰函中则谓"中山先生肝胃病今早十时甚重,复加延日医与德医参酌"。(《许世英来函》,《叶遐庵先生年谱》,第222页)

九二四年九至十二月》,第 1066 页)此事于 12 日之记者招待会中,由李烈钧加以证实,有报道称:"午后二时,李烈钧代孙中山招待旅津日本记者团,开茶话会。其席间,李氏说明中山近情,略谓:中山患胆囊炎,极形衰弱,迄饮食未佳,非十日以后,不能入京。北京方面,对于中山缓期晋京,虽有种种造谣,实全系子虚,不足凭信。又关于中山与共产主义之关系,外间虽有种种风说,而皆属揣摩之谈,并无根据。三日以前,中山亲致函张雨亭,声明中俄邦交之亲睦,余(孙自称)固虽切实希望,然对于共产主义,则绝对不能赞成云云。尔来孙张二人,对时局之意见,略已一致。惟张氏关于中山之所谓共产主义,则不无抱疑。幸而张氏,自接到中山亲函以来,关于此点,完全冰释,决计两人提携,极力援护段氏。"(《孙中山反对共产主义》,《顺天时报》1924 年 12月 13 日)

　　△　北京学生联合会、北京各团体欢迎孙中山先生大会、北京国民会议促成会筹备会等北京各团体致电孙中山,慰问病况,并请其即日入京。(《欢迎中山入京之踊跃》,《益世报》1924 年 12 月 14 日)

　　另据报道:"此次中山先生北来,各处民众无不表示欢迎,北京方面,除政府及国民党筹备欢迎外,学、工、商、农各界约有三百余团体,共组一北京各团体欢迎孙中山先生联合大会,筹备于中山到京日开一空前之大欢迎会。前日已有欢迎代表袁世斌、石淑卿二君来津。袁、石二代表已于昨日抵津,住熙来饭店,今晨往谒中山,中山因病不能见客,由汪精卫代见。该代表等,陈述北京欢迎之热烈情形,并请明日再谒中山,闻已蒙中山允许。"(《北京欢迎中山代表来津》,《益世报》1924 年 12 月 9 日)

　　△　山东各校教职员联合总会分致段祺瑞、孙中山各一电,拥护国民会议。(《申报》1924 年 12 月 15 日,"南京快信")

　　△　有消息称:"今(九日——原注)工人学生,在街市散布欢迎孙中山传单,行至福佑街,被警察捕去四人(姓名、校名均守秘秘〔密〕)各校会议保释,拟以误会为辞,要求释放。"(《益世报》1924 年 12

月 10 日，"特电"）次日北京电亦谓："北大学生四人，被警厅捕去，因沿街分散迎孙传单，措词不慎。"（《政局军事之汇闻》，《时报》1924 年 12 月 11 日）

据 15 日《北京日报》所载："各团体迎孙大会职员之一名高金德者系北大学生，日前因散放传单被警厅捕去，同时并捕及高之车夫暨帮同散放传单之仆役各一人。兹闻高等已由警厅将其转解地方检察厅，请予起诉。其转解之公文系指高为过激党，谓其传单中有农民们速起呵及望大家共起取消不平等条约等语，实含过激之意味。"（《迎孙学生已解地检厅》，《北京日报》1924 年 12 月 15 日）

△　派余和鸿为财政委员会委员。（《大本营公报》第 34 号，"命令"）

△　大本营参谋处谍报局局长赖天球致电孙中山，报告江西战局，谓："（一）湘军第二、三军于六日午后从仙人领〔岭〕、马鞍山、广头坑一带攻击，敌人溃退，即晚占领大庾县城；（二）宋总指挥亲率生力军进攻青龙墟，敌方主力集中顽强抵抗，六日午刻开始攻击，至下午十二时占领青龙墟，遮断敌人大庾城与新城间之联络；（三）路司令率山陕军从大梅关攻退之敌人同时达到大庾县城；（四）湘军第二路从小梅关侧间攻击搜索前进，六日晚占领之；（五）朱军长于六日午后八时占领新城。"（《大本营公报》第 34 号，"公电"）

△　广州市商民协会、国民党安徽党员洪慕尧等致电孙中山，拥护国民会议。（《广州市商民协会》，上海《民国日报》1924 年 12 月 16 日；《安徽国民党员致总理电》，上海《民国日报》1924 年 12 月 17 日）

△　河东沈王庄中华基督教会代表程介三来张园慰问，由大本营参军赵超代表中山接见。应程氏之请，汪精卫、赵超代表中山分别写了"相不愧于屋漏""应为世光"几个字，送与纪念。（《教会代表慰问孙中山》，天津《大公报》1924 年 12 月 11 日）

△　《字林报》本日北京电云："冯玉祥之兵在距交民巷最近之前门外置机关枪四架，遥对车站之入口。据有华事经验者之意，如孙中山来京，将引起危险之时局，京中学生及共产党现皆染有狂热，连日广贴布告，并散发传单，劝人民齐起主张取销不平等条约及实施共产

主义。今晨城垣各处满贴黑地红字煽乱性质之文字，警察现正从事撕毁之。今悉张作霖之匆遽赴津，乃因闻冯氏顾问之倾向布尔希维克主义者，拟复施阴谋所致。此次志在驱除张、段，实行苏俄政府之委员制，彼等满望于孙中山抵京后欢迎热潮未退前一鼓而擒奉天安福诸领袖。张作霖现方力劝孙中山勿入京，中山纵不来，而乱机恐仍将随时发生，当此民穷财匮之时尤易起不测之变也。"（《外人之京津时局观》，《申报》1924 年 12 月 11 日）

　　△　报载在京之某外人谈话云："关于奉张之匆匆离京，虽有一部分人士谓其由于与段意相左者，但征诸事实，则实不然。因奉张不特对段毫无意见，而且极愿任段独□收拾时局，处理国政之任，并为表示其绝对不干预之意，乃始毅然决然率部离京也。当孙抵京时，奉张为思索其六日将与孙氏会谈之各种问题，竟至终夜不寐，及晤孙时，张极力表示其尊重三角同盟，推崇段氏收拾时局，决无恃武力为统一工具之意，并谓段若能和平的收拾时局，则固所愿，否则己亦不惜出全力以助成其事。孙聆张语后，并无何种异议，盖已默表赞同。至奉张现亦坚欲离津归奉，其对吴佩孚亦盛称其能，并对其现时处境，颇表同情，故甚希冀政府对吴曲为优容，勿为已甚。"（《外人口中之张作霖》，《晨报》1924 年 12 月 9 日）

　　△　孙中山之病状与时局之关系，颇引起时论的关注。

　　《香港华字日报》刊载短评，质疑孙中山托病，略谓："孙文由港而沪，由沪而日，由日而津，皆未尝有病，且到处演说，精神倍加，是又不仅无病已也。乃当入京之际而忽以病闻，且忽以病而改期入京闻，异哉孙文之病，怪哉孙文之病。据京沪电讯，京津人士皆以孙文主张共产，发生疑虑，而外人既制止学生欢迎，复暗阻孙氏入京，孙文此行，已呈不利景象，孙之病其或以此乎，其或以此而发生猛烈之激刺，乃不得不病乎，否则何其巧也。夫孙以国事入京，外人横来干涉，未免出乎情理，然于此足见外人之视孙如何矣，且足见孙氏之国际信用如何矣。孙之环境若此，其欲不病得乎。或曰，中国阔人，于环境困难之际,恒托病以图摆脱,孙之病亦此类欤,是则不可得知。然要而言之,孙之病实由于环境之不佳而已,真病假病,皆其无待于深究者也。"(《异哉孙文之病》,《香港华字日报》1924 年 12 月 9 日)

《顺天时报》报道亦称:"据民党方面某氏之谈话,孙文氏来京之迟延,一因有病,而其它因目下民党内部,分有共产主义与非共产主义二派,意见殊不一致。然孙氏假令从速回南方,而其实已无所凭依。此时其所立地位,无论如何,不能不始终与段祺瑞、张作霖等共相提携。故孙氏之入京,仅为时间问题,其结果必入京,是无何等疑虑余地之存在。"(《孙中山定一星期内来京》,《顺天时报》1924 年 12 月 10 日)

《北京日报》报道称:"孙文因京中外交团以其到处宣传赤化,恐于列强与中国国际之条约有碍,曾开会讨论对孙态度,结果如何虽未发表,然逆料对于本人无甚好感,诚恐一日来京,外团发生微言,于面子不甚好看,故以抱病为名,在津观望形势。如外团得以谅解,不日即将来京,否则在津暂住或将游历。"(《孙中山已占勿药》,《北京日报》1924 年 12 月 10 日)

《京报》发表特讯,披露某要人之谈话,略谓:"中山先生病状,确系□受风寒,引起胃病之症……大约尚须休息八日,则其来京在二十日左右矣。至外间种种危险之谣传,可谓不负责任,随便瞎说。""中山此来,除宣布彼之素所主张者外,即为挽救亡国之外交,欲合民众之力以脱出外人压迫之下之奴隶的生活,非但无危险,且欲为政府作茧自缚的外交去其桎梏,不啻率国民以作政府之后盾也,愿国民勿堕帝国之侵略主义者之术中。试思中山之旗帜既鲜明皎洁如此,又何处须以假病藏其作用耶? 我国官僚,每病必假,或者此类旧观念之联想欤,然岂所论于中山耶?"(《中山先生约二十左右来京》,《京报》1924 年 12 月 9 日)

△ 《北京日报》刊文报道段祺瑞、张作霖与孙中山各方之接洽与意见磋商,谓:"据执政府消息,段执政以解决时局为目前最紧急事件,只以孙中山来京尚无确期,张作霖留津未回,段孙张会议搁置不

提。现段氏已急电张作霖,与中山晤面磋商交换解决政局意见后,速即返京,故近日段孙张会议之说复又重提。惟张氏已通电表示不干政治,段虽电劝早日回京襄助解决政局,迄今未闻电复,其来电之期尚属杳然。至会议中急须解决之事件,除应速组织之各种会议外,据某行政机关传出之消息大致如下:(一)联合西南各首领制止长江方面再生纠葛;(二)结束豫省各区军事,俾使急谋统一;(三)任命西南各省疆吏案,亦由会议时提出表决。其它事件应俟孙张来京后方能确定云。又据可靠消息,段执政因孙中山因病滞留天津不能即日来京颇为焦急。而善后会议之重要方针又急待与中山面商,昨特加派梁鸿志、曲同丰赴津与许世英等共同向中山代达自己意见。中山力疾延见梁、曲二氏,对于段执政意见已表示根本赞同。如裁兵垦荒及整理财政等事,中山之意见与段执政完全一致。昨梁、曲二氏已电复段执政,并云中山病须休息二三日,一俟痊愈即来京。又闻张总司令被中山面邀,本有与其同来北京之意,嗣因与中山及段执政之意见已经妥洽,一切当听孙段主持,实无来京之必要,定于日内回奉,遗其子汉卿少将及杨麟阁总参议同中山来京代表一切,杨总参议来京寓司法部街六号,刻其家人已为其布置云。又据段邸某要人谈话,段氏对于根本改造新政治之企图,近日拟有具体方针。日来段孙间节使迭相往还,吴光新、曾毓隽、梁鸿志等仆仆津门,即系衔命征求孙中山对于段氏改造政治计划之意见,中经几度之交换更改,现在段、孙意旨始完全一致。"(《段孙张会议之酝酿》,《北京日报》1924 年 12 月 9 日)

　　△ 《香港华字日报》刊载北京来函,论孙中山北上与粤局,略谓:"昨接京友函云,旅京同乡,闻孙文将抵京,特开会议,因接广州及各埠旅外同乡来函,对于孙文两年治粤之苛政,及十月十五日屠城之惨变,均甚愤激,请旅京同乡向和平会议提出,由会议解决粤事,听候国民裁判,治孙文以纵兵殃民之罪,不得以待罪之人,出席和平会议……此间消息,陈炯明早已通电拥段,广州滇军杨希闵,闻亦有通电拥段之议……据京中观察,滇军此举,殆表示对陈炯明为友,又为

东江战事缓兵之计,刻各同乡均盛传胡汉民极力制止滇军通电拥段,但滇军目的在久握广东财权,拥段友陈(炯明——引者注),是滇军自己为自己打算,恐亦无法制止。日来孙党尚大唱孙文入京,大有作为,并禁止党员加入执政时代内阁,叶恭绰因此否认孙党,仍以交通系旧招牌与段方周旋,唐绍仪果肯入京,孙党更少希望,段氏主张人材内阁,孙党在京人才寥寥,旧党员以孙接近共产之故,多已离二,孙文在京,似无久留之必要。"(《京函述孙文行动及粤事之将来》,《香港华字日报》1924年12月9日)

△ 关于广州民选市长之事,《时报》刊载报道称:"当中山北上时,即极力催促市选之实现。中山心目中之市长,则为伍朝枢氏,是否伍氏先作此运动,抑中山特别属意其人,未便为之臆测。只中山于濒行时,曾以选举伍氏为嘱,故伍氏之市长位置,已如坐铁交椅,于筹备选举之先,即已公开运动……于各人之积极活动中,突有一人为众所不觉者,则为胡毅生。毅生本为汉民之从弟,其运动市长之名则曰胡毅。胡之活动,咸取阴柔手段,初不露声色,迨选举投票时,始苍头突起……胡氏既以阴柔之法获初选之胜利,则复选当亦如之。至伍朝枢或不免于失败,其失败之最大原因,实由于公开运动过早,以至人人以彼为目标,而加以打击。此中摧残实至不少。尚有一事,则市长选出之后,有无诉讼事发生,此事颇可注意。因选举事务委员办理此次选举,尚未免有瑕疵可寻。况黄、赵均为胡最接近之人,似未尝无所偏袒。工界方面,本有合格选民约十万人,而列册者只得五分之一,投票者竟不及二十分之一。将来必发生种种缪辑,早可预卜。尤以一般共产党派从中施以种种捣乱,亦足以构成诉讼。查共产党此次对于市选未积极出而活动者,固别有阴谋,因共产党在广州势力虽不薄,而为社会所知名之人则极少。"(《广州市选之现在形势》,《时报》1924年12月9日)

12月10日 是日北京电讯称:"孙先生近日语人,此行专促进国民会议,求以真正民意图中国之解放独立,决不图握政权。至西南各方行动不负责。连日与张作霖接晤,甚欢洽。"(《孙中山先生专促进国民会议》,上海《民国日报》1924 年 12 月 11 日)

　　△　北京电称:吴光新本日回京,段祺瑞续派叶恭绰赴津,请孙中山和张作霖同来京。孙中山电段祺瑞,告以"病渐愈,日内来京"。(《政局军事之汇闻》,《时报》1924 年 12 月 11 日)《顺天时报》亦有报道谓:"段执政因召集善后会议,及收拾粤局等事,亟欲与孙中山面谈,以便交换意见,前晚特由电话嘱令许世英婉为□驾,并因叶交长为奉军输送事,于昨早赴津,复托其顺便向中山面订来京准期云。又据天津消息,一星期内,孙氏必当入京,将来或使李烈钧、柏文蔚先行来京,亦未可知也。"(《孙中山入京之期渐近》,《顺天时报》1924 年 12 月 11 日)

　　△　报载:"临时执政府方面,业将善后会议组织法草案脱稿,且于上星期阁议提出讨论一节,曾经据以报告,惟闻该草案,并未参加孙文等之意见,就中如会员人选等条款,必须与孙文方面详商熟议,始能决定,故孙文之入京延期,从而该组织法之发表,亦将延期。再据某方面之观察,民党与临时执政府方面,对于该组织之意见归于一致,尚须经相当之时期云。另闻某社消息云,关于善后会议之条款,草案拟定后,本欲待中山来京交换意见而后公布,现中山既须一星期后方可来京,故昨日已非正式的将草案送津请中山参酌(由梁鸿志携往——引者注),如无特别不同之意见,不日即须公布,以便该会议之从速进行。"(《善后会议召集尚无期》,《顺天时报》1924 年 12 月 10 日)

　　△　是日下午 2 时,反对贿选议员在太平湖饭店开非常会议。会上,新由天津回京之国民党议员王用宾报告孙中山对非常会议之态度,略谓:"本人在津,因中山先生身体违和,非常会议问题未能与中山先生详谈,中山之真正态度如何,不敢操切代言,惟以中山先生平日言论证之,亦可知其态度之一斑。中山对于贿选议员,殊觉不满,而对于国会机关,则另眼相看,盖因分子为分子,机关为机关,不

能混为一谈也。至于约法为民国之根本法，在正式宪法未颁布以前，万不能推翻。中山先生因主张澈底革命，根本改造，而于约法，决不主张毁弃。外传中山先生不要约法之说，系有误会也。"（《非常会议决移参院》，《晨报》1924 年 12 月 11 日）

　　△　报载："蔡成勋赴沪后，江西督办，悬未定人，段执政现正与各方接洽人选，俾赣事得以早日结束。闻孙中山保参谋长李烈钧督赣，督办江西军务善后事宜，兼任省长，特派民党议员彭养光氏于是日午车来京，向段执政代达一切，并与旅京赣人交换意见云。又据津讯，汪兆铭、彭养光由津入京，系受旅津江西人士之托，来京谒段执政，请以李烈钧为江西省长。赣人之意见，以江西自陈光远、戚扬、杨庆鉴、蔡成勋先后任督长以来，无一人不搜刮，无一事无弊端，财匮于上，民穷于下，非得廉洁贤明之人，无以振敝起废，故全体属意于李氏，必得请而后已。李烈钧是日赴国民大饭店，访问柏文蔚，有人面扣李氏以长赣意见，李氏谓：本人并无成见，不过桑梓问题，确极关心，倘有贤能者出任省长，庶可收拾赣局，则本人亦极欢迎。"（《孙中山保李烈钧督赣》，《顺天时报》1924 年 12 月 11 日）

　　另有《北京日报》报道称："蔡成勋出走后，赣省之军务督办一席，各方遂逐鹿者颇多。昨晨孙中山特派代表彭养光来京谒见执政，请以李烈钧为江西督办兼省长，以岳兆麟为赣省军务帮办。段答以尚容考虑。闻方本仁今日亦有电抵京，谓已将蔡部冯绍闽军队击散，现正率军进趋南昌云云。方氏之急趋南昌，意自有在。政府对于赣事如完全置方之意见于不顾，必将再引纠纷云。又沪电，岳兆麟现电阻方本仁军侵入省垣，并请中央速简军民长官，以安赣局。南昌现状尚属安谧，惟赣军派别分歧，善后问题诸端待理，赣事恐未能即此安定。"（《孙中山保李烈钧督赣》，《北京日报》1924 年 12 月 11 日）

　　《申报》是月 12 日之报道谓："赣人驱蔡蓄意已久，只以曹吴一力成全赣人，摇撼不动，洎乎曹吴失败，而赣人驱蔡运动复炽。今蔡已逃走，驱蔡之目的已达，会逢李烈钧、孙中山来津，旅津赣人即酝酿以李督赣,民党分子尤为尽力,意盖为本党中坚谋一地盘也。曾在特别一区张勋旧宅(李氏驻节于是)开欢迎会,李氏即席言曰:赣人处于粃政之下久矣,鄙人无日不思为赣人谋福利,为赣政谋改革,此后进行,惟力是视,苟力之所能及,虽赴汤蹈火亦所不辞。鄙人服膺中山命令,北上勷助解决国是,承诸君辱爱,情殊可感,但督赣问题,鄙人愧不敢当云云。嗣有赣人某君征询中山意见,中山曰:余与协和共事多年,深赖臂助,苟得赣人一致推崇与国人赞许,余亦不能违拂众意。是中山赞成李氏督赣已溢于言表。李亦认为有机可乘,决定后日(十四)入都与旅京赣人接洽交换意见,并向段左右探询情形,如得多数捧场,亦愿出而担任。惟闻方本仁方面亦进行甚力,有不日即将下方督办赣省善后之说,或者将以李任省长亦未可知也。"(《申报》1924年12月17日,"国内要闻")

《晨报》报道则称,孙中山力为李烈钧运动督赣,系"想分地盘"。谓:"段现正与各方接洽人选,俾赣事得以早日结束,闻孙文以参谋长李烈钧系赣人,乃保其为督办江西军务善后事宜,兼任省长。已派彭养光氏于昨(十)日午车来京,向段代达一切。并与旅京赣人交换意见。"(《孙派想分地盘》,《晨报》1924年12月11日)

△　东方社本日广州电称:"侵击江西之北伐军湘军,因与方本仁冲突,不得已已退至仁关,现在该地集合中。是因方本仁当驱逐蔡成勋时,则与北伐军联络,及蔡既退出,乃一变其态度,而欲拥护自己地盘,故组织北伐军之侵入也。谭延闿已以此旨致电孙文,并决定举全力,先击破方本仁。"(《方本仁阻北伐军入赣》,《时报》1924年12月12日)

△　广东十日东方电[①]称:"广东民党对于段执政之态度,大现失望的倾向,报纸论调,亦渐带悲观口吻。据政界某要人,关于今后时局之推移,举广东临时政府及孙文大元帅称号之取消问题,语往访

①　1924年12月12日《中华新报》、1924年12月12日《时报》所载,均谓该电为"东方社十日广东电"。而《益世报》所载,则称该电为"东方社十一日广东电",并谓"该氏谈话,微露不满之意,且示时局之前途,尚不免纠纷"。(《广东民党不满意现政府》,《益世报》1924年12月13日)

之东方通信记者曰：'孙中山对段执政表示好意，征诸孙中山发表之声明书，自为极明了之事实，惟在民党方面，以段祺瑞不待孙中山之抵津，即先行入京，且不参酌其意见，遽行就任执政，对之不无多少不满。如段能照孙发表之宣言及政纲，以定国是而行执政，固无问题，否则，民党对段执政，除立于反对地位外，当无其它方法。孙段能否结合，其分歧点，在段能否包容孙之政策，现在孙中山主张开纯然国民会议，谋时局根本的收拾，而段则主张召集以段为基干之善后会议，惟以现在势力者组织之会合，难望纯洁。由此意味，吾人排斥善后会议说，而主张以民意为基础之国民会议，广东临时政府及大元帅称号，一俟完全统一正式政府成立时，自当取消，但在今日，段之意思尚欠明了，即言取消，尚觉为时过早。'"（《广东政府现时不能取销》，《顺天时报》1924 年 12 月 13 日）

△　常德盛发表输诚北伐军之通电，略谓："德盛深知吾粤为义师根本重地，又为我大元帅驻节之处，苟有心肝，何敢盲从。无已暂驻三南，忍辱待命。今我北伐联军大举驱曹，铲除吴氏余孽，德盛遇此盛会，即无一兵一卒，亦当执鞭随后，以步诸公之后尘。幸又蒙我大元帅委以重任，自当鼓舞三军，谨听帅令，努力杀贼，以期建国大纲可立，三民要义得申。尚望诸公暨各友军将士，时加训诲，用匡不逮。倚马陈辞，祈为亮察。"（《北伐军侵赣中之赣南》，《晨报》1924 年 12 月 27 日）

△　对李福林请辞去本、兼各职不予批准，谓："国步方艰，粤局粗定，本大元帅正倚该军长为干城，腹心之寄。脑病加意调摄，自能逐渐就痊。所请开去本、兼各职之处，仍无庸议。"（《大本营公报》第 34 号，"指令"）

是月上旬　指令程潜追赠西路讨贼军故警卫团代团长刘策以陆军上校，仍给予中校恤金①。（《大本营公报》第 34 号，"指令"）

----

①　程潜所上呈文时间为 12 月 6 日，此令应在 6 日以后，查大元帅"指令"第 2212、2222 号，发令日期分别为 12 月 8 日、10 日，据此酌定此令时间在 12 月 8 日至 10 日间。

12 月 11 日　任命祁耿寰为建国豫军总指挥部参谋长,张贞为大本营参谋处主任;训令广东省长胡汉民、粤军总司令许崇智,即将台山县自治办法五条转饬该县驻防各军知照办理。(《大本营公报》第35 号,"命令"、"训令")

△　报载国民通信社消息称:"今日外间忽发现一种传说,谓某方除拘捕散发欢迎孙文传单之人员外,并于日昨派员向各商店说明,谓奉长官命令,孙文到京之日,各商店不必悬挂国旗云云。又有骇人听闻之传说,即谓近日外间发现之反对欢迎孙文之传单,亦为某方面发出,此当然只一种谣言云。但据某方面消息,谓向各商店劝告不悬旗迎孙者,乃商会中人。"(《孙文日内来京》,《晨报》1924 年 12 月 11 日)

13 日,北京各团体迎孙联合会致书商会各董事,解释孙中山来京之宗旨,望其勿受粤商团余党来京者之煽惑,并希即日加入本会,共襄盛举。(《京报》1924 年 12 月 13 日,"简要消息")

△　报称:"孙中山先生自在津抱病后,段执政即于日前致电津埠慰问。兹闻孙已于日昨有复电到京,除表示谢意外,并谓病已霍然,三四日内,即可来京趋谒等语。现军警机关已派出一部分军警准备保护西堂子胡同孙氏行辕云;旅京广东同乡欢迎中山先生大会积极筹备迎孙事宜;北京各团体欢迎孙中山先生大会,因警厅逮捕学生事件,特致函警厅,请即释放;新中国建设会,因孙停留津门,对于解决国是,不能从速进行,昨特致孙一电,请即日入都。"(《中山先生三四日内可抵京说》,《京报》1924 年 12 月 11 日)

△　本日东方社广州电称:"废止善后会议、维持孙中山主张之国民预备会议及国民会议等运动,现以种种形式渐次出现。广东学生社本日发表宣言,维持孙中山主张,并历述提□会议各事项。又广东大学内组织之国民会议促成会、新学生社、女界国民会议促进会及建国宣传团,现发出赞成国民会议通电,颇引起一般注目。"(《广东之国民会议热》,《京报》1924 年 12 月 14 日)

△　广东十四县农民协会十八万会员和二十余工会会员分别发

出通电,拥护孙中山的国民会议主张。(《广东工农之政治主张》,上海《民国日报》1924 年 12 月 19 日)

　　△　广州市商民协会致电孙中山,拥护国民会议。(《粤商会促开国民大会》,《京报》1924 年 12 月 30 日)

　　△　路透社本日北京电称:"张作霖、段祺瑞对冯玉祥、孙中山似可和谐相处。张、冯前彼此相持,惟张之取销镇威军名号及巡阅使职,已使冯玉祥不得不步武其后,冯已三上辞呈,并取销国民军名号,段仍不准冯辞职,并下令准冯病假一月。闻冯拟于一月偕黄郛赴日。据半官消息,政府拟予冯以考察外国军务委员职,张作霖宣称大约尚须留津一星期。"(《孙段张冯之关系》,《中华新报》1924 年 12 月 12 日)

　　△　《顺天时报》报道称,北京各团体迎孙,分国民、共产二派,谓:"关于北京各团体准备欢迎孙中山一节,闻各团体组织之内容为二大部分,即:(一)中央公园水榭内二百余学术团体组织之联合会;(二)某处六十余团体组织之筹备会。前者之性质,纯为表现国民党之政策,故其预备传单四种,无非唤醒同胞,实行三民主义,禁止会员为轨外之行动。其中有一传单之标题为'中山非共产党',并主张孙、段、张等通力合作,采地方分权,中央独裁制度云云。惟此项传单,均俟孙氏抵京时散播之,目下并未发布。所用旗帜,为青天白日旗,旗上并有字,式如海军旗。至于后者之举动,其旗帜为全红色,前日商会函知各商不必悬旗欢迎,与发见过激派之传单,不免有多少之关系,微闻后者之会,亦拟并入前会,而前者以其妄发传单,举动危险,非所以欢迎,实从中陷害,爱中山者,固为是耶。"(《北京各团体迎孙之真意》,《顺天时报》1924 年 12 月 11 日)

　　《顺天时报》并刊载读者来稿,署名"无心道人",就各界迎孙提出质问,称:"惟查孙中山,自革命以来,其实际上于国家有何功勋,于人民有何利益,以此质诸欢迎者? 不特无所答,即孙中山本人亦觉哑然结舌。要论革命元勋,抱国利民福之口吻,卫国安邦之宣言,人亦夥矣,而独谓孙中山为革命元勋固不奇,谓国利民福此诚奇矣。然而民国十三年,捣乱亦是十三年,其南北捣乱而不能统一者,岂非孙中山其人乎。吾人处世论事,宜由实际上着想,吾民在十三年内,水深火热之中,是谁之赐耶?且革命元勋十三年之成绩,以何所指耶?此次欢迎,是欢迎捣乱耶?抑欢迎国利民福耶?然民党欢迎,固属个人私谊,至于举国团体,无知癫狂,热烈欢迎,不思之甚,诚不置识者一哂。吾并非反对欢迎孙中山其人,吾实为吾国民无知,轻举妄动,随声附和之劣性惜也。"(《欢迎孙中山为何》,《顺天时报》1924 年 12 月 11 日)

12 月 12 日　派谢国光为粤赣边防善后督办。任命林支宇为建国军湘西援鄂第一路总司令。着建国豫军第二师长陈青云代理豫军总指挥。(《大本营公报》第 35 号,"命令")

△　训令大本营各部长、军需总局、省长、建国军各军总司令、军长等,广东大学校长邹鲁为重校款呈请通令各军政机关,不得索借提用全省进口洋布匹头厘捐,并派得力军队保护该厘局。应照准。仰即行令各军政机关遵办。并着桂军总司令刘震寰酌派得力部队保护该局。(《大本营公报》第 35 号,"训令")

△　李烈钧招待日本记者团,言孙中山病情与政见,重申其反共立场。

孙中山因病滞留天津已第九天,以入京尚无确期,各方谣传纷起。对此,孙已亲笔致函张作霖说明对共产主义之立场。本日,日驻天津总领事吉田茂来行营访晤,即将复张作霖之函重述一遍。下午 2 时,复在天津特别区内前张勋旧寓举行记者招待会,由李烈钧代表出席,到有日本记者等数十人。李烈钧略述:"孙大元帅患胆囊炎症,横腹时痛,目下正在静养中。食物仅吃粥,面容疲衰,非静养十日以后,不能入京。又北京方面对于大元帅缓期晋京,虽有种种造谣,实全系子虚,不足凭信。尤其是孙大元帅,对于共产主义,则绝对不能赞成。并且在三日前致张作霖的亲笔信中便已作此声明。"同时,孙中山并令胡汉民在粤作同一声明,胡乃于本月 15 日通电,否认孙中山主张共产。(《中华民国史事纪要(初稿)——一九二四年九至十二月》,第 1092 页)

△　孙中山英文秘书陈友仁、法文秘书韦玉来京,向段答谢慰问

盛意,并对外交团预备交换意见。(《京报》1924 年 12 月 13 日,"简要消息")

△ 报称:"各团体欢迎孙中山之筹备,近日以中山缓期入京,筹备更完善,加入团体亦日有增加,散发传单达五十万。有人赴电局总计各团体催促中山来京之电报,共计三日内至五十余通之多。"(《各团体之迎孙热狂》,《顺天时报》1924 年 12 月 12 日)又谓北京大学欢迎孙中山之筹备情形:"已决定除赴站欢迎外,并于孙中山氏到京之后,由全体教职员假北大第三院大礼堂公宴中山及民党要人,再行择定时间,敦请中山作长篇讲演,苟中山时间上分配无困难,或将请其分期讲演三民主义及五权宪法。"(《北大欢迎中山办法》,《顺天时报》1924 年 12 月 12 日)

△ 北京各团体欢迎孙中山先生大会,本日下午 2 时在中央公园水榭筹备处开各股主任联席大会。议决推举韦青云、牟壮侯、方家麟三人赴教育部质问教次马叙伦禁止学生欢迎孙中山先生理由。下午 4 时,各代表至教部,由马接见。代表陈述来意后,马谓教部并无是项禁令云。又该会是日致电孙中山,报告参加迎孙者达二百余团体,请孙"克日命驾入京,以慰民众云霓之望"。孙接电后即复电表示感谢盛意,并告"贱羔少痊,即当就道"。(《中山先生改定十八日入京说》,《京报》1924 年 12 月 13 日;《孙文暂不来京》,《顺天时报》1924 年 12 月 15 日)

△ 报称,"昨有某要人往访新由天津归来之徐季龙,探询中山之真实态度。据云中山此次北上,对于现局不愿多生主张,一切均听命于国民会议。惟其态度已经明了者有二:(一)对于善后会议颇为注意;(二)对清室优待条件主张根本废除"。(《孙中山来京消息》,《北京日报》1924 年 12 月 12 日)

△ 康有为以冯、孙赤化,电请萧耀南加以讨伐,电文如下:"武昌萧巡帅兄鉴:承青电询①。冯贼②拥兵六万,雄据京师,伪托下野,

---

① 张荣华编校之《康有为往来书信集》收有此函,所据为上海博物馆所藏抄件,该抄件于此处作"承电垂询",参阅张荣华编校:《康有为往来书信集》,第515页。

② 抄件记"冯贼"为"冯玉祥",同上。

夜夜操兵，将袭京师，屠杀张、段①。张兵仅半，畏冯如虎。加拉罕军以财力挟冯，用孙争国。段无兵极危，屈供傀儡②，渐控全国。今加拉罕隐为中国主，冯孙是左右将相，段为护法韦陀，力行俄化，外国震忧，中国五千年奇变。望诸帅联内盟、结外交，布告天下，勒兵讨孙、冯，锄俄③化，救中国。若诸帅散④、段废戮，亦已焉哉。望转苏、湘、陕、甘、新、晋、滇、黔、鲁龙、浙夏、粤林诸帅。"⑤（《康圣人请萧讨冯》,《盛京时报》1924 年 12 月 24 日）

△ 张作霖、吴光新、李烈钧等在天津曹园开会，商讨进兵江苏计划。（《中华民国史资料丛稿·大事记》第 10 辑，第 228 页）

△ 安徽省教育会、学校联合会、律师公会、实业机关联合会四团体致电段祺瑞、孙中山，支持国民会议。（《申报》1924 年 12 月 15 日，"南京快信"）

△ 《申报》报道江西要闻，称："江西方本仁挟其驱蔡大功，自以为督理一席舍己莫属，一面报告已入南昌，请执政府简人接替，彼愿解甲归田，然同时一电则谓谭延闿将率北伐军入赣，请迅商中山，饬令停止，否则难免发生战事。其用意盖因赣人现正一致拥戴李烈钧，拒绝北伐军间接即拒绝李军。方氏不欲李氏回赣之隐衷，不啻显然揭出。至于赣人之意，则力主澈底解决，要求仿照安徽成例，裁撤督理，将军民两政概行交还赣人，对于省长之人选，多表示欢迎李烈钧……惟执政府方面对李之态度，似仍不甚放心。日前赣省请愿代表见龚心湛时，龚谓：执政府中无不钦佩协和之人格才干，由彼长赣，固无问题，但以江西客军之复杂，协和愿去与否及以何种方法前往接收，君等曾预征其同意否？该代表答称：虽未先征其同意，然使政府下令，李迫于赣民之请，应无不愿之理。全谓接收方法，则王揖唐可到安徽，以李才具

---

① "将袭京师，屠杀张、段"句为抄件所无。

② 抄件于"屈供傀儡"后，有"剪除长江"一句。

③ 抄件缺"俄"字。

④ 抄件于"诸帅散"后，有"长江剪"一句。

⑤ 此句抄件作"望转苏、湘、陕、甘、新、晋、鲁、滇、黔、浙、赣夏、粤林诸帅"。

似亦毋庸过虑。龚又谓：此则不然，安徽皆本省军队，与王素有渊源，江西尽属客军，与李绝无雅故，难易已判若天壤。况王之到任全赖倪道烺为之先事疏通，吾人非欲留难协和，惟重惜其为国家栋梁之材，虑其往受挫折，转足损其威望，此为事实问题，尚请君等平心静气，审慎一番云云。观此知政府对于李氏似持敬鬼神而远之之态。故日来盛传段已定方督李长，识者多认为不可深信。闻李将于明日亲自来京，未识段方能否稍顾中山而不坚执己见也。总结各省对于督长之民意，大抵要求步安徽之后尘。段如不能一律办理，则厚桑梓薄他省之讥恐将不免矣。"（《申报》1924年12月19日，"国内要闻"）

关于江西局势，日本驻广东公使天羽英二本日致电日本外相币原。报告称，随着最近江西政局的动摇，广东的北伐军与江西的常德盛策应，开始北进，8日占领南康，9日其先发李鸣钟及朱培德军（李烈钧派）进入赣州。谭延闿也亲率湘军殿后部队由韶关北进，目下正在极力筹款。其他方面，据11日井上谦吉自天津来电称，依孙中山的密令及各方面之希望，李烈钧近日将归江西。樊钟秀的豫军曾为方本仁军所破而中断北伐，其中一部继续北进，目前其在江西、广东的本部亦即北进，江西的政局将益加动摇。面向湖南方面的程潜湘军一度占领宜章，随即又退却，目下正在坪石作进入湖南的准备。（《広東北伐軍ノ江西、湖南ヘノ進入二関シ申進ノ件》，《日本外交文書》大正13年第2册，第582页）

12月13日　在津病重，于卧榻接见日本驻津领事吉田茂，依医生之嘱，不得多言，徐缓谈了四语："余极望入京，病中无奈，但据医生确息，更一星期，可望全愈矣。"[①]（《津日领论孙先生》，上海《民国日报》1924年12月18日）

△　《华北明星报》消息谓，该报访问员于是日下午亲赴孙中山居第，面询一切。据称孙氏于十日内不克离津赴京，盖因病体虽已恢

---

① 据称，吉田茂前一日即已来行营访晤孙中山，与本日之面晤，究属同一事还是前后两次，因难以确定，故分别系日。

复,仍须静养多日。(《孙文暂不来京》,《顺天时报》1924 年 12 月 15 日)

△ 孙中山代表刘成禺、郭泰祺是晚到汉口,萧(耀南)派人欢迎至署欢宴。(《申报》1924 年 12 月 15 日,"国内专电")

△ 段祺瑞曾派许世英为迎孙专使至天津,本日下午 1 时,许返京复命。孙中山乃派柏文蔚与叶恭绰偕行赴京,向段说明现况。(《李烈钧今日代表中山来京》,《顺天时报》1924 年 12 月 14 日)[①]柏文蔚与段有旧,俱系安徽同乡,民初柏为安徽都督,段即任国务总理。此时段已内定柏文蔚为善后会议议员。(罗刚编著:《中华民国国父实录》第 6 册,第 4924 页)

△ 广东执信学校全体教学员发表通电,拥护孙中山主张之国民会议。(《粤人促开国民会议》,《顺天时报》1924 年 12 月 19 日)

△ 《京报》刊载新闻编译社消息,就有关孙中山将实行共产主义之传闻,发布汪精卫对该问题的澄清声明[②],谓:"中山先生之民生主义,近在广东演讲多次,并已将讲义付印,不日可以出版。要之中山先生之民生主义,与民族主义、民权主义,同有其特殊之色彩。举例言之,中山先生之民权主义,如权能之分析,选举、罢官、创制、复决各权之运用,立法、考试、行政、司法、检察各权之互相维系,皆有其创见,与欧美现在所谓民权主义初不尽同。其民生主义亦然。博采欧美学者关于民生主义之主张,而折衷于真理,斟酌中国之现状,务求可以见诸实行,自成为中山先生之民生主义,与欧学者所谓民生主义,亦不尽同。即以马克思学说而论,对之固多所倾服,然批评亦殊不少。故深知中山先生之民生主义者对于'将实行共产'云云,必能立辨其妄。以上专就学理言之,再以事实而论,十一年冬间,俄国专使越飞来上海,其时中山先生适在上海,与越飞晤谈,对于俄国革命

---

① 另有报道称:孙中山病状日趋良好,内定于 18 日入京。其入京之前,拟先派李烈钧、柏文蔚于 12 日晨专车来京,为中山先生先行在京部署一切,并谒段陈述意见。迎孙专使许世英亦同车回京。(《中山先生改定十八日入京说》,《京报》1924 年 12 月 13 日)

② 1924 年 12 月 14 日《中华新报》"北京专电"称,汪精卫以个人名义发表此声明,盖因近日外人注意孙氏行动而发。

成功之大，表示钦佩，然极论共产主义之不能行于中国。越飞亦谓中国现时所需，为国民革命，解除外力之压迫，谈不到共产主义。中山先生曾与越飞共同发表宣言，昭示中外，距今不远，国人当不致若是健忘也。自是以后，中山先生与俄国日形亲善，一由俄国革命成功之大，足以引起中山先生之同情，一由俄国革命以后，对于中国放弃帝国主义，不愧友邦之称。吾国对于如此之邻国，自当力求亲睦，此不仅于吾国前途关系甚大，于东亚前途关系亦甚大。亲俄为一事，共产又为一事，决不能以其亲俄，即目为将实行共产也。十一年冬间，俄国犹为世界各国所排挤，中山先生独倡亲俄之议，宜乎为世界各国所嫉视，国人所深骇。然曾几何时，义、英、法诸国已相继承认俄国，纵不肯服中山先生之先见，当亦自觉前此放言之无谓。十二年冬间，及今年春间，国民党改组之际，‘将实行共产’之讯极盛于香港，有谓将以四月一日实行者，又有谓已展望至五月一日者，一时广州人心，多少为之摇动，然谣言之效力，无耐久之性质，今者广州人民，已不复倾耳于此等老调矣。以上云云，举其大略，若欲语其详，有国民党之讲演集在，本末灿然，可复按也。由此以言，‘将实行共产’云云，非道听途说不负责任，即兴讹造讪，别有用心。当此国事略有转机之际，诚不宜为挑拨离间之伎俩所愚，以害人而无益于己也。”①（《孙中山对于共产主义之声明》，《京报》1924 年 12 月 13 日）

《益世报》曾对此声明刊载评论，谓：“自过激主义流传入中国后，青年学子则醉心于此，而大多数之人民，则坚持反对态度。夫共产党

---

① 《益世报》1924 年 12 月 15 日刊载报道《汪孙代中山表明态度》，内容与该声明有很多相似之处，怀疑二者即同一声明。《益世报》报道称：“自孙中山抵津之后，因修正不平等条约之主张，而引起‘赤化’过激等等之风说，最近天津日日新闻且采登香港传来之《共产祸国记》而声明欲待中山先生方面之回答。中山先生现尚在病褥，故由其随行之中国国民党中央执行委员汪精卫、邵元冲，及广州特别市党部执行委员孙科三人，负责为如左之声明。”又有《中华新报》于 1924 年 12 月 21 日刊登《国民党在津之声明》，据 16 日京讯，刊载相同信息。此一声明，《中华民国史资料丛稿·大事记》将之系于 12 月 19 日，当误。（《中华民国史资料丛稿·大事记》第 10 辑，第 232—233 页）

制度,在理论上原无新颖之发明,在事实上尤不可能,不过感经济压迫之平民,于其愤懑不平中,而有此矫枉过正之趋势耳。苏俄经数年之纷扰,尚不能成功,中国国情,犹非苏俄可比,更无成功之希望。破坏一切现状,而无收束之法,是徒乱国而已,夫岂一般人所敢赞成者。国民党自改组后,久蒙宣传赤化之嫌疑,一部人心理中之孙中山,皆疑为中国之列宁,或实行共产主义之领袖,夫以吾人之厚爱中山,既不望其持此主义,尤不敢信传说者之尽实。近者汪精卫、孙科等,代表中山,否认赞成赤化,与吾人素日之希望于中山者,正相吻合,且可由此以证明大多数国民对于赤色化之态度矣。孙氏于国为有功,其个人人格之尊崇,当属人人心中不肯否认之事实,若为一部分党人所左右,而趋入与人民心理对敌之途径中,则岂惟其事业不能成功,恐亦将影响其可尊崇之人格矣。故汪孙之声明有裨于孙氏未来之事业,当无限量也。"(《对汪孙声明述感》,《益世报》1924年12月15日)

《顺天时报》亦发表社论专言此事,略谓:"汪精卫氏等日前代表孙中山负责声明曰:'中山先生,虽主张亲俄,乐与为友,然亲俄为一事,共产又为一事,不能以其亲俄,即目为共产。近来外间谣言,不过为一切余孽及猪仔议员之挑拨离间耳云云。'又昨日天津孙氏秘书厅投稿本报,亦为同意味之声明。孙氏非共产主义者,吾人知之稔矣。然自上年冬间以来之孙氏言动,令世人疑其信奉共产主义之点甚多,近来孙氏亲俄之色彩,日臻浓厚,洵为不可讳之事实也。抑自本年一月以降,孙氏可谓处民国以来最逆境之时代也。盖彼时直系势力,除奉浙外,可谓风靡天下。孙氏虽为民国元勋,不得不率其残党,固守广东一隅,且其苛政,深为人民所嫌厌。故当时孙氏即在广东,亦陷于进退维谷之穷境。具有慧眼之俄使,利用此机会,宣传赤化运动,可谓机敏之举动也。一面由孙氏观之,利用苏俄之援助,以保持其在广东之势力,且藉俄使关于撤废不平等条约之提议,唤起舆论,以敷民望,而挽回其政治上之生命,亦不得已之事也。如斯,彼等互相利用之形迹,由第三者观之,不得不断为亲俄也。于是巷间遂传孙氏为信奉共产主义赤化中国之人矣,此虽非全属无稽之谈,然亦为不能理解人心反复变化无常之中国政治家之罪也。孙氏目的既然不在中国之赤化,而在不平等条约之撤废,其亲俄主义,不过为欲贯彻此目的之手段耳。于焉吾人亦可以理解近来孙氏亲日言论矣。据其在神户对美报记者之言曰:'除苏俄以外,日本为列强中余最所亲善之国家云。'是盖由于日本最知中国现在所受不平等条约之苦痛,而对于撤废希望最表同情,且亦理解之故,并非日本为贯彻孙氏之所谓共产主义,而予以援助也。"(《孙中山与共产主义》,《顺天时报》1924 年 12 月 18 日)

△　是日接前方谭延闿转来鲁军雷长禄输诚电。

本月 10 日常德盛发表输诚北伐军之通电后,驻守大庾一带之鲁军雷长禄师,本惟常氏之马首是瞻,刻见常氏输诚,故亦响应北伐军,退兵云都。北伐军着其率部归常德盛指挥,北伐各军既深入赣州,奉军常部,鲁军雷部,又相继输诚,赣南一带,已完全入北伐军范围,北伐总部不日亦将经南雄迁往赣南,调度一切。谭氏日间将成行,对于韶州后方军务,则委参谋长岳森主持,岳氏已于 11 日由广州前赴韶城接理。(《北伐军侵赣中之赣南》,《晨报》1924 年 12 月 27 日)

△　《益世报》转载《英文导报》《青岛日报》等外报关于段、张、孙感情融洽之论。略谓:"日来谣传各袖领间,意见日深,时局前途,仍难乐观者。但据接近段、张两氏之某要人云:外传各节,确系谣言,段、张两氏之意见不但无冲突之点,且有日益相洽之表示,盖段氏之意,拟在最短期间,收拾残局。孙中山氏抵津后,张作霖曾与晤谈,并述段氏盼其入京襄理国政之诚意,闻孙张间之感情,亦甚密切云……此次阁员中之民党分子,迄未就职,遂引起种种传说,殊不知孙氏已将应行政策,完全托诸段氏,至民党果否入阁,须俟孙、段会谈后,方能决定。对时局之善后策,两氏意见,亦颇接近,入京后晤谈数次,即可圆满解决。至云孙、段间难免冲突一节,实属毫无根据云。又称,据某顾问云,山海关决战后,直奉战事遂告结束,张作霖对收拾时局问题,除一任段祺瑞主持外,别无野心,与入京前之声明,毫无变更。

盖京津人士之对于张作霖，自不无怀疑之处，殊不知现在之张氏，决不能依三年前之行动目之，因其已有相当之觉悟焉。孙中山与张作霖之会见，一般认为极有兴趣之一事，因孙为抱有高尚主义者，而张则为有勇之武将。不料两氏晤谈之后，相赞不已，一称颇有义气，他曰名不虚传，当知两者会谈，已得圆满之结果。盖孙、段、张，昔为抗直而结有三角同盟，今既成此大功，当无分裂之虑。况孙氏决非主张采用劳农主义者，其始终一致之改革政治意见，即为实行三民主义。张作霖对于改进政治，自无何等之成见，然其对孙之敬仰，实不亚于他人。"（《段张孙感情融洽之外论》，《益世报》1924年12月13日）

　　△　《盛京时报》刊载北京通信，言段祺瑞政府应付各派势力之方针。称："（一）对吴、齐方面。近以吴佩孚齐燮元，态度既不一致，最近是否合作，亦难判断，故趁此时机，迭电敦劝吴佩孚下野，且允保其生命财产，均不至发生若何危险，并允另予齐燮元相当位置，劝其勿再恋其苏督位置，惟此种办法，对吴、齐表示后，日来虽已来京，承认下野，不问国事，究竟何日实行，能否不出枝节，尚不可靠；（二）对民党方面。自中山北上，民党极为活动，该党各要人已向段执政表示孙氏北上宗旨及各项建议，段与民党本极合作，现已声明依照进行，对于中山之三民主义，亦将予以分别实行，俾免民党再有不满之表示；（三）对国会方面。除竭力驱逐贿选议员外，即将实行招集各省代表，征集对改选国会意见，是否招集护法议员，继续有效，或由民十议员补充，俟各要人来京后，再议进行方针，惟对国会澈底改组亦在酝酿之中；（四）对公使团方面。日来各国驻京公使，因吴、齐下野之宣传，是否属实，不明真像，而豫省战事，长江军备，仍在积极进行之中，对此大为注意，仍未抛弃自卫侨民计画，是以段氏所定应付方法，一面电胡停止进攻，责令前方各军不得再有作战形式，并照会使团，声明豫省战事，现已和缓，并担负保护侨民全责。闻段氏已将以上应付各方面方针，分别进行矣。"（《应付各党派之方针》，《盛京时报》1924年12月13日）

△ 《香港华字日报》报道称,孙政府军费无着,是日滇军方面因追讨军饷,与省长胡汉民产生争执,略谓:"广府政府自解散商团焚劫西关之后,市面惨受摧残,百业顿形凋敝,因是凡百税收均蒙影响,数月来不特行政费归于无着,即各军伙食亦应付困难……于是有军需团之组织,即各军军需联结团体,协力以追讨饷糈者也,闻以滇军各军需为主干,湘、桂、许、豫等军军需或加入焉……军需团以形势愈趋愈劣,昨十三日乃向古、罗两人追索,而直接向胡氏交涉,竟日在省署与胡理论,迄无办法。胡乘机避返德宜马路住宅,讵军需团不肯放过,复到胡公馆啰嗦,务期得有结果,方肯罢休。其中追讨最力者为滇军方面之军需。到胡宅后,胡仍以无款对,彼等竟大肆咆哮,对于威风凛凛之胡代帅,绝不稍留情面,公然大烧其□炮,彼此大吵一顿,至夜深八时许,尚无解决……据另一消息,各军需之如此对待胡氏,背后实有大力者主持,此即为发生省长问题之先兆,恐胡氏地位或不免于动摇。在一般推测,则谓目下之财政状况,实在无法可以维持,纵可勉强渡过节关,转瞬新历年关又至,更有旧年关踵接而来,预料总未易应付,胡或知难而退,固未可定云。但据深知胡氏者言,广东省长一席,自民元以来,胡固未尝一日去诸怀,千辛万苦,今始得偿所愿,讵肯遽然放手,谓其将自动的知难而退,可信为必无之事,除非为环境所逼,已陷于绝望之地,彼或不得不退耳。"(《孙政府之军费应付难》,《香港华字日报》1924 年 12 月 17 日)

12 月 14 日 在天津与拒毒会某君谈话,主张力禁鸦片之毒。

是日,天津拒毒会某教士来谒,问及禁烟诸事。答之谓:"予之意见,认中国之禁烟问题与良好政府之问题,有连带之关系。鸦片营业,绝对不能与人民所赋予权力之国民政府两立……国际联盟之禁烟大会正将开会,出席该会之各国代表应本公道之精神,毅然订立严密计划,禁止各国鸦片及其复制品(如吗啡、海洛因等毒物)之出产……中国之民意,尤其守法安分纯洁之民众,其意见未有不反对鸦片。苟有主张法律准许鸦片,或对营业鸦片之恶势力表示降服者,即使为一时权宜之计，均为民意之公敌。今日国内情形至为恶劣，拒毒运动之进行备受难阻，以致成绩甚鲜。然对鸦片之宣战，绝对不可妥协，更不可放弃。苟负责之政府机关，为自身之私便及眼前之利益，倘对鸦片下旗息战，不问久暂，均属卖国行为……吾人应先打倒为祸较深、为害较烈之军阀，促进国民政府之成立，使之实现民治之威权，禁烟始能收效。"（《在天津答拒毒会某教士问》，《孙中山全集》第 11 卷，第 491—492 页）

时国际禁烟会议正在日内瓦举行。12 月 13 日会中由各代表签字。但昨日英国代表请休会，中国及法国代表均拒绝草约。因有此国际性之会议，拒毒会教士乃请正在天津养病之孙中山发表对于禁绝鸦片之主张。

△ 《时报》刊载本日电讯称："孙中山训诫党员，禁散措词失检之传单。"（"电报"，《时报》1924 年 12 月 15 日）据上海《民国日报》报道，孙中山有训令称："近闻本党党员暨各团体对余入京筹备欢迎，至所感纫。惟闻所发传单，有措词失检，如打倒某某云云，殊为不当。余此次入京，奉持主义以与各方周旋，对于现执政、奉天军、国民军各方面，均有向来友谊上之关系。前已最高党部训令党员，严定同志军、友军、敌军之别，今若对于友军人物不能以诚恳之辞互相勉励，良非本党应取之态度。着北京执行部及市党部通令党员，对于此等传单一律禁止；其各团体有此等传单者，也应随时劝止。以期永维友谊，共济时艰。"（《孙先生训练党员》，上海《民国日报》1924 年 12 月 18 日）

△ 中国国民党中执会议决定派员至各省宣讲国民会议之主张，以抵制段之善后会议。

本月 2 日，段内阁议决《善后会议组织大纲》，待经孙中山同意后公布。段之欢迎专使许世英于孙中山抵津后送陈。6 日，孙与各在津重要同志十一人会议，对此，认为无另行召集善后会议之必要。至本日，吴敬恒等赴王法勤寓，开中国国民党中执会，秉承孙中山前于 11 月 20 日通电旨意，决定派人至北方十三省宣讲召开国民会议之主张。（《中华民国史事纪要（初稿）——一九二四年九至十二月》，第 1110 页）

△　上海国民会议促成会召开成立大会,到会有一百三十余团体,代表四百余人。(《国民会议促成会成立会纪》,《中华新报》1924年12月15日)

△　湖北各团体发起国民会议湖北促成会,业于是日在汉口前花楼堤口小关帝庙开成立会,并发表通电反对善后会议。(《湖北国民会议促成会成立》,《申报》1924年12月19日)

12月15日　与随从谈话谓:"广州政府尚未到取消时机,俟国民会议议决案成立,西南当撤销政府。段祺瑞对民党有无诚意,以任命李烈钧督赣为断,民党与段之合作与否,亦以此为起点。"有消息称:"段侧因孙对李格外重视,反引起怀疑,因先任命方本仁为督理,而对李则请李先行赴赣,确能接省篆再任命。"(《申报》1924年12月16日,"国内专电")

据《申报》报道,是日"余鹤松自粤来浔,与赣北镇守使吴金彪晤谈后即乘车进省与方(本仁)接洽,闻衔有孙中山重大使命,大约系说方以电请李烈钧回赣收束军事,藉奠赣局,究不卜能得方同意否也。"(《方本仁督办后之赣局》,《申报》1924年12月19日)

《晨报》刊载李烈钧之谈话,称:"昨闻有旅京赣人组成之某团体推举代表李某等四人,前往李烈钧私邸谈话。李氏谓:余此次先中山入京,即欲早日解决赣事。但解决赣事,亦非完全由北京即可解决。谭畏公①之率部入赣,不仅先得中山命令,且余亦十分同意。余之旧部朱培德等,一律交与畏公指挥。现在湘军在赣,声势异常浩大。故欲解决赣事,余不仅友谊上宜与畏公商量不可。外传段执政愿令余回赣抵制畏公云云,此完全为一不可能之事实。盖余与畏公本属生死患难至交,关系异常密切,余何至妨碍畏公动作,抵制更无丝毫之可能。惟予现属赣人,苟各方属望,愿余负收拾之责,当然不敢放弃。至果决定如何办法,仍须得畏公同意,抵制云云,余可断定现在与将

---

①　即谭延闿。

来均不能成事实。"(《李烈钧来原为赣事》,《晨报》1924 年 12 月 15 日)

　　△　国民党中央执行委员会胡汉民等通电,否认孙中山主张共产。(刘绍唐主编:《民国大事日志》第 1 册,第 275 页)

　　△　《京报》刊载报道称:"孙中山来京日期,现尚未定,但其法文秘书韦玉、随员罗宗孟二人,已于日昨自津来京。中山病体已愈,本人亦极盼早日晋京,惟因年岁过高,病体初愈,不能不略事休养。且预料到京后,接见宾客必多,应酬亦极繁重,故须俟精神复原,体气充足以后,方能来京,所谓十八日到京之说,纯系对外之言,将来或在十八以前,或至十八以后,由津起程,均不可知。大约如无特别变更,二十日以前总可到京。"又讯:"孙中山病体日见痊可,不日即行来京。各界欢迎人数,自必众多。闻警厅方面,现已先事筹备,并于日昨派员赴车站相度地势,站台上究能容集若干人以便发给标志,俾免临时拥挤。"(《中山先生病愈后即行来京》,《京报》1924 年 12 月 15 日)

　　△　《北京日报》报道称:"善后会议组织草案,政府早已拟就,惟以关系重大,非征得各方同意才克正式发表。先段执政以中山滞津,一时尚无入京之期,而善后会议又待举行,故特派员将该草案携赴津门征求中山意见,如得赞同即行正式发表而使召集。"(《善后会议草案征取孙意》,《北京日报》1924 年 12 月 15 日)

　　《京报》则刊载许世英谈话,称孙中山已赞成善成会议。报道称:"政变以前,段合肥与孙中山间之接洽,系由许世英前往广州所协商。故此次中山抵津,因病一时不能来京,孙段间所有一切接洽事宜,仍由许氏居间转达。日昨许氏由津回京向段复明,某记者特访许氏于东安饭店。许氏云:'中山先生此番在津患病颇剧,热度最高时达百度以外,医生力戒静养,盖恐其乘胆肝炎之故。日来虽渐痊可,但迄未起床。预定二十日以前,当力疾来京。中山先生对于建国大计,主张决之于全国国民会议,其意见完全与段执政一致。所不同者仅在国民会议产生之方法,段执政主张由善后会议产生,而中山先生则主张先开预备会议者。现经切实协商之后,中山先生已慨然牺牲己见,赞助段执政之善后会议,以收拾军事、行政。盖欲实行废督裁兵,整顿中央财政,事实上非令各省拥有实权者之赞助不可,将来经过会议使各省军民长官签字后,彼等如不奉行,中央遂得名正讨伐。至于一切建国大纲,则须决之全国人民,而召集国民代表会议,亦必须有一条例。此项条例决非段执政个人所得厘订,因此不得不假手于善后会议。中山先生曾有一种顾虑,恐国民代表会议为善后会议所左右,但善后会议纯粹为收拾军事、行政起见而设,除议定国民会议条例而外,绝不与国民会议发生何种关系。中山先生经过一番解释后,其意见已与段执政完全一致矣。'"(《中山先生已赞成善后会议》,《京报》1924年12月15日)

随后有《顺天时报》刊文称:"日前报载有许世英谈话一段,谓中山已赞成善后会议,并牺牲国民会议预备会之主张等语。顷据天津张园孙中山秘书处函,称中山主张无改,善后会议与预备会议,组织不同,不能代用。适许世英自京来津,至张园问候中山,秘书处以此为询,许君亦谓牺牲主张云云,必系误会。许君谨言中山固自信其主张,同时亦重视他人主张而已。"(《民党不赞成善后会议》,《顺天时报》1924年12月19日)

△ 杭州工人协会致电孙中山、段祺瑞,谓:"国民会议,在军阀崩坏中发见,极易被有力者窃据,转为列强利用,故本会公议,废除国际间不平等条约,废督军制以清乱源,并公议收复海关,定劳动法等九个案件为会议目的,主张由各阶级自出代表,组织预备会议,庶嘉会不致为奸寇劫持。"(《孙中山与各省外来电》,《益世报》1924年12月22日)

△ 《香港华字日报》就孙中山入京问题刊载评论,对孙段关系、共产派之活动,以及孙中山出游欧美之计划做了分析,谓:"孙文北上,本拟在京为大规模之活动,讵甫抵上海,外交方面,即发生阻力,因遂转赴日本,段祺瑞以迅雷不及掩耳手段入京执政,刻下广州方面,金谓孙氏此行,恐得不到多大成绩,盖孙党原定计划,本有两种会

议:(一)预备会议,产生临时执政;(二)国民会议,产生大总统。段既不俟孙同意即入京就总执政职,孙、段因此发生暗潮。现孙党作战准备,决定对段下攻击令,但以国民党名义攻段,某要人认为未免反脸太快,难得多数人同情,乃暗中示意共产党向段开始攻击。共产党根本上本不赞成孙段合作,乃于《向导》周报九十三期发表《国民会议及其预备会议》一文,将国民党对段之内幕,极力揭发,大旨谓国民党原定组织国民会议,决非三数日至半年所能正式开会,在此半年中,应先由人民团体选出预备会议,执行临时政府之职权,以期政权即由摄政内阁奉还于人民,今不幸段祺瑞怀抱北洋正统的旧观念,竟不待预备会议之召集,硬以军人拥戴入京,自为执政,自己颁布临时政府制,国民党领袖们,能容忍段祺瑞这种专断的事实,亦应严厉的督责他马上召集预备会议,政权奉还人民,无使段氏执政府延长一日,即为中国加增灾难一日云云……日来广州方面接天津消息,谓孙自留滞天津后,共产党献议促孙乘机赴俄,实地考察劳农政府共产政策,以便他日归国施行。孙见环境不佳,亦已有允意。据深知其内容者言,此亦根据段、孙当日之异议,孙离开中国,让段执政,在孙文本意,仍欲俟国民会议运动得手,举他为总统,然后冠冕堂皇,出游欧美。今以对内对外,均打不通,逼得作退一步想。闻经对外交方面表示,不愿在京津作长期之逗留,拟于本月尾偕同孙夫人赴俄京顺作欧美各国之漫游,盖其行程系先赴莫斯科实地考察共产党施行方法,归时取道欧洲渡美,经日本回国,预计以一年半为期云。一说孙之赴欧,系入京一种交换条件,因外交团恐孙入京宣传共产,段对孙举动亦甚怀疑,故先声明入京后即克期赴俄,一可以免外交方面之疑虑,二可以安段祺瑞之心,表示无与段争政权之意,三可以避免或减轻旅京粤人关于屠城事件之攻击,因广州商团已派代表晋京,决向法庭控孙擅改国旗,嗾使暴兵焚劫商场,惨杀人民等事,亦孙所惊心动魄也。又据省署传出消息,凡通电北方,不得称孙大元帅,免被电报局压置,不能投递,此亦大元帅三字在北京路不通行之一证。"(《孙文入京之面面

观》,《香港华字日报》1924 年 12 月 15 日)

　　△　天津峻芝堂药铺在是日天津《益世报》上刊载"峻芝堂欢迎孙中山先生"广告一则,以新诗体、"双关"方式,将孙中山的革命生涯、所持主义与戒烟要旨,具体道来。(《益世报》1924 年 12 月 15 日)

　　12 月 16 日　任命建国桂军各军长:第一军长韦冠英,第二军长伍毓瑞,第三军长刘震寰兼。(《大本营公报》第 35 号,"命令")

　　△　广州反对市选大会开会,推派代表携市选黑幕呈词至津,向孙中山陈述。中山闻知市选黑幕及工界、市民反对市选情形后,即电令省政府延期两周举行复选,命廖仲恺、许崇智、邓泽如查办市选舞弊案,并令认真办理,务期彻查严究,以符民选市长之真意而洽民情。31 日又派孙科回粤,制止市长复选事宜。(《粤市选问题新趋势》,上海《民国日报》1925 年 1 月 5 日;《中华民国史资料丛稿·大事记》第 10 辑,第 231 页)

　　△　刘守中出任河南省政务厅长,原任常秀山免职。

　　孙中山于去岁派刘守中、丁惟汾、王法勤由广州北返布置北方军事,本年 10 月 18 日复函刘守中望团结同志迅赴事机,次日任刘守中及张继、王用宾、续西峰、焦易堂为北方军事委员。10 月 23 日,冯玉祥、胡景翼、孙岳树国民军之义帜于北京,并电迎孙中山北上,皆为刘守中等运动促成。本月 6 日,胡景翼、孙岳分任河南督办及省长,刘遂于本日继常秀山而出任河南省政务厅长。时孙中山因病滞津,刘曾拟奉孙中山立国民政府于豫,惟孙当时已专注于国民会议之早日召开。(黄季陆主编:《革命人物志》第 6 集,第 377—378 页;刘寿林:《辛亥以来十七年职官表》,第 298 页)

　　△　是日中美社记者访民党要人卢师谛于东方饭店,叩以中山之真正态度,卢发表谈话,涉及以下要点:一、关于中山对日之态度者。谓:中山为东亚民族地位计,在数年前,已力主中日之宜亲善,兹者鉴于两国间已由国际纠纷,而渐入于双方民众之仇视,故毅然决然

于列国对华垂涎中,赴日以倡大亚细亚主义,而期掀动日本国民洞察唇亡齿寒之利害,使其民众纠正其政府对华措施之不当而完成中日亲善,以进图亚细亚民族之健全;二、关于民党与政局之关系者。谓:中山鉴于本党党员所统之各军,均能以澈底救国为职志,并深佩此次最具战功之张雨亭氏,能表示放弃权利,故下令国民党员,概勿进占战后之政权,此本党杨庶堪君之所以坚辞农商总长之由来也。又中山此次深欲予人民以直接改造国家之机会,故深望段公芝泉在临时执政时期,本民众赞助声讨直系之抱负,一扫武人专政之余毒,而将国家善后问题付之人民。故中山特提倡国民会议,主张由国民会议解决对外对内之重要问题;三、关于国民党之主张者,谓:国民党三民主义、五权宪法,中山殊希望其实现,此次北上,除拟赞助段执政救国外,即以宣传三民五权主义为目的,盖深望国民会议之实现,而对该党主义予以采纳也。卢师谛并称:"一年来本党之敌派,每利用本党之亲俄政策,诬本党为抛弃三民五权主义,而采取共产主义,且谓有共产党人加入国民党,亦正以证明国民党之改换主义。此种谣言,余可为简要之声明:亲俄系本党外交政策,若以亲俄而即目为采取共产主义,则与俄国订立国际条约,而承认其地位之国家,均可称之为共产化,岂不笑话。况共产主义之绝对不适用于我国,中山先生已于俄国越飞来华时,已郑重表示之,至表同情于共产主义之青年之所以加入国民党,乃系列宁在世时之主张,盖列宁向中国共产党表示亦谓中国之民情,不适用共产主义,故指导彼等,使投入中国国民党,而奉行国民党之主义,在国民党主义,亦视为必要之举,故少数共产派今虽相继加入本党,而加本党后,即均须服从本党之主义,而本党则决无舍己以从人之事,故因彼等少数人之投入本党,而误认本党为可以一旦牺牲数十年苦心经营之三民五权主义,稍具常识者,当之不信。况本党最近一年间,因外界之谣言,而更奋力于三民五权之宣传,计本年本党宣传部所编三民五权之宣传品,不下数十种,传布于海内外者,达一百万册以上,此亦为有目者之共睹。"《孙中山之各种态度》,《顺

天时报》1924 年 12 月 18 日）^①

　　△　《中华新报》刊载是日津讯,称:日前法制院长姚震来津,探中山病况,并带有与各方面联络之任务。当其留津时,曾与某要人关于时局有所谈话,内容略为:"一、段孙关系。查中山之民生主义,原为一种国家社会主义,或社会政策,按今日世界各国,当然有采用斯种政策之必要,至所唱学说之详细部分,则人人见解不同,实无足异。然其大体之主旨,当无不能谅解者也。故关于中山之主张,段执政及各局并无根本的反对意见,仅有枝叶之差,与夫实现时机迟早之不同而已。总之,孙段之提携谅解,已达充分之良好结果,敢断言也;二、财政问题。按今日当局之最觉病苦者,厥为财政问题。幸自李财长就任后,对于收支已略有把握,各省应解中央之税款,已有数省自动的行将解京,又由军队之裁撤,财部支出,亦大见减少。不过于中国大局安定以前,当然尚需一笔巨款,故现今财部人员,正极力划策此事;三、张冯问题。张作霖之悬崖勒马、光明正大之态度,吾人深为钦佩,故其部下健将中,有世人一时之误解,而蒙非难者,实令人为之抱歉。然现在各方对奉之猜疑,已完全去尽,而执政亦甚喜也。又冯玉祥,观其心事,毫无可疑之处,其辞职之意,亦纯因国家之关系,极为坚固,并拟于近日内赴外洋吸新文化,以期贡献于国家;四、段之用人问题。近日段执政因用人关系,似颇招物议者,然其原因,实以推荐之人过多,而执政又一时忽率,遽与登用,遂招外间之误解,而执政亦深悉此中受病之处。又加拉罕近来再三往访执政,表明心迹,决无似外间所传之妄动。"(《姚震之时局谈》,《中华新报》1924 年 12 月 21 日)

　　△　报称:"广东民党反对善后会议运动,近来尽为露骨,各团体各以通电、集会、讨论等手段,努力宣传。中央执政委员会为促成国民会议,拟举行示威运动,并设法与各团体结合。其持论要点,在国

---

　　①　此则消息有多报刊载,如《北京日报》1924 年 12 月 18 日的《卢师谛之中山态度谈》、《中华新报》1924 年 12 月 23 日的《卢师谛谈中山态度》。

民会议选出之代表,系为民众的,在与段派未接洽妥协以前,运动当更加猛烈。"(《民党不赞成善后会议》,《顺天时报》1924 年 12 月 19 日)

是日,日本驻广东总领事天羽英二致电日本外相币原,称近来广东本地报纸连日刊载各团体主张立即召开国民会议的宣言和通电。其要点为:一、反对召开由元老督军等掌权者组成的善后会议,速开孙中山主张的国民会议,议论国事;二、国民会议不能听任军阀政客等垄断,应以真正代表国民的各团体组织之;三、遵从孙中山的主张,先开一预备会议以讨论国民会议的基础条件。(《広東ノ新聞ハ連日国民会議即開ヲ主張スル各種団体ノ宣言、通電ヲ掲載ノ件》,《日本外交文書》大正 13 年第 2 册,第 582 页)

△　陈炯明在广东兴宁发表复任粤军总司令职之通电,略谓:"迩者广州被劫,粤难益殷。迭据商民环请督师拯救,又据各袍泽纷电敦促……集合全省军心,共谋早日奠定百粤。"宣布即日复任粤军总司令职。(《申报》1924 年 12 月 22 日,"国内专电")另据东方通信社本月 22 日广东电,陈炯明与林虎会见结果,决定于 23 日在汕头就粤军总司令任。(《时局中之广东》,《中华新报》1924 年 12 月 24 日)

△　北伐军湘军张辉瓒师与朱培德、李明扬两部占领万安,继续向吉安推进。(陈锡祺主编:《孙中山年谱长编》下册,第 2095 页)

△　广东省议会长郑里铎致电孙中山,拥护国民会议。(《中华新报》1924 年 12 月 30 日,"公电")广东省教育会致电孙中山、汪精卫、段祺瑞,拥护国民会议。(《孙中山与各省外来电》,《益世报》1924 年 12 月 22 日)

△　《香港华字日报》载文称国民党内左右两派皆欲利用机会,攘夺政权,以孙中山为总统,惟意见分歧,主张之手段不一。文谓:

"孙文旗下,本分共产派与反共产派之两系,共产派自谓为国民党左派,而称旧国民党之反共产者为右派。左派以陈独秀及次第加入共产党之胡汉民、廖仲恺等为领袖,右派则以张继、谢持、冯自由及新由粤赴津之孙科等为领袖。左派主张共产,认段祺瑞、张作霖为受帝国主义者指挥之军阀,反对孙段张三角同盟甚力。右派主张三民五宪,主张孙段张三角同盟,认段张于相当条件下可以合作。两派主张不同,然其欲利用机会,攘夺政权则一,其认定非孙文为总统不可则尤一,所不同者则手段而已。左派以为世界潮流趋于阶级斗争,非揭橥打倒军阀,打倒资本家,打倒帝国主义者之三大旗帜以为号召,必不足以得工人、学生、小商人之援助,认定无论为中国抑为全世界,今后必受支配于劳农阶级,现时即未得十分胜利,到底必占优胜,故主张明目张胆宣传共产。右派则以为中国现时究以资产阶级占势力,如主张共产,即立可惹起多数人之反感,对内对外皆多窒碍,国民党原自有其经过之历史,究不若仍以三民五权为号召之利器,尤易得各方之同情,因此反对共产,认为于'孙文总统问题'有绝大之阻力。此为孙文旗下左右两派所取手段所以不同之主因,究其欲利用孙文招牌以为争政权之目的则一也。

“孙文年来本感于旧党员奋斗力之退化,以为不如共产党之猛进奋斗,且以共产党有俄人为之后盾,金钱上可予以助力,故对共产党早已扩张通天教主之囊,尽量纳诸夹袋中,但孙对现在社会亦自有其经验,知此时言共产尚有窒碍,故一面否认实行共产,以消弭资产阶级之疑虑,一面仍积极宣传打倒军阀,打倒帝国主义,以吸收学生、工人之同情,□以为挟此以与段祺瑞、张作霖对抗,总统一席,将非我莫属,故前月遂毅然离粤,宣言抛弃西南地盘,以国民资格,参预国民会议,希望由国民会议解决一切等语。盖当孙未离粤以前,本决定联络冯玉祥、胡景翼、孙岳、黄郛等(黄郛亦旧国民党)以抵拒段张,请孙北上主持大计,无论如何,此临时政府之第一把交椅,不必使老段专利。然后一面令谭延闿、程潜于最短促时间,攻入湘赣(程扬言假道攻赣,实则目的在湘),孙即以临时政府名义任谭延闿督赣,或李烈钧督赣,谭延闿为赣省长,程潜督湘,林支宇为湘省长,与广州政府,成对峙形势;一面运动学生、工人,由国民会议举为总统,当下原已一一安排妥贴。

“共产党当时以孙空拳赤手入京,认为时机尚早,尤恐孙脱离共产党羁绊与北洋军阀妥协,故当即密派心腹,随孙北上,以便随时监视,赤俄驻广州代表鲍罗庭氏亦于是时离粤,有所布置。鲍氏离粤时曾对共产党及农团军、工团军演说,亦谓今后广州共产政策之实现,当视孙入京后对段祺瑞之表示若何,始能决定,各人欲维持生计,可组青年社为他日施行共产之训练等语。共产党既恐孙被段、张软化,由是北京学生如何欢迎孙文,如何示威运动,如何由俄人指挥资助,当即马上极积布置,而广州之欢送会,所谓欢送孙大元帅北上定鼎中原者,亦闹得震天价响矣。

"讵孙甫抵上海,段祺瑞、张作霖业已将冯玉祥之国民军、黄郛之代阁政府根本打消,使冯玉祥一派不得不销声匿迹,以绝孙党之外援,一面又向外交团疏通承认段祺瑞入京执政。而外交团对孙不满之消息,已如雪片的从天而降,此中真相若何,虽尚难证实。然据某要人所得天津消息,孙抵津后,除称病外,已由王正廷、马素等代向外交团疏解,并派员与各方接洽,声明孙不主共产,此次入京,并不希望即得政权。但日来空气仍甚险恶,段张对孙阳迎阴拒,并无何等诚意,现孙拟入京后即赴俄一行,一说谓孙只派代表入京,复决定取道京奉路由东三省径行赴俄。至孙之所以赴俄,除见十五日通讯外(参观昨报),尚有一重大原因,盖孙党决定由国民会议举孙为总统。既曰国民会议,当然由国民选出代表组织,现孙党决于国民会议未开以前,为大规模之公开运动,联合各地学生、工人、农民及各埠属于国民党之准备,分头进行,其步骤分为(一)宣传、(二)示威、(三)国民会议代表预备选举之三者(即指定某人为国民会议代表之候选人)。此项运动费为数甚巨,闻某俄人已允酌量接济,孙文亦经申令胡汉民从速筹备。但广州方面实际上已宣告破产,胡代帅既束手无策,而由俄人接济,又恐带有共产色彩,益惹起社会疑虑,因此款的问题,现尚未有切实办法。现有人献议凡曾做国民党官,食国民党报者,皆当斥其宦囊之一部,以报效党魁,则运动费自无□筹集。故某要人等颇注意于孙科,谓孙科在市政厅任内所得不菲,为乃翁运动选举,尤义不容辞,特不知太子科情殷报效否耳。然款的问题虽未解决，而运动准备，则固已着着进行，为孙氏画策者，以为此项运动，靡论若何，皆不得不假借金钱与暴力。此次广州市选，范围较小，且闹出种种笑话，如由孙亲赴各地演说（初有此计划），此在各国虽为佳话，而在中国或难得社会谅解，转加以'别有作用'之恶名，不如漫游欧美，以一年为期，尤可藉此与各国朝野领袖交换意见，以壮声援而为回国施政之准备，俟国民会议选举总统当选后，始从容回国就职，超以象外，得其环中，尤觉绝无痕迹，因而有赴俄之愿。孙以李宁取得政权，亦几经曲折，闻已允采纳此说，故日来广州方面所接京津消息，孙赴俄说极多，实则亦空气压逼使然也，孙既决定赴俄，而共产党亦即向段祺瑞张作霖剧烈攻击……足见共产党之计画，亦即足见孙党之计画，盖其不满于段张之对待冯玉祥，对待黄郛，及其希望国民会议之热烈，实已情见夫词矣。"（《孙文对于竞争总统之作战计划》，《香港华字日报》1924 年 12 月 16 日）

12 月 17 日　致电段祺瑞，主张于善后会议中加入人民团体代表，包括现代实业团体、商会、教育会、大学、学生联合会、农会、工会诸代表。（刘绍唐主编：《民国大事日志》第 1 册，第 276 页；罗家伦主编、黄季陆增订：《国父年谱（增订本）》下册，第 1176—1177 页）

　　△　段祺瑞来电，请其设法制止谭延闿之北伐军入赣，谓："据暂行督办江西军务事宜方本仁删电称：'属部进驻南昌，在粤湘赣各军违约侵赣，祈商请中山转电制止'等语。查赣省自蔡军溃走，已完全听从中央命令。方督办即抵南昌，当能收拾一切，已无军事动作之必要。在粤湘赣各军对于此项情形，容有未能了然之处，务请明白解释设法制止。俾赣事得以早日大定，实为大局之幸。"（《孙段对赣局之商榷》，《时报》1924 年 12 月 25 日）

　　△　任命潘文治为大本营咨议。翌日着许崇智派员管理海军事务。

　　潘文治原任海军练习舰队司令兼管海军三舰整理事宜，本年 7 月 16 日因丁父忧，给假守制，职务暂由参谋长田炳章代拆代行，丧假后续请病假。本日乃改任为大本营咨议。翌日,准其辞卸本兼各职,并将海军练习舰队司令及海军三舰整理事宜之缺裁撤,所有海军事务着建国粤军总司令许崇智派员接管。(《大本营公报》第35号,"命令")

△　指令粤军第三军,嘉奖该军李军长破案迅速,办事认真,救出为匪徒劫掠之岭南大学学生。(《大本营公报》第35号,"指令")

△　报称:善后会议因某方面主张愈简单敏捷愈好,故列席人数拟减至最低限度。闻有改六人会议之说,即段执政、张作霖、孙文、冯玉祥、卢永祥、唐继尧六人。刻正征求各方意见,一俟各方同意即可公布开议。其开会地点亦在北京,惟段之为此种主张,命意所在则不得而知。或谓段系欲组织此会,以调和将来善后会议中之各种争端,含有裁可善后会议所议决各案之意味者。亦有谓系用以裁可将来国民会之议决案者。然就事理而推,则实以前说为近是。(《善后会议列席者》,《北京日报》1924年12月17日)又有消息谓:"段祺瑞现拟于善后会议及国民会议两会议之外,更召集一类似元老会议者。其会议之人物,计共六人:(一)孙文;(二)段祺瑞自身;(三)张作霖;(四)卢永祥;(五)冯玉祥;(六)唐继尧。"(《又有所谓六头会议者》,《晨报》1924年12月17日)

△　报称:孙中山特派代表刘成禺、郭泰祺13日晚到汉口,与萧耀南会见之后,于是日下午1时受到武昌商会与善社联合之开会欢迎,到会者四百余人。郭泰祺演说云:此次回鄂系奉中山先生命令而来。中山先生所抱政策,趋向和平统一,与鄂中所主张之保境恤民宗旨符合。湖北为首义之区,自民二以后,完全受北洋军阀武力压迫,民气失其伸张,种种痛苦,已至极点。故孙中山先生,此次对于解决时局,打破武力为治标,刷新内政为治本,对于湖北,尤为注意。此次泰祺回鄂,道经各省地方,与诸同乡多方研究,以湖北现处环境逼迫之中,非急图刷新内政,发展自治,难资安全,否则外力侵入,必有会师武汉之旨。故此政变,泰祺认为湖北政治转机之绝大机会,须集合省外省内人才,群策群力,根本改造,树刷新之内政先声,为各省之模

范,是中山先生所盼望,亦泰祺等所盼望也。至于孙中山先生所主张之民生主义,实为现时之要图,打破私人垄断主义,及摒除帝国主义之侵略,废除不平等条约,使全国人人得享自由之幸福。外间不明真相,误以为共产主义,实则大谬不然,今幸湖北外方压力消灭,从此力图刷新内政,伸张民权,至于办法,尚望当局与各公团,同谋进行云云。次刘成禺起立发言,略谓:以湖北现在形势而论,亟宜治本治标办法,当局虽表示保境安民,究竟境如何能保,民如何能安,地方公团不能不起而注意。湖北此刻所处环境,异常危险,四川、湖南、江西、河南等省军队,相逼而来,设我湖北人再不谋自决,则将所受外势力之宰割,必有更甚于今日者。湖北在历史上虽为起义首区,但十一年来,不独受北洋系军阀之蹂躏,即所谓湖北人民,亦有认贼作父,从中为虎作伥者,此种败类,我们此时应特别注意云云。演说毕,由吴干丞致答词,旋即茶点散会。同日午后3时,郭、刘二氏又赴湖北教育会及武汉学生联合会之欢迎会,并发表演说,内容与在武昌商会演说者大致相同。(《中山代表到鄂之欢迎》,《益世报》1924年12月24日)

△ 报称,北京各团体欢迎孙中山联合大会,连日接到各商铺来函约八百余封,均以总商会受人蛊惑、通知不迎孙为非,该会得悉情形,于本日开紧急会议,结果推举袁世斌、韦青云、游仪声、毛杜侯、李长明为代表,赴总商会交涉,晤见该商会副会长,由代表韦青云解释一切。据其答复,极力否认商会有此通知,且谓广东之役,亦知系该商团为吴佩孚所鼓动,北京商会决不蹈其覆辙。末复由代表毛壮侯要求该商会向各报刊登启事,声明该项通知系人捏造,否则商会须负完全责任,嗣由副会长面允。(《北京欢迎中山之进行》,《益世报》1924年12月19日)

△ 《香港华字日报》刊文,渲染孙段间的政治角逐,以及国民党内部左右派的分歧,略谓:"段祺瑞执政府成立,而广州元帅乃突如其来,由是广州波诡云谲之政争,亦随孙大元帅之车尘马足自南而北。观政者早料大佬倌一经登台,即有好戏看矣。查国民党对段步骤,现

分京赣两个问题,双管齐下。在北人视之,孙党心中口中之国民会议,即为京局变化的张本;而南方人预测,则江西问题,即为孙段两系决裂的导线。但国民党对段,内部意见现尚未能一致,故京局变化遂成为慢性的发展。盖国民党左派共产份子,主张孙文入京宣传共产,排除国际的帝国主义者,新订第三国际条约,当然并段张等所谓受支配于帝国主义者之北洋军阀,亦在排除之列,凡左派份子汪精卫、谭平山、邵元冲等,皆先后或秘密的追随赤俄代表鲍罗庭入京,向孙文极力包围。故国民党左右两派对段方之迎拒,左派是排段的,而为彼赤俄老板作急先锋。右派是欲拥段而图在京的活动,因广州地盘,为左派共产化的元老清一色所操纵,右派既无后方接济粮食(孙科行时,凡右派同志大支其津贴,并对其同系人说:我等去后,胡汉民必无接济我等离粤人的粮食费用),是以右派除入京谋噉饭地外,余则作津沪间的流氓,在情在势,自不得不皈依于段总执政旗帜之下,而冀嘘其余沥……现右派张继、谢持、冯自由等已在京结合,闻其计划,将拥冯焕章为党魁,以去中山,不要总理,改为理事制,并高挂反共产招牌,与汪精卫、谭平山等相周旋,近复电催广州大帮反共产份子北上奋斗。右派之招兵买马,当然不利于左派,昨汪精卫乃以孙文名义致电来粤云:北方四围空气恶劣,凡我党员,勿冒昧北来,我同志将尽力于国民会议宣传工作,不必入京对其政治生活为宜等语。汪之用意,固以段张态度之难测,实亦欲阻止右派之北上也。"(《孙段暗斗中之京赣问题》,《香港华字日报》1924 年 12 月 17 日)

12 月 18 日 是日,段祺瑞的代表许世英等来谒,谈外交问题甚久。得知段政府有"外崇国信、尊重条约"之保证,极感不快,即问:外交团要求尊重条约,闻段执政府已照会复允,确否?许世英等答:确有其事,但照会尚未送出。乃勃然怒斥谓:"我在外面要废除那些不平等条约,你们在北京偏偏的要尊重那些不平等条约,这是什么道理呢?你们要升官发财,怕那些外国人,要尊重他们,为什么还来欢迎我呢!"许等悚然退出。(《大元帅北上患病逝世以来之详

情（三）》，《广州民国日报》1925 年 5 月 13 日；《哀思录》初篇，"病状经过"，第 2 页）①

据《申报》报道，孙中山之谈话如下："中华民国早经各国承认，今合肥自认为中华民国之执政，国体既未变更，当然未失国际上之地位。此次革命纯系对推翻军阀而发，政权转移为内政习见之事，并非变更国体，更无求列强承认之必要。今多此一举，反使列强见执政地位之无据，而要求承认之亟，又足使外交上因此而生一种利用之机会，殊为抱憾！乃拥段之人，仅为段在外交方面计，而不为段在国民方面计。假使即得外交之好感，而失国民之同情，试问国民之同情重软？外交之好感重软？段承曹、吴虐政之后，为一极好收拾人心之机会，能多做几件收拾人心之事，则国民无不感戴。国民会议之后，正式总统自舍段莫属。段且欲求不为总统而不可得，何必如此亟亟，以博外人之承认。此次北来毫无争政思想，生平以爱国为前提，对人俱无问题。此次合肥再出，也是力图晚盖之机，能毅然改革国政，以行革命之实，则前途自多希望；若再仍蹈前辙，则虽有良友，亦无如之何！爱国者与害国者，常相为对体。如其有害国之行为，则凡具有爱国心者，俱将起而反对，亦非一人一手之力所能为之斡旋也。段能合作与否，须视国民对段之趋向如何。"②（《孙中山入京辟谣》，《申报》1925年1月8日）

△ 据报道称："十八日中山之病虽全愈，而元气并未恢复。医者嘱勿多谈话，勿食水果，中山则皆犯之。是日中山与许世英谈极久，并食梨数枚，且阅西报达两小时以上，是日下午遂复微觉不适。李烈钧派何应麓□《善后会议条例》来时，中山勉强取阅。"（《中山先生病状与进京日期》，上海《民国日报》1924 年 12 月 30 日）

△ 复电段祺瑞，主张派李烈钧回江西斡旋赣局。

————————

① 汪精卫在国民党"二大"报告中则称两人的谈话时间在 12 月 14 日。（《汪精卫先生在第二次全国代表大会之政治报告》，《政治周报》第 5 期，1926 年 3 月 7 日）

② 《孙中山年谱长编》将此条系于本月下旬。

17 日，段祺瑞应方本仁的要求，就赣局问题致电孙中山。孙是日复电，称派李烈钧回赣斡旋，电谓："查方本仁自去岁迄今，寇粤四次，春间奉吴佩孚令，约陈炯明向东、北江同时进兵，由赣南突至广州郊外江村；第二次夏间，当我军垂克惠州之际，复侵入韶州、英德，以牵制我军，使惠州解围；第三次冬间，乘陈军侵入广州近郊，复进兵取南雄、始兴；第四次今年夏秋间，复与陈炯明约期夹攻，进窥南雄。自吴佩孚失败后，始复变计，引北伐军以逐蔡成勋。当蔡成勋未走，对于北伐军，招之惟恐不来；及其既走，则麾之惟恐不去。北伐军将士积愤于前，复被卖于后，愤慨自在意中。且视方本仁所为，何尝体念国□，拥戴我公？不过因利乘便，遂其据地自雄，沉机观变之欲而已。但既承谆嘱，自当仰体盛意。祇以此次离粤，系只身北上与公商榷国事，对于粤中军事久已放弃。前为解决纠纷起见，拟派李协和回赣一行。协和与赣中诸将甚稔，又新到京、津，熟知近状，到赣之后必能从容斡旋，以副期望也。"（《孙段对赣局之商榷》，《时报》1924 年 12 月 25 日）

△　是日北京电称："孙文草建国意见二十五条，由李烈钧交段氏，中以五权宪法为根据，为现状所容许。执政府对此不甚关切。"（《申报》1924 年 12 月 18 日，"国内专电"）又有北京电谓："外交团对中山主张善后会议改预备会议代表资格，取职业选举，认为切中中国时弊，证明孙非赞成共产者。"（《申报》1924 年 12 月 19 日，"国内专电"）

△　报称，孙中山与张作霖深相结纳，六头会议，孙张将采同一主张。（《改革中之政闻》，《时报》1924 年 12 月 19 日）

△　是日东方通信社北京电称，李烈钧今晨答东方通信社记者之质问，曰："以段祺瑞、张作霖、孙文、卢永祥、冯玉祥、唐继尧开六头会议图收拾时局，系张作霖之主唱……然卢、冯、唐三人，结局终不参加，故将以段、张、孙三巨头会议代善后会议，次即开国民会议。至于开会地点，或天津，或北京，现已成为相当之问题。但广东民党方面之反对善后会议运动，既经孙文决意将一切事务完全听任段执政，即无复问题发生矣。一部分人士推测孙段之间发生病阂，实无其事。

孙氏以病已轻减，大约将于四五日内进京。张作霖亦决计与孙氏相前后再行进京。吾人以为取消宪法、约法，解散国会尚非其时，执政政府欲于尚未明确国民全体意见之今日遽尔实行，终不免尚早之非难。且孙文不与其事，而断然行之，则其责任当由段执政一人负之，自不待言矣。今日之所谓革命，段祺瑞一人之革命也，并非国民全体之革命。"（《李烈钧招待日记者谈话》，《申报》1924 年 12 月 19 日）

　　△　报称："赣省情势近日仍在混乱之中。北伐联军开入江西者，前线已达十万之众，而后方仍在输运不已。据某方面得赣省报告，北伐军现分三路继续增兵。中路赣江一带为宋鹤庚部，左路仁化一带为何成濬、龙湘云、杨虎各部，右路仁英一带为樊钟秀部。同时滇军杨池生、杨如轩亦与北伐军联络。一致行动，向赣南开拨云。又闻广东之建国军业于昨日侵晨占领江西之吉安，尚向南昌前进。"（《北伐军继续入赣》，《北京日报》1924 年 12 月 18 日）

　　△　海军练习舰队司令兼管海军三舰整理事宜的潘文治因病准辞职，该职着即裁撤，所有海军事务着粤军总司令派员管理。（《大本营公报》第 35 号，"命令"）

　　△　晚 8 时，天津市民各团体召开欢迎孙中山先生大会，与会者有二十九个团体代表。公推江竹源为主席，由汪精卫接见。（《欢迎中山大会之结束》，《益世报》1924 年 12 月 20 日）

　　同日，在津各团体发起成立"天津国民会议促成会筹备会"。旨在支持孙中山北上召开国民会议，以解决国事之政治主张。（《国民会议促成会之发起》，天津《大公报》1924 年 12 月 27 日）

　　△　韶州国民会议促成会通电拥护孙中山对时局之主张，促开国民会议。（《孙中山与各省外来电》，《益世报》1924 年 12 月 22 日）

　　△　国立广东大学鉴于国民会议之重要，特组织国民会议促成会以期实现孙中山之主张，于是日晚召集全体大会。（《广大组织国民会议促成会》，《申报》1924 年 12 月 26 日）

　　△　《香港华字日报》刊载评论，分析孙段关系，略谓："孙文北

上,抵津未及旬日,迭受段派之暗中排挤,四周空气不佳,自知上了段祺瑞鬼当,于是久滞津门,迟不入京,并唆其党羽向段祺瑞开始攻击。孙目下正处进退维谷之际,将来孙氏入京后,所得结果如何,孙党中人不敢认为乐观⋯⋯此回北上入京,据孙文本意,以曹吴既倒,自己势力仍限于广州一隅,将来无论如何,亦不能长在广州立足,较不如趁此机会先离去广州,以免在广州下台,又免至将来受段祺瑞以命令取销其大元帅府⋯⋯及抵津后,以段不顾原议,自行入京执政,临时政府大权,完全操诸段派手上,自知不能在京久候,其所谓国民会议,于是又发生先行赴俄考察一议,以为入京失败后得以藉口转弯,其步步为退后计如此。原夫孙段二人,在历史上未尝有合作之陈迹,彼此意见曾经不同,况民六各年,孙文以护法招牌向段攻击,段为刚愎自用之人,此刻断无与孙合作之理,不过段自罢政以后,郁郁无聊,屡欲倒直,俾自己得再出执政,以孙文在粤同是反直,乃利用其在南方摇旗呐喊,以作骚扰声援,始肯对之声言联合耳⋯⋯孙以在北不能得势,仍欲在南方展拓其势力,故须促谭延闿攻赣,又迫段委李烈钧为赣督理。不图以此更招段之藉口,谓孙答允于曹吴倒后停止在粤军事,何以现尚进兵讨赣,要孙令谭迅中止进兵,李烈钧督赣一事,更再不理会,且令方本仁抵拒粤谭,现在段氏因统一局面未得就绪,自未便遽与孙决裂,只惩动左右与孙为难,又使其擅长油滑手段之许世英在孙氏面前耍马前刀,谓合肥被群小包围,似是代孙抱不平者以此为暂时和缓地步。孙遭此冷酷待遇,忍无可忍,其与段分手之时机,想亦早晚问题耳⋯⋯孙文既以空气不佳,迟不晋京,其左右两派党徒,乃亦向段攻击极烈,在津已散发挑拨人民对段不利之传单,极力从事于国民会议之运动,并为种种之示威宣传,希望孙氏得选为大总统。但国民会议之召集,非瞬息可以成功,在此临时政府期内,段氏紧握大权,得以植树其各省之势力,事事向孙掣肘,则孙之所谓宣传及示威种种运动,亦终觉不易成功,故刻下孙氏极欲压止段氏伸张权力于各省,但自己空拳而来,殊无实力,何能与段对抗⋯⋯会张作霖在京与段意见相左,飘然赴津,孙在日闻讯,立电孙科请张在津面晤,盖孙以张既与段不尽合,当可向张拉拢联络以对段也……现孙极力与张拉拢,张以肃清吴佩孚余孽为辞,无论执政府主张若何,张亦拟自行用兵长江,张则准备车辆由津浦路运兵南下,孙则促谭延闿入赣,其步调亦正相应也。且孙之目的地厥为赣省,故一面促谭入赣,复一面要求段任李烈钧统赣军务,近以与张拉拢。在赣之常德盛系张旧部,又拟以李任赣长,以常督理军务,以为与张交好之退让表示。但左派共产党,以张段同属受帝国主义者指挥之军阀,段既不可与联,张更不可与合,故又极力反对与张携手……惟段氏方面,虽知孙党向已攻击,而后对孙尚无恶意表示,以许世英曾赴粤得孙优礼接待,乃事事均命许向孙和缓疏通,但孙党固已预备合张以对段,其结果终不免由合而分也。然张氏与孙,亦貌合神离,其联张之谋,亦未必有成也。"(《孙段由合而分之动机》,《香港华字日报》1924 年 12 月 18、20 日)

12 月 19 日　是日北京专电称:据天津消息,孙中山拟祃(22)日来京,随员共三十二人[①],津站已备专车。孙中山方面声明对时局仍主张开国民会议解决,不能以预备会议代用。(《孙中山拟日内入京》,《中华新报》1924 年 12 月 20 日)

△　北京各团体欢迎孙中山大会于是日下午开团体代表联席会议,筹备迎接孙中山事宜。(《孙中山二十一二即来京矣》,《京报》1924 年 12 月 20 日)

△　报称:"广东民党促进国民会议运动,最近益为激烈,各中国报大概为各团体宣言或通电所占满。各团体与各学校学生联合,定

---

①　《顺天时报》据新闻社消息及段邸消息,称孙中山定于 22 日来京,同行者包括随员汪精卫等八人,秘书四人,副官四人,卫士十六人,共三十二人。(《孙中山已定明后日来京》,《顺天时报》1924 年 12 月 20 日)另有消息称,国民党北京特别市党部某要人接天津张园孙中山先生行辕来电话,谓中山先生病已告痊,订于 22 日上午 8 时专车来京,同行者有喻毓西等二十余人。(《孙中山二十一二即来京矣》,《京报》1924 年 12 月 20 日)《晨报》之报道则谓:"闻孙之随员,现实数已达百五十七人。但孙所交付与许世英之随员单则仅三十有三。唯孙来京,列入随员单者固将同行入京,即未列随员单者,亦将同时入京。"(《孙文改期来京》,《晨报》1924 年 12 月 21 日)

于明日(二十日)举行大示威运动。"(《广东国民会议运动之猛烈》,《顺天时报》1924 年 12 月 22 日)

　　△　派定宣传员赴北方十三个省区进行宣传国民会议主张,分赴各省区之宣传员如下:

　　直隶:于方舟、叶善枝、于永滋、江浩;山西:韩麟书、王振钧;河南:延瑞祺、阎锡钧、张善兴;陕西:屈武,董如诚;山东:王乐平、阎容德、王尽美、王仲裕;甘肃:海明清;奉天:王志安、刘国增;吉林:傅汝霖、董年、朱霁青;黑龙江:王仲文、邹桂五;热河:陈印潭、杜真生;察哈尔:白荣轩、张良翰;绥远:王祥、韩麟符、崔伯亭;内蒙:白云梯、乌文献。各委员出发前,先在北京大学第一院开宣传会议,由吴敬恒讲述宣传之性质与方法等,并戒各委员勿过问当地军政事宜。(罗家伦主编、黄季陆增订:《国父年谱(增订本)》下册,第 1272—1273 页)[1]

　　△　报载,某新闻记者昨赴张园访孙中山,中山因病体未痊愈,由广州大本营参军赵勇超君代为接见与答复,略谓:"中山先生病体稍愈,但医生云,尚须静养,故虽欲赴京一行,尚未确定日期。"并称,有关孙、段有失于融洽之说"纯系外方挑拨之谣言,绝非事实,似不可深信……先生此次北上,纯为宣传主义,并无争权利之心,故为郑重之声明"。(《孙派要人对时局表示》,《益世报》1924 年 12 月 19 日)

　　△　派邵元冲与黄昌谷主办北京《民国日报》。

　　《民国日报》系当时党报之统一名称,上海与广州皆已有《民国日报》为中国国民党之言论机关。本年 2 月 20 日,邵元冲奉命至北京筹设北京《民国日报》,试行出版,后因故中辍。上月 30 日起,吴敬恒与钮永建等数人,曾应李石曾之邀在其北京寓所聚集,连续三天,商讨孙中山即将由日抵津等事宜,其间曾议筹设一报于北京,遂委由邵元冲筹办此事。至本日,孙中山派定邵元冲与黄昌谷主办北京《民国

_____

[1]　《中华民国史资料丛稿·大事记》第 10 辑第 233 页提到,派往各省的尚有周至、于树德等。《奉系军阀密电》第 2 册第 153 页谓:派往奉天锦县者有王秉谦、管涤。

日报》。

据曾担任编辑部主任之罗敦伟记述："民国十三年冬季，国父由广州北上，这是中华民国革命史上一个重大的行动。我们当日留在北平的党员，面对这个具有历史意义的事件，大家极度的兴奋，都感到革命的宣传是一个绝大的良好机会。国父到达之后，大家建议办个巨大规模的党报。于是国父指派了邵翼如（元冲）、黄贻荪（昌谷）两先生主办北京《民国日报》，这是北方当日（十四年）一个最具规模的党报。社址在宣武门外香炉山头条巷（门牌二号）。开幕之日，党国旗飘扬，当时除国父行辕外，还是唯一可以看见青天白日的地方。邵先生任总编辑，黄先生担任总经理，我也承乏编辑部主任。邵、黄两先生因为初到北方，差不多报社里许多事务，都事实上由我多负一点责任。当时本党人才都集中北方，于是戴季陶先生和党国先进如吴稚老、刘成禺、徐季龙诸位先生都被奉约帮助写社论。"（罗敦伟：《忆戴季陶先生》，《戴季陶先生文存三续编》，第303页）

△ 国立广东大学、广东省教育会、民权社、广州总商会、广州市商会、互助总社、女权运动会、法学共济会发表通电，拥护孙中山倡导的国民会议。（《广州八大团体之通电》，《京报》1925年1月4日）

△ 训令大本营外交部长伍朝枢，派交涉员赴粤海关与税务司办理交涉出口谷米验放事宜。（《大本营公报》第35号，"训令"）

△ 任命冯兆霖为大本营军需总局秘书，徐伟、罗旭岳分任会计及出纳科长。（《大本营公报》第35号，"命令"）

△ 北京电称："政府中人云，对中山取敬远意，谓执政已经外团承认，外团对赤化甚注意，故政府未便与孙澈底合作。政府意一方结好外交团，一方尊重实力派等语。但孙文主张与共产主义完全不同，反孙者故散共产传单离间孙与内外感情，政府不察，如对中山不邀合作，则失望者真将戴孙于多数主义，京津形势如此。"（《申报》1924年12月20日，"国内专电"）

△ 报载，有接近孙中山之某外人云："孙段两人，人格皆属高

崇，自初即无意气不投之事，况孙氏之志，惟一以中国民族之未来幸福为希望，此虽一种理想，而其理想，视日本之大隈侯爵，已属更高一着之纯化的。若谓其仅□于目前之种种问题，而将一举打破各国对华之协调，致使现在之中政府，陷于致命之伤，予断定孙氏决不至此也。且以赤化疑孙，尤属外间好弄奇谬者所为，彼盖不知孙之高远理想，以小人之心度人耳。"（《孙中山已定明后日来京》，《顺天时报》1924 年 12 月 20 日）

△　《盛京时报》刊载上海特讯称："广州政府驻美代表马素本日下午在学界大会演说，极力反对苏俄。谓莫斯科苏俄政府，近用无数金钱，在华宣传共产主义，煽惑青年学子，其惟一之目的，实欲挑拨远东各国之感情云云。马素氏自发表反对共产宣言后，此间人士对之甚形注意，以其与孙中山交谊素笃，孙氏近实欲采用共产主义之精神试行之于中国，不惜与国民党分裂者。马氏向为国民党保守派领袖，今已自行辞职，今日并曾宣言，彼于中俄国交未恢复之前，彼曾极力主张中俄应须亲善，邦交亟宜恢复，但及彼自美归来，见国内现象，已受赤化之影响，颇为惊惧，故不得不提醒国人，对于此种未经试验之共产主义，甚为危险，幸勿轻于一试。彼对于莫斯科方面用金钱收买中国学生教员及报馆，均有证据，各国人不早自觉悟，则将来之结果，不达近似俄国扰乱之情状不止也。"（《马素不与孙中山合作》，《盛京时报》1924 年 12 月 19 日）

△　《益世报》移译外报所载孙科谈话，论及孙中山对国民大会之主张，以及对段祺瑞政府的看法，谓："本埠英文《华北明星报》记者，以最近各报上盛传北京执政府将以明令解散国会，并宣传旧约法无效，特为此事往访孙科氏，询其对于此事之意见。孙科之言曰，废除约法，与解散国会两事，于政治上之意义绝少，盖自袁世凯做总统以来，即无人曾遵守约法，而国会之存在，亦徒为纷纠之发动点也。吾人今日之问题，为如何方足使临时政府为合法政府。人皆知今日之政府为国内军阀所拥护而组成者，并非本于全国人民之意志，苟段

氏以其地位为合法,不得人民同意而将国会与约法取消,则将来如再有军阀起而另组新政府,亦可任意将以前之政府取消,而自造制度,且亦认为合法之举矣。故吾人断不可忽视此种举动,将造未来之若干纷纠,苟人皆起而效尤,焉有止境。段氏此举,有利亦有害,使全国人民均起而赞成之,则为国家之福。不然,则徒引纷纠耳。然则谁能够此资格,承认此革命临时政府为合法。曰,为全国人民。惟人民自身,始有权决定何者为彼等要求之政府也。吾父与国民党对于各项问题之重要主张,已明白宣露于国人。目前吾父离广东时即曾发表宣言,划出国民党在最近应行之事业,为召集国民会议以解决国是,并拟召集国内各商会、教育会、学生会、工会、实业会、各党派之代表组织预备会,以磋商大会中之议事日程。但此项预备会与段执政所提议召集之善后会议,各省由军政领袖之代表组织者,自大不相同。惟段氏实已同意于吾父之主张,以召集国民会议,惟所异者乃参加预备会议之代表资格问题耳。即吾父所主张者,为人民团体所举出之代表,而不由各军队领袖之代表组织也。关于此事吾父将于下星期赴北京与段执政磋商,但吾父之入京,断不干预段执政之行政,以后之政府将完全依全国民意而组织之。"[1](《孙派要人对时局表示》,《益世报》1924 年 12 月 19 日)

12 月 20 日 与马伯援谈话,嘱注意日本外交,同意徐谦接替与冯玉祥联络事宜。

在天津接见马伯援,马向孙报告冯玉祥之优点、弱点及与冯联络之经过,以及马决定赴日之事。孙于病榻上谓:"知之矣,你一定要去日本,可注意日本外交,彼国政治家眼光太近,且能说不能行,不似俄国之先行后说。日本的朝野,近对吾党,非常轻视,以为吾人未获得政权,你去努力吧。"促马尽量办好对日外交,并曰:"焕章倘赴日本,

---

① 1924 年 12 月 20 日之《顺天时报》、1924 年 12 月 26 日之《中华新报》皆刊载同一消息,同样移译自华北明星报,文字略有不同。

你于暇时，须对彼多讲吾党志士爱国历史。"（马伯援:《我所知道的国民军与国民党合作史》，第 50—51 页）

△ 报称:中山左右为免除外间猜疑起见，已决定于是日起由医生发表中山之病状送交于各报登载，同时并已将病恙报告段执政，且谓来京日期势须重行酌定。（《孙中山来京问题》，《北京日报》1924 年 12 月 22 日）

△ 报载孙中山复北京学生联合会电，谓:"一星期内准可到京……取消不平等条约之主张，乃中国爱国国民当有之运动，绝非所谓'过激主义'。"（《中山与各方态度》，上海《民国日报》1924 年 12 月 20 日）

△ 是日天津电称:"奉张派杨毓珣谒中山，述请入京前先畅谈，并欢宴孙暨随从。孙允务简勿奢。"又称:"各省区连日电请中山入京，促召国民会议，愿为后盾拥护。"（《申报》1924 年 12 月 21 日，"国内专电"）

△ 任命刘一道为江西筹饷总局总办，魏会英、巢寒青为江西筹饷总局会办。（《大本营公报》第 35 号，"命令"）

△ 中央直辖建国豫军总司令、北伐先遣队总指挥樊钟秀率部入赣后，经湘、鄂北上，三个月转战五千里，抵达豫境光州地区。是日，樊自光州致电孙中山云:"钟秀奉钧命北伐，由粤出发，直入赣州，进据遂川万安一带。曾陈明座右，旋因江浙变化，蔡逆遂顷师拒抗，激战数昼夜，我军接济不及，于是相机图取赣西，以待北伐军之继，至乃进取宁冈、莲花等县。而蔡逆复逞兵赣西，又经我军猛力击退，□拟乘势深入，直取洪都。伏闻东北战事吃紧，钟秀决心统率所部，迅速北上，以袭洛阳之后，为北伐军之前驱，用副我大元帅出师之至意。故星夜驰驱，不惜跋涉艰难，师行五千里，战斗数十次，冲过湘鄂，袭□长江，托庇于本月效日（十九）安抵豫境，暂驻潢川光固各属，惜路途太远，我军甫至，吴逆已逃，未得歼此元恶，是所恨也。沿途交通梗塞，邮电不通，兹特将三月以来经过情形，概陈颠末。唯行军以来，火食无着，军装全无，且病伤官兵，无药医治，关于给养军装补充子弹接

济及我军驻防地点,应如何处理之处,派除〔除派〕员面呈一切外,谨此报告,请示办理。临电屏营,伫候示谕祗遵。"(《樊钟秀部已入豫耶》,《晨报》1924 年 12 月 27 日)

△ 广东各界响应孙中山国民会议之主张,成立国民会议促进会。本日,该会举行十万人之大游行,通电主张召集国民会议,反对北京之善后会议。(《东方杂志》第 22 卷 2 号,1925 年 1 月 25 日,"时事日志")

△ 据某机关传出消息谓,齐燮元最近之主张:(一)齐自任保安总司令,以全力对付卢永祥;(二)组织临时省政府,对付段祺瑞;(三)拥护三民主义及五权宪法,以联络孙中山。(《苏局紧急中之两通信社消息》,《申报》1924 年 12 月 21 日)

△ 报称:"据民党某要人云,孙中山病虽愈而日内仍不克来京。因中山注全力于国民会议问题,苟各方面之意见不能完全融洽,则中山即认为其主义不能贯彻,或将终止来京,亦未可知。现中山正嘱本党重要人员分赴各省为开国民会议之运动,并一面将其意见与段执政及张总司令为切实之商榷。因恐外间谓其倾向共产主义,因之对于中山所主张之国民会议或不免疑及有鼓吹主义之处,故又声明国民党与共产绝对无关系。"(《民党口中之中山》,《北京日报》1924 年 12 月 20 日)

△ 中华民国留日学生总会致电孙中山、段祺瑞,称拥护国民会议,反对善后会议。(《留日学生总会对于国是之主张》,《申报》1924 年 12 月 29 日)

△ 广东国民会议促成会召开成立大会,并发表通电,对所谓"六头善后会议"表示反对。(《广东国民会议促成成立大会记》,《申报》1924 年 12 月 30 日)

△ 《北京日报》刊文报道段祺瑞与孙中山对于国民会议与善后会议之意见分歧。略谓:"段合肥登台揭橥两大主张,简括言之,即先召集善后会议,由善后会议再产出国民会议。此项主张如段肯独霸

北方,自难不推行尽利。乃因招来一孙中山之故,不能不降心征求同意,不料此民党领袖不与做美。据日来所传善后会议停顿原因,皆为中山未能十分赞成……其所持理由,不外报传善后会议为少数人之集合,且杂以军事代表,殊嫌近于武断,不如国民会议之普通纯粹。此说之冠冕堂皇,易博大众之同情。若进一步言之,中山数十年奋斗所为者何？此次以孑身北来,谓其脱然为无主义之服从,及不与政治势力争一日之雄长,其谁敢信？试看此时国民党本部议决反对善后会议,一方并以国民会议之产母,谓当属诸其所手定之约法,可谓鼓钟于宫、声闻于外矣。反而观诸合肥方面,无论宣言既出,势难反汗,即果真屈己从人,而其环境之实力派是否容许,亦殊疑问。以故此两巨头中意见所到,不啻处处触礁也……但合肥因自己所悬限一个月应开善后会议之期间已逼,此会议条例犹搁浅在津,不能无所焦灼,遂连日派遣林长民、曾毓隽等赴津谒晤孙张,及昨日梁鸿志于百忙中接曾林电话,亦即赶往面商一切,其情急可想矣。中山现因大家劝驾结果,乃决定于下星期一(二十二)来都,已备有公函通知执政府,惟兹行之实现仍未足以断定孙段间意见之已归妥协。"(《国民会议与善后会议》,《北京日报》1924 年 12 月 20 日)

△ 《香港华字日报》刊载报道,披露孙中山"力争国民会议之内幕",谓:"中国虽挂民治招牌,实则为军治,而操纵军人者,实为北京东交民巷之外人,此稍谙中国内情者,当无不知也。故有人谓军阀为太上总统,尚有外人作太太上总统,年来内乱,实无不有太太上总统操纵于其间。中山对此,亦深知灼见,且确知北京势力,新转移于亲日派之手中,则此后欲在中央得志,自不能不先向日本人拉拢,又苦于从前高挂打倒帝国主义招牌,而以帝国主义高临中国,当无如日本若,中山虽空挂招牌,并未做事,但日人因此一点,对于中山当然无好感,故党人咸劝中山赴日一行,亲自向日本朝野解释国民党所称打倒帝国主义系专指某某两国,若日本则同种同洲,自在例外。并闻订有一种密约,乞日人助其在中央活动,而公然认日本在东三省之地位,

为势已固定（详文见日本英文《告知报》），是明明断送东三省于日本也。东三省为我国领土之一部，现仍属我国主权，有我国官吏在，何能与其他之割地比，利令智昏，不惜丧权祸国，较诸曹汝霖、陆宗舆尤为胆大而手段辣，顾仍高倡打倒帝国主义，真不知人间有羞耻事也。在日既定密约后，即回天津，与段系争胜负，段之左右，固多亲日派者，但究不及中山之热烈，故日人现颇不左右祖，任其自生变化。孙之计划，现决与奉张联合，及希图勾结冯玉祥、孙岳、胡景翼等，藉以倒段，故嗾令党徒，开始向段攻击，反对善后会议，力吹国民会议。因现在真正国民，尚老老实实教书者教书，工作者工作，耕田者耕田，尚未能实行主人翁职权，而一部分暴徒，则可冒牌抢夺，二个人一个会议，三个人一个团体，都起来纷争代表权，此乃民党暴徒之长技。且现国中政党未发达，只有一以国民党为外表、共产党为灵魂之中山党徒，在国中颇有捣乱之力，东嘈西搅，自信在国民会议中，必能占有多数势力，尽可假借民意以倒段。此一着现已加紧进行，试观广州报纸，连篇累幅，无非关此问题，连某某等校之女生，原不知政府为何物，居然振振有词，真好看煞人也。如争不得国民会议，或在国民会议失败时，则实行利用胡冯以倒段，如仍不得逞，则利用共产党运动北方工人，及失业贫民兵士，希图突取北京，宣布共产，希望藉苏俄助力，在北京巩固其地位。查北京现在失业贫民日增，而长辛店工人数千，团体尤极坚固，颇有新思想，颇易于利用，以为俄国革命之成功，亦不过如是，平昔饱受共产党催眠，故欲效之。人谓共产党失败，而不知若辈固认为极有把握，现谭平山等不日即入京实行运动，北京俄人尤多，假以时日，则孙党在粤之成绩，或竟出老段意料之外，由广州移到北京未可知也（段祺瑞语东方通讯社记者谓：逆料中山未必以行于广州者移到北京）。然变化至是，全国将不可收拾矣。"（《孙中山北上运动之步骤》，《香港华字日报》1924 年 12 月 20 日）

　　同日《香港华字日报》又刊文言孙科与胡汉民之矛盾，及其与广州市选贿选讼案之纠纷。谓："孙科因乃父北上，逍遥津门，未能一路顺利入京高踞中枢,父子均怏怏不乐。中山自然见一步行一步,而科则拟即返粤渡岁,表面以运动国民会议为名,事实是谋倒胡汉民的积极行进。胡汉民近与许崇智发生意见,因胡党大卖各县知事缺,许崇智大为不悦,从中阻止,胡昨在省署,对某军官拍案大骂,谓许汝为不体谅我的苦衷云云。而孙科倒胡之声浪甚高,且借市选讼案为发炮,闻孙文已有电令,对市选贿选讼案,须切实究办云云。近日有倒胡而后过年之说,又传之极盛,因是又传继任省长人物,徐绍桢、伍朝枢均有希望,而孙科则复任市长云。又访员宁人函云,胡汉民因欲尽握广东大权,极力运动其弟胡毅生为市长,致发生市选舞弊案,此案曾向法庭起诉,但法界中尽为胡势力,无论何如,对手方亦必不能胜诉。然胡之对方,更有其相仇之太子科在,月前被胡推倒,迫而赴奉,恨胡愈深,固无日不谋倒胡报仇也。适市选舞弊案发生,孙科即认为倒胡之绝好机会,密电粤中各工团及吴铁城等,极力运动反对市选,并敢以纷电京津,选派代表,谒见孙文,力揭市选弊端。而京津中外各报,亦纷纷评论市选黑幕,以激动孙文此即对胡氏大打击。并以廖仲恺现与胡立于反对地位,乃引廖为同调,请其帮忙,廖亦日日为各工团反对市选舞弊案划策。因是孙文乃决意派孙科回粤,会同廖仲恺、邓泽如、许崇智等查办此案,昨已分电廖、邓、许三人,将广州市选舞弊情形,密查电复矣。昨并据广州某要人谓,孙科奉命后现已准备南下,并云市选舞弊案非一时所可解决,纵将解决,又须举行改选,则市长终不易产出,现代理市长李福林,亦屡请辞职,久不到厅办事,孙文已许孙科返粤后暂时复回市长原职。但孙科与胡势不两立,胡任省长,孙必不能上场,如孙能上场,胡必下台以去,此回因市长问题,而牵及省长问题,市选风潮,必致愈弄愈大。"(《再志孙科回粤之作用》,《香港华字日报》1924年12月20日)

12月中旬　接见北大学生屈武,询问西北学运等情况,嘱其前赴陕西宣传,并谓目前拯救国家的"唯一的办法,就是要举行有各省民意代表参加的国民会议,选出人民拥护的合法政府,由民众来管理

国家大事"。(陈锡祺主编:《孙中山年谱长编》下册,第2098—2099页)

12月21日　致电直隶等省区军民长官,告派出国民会议宣传员。

是日,分别致电直隶、山东、河南、山西、陕西、甘肃、奉天、黑龙江、西安、张家口、归化、热河、吉林等地军民长官。电谓:"文对于时局,主张以国民会议为解决方法。日前发表宣言,谅已鉴察。兹特选派同志分赴各省、区,每一省、区约二三人,务使国民咸了然于会议之性质及关系,其宣传范围以此为限,不涉及地方政事军事。所选派之同志,皆有文署名、盖印证书为凭。"(《孙先生续派宣传员》,上海《民国日报》1924年12月31日)

△　接见青年学生党员李世军,着路友于代写手令,派李世军为临时宣传员,前赴甘肃宣传孙中山对时局之宣言。(李世军:《奉孙中山先生派赴甘肃宣传〈北上宣言〉》,《江苏文史资料选辑》第7辑,1981年9月)①

△　报称:"孙文先生因各方面之催促,已决定于二十三日上午十一时来京。孙左右并告记者,孙现对'中国之将来'一问题,不抱悲观,但亦不抱逾量之乐观。今唯力劝民党取镇静态度,切勿加入地盘或地区之争潮。并否认有令李烈钧回赣之说。至关于谭延闿之举动,孙现认为谭个人之行动,亦不欲加以干涉,盖以为无干涉之必要。"(《孙文改期来京》,《晨报》1924年12月21日)

△　报载:"旅京广东同乡欢迎孙中山大会,昨在粤东新馆开第五次筹备大会。后议决移办事处于中央公园柏斯馨,每股加增主任一人,由梁节卿、许镜清等专任筹款,陈兆彬、曾集熙等专任办事,分头进行。推前财政总长陈锦涛赴津慰问中山,并制大银鼎一座送赠

---

①　《孙中山年谱长编》将此条系于12月20日,所据为1986年11月15日《团结报》之报道。(陈锡祺主编:《孙中山年谱长编》下册,第2098页)而据该任命证书的影印原件,日期为"中华民国十三年十二月二十一日",故应系于12月21日。(李世军:《奉孙中山先生派赴甘肃宣传〈北上宣言〉》,《江苏文史资料选辑》第7辑,第63页)

中山作为纪念。叶恭绰、蔡廷干等皆捐有巨款,作为筹备费用。"(《广东旅京同乡赠孙中山银鼎》,《北京日报》1924 年 12 月 21 日)

△　北伐军进占江西吉安,方本仁率部赴樟树以图抵拒。

是夜,谭延闿之建国军湘军宋鹤庚部占领吉安。又据 24 日广东电称,北伐联军并于占领赣州后,将大本营迁移韶关。(《北伐联军占领吉安》,《盛京时报》1924 年 12 月 27 日)本日,方本仁率军抵拒,并约林虎移师赣边,截谭军后路。(《东方杂志》第 22 卷 2 号,1925 年 1 月 25 日,"时事日志")

△　《顺天时报》发表社论,呼吁孙段合作,略谓:"段执政政府出现,未及两月,而不平不满之声,已盈于耳,甚至有谋孙、段离间者,吾人不得不为中国前途悲观也……国民所以拥孙、段两氏之出山者,并非以段氏为北洋军阀重镇,以孙氏为始终革命的政治家之故也,不过依赖孙、段两氏之人格,希其合作,一新民国面目耳。是故政客不可挟要孙氏,军人亦不可强迫段氏。一则宜捐弃成见,一则宜收拾干戈,全任孙、段二公之指挥,以成改造之大业也。近闻军界有奉军南下之说,政界有颁布三道命令预备善后之论。此种举动,徒使国家改造大业,荆棘丛生,不可不审慎从事,尤以怂恿奉军南下,牵动段执政地位之策略为最不宜。当此之时,军政两界,诚宜敦劝孙氏迅速入京,以防孙、段离间之隙,且请两氏合发通电,以释人民之疑念。庶几百政可以就绪,改造可以期成也。要之当今急务,在使孙、段二公速会一堂,以高尚人格而从事革新之业耳。"(《孙段与军政两界》,《顺天时报》1924 年 12 月 21 日)

12 月 22 日　召见李烈钧,命即离津南下,策应赣事。

建国军北伐军总司令谭延闿已移驻赣州指挥,惟待援孔亟。本日,孙中山召见李烈钧。据李烈钧自述云:"其时北伐之师,已入赣境,总理诏余曰:'北伐军入赣幸顺利,予拟以赣省事付君,命令续发,君可先行。'余乃辞别总理南下。"翌日与孙科同行南下①。(《中华民国史事纪要(初稿)——一九二四年九至十二月》,第 1173—1174 页)

△ 复电奖勉樊钟秀,嘱与胡景翼合力扑灭吴佩孚残余势力②。(《樊钟秀部已入豫耶》,《晨报》1924 年 12 月 27 日)孙中山接樊钟秀本月 20 日来电后十分嘉奖,曾以电文示随从北上之卢师谛等谓:"我们的武装同志,都能像樊醒民同志的忠义、勇敢、服从,我们的革命何至到了今日还未成功!"(罗刚编著:《中华民国国父实录》第 6 册,第 4935 页)

△ 香港电讯称,陈炯明于本日在汕头正式就粤军总司令后,即下总攻击广东之命令。"其策战计划,以林虎当右翼指挥,沿粤汉铁路,袭广东之背后,又以洪兆麟当左翼指挥,与叶举之军队,联合向石龙行正面攻击,以牵制孙中山之主力,陈炯明统率全军。现许崇智已在白云山造成战壕,□日开始活动。广州市民大形惶惧,逃避香港不绝。"(《陈炯明要孙文老巢》,《晨报》1924 年 12 月 30 日)

△ 大本营召开军事扩大会议,商讨对付陈炯明之策略。

大本营对于东征陈炯明叛军之计划,虽曾于上月底会商,惟因军费及顾虑滇军范石生部之生变,而致延搁,但对东江陈炯明军之情况仍予充分研究。本月 20 日,得知陈在汕头宣布将于 27 日就"救粤军总司令"之消息,胡汉民乃于本日在大本营召集师长以上之军官,举行军事扩大会议,推举滇军总司令杨希闵为东征联军总司令。嗣后,复有军事委员会之成立,以胡汉民、廖仲恺、蒋介石、许崇智、杨希闵为委员,聘加伦将军为顾问,负责部署东征军事。(蒋永敬:《胡汉民先生年谱》,第 315 页;[苏]切列潘诺夫:《中国国民革命军的北伐——一个驻华军事顾问的札记》,第 149 页;《加伦在中国(1924—1927)》,第 35 页)

△ 因孙中山迟不入京,各报多载相关消息。《益世报》消息称:

---

① 《中华民国史事纪要》将此事系于本月 25 日,似误。因为孙科于本月 23 日乘轮船南下回粤。若"翌日,与孙科同行南下"属实,则召见之事当在本日。

② 《中华民国国父实录》据《国父全集》,将此电系于 12 月 23 日。(罗刚编著:《中华民国国父实录》第 6 册,第 4935 页)而据《晨报》1924 年 12 月 27 日所载复樊钟秀之电文,末署"孙文。漾",故应系于 22 日。

"孙中山对某秘书言,政府非将约法失效等三道命令根本取消,决不入京,外传将起程者不确"。"代表段氏来津欢迎孙中山之许世英,驻津日久,认中山无入京决心,廿二日午后四点十分同叶恭绰、郑洪年、朱深、林长民赴京,报告段氏,研究最后迎孙办法。"(《益世报》1924 年12 月 22、23 日,"本埠特讯")《晨报》亦载:"据国民党方面传来消息,孙近因关于善后会议及赣军事问题,尚待考虑,决定暂时中止来京。"(《孙文暂不来京矣》,《晨报》1924 年 12 月 22 日)《时报》刊载本日北京电称:"六头会议,孙中山以主张不合,托病不入京。冯玉祥声言军人不干政,组织大纲虽拟就,成会无期。"(《善后会议成立无期》,《时报》1924 年 12 月23 日)

△　本日东方通信社电云:"国民会议促进运动,近来热度日高。国民党中央执行委员会,根据孙中山之声明,更向各方面发出警告书,略谓孙中山主张之国民会议,系以实业团体、商会、教育会、大学、各省学生联合会、工会、农会、反对曹吴各军界、政党等九种团体选出之代表,组织预备会议为前提,由此决定国民会议基础条件。国民会议纵行开幕,如其基础非由人民之地位以为决定,则与往年之督军团会议又奚择,所望国民对于国民会议,无误入歧途。"(《国民会议运动》,《京报》1924 年 12 月 25 日)

△　《申报》载消息称:"国民党宣传部特派江苏宣传员刘重民于前日来〔无〕锡宣传召集国民会议解决国是。刘君到锡后即与各公团领袖接洽,昨二十二日下午六时假县教育会,集各界领袖开话会,藉以解释国民会议内容,俾知会议内容之真意,并发布中山先生之各种印刷品。"(《国民会议之宣传》,《申报》1924 年 12 月 23 日)

△　《晨报》刊载本日巴黎来电云:"安南代议员乌特理氏(W.Outrey)于法国会代议院讨论殖民地预算案时,发言宣示,对于远东将来事件之忧虑。乌氏声称,恐中国将有布尔什维克政府之组织。渠知日本已与张作霖谋得谅解,自当可保无虑,而日本与高丽定将免受布尔什维克主义所波及,但此潮流将弥漫中国,不久即将溢于安

南、暹罗而至印度，自无疑议，诚当加以严密监视。"(《法议员警告中国将有苏维埃政府》，《晨报》1924年12月25日)

　　△　《晨报》载文述李烈钧与赣局事。略谓：执政府前虽特任李烈钧为参谋总长，然以孙中山曾手令国民党员不得在段政府内任官职，李不得不电辞。"迄孙抵津而病，李烈钧不便先入京，致涉奔竞之嫌。不意迟之又久(其实不过数日)，孙疾仍旧。李难再耐，乃运动一小部分同乡从事请愿欢迎，一时李氏长赣之空气，遂弥漫京津。李遂借口地方之事，先以入京。同时又由其秘书长徐元诘由申致一电于段祺瑞，转交李氏暨同乡会，故使段知其实力。电云：'部下朱培德、李明扬、赖世璜，一万二千人已入赣。'而李烈钧本人复言谭延闿所率者，皆其部下，不意因此反触当局之忌，竟于李将入京之际，先发表方本仁督赣之令(胡思义长赣已早发命令)。李至京乃嗒然若丧，及见段之日，段又闭口不言赣事，李益愤不可过，即于江西会馆欢迎会席上大发牢骚谓：现在京局，反不及曹，吾当以赣民资格旋里，一看北军割吾地皮至于若干尺，望赣人一致起而奋斗，勿再倚人云云。连说三次，其愤慨可想。但一方面又告段，言善后会议条例，彼可使孙文同意。段遂托其代交，李乃同其随员俞应麓赴津交孙，讵孙笑而不置一词。李至是，乃大窘，遂又改计与方本仁合作，藉收拾赣局为名，以说段孙。段不能禁其私人回赣，自无所可否，然非得孙一言，则于方本仁、谭延闿两有实力之间，宁有发展余地。乃派其亲信张某回赣，试探空气，已则日求孙文给以一函。适孙病不见客，而孙之左右赣人某，乃矫孙命，发一巧电，以为其下台地步。至是李始得一下台地步。然民党方面，今已大哗。故李将来终能安然回赣与否，尚在不可知之数。"(《李烈钧恐不能回赣》，《晨报》1924年12月22日)

　　12月23日　据津讯称：因善后会议行将召集，孙中山特派遣孙科于是日乘通州号轮船南下，由海道回粤，嘱令粤中推举代表来京与会，同行者有陈剑如、吴一飞等。张继亦与孙科同轮赴沪，预定三星期间再行北上。(《孙科返粤》，《京报》1924年12月24日)

关于孙科此行之任务，报称："孙中山以全国和平统一已渐趋实现，但粤省近年戡乱讨贼，各省义师云集，为数不下二十万，故特派孙科返粤，对于南中军事及善后问题，与各将领会商妥善办法，为促成全国统一之助。大约孙科在粤拟逗留旬日，所事略妥，即行北上复命。"（《孙科南下之任务》，《京报》1924 年 12 月 25 日）

另有消息谓：孙科此行实负有重要使命，因为孙中山已不注重善后会议，"意谓善后会议乃临时的，只可收拾目前之纠纷，苟安一时而已，故欲聚精会神努力于国民会议之召集。不但孙氏注意及此，即全国人士亦注意及之，试看近半月来各省法团纷纷电请加入国民会议或电促早日实现，此种兴致以粤省为尤甚。粤省系中山护法根据地，故表同情于孙之旨趣者多。孙科返粤之第一任务，则系将北方情形报告于家乡父老，俾令了然于大局之现象与中山所处之地位，使粤人今后发言有所准绳，不致趋入歧途，盲从瞎进。第二项任务，系召集护法诸将领，报告北方诸派首领之旨趣，讨论一种适当之准备，所谓收束军事，促成统一云云，乃仅表面之文章也。"（《申报》1924 年 12 月 31 日，"天津通信"）

又有报道指出，孙科、张继南下赴粤是为调和民党内讧。（《孙中山入京消息》，《时报》1924 年 12 月 25 日）或谓主要目的是缓和"在粤之胡汉民、廖仲恺等所谓元老派"在对待中央政府所拟之善后方案问题上的急进意见。（《孙中山徘徊津门之原因》，《顺天时报》1924 年 12 月 24 日）数日之后，又有报载消息称张继、孙科南下之原因，系因与汪精卫积不相能而去。谓："据现寓熙来饭店之民党某氏所谈云，民党重要分子张继及孙科两氏业于昨廿三日同乘通州轮赴沪，张氏前因反对共产党，为中山开除党籍，后中山虽有准其一年内立功赎罪之令，然张氏因此极怀不满，此次北来，曾宣言为国家尽力，与中山无涉。近虽居津多日，惟极少与中山接谈之机会，至对于时局，则认孙段两方，皆为左右恶浊空气所包围，倘两氏仍不早觉悟，一方排去共产党，一方排去卖国党，则大局前途，殊无好望，因此遂愤然去津南下，但民党多人则极不愿其成行也。孙科此次离津,名虽由乃父遣之返粤,实则别有原因,缘中山带来随员虽有二十余人,惟管理秘书处机要者只有汪精卫、戴季陶、邵元冲三人,皆与共产派发生某种关系,与孙科积不相能。汪等到津未久,即受民党多人纷纷函责,谓其不利于中山,尤以京汉路工人等函措辞为严厉。戴在粤沪曾为反共产派寻殴二次,已成惊弓之鸟,遂即托故回沪。戴去后,中山左右仍为汪氏夫妇包围,民党份子往谒者,多被隔断,不获一见中山颜色,由是汪氏接各方责备函日凡十数起。汪疑此事与孙科有关,故向中山前表示去志。中山为慰留汪氏起见,遂不得不命其子他适。实则中山此时病体未愈,万无遣子他行之理,其所以此者,盖有不得已之理由也。但孙科此行似无返粤之志,其广州市长一职已为胡汉民之弟毅生夺去,故到沪后,或暂作寓公,不作归计。"(《张继孙科南下之原因》,《盛京时报》1924 年12 月 30 日)

△ 训令暂行代理粤汉铁路事务王棠,准依前案从本年 12 月25 日起,所有客、货车费即加收二成,以二个月为限。此项收入除用以发给被裁职员薪水外,余款解存中央银行,听候指定用途。并着切实裁员减薪。(《大本营公报》第 36 号,"训令")

△ 准田炳章辞"飞鹰"舰长职,并着许崇智派员接理舰务。(《大本营公报》第 36 号,"命令")

△ 报载巴黎本日电,称:"(巴黎)《晨报》预示孙文将在中国南部宣布苏维埃共和,又谓列强于中国当表示坚固对抗,不顾美国之各项建议。该报又称,允许增加关税,为一不偿还债务之政府俾利益,未免不合于理。且其财政倘果充裕,则必能资助中国布尔什维克派使彼等扩充其势力于中国全境。"(《法议员警告中国将有苏维埃政府》,《晨报》1924 年 12 月 25 日)

后据《顺天时报》报道称,驻法公使陈箓 27 日拍来密电一则,内容大致以法报盛载孙中山与国民军某司令秘密结合,宣传共产主义,此间政界,甚为重视,倘有其事,务请设法消灭,免失友邦同情云云。

当局接电报,立即复电谓:法报记载,毫无根据,望向彼邦人士,切实解释,以息浮言等语。(《孙中山入都日期愈延愈远》,《顺天时报》1924 年 12 月 28 日)

　　△　是日北京电称:"孙派民党分赴西北东北各省区,运动促成国民会议。"(《时报》1924 年 12 月 24 日,"电报")

　　△　北京外交部答复七国公使,声明继续尊重列强不平等条约。(郭廷以编著:《中华民国史事日志》第 1 册,第 852 页)

　　△　方本仁败至九江,谭延闿军进抵南昌,方自 21 日连来四电告急。本日阁议,议决先由执政府电孙中山,转电谭勿再前进,再直接电谭候中央解决,并令退回原防。(《益世报》1924 年 12 月 24 日,"北京专电";《昨日之执政阁议》,《京报》1924 年 12 月 24 日)

　　《盛京时报》曾报道此事,谓:"方本仁日前来电,报告谭延闿等进逼赣省,并云亲赴前线督战①。闻廿三日早执政府又续接方电,略谓:'马电计达,粤军图赣甚急,已饬各军尽力防御,惟已严申警诫,谨守防线,不为戎首,一面以私谊电谭组庵,勿相残扰,仍恳钧座就近设法制止谭等近攻为荷'等语。窥其语气,似欲将战事责任,付之谭等。惟据某方面接南昌来电云:方自知此次开战,有败无胜,然督办方到手,即便走路,未免于心不甘,故拟决一死战,以图死中求活,并藉开战名目,可以捞一笔大款,以便往租界作富翁……至北伐军,闻现已通过吉安,从此顺流而下,大概入南昌之期,当不甚远……又据民党某要人云,谓方确已逃至九江,惟官场尚未得有确报,不敢即据以为实耳……又闻执政府对于赣战,极为注意,廿三日段邸执政会议,颇费长时间之讨论,结果,仍主张切实调解,除电饬方本仁紧守防地外,并电请孙中山,速令谭军退出赣境,以免愈陷赣局于纠纷。"(《北伐军入赣有破竹之势》,《盛京时报》1924 年 12 月 28 日)

----

　　①　该电文发于 21 日,略谓:"在粤黔赣湘各军,侵占赣南,曾电陈钧座,转商孙中山设法制止,今彼等愈逼愈近,本仁有守土之责,不得不力筹防卫,特于本日亲赴前线督战,特此奉闻。"(《方本仁已与孙文军开战》,《晨报》1924 年 12 月 23 日)

《晨报》对于此事之始末,报道尤为详尽。关于其发生之原因,称:"赣局自蔡成勋出走,各实力派竞争督理省长,至为剧烈。段政府以方驱蔡有功,且所谓民党,亦与闻其谋,以令方督赣可以敷衍局面。顾蔡走后,在粤滇黔湘各军,即进逼赣南,实行驱方,在津卧病之孙文,对于赣省地盘,亦非常重视,一面授意所部进攻,一面派李烈钧来京,要求中央明令解决赣局。乃段政府除令胡思义长赣外,复于李烈钧将入京之时,用迅雷不及掩耳之手段,先发表方本仁督赣之令,李乃废然返津,孙之入京亦迄无确期,同时粤东国民党,借口善后会议问题,对于段孙合作,亦深致不满,实则所争者无非地盘分配问题。孙派政治手腕,虽已失败,然其部下军阀,已乘此时会,进攻赣南,政治不足济以武力。以利害关头,不肯退让,遂成刀兵相见之局。"关于孙派北伐军入赣经过情形,该报道引述颇详,略谓:方本仁在赣南出兵之初,事前即与西南方面有所接洽,并订有特别条件,"其所谓归附联军者,亦纯系缓兵政策。联军方面,断无不知之理。因是亦将计就计,一面佯允其要求,为调虎离山之计,一面即秣马厉兵,集中南雄边境,为乘机进取之预备",今谭军北进即为要求履约之举。(《方本仁已与孙文军开战》,《晨报》1924 年 12 月 23 日)

△　郑士琦致电北京,对孙中山宣传国民会议计划"微露反对",有拒绝该党宣传委员入鲁之表示。报称:"孙文对于善后会议,本不赞成,徒以现时对段尚在互相敷衍,不欲明白反对,故始终并不参加意见。惟其对于国民会议,则丝毫不肯放松。北方范围内各省区,国民党势力本较薄弱,故孙决定从宣传入手,以期他日能选出多数代表,其用意之深、着力之猛,已可概见。但据某方面消息,孙马(二十一日)电发出之后,段系之鲁郑,已首先有电到京微露反对,则孙之宣传计划,恐不免发生窒碍矣。"郑电谓:"顷接孙中〔山〕先生马电开,本宣言召集国民会议之旨,特派同志一三人,赴各省区宣传大意,俾众国民咸了然于国民会议之真相等语。查大局初定,各省秩序尚未完全恢复。且鲁省伏莽潜滋,保护未周,难免不发生误会。

应如何应付之处，祈示遵行。"（《国民党宣传与鲁郑》，《晨报》1924 年 12 月 25 日）

　　△ 《晨报》报道称孙中山托病迭改入京日期另有隐情，谓："孙文入京之期，叠次中变，不特孙之左右以病为辞，即段方面所言亦复如是，昨有人晤及新由津返京之许世英，据云孙旧病确又复发，医嘱须静养，故一时又不能来，似其病确为事实者。但又一消息谓，迩来孙段间虽貌合神离，然表面上则两方仍正在极力敷衍，孙之迟迟其来，固因不得当局对于赣事之处置及反对善后会议，然颇不愿揭破此意，致着痕迹。即段方亦何尝不知，惟孙既自言病，不如仍以病视之而已。"（《孙文何为不来》，《晨报》1924 年 12 月 23 日）

　　△ 《香港华字日报》刊载报道，渲染孙段之分歧与矛盾，略谓："查曹吴倒后，北方即已显分三派：一为冯（玉祥）胡（景翼）孙（岳），一为张作霖，一为段祺瑞……（张、冯、段三派）对于善后诸端，彼一主张，此一意见，各因本身利害关系而有不同，纠纷现象，愈演愈剧。孙文目击北方分歧之意见若此，又急急北上，相机活动，冀散播其国民党种子于北方，以期获最后之胜利……刻下因国民会议与善后会议之争，愈趋愈烈，孙段大有决裂之势，观其授意粤中党员，努力宣传事业，甚至示威进行，则孙段间之感情何若，似可无待赘言。况最近段氏处置江西问题，尤令孙文不能满意，盖蔡成勋去，北伐军节节进逼，而段亟亟发表方本仁为督理，故认为段氏此举，有意压抑粤方之发展，孙段间愈觉分离之不远。现在政界轰传，国民党之倒段计划，又已着手进行，其手段如何，殊难侦悉，但据与民党接近者言，倒段一幕，预备开演，决定联合冯玉祥、张作霖图之。冯玉祥因种种不如意，是以对国民党之计划，业有相当赞成之表示。惟张作霖，则未表示同意……闻国民党以奉张未□□动，又拟转向长江下游进行，将合长江各督与冯玉祥突起而围之，以为段氏手中既无实力，登高一呼，彼将自倒也。"（《酝酿中孙段决裂之形势》，《香港华字日报》1924 年 12 月 23 日）

　　《顺天时报》亦曾刊文披露"民党对执政府不满之内幕"，称双方

之意见不合,表面为善后会议之性质,实际为江西地盘之争执。谓:
"目下以孙文为中心之民党方面与北京执政府方面之意见所以不一
致者,乃由于赣省地盘问题及善后会议问题,各有怀抱故也……但善
后会议问题,只可谓为表面的,实则孙文方面最重要视之者,仍为江
西地盘问题也。盖孙中山曾要求执政府任命李烈钧长赣,而执政府
方面对之以目下情形万难即允孙之要求,即执政府倘因孙之要求,即
任命李烈钧长赣,势必遭方督之反对,且与方督有联络之陈炯明,亦
必继起反对也。刻下方所部之军队,约有四万,陈所部之军队,约有
三万,较诸孙文方面之势力,实以方陈为厚。故若经允孙之要求时,
恐粤赣与北京之关系益趋恶化。"(《民党对执政府不满之内幕》,《顺天时
报》1924 年 12 月 25 日)

12 月 24 日　任命梁弼群为赣中善后委员会委员长;何家瑞为
建国鄂军总指挥,胡念先、张霈霖、王都庆分任建国鄂军师长。(《帅令
委任鄂军要职》,上海《民国日报》1924 年 12 月 26 日)

△　接宫崎龙介关于其访日的情况反映函。29 日,宋庆龄遵中
山之命复函宫崎,对其访日时所受殷勤招待和来函好意表示感谢,并
称:"孙博士听说日本人民对他所致力的事业表示同情和他的朋友们
正在竭尽全力推进日中的共同利益,很是感激。"(《致宫崎龙介》,宋庆
龄基金会编辑:《宋庆龄选集》上,第 24 页)

△　是日午,段祺瑞下令公布善后会议条例十三条宗旨,规定与
会会员资格:(一)有大勋劳于国家者;(二)讨伐贿选各军最高首领;
(三)各省、区军民长官;(四)有特殊之资望经验学术者经执政聘请或
指派,以三十人为限。一、二、三项会员如不能亲到,得派代表列席该
会议。应议事项为:(一)国民代表会议组织法;(二)军制;(三)财政;
(四)由临时执政交议之其它事项余同原草案。善后会议秘书长定许
世英,俟开会一星期前发表。开会期约在两旬以后。善后会议条例
中会员资格有大勋劳于国家者一项系指孙中山、黎元洪诸人;声讨贿
选各军首领一项系指张作霖、卢永祥、冯玉祥、胡景翼诸人,惟由临时

执政聘请或委任一项，包括拒贿议员在内。(《善后会议条例公布》，《中华新报》1924 年 12 月 26 日)

《北京日报》报道善后会议条例命令发表之经过，谓："善后会议条例草案，经许世英送往天津呈孙中山核阅。于前日由天津携回，即已为最终之定稿。前日(23 日)吉兆胡同段宅召集原参与起草人员及各阁员开会，不过对于该条例草案为文字上之整理。至于该条例之大纲，仍系完全遵照孙中山最后核定之稿，并无具体修改。23 日段宅会议，亦确未讨论第二条之委员资格问题。经前晚段宅会议决定，谨将善后会议条例全文先以教令公布，当由梁秘书长鸿志持回秘书厅缮正用印，分送各阁员署名，因为时已晚各职员均已退值，至昨晨(24 日)10 时 30 分始办清手续，正式发表，送交印铸局公布。闻该条例第四项之委员，系由执政酌量选定。闻包括海外名流、前清遗老，及拒贿议员之各派首领在内。至于在第四项委员内未经容纳之拒贿议员及各派政客、学者，则另设专门委员会审查大会以位置之。此项审查委员虽无议决权，亦得陈述意见。"(《善后会议条例命令发表之经过》，《北京日报》1924 年 12 月 25 日)另有消息称："孙中山不赞同段执政所主张之官僚式善后会议，参与会议之官员资格，孙极不为然。业经孙亲手改订，送达北京。"(《益世报》1924 年 12 月 24 日，"北京专电")

△　许世英衔段祺瑞命赴津，请孙中山参加善后会议或派出代表与会。(《中山病愈后始来京》，《京报》1924 年 12 月 25 日)

△　孙中山代表郭泰祺、刘成禺北上，萧耀南派张大昕偕往斡旋，阻止豫军侵鄂。(《益世报》1924 年 12 月 27 日，"汉口专电")

△　复函北京广东同乡会，感其派陈润生等至津欢迎入京，告以"惟近日肝病初愈，尚须静养数日，再行入京"。(《中山病愈后始来京》，《京报》1924 年 12 月 25 日)

△　是日北京专电称：唐继尧电段，谓时局各问题宜公开解决，不赞成六头会议办法。(《滇唐不赞成六头会议》，《中华新报》1924 年 12 月 25 日)

△　报载孙中山徘徊津门,迟不入京之原因。或谓系国民党内部意见之不一致,称:"自中山到津以来,对于中央所拟之善后方案,以不能无视之关系上,遂与中央主张渐形接近,因而中山与在粤元老派之间,殊有不能圆滑之感,从事疏通既非容易,故中山入京,只得迟迟其行。然善后问题实有中山早日入京之必要,既欲速其入京,必先求统一国民党内部之意见,是以日前特派孙科赴粤,缓和元老派之意见。"(《孙中山徘徊津门之原因》,《顺天时报》1924 年12 月24 日)或谓各使团之干涉亦为要因,"以张作霖之声势赫赫,尚不敢滞留京都,某外人曾对孙表示,若孙入京,或有危险,孙于是更加审慎"。(《孙文迟迟不入京之原因》,《香港华字日报》1924 年12 月24 日)

《香港华字日报》分析称:"(段祺瑞)主张联吴佩孚,予以长江位置,专为对付奉军南下起见,又许以教育总长与彭养光,此则间接排去孙文之计画。彭氏为唐继尧之心腹,又即以此联结滇唐。唐氏至今未另派代表入京,亦将指派彭为代表,列席善后会议云。素不与孙文合之唐继尧,于京方若占一席,孙文之对手方,又多一劲旅矣。张作霖留津观变,又欲增长势力于山东,其背后实有某国指挥,而山东问题,某国人之欲染指,已非一日矣。"(《孙文迟迟不入京之原因》,《香港华字日报》1924 年12 月24 日)

12 月25 日　建国北伐联军在三曲滩为方本仁部所败。

北伐联军于21 日夜占领吉安。本日,方本仁发动五路围攻建国军驻守之吉安,与建国湘军激战于三曲滩,建国军因不熟悉地形而败,失枪五千余支。翌日,方本仁入吉安收湘军弃地。建国联军乃纷纷退向粤边,以防卫广州。一星期后,建国北伐联军总司令谭延闿令弃赣州、南康,退守赣边之南安与南雄。至此,第二次北伐即告结束。(《中华民国史事纪要(初稿)——一九二四年九至十二月》,第 1173—1174、1177—1178 页)

△　是日天津电称:"中山对某云:我病未即入京晤段,致奸人造谣,焦甚。某对:公病即国病,请静养勿焦,否则欲速愈反缓。"(《申报》

1924年12月26日，"国内专电"）

△ 日本建议升格互派大使，照会北京政府外交部征求同意。

本年7月31日，苏俄第一任驻华大使加拉罕向北京政府呈递国书。次日，日驻华公使芳泽谦吉自东京赶返北京任所，曾以公使团代理领袖公使身份，从事反对由公使升格为大使之运动。直至近时，日、俄两国即将复交，日使态度乃见改变。本日，日使以其外务省照会致北京政府外交部，建议升格互派大使，征求同意。后日，北京临时政府举行国务会议，决议同意明年中、日两国公使馆升格为大使馆，互派大使，即日由临时执政段祺瑞命外交部照会日本驻华公使芳泽谦吉转知日本政府，表示中国政府同意互派大使，其人选并在物色中。（《中华民国史事纪要（初稿）——一九二四年九至十二月》，第1176、1189页）

△ 陈炯明致电广州商会，告知已就粤军总司令职。并答应广州商界的一再请求，已决心开始进攻和解放广州，并希望商会给予协助。（[苏]切列潘诺夫：《中国国民革命军的北伐——一个驻华军事顾问的札记》，第149页）

△ 报称：闽赣两省系孙中山大本营之门户，孙氏纵无争夺地盘之心，而民党中人决不甘心弃舍，所以蔡成勋出走，中央明令方本仁、胡思义管理军民两政，谭延闿仍节节进逼南昌。又谓：久滞津门之孙中山忽病忽愈，时言入都时又中止。据记者调查，孙不遽晋京之大原因即系善后会议之组织加入武人代表在内。中山认为与本旨违背，不能发扬正真民意，而由善后会议产生之国民会议亦将连带而无良好结果，至于国会问题、民党地盘问题尚属枝叶之事。现在善后会议组织大纲留在张园待中山删改，但是删改后段、张有无异议，仍不敢定。（《申报》1924年12月25日，"天津通信"）

关于孙中山逗留天津久未入京之事，《香港华字日报》刊载外人来函以及中美社报道，称："孙文逗留天津久未入京，实因向来宣传共产主义之某国（指赤俄）拟乘此时机，发挥手腕，现正联络一般青年为急先锋,欲藉欢迎大会,把赤色旗帜逐渐飞扬于亚东大陆……故此惹起外交团及执政府之注意,现正一方缜密监视,一方妥筹防范之法。外交团与执政府均婉劝孙文暂缓入京,孙遂托病逗留天津……查此次中山行动中,参预机要者,为汪精卫、卢师谛两氏。除卢师谛以稳健派自居外,汪则虽非共产派,而受其共产派之包围处则甚多,其最近所以与鲍罗廷、谭平山共同策划以图牵制孙氏政略,即其受包围之结果也。故中山所过之地,共产派均以打倒帝国主义及收回租界等口号,以国民党口吻于租界遍发传单,而期引起外交团之反感,并图阻止中山之入京。而当中山过津时,该派确更于马路要口,以白布大书'反对中山入京''反对中山与军阀勾结'等字样云。并闻共产党要人在中山处,且力图排斥非共产派之接近,故京沪国民党纯粹分子,已团结一致,以防共产派之谬妄而败事。近日该党京沪重要分子,均纷往天津,拟向中山陈述利害,使中山毅然执必要之手段,以免数十年之经营悉误于共产党一时之擒纵云。故中山在未解决其国民党本身问题以前,殊未必能入京也。"(《孙文托病津门之外人消息》,《香港华字日报》1924 年 12 月 25 日)

　　△ 《申报》刊载是日"北京通信",分析孙中山与段祺瑞意见不同之点:

　　其一,关于善后会议和国民会议应议之范围。"段执政方面今主张以下列数事属诸善后会议,即:(一)国民会议之组织法;(二)裁兵;(三)处分曹锟问题;(四)外交悬案之一部分,如参战借款之找尾,日本三井及美国费德理之无线电问题,及其它无担保借款之整理等类;(五)各省军民长官位置之更动。而孙中山则不以为然,谓此会议所应解决者只有两事:(一)为制定国民会议之组织法;(二)为解决废督裁兵问题,以立民治之基础,此外各事则应由国民会议解决之,以免以少数人意见支配多数人之弊。"至于国民会议所议之事,"孙方面主张以下列各任务令其负担:(一)建设民意机关如国会或辛亥之参议院;(二)再由此民意机关制定宪法或临时约法;(三)由此法中产生正式政府;(四)解决外交一切悬案;(五)解决国会宪法约法之宣告新陈代谢问题;(六)解决曹锟问题。而段则几完全不以为然,段误认执政府之基础系完全建筑于民意之上,于是遂认除正式政府及新宪法有由国民会议产出之必要外,其余各问题则均可由执政府自身或由执政府所召集之善后会议解决之"。

其二,关于善后会议和国民会议应列席之人物。"段方面初主由各省派代表一二人,再由执政府于有勋劳于国家者选若干人,并由拒贿议员公推若干人以充之,嗣后又主张由段本人与孙、张、卢、冯、唐继尧等自为善后会议之主人翁,及最后知此六头会议未免不伦,则又倾于以各省代表充当之前说。而孙则亦不以为然,孙始终以为此种善后会议由临时政府召集,已嫌基础不稳固,若更由临时政府遴选所谓有勋劳于国家之人列席其间,则操纵之弊在所难免,将来之国民会议组织法亦必隐受操纵,于是遂始终不赞成段说……关于国民会议之列席人物,中山主张多多益善,理由在予民众以参与解决大局之机会。段今虽怀疑于'多'之一字,唯亦未有明白之反对,故此节双方意见实尚可勉强接近。"

该报道又称:"或谓段本自待不菲,安福系又欲大有为于将来,因中山在民众方面之势力不可侮,恐国民会议召集之日,即中山被推为总统而率其党员占领政治舞台之日,故殊不欲见国民会议之开幕,第欲牺牲一切,实行'外崇国信,内谋更新'之宣言,对外则舍己从人,以博华会条约国之欢心,使目下之小借款计划得告厥成,未来之关税加税会议得以开幕,以为段政府财政上之基础;对内则消除敌派,以为统一全国之基础。及外援既固,内难粗平,然后本其最近之主张,以一纸命令取消国会,宣告宪法、约法为无效,并于同时改元为中华民国元年,以为久安长治之计。至于孙侧,则亦有其计划,一则以段乃一军阀之领袖,在民众方面毫无潜势力之可言,故国民会议之列席者资格愈泛,国民会议之任务愈重,则民党在会议席上即可愈得势,而未来之组织政府者亦除却民党而莫属。因之对于本问题乃不惜力持到底,以博全国之同情,为将来挟国民作后盾,以组织民党政府之计,故双方目下之所争,质言之,乃争组织未来之政府耳。"(《善后会议及国民会议之前途》,《申报》1925年1月6日)

《京报》随后也曾发表社论,论及善后会议与国民会议之关系,分析了当时三方面的意见:(一)段祺瑞方面,如马电所述,一月内召集善后会议,三月内召集国民会议,其中尤有重要之一点,为以善后会议产生国民会议组织法;(二)孙中山方面,如时局宣言所述,先召集国民会议预备会,再召集国民会议,其组织法则由预备会产生;(三)一般国民团体,大多数反对善后会议,赞成以国民会议预备会产生国民会议。认为:"无论理论事实两方面,善后会议只能以缩为小范围之行政会议而存在,国民会议预备会与国民会议仍不可不依中山与国民之主张而先后实现之,此吾人由尊重孙段两方面意见而折衷之方法也……总之,勿使善后会议侵及国民会议,为吾人依据事实以主张之精髓。缩小分离,则孙段主张,尚有调和之余地,否则混而为一,必致两败而俱伤。"(《此对于两会议之关系促当局者彻底觉悟》,《京报》1925年1月8日)

《益世报》曾刊载通信,报道段祺瑞与孙中山政见之分歧,谓:"段氏积极进行之善后会议,现拟将筹办统一方法,及与西南各首领接洽之条件,皆由此项会议提出通过,根据办理。连日段氏派其左右向孙文方面宣言,欲谋平定政局,道在南北速办统一,否则诸无端倪,徒召前途不良结果,所定手续:(一)敦请孙中山以民党首领资格,联合西南各首领,与中央所举委员,协商进行;(二)征集各方意见,作为急办统一之根据;(三)关于南北统一应有之条件,由善后会议提出表决,再分别进行,然无论如何,此项急进方针,在善后会议时即须议有切实办法。而孙氏之主张,与段不无相左之处,对善后会议,既未表赞同,而注重于召集国民会议。其所拟定之内容:(一)与段联衔通电,各省速派出席国民会议代表来京,提出和解政局计画;(二)国民会议地点,亦在北京,俟善后会议成立后,即召集国民会议,关于解决各项纠纷，即由国民会议提出表决进行；（三）通电各疆吏及各省公民团体，征集此项意见，俾国民会议时，提出表决，通电实行。是以中山主张急进国民会议以来，段恐与善后会议发生窒碍，双方意见，颇见龃龉，一时不能同一趋势，而为政局前途大可注意之事也。"①（《段孙政见趋势之分歧》，《益世报》1925 年 1 月 12 日）

关于孙中山、段祺瑞对于善后会议、国民会议问题的各自态度，《香港华字日报》评论略谓："段政府心目中之善后会议，谓为装饰品也可，谓为附属品也可，极其量不过等于袁世凯帝制运动时之政治会议，段祺瑞战胜张勋时之参政院，将来所谓善后计画，表面上皆将借此一会议以表示其积极救国之热烈，而举凡民六以来闹不了之法统问题，而又为执政府自身所不能解决不便解决者，则使国民会议当其冲，此其设心至巧，而其不愿有真正之国民会议出现，则尤彰彰也。执政府既有然矣，反而观之对现政府以在野党自命之国民党，孙中山虽宣言放弃地盘，以国民资格，参预国民会议，而其主张则又无在而不以人的问题为前提，亦即无在而不以自我为出发点，对于预备会议，则曰当以孙为临时执政，对于国民会议则曰当举孙为大总统。是所谓预备会议云云，所谓国民会议云云，皆只为阔人作嫁，皆只为孙大元帅'定鼎中原'之推进机。武力争不得则民意，民意闹不来则又武力，亦复有何意味。"（《我对于国民会议之意见（续）》，《香港华字日报》1925 年 1 月 9 日）

《香港华字日报》并刊载报道，就孙中山与段祺瑞之关系及其对粤局的影响作了分析，称："京局一变，段祺瑞即以电邀孙文晋京。孙抵津后，段祺瑞又专派许世英迓之。善后会议方案，段祺瑞又务令孙文得先寓目。善后会议之名单，孙文又巍然首列。凡此种种，皆见诸报章，一若孙段携手，殆已证实，将来粤局之解决，段不能不容纳孙氏意见也者。惟是同时与此等事实相冲突者，则段氏不俟孙之同意与

---

①　关于孙中山方面的计划，《北京日报》有相同报道。（《孙中山进行国民会议之计划》，《北京日报》1925 年 1 月 14 日）

否,而径登执政府之大位,使孙废然思返。又谭延闿奉孙命攻赣,而段祺瑞乃令方本仁攻谭,使穷无所归之湘军,东驰北突,都寻不出一条生路,且覆灭其三分之二。此等事实,又俨然孙段间已发生破裂。不特发生破裂,且觉段氏以前种种之周旋,无非以虚礼笼络孙氏。准此以推,故外间竟有传段祺瑞暗中示意陈炯明速行解决粤局以杀孙文之势者。究竟个中真相如何,殊无负责人为之证明。而孙段间之感情如何,又殊与粤局发生密切之影响。盖孙段果确携手,则段氏对粤局,自然尊重孙文意见,否则有江西之前例在,孙必为段所算,又不庸费辞。"

该报道复转述姚震之谈话,称姚震代表段氏答复各团体,表示段执政之态度谓:"段执政之希望,最好在善后会议未开以前,粤人能自起而解决粤局,若其采用何种方法,中央自不遑过问。粤人若不能自行解决,则将提交善后会议解决之,善后会议不能解决,则将提交国民会议解决之。此等会议,粤省人民,当有派遣代表列席之权利。当斯时也,段执政一秉大公,无不唯粤省民意之是听。"并对此评论道:"味其注意之点,在于望粤人自己设法解决粤局。质言之,即京政府不欲因粤局问题,令孙氏破脸而去,又率其十三省大兵大北伐而特北伐,故以粤事还之粤人,则将来驱孙军出粤,亦粤民之公意所使然,段氏不负其咎,与孙仍可敷衍,亦是段氏政策之使乖弄巧处,惟段既希望粤人能以自力解决粤局,则粤民要求陈炯明出兵驱孙,段当然默示承认,更有一点,其断断期望粤民于善后会议之前解决粤局者,即无异谓若不早日将孙军势力消灭,使孙派势力分子无发言余地,则善后会议一开,更难对付。"(《执政府对付粤局之真态度》,《香港华字日报》1925年1月10日)

12月26日　大本营召开军事委员会第一次会议,决设广州总预备队。

22日,大本营成立军事委员会。本日举行第一次会议,当时建议总司令杨希闵应向各军索取战斗准备之报告,并制订东征计划。

此次会议，规定广州总预备队为五千至六千兵力，并建立一支特遣舰队，以备迎击来犯之陈炯明军。（蒋永敬：《胡汉民先生年谱》，第 315—316 页）

△ 是日北京电称："孙对善后会议谓，善军阀官僚之后，非善民国之后。京中亦有国民会议，不容党人包办运动，两会前途狠〔很〕难。局中人云，实力派对善后会议已委曲求全，而颁此条例。"是日天津电称：晋督阎锡山电覆孙中山，赞成派员宣传政见，并饬属知照。（《申报》1924 年 12 月 27 日，"国内专电"）

△ 国民党通电反对段祺瑞在京召集善后会议。（毛思诚编纂：《民国十五年以前之蒋介石先生》第 8 册，第 73 页）

△ 《晨报》发表社论，对段祺瑞、孙中山的实际作为表示失望。略谓：善后会议与国民会议虽标榜"解决时局纠纷""制止内乱""尊崇民意"与"国事悉听贤豪"，"乃观两月以来，各实力派之举动，仍不脱前车之覆辙，日惟攫取地盘排挤倾轧为务"。称段祺瑞"执政逾月，凡所举措，无一能符其所言……命令十之八九皆为地盘与饭碗而发，国计民生，未闻筹及"。而孙中山则"年来凭恃武力摧残民权，与北方军阀相伯仲，此次北来亦终无悔祸之心"。认为："孙氏所篹之'三民主义''五权宪法'姑无论其说之是否可通，而此种政客兼军阀之举动，不啻已自将'三民'假面揭破。可见其反对善后会议，不过属于政治上之方便。军阀与民众若不相容，则孙氏所宣传之国民会议，其去真正国民会议之旨亦远矣。总之在今日军阀政棍势力之下，真正之善后会议或国民会议，皆无从说起。有心报国之士，此事对于此类之宣传，尽可不必理会。要在自动的奋起，在民间创造一种新势力，标明旗帜以与恶势力对抗。"（《军阀心中之善后会议与国民会议》，《晨报》1924 年 12 月 26 日）

《盛京时报》后亦发表评论，批评孙中山、段祺瑞。略谓："曹吴既倒而后，段合肥毅然登台，孙中山惠然北上，国人靡不私心窃幸，以为十三年来混乱之时局，庶几可期其收拾矣，孰知国人对于孙段二氏之期待,如此其重且大,而孙段平日为国为民之热诚,匝月以来,竟无斯须表现于事实……以孙氏言,既表示拥段矣,又复离粤北上而来会议国事矣,其初也,迂道日本,其意何居,已不可测,谓为乘船关系,孰不令多数从者缓行,首先孑身北上,为政治上诸般之讨论,使时局早底于安定,可知其北上并无与段提携之本心,故抵津而后,即以病闻,荏苒迁延,入京无期,虽经信使往还,定必不少枘凿,此非吾人妄是揣测,亦非故意责备贤者,倘使果愿与段合作,广东之建国政府,似应通电取消,联合军不应再事北伐……以段氏言,当其就任执政之初,宣言尊重民意,将一切国事取决于善后会议及国民会议,今则口血未干而背之。直人欲自治,偏任卢永祥为督办,苏人以齐为祸苏,转任对敌之卢永祥为变相之督办,姑不问尊重民意者是否当如此,而复以全国所反对之金法郎案,谓碍于条约,必须承认,并强欲在宪法未定以前取消约法,是直'一朝权在手,便把令来行'之故技。试思执政之地位为何如,金案与约法之事件为何如,不付会议解决,而曰承认,曰取消,不亦轻易由言乎?"(《孙段与时局》,《盛京时报》1924 年 12 月 28 日)

12 月 27 日 面谕黄昌谷日后妥为保管《三民主义》演讲稿亲笔修正本。

是日在张园客厅对黄昌谷说:"我从前收存三民主义十六讲原稿,系分三种主义,保存在广州大本营我的寝室内之书桌上下。你他日回到广州,须向该寝室看守人打开房门,向书桌上下检齐。你自己负责保管。"该稿为孙中山三民主义演讲的第三次修正稿本。第三次修正稿,收藏于大本营的书桌内,孙中山病逝后,黄遵嘱办理。后经辗转于 1943 年归藏于国民党党史编纂委员会。(张益弘:《三民主义之考证与补遗》,第 83—84 页)

1924 年孙中山讲演三民主义时,由黄昌谷笔记成文,邹鲁读校,中经四次修改,方成定本。其中第一、第二次的修正稿,存在邹鲁处,1938 年日军滥炸广州时被毁。(邹鲁:《回顾录》,第 129—130 页)

△ 荐李烈钧出任江西军务督办。

本日,荐李烈钧出任江西军务督办。惟在赣省之建国北伐军情迅速逆转,方本仁亦于本日已将败湘军及入吉安之情形电报于段祺瑞。(《东方杂志》第 22 卷 2 号,1925 年 1 月 25 日,"时事日志")

△　训令大本营军政部长程潜,广东省长胡汉民,梧州善后处长李济深,粤海关、梧州关监督范其务、李子峰,即便转饬所属一体保护禁烟督办署运输,以重烟禁。(《大本营公报》第 36 号,"训令")

△　陈炯明在汕头通电就任"救粤军总司令"。内称:"集合全省军民,群策群力,协靖粤局,切盼我全粤父老兄弟,深维乱难,急起图孙,各尽所能,莫此邦族。炯明誓当整饬部曲,率循父老兄弟之公意,廓清凶秽,还我净土,务使广东确立自治之基,毋俾流氓再扰乐业之境。"(《陈炯明复职通电》,《香港华字日报》1924 年 12 月 29 日)是日陈炯明一派并在深圳举行救粤大会,发行救粤公债,散发讨孙传单。(《深圳之救粤大会及发行救粤公债情形》,《香港华字日报》1924 年 12 月 29 日)

陈炯明在汕头发表关于时局的谈话。谓:"余在海丰隐居多年,并将军民事务交付孙中山试为办理。讵料为日既久,大局愈趋愈坏,致使粤省人民所受困苦较前尤甚。余决然就总司令职之原因,实以各方敦促之故,以期脱离压迫之厄运。余酷爱和平,故期解决时局问题不用武力,而与孙党合作;但孙氏如不抛弃大元帅之职与取消广州政府,以示诚意,余不得不采取武力,以为解决之方。但余望用和平解决时局,故愿与孙党为开诚布公之磋商,以期谋一具体之办法。惟此种接洽,何时方能举行,尚属疑问。余之部下之领袖,因战略上关系,已将各要隘分别占领,准备一切,随时均可应战。至于余与北京段执政之关系……余已发通电,表示援助段将军。因余意以为拯救时局之人,当以段将军为最有希望。余迭次请求段将军采取联省自治之制,段将军或不反对此议。惟其真意所主张之行政制度,究属何种,实为一种问题。余与林虎之关系,及前者余与林氏所开之广东会议之内容,外间虽产生种种谣传,但吾二人已谋一种协和。""北江方面之北伐队,不出一周当可被逐而出赣境。江西问题解决后,林之部下即当攻打广州……与余在东江之部下,会攻广州,如是则广州之陷落指顾间耳。""至于孙中山所主张之预备会议与夫国民会议,无非一种幻思而已。"(《陈炯明关于时局的谈话》,《盛京时报》1925 年 1 月 14 日)

之前陈炯明曾有在惠州就职之议,《时报》报道称:"其就职时期,本定于本月一日,届时则因林虎之反对不果。然陈自以为非就职无以资号召,故约林会于松口,松口不晤,乃迁往兴宁,卒获与林虎接洽,且收其效果,林虎已通电促陈就职矣。陈自得林电后,就职之议遂决。初本拟仍在汕头就职,但林虎此次竟与陈氏同行,力止不可,遂有回惠就职之议。当陈与林抵潮时,驻汕一般军人政客,均知陈已获林虎同意,已准备欢迎,并准备陈氏就职各事。后闻陈氏有回惠就职矣议,颇不赞成,极力挽驾,谓陈当于就职时有所宣布,及通电表明一切。陈则谓就职本属常事,无地而不可,前敌各军官,均在惠州,在惠就职,尤足以振奋士气等语。"(《陈炯明回惠就职》,《时报》1924 年 12 月 26 日)

△ 报称,迎孙专使许世英于是日下午 1 时抵京,当谒段执政报告孙中山病状,略谓中山所患系肝脏症,据日医言须三星期可复原,德医则谓一星期可瘥。中山本人之意,则以为不问一星期内瘥可与否,必入京一行,以与段执政商洽一切,俾国是得及早解决。(《孙中山入都日期愈延愈远》,《顺天时报》1924 年 12 月 28 日)

△ 中国国民党通电反对北京召开善后会议。(罗家伦主编、黄季陆增订:《国父年谱(增订本)》下册,第 1275 页)

△ 报载:"闻段执政对于善后会议第四项资格之人物已着手物色,并已分别拟定名单,且已决定在阳历年前发表,以免时日过久各方推荐反难于选择云。惟闻此项名单系段氏个人之所拟,尚须送交孙中山作最后之决定。兹据昨日所闻拟聘之人物如下:梁任公、熊希龄、汪精卫、李石曾、蔡元培、易培基、范源濂、徐谦、柏文蔚、胡适、蒋梦麟、顾孟余、章士钊、廉南湖、汪大燮、林长民、于右任、邹鲁、郭秉

文、黄炎培、章太炎、聂其杰、朱深、卢师谛、褚辅成、汤漪、董康、王家襄、王正廷、黄郛。"(《筹备中之善后会议》,《北京日报》1924 年 12 月 27 日)

△　广东女界联合会、工读学校致电孙中山、段祺瑞,拥护国民会议,并谓:"女界亦属国民,忧戚相关,患难与共。届时更应明定女界代表参加,不能漠视,则中国前途,或可放一曙光。"(《一致主张国民会议之喊声》,《京报》1924 年 12 月 28 日)

△　报称,奉天国会议员杨大实,在战前历充奉张南下代表,此次杨氏留京,实负有观察政情之使命。昨有以孙中山在津与张雨亭感情如何向杨氏询问者,杨氏答云:雨帅对外传中山主张共产制之说本甚注意考察,但此次中山到津后,两人会晤谈数次,并有书函往还,雨帅因中山之谈吐及流露与字里行间皆无实行共产主义之意,遂深知外传中山实行共产之说,尽系敌派空气作用。同时又因孙氏对铲除直系余孽,与张亦取同一态度。故孙张在津会面后感情实异常融洽。(《奉议员之孙张融洽谈》,《北京日报》1924 年 12 月 27 日)

△　报称,胡汉民不容于粤省之军阀,滇桂军积极谋倒胡。略谓:"胡汉民不得孙军各将领之好感,亦已久矣。最近各将领联合排胡,进行尤为剧烈,对于胡氏之地盘,大有不拆不休之势。局外人初咸莫明其故,兹向各方调查,始悉胡为各将领排斥,其中实有复杂之原因,□蓄甚久,致酿成今日之恶果。"(《轩然大波之粤海新潮》,《盛京时报》1924 年 12 月 27 日)

△　有天津消息称:"孙中山对于冯玉祥之辞职颇不谓然,主张积极挽留。因之日来西山道上民党要人之车辙马迹,络绎不绝,殆即孙氏慰劝冯氏之专使。"(《孙中山挽留冯玉祥》,《北京日报》1924 年 12 月 27 日)

△　孙科是日乘通州轮抵沪,即乘汽车回莫利爱路孙公馆。记者往访晤叩其此次南下返粤任务,及关于中山先生近与各方妥商解决时局方法。彼此问答摘要如下:

问:当此时局急待解决之际,君遽离中山先生南下返粤,究负何种重大任务？

答：此次回粤，缘因中山先生以曹、吴既倒，全国和平统一渐趋实现，军事亟现各省待收束，粤省连年讨贼戡乱，各省义师云集，为数不下二十万，应派员回粤，与粤中各军将领先行会商军事收束及预备种种善后问题妥善办法，务使将来实施时易于奏效。且知余在粤时与各军将领感情尚洽，此次代表赴沪奉津京等处，与各方接洽，对于倒直经过，及最近政局较为熟悉，故特派余回粤晤商南中将领。

问：中山先生此次北上目的及抱负如何？

答：中山先生于11月12日发表对于时局之宣言，主张以国民会议解决时局，而先之以预备会议，以定召集国民会议之方法，及手续，其理由于宣言中已详言之。此极明了之事实，当为国人所公喻。

问：中山先生既以国民会议为解决时局之办法，同时又以修改不平等条约自任，此两事同时举行，抑单独举行？

答：国民会议为收拾时局之最良方法，修改不平等条约，则国民会议之第一议题。盖不平等条约若不能修改，则中国处于次殖民地之地位，无独立自由之资格，一切政治实业教育等事，皆无可言也，故先生一面主张国民会议，一面身亲自任运动各国取消不平等条约。

问：中山先生此种主张已得段执政之谅解否？

答：当江浙战斗开始之际，段执政尚滞津门，遣许俊人先生为代表至广东，晤中山先生。其时中山已督师北伐，驻节韶关。许俊人先生遂至韶关，与先生面晤，会谈数日，互倾肝胆。中山先生当时对于国民会议之主张，虽尚未有如宣言之具体的表示，然已说明梗概。至如何修改不平等条约，则先生谆谆为许俊人先生告，且毅然以之自任。许俊人先生对于中山先生主张，完全承认，此为先生于段执政最近交换意见之概略也。

问：中山先生国民会议之主张与段执政马电善后会议国民会议之主张，其异同若何？

答：据许俊人先生言，在韶关晤先生时仅论及收拾时局须有国民会议,尚未论及其组织内容当如何,及段执政在天津起草马电,尚未得睹中山先生对于时局之宣言。故于国民会议及预备会议之组织内容与手续方法,未能与先生所见适相吻合。惟中山先生既认定收拾时局须有民意的会议,则总期执政及国人之彻底了解也。

问:中山先生因主张修正不平等条约,致蒙舆论之怀疑,甚至以共产主义国际等名词相加,果和原因欤?

答:余在天津时,曾偕汪精卫、邵元冲共同负责声明中山先生及国民党主张国民革命与共产主义无涉。此等声明已发表于中西报纸,此后关于此类谣言,不再置辩。

问:中山先生对于奉天张总司令之态度如何?

答:民国十一年春间,张总司令遣其副官李梦庚赴桂林谒孙中山先生,先生旋遣伍梯云赴奉天晤张总司令,自是以后,往还不绝感情融洽。盖不仅军事上利害共同而已,关于国家之建设亦曾交换意见。十一年秋间,汪精卫奉使至奉天时,总参议杨宇霆曾云余辈今日同在失意时期,正宜及此时间商榷将来建设计划,以便届时得以共同进行,否则他日临时商榷,必不能如此平心静气云云。精卫极以为然,因嘱杨宇霆起大草纲,而杨则转以此托诸精卫。及精卫第二次奉使奉天,携同中山先生核定之建设计划,质之张总司令。其计划大略,对于国家权力之分配,解决中央集权及地方分权制,以至宪法军事财政诸端,皆举其刚要。张总司令极以为然,复函先生,表示赞同。此可云对于将来建设之重要协商也。此次奉军入关,纪律严明,张总司令迭次表示取消镇威军及巡阅使,深知大体,可以引起国人之同情,先生对之至为满意。

问:中山先生对于国民军之态度如何?

答:国民军此次颠覆曹、吴巢穴,使十三年来腐恶相仍之首都,顿呈一种新气象,先生对之深为嘉尚。其取消清室优待条件,乃民国六年张勋复辟后所当行而未行者,先生尤认为适当。

问:张雨亭总司令为此次倒曹吴之中坚人物,极为中外注目,其政治观念如何?

答:余在奉津京时,迭与张总司令晤谈,觉得张总司令人极诚笃,对于国家责任亦甚了解。关于将来改造国家大计,无甚成见,故当以不干政为言。然吾人为观各省政治,比较上东三省整理之成绩,确有可观。平时境内晏安,财政异常充裕,实业教育交通次第振兴,各种粮食出口加多,省库收入递增,此固彰彰在目。军兴以来,三省绝无骚动,军队调动外,预定自治事宜,如当进行,此为余所亲见。若非张总司令行政有方,未易臻此。又张总司令对于东省文武职权,分划甚严,故属下极少侵权攘夺之事。总之张总司令整理东省方法,大可为各省模仿,其政治手腕,有足称者。此次张总司令在津,与家父晤谈甚欢,彼此政见亦甚接近。将来收拾时局,必较为力也。

问:曹吴倒后,合肥起而执政,目前所负责任独重,君观察合肥若何?

答:段芝老自直皖战后,数年来益为恬淡,凡与语事,每以静默态度出之,大抵多透佛理所致。芝老对于国家大事,绝不固执己见,以多数人之意见为其政见。此次出任执政,由张、冯、卢诸氏之推戴,并得各省长官通电拥护,始允勉任巨肩。入京以来,各种布置,次第就绪,如各方推诚相助,似已有彻底革新之抱负。国人不当执一二琐事以相绳也。

问:外传合肥信任私人,收拾时局,恐无结果,君意然否?

答:外间对于芝老用人,不免致疑,殊属错误。夫所谓用私人者,指多用其亲信之谓,然不深知某人之才具,必不深信其人。深信其人而专任之责,此乃常情,世绝无执途人而授诸要职。尚自诩为有特知之明,故只问其才不才,吾人不宜以芝老援用旧人,而联想其昔年之治绩如何,更不当以此而虑及其前途结果又如何也。

问:国民军冯总司令责任未了,遽行引退,究受何种感触,君观其人如何?

答:国民军冯总司令返旆倒曹吴,改订优待清室条例勒迁溥仪出宫,诚属革命行动,为吾人所钦仰。但旋即辞职引退,态度消极,国人有疑其受何感触以致如此不彻底行动者。据冯总司令数次对余表示,谓今后军事收束,和平建设开始,自己原属武人,不娴政治,此时无可效力,亟宜乘此辞退职务,出洋游历,研求学问,以补不逮。异日效力国家正多,且本人引退,更可表示倒曹之举,绝非权位思想,只志在促成和平统一云云。是则冯总司令虽坚决引退,其积极求学,担负国事之志,要未让人,况藉以愧煞晚近一般乘机窃位者,当为国人所许也。至其治军严明,为国中军人之有主张者,固不俟余赘言。(《孙科抵沪后之谈话》,《时报》1924年12月28日;《孙科对于段张冯之谈话》,《时报》1924年12月29日;《孙科抵沪后之谈话》,《中华新报》1924年12月28日;《孙科到沪后之谈话》,《中华新报》1924年12月29日)

　　△　《盛京时报》刊载报道,言温树德与孙中山关系,略谓:"温曾背孙投吴,就表面上观之,孙对温氏,应有一番惩戒,即温氏个人,亦倍觉情虚。兹据某方要讯,自孙中山由日赴津以后,温氏大起恐慌,深恐孙氏之不利于己,除极力拥段,以冀保留其地位外,并对于孙氏及此次政变之各要人,大事联络。新任山东教育厅长于沐尘,亦民党之有力者,当教育厅长命令发表之时,于氏曾奔走京津,乘便谒孙。于昔充胶澳中学教员,与温甚接近,临行之时,温即托于赴津联孙,详述其弃孙北归不得已之苦衷,请求孙氏原谅。闻于与孙氏接洽之情形,结果尚佳,孙对温氏,或不为已甚,但其是否维持温氏,尚未表示意见。因此执政方面,对于温氏之地位,仍当俟孙氏到京后,方能命令发表云。温除拥段联孙外,并对于冯胡等,均竭力联络,冯已下野,似无联络之必要,现惟注重胡氏方面。按温与胡氏,在去春温赴洛时,即换兰谱,自此后彼此通好,情谊甚笃。日下胡氏总算政局中心人物,一言一动,大可左右时局,故温遣使修好,不遗余力。"(《温树德联络孙胡》,《盛京时报》1924年12月27日)

　　△　《香港华字日报》移译转载西报评论,抨击孙中山之倡共产。谓:"士蔑西报昨论在华共产主义,略谓共产主义之传播中国,现为欧

人注意,法国会恐中国组织共产政府,并以共产主义蔓延于交趾、缅甸、印度为虑。近数年间,俄人不惜耗金钱,竭智力,以在华宣传共产,使华人服膺其主义。巴黎某报,料孙逸仙将在南华宣布苏维埃共和国,此种事态之发展,凡注意孙氏最近政治动作者,多不以为异。孙氏布告此种政体,本属可有之事,至其能否实行其计画,当为别一问题,所幸孙氏对于南华事务,现已置身事外,然其准备试行共产主义,固为吾人所绝无疑惑者也。"(《西报论在华共产主义》,《香港华字日报》1924 年 12 月 27 日)

△ 《香港华字日报》刊载报道,披露孙中山对付时局之计划。略谓:"(孙)连日召集左右两派迭开密议,闻其应付时局之计画有二:(一)联冯玉祥倒段;(二)分派党员赴长江各省积极宣传,限以六个月完成国民革命运动。近日于右任赴豫,郭泰祺、刘成禺赴鄂,闻皆负有重要使命。""(孙党)表面固在民众运动,而关于军政界之联络,以期收为己用,亦极注意。""胡景翼旧隶国民党,现在冯派中尤占势力,此次率部南下,目的不仅在得豫,犹在图鄂,一俟豫事解决,收集吴佩孚残部,即进兵攻鄂,向长江流域发展,胡氏此项战略,是否已得基督将军同意,虽尚待征实。然与民党方面,确有接洽。于右任、胡景翼在陕时原有袍泽之谊,此行真意何若,固属人所共见。鄂萧握长江锁匙,实挟有举足轻重之势,孙党一面期之以熊克武、谭延闿之突出长江以窥鄂,一面又可藉胡景翼之南下以示威,今复突派郭泰祺、刘成禺回鄂,其目的之在打击鄂萧,尤不问而知……苏齐鄂萧,对现在时局,关系尤为密切,故中山极希望其能有根本觉悟,不主张遽以武力相逼……但鄂萧现已皈依于段执政旗帜之下,且奉张一面调奉军入关,一面由卢永祥统率现驻京津路沿线之奉军南下,齐燮元问题一经解决,鄂萧当亦不成问题,长江之鹿,恐又被高材捷足者先得耳。然中山在津,既有此布置,在中山左右,当然认为极有把握,故中山对于段祺瑞、张作霖现决提出平分地盘之意见:(一)苏皖归卢永祥收束(即苏皖地盘归段系);(二)浙江归姜登选收束(奉系);(三)豫鄂归胡

景翼收束(冯系);(四)湘赣归谭延闿收束(孙系)。据闻此为中山调停段、张、孙、冯四派最低限度之提案。"(《孙党作战计划之决定及其进行》,《香港华字日报》1924 年 12 月 27 日)

12 月 28 日　各同志以天津张园环境不适调理,加以缺乏良医及设备较好之医院,于本日商请孙中山晋京疗养,并提议入北京协和医院诊治。孙允之,遂准备各项事宜,一面派人在京择定居所,并预备专车。同时分告各同志及友好,进行接待事宜。是时卫戍司令鹿钟麟,已奉冯玉祥之托,以该军在北京之队伍照应孙中山入京就医期间之安全。(《中华民国史事纪要(初稿)——一九二四年九至十二月》,第 1191 页)

△　段祺瑞于昨日许世英回京报告后,又去一电,催孙入都,谓:"改革伊始,庶政待商,此间已预备适宜行馆,望速驾来都,早聆教益,并乞赐复。"(《段合肥电催中山入都》,《顺天时报》1924 年 12 月 29 日)孙中山复电段祺瑞,告早拟入京,只因肝病缠身,"且连日热度升降无定,尤虞冒寒,是以不果。国事未定,固惓惓于心,而病状如此,只能暂屏万虑,从事疗养。容俟告痊,再图承教"。(《孙中山入京消息之两歧》,《顺天时报》1924 年 12 月 30 日)

△　是日北京电称:"陈炯明电段,愿为联省一员,以待善后国民两会之决议,而拥戴中央。孙主对陈拒绝,段未同意。"(《申报》1924 年 12 月 29 日,"国内专电")

△　安徽全省学生联合会来电拥护孙中山的国民会议主张。据称该会感(27)日尚有一通电。(《安徽学生联合来电》,《京报》1925 年 1 月 4 日)

△　《北京日报》刊载孙中山不即来京之种种传言,谓:孙之所以不即来京者有两种原因:(一)其所鼓吹之国民会议方始着手进行,须俟派赴各省之宣讲员回津后方能决定其本党之实力如何;(二)北伐军仍积极进行,江西地盘在所必争,必俟谭延闿或李烈钧到江西将湘赣两省地盘解决后,其在北方政治上之发言权方有实力。有此两种原因,故孙氏仍在津计划进行,而外假养病之名以防人猜疑。据民党

中人云,以上两事如无把握,则孙氏仍将回粤继续其革命之斗,决不来京作无谓之周旋云。又据知其内幕者云:孙中山未尝有何大病,盖以方到津埠,即受法领无礼干涉,继与各方交换意见,又不大投机,因是称病不来。试观比来民党对段执政当局,时露不满之口吻,其中心之所含蓄者,已可想见。又据天津电话,连日孙之左右,对人扬言,中山入京问题,恐须延至段执政任满三个月,方能解决。(《孙中山不即来京之里面》,《北京日报》1924 年 12 月 28 日)

《北京日报》后又刊载报道,称:"据军界密讯,中山住津已久,患病疗养自属实情,然其迟迟不来京,亦不仅因病未痊而致生波折。闻中山未离粤时,唐继尧已密电其弟继虞转托石青阳而谒中山,代达滇粤有联合必要之诚意,中山嘉纳,故到津时中山即嘱王九龄代复唐氏一电。近闻唐氏复有复电到津,对于中山所有条件概行允诺,惟军事上援助一节,唐恐对于湘桂南方俱有鞭长莫及之虑,刻下仍在往返协商中。至无形脱离陈炯明之林虎,前本有暗中助孙表示。近因方本仁有允助林款八十万之沟通,中山恐于谭组庵图赣之前途发生障碍,且于谭氏第二步回湘形势亦必有多大之不利。此次协和匆匆离津,明眼人当了然其意之所在。前日某方传出胡景翼督鄂,谭延闿督苏。虽近捕风捉影之词,然不能谓为毫无声东击西之空气作用。"(《中山迟迟来京之又一说》,《北京日报》1924 年 12 月 30 日)

△ 《益世报》报道称:孙中山病体已痊十分之八,热度业已低降。因前日临时执政府派许、叶赍善后会议条例与中山,并询对最近政局有何意见。孙阅条例毕,大为不怿,谓善后会议与我所主张之国民大会预备会议,宗旨完全两歧,余不敢□言赞同。至临时政府措施,余所大不了然者,即答复七国公使照会内称所有以前与外国缔结之一切条约一律有效,所谓一律条约,是否包含参战借款及二十一条与张绍曾内阁承认金佛郎案在内? 许、叶二人,当时并无恺切之申明,中山以政府对国事如是含糊,大为愤怒,而病势遂转剧。(《中山病未速愈之原因》,《益世报》1924 年 12 月 28 日)

△ 《晨报》消息称："此间国民党中人,日前因共产党有假借国民党名义发出宣言及传单情事,乃联合在京十四省区同志四百余人,组织'各省区旅京国民党护党同志办事处'于某胡同,专以阻止共产党假名〔借〕名义在外宣传之行为。寻因汪精卫最近有袒护共产党之某种行为,遂派代表姜某等六人前往天津,令其警告汪精卫,并限汪精卫于三日以内离却天津。并即留津办理阻止共产党假借国民党名义从事各事宣传之行为。既而姜某等六人,于二十八日下午五时半,遇汪精卫于天津大来饭店,当即提出证据,当面质问汪精卫何以有此袒护共产党之行为,因汪对于证据之解释不同,彼此遂生争执。同时姜某等要求汪精卫立即离却天津,汪亦不应,于是姜某遂动手殴汪。汪被殴怒极,已遣人赴法捕房报告,请饬捕来人矣。但是时马超骏〔俊〕适至,乃极力排解之。谓有话可从长讨论,同是一党,何必如此,至是双方始各让一步而散,唯散时姜某等仍要求保证汪精卫之即日离津。故马超骏〔俊〕颇觉左右为难,当复于二十九日上午八时,自行发具调停三条,征双方同意。"(《国民党内讧益烈》,《晨报》1924 年 12 月 31 日)

△ 东方通信社是日广东电,披露在港之陈派要人的谈话,谓陈炯明和林虎在广宁会见之结果,两人意见已略一致,咸以攻击广东为先决问题。但鉴于若不先将江西问题解决,则进击广东时,军事上必蒙不利,故已令林虎军纵出于连平方面以牵制北伐军,与方本仁军策应,而冲北伐军之侧背,其东江方面之陈军,则留以防御石滩,牵制孙派联军,阻止北伐军之北上,以待江西方面之解决,而起攻略广东之决战的行动。林虎此次因与陈完全谅解,故对于段氏,亦生服从的关系。又陈派目下之财政状态,颇觉困难,所需军费,亦不充分,惟亦略有准备。(《陈炯明林虎联段敌孙》,《中华新报》1924 年 12 月 31 日)

12 月 29 日　致电段祺瑞谓："两日以来所患略减,与医生商酌决定于三十一日入京。惟养病期内仍当暂屏一切,以期速愈。知关远注,谨以奉闻。"汪精卫亦致电北京各团体欢迎孙中山先生联合大会,谓:"孙中山先生肝病未愈,定于三十一日入京养病。在养病期内

不能演说及谈话,务祈见谅为荷。"(《孙中山今日抵京》,《北京日报》1924年12月31日)

△ 派林直勉管理粤汉铁路事务。原职陈兴汉及代职王棠,均着即免职。(《大本营公报》第36号,"命令")

△ 是日北京电称:段邸本日午刻召开特别会议,除阁员外,林长民、汤漪、许世英均列席,内容甚秘,一说系议善后会议列席资格,各省有实力者,未必即为军民两长,是否仅由两长列席,决电孙中山、唐继尧、陈炯明征意见。(《时报》1924年12月30日,"电报")

△ 旅粤南昌九属同乡会致电孙中山、胡汉民,言赣局事,谓:"吾赣久遭军阀荼毒,原冀曹、吴倒后民困得苏。乃北政府以助直寇粤、罪恶昭彰之方本仁督办军务,蒙自卷逃通缉有案之胡思义掌理民政,将必吸髓敲□,残酷更甚。统一尚未告成,即先排斥民党违反公意,殊失天下人民之望。今赣境各军云集,实非李公烈钧回籍主持势难收束。赣、沪、京、汉各团体一致呼吁,足征众望所归。俯恳明令李公长赣,兼办军务善后事宜,以维危局而慰舆情。"(《旅粤赣人请任李长赣》,上海《民国日报》1925年1月8日)

△ 广东全省商会联合会是日有电抵京,促开国民大会,解决时局问题。(《粤商会促开国民大会》,《京报》1924年12月30日)

△ 上海国民会议促成会致电孙中山,拥护国民会议。(《上海国民会议促成会之进行》,上海《民国日报》1924年12月31日)该会并致电全国各省各县国民会议促成会,提议组织全国国民会议促成会。(《国民会议》,《中华新报》1924年12月31日)

△ 上海学生联合会致电孙中山,谓:"先生对时局宣言,本会深表同情。幸乞贯彻初衷,坚持到底,本会誓为后盾。"(《上海学生联合会响应孙中山对时局电》,中国第二历史档案馆编:《善后会议》,第5页)

△ 报载墨国是埠华侨救国团、墨国彦迫古埠中国国民党惠群阅书报社等以及国民党南美柏巴克支部分别致电孙中山、段祺瑞,表示一致赞成召开国民会议以解决国是。(《各地国民会议促成声》,天津

《大公报》1924 年 12 月 29 日)

　　△ 湖南省农会通电拥护国民会议,电谓:"敝会仅代表吾湘三千万人中最多数农民,百拜以请,务恳从速召集。立谋根本解决,俾全国农民,有所托命,匪特吾湘之福,亦中国之幸。"(《湖南省农会之来电》,《京报》1925 年 1 月 4 日)

　　△ 《北京日报》报道称:"谭延闿进逼南昌,熊克武率兵攻湘,以及唐继尧等之整军经武,均为粤政府进行北伐,会师武汉之计划。乃至段执政入京,孙中山由粤北上后。外间多谓西南北伐必将中止,其实粤政府之北伐方针仍未变更。现闻广州大本营方面曾因此事于二十一日通电于唐继尧、熊克武、沈鸿英等西南各将领,略谓某某所倡之善后会议不取消,北伐绝不中止。请一致主张召开国民会议,解决国是。"(《粤政府仍然北伐》,《北京日报》1924 年 12 月 29 日)

　　△ 《顺天时报》刊载报道,称孙中山对执政府之不满,系因江西问题、善后会议条例问题及执政府允诺尊重条约三事,谓:"中山对于赣事之不满,乃因方本仁曾四次犯粤,且此次驱蔡通电,又完全为个人权利之争,而执政府竟任为督办,且要求撤退谭延闿之入赣军队,认为措置失常也。又善后会议一名辞,中山自始即反对之,以为不如召集国民会议之预备会,较有根据,故执政府之善后会议条例,今虽已公布,而中山则仍持并未闻知之态度,且实际上亦确未将该条例为一度之披览也。又关于执政府答复八国之通牒问题,中山曾对许世英发表意见,谓使中华民国已不存,则临时执政当然有须各国承认之必要,今中华民国仍在,而执政府又为中华民国之临时执政,则尚何须乎外交团之承认,又何必以交换而求其承认云云,此中山对于上述三问题之真正态度也。唯中山对于上述三事,虽不满意,绝无不入京之意。"(《段合肥电催中山入都》,《顺天时报》1924 年 12 月 29 日)

　　△ 《京报》发表评论,批评段祺瑞无诚意召开国民会议,谓:"欲谋政治之根本改造,非大多数国民加入不成。欲使大多数国民加入,乃不得已而采取代表之制。吾人固不敢谓今日国民之程度,准可以

解决国事、革新政制也。然以当局及其左右之程度言之,想如是同等知识之国民,在四万万人中,至少当可以选得十分之一,比诸少数三五人所决定者,必强得多多也。况一国真正之势力,即在多数国民之身,果国民而一致有所决定,彼纸虎之军阀,敢违抗乎?故当局须知能助我以大大的成功者,非一般国民莫属。苟合肥而只记得通电所言之一半,则善后会议无论其不易成,即半真半假而勉强开成,其所决定,试问有何拘束之能力?故善后会议之成与不成,无多大关系,若国民会议之主张而竟付诸流水者,无异今次革命举动一切皆付诸流水也。盖革命之佳果,非经过国民会议则莫由使之成熟故也。"

(《三个月内如何召集国民会议》,《京报》1924 年 12 月 29 日)

△ 《香港华字日报》刊载报道,称大本营内部许崇智和杨希闵对于筹备防守陈炯明军队来攻意见不一,许主猛进,杨主放任,表面上固皆持之有故,实则各有用心。略谓:"查孙军东江作战,原以滇桂军担任第一度防线,许军担任第二度防线,故陈军反攻,当然滇桂军首当其冲,而许军则只防守近郊。现许部大队集中于石牌而白云山、瘦狗岭、沙河一带,均驻有重兵,许日来迭赴棠下等处严密布防,石井兵工厂亦已归其保护,故许部防线,直划至近郊之东北角,作一弧三角形,沿线均筑有战壕,装有重炮,炮口均对正东北两路滇桂湘各军之北。此种作战计划,据军事家观察,后方一有动摇,实足陷前线各军于腹背受敌之地,殊非后方防守必要之布置,故滇军近亦纷纷集中近郊,此实滇、许两军关于作战意见不能一致之主因。又据滇军某团长谈话,东江作战,陈军得乡民之助,滇军以客军地位,被乡民排斥,拒绝入村,师行粮食,接济困难,军队下营,尤恐乡民袭击,故东江战局,决无进展之希望,将来陈军大队来攻,滇军可以为有条件之退让,如能划北路为滇军驻防,滇军当然乐得保全实力,赞成陈炯明归主粤政,否则只有于近郊与陈军决一死战,故今后滇军之战否,当视陈军态度如何,始能决定。刻据某方面消息,陈炯明对客军尚无如何表示。"(《孙军对于东江战事之布置》,《香港华字日报》1924 年 12 月 29 日)

△　《京报》刊载特讯,分析国民党对待善后会议的态度,略谓:
"关于合肥派所重视之善后会议,其前途不许乐观,为不可掩之事
实……中山对于善后会议实未参加一字,固未明白反对,亦未明白赞
成。盖各处团体来电,莫不希望国民会议而反对善后会议。中山尽首
领之地位,固不能不默察多数之心理以为从违也。惟执政方面今既公
布条例,内定委员,对中山部下亦拟派入数人。究竟中山如何应付此
项会议……据一般之揣测,不外三项主张:(一)积极攻击,反对之,勿
令开善后会议,而专开国民会议与其预备会;(二)索性加入善后会议,
为彻底之主张,使善后会议变其性质与目的;(三)不攻击亦不加入,惟
沉默而处旁观之地位……第一项非无人主张之,但中山此次北上,既
绝无争夺政权之意……实怀善意援助之心,若即积极攻击,是终不免
于破裂。故虽不赞成善后会议,而非该会议中有何不利于国之事实发
见,当不愿遽出攻击之手段。至索性加入有所主张一层,因各方纷纷
来电反对加入,则为图各方对于民党之谅解计,亦不能便尔变易。故
其最后之结果,恐中山来京后对此不加议论,消极旁观,以待其究竟。
而始终以全力提倡国民,无论善后会议成与不成,国民会议在建设上
仍十分必要,固可与善后会议截然分为两事也。凡在津曾见中山及与
其左右周旋者,皆赞许中山及其左右,实具彻底觉悟之诚心。故自身
既无争夺权位之准备,左右亦不许有一人加入政涡。国民党今后之活
动,固绝不如帝国主义者所宣传之过激赤化,而亦不急急取得在朝之
地位,惟本平等、革新、进步之主张,向社会民众方面努力开导,是即国
民党所定今后之方针。"(《国民党如何对待善后会议》,《京报》1924 年 12 月 29

日)①

12月30日　发表离津入京启事。

是晚 10 时,张园秘书处奉命发出启事,谓:"文此次到津,备荷各界,各团体盛意欢迎,深兹渐②感……兹医者谓京中休养为宜,故于三十一日晋京疗养。俟贱体稍愈,再当返津与诸君把晤,商榷国事。"

(《孙文启事》,天津《大公报》1924 年 12 月 31 日)

△　下午 7 时,天津市民团体举行欢送孙中山先生大会,到会者五十余团体,一百余人,至 10 时闭会。江竹源主持大会。通过致孙中山先生函,略谓:"先生之来也,帝国主义之强暴及祸国军阀之狡展,处处与先生主张以阻挠,亦即处处与民众利益以残害。军阀所主张之善后会议,愚民欺世,更辱我公。望公能坚持宣言三点,慰苍生之喁望也。吾辈唯有以政权归民之义,为吾辈革命领袖之后盾。"

(《各团体欢送孙中山》,天津《益世报》1925 年 1 月 1 日)

△　得知孙中山准于次日到京,北京各团体欢迎孙中山先生联合大会是日发出紧急启事,筹备迎接。(《北京各团体欢迎孙中山先生联合大会紧急启事》,《京报》1924 年 12 月 31 日)

是日下午 3 时,北京各团体欢迎孙中山先生大会在中央公园水榭开各团体代表会议,由主席报告汪精卫昨日来电后,当议决各案如下:(一)推举石淑卿女士为总代表赴警厅见李总监,请领徽章,并接洽其他重要各事宜;(二)派代表携带欢迎传单十万份赴航空署,请于今日下午 1 时孙抵站时,派飞机二架,代表在空中散布;(三)通知各团体学校于今日正午在天安门集合,整队赴站,其行列次序,亦为具

---

①　关于国民党对善后会议之态度,杨天宏曾做过梳理分析,指出:国民党对于善后会议的态度经历了一个变化的过程,其始为允,而后为争,最终为拒,且国民党内左右两派的态度颇有差异。国民党方面对于善后会议的抵触,其中既有"主义"之争的色彩,但也不无争夺中央及地方政府(如江西省)控制权的考虑。在这场角逐中,孙中山方面曾提出妥协方案,表现出愿同段氏共谋善后的倾向;段也在会议人员构成等方面作了一定的修正,但未有实质性的让步。双方关系最终破裂。由于国民党内部意见并不一致,仍有一部分国民党人参与了善后会议。(杨天宏:《国民党与善后会议关系考析》,《近代史研究》2000 年第 3 期)

②　"渐"疑为"惭"之误。

体之规定；（四）本日秩序，由北大学生军警官学校武装学院担任维持；（五）散放青天白日之小红旗二十万面，欢迎人员手执一面，旗上书名"首倡三民主义，开创民国元勋，中国革命领袖孙中山先生"字样；（六）欢迎会所备之欢迎传单四百一十七种，共二百五十六万张；（七）中山先生抵站时欢迎员高唱革命歌；（八）欢迎队前高揭白旗二面，书"欢迎民国元勋革命领袖孙中山先生"及"北京各团体联合会欢迎孙中山先生"斗大黑字；（九）推举代表石淑卿女士等四人入站慰问中山先生；（十）明日（1 日）下午 6 时举行提灯大会；（十一）各团体一致努力，以贯彻中山先生之主张；（十二）本日经费由各团体捐助；（十三）预计本日到站欢迎人员当有十万以上，本会须尽力劝其尊重中山先生宗旨，安守秩序。以上各案议毕后，即由各代表分别执行云。又闻北京大学第三院之各团体迎孙大会，此团体以国民党为主干。是日亦开全体代表大会，议决今日同时赴站欢迎，并发表种种宣言，以促中华民国政治社会之进步。（《中山先生来京养病欢迎预记》，《京报》1924 年 12 月 31 日）

△　北京各团体筹备发起北京各团体国民会议促成会，加入之团体已有百二十余之多。日内报到者，共计在三百个以上。是日午后 3 时，假师范大学风雨操场举行筹备大会。（《国民会议促成运动》，《京报》1924 年 12 月 30 日）

△　段祺瑞通电全国，宣布于次年 2 月 1 日召集善后会议，略谓："善后会议条例，业经公布，此会专为整理军事、财务及筹议建设方案而设，质而言之，即沟通各方意思，由各省以及全国共谋和平统一……如因事不能与会，即希迅派全权代表列席，至关于国家根本大法，应照马电组织国民代表会议，由全国人民公意解决，以符主权在民之意。特电布臆，即希电复。"（《中央召集善后会议通电》，《中华新报》1925 年 1 月 11 日）

此电文发出后，除鄂、湘、直、陕等省督军表示赞同外，粤、滇、沪、鲁、皖各省市之商工团体纷纷通电反对，坚持以召开国民会议为当。

《东方杂志》后曾评论称:"这善后会议,现在因执政当局及负责筹备者的积极进行,形势颇为发展。一方面虽然反对的声浪仍高张,被邀列席的人也有表示谢绝的;但一方面则各省区及各军首领纷纷派定代表,准备参与会议;拥有实力的大军人也没有剧急的反对表示;最可注意的,则为国民党领袖孙文近亦对段表示不再争预备会议的名称,惟要求于善后会议中容纳民间九种团体的代表,以为交换条件。孙氏态度既然渐趋缓和,则善后会议的反对声浪当然亦可渐行静止,二月一日的召集,也不能断定为不可能了。"(《善后会议的进行》,《东方杂志》第22卷第2号,1925年1月25日)

又段方某要人谓:"善后会议一月底可开,列席约百五十人,地点初拟团城,但嫌小,时局俟会议结果方有办法。此时段主维持现状,对陈乐山并无令其侵浙,并谓卢香亭与陈乐山尚未接触,隔河而守。予询浙省长属屈属孙? 据答:善后会议前暂不更动。又问执政对于民党何以不用? 据复:中山有言民党愿为在野党,不愿做官,若用民党,恐孙认为拆民党之台,以孙有言,有话须直接,勿以代表传话为准,故孙不来京,对民党无从延揽,如孙能推荐民党一批请任用,段决不吝于任命。又问,善后会议陈炯明延请否? 答:当然延请。又问,吉安谭军南退,得勿伤孙感情? 据答:方本仁确有实力,执政曾劝谭勿进,彼不听,致有此结果。又言张作霖、冯玉祥均已觉悟,善后会议必能使军权统一,财权分立,多太乐观语。"(《申报》1924年12月31日,"国内专电")

△　报称:"昨据张园方面确讯,孙中山近因许世英由津返京后,向人宣说中山已赞成段派所拟之善后会议,亟思有以辨明。该孙中山所主张者,系预备会议,而非善后会议,两者性质大不相同。段派所主张之善后会议,为自居为政府者所召集,其组织之人员为:(一)有勋劳于国家者;(二)拒贿议员;(三)各省区及蒙藏青海军民长官;(四)临时执政府所聘任或委派者等等,纯乎官僚性质。而中山所主张之预备会议,则以人民之代表组织之,其组织共分九项:(一)实业

团体;(二)商会;(三)教育会;(四)大学;(五)各省学生联合会;(六)工会;(七)农会;(八)共同反对曹吴各军;(九)政党。其所重实在人民,为国民会议之预备,二者截然不能稍混,已向各方否认。闻中山近且向许世英质问,何所据而云然。"(《中山否认赞成善后会议》,《益世报》1924 年 12 月 30 日)

△　任命潘震亚为赣东善后委员会委员长。(《大本营公报》第 36 号,"命令")

△　训令广东高等审判厅长陈融、高等检察厅长林云陔;准采用北京司法部司法官官制等条例及进叙推检书记官等级,薪俸照现额支给。(《大本营公报》第 36 号,"训令")

△　北京中国大学学生会致电孙中山,慰问其病况,并盼其早日来京。(《中大学生电中山》,《京报》1924 年 12 月 30 日)

△　绍兴、萧山决组国民会议促成会。是日,沈定一自宁波致电孙中山云:"萧绍民众团体竭诚接受宣言,组织促成会。本日到甬,继续宣传,并祝新禧。"萧山各商会亦来电赞同国民会议。(《中山先生所主张之国民会议》,《京报》1925 年 1 月 4 日)

△　广州大本营军事委员会举行第二次会议,议定三路出兵东征计划,左、中、右分由粤军许崇智部、桂军刘震寰部、滇军杨希闵部担任主攻。后来又将左、右两路承担者对调。(《中华民国史资料丛稿·大事记》第 10 辑,第 239 页;《中华民国史资料丛稿·大事记》第 11 辑,第 15 页)

本日,军事委员会举行第二次会议,由胡汉民主持,到有委员廖仲恺、蒋中正、许崇智、杨希闵及顾问加伦将军等,决定东征之三路进兵计划:(一)左翼军(北路)经过河源,沿东江方向攻击,由粤军许崇智部一万人组成;(二)右翼军(南路)沿海岸进击,由滇军杨希闵部一万五千至一万八千人组成;(三)中路经过惠州向河婆攻击,由桂军刘震寰部约六千人组成。在讨论防卫部署时,曾建议桂军驻防虎门;从东江到增城之防卫,则调滇军担任,另以粤军第七旅拨交滇军调度;

粤军第二师及其他部队，以及蒋校长统率之军校教导第一、二团，作为总预备队驻守广州。此等建议，各委员皆表赞同，独刘震寰坚决反对。事后刘向加伦将军说明，是因其属下师长皆反对将部队如此调动。

据当时之研判，陈炯明能集中进攻广州之兵力约为一万五千至一万八千人，其训练与军官作战经验虽优于粤军，尚不足对广州构成重大威胁。至于滇军第二军范石生可能叛变之危机，依情况判已不存在，因范之真正目的，在准备力量与军费以便回滇掌握政权，如广州为陈炯明所据，彼亦无法在粤立足。惟此东征计划训令颁布后，各军遵令动员者有之，未动员而在原驻地徘徊观望者亦有之；加以敌情急剧变化，以致计划未能实行。（蒋永敬：《胡汉民先生年谱》，第316—317页）

12月31日　自天津扶病至北京，受民众热烈送迎。发表入京宣言，呼吁国人奋起救国。

行前，自天津行辕发表通电曰："各报馆均鉴：文此次北行目的，曾有宣言，谅蒙鉴察。抵津以来，执政招待殷渥，期望綦切。京津各团体盛意欢迎，所以勖勉之者良厚，至深感荷。原拟早日入都，共图救国，不意肝疾偶发，濡滞兼旬。兹承①医生劝告，即日舆疾入都，选择医疗，在医疗期内，唯有暂屏万虑，从事修养，以期宿恙早瘥，健康早复，俾得发抒志愿，仰副厚望。专此电达，敬祈鉴察为荷。"（《孙先生移京养病》，上海《民国日报》1925年1月3日）

上午10时许，在夫人宋庆龄及汪精卫等随行人员陪同下至天津老站乘专车晋京。到车站欢送者有各机关、团体代表二百六十余人②。汪代为答谢。陪同入京者有汪精卫、黄昌谷、邵元冲，以及参军副官等数十人。段祺瑞之代表许世英和郑洪年等欢迎人员也随车入京。

---

①　"承"亦有作"都"。（《孙中山自北京来电》，《时报》1925年1月3日）

②　又有"二百余人""千余人"之说。

　　下午 4 时许,专车抵达前门车站时,受到北京各界二百余团体约三万余人①的热烈欢迎。欢迎队伍由车站直排至城门侧,欢迎者手持彩旗,高呼欢迎口号,学界则将印好的传单一百四十七种计二百五十六万份随街散发。到车站迎接者尚有段祺瑞侍从武官卫兴武、执政府阁员吴光新、林建章、王九龄、叶恭绰、龚心湛、李思浩、章士钊、杨庶堪、梁鸿志等,京畿警卫总司令鹿钟麟、警察总监李寿金、国民党要员易培基、李煜瀛等,以及各部院官长、各省军民长官代表、国民军第一、第二、第三军驻京办事处全体官兵、各大学校长、各团体领袖人物等。因病卧车上,不能一一相见,乃由北京政府及各团体各推代表进站欢迎。向欢迎者略一颔首,即偕随员出站,改乘汽车,径入北京饭店 506 号房下榻,而让随行部分人员驻进段执政府为之预备的行辕——铁狮子胡同原顾维钧邸宅。

　　入京后发表一宣言书,谓:"中华民国主人诸君:兄弟此来,承诸君欢迎,实在感谢。兄弟此来,不是为争地位,不是为争权利,是为特来与诸君救国的。十三年前,兄弟与诸君推翻满洲政府,为的是求中国人的自由平等,然而中国人的自由平等,已被满洲政府从不平等条约里卖与各国了,以致我们仍然处于次殖民地之地位,所以我们必要救国!"②(《孙中山先生入京纪详》,天津《大公报》1925 年 1 月 1 日;《孙中山先生离津抵京》,《益世报》1925 年 1 月 1 日;《孙先生入京之盛况》,上海《民国日报》1925 年 1 月 6 日;《孙中山先生入京纪实》,上海《民国日报》1925 年 1 月 8 日;《申报》1925 年 1 月 1 日,"国内专电")

　　《东方杂志》评论称:"孙氏在民国元年八月间,曾以光复元勋的资格一度莅京……今者因同盟军人的胜利,孙氏得以再入北京……孙氏的北上,反对者怕其不免为北方各军阀领袖所包围而陷于军阀

---

　　①　另有"两万人""十万人"或"四万人"等不同估计。(《中华民国史事纪要(初稿)——一九二四年九至十二月》,第 1205 页)据《北京革命史大事记》第 55 页记载,孙中山入京,受到中共北京区委、共青团北京区委及国民党北京执行部组织的二万余名群众的欢迎。

　　②　《入京宣言》尚有一文言体,见《孙中山全集》第 11 卷第 533 页。内容相同。

化;赞成者则希望其以民党领袖参与政局而使北京政府的政治趋于民众化。由今观之,前者似属过虑,后者一时亦难如愿。"(《孙文入京》,《东方杂志》第 22 卷 2 号,1925 年 1 月 25 日)

时在东京由台湾同胞主编的《台湾民报》亦报道北京当时欢迎孙中山之盛况,文云:"因病久滞于天津的孙中山氏,已于去年岁除日入京了。四万的民众,手执各样旗帜(所书之字有'反对帝国主义''废除不平等条约'等),将车站团团围住,站外又有大欢迎门之设备。执政政府的代表、阁员,都在车站等候欢迎。四时二十五分中山先生的专车一到,欢迎之声响遍京兆的寒空。大众高呼'中华民国万岁''革命领袖万岁''孙中山先生万岁'。其欢迎之热烈,直把雪晴后的冷气忘却。中山先生因病未全愈,所以下车后不能一一和民众周旋,只略和民众相互点首为礼而已。后即乘汽车(自动车)徐徐向北京饭店去。他到京时将所备下的宣言单从车窗向民众中掷去。"(《革命领袖孙中山先生》,《台湾民报》第 3 卷第 4 号,1925 年 2 月 1 日)

△ 报称:段执政日前特派大公子段宏业代表赴津,晋谒中山。适孙中山得医生许可,定 31 日启行,段大公子当即电告执政。京中各方面接到中山今日来京之讯,即于 30 日开始分别进行欢迎各事宜,段政府在铁狮子胡同顾宅所设立之筹备欢迎孙中山先生事宜处,即奉执政府秘书厅谕令妥为筹备。中山来京即以此处为行辕,并制备来宾谒孙入门证,凡拜见中山者,须在该处领取入门证,以便稽查。孙抵站时,派梁鸿志秘书长率领侍从武官吴霖泉等代表欢迎,警卫总司令昨已命令第一师,是日上午 10 时派出步兵两连,一在车站迎接,一警卫孙之住处,又派军乐队一连到站欢迎。警察总监李寿金已谕令内城警署,于 31 日派出长警一排,妥为警备中山先生行辕。又谓:"闻中山未决定来京以前,曾于二十八日晚令德医诊断健康,问能否坐车,寻因石密德断定可以坐车,故遂决计以今日来京。唯中山今日虽来京,因健康上之关系,将不唯不能向欢迎之群众演说。即各方面

之欢迎代表,亦不能一一与之握手。盖石密德于断定中山不妨坐车入京之际,曾附一但书,谓坐车时唯宜静卧勿与人接谈,勿频起立或起立,更不宜从事演说也……执政府方面现已派人在铁狮子胡同顾维钧住宅,为中山准备一切,作为中山到京时之临时住舍,且露希望中山暂时勿往西山之意。唯中山之意,则似欲于与段为第一次之会晤以后,即行迁地静养。一俟病体稍痊,再行来京商决国事。”(《中山先生来京养病欢迎预记》,《京报》1924 年 12 月 31 日)

△　致电谭延闿:“文以平民资格来京,对于军事行动,未便干预。方本仁之人格如何,与赣民之感情如何,自有公论。请执事顺从民意而行之。协和功高望重,现将回赣收拾,宜与之合作。”①(《中山对赣局表示》,上海《民国日报》1925 年 1 月 1 日)

△　协和医院在 1925 年 1 月 27 日提出之第一次报告中,对孙中山此时之病情与诊治,有谓:“民国十三年十二月三十一日,协和医科大学医院医士三人,及狄博尔、克礼二医士,被约赴北京饭店会议中山先生病症。当时即以为是最烈肝病,遂向中山先生及其家属商议,拟用外科手术探查病状。但中山先生愿用内科方法治疗,并愿请德国克礼医士诊治。”(《哀思录》,“医生报告”,第 1 页)

孙科在回忆录《八十述略》中,曾言及当日病情,谓:“先父病势日趋严重,以天津不适于调理,于三十一日移寓北京之北京饭店,经外医数人会诊,断为肝病,并由先父指定德医克利主治,每日临诊一次。先父北上,原是于曹锟去位后,应段祺瑞、冯玉祥、张作霖等之请,期能召开国民会议及废除不平等条约,果如此,则内可使政治趋于常轨,外可解除帝国主义者加于中国人民的束缚。乃段祺瑞私心自用,所作所为,完全与先父及本党所主张者相反,因使先父病情日益恶

---

①　据《孙中山集外集》编者按语:“此件在《孙中山全集》第 11 卷标题误为‘与某君的谈话’,并短缺‘与赣民之感情如何’句。当时孙中山因方本仁曾四次犯粤,而段祺瑞竟任其为江西督办,并要求撤退谭延闿之入赣军队,孙中山认为段祺瑞措置失当,因致电谭延闿谓李烈钧将回赣收拾。”(《致谭延闿电》,《孙中山集外集》,第 503—504 页)

化。"(孙科:《八十述略》,《革命人物志》第13集,第49页)

　　△　报称:"据民党方面消息,此次中山之来京,主要原因唯在促成国民会议。外传得并促成善后会议之说则绝对不确,因中山始终不满意于善后会议一名辞也。惟中山虽对此不满意,亦不许民党出破坏之行动,以免感情上多留一不愉快之痕迹,故外传民党将破坏善后会议之说亦不可信。此外关于民党加入政治界活动与否之题问〔问题〕,民党亦具一致之态度。决定在国民会议未成立以前,不即参加。但当本民党之精神以促国民会议之开会。"(《孙中山今日抵京》,《北京日报》1924年12月31日)

　　△　《申报》报道张园消息称:"中山对于执政府措置大局颇多不满意,然于段氏本人尚不十分隔阂,仍期贯彻孙段合作之旨,其民党中人以江西问题、善后会议条例问题及执政府允诺遵重条约三事,引为口实,颇多劝中山南回,中山则不谓然。对于赣事,令李烈钧以私人资格回省收拾;善后会议既事在必成,惟有暂立旁观地位,不加可否;至于执政府为外崇国信计,不得不有尊重条约之言,认为与本人主张取消一切不平等条约不生若何影响。"

　　该报道又刊载民党某君与记者之谈话,称:

　　"记者询民党某君中山入京后之态度。某君曰:中山对善后会议不致参加何等意见,彼唯努力于国民会议之实现,前曾拟由宣传部派员分往各省讲演国民会议召集之必要,刻下虽未派员出发,然各省及各国华侨均纷纷来电赞成召集国民会议,似国人已能充分了解国家之大势,将来或不派员出发宣传矣。至于善后会议,将来恐无佳果,民党人雅不愿在现政府旗帜下供奔走。唐绍仪、杨庶堪不愿入都就职,盖即为此。而善后会议拟讨论国民会议之产生方法,事实上亦恐难办到,因为国人既已觉悟善后会议不能代表全国真正民意,必不认其有产生国民会议之权能,所以国民会议须由全国各法团之代表用纯粹之民意手续组织之,方与国事前途有利,中山深信此种国民会议必可观成。

"记者又问,外间推测民党联络黔、滇、粤、川及冯玉祥、胡景翼等贯彻大西南主义,由国民会议选举中山主持国政,有是说否?某君曰:斯言未确。联络黔、滇、粤、川及冯、胡等事或有之,但亦为化除党见,希望群策群力,共谋国是,促进大局,速就统一耳,非所谓大西南主义也。至举中山主持国政,民党或有是心理,中山则断无是想,彼孳孳于国民会议者,系欲厘订建设中国之方案,畀诸有材力之人施行之,彼愿足矣。逆料此番入都,当俟国民会议观感后,始能出京也。"(《曹园张园之新讯》,《申报》1925 年 1 月 7 日)

△ 《晨报》刊载社论,指责孙中山"日惟为部属争地盘,引北方武人以自重,或表面反对官僚军阀式之善后会议,而实际又利用军阀官僚势力,以鼓吹其一派把持之国民会议"。(《告孙文》,《晨报》1924 年 12 月 31 日)

△ 《中华新报》刊载是日广州通讯,报道广东政界情况,略谓:自孙中山北上后,广州政潮,日甚一日,"胡汉民近与刘震寰忽生绝大恶感,缘刘震寰以胡煽惑其部下,并有意破坏□桂之举,大为愤恨。因与范石生密议,决□胡汉民之省长坍台,已联名致电天津孙中山,历数胡汉民渎职等罪。孙中山得电后,一面复电回粤,一面遣派孙科南下,名为调停,实欲孙科继任省长。已密电执行委员会,略谓孙科此次往来津奉,奔走国事,不无微势,回粤后亦须予以位置等语。胡汉民得此消息,连日已预筹对付。太子派众人,今日纷纷筹备开会欢迎孙科回粤,极力为孙科铺张扬厉,即系孙科长粤之一种赞助。将来元老、太子门派之斗,又未知若何"。(《粤省政界之暗潮》,《中华新报》1925 年 1 月 10 日)

△ 是日出版之《向导》发表一文,强调在人民集矢于反对直系及其后台英、美帝国主义时,"要指出日本帝国主义者之危险","现在日本人欲巩固自己在华之势力,又高呼'亚洲人是为着亚洲人'的口号",一切日本帝国主义者的阴谋,临时的亲善政策,不过要在我们国家中创立一个忠于日本帝国主义者的政府"。文章惋惜孙中山"也不

甚明了这种日本帝国主义者的趋向",认为其《大亚洲主义》的演讲,
"对于中国民众及日本工农们有很大的害处",称"这些演说词使他与
日本的军阀有亲近的可能"。(魏琴:《国民会议、军阀和帝国主义》,《向导》
第 97 期,1924 年 12 月 31 日)

　　是月　段祺瑞派前陕西督军陈树藩和彭渊洵到日本活动,争
取日本支持。日贵族院研究会、《东京日日新闻》、《报知新闻》都相
继发表支持段祺瑞政权的言论。(藤井昇三:《孫文の研究》,第 248—
249 页)

　　△　孙中山同意先东征,后北伐。据切列潘诺夫所称:"12 月整
整一个月,我们密切注视着准备进攻广州的陈炯明的行动。我们获
悉,陈炯明为此从广州商人和香港得到了巨额经费。陈炯明 11 月没
拿到的四十万元债金,现在又旧事重提了。从汕头到惠州和从汕头
到汕尾(这里设有军械库)道路正进行修整。陈炯明巡视了驻扎在汕
头以西的几个师,说服将军们即使保持一段时间的和睦也好。根据
侦察得来的情报,他只是和林虎将军没有谈妥。""孙中山及其亲密战
友们认为进行反对北洋军阀的北伐这一主张具有重要意义。孙中山
甚至把中国革命的这一时期称作军事讨伐时期。加伦担心孙中山又
会要求立即进行北伐。在这种情况下,加伦面临的一件事实,就是要
坚决反对孙中山的计划。我们明白,当国民革命军队伍中没有达到
必要的统一时,是不能开始北伐的。当陈炯明将军进攻的危险临近
时,在广东总的局势尚不稳定,政府财政状况颇为拮据时,是不能指
望取得胜利的……事情很清楚,北伐不是在战争过程中遭到失败的,
而是由于后方受到攻击,北伐军自身某些将军之间发生冲突而被击
溃。加伦和我们所有顾问都相信,滇军军阀是不会参加北伐的,因
为留在广州为他们充分提供了有利可图的机会。因此须说服孙中山
暂时放弃北伐,而准备进攻汕头,讨陈炯明。……加伦始终不渝地将
东线问题列入军事委员会的议事日程。"在廖仲恺和中国共产党的支
持下,"加之我向孙中山博士报告了关于东征计划的初步设想后,他

表示赞同。只有东征取得胜利后,才可能进行北伐"。([苏]切列潘诺夫:《中国国民革命军的北伐——一个驻华军事顾问的札记》第 148 页、154—155 页)

是年　陈炳坤致函张秋白,告知现已在粤就任滇军第二师参谋,并陈述粤省军政局面有"不得不引以为忧"者。称:在粤各军将领,各谋占地筹饷,与敌交战则畏缩不前,各将领亦不相和睦,指挥难以统一,认为长此以往,"陈逆难除,内乱难免,北伐亦难于实现"。提议宜统一广东财政,检查各军实际的枪械、人数,以便中央统一筹划。而另一大忧,则为驻粤滇军终不抛弃回滇之念,而滇军回滇,则势必减少北伐之兵力。指出此际急谋北伐之时,当务之急则是连络唐继尧。并请张秋白速来信介绍,俾见孙中山,面述一切利害,"以谋贯彻吾党主义"。(《陈炳坤致张秋白函》,环龙路档案第 02330 号)[1]

△　邹鲁致函上海执行部,请搜集民国三年时国民党在东京所出之《民国》杂志,尤其是第一册,因有孙中山所作序文一则。以及其它有关党史之材料、"宣言"、"党章"、"通电"等,称"此间历史已成,专候乃项补入也"。(《邹鲁致上海执行部函》,环龙路档案第 01736 号)

---

[1]　原档阙日月,故系于此。